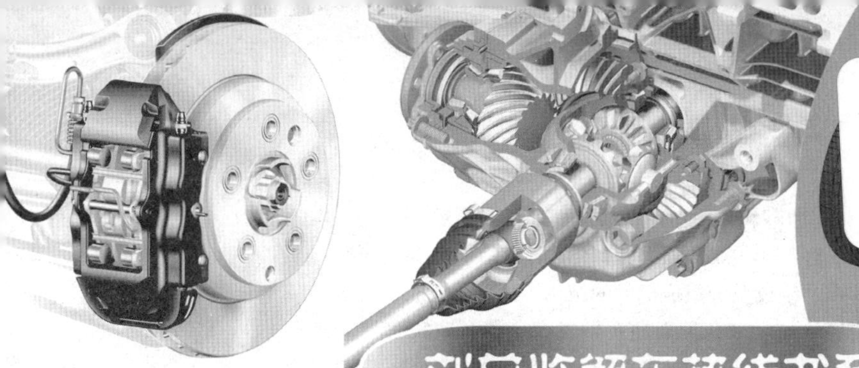

刘总监解车热线书系

汽车底盘构造与原理精解

刘汉涛 编著

专业实用
汽车维修技术总监
倾心之作
维修人员必备

机械工业出版社
CHINA MACHINE PRESS

《汽车底盘构造与原理精解》是“刘总监解车热线书系”之一。本书全面、系统地讲解了底盘四大组成系统，即传动系统、行驶系统、转向系统和制动系统的作用、组成及各组成部件的结构、工作原理、检修及故障诊断，并对部分内容，如宝来 02T 五速两轴式变速器、途锐 08D 六速三轴式变速器、02M 六速两输出轴式变速器、奥迪 Quattro-Torsen 中央差速器四轮驱动、大众 4Motion-Haldex 离合器四轮驱动、辉腾带减振控制的空气悬架系统、奥迪轮胎压力监控系统、奥迪液压式助力转向系统、速腾电动式助力转向系统、奥迪 A4 动态转向系统、途锐脚踏式驻车制动器、奥迪 A8 电控式驻车制动器、奥迪 Q7 视觉驻车辅助系统、电动制动助力装置、制动辅助系统（BAS）、防抱死制动系统（ABS）、驱动防滑控制系统（ASR）和电子稳定程序控制系统（ESP）等进行了讲解。

本书内容翔实，由浅入深，通俗易懂，适合汽车车主、汽车驾驶人、汽车维修技术人员、汽车生产和科研人员及各类院校汽车专业的广大师生阅读和参考；同时，也可作为现代汽车底盘最新技术的培训教材和参考书。

图书在版编目（CIP）数据

汽车底盘构造与原理精解/刘汉涛编著．—北京：机械工业出版社，2014.4（2017.4 重印）
（刘总监解车热线书系）
ISBN 978-7-111-45663-6

Ⅰ.①汽…　Ⅱ.①刘…　Ⅲ.①汽车—底盘—结构②汽车—底盘—理论　Ⅳ.①U463.1

中国版本图书馆 CIP 数据核字（2014）第 022870 号

机械工业出版社（北京市百万庄大街 22 号　邮政编码 100037）
策划编辑：李　军　责任编辑：李　军　孙　鹏　版式设计：常天培
责任校对：张　薇　封面设计：路恩中　　　责任印制：李　飞
北京铭成印刷有限公司印刷
2017 年 4 月第 1 版第 3 次印刷
184mm×260mm · 21.25 印张 · 559 千字
4501—5500 册
标准书号：ISBN 978-7-111-45663-6
定价：49.80 元

凡购本书，如有缺页、倒页、脱页，由本社发行部调换

电话服务	网络服务
服务咨询热线：010-88361066	机 工 官 网：www.cmpbook.com
读者购书热线：010-68326294	机 工 官 博：weibo.com/cmp1952
010-88379203	金 书 网：www.golden-book.com
封面无防伪标均为盗版	教育服务网：www.cmpedu.com

前　言

随着汽车工业的飞速发展，我国汽车行业迎来了一个发展高峰，轿车已成为人们不可缺少的交通工具。底盘作为汽车的重要组成部分，其结构日益复杂，机电一体化水平不断提高。要想高效快速地解决底盘故障，传统的维修经验和方法受到极大的挑战，现代维修技术人员应具有扎实的理论基础和丰富的维修经验。鉴于上述原因，本人编写了《汽车底盘构造与原理精解》一书。本书与以往介绍底盘的书籍有明显的不同之处，主要表现在以下几个方面：

1）模块化学习：本书共由五章组成，每章可独立成系，使其具有最大的灵活性。

2）内容充实：本书系统地阐述了汽车底盘的构造、工作原理、检修方法，以及常见故障的原因、诊断和排除方法，且图文并茂，增加了读者的学习积极性。

3）注重实用：本书主要突出实图与实例、结构与原理、检测与维修三结合。对底盘的正确使用与保养、结构与原理、检修与更换、故障诊断与排除等均进行了详细讲解。

本书全面、系统地讲解了底盘四大组成系统，即传动系统、行驶系统、转向系统和制动系统的作用、组成及各组成部件的结构、工作原理、检修及故障诊断，并对部分内容，如宝来02T五速两轴式变速器、途锐08D六速三轴式变速器、02M六速两输出轴式变速器、奥迪Quattro-Torsen中央差速器四轮驱动、大众4Motion-Haldex离合器四轮驱动、辉腾带减振控制的空气悬架系统、奥迪轮胎压力监控系统、奥迪液压式助力转向系统、速腾电动式助力转向系统、奥迪A4动态转向系统、途锐脚踏式驻车制动器、奥迪A8电控式驻车制动器、奥迪Q7视觉驻车辅助系统、电动制动助力装置、制动辅助系统（BAS）、防抱死制动系统（ABS）、驱动防滑控制系统（ASR）和电子稳定程序控制系统（ESP）等进行了讲解。对于传动系统中的自动变速器内容在《汽车自动变速器精品学习教程》一书中有专门、详细的讲解，本书不再涉及。

由于本书涉及的知识面广、讲解内容新，书中提出的观点、方法均是作者个人的看法，不当与疏漏之处在所难免，恳请广大读者给予谅解与宽容。

刘汉涛

目　　录

前言

第一章　底盘基础知识 …… 1

第一节　汽车底盘的发展状况 …… 1

一、汽车底盘技术的应用与发展 …… 1

二、汽车行驶原理 …… 2

三、汽车行驶条件 …… 4

第二节　汽车底盘的作用与组成 …… 5

一、汽车底盘的作用 …… 5

二、汽车底盘的组成 …… 5

【回顾与总结】 …… 6

【思考与练习】 …… 7

第二章　汽车传动系统 …… 8

第一节　传动系统概述 …… 8

一、传动系统的作用与组成 …… 8

二、传动系统的布置形式 …… 9

第二节　离合器 …… 12

一、为什么要有离合器 …… 12

二、离合器的作用 …… 13

三、离合器的性能要求 …… 13

四、离合器的类型 …… 14

五、推式膜片弹簧离合器 …… 14

六、拉式膜片弹簧离合器 …… 17

七、离合器操纵机构 …… 18

八、离合器主要零部件的检修 …… 18

九、离合器的故障诊断与排除 …… 20

第三节　手动变速器 …… 22

一、为什么安装变速器 …… 22

二、变速器的作用 …… 23

三、变速器的性能要求 …… 23

四、变速器的类型 …… 23

五、变速器的组成 …… 24

六、变速器的工作原理 …… 25

七、变速器操纵机构 …… 27

八、变速器传动机构 …… 30

九、变速器换档装置 …… 31

十、变速器壳体和盖 …… 35

十一、变速器的润滑和密封 …… 35

十二、变速器的装配与调整 …… 36

十三、变速器主要零部件的检修 …… 37

十四、变速器的故障诊断与排除 …… 38

十五、宝来 02T 五速两轴式变速器 …… 40

十六、途锐 08D 六速三轴式变速器 …… 50

十七、02M 六速两输出轴式变速器 …… 55

十八、赛车用碰撞式变速器 …… 61

第四节　万向传动装置 …… 62

一、万向传动装置的作用及组成 …… 62

二、万向传动装置的应用 …… 62

三、万向节 …… 62

四、传动轴 …… 67

五、中间支承 …… 68

六、万向传动装置的检修 …… 68

七、万向传动装置的故障诊断与排除 …… 69

第五节　驱动桥 …… 70

一、驱动桥的作用 …… 71

二、驱动桥的组成 …… 71

三、驱动桥的类型 …… 71

四、主减速器 …… 72
五、差速器 …… 75
六、奥迪 Quattro-Torsen 中央差速器四轮驱动 …… 80
七、大众 4Motion-Haldex 离合器四轮驱动 …… 82
八、分动器 …… 96
九、半轴 …… 97
十、桥壳 …… 99
十一、驱动桥的检修 …… 99
十二、驱动桥的故障诊断与排除 …… 100
【回顾与总结】 …… 102
【思考与练习】 …… 103
第三章 汽车行驶系统 …… 104
第一节 行驶系统概述 …… 104
一、行驶系统的作用 …… 104
二、行驶系统的组成 …… 105
第二节 车架 …… 105
一、车架的作用 …… 105
二、设计要求 …… 106
三、车架的类型 …… 106
四、车架变形的修理 …… 108
五、车架常见的损伤及原因 …… 108
第三节 车桥 …… 109
一、车桥的作用 …… 109
二、车桥的类型 …… 109
三、转向桥 …… 109
四、转向驱动桥 …… 110
五、转向车轮定位 …… 111
六、车桥的故障诊断与排除 …… 115
第四节 车轮和轮胎 …… 117
一、车轮的作用及组成 …… 117
二、车轮的类型及结构 …… 118
三、车轮的拆装 …… 119
四、轮胎的作用及类型 …… 120
五、轮胎的结构 …… 121
六、应急轮胎 …… 122
七、轮胎性能 …… 123
八、轮胎规格的表示方法 …… 124
九、常见轮胎品牌 …… 126
十、轮胎的使用与换位 …… 126
十一、轮胎的拆装、检查及故障诊断 …… 127
十二、车轮动平衡试验 …… 129
第五节 悬架 …… 131
一、悬架的作用及组成 …… 131
二、对悬架的要求 …… 132
三、悬架的类型 …… 132
四、弹性元件 …… 133
五、减振器 …… 137
六、电磁式减振器 …… 139
七、独立悬架 …… 140
八、横向稳定器 …… 144
九、辉腾带减振控制的空气悬架系统 …… 145
十、悬架的检修 …… 172
十一、悬架的故障诊断与排除 …… 174
第六节 奥迪轮胎压力监控系统 …… 177
一、轮胎压力监控系统概述 …… 177
二、奥迪轮胎压力监控系统组成 …… 177
三、金属气门嘴 …… 179
四、轮胎压力传感器 …… 179
五、轮胎压力监控天线 …… 181
六、轮胎压力监控控制单元 …… 181
七、轮胎压力监控系统操纵 …… 181
八、轮胎压力监控系统信号 …… 182
九、轮胎压力监控系统轮胎识别 …… 186
十、轮胎压力监控系统位置识别 …… 186
十一、备胎 …… 187
十二、系统信息交换 …… 187
十三、系统自诊断 …… 188
十四、系统电路图 …… 188
【回顾与总结】 …… 189
【思考与练习】 …… 189
第四章 汽车转向系统 …… 191
第一节 转向系统概述 …… 192
一、转向系统的作用与类型 …… 192
二、对转向系统的要求 …… 193
三、转向系统的参数 …… 193
第二节 转向操纵机构 …… 194
一、转向操纵机构的作用 …… 194
二、转向操纵机构的组成 …… 194
三、转向操纵机构的检修 …… 199

第三节　转向器 ………………………… 199
一、转向器的作用……………………… 199
二、转向器的类型……………………… 199
三、齿轮齿条式转向器………………… 199
四、循环球式转向器…………………… 200
五、蜗杆曲柄指销式转向器…………… 201
六、转向器的检修……………………… 202
第四节　转向传动机构 ………………… 202
一、转向传动机构的作用……………… 202
二、转向传动机构的类型与组成……… 202
第五节　助力转向系统 ………………… 203
一、助力转向系统的作用及类型……… 203
二、奥迪液压式助力转向系统………… 204
三、速腾电动式助力转向系统………… 206
四、电动液压式助力转向系统………… 218
第六节　奥迪 A4 动态转向系统 ……… 223
一、动态转向系统概述………………… 223
二、动态转向系统基本结构及功能…… 227
三、动态转向系统控制单元 J792 …… 228
四、执行元件的结构及功能…………… 229
五、电动机……………………………… 230
六、动态转向锁………………………… 231
七、传感器……………………………… 232
八、操作和驾驶人信息………………… 234
九、带有 ECO 功能的转向泵 ………… 236
十、CAN 数据交换图 ………………… 238
十一、系统电路图……………………… 238
第七节　转向系统的故障诊断与排除 ………………………… 239
一、机械式转向系统的故障诊断与排除……………………………… 239
二、液压式助力转向系统的故障诊断与排除……………………………… 243
【回顾与总结】 ………………………… 246
【思考与练习】 ………………………… 246
第五章　汽车制动系统 ………………… 247
第一节　制动系统概述 ………………… 248
一、制动系统的作用…………………… 248
二、制动系统的类型…………………… 248
三、制动系统的组成…………………… 248
四、对制动系统的要求………………… 249
五、对制动系统影响最大的因素……… 249
六、确保制动性能达标的条件………… 249
七、制动系统的工作原理……………… 249
第二节　车轮制动器 …………………… 251
一、鼓式车轮制动器…………………… 251
二、盘式车轮制动器…………………… 255
三、陶瓷式制动盘……………………… 258
四、车轮制动器的检修………………… 259
第三节　驻车制动器 …………………… 260
一、驻车制动器的作用………………… 260
二、驻车制动器的类型………………… 260
三、驻车制动器的性能检查…………… 260
四、手操纵式驻车制动器……………… 260
五、途锐脚踏式驻车制动器…………… 261
六、奥迪 A8 电控式驻车制动器 ……… 263
七、驻车制动器的检修………………… 268
八、驻车制动器常见故障诊断与排除…… 269
第四节　奥迪 Q7 视觉驻车辅助系统……………………… 269
一、视觉驻车辅助系统概述…………… 269
二、视觉驻车辅助系统控制单元 J446 ……………………… 270
三、视觉驻车辅助系统传感器………… 271
四、视觉驻车辅助系统的功能………… 271
五、视觉驻车辅助系统的操纵………… 271
六、给驾驶人的反馈…………………… 272
七、视觉驻车辅助系统的通信结构…… 272
八、视觉驻车辅助系统电路图………… 273
第五节　制动传动装置 ………………… 273
一、液压式制动传动装置……………… 273
二、液压式制动系统排气……………… 278
三、液压式制动系统各部件的检修…… 279
四、液压式制动系统故障诊断与排除…… 279
第六节　电动制动助力装置 …………… 281
一、为什么采用电动制动助力装置…… 281
二、电子真空泵的结构和功能………… 282
三、叶片泵的结构和功能……………… 282
四、开环控制真空泵…………………… 282
五、闭环控制真空泵…………………… 284
六、自诊断……………………………… 287

第七节 制动辅助系统(BAS) ………… 287

一、制动辅助系统因何而生……………… 287

二、制动辅助系统概述…………………… 287

三、制动辅助系统的类型………………… 288

四、液压式制动辅助系统………………… 288

五、机械式制动辅助系统………………… 295

第八节 防抱死制动系统(ABS) …… 297

一、防抱死制动系统为何成为标配……… 297

二、防抱死制动系统的理论基础………… 297

三、防抱死制动系统的优点……………… 299

四、防抱死制动系统的组成、控制方式和分类………………………… 300

五、防抱死制动系统的主要部件结构和工作原理…………………………… 303

六、防抱死制动系统的工作原理………… 308

七、防抱死制动系统的故障诊断………… 310

第九节 驱动防滑控制系统(ASR) … 314

一、为什么会出现滑转现象……………… 314

二、驱动防滑控制系统的理论基础……… 315

三、驱动防滑控制系统的组成…………… 315

四、驱动防滑控制系统的控制方式……… 316

五、ASR 与 ABS 的异同 ……………… 317

第十节 电子稳定程序控制系统(ESP) ……………… 317

一、电子稳定程序控制系统的优势……… 317

二、电子稳定程序控制系统的功能特点………………………………… 318

三、电子稳定程序控制系统的物理原理………………………………… 318

四、电子稳定程序控制系统的概述……… 321

五、电子稳定程序控制系统的构造与功能………………………………… 322

六、电子稳定程序控制系统的工作原理………………………………… 328

七、电子稳定程序控制系统总览图……… 329

八、电子稳定程序控制系统电路图……… 329

【回顾与总结】 ……………………………… 331

【思考与练习】 ……………………………… 332

第一章 底盘基础知识

精解目标

1）了解汽车底盘技术的发展状况。

2）掌握汽车能够行驶的原理。

3）理解汽车行驶的条件。

4）熟悉汽车行驶时都会受到哪些阻力的影响。

精解要点

1）驱动力是如何产生的。

2）汽车底盘的作用及组成。

第一节　汽车底盘的发展状况

一、汽车底盘技术的应用与发展

最初的车辆，都是由人力来推动的，称为人力车；后来人们开始用牛、马拉车，称为畜力车。

现在的车辆大多数都是机动车，它将产生的能量转换为机械能。随着对空气动力学原理研究的不断深入，以及人们对车型美观多样化的追求，从20世纪30年代起，汽车外形向流线型发展。20世纪60年代，随着汽车保有量和汽车速度的增加，交通事故频发成了比较严重的社会问题。为了防止交通事故的发生，除制定新的交通法规加以限制外，还改造了制动装置并添加了许多安全装置。20世纪70年代后，能源危机和环境保护是汽车业的重大问题。汽车设计强调轻量化、低油耗和在底盘方面如何减少行驶阻力，此时的汽车以机械控制系统或液压控制系统为主。到了20世纪80年代，随着电子技术的发展，电子控制成为汽车上的主要控制方式。现代汽车广泛采用电脑及先进的传感器等电子部件，使汽车性能大为改善，提高了经济性和操作方便性、工作可靠性、维修简便性与乘坐舒适性，排气污染也得到较好的控制，尤其是汽车的安全性、操作智能化方面更加突出。进入21世纪，汽车设计主要解决的问题仍然是环保和安全问题。电子技术的发展，为汽车向电子化、智能化、网络化、多媒体化的发展创造了条件。现代汽车上装用电子装置的成本将占整车成本的25%以上，汽车由单纯机械产品向高级的机电一体化产品方向发展。

底盘作为汽车的一个重要组成部分，其工作性能的好坏直接影响到汽车行驶的动力性、经济性、平顺性、操纵稳定性以及安全可靠性。其结构和性能特点随车型、发动机的安装位置、驱动方式、用途等的不同而不同。早期汽车底盘是在马车的基础上发展演变而来的。由于敞篷式马车形汽车难以遮风挡雨，后来，工程技术人员便设计出了箱形汽车，将一个装有门和窗的箱子安装在一个车架上。对于高速行驶的汽车，由于箱形汽车的结构不适应空气动力学的要求，所引起的空气阻力会很大，于是，人们又开发出了船形汽车等适应空气动力学要求的汽车。一开始汽车所装用的发动机功率很小，行驶速度较低，因此，对车辆底盘的要求并不高。随着装用发动机功率的增大，车速的不断提高，对车辆的底盘提出了不同的要求，如有效平稳地传递动力至驱动轮、提高车辆行驶的平顺性和安全性、便于操作等。为此，在大批工程技术人员的不懈努力下，相继发明了齿轮式变速器、差速器、离合器、万向传动装置、独立悬架、助力转向系统、自动变速器、防抱死制动系统等。

目前，汽车底盘电子控制技术已得到了迅速发展。防抱死制动系统(ABS)和安全气囊(SRS)的使用，对汽车的制动安全性和碰撞后的安全性起到了很大的改善作用。因此，防抱死制动系统(ABS)和安全气囊(SRS)已经成为现代轿车的标准配备。近些年来，汽车驱动防滑控制系统(ASR)以及电子稳定程序控制系统(ESP)的应用，提高了汽车的起步、加速、通过滑溜路面的能力和汽车在这些情况下的操纵稳定性。电子控制悬架可根据不同的路面、车速等情况，自动控制悬架的刚度和阻尼以及车身的高度，使得汽车的乘坐舒适性和操纵稳定性进一步提高。此外，助力转向电子控制系统、汽车行驶速度控制系统等电子控制装置的使用都使汽车的操纵性、安全性和舒适性等得到了进一步提高。

综上所述，汽车底盘电子控制系统在汽车上的应用越来越普遍，这对汽车的使用与维修提出了更高的要求。因此，检修这些装备了电子装置的汽车，除需要具备相应的机械知识外，还需要具备电子技术和电子设备知识及故障检修的基本技能。

☞ 二、汽车行驶原理

1. 驱动力的产生

当汽车行驶时，发动机的输出转矩 M_e 通过传动系统传给驱动轮，使驱动轮得到一个转矩 M_t，由于汽车轮胎与地面接触，在转矩的作用下，接触面上轮胎边缘对地面产生一个向后的圆周力 F_o，它的方向与汽车的行驶方向相反。根据作用力与反作用力的关系，地面对轮胎边缘施加一个向前的反作用力 F_t，其大小与 F_o 相等但方向相反。则 F_t 为驱动汽车的外力，称为汽车的驱动力，如图1-1所示，其大小为

$$F_t = M_t / R$$

式中，M_t 表示作用于车轮上的转矩(N·m)；R 表示车轮半径(m)。

由上式可知，汽车的驱动力 F_t 与发动机的转矩 M_e 成正比，与车轮半径 R 成反比。

充气轮胎的车轮，在不同状态下有不同的半径。

1）自由半径 R_o：指车辆处于无载状态下的车轮半径。

2）静力半径 R_s：在车重状态下，轮心到地面的距离。

3）滚动半径 R_r：在满载行驶状态，根据车轮滚过的圈数 n_w 和汽车驶过的距离 s，由下式计

算滚动半径，即 $R_r = s/2\pi n_w$。

显然，对汽车作运动学分析时，应用滚动半径；而作动力学分析时应用静力半径；作粗略分析时，通常不计其差别，统称车轮半径 R，即认为 $R_r \approx R_s \approx R$。

图 1-1　汽车的驱动力

2. 附着力

附着力是指由路面提供的切向反作用力的最大值，其大小取决于轮胎与地面的附着系数和轮胎所受的载荷。影响附着力大小的因素有轮胎气压、花纹、运动状态、道路质量、载荷大小等。通常轮胎的气压越低、车速越慢、越野花纹、干燥水泥或柏油路面以及增加载荷质量等都能使附着力增大。

3. 汽车行驶阻力

汽车在水平道路上等速行驶时，必须克服来自地面的滚动阻力 F_f 和来自空气的空气阻力 F_w；当汽车在坡道上上坡行驶时，还必须克服重力沿坡道的分力，称为上坡阻力 F_i；汽车加速行驶时，还需要克服其惯性力，称为加速阻力 F_j。因此，汽车行驶的总阻力为：

$$\sum F = F_f + F_w + F_i + F_j$$

注：滚动阻力和空气阻力是在任何行驶条件下均存在的。上坡阻力和加速阻力仅在一定行驶条件下存在。如在水平路面上等速行驶时就没有加速阻力和上坡阻力。

（1）滚动阻力

1）滚动阻力的产生。滚动阻力主要是由于车轮滚动时路面与轮胎的变形以及车轮轴承内的摩擦所引起的阻力。它包括道路塑性变形损失；轮胎弹性迟滞损失；其他损失，如轴承、油封损失，悬架零件间摩擦和减振器内损失等。如汽车在松软路面上行驶时，滚动阻力主要是由路面变形引起的；汽车在硬路面上行驶时，滚动阻力主要是由轮胎变形引起的。

2）影响滚动阻力的因素。滚动阻力的大小与轮胎结构、轮胎气压、路面性质及汽车总质量有关。

① 轮胎的结构、帘布层及橡胶品种对滚动阻力都有影响。在保证轮胎有足够的强度和寿命的前提下，减少帘布层数，可以使胎体减薄而减小滚动阻力系数。子午线轮胎因帘布层数少，因此，其滚动阻力系数较一般轮胎的滚动阻力系数小，而且随车速的变化小。胎面花纹磨损的轮胎比新轮胎的滚动阻力系数小。

② 轮胎气压对滚动阻力影响很大。气压降低时，在硬路面上轮胎变形大，因此，滚动阻力增大；气压过高，在松软路面上行驶时，路面产生很大的塑性变形，将留下车辙，同样会使滚动阻力增大。

③ 路面的种类和状况不同，使滚动阻力在很大范围内变化。坚硬、平整而干燥的路面，滚动阻力最小。路面不平，滚动阻力将成倍增加，这是因为路面不平会引起轮胎和悬架系统的附加变形及减振器内产生的阻力要成倍地消耗能量。松软路面由于塑性变形很大，使滚动阻力增加

很多。

④ 行车速度对滚动阻力影响很大。车速在 100km/h 以下时，滚动阻力变化不大；车速在 100km/h 以上时，滚动阻力增加较快；车速达到某一高速时，如 150～200km/h，滚动阻力迅速增加，因为这时轮胎将发生驻波现象，即轮胎周缘不再是圆形而呈明显的波浪状。出现驻波后，滚动阻力显著增加，而且轮胎的温度也很快增加，胎面与轮胎帘布层会产生脱落，出现爆胎现象，这对高速行驶的车辆很危险。

⑤ 汽车总质量对滚动阻力影响很大。这是由于汽车总质量越大，路面的塑性变形和轮胎的弹性变形将越大，从而引起滚动阻力增加。

（2）空气阻力　如图 1-2 所示，空气阻力是汽车在行驶时，其表面与空气相摩擦，同时，车身前部受到迎面气体压力及车身后部因空气涡流而产生真空度所引起的阻力。因此，空气阻力包括摩擦阻力和压力阻力两大部分。

摩擦阻力是由于空气的粘性在车身表面产生的切向力的合力在行驶方向的分力。摩擦阻力与车身表面粗糙度及表面积有关。

图 1-2　空气阻力示意图

压力阻力是作用在汽车外形表面上的法向压力的合力在行驶方向的分力，它包括以下 4 部分：

1）形状阻力：汽车行驶时，空气流经车身，在汽车前方空气相对被压缩，压力升高；车身尾部和圆角处空气压力较低，形成涡流而引起负压。由于汽车前后部压力差所引起的阻力称为形状阻力。形状阻力的大小与车身主体形状有很大关系，例如，车头、车尾的形状及风窗玻璃的倾角等。

2）干扰阻力：突出于车身表面的部分所引起的空气阻力，如门把手、后视镜等。

3）诱导阻力：汽车上下部压力差在水平方向的分力。

4）内循环阻力：发动机冷却系统、车身内通风等需空气流经车体内部时形成的阻力。

综上所述，空气阻力的大小与汽车迎风面积、汽车与空气的相对速度、汽车外廓形状和表面摩擦系数有关。

（3）上坡阻力　上坡阻力是指汽车上坡时，由于汽车重力和坡度所引起的阻力，其大小与汽车总质量和道路纵向坡度角有关。

注：当汽车下坡时，上坡阻力变为汽车行驶的动力。

（4）加速阻力　加速阻力是指汽车在起步和加速时由于惯性所引起的阻力，其大小与飞轮的转动惯量、车轮的转动惯量以及传动系统的传动比有关。

☞ 三、汽车行驶条件

1. 汽车行驶的驱动条件

汽车必须有一定的驱动力以克服各种行驶阻力，才能正常行驶。表示汽车驱动力与行驶阻力之间关系的等式，称为汽车的驱动力平衡方程，即汽车的行驶方程：

$$F_t = F_f + F_w + F_i + F_j$$

上式说明了汽车行驶中驱动力与各行驶阻力的平衡关系，其平衡关系不同，则汽车的运动状态也不同。

若 $F_t > F_f + F_w + F_i$ 时，汽车将加速行驶；

若 $F_t = F_f + F_w + F_i$ 时，汽车将等速行驶；

若 $F_t < F_f + F_w + F_i$ 时，汽车将无法起步。

所以，汽车行驶的第一个条件为：

$$F_t \geqslant F_f + F_w + F_i$$

上式被称为汽车的驱动条件，但还不是汽车行驶的充分条件。

2. 汽车行驶的附着条件

要提高汽车的动力性，可以采用增加发动机转矩、加大传动系统的传动比等措施以增大汽车的驱动力来实现。但是，这些措施只有在驱动轮与路面不发生滑转现象时才有效。如果驱动轮在路面滑转，则增大驱动力只会使驱动轮加速旋转，地面切向反作用力并不会增加，汽车仍不能行驶。这种现象说明：地面作用在驱动轮上的切向反作用力受地面接触强度的限制，并不能随意加大，即汽车行驶除受驱动条件制约外，还受轮胎与地面附着条件的限制。

地面对轮胎切向反作用力的极限值称为附着力，记作 F。在硬路面上附着力取决于轮胎与路面间的相互摩擦，它与驱动轮法向反作用力 F_z 成正比，常写成：

$$F = F_z$$

附着系数是由轮胎和路面的结构特性决定的，表示轮胎与路面的接触强度。在硬路面上，附着系数反映了轮胎与路面的摩擦作用。当轮胎与路面接触时，路面的坚硬微小凸起能嵌入变形的轮胎中，增加了轮胎与路面的接触强度，对轮胎滑转有一定的阻碍作用。

在松软路面上，附着系数值不仅取决于轮胎与路面间的摩擦作用，同时还取决于路面的抗剪切强度。因为只有当嵌入轮胎花纹沟槽的路面被剪切脱开基层时，轮胎在接地面积内才产生相对滑动，车轮发生相对滑转。

显而易见，地面切向反作用力不能大于附着力，否则，会发生驱动力滑转，汽车将不能行驶，即

$$F_t \leqslant F = F_z$$

式中，F_t 表示汽车驱动力；F 表示附着力；F_z 表示地面作用在所有驱动轮上的法向反作用力。

此即为汽车行驶的第二个条件——附着条件。将汽车的驱动条件与附着条件联立，则得：

$$F_f + F_w + F_i \leqslant F_t \leqslant F$$

这就是汽车行驶的必要与充分条件，称为汽车行驶条件。

注：汽车的行驶条件归纳为：驱动力必须大于等于各阻力之和且小于等于附着力。

第二节　汽车底盘的作用与组成

☞ 一、汽车底盘的作用

汽车底盘是支承、安装发动机和部分电器设备与附件等，形成汽车的整体造型，并接受发动机输出的动力，通过各机构传送给驱动轮，使汽车产生运动，保证正常行驶。

☞ 二、汽车底盘的组成

如图 1-3 所示，汽车底盘由传动系统、行驶系统、转向系统和制动系统四部分组成。

1. 传动系统

传动系统的功用是将发动机的动力传递给驱动轮。传动系统具有减速、变速、倒车、中断动

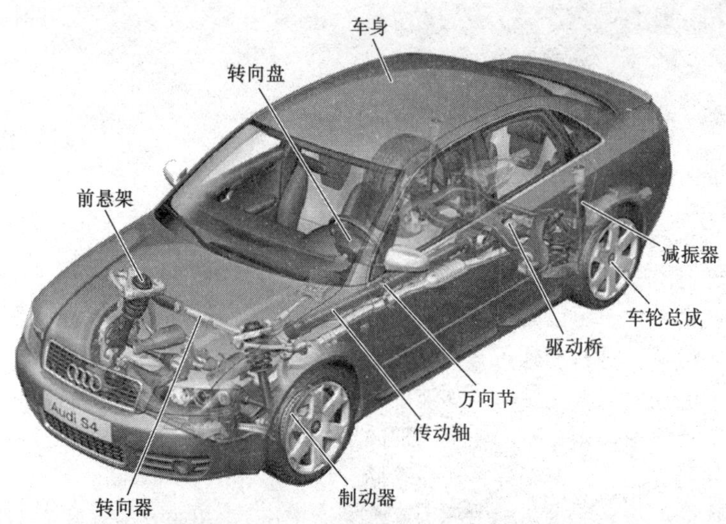

图 1-3　汽车底盘的组成

力、轮间差速和轴间差速等功能，与发动机配合工作，能保证汽车在各种工况条件下的正常行驶，并具有良好的动力性和经济性。

普通传动系统由离合器、变速器、万向传动装置和驱动桥等部分组成。现代轿车越来越普遍采用液力式自动变速器。

2. 行驶系统

行驶系统的功用是支承汽车的质量并承受、传递路面作用在车轮上各种力的作用；接受传动系统传来的转矩并转化为汽车行驶的驱动力；缓和冲击，减少振动，保证汽车平顺行驶。

行驶系统一般由车架、车桥、车轮和轮胎、悬架等部分组成。现代轿车越来越普遍采用电子控制悬架系统。

3. 转向系统

转向系统的功用是保证汽车能够按照驾驶人选定的方向行驶。

转向系统一般由转向操纵机构、转向器、转向传动机构等部分组成。现代轿车越来越普遍采用助力转向装置。

4. 制动系统

制动系统的功用是根据驾驶人的要求使汽车减速或停车，确保行车安全和汽车可靠停放。

制动系统一般由行车制动装置和驻车制动装置等部分组成。防抱死制动系统（ABS）已经成为轿车的标配装置，现代轿车越来越普遍采用 ASR 以及 ESP 等装置。

【回顾与总结】

1. 汽车底盘工作性能的好坏直接影响到汽车行驶的动力性、经济性、平顺性、操纵稳定性以及安全可靠性。

2. 汽车的驱动力 F_t 与发动机的转矩 M_e 成正比，与车轮半径 R 成反比。

3. 附着力是指由路面提供的切向反作用力的最大值。其大小取决于轮胎与地面的附着系数和轮胎所受的载荷。

4. 滚动阻力和空气阻力是在任何行驶条件下均存在的。上坡阻力和加速阻力仅在一定行驶条件下存在。

5. 滚动阻力主要是由于车轮滚动时路面与轮胎的变形以及车轮轴承内的摩擦所引起的阻力。

6. 空气阻力的大小与汽车迎风面积、汽车与空气的相对速度、汽车外廓形状和表面摩擦系数有关。

7. 上坡阻力是指汽车上坡时，由于汽车重力和坡度所引起的阻力，其大小与汽车总质量和道路纵向坡度角有关。

8. 加速阻力是指汽车在起步和加速时由于惯性所引起的阻力，其大小与飞轮的转动惯量、车轮的转动惯量以及传动系统的传动比有关。

9. 汽车的行驶条件为：驱动力必须大于等于各阻力之和且小于等于附着力。

【思考与练习】

一、填空题

1. 汽车在松软路面上行驶时，滚动阻力主要是由（　　）引起的；汽车在硬路面上行驶时，滚动阻力主要是由（　　）引起的。

2. 滚动阻力的大小与（　　）、（　　）、（　　）及（　　）有关。

3. 汽车底盘由（　　）、（　　）、（　　）、（　　）四部分组成。

二、问答题

1. 汽车总质量与滚动阻力之间存在什么关系？

2. 汽车底盘能起到哪些作用？

3. 汽车底盘由哪几部分组成？各组成部分的作用是什么？

4. 请说明电子技术在汽车底盘上的应用有哪些？

第二章 汽车传动系统

我们把汽车发动机与驱动轮之间的动力传递装置称为汽车传动系统。传动系统作为汽车底盘的四大系统之一，承担着将发动机的动力按汽车正常行驶需要传送至驱动轮的工作，是汽车正常行驶的动力保障。

精解目标

1）掌握传动系统的布置形式。

2）掌握膜片弹簧干摩擦式离合器的结构及工作原理。

3）掌握手动变速器的功用、分类及工作原理。

4）掌握两轴式手动变速器的结构及各档位动力传递原理。

5）掌握三轴式手动变速器的结构及各档位动力传递原理。

6）熟悉锁环式同步器的结构及工作原理。

7）掌握常用万向节的结构及工作原理。

8）掌握差速器的组成及工作原理。

精解要点

1）离合器踏板的检查与调整方法。

2）离合器片和离合器压盘的检查与更换。

3）手动变速器的维护、检修方法。

4）手动变速器油的检查方法。

5）球笼式万向节总成的拆装方法。

6）驱动桥的装配与调整。

第一节　传动系统概述

一、传动系统的作用与组成

1. 传动系统的作用

传动系统的作用是将发动机产生的动力按照需要传递给驱动轮，并保证汽车正常行驶。

2. 传动系统的组成

按结构和传动介质不同，汽车传动系统的类型可分为机械式、液力液压式、静液式、电力式等，其中，机械式和液力机械式应用最广泛。

本书主要讲解机械式传动系统，那么，我们就一起来学习一下机械式传动系统的组成。

如图 2-1 所示为普通轿车机械式传动系统的组成和布置示意图。它由离合器、变速器、万向传动装置（包括传动轴和万向节）、驱动桥（包括主减速器、差速器和半轴）等组成。

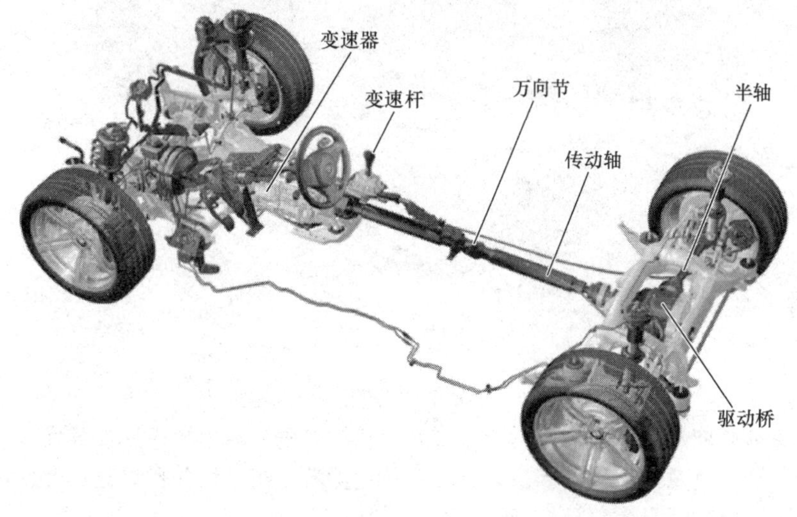

图 2-1 普通轿车机械式传动系统的组成和布置示意图

（1）离合器 按照需要适时地切断或接合发动机与变速器之间的动力传递。

（2）变速器 改变发动机输出转速的高低、转矩的大小以及输出轴的旋转方向，也可以切断发动机的动力传递。

（3）万向传动装置 将变速器输出的动力传递给主减速器，并适应两者之间距离和轴线夹角的变化。

（4）主减速器 降低变速器的转速，增大其转矩，改变动力的传递方向。

（5）差速器 将主减速器传来的动力分配给左、右半轴，并允许左、右驱动轮以不同的速度旋转，以满足左、右驱动轮在行驶过程中差速的需要。

（6）半轴 将差速器传来的动力传递给驱动轮，使驱动轮获得旋转的动力。

注：使用了自动变速器的车辆就没有离合器，取而代之的是液力变矩器。对于四轮驱动的汽车，在变速器与万向传动装置之间还装有分动器，其作用是将发动机的动力分配给前、后驱动桥。

☞ 二、传动系统的布置形式

汽车传动系统的布置形式主要与发动机的安装位置及汽车的驱动形式有关。汽车的驱动形式通常用汽车车轮总数 × 驱动轮数来表示。现代轿车多采用 4 个车轮，其中只有 2 个驱动轮，其驱动形式可表示为 4 ×2。一般越野汽车的 4 个车轮全部为驱动轮，其驱动形式可表示为 4 ×4。

1. 发动机前置前轮驱动

发动机前置前轮驱动简称为前置前驱，英文缩写为 FF。图 2-2 所示为该传动系统布置形式示意图。其变速器、主减速器和差速器制成一体，称为变速驱动桥，它同离合器、发动机一起集中安装在汽车前部。这种布置形式根据发动机安装方向的不同又可分为发动机横置前驱和发动机纵置前驱两种形式。

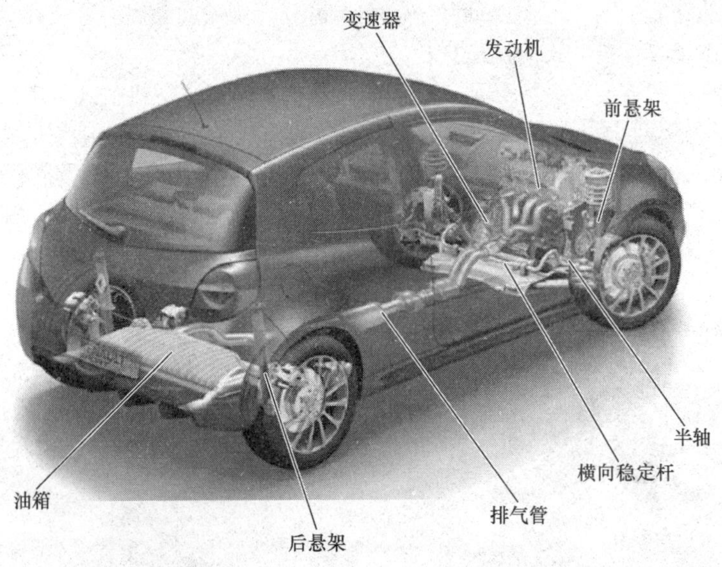

图 2-2　前置前驱布置形式示意图

发动机前置前轮驱动的布置形式，除具有发动机散热条件好、操纵方便等优点外，还省去了很长的传动轴，使传动系统结构紧凑。但上坡时前轮附着力减小而使操纵稳定性变坏，下坡制动时前轮载荷过重，高速时易发生翻车现象。

这种布置形式在重心较低的微型、普通级和中级轿车上广泛采用，如捷达、奥迪、速腾、迈腾、富康等大多数轿车采用此类形式。

注：前置前驱车型最容易产生转向不足的现象，其原因就是前轮既要提供驱动力，又要提供转向时必需的横向力，导致负荷过大而容易产生打滑，而前轮打滑又会损失很多横向力，这样也会在很大程度上导致车辆不能按照既定轨迹运动，而是沿转向圆周的切线方向运动。不过这都是在特殊情况下才会产生的现象，而且，随着现在悬架和轮胎技术的进步，前驱车的转向极限也越来越高，日常驾驶几乎碰不到这些情况。而前置前驱有一个很大的优点，就是在雨雪天气路滑的情况下，靠前轮驱动车身能够易于保证方向的稳定性，不至于由于驱动轮打滑而失控。

2. 发动机前置后轮驱动

发动机前置后轮驱动简称为前置后驱，英文缩写为 FR。图 2-3 所示为该传动系统布置形式示意图。它是将发动机、离合器和变速器连成一个整体安装在汽车前部，而由主减速器、差速器和半轴组成的驱动桥则安装在汽车后部，两者之间通过万向传动装置相连。

发动机前置后轮驱动的布置形式，发动机散热条件好，便于驾驶人直接操纵发动机、离合器和变速器，因而操纵机构简单，维修方便，且后轮驱动的附着力大，容易获得足够的驱动力，主要为载货汽车所广泛采用，部分客车以及中高级轿车也常采用，如一汽载货汽车、五十铃、丰田皇冠、雷克萨斯、标致等车辆都采用这一驱动形式。

注：前置后驱车型也有着先天的缺点，由于驱动轮变成了后轮，在高速转弯时，一旦后轮失去抓地力，后果非常严重，很有可能产生甩尾，这样的直接后果就是转向过度，它与 FF 车的转向不足正好相反，整车向既定圆弧的内侧运动，严重时甚至会产生 180°的原地掉头，所以，对于驾驶经验不够丰富的人来说是非常危险的。不过对于驾驶经验丰富的人来说，恰好可以利用这

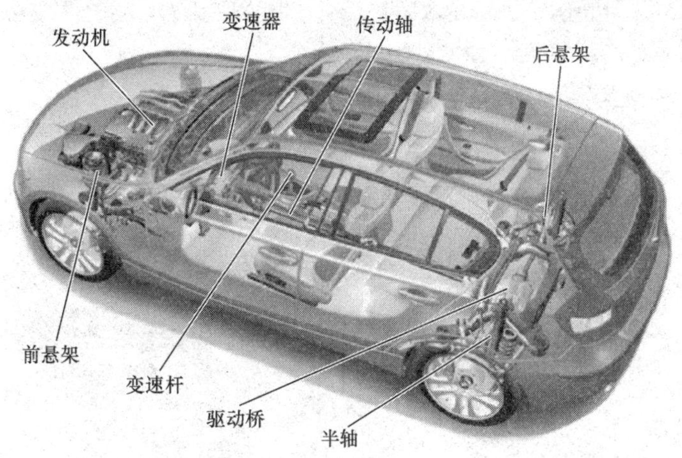

图 2-3　前置后驱布置形式示意图

个转向过度来提高转弯速度，也就是我们常说的甩尾过弯。

3. 发动机后置后轮驱动

发动机后置后轮驱动简称为后置后驱，英文缩写为 RR。图 2-4 所示为该传动系统布置形式示意图。其变速器、主减速器和差速器制成一体，称为变速驱动桥。它同离合器、发动机一起集中安装在汽车后部。

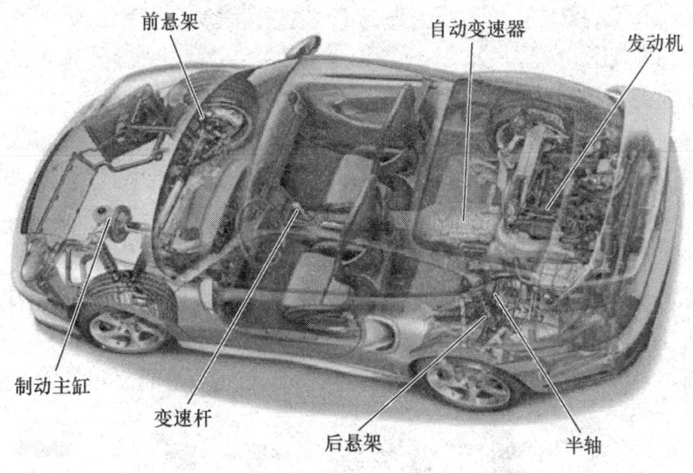

图 2-4　后置后驱布置形式示意图

这样传动系统结构紧凑，重心有所降低，前轮不易过载，后轮附着力大，并能更充分地利用车厢面积。由于发动机后置，其散热条件差，但有利于减轻发动机的高温和噪声对驾驶人的影响。发动机、离合器和变速器的远距离操纵使操纵机构变得复杂，维修调整不便。除多采用在大型客车上外，某些跑车也采用这种布置形式，如奥迪 R8 等。

注：后置后驱最直接的好处就是传动系统的效率高，因为发动机离驱动轮近且省去了前置后驱车型上那根长长的传动轴。有了高效的传动系统，发动机的动力就能发挥得淋漓尽致。

4. 发动机前置四轮驱动

前三种都属于两驱形式，而发动机前置全轮驱动简称为四驱，就是用四个车轮作为驱动轮，英文为 4Wheel Drive，简称为 4WD。图 2-5 所示为该传动系统布置形式示意图。与发动机前置两轮驱动相比，其前桥既是转向桥，也是驱动桥。为了将发动机的动力分配给前、后驱动桥，则在变速器与万向传动装置之间装有分动器。

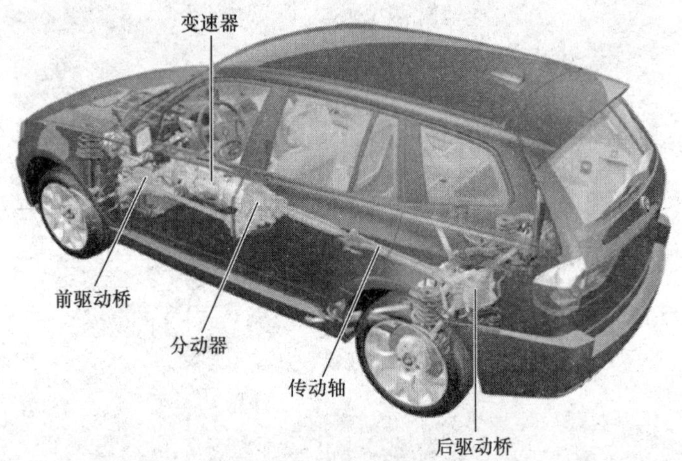

图 2-5　前置四驱布置形式示意图

这种布置形式为越野车和部分工程车辆所广泛采用，目前，一些高档轿车上也有采用这种形式的，如大众 4Motion、奥迪的 Quattro、切诺基以及某些国产军用车辆等的传动系统。

四轮驱动按操纵方式不同可分为分时四驱、适时四驱和全时四驱三种形式。

1）分时四驱：驾驶人可以通过驾驶室内的四驱选择手柄来自由切换四驱或两驱模式。越野时就选择四驱模式；当在公路上行驶时，则可以选择两驱模式。这种分时四驱的形式在一些老式的吉普车上可以见到，但在新式车型上已经淘汰。

2）适时四驱：在不需要四轮驱动的时候就采用两轮驱动，需要四轮驱动的时候汽车会自动采用四轮驱动，它与分时四驱最大的区别就是这一切都是系统自动完成切换的，不需要人为控制。

3）全时四驱：英文简称 AWD，指四个车轮时刻都能提供驱动力，无论是直线行驶还是转弯。为了避免转向干涉问题，全时四驱设置了一个中央差速器来调节前、后驱动桥的转速差。

注：四轮驱动车型的传动系统复杂，生产成本偏高。由于四驱系统增加车重，且其动力损耗较大，导致油耗上升，小排量发动机配四驱更是得不偿失的组合。此外，在维修保养上，四驱车也将花费更多金钱和时间。这些都是四驱不能在乘用车尤其是普通家用车领域普及的原因。

第二节　离　合　器

一、为什么要有离合器

通过前面的讲述，大家对底盘系统已经有了最基本的认识。在传动系统中，第一个关键部件就是“承前启后”的离合器了。离合器能够帮助驾驶人顺利换档，并且无需在等红灯时将发动机熄火。发动机的曲轴一直在运转，为了换档和停车这两项最基本的功能，驾驶人需要一个能将持续运转的曲轴和变速器断开的装置。于是，离合器便应运而生了。

如图 2-6 所示，离合器位于发动机与变速器之间，是汽车传动系统中直接与发动机相联系的总成，用来实现发动机与变速器之间的动力传递。目前，与手动变速器相配合的绝大多数离合器为膜片弹簧干摩擦式离合器。

二、离合器的作用

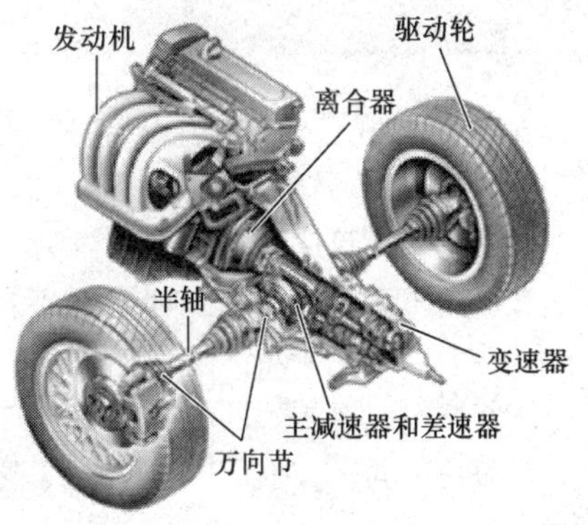

图 2-6　离合器安装位置示意图

1. 储存发动机的能量

由于离合器安装在发动机的飞轮上，加之离合器本身质量也很大，所以，它也起到发动机飞轮的作用，储存发动机做功行程多余的能量，用于克服其他三个行程所产生的阻力，从而使发动机运转平稳。

2. 传递发动机的转矩

在汽车机械式传动系统中，发动机的转矩利用离合器的摩擦力矩传递给变速器，再通过万向传动装置及驱动桥使驱动轮获得转动的力矩。

3. 保证汽车平稳起步

汽车起步是完全从静止状态转变到行驶状态的过程。在起步时，驾驶人用左脚踩下离合器踏板使离合器分离，暂时切断发动机与变速器之间的联系。然后，驾驶人通过变速杆将变速器挂入所需档位，左脚缓慢松开离合器踏板，同时，右脚逐渐踩下加速踏板使发动机发出的动力增加。于是，发动机的转矩便可由小变大地传给传动系统。当驱动轮上产生的驱动力足以克服汽车行驶阻力时，汽车便由静止开始运动并缓慢加速，从而保证汽车平稳起步。

注：想一想，驾驶新手在起步时，为什么总会出现汽车向前蹿动，甚至发动机熄火的情形?

4. 保证变速器换档平顺

在汽车行驶过程中，为了适应不断变化的行驶条件，变速器需要经常换用不同的档位工作。普通斜齿轮式变速器的换档是通过换档操纵机构和传动机构来实现的，即换档时不同的齿轮副要退出啮合或进入啮合，这就要求换档前踩下离合器踏板，暂时切断发动机与变速器之间的动力传递，便于退出原有齿轮副的啮合、进入新齿轮副的啮合。如果没有离合器或离合器分离不彻底使动力不能完全中断，原有齿轮副之间会因压力大而难以脱开，而待啮合齿轮副之间因圆周速度不同而难以进入啮合，勉强啮合也会产生很大的冲击和噪声，甚至会打齿。

5. 防止传动系统过载

汽车紧急制动时，驱动轮突然减速，因发动机与传动系统之间刚性连接，发动机转速将急剧下降，其所有零件将产生很大的惯性力矩。这一力矩作用于传动系统，会造成传动系统过载而使其机件损坏。有了离合器，当传动系统承受载荷超过离合器所能传递的最大转矩时，离合器会通过主、从动部分之间的打滑来消除这一危险，从而起到对传动系统的过载保护作用。

三、离合器的性能要求

要使离合器能正常工作，起到以上的作用，它应满足以下要求：

1）保证可靠地传递发动机的最大转矩，又能防止传动系统过载。

2）接合时应平顺柔和，保证汽车平稳起步，减小冲击。

3）分离时应迅速彻底，保证变速器换档平顺。

4）具有良好的通风散热能力，保证离合器工作可靠。

5）从动部分质量尽可能小，以减轻换档冲击。

6）操纵轻便，以减轻驾驶人疲劳。

四、离合器的类型

汽车机械式传动系统中所用离合器都是利用摩擦来传递动力的，按从动盘、压紧机构、操纵机构的不同可分为以下类型：

1）按从动盘的数目不同可分为单片式、双片式和多片式。

2）按压紧弹簧的形式和布置不同可分为膜片弹簧式、中央弹簧式、螺旋弹簧式和斜置弹簧式。

3）按操纵机构不同可分为机械式、液压式和气压式。

下面，我们仅对在汽车底盘传动系统中应用最广泛的膜片弹簧干摩擦式离合器进行详细讲解。

注：膜片弹簧干摩擦式离合器是采用膜片弹簧作为压紧机构的离合器，根据膜片弹簧所受作用力的不同可分为推式和拉式两种。

五、推式膜片弹簧离合器

1. 基本结构

推式膜片弹簧离合器的基本结构如图 2-7 所示，主要由以下 5 部分组成。

1）主动部分：飞轮、压盘、离合器盖。

2）从动部分：从动盘，即离合器片。

3）压紧机构：膜片弹簧。

4）分离机构：分离套筒、分离轴承、分离拨叉。

5）操纵机构：离合器踏板及调节装置。

如图 2-8 所示，主动部分由飞轮、压盘及离合器盖组成。离合器盖是用低碳钢冲压制成的，它通过螺栓固定在飞轮上。为了保证离合器拆装后不失去平衡，用定位销确保离合器盖与飞轮之间的安装位置。压盘和离合器盖之间是通过圆周均布的 3 组或 4 组传动片来传递转矩的。

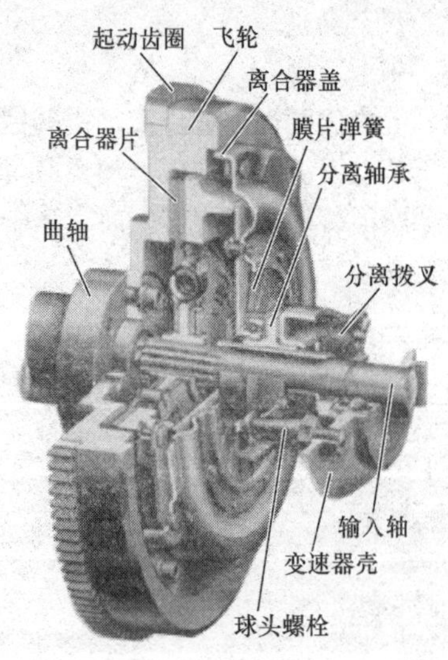

图 2-7　推式膜片弹簧离合器结构图

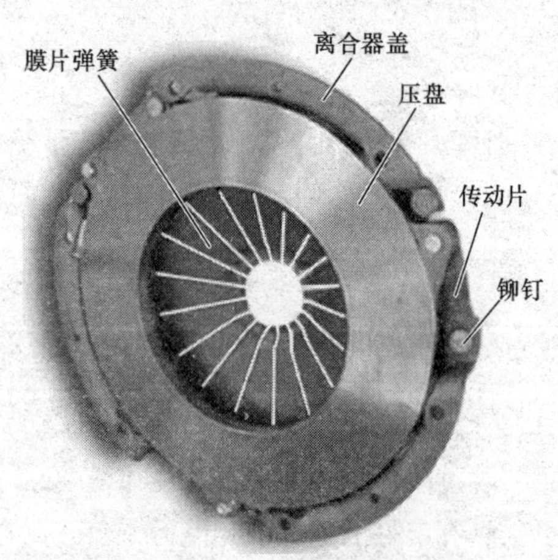

图 2-8　离合器主动部分

传动片用弹簧钢片制成，每组两片，其一端用铆钉铆在离合器盖上，另一端用螺钉与压盘相连接，这样，在离合器接合与分离的过程中，依靠传动片产生的弯曲变形，压盘相对于离合器盖

可轴向平行移动。

压盘与飞轮的工作面要平整光洁。压盘承受很大的机械负荷，为防止变形，常用强度和刚度都较大且耐热性比较好的高强度铸铁制成。

从动部分的主要部件是带扭转减振器的从动盘，即我们平时所说的离合器片，它被夹紧在飞轮和压盘之间。

如图 2-9 所示，从动盘由从动盘钢片、摩擦片、扭转减振器和从动盘毂等组成。

发动机传到传动系统的转速和转矩是周期性变化的，使传动系统产生扭转振动，这将使传动系统的零部件受到冲击性交变载荷，使寿命下降、零件损坏。采用扭转减振器可以有效地防止传动系统的扭转振动。

从动盘钢片外圆周铆接有波形弹簧片，摩擦片分别铆接在弹簧片上，从动盘钢片与扭转减振器盘铆接在一起，这两者之间夹有从动盘毂。从动盘钢片、从动盘毂和扭转减振器盘上都有四个或六个圆周均布的窗孔，扭转减振器的弹簧装在窗孔中。特种铆钉将从动盘钢片和扭转减振器盘铆接成一体，但铆钉中部和从动盘毂上的缺口存在一定的间隙，从动盘毂可相对从动盘钢片和扭转减振器盘进行一定量的转动。

当从动盘不受转矩作用时，减振器弹簧在从动盘毂与从动盘钢片和扭转减振器盘之间不起传力作用；当从动盘受转矩作用时，由摩擦片传来的转矩，首先传到从动盘钢片，再经减振器弹簧传给从动盘毂，这时弹簧被进一步压缩。因而，由发动机曲轴传来的扭转振动所产生的冲击即被弹簧所缓和以及摩擦片所吸收，而不会传到离合器以后的总成部件上。这样，发动机曲轴的转矩经从动盘毂的中间花键传递给变速器的输入轴。

安装离合器从动盘时，应具有方向性，以避免从动盘毂花键的连接长度不足、摩擦片悬空、顶分离轴承等现象，其安装方向因车型而异。

压紧机构主要是一个膜片弹簧(图 2-10 所示)，它位于压盘和离合器盖之间，用来将压盘和从动盘压向飞轮，使压盘、从动盘和飞轮三元件压紧在一起。

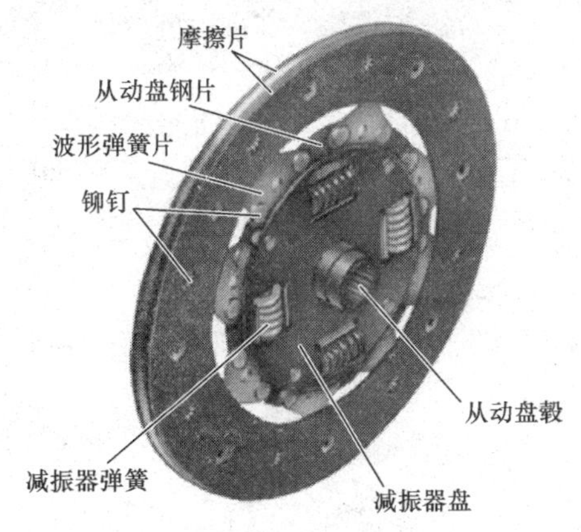

图 2-9　从动盘结构图

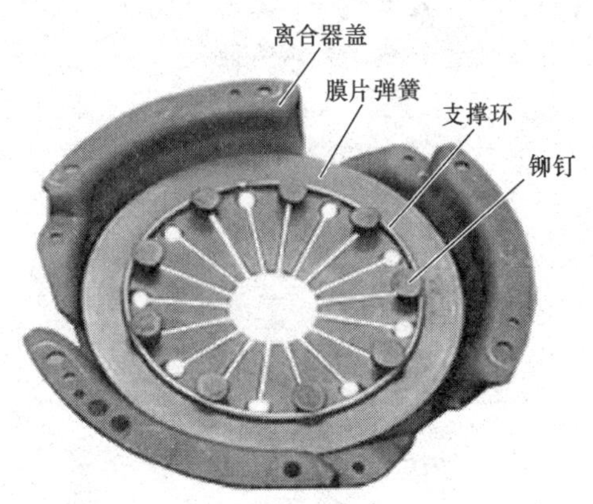

图 2-10　膜片弹簧

膜片弹簧用优质弹簧钢板制成，形状像一个碟子，在其具有锥形面的钢圆盘上，开有许多径向切槽，形成一圈有弹性的杠杆。在切槽的根部钻有圆孔，以防止应力集中。真正产生压紧力的仅是圆孔以外的部分。

膜片弹簧通过铆钉和前后两个支承环支承在离合器盖上，两个支承环为膜片压紧和分离的支承点，膜片弹簧的外端通过分离钩拉动压盘后移。

膜片弹簧离合器的主要特点，是用一个膜片弹簧代替传统的螺旋弹簧和分离杠杆。开有径向槽的碟形膜片弹簧，既起压紧元件的作用，又起分离杠杆的作用。这样可使离合器的结构大为简化，并显著地缩短了离合器的轴向尺寸，并且由于膜片弹簧与压盘整个圆周方向接触，故可保证压盘上的压力均匀，接合平顺。

膜片弹簧由制造保证其内端处于同一平面，不存在分离杠杆工作高度的调整问题，且由于膜片弹簧本身的特性，当摩擦片磨损变薄时，弹簧压力下降小，传动可靠性高，不易打滑，以及维持离合器在分离状态时所需的力量较小，操纵轻便。因此，膜片弹簧式离合器在现代汽车上得到广泛应用。

如图 2-11 所示，分离机构主要由分离杠杆、分离轴承、分离套筒和分离拨叉等组成。由于膜片弹簧兼起压紧弹簧和分离杠杆的双重作用，因此，在膜片弹簧式离合器中取消了分离杠杆。

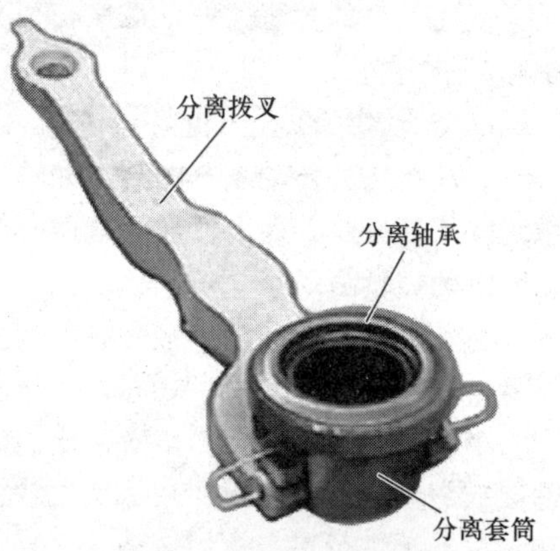

图 2-11　分离机构

分离轴承是分离机构的一个重要部件，它压紧在分离套筒上，分离轴承工作时主要承受轴向推力，并承受高速转动时自身产生的离心力。分离拨叉是带有支点的杠杆，推动分离拨叉时便可通过分离套筒、分离轴承向后推动膜片弹簧，从而解除压盘对从动盘的压力。

2. 工作原理

（1）安装前状态　如图 2-12a 所示，当离合器盖未固定到飞轮上时，膜片弹簧不受力，处于自由状态。此时，飞轮安装面与离合器盖之间有一定距离。

（2）安装后状态　如图 2-12b 所示，当离合器盖固定到飞轮上时，由于膜片弹簧发生弹性变形。这样，膜片对压盘和从动盘产生压紧力，使飞轮、从动盘和压盘三者压紧在一起，离合器处于接合位置。发动机的转矩经飞轮及压盘，通过摩擦面的摩擦力矩传到从动盘，再经从动盘毂的中间花键传递到变速器输入轴。

（3）分离过程　如图 2-12c 所示，踩下离合器踏板，分离拨叉推动分离套筒左移，通过分离轴承使膜片弹簧内端左移，膜片弹簧外端便拉动压盘右移，使其在进一步压紧膜片弹簧的同时，解除对从动盘的压力。于是，离合器的主、从动部分处于分离位置而切断动力传递。

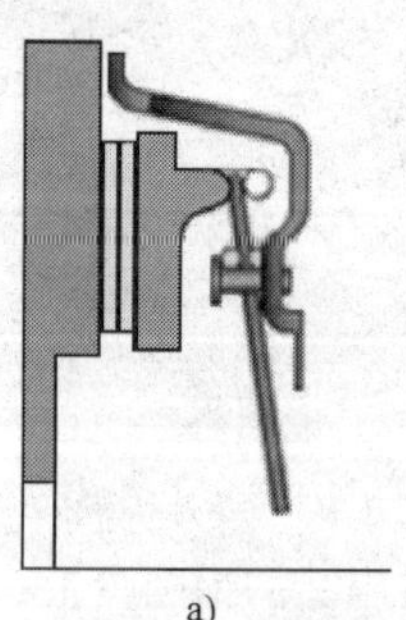
a)

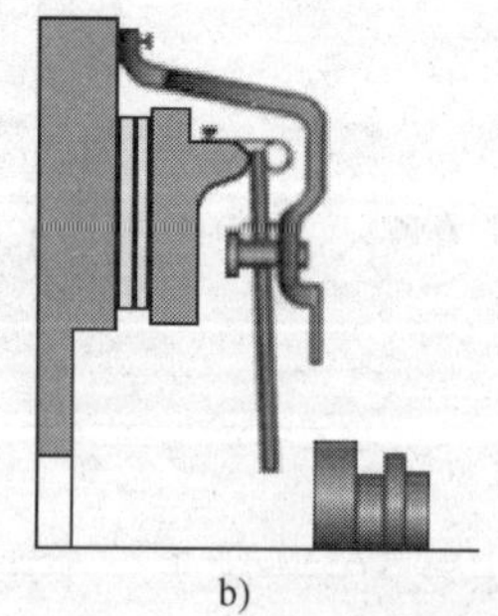
b)

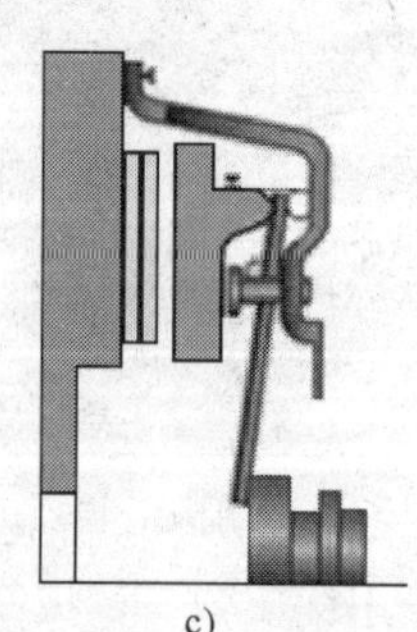
c)

图 2-12　离合器工作原理示意图

a）安装前位置　b）接合位置　c）分离位置

（4）接合过程　当需要恢复动力传递时，缓慢抬起离合器踏板，分离轴承减小对膜片弹簧内端的压力，压盘便在膜片弹簧作用下逐渐压紧从动盘，并使所传递的转矩逐渐增大。当所能传递的转矩小于汽车起步阻力时汽车不动，从动盘不转。当所能传递的转矩达到足以克服汽车开始起步的阻力时，从动盘开始旋转，汽车开始移动，但从动盘的转速仍低于飞轮的转速，即摩擦面间存在打滑现象。随着压紧力的不断增加和汽车的不断加速，主、从动部分的转速差逐渐减小，直到转速相等打滑现象消失，离合器完全接合为止，接合过程结束。由此可知，汽车平稳起步是靠离合器逐渐接合过程中滑磨程度的变化来实现的。

3. 离合器的自由间隙和踏板的自由行程

由离合器的工作原理可知，当摩擦片磨损变薄后，为了保证离合器能处于接合状态，传递发动机转矩，则压盘必须向飞轮方向移动。此时，膜片弹簧的外端和压盘一起向飞轮方向移动，其内端则向分离轴承方向移动。如果膜片弹簧内端与分离轴承之间没有间隙，则由于机械式操纵机构的干涉作用，压盘最终无法移向飞轮，即导致离合器不能完全接合，出现打滑现象。为此，在膜片弹簧内端与分离轴承之间预留一定的间隙，称为离合器的自由间隙，一般为几毫米，如图 2-12b 所示。

离合器分离时，为消除离合器自由间隙和分离机构、操纵机构零件的磨损及变形所需踩下的踏板行程称为离合器踏板的自由行程。

注：离合器踏板的自由行程过小将引起离合器打滑；自由行程过大将引起离合器分离不彻底。

☞ 六、拉式膜片弹簧离合器

推式膜片弹簧离合器从曲轴开始依次安装着飞轮→从动盘→压盘→膜片弹簧→离合器盖；而拉式膜片弹簧离合器的结构形式与推式的大体相同，从曲轴开始依次安装着离合器盖→膜片弹簧→压盘→从动盘→飞轮。

拉式膜片弹簧离合器中的离合器盖用螺栓固定在发动机曲轴的法兰盘上，离合器压盘通过传动片与离合器盖相连，离合器盖和压盘中间安装的是膜片弹簧。膜片弹簧支承点和力的作用点的位置相对于推式有所改变，支承点由原来的中间支承环处移到膜片弹簧大端外径的边缘处，支承在离合器盖上。其支承结构形式如图 2-13 所示。图 2-13a 所示为无支承环，将膜片弹簧的大端直接支承在离合器盖冲出的环形凸台上；图 2-13b 和图 2-13c 所示为有支承环，将膜片弹簧的大端支承在离合器凹槽中的支承环上。力的作用点由原来膜片弹簧的大端移到小端且小端压紧在离合器压盘上，这样可获得较大的压紧力。

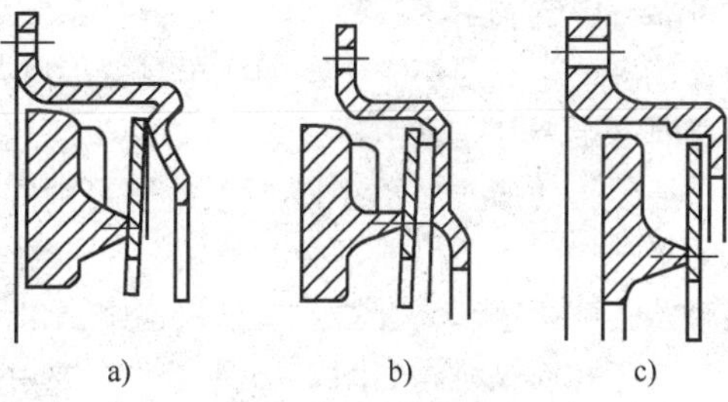

图 2-13 拉式膜片弹簧离合器的支承结构形式

发动机飞轮通过螺栓固定到离合器盖上，离合器压盘和飞轮工作面之间是离合器从动盘，离合器分离盘通过卡环固定在膜片弹簧分离指上，离合器分离推杆安装在变速器输入轴的中心，一端作用在分离盘中部的凹坑内，另一端作用于安装在变速器壳体内的分离轴承端面上。

离合器具体工作原理：离合器分离时，变速器壳体内的分离轴承带动推杆前移，推杆将作用力传到分离盘并使其同样前移。此时，分离盘上的力作用在膜片弹簧的小端，则膜片弹簧以大端为支承点使小端前移，则膜片弹簧拉动压盘前移，从而使压盘、从动盘和飞轮三者处于自由状态，离合器处于分离状态。

与推式膜片弹簧离合器相比，拉式膜片弹簧离合器的机构更为简化，便于提高压紧力和转矩，增强了离合器盖的刚度，提高了分离效率，有利于分离负荷的降低，改善了离合器操纵的轻便性。我国一汽大众生产的捷达、高尔夫等轿车离合器即为拉式膜片弹簧离合器。

注：上述前移指的是向发动机方向移动。

七、离合器操纵机构

离合器操纵机构是驾驶人可以使离合器分离，而后又使之柔和接合的一套机构。它起始于离合器踏板，终止于分离轴承。

1. 对离合器操纵机构的要求

1）操纵力要合理。

2）踏板行程在一定范围之内。

3）踏板行程有调节校正机构。

2. 离合器操纵机构的分类

按照操纵离合器的能源划分，离合器操纵机构分为人力式和助力式两种。前者是以驾驶人的人体作为唯一的操纵能源；后者则是以助力源为主要操纵能源，以人体作为辅助和后备的操纵能源。

人力式操纵机构按所用传动装置的形式又分为机械式和液压式两种。接下来我们就学习一下在汽车中应用最广泛的机械式操纵机构和液压式操纵机构。

机械式操纵机构又分为杆系传动和绳索传动两种形式。

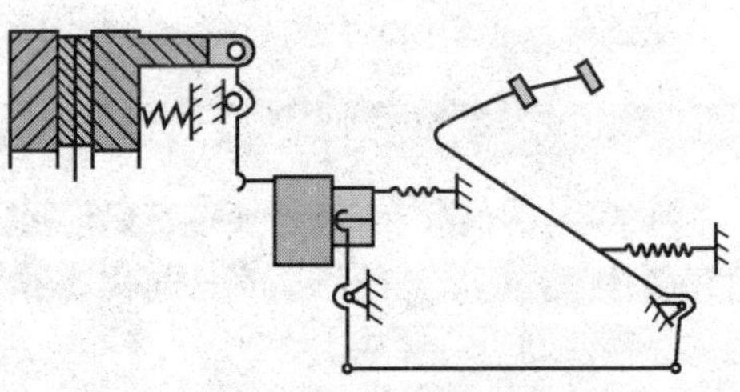

图 2-14　杆系传动操纵机构

杆系传动形式如图 2-14 所示，其结构简单，工作可靠，广泛应用于各种汽车上。但杆系传动中杆件间铰接多，摩擦损伤大，车架或车身变形以及发动机位移时会影响其正常工作。

绳索传动形式如图 2-15 所示，它可消除杆系传动形式的一些缺点，并能采用便于驾驶人操纵的吊挂式踏板，但绳索寿命较短，拉伸刚度较小，故只适用于轻型、微型汽车和轿车。例如，桑塔纳、捷达轿车离合器的操纵机构中，采用了绳索传动形式。

液压式操纵机构如图 2-16 所示，主要由主缸、工作缸和管路系统等组成。

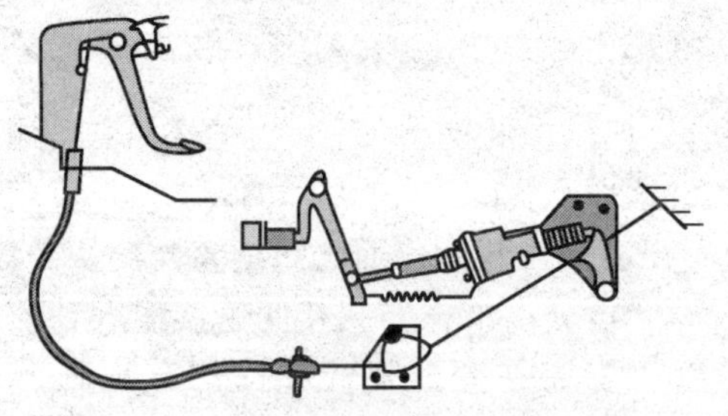

图 2-15　绳索传动操纵机构

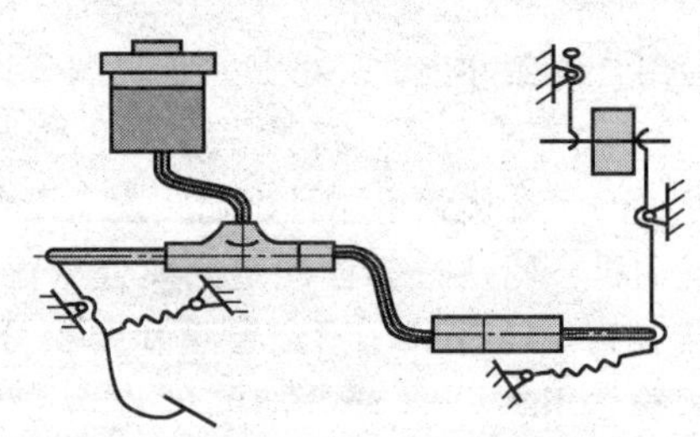

图 2-16　液压式操纵机构

八、离合器主要零部件的检修

1. 从动盘的检修

从动盘是离合器的主要部件，也是离合器中最易损坏的部件，其常见损伤有花键的磨损，减振器弹簧过软或折断，钢片与花键毂铆钉松动，钢片翘曲破裂，摩擦片磨损、烧蚀、硬化和破

裂，以及铆钉松动等，其检修主要包括对摩擦片、从动盘毂和钢片的检修。

1）目视检查摩擦片，如有严重烧蚀、破裂、铆钉松动均应更换新摩擦片。

2）如图2-17所示，摩擦片磨损的检查可用游标卡尺测量铆钉头的深度来确定。铆钉头部的埋入深度不得小于0.3mm，否则，更换新摩擦片。

3）若摩擦片有轻微油污，可用喷灯火焰烧去或用酒精清洁，表面的轻微烧焦可用砂纸打磨。如摩擦片磨损超过使用限度、有裂纹与脱落、烧焦面积大而深或有严重油污时，则需更换新摩擦片。

4）从动盘毂和钢片的检修，用小锤轻轻敲击从动盘毂与钢片联接的铆钉以检查铆钉有无松动，若松动应更换离合器片；若铆钉孔磨损失圆，应更换离合器片。在从动盘钢片半径120～150mm处，用百分表测量钢片端面圆跳动，应不大于0.7mm，若超过应更换新离合器片。从动盘花键与变速器输入轴花键齿的配合间隙最大应不超过0.6mm，否则，应更换新摩擦片。

5）减振器弹簧的检修，其弹簧有裂纹或折断时应更换新摩擦片。钢片与减振器弹簧接触的部位，如有磨损应及时更换新摩擦片。

2. 压盘的检修

压盘在使用中常见的损伤形式有工作面磨损不均、磨损过甚变薄、产生沟槽、翘曲及发蓝等。

离合器打滑或分离不彻底容易使压盘受热产生翘曲变形或不均匀磨损。压盘平面度误差可用图2-18所示的方法测量，将钢直尺放置在压盘工作面上，用塞尺在其缝隙处测量。压盘工作面平面度误差不得超过0.12mm。摩擦片铆钉头外露擦伤压盘表面，使压盘表面磨出沟槽，其沟槽深度不得超过0.30mm。压盘的翘曲或沟槽可在平面磨床上磨平或在车床上车平。但加工后的压盘厚度应不小于标准厚度2mm。

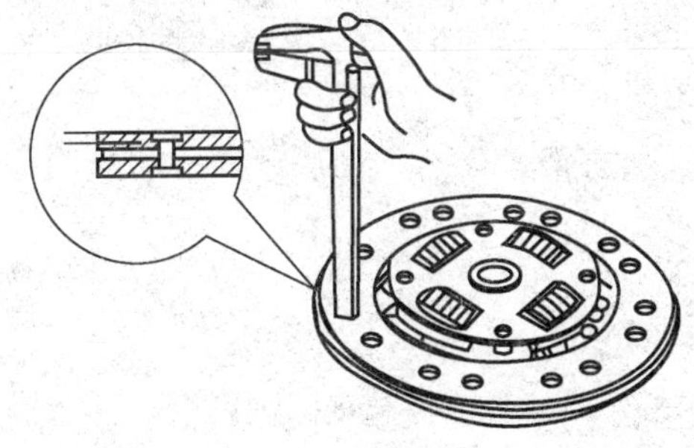

图2-17　摩擦片磨损的检查

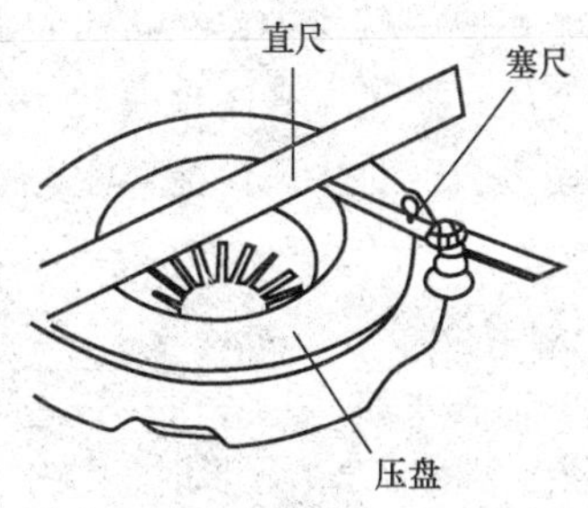

图2-18　压盘平面度误差的测量

3. 离合器盖的检修

离合器盖应平整，无凹陷变形，平面度误差不得大于0.5mm，否则，应更换。

4. 膜片弹簧的检修

（1）膜片弹簧磨损的检查　用游标卡尺测量膜片弹簧与分离轴承接触部位磨损的深度和宽度。深度应小于0.6mm，宽度应小于5mm，否则，应更换。

（2）膜片弹簧变形的检修　如图2-19所示，用专业工具盖住弹簧分离指内端(小端)，然后用塞尺测量弹簧内端与专用工具之间的间隙。弹簧内端应在同一平面内，间隙不应超过0.5mm，否则，用维修工具将变形过大的弹簧分离指翘起以进行调整。

5. 分离轴承的检修

如图2-20所示，分离轴承应转动灵活，无尖锐响声或卡滞现象。其轴向间隙不得超过0.60mm，

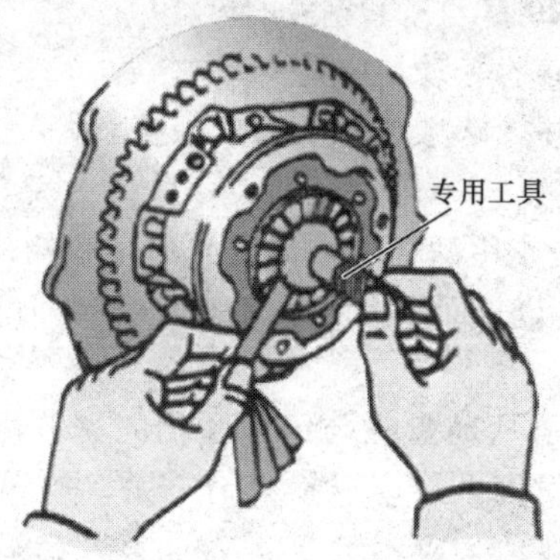

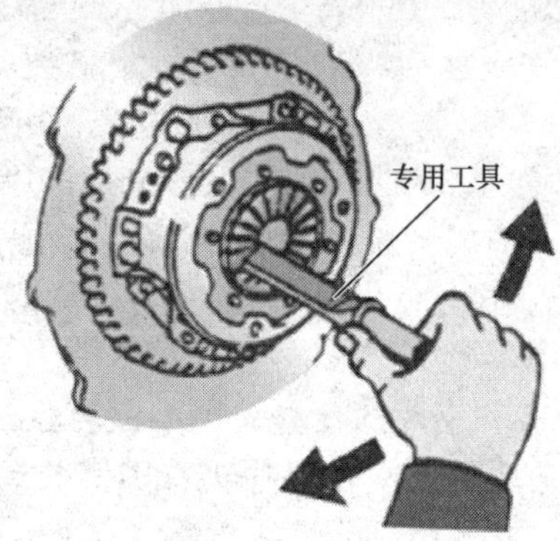

图 2-19　膜片弹簧变形的检修

内座圈磨损不超过 0. 30mm。分离轴承为封闭式的，不能拆卸清洗或加润滑剂，在装车前，将轴承放在熔化的润滑油（采用钙基润滑脂和齿轮油各半的混合油）中浸透，待冷凝后才能装用，若损坏应更换新件。

图 2-20　分离轴承的检修

6. 飞轮的检查

飞轮与从动盘摩擦片相接触的工作面不应有润滑油和润滑脂。当出现严重磨损、沟槽、烧伤、破裂或失去平衡时应更换。飞轮与定位销配合应紧密。

九、离合器的故障诊断与排除

汽车在使用过程中，经常需要踩下和抬起离合器踏板，使离合器分离或接合而处于滑转状态，加之操作不当使离合器的技术状况会逐渐变坏，造成离合器打滑、分离不彻底、发抖和异响等常见故障。

1. 离合器打滑

（1）故障现象

1）汽车用低速档起步时，放松离合器踏板后，汽车不能起步或起步困难。

2）汽车加速行驶时，车速不能随发动机转速的提高而提高，感到行驶无力。

3）当负载上坡时，会从离合器内散发出焦煳味或冒烟等现象。

（2）故障原因

1）离合器踏板的自由行程太小或没有，使分离轴承压在膜片弹簧上，使压盘处于半分离状态。

2）从动盘摩擦片、压盘或飞轮工作面磨损严重；离合器盖与飞轮的连接松动，使压紧力减弱。

3）从动盘摩擦片油污、烧蚀、表面硬化、铆钉外露、表面不平，使摩擦系数下降。

4）膜片弹簧疲劳或开裂，使压紧力下降。

5）分离杠杆弯曲变形，出现运动干涉，不能回位。

（3）故障诊断与排除

1）检查离合器踏板的自由行程，如不符合规定应予以调整。

2）如果自由行程正常，应拆下变速器总成，检查离合器盖与飞轮连接螺栓是否松动，如松动则予以紧固。

3）如果离合器仍然打滑，应拆下离合器，检查从动盘摩擦片的状况。如果有油污，一般可用酒精清洗并烘干，然后找出油污来源并设法排除。如果摩擦片磨损严重或有铆钉外露，应更换从动盘。

4）如果从动盘完好，则应分解离合器，检查压紧弹簧，如果弹力过软则应更换。

注：离合器打滑主要可以从从动盘压不紧、从动盘摩擦系数下降等方面加以考虑。

2. 离合器分离不彻底

（1）故障现象

1）发动机怠速运转时，踩下离合器踏板，挂档有齿轮撞击声，且难以挂入。

2）如果勉强挂上档，则在离合器踏板尚未完全放松时，汽车就起步或发动机熄火。

3）行驶中，换档困难，且仍伴随有齿轮撞击声。

（2）故障原因

1）离合器踏板的自由行程过大。

2）膜片弹簧或分离杠杆弯曲变形，使其内端不在同一平面内。

3）从动盘钢片翘曲变形、摩擦片破裂或铆钉松动。

4）新换的从动盘太厚或从动盘正反面装错。

5）从动盘毂花键孔与变速器输入轴上的花键轴卡滞，使从动盘移动困难。

6）离合器液压操纵机构漏油、有空气或油量不足。

7）膜片弹簧弹力不均匀或个别弹簧折断。

8）发动机支承磨损或损坏，发动机曲轴与变速器输入轴不同心。

（3）故障诊断与排除

1）检查离合器踏板自由行程，如果自由行程过大则进行调整。对于液压操纵机构检查是否储液罐油量不足或管路中有空气，并进行必要的排除。如果不是上述问题应继续检查。

2）检查分离杠杆内端高度，如果分离杠杆不在同一平面，则进行调整。否则，检查从动盘是否装反；从动盘是否过厚，如过厚，可在离合器盖与飞轮间增加适当厚度的垫片予以调整。如果都没问题则继续检查。

3）检查从动盘是否翘曲变形、铆钉脱落，从动盘是否轴向运动卡滞等，如果是则进行更换或修理。

注：离合器分离不彻底主要可以从离合器踏板自由行程、分离杠杆高度、从动盘等几个方面考虑。

3. 起步发抖

（1）故障现象　汽车用低速档起步时，按操作规程逐渐放松离合器踏板并缓慢踩下加速踏板，离合器不能平稳接合且产生抖振，严重时甚至整车产生抖振现象。

（2）故障原因

1）分离杠杆内端高度不在同一平面内。

2）从动盘或压盘翘曲变形，飞轮工作端面的圆跳动严重。

3）从动盘摩擦片厚度不均匀、油污、烧焦、表面不平整、表面硬化、铆钉头露出、铆钉松动或折断、波浪形弹簧片损坏。

4）膜片弹簧的弹力不均、疲劳或个别折断，膜片弹簧疲劳或开裂。

5）扭转减振器盘上的减振弹簧疲劳、折断。

6）发动机支架、变速器、飞轮等的固定螺栓松动。

（3）故障诊断与排除

1）检查离合器踏板、分离轴承等回位是否正常，如果正常则继续检查。

2）检查发动机支架、变速器、飞轮等的固定螺栓是否松动，如果是则紧固螺栓，否则继续检查。

3）检查分离杠杆的内端是否在同一平面，如果不是则继续检查。

4）检查压盘、从动盘是否变形，铆钉是否松动、外露，膜片弹簧的弹力是否不在允许范围内，如果是则更换或修理。

注：起步发抖主要可以从起步时离合器在接合过程中不平稳来考虑，即发动机在匀速转动，而由于离合器接合不平稳使离合器的从动部分转动不平稳，从而表现为离合器乃至整车的抖振。

4. 离合器异响

（1）故障现象　离合器在分离或接合时发出不正常的响声。

（2）故障原因

1）分离轴承缺少润滑剂，造成干摩擦或轴承损坏。

2）分离轴承与分离杠杆内端之间无间隙。

3）分离轴承套筒与导管之间油污、尘泥严重或分离轴承回位弹簧与踏板回位弹簧疲劳、折断、脱落，使分离轴承回位不佳。

4）从动盘花键孔与其花键轴配合松旷。

5）扭转减振器盘上的减振弹簧退火、疲劳或折断。

6）从动盘摩擦片铆钉松动或铆钉头外露。

（3）故障诊断与排除

1）稍踩下离合器踏板，使分离轴承与分离杠杆接触，如果有“沙沙”的响声则为分离轴承响，应更换。

2）踩下、抬起离合器踏板，如果出现间断的碰撞声，说明分离轴承前后有窜动，应更换分离轴承回位弹簧。

3）连踩离合器踏板，如果离合器刚接合或刚分离时有响声，说明从动盘铆钉松动或外露，应更换从动盘。

4）在汽车起步或加、减速过程中，发出异响，则故障原因为减振弹簧疲劳或断裂，从动盘毂花键孔与轴配合松旷。

注：离合器异响主要可以从磨损过度、松旷、过紧、运动中刮碰等方面加以考虑。

第三节　手动变速器

一、为什么安装变速器

汽车是速度的象征，而变速器是改变速度的装置。它与发动机配合工作，保证汽车具有良好的经济性和动力性。而目前汽车上广泛采用的是往复活塞式发动机，一旦发动机制造出来后，其排量大小是不变的，可燃混合气的成分也基本不变。因此，发动机输出的转矩和转速的变化范围较小，但汽车在起步和上坡时，需要较大的转矩；而在平坦路面上高速行驶时，则只需较小的转矩，假如将发动机与驱动轮直接作用，那就是对应发动机的最高转速，会有很高且不变的车速，这十分不现实，而且有可能因为相应的驱动力太小，如果不把发动机输出的转矩和转速进行调

整，汽车可能无法起步、上坡或高速行驶。此外，所有发动机的曲轴始终是向同一方向转动，而汽车实际行驶过程中常常需要倒车。为了解决这些矛盾，在汽车传动系统中设置了变速器。

二、变速器的作用

为了大范围改变发动机的转矩和转速，在传动系统中安装了变速器，其具体作用是：

1）变速器可以增大发动机传到驱动车轮上的转矩和调整转速的变化范围，以使汽车适应在各种情况下行驶的要求(前进档)。

2）变速器能在保持发动机原转动方向不变的情况下，使汽车实现倒车功能(倒档)。

3）变速器还能暂时地切断发动机与传动系统之间的动力传递，使发动机处于空转的怠速状态(空档)。

4）利用变速器作为动力输出装置驱动其他机构，如自卸车的液压举升装置等。

三、变速器的性能要求

根据变速器的作用，它应满足下列主要要求：

1）具有合理的档数和适当的传动比。

2）具有倒档和空档。

3）传动效率高、操纵轻便、工作可靠、无噪声。

4）结构简单、体积小、重量轻、维修方便。

四、变速器的类型

现代汽车所采用的变速器有多种结构形式，通常可如下分类。

1. 按操纵方式分

变速器按操纵方式不同可分为手动变速器、自动变速器和手自动一体式变速器。

（1）手动变速器　手动变速器的英文缩写为 MT，即 Manual Transmission 的缩写。通过驾驶人用手操纵变速杆来选定档位，并直接操纵变速器的换档机构进行档位变换，变速杆的每一个位置对应一个档位。

（2）自动变速器　自动变速器的英文缩写为 AT，即 Automatic Transmission 的缩写。自动变速器在驾驶室内没有离合器踏板，驾驶人只需操纵转向盘、加速踏板和制动踏板，变速器的控制系统就会根据发动机的负荷信号和车速信号来实现前进档位传动比的自动变化。

（3）手自动一体式变速器　这种变速器既可以按自动变档方式运行，又可以以手动换档方式运行。如图 2-21 所示，途锐 09D 自动变速器的变速杆除了有 P-R-N-D-S 外，在另一侧还有两个操纵档位“+”和“-”。通常中间缺口可以将变速杆在自动换档 D 位和手动换档之间互相转换。在手动换档位置，向“+”位推动变速杆时升档，向“-”位拉动变速杆时降档。手自动一体换档已成为 20 世纪 90 年代自动变速器 AT 发展的一个新特点。

2. 按变速方式分

变速器按变速方式的不同可分为有级变速器和无级变速器两种。

（1）有级变速器　采用齿轮传动，具有有限几个固定传动比(各档的传动比是个定值,也就是所谓的“级”)的变速器，称为有级变速器，手动变速器(MT)(图 2-22 所示)、液力式自动变速器(AT)、电控机械式自动变速器(AMT)、双离合器变速器(DCT)、直接换档变速器(DSG)等均属于有级变速器。比如，一档传动比是 3. 454，三档是 1. 370，再到五档的 0. 85，总共只有 5 个值(即有 5 级)，所以说它们是有级变速器。根据所采用的齿轮传动机构不同又分为：普通斜齿轮变速器和行星齿轮变速器两种。通常，手动变速器采用普通斜齿轮，而自动变速器采用行星齿轮。

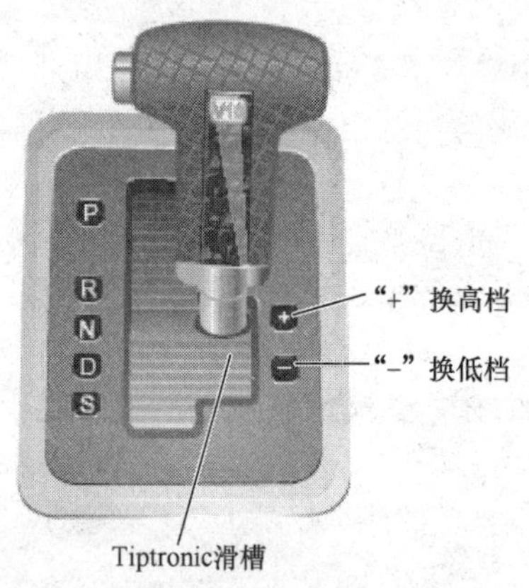

图 2-21 途锐 09D 变速杆

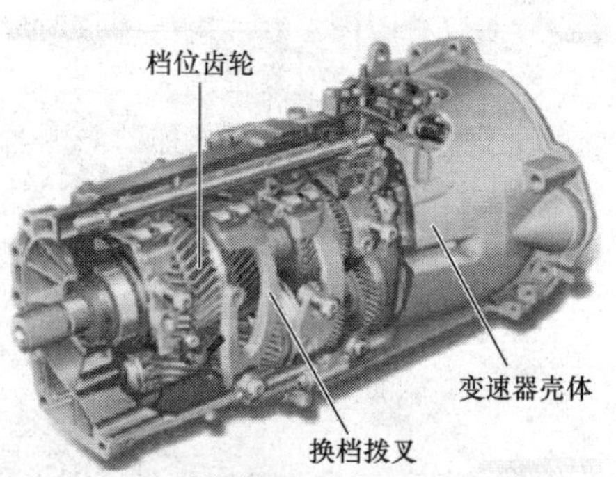

图 2-22 途锐 08D 六速手动变速器

（2）无级变速器 传动比在一定范围内连续变化的变速器，称为无级变速器，它的传动比不是间断的点，而是一系列连续的值，譬如可以从 3.454 一直变化到 0.85。奥迪 01J 无级变速器（CVT）（图 2-23 所示）、锥环式无级变速器（KRG）即是这类变速器。目前的无级变速器一般都是采用金属钢链或金属钢带来传递动力，通过主、从动锥面链轮直径的变化来实现无级变速。这种变速器在中、高级轿车的应用越来越多。

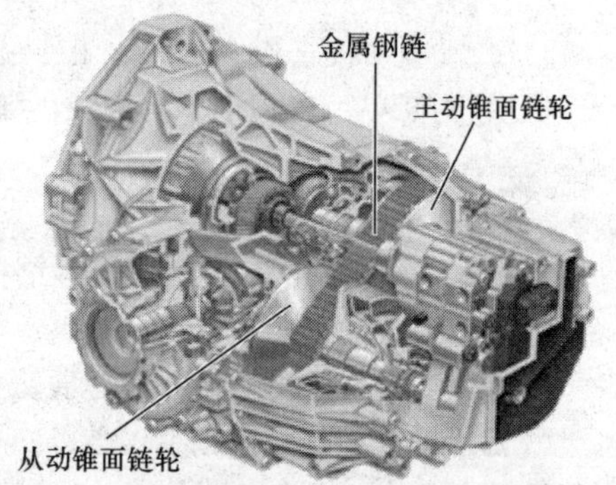

图 2-23 奥迪 01J 无级变速器

3. 按所用轴的数目分

按变速器所用轴的数目不同可分为两轴式手动变速器和三轴式手动变速器两种。

（1）两轴式手动变速器 两轴式手动变速器通常与发动机前置前轮驱动的布置形式相配合。

（2）三轴式手动变速器 三轴式手动变速器通常与发动机前置后轮驱动的布置形式相配合。

4. 按变速器的档数分

按变速器的前进档数不同可分为四速手动变速器、五速手动变速器、六速手动变速器等。

注：在上述的变速器类型中，1 和 2 为变速器的总体分类，而 3 和 4 是针对手动变速器的分类。

下面，我们就一起来学习一下手动、有级、斜齿轮变速器，一般简称为手动变速器。

五、变速器的组成

虽然各厂家生产的手动变速器结构有所不同，但其基本组成仍可分为以下 4 个部分：变速器操纵机构、变速器传动机构、变速器换档装置及变速器壳体和盖，如图 2-24 所示。

1. 变速器操纵机构

变速器操纵机构的结构变化较大，主要和车身及底盘结构的形式和布置有关。根据其变速杆和变速器的相对位置不同有两种结构形式：直接操纵式和远距离操纵式。

图 2-24 手动变速器结构图

2. 变速器传动机构

变速器传动机构是变速器的主体，主要由齿轮、轴以及轴承等组成，其作用是改变齿轮传动比及旋转方向。

3. 变速器换档装置

现代汽车手动变速器所采用的换档装置主要是同步器，它安装在两个浮动齿轮的中间，用来改善换档质量。

4. 变速器壳体和盖

变速器壳体和盖用来安装传动机构、换档装置和部分操纵机构，同时储存润滑油。

☞ 六、变速器的工作原理

变速器内部是靠不同的齿轮组合来获得不同的传动比的，那么，齿轮有几种形式，各有什么特点，我们先来学习一下。

齿轮最基本的形式是在圆柱体上加工出能够彼此啮合的牙状凸起。齿轮最简单的形式就是直齿轮，顾名思义直齿轮的齿面沿直线切出，轮齿与齿轮轴线平行，如图 2-25 所示。齿宽更大或希望啮合更平稳的齿轮在轮齿加工时通常都与其轴线呈一定角度，这就是斜齿轮的由来，如图 2-26 所示。由于轮齿与齿轮轴线呈一定角度，斜齿轮的轮齿在相互啮合时更为渐进，因此，斜齿轮在工作时要比直齿轮平稳、安静得多。正是因为这个原因，斜齿轮在汽车和摩托车的变速器上得到广泛应用。

图 2-25 直齿传动

图 2-26 斜齿传动

注：想一想，为什么汽车在倒档时，从变速器内传出的噪声比前进档时大?

普通斜齿轮式手动变速器也叫定轴式变速器，它通过大小不同的齿轮组合来获得不同的传动比，其传动比的变化不是连续的而是分级变速。驾驶人通过变速杆来操纵换档拨叉机构，选择不同档位的传动齿轮来进行变速、变矩和改变旋转方向。

1. 变速、变矩原理

普通斜齿轮式手动变速器是利用不同齿数的齿轮啮合传动来实现转矩和转速的改变的。

一对齿数不同的齿轮啮合传动可以实现变速，而且两齿轮的转速比与其齿数成反比。设主动齿轮的转速为 n_1，齿数为 Z_1，从动齿轮的转速为 n_2，齿数为 Z_2。主动齿轮(即输入轴)的转速与从动齿轮(即输出轴)的转速之比值称为传动比，用字母 i 表示，即：

$$i = n_1/n_2 = Z_2/Z_1$$

如图 2-27 所示，例如，两个齿数分别为 20 和 10 的齿轮相啮合，20 齿的齿轮每旋转一圈，10 齿的齿轮就会旋转两圈。我们在此称输入动力的 20 齿的齿轮为主动齿轮。主动齿轮和从动齿轮上的每一个轮齿一一啮合。由于主动齿轮有 20 个轮齿而从动齿轮只有 10 个，因此，主动齿轮每转一圈，从动齿轮将会旋转两圈。由上式可知传动比的计算方法是从动齿轮齿数和主动齿轮齿数的比值。在这里，传动比 i = 从动齿轮齿数/主动齿轮齿数 = 10/20 = 1∶2。传动比通常只是一个单纯用来表述主动齿轮需要转多少圈，从动齿轮才能转 1 圈的量。这个示例的传动比为 1∶2，即 0.5∶1，也就是说主动齿轮每转半圈，从动齿轮就会转 1 圈，此过程称为齿轮加速传动。

如图 2-28 所示，齿轮减速传动的原理与之相同，只需将上述的主、从动齿轮对掉即可，主动齿轮变为齿数较少的齿轮，从动齿轮变为齿数较多的齿轮，现在主动齿轮每转一圈，从动齿轮只旋转半圈。于是，传动比 i = 20/10，即 2∶1，此过程称为齿轮减速传动。这就是齿轮传动的变速原理。

图 2-27　齿轮加速传动

图 2-28　齿轮减速传动

一对齿轮传动只能得到一个固定的传动比，从而得到一种输出转速，并构成一个档位。为了扩大变速器输出转速的变化范围，变速器通常都采用多组大小不同的齿轮啮合传动，这样就构成了多个不同的档位，对应不同的档位，均有不同的传动比值，从而得到各种不同的输出转速。

一般轿车通常有 4 ~6 个前进档和 1 个倒档，每个前进档对应一个传动比。所谓几档变速器是指其前进档数。变速器传动比小的档位称为高档；传动比大的档位称为低档。变速器每次只能以一个档位工作。档位的改变称为换档，由低档向高档变换称为加档，而由高档变换成低档称为减档。

根据齿轮传动的原理，齿轮传动的转矩与其转速成反比。由此可知，斜齿轮式变速器在改变转速的同时，也改变了输出转矩。档位越低，传动比越大，输出转速越低，则输出转矩越大；反之，档位越高，传动比越小，输出转速越高，则输出转矩越小。汽车变速器就是通过变换各档的传动比来改变输出转速和转矩，以适应汽车行驶条件的变化。

2. 变向原理

齿轮传动的旋转方向与齿轮的啮合方式和啮合个数有关，普通斜齿轮式手动变速器采用的是外啮合齿轮传动，其两个齿轮传动时的旋转方向相反。因此，只要改变外啮合齿轮的个数，就可以在不改变发动机曲轴旋转方向的条件下实现汽车的前进或倒退，如图2-29和图2-30所示。

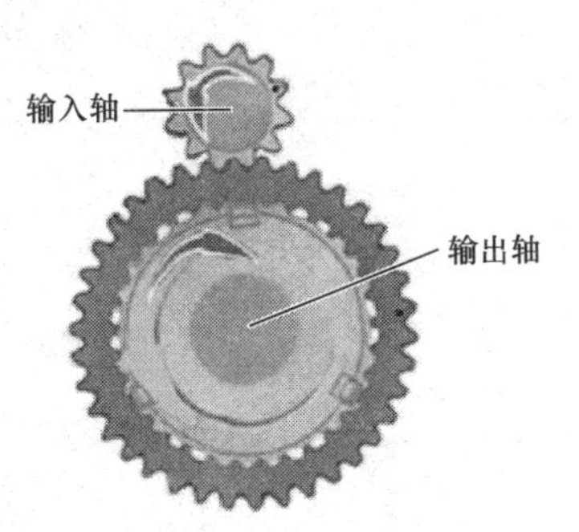

图2-29　前进档

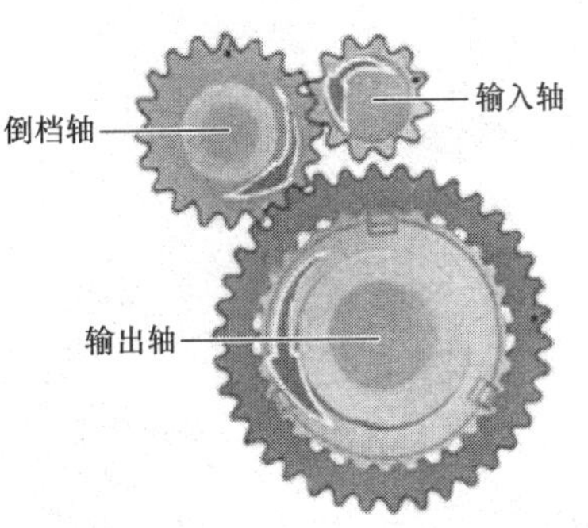

图2-30　倒档

注：通过前面的讲述，我们知道了2个齿轮啮合时传动比的计算方法。那么，变速器在倒档时是3个齿轮啮合传动，其传动比如何计算呢？我们以图2-31为例进行说明。3个齿轮的齿数依次为10、20和30，第1个齿轮到第2个齿轮间的传动比为2:1，即转速降低了一半。第2个齿轮到第3个齿轮间的传动比为3:2，因此，这个倒档的总传动比为$(2/1)\times(3/2)=2\times1.5=3$，也就是说，主动齿轮旋转3圈，从动齿轮才能旋转1圈。

图2-31　倒档传动比的计算

3. 切断动力原理

在汽车行驶的过程中，变速器传递动力时都是在齿轮啮合的状态下进行的，因此，要切断动力就只要将原先啮合的齿轮退出啮合状态，即可实现切断动力传递的目的。

七、变速器操纵机构

变速器操纵机构的作用是保证驾驶人能准确可靠地使变速器挂入所需要的任一档位工作，并可随时使之退入空档。操纵机构包括外操纵部分和内操纵部分，内操纵部分中的每一根拨叉轴最多实现2个档位，档位越多，换档操纵机构越复杂。

根据其变速杆和变速器的相对位置不同，变速器操纵机构可分为直接操纵式和远距离操纵式两种类型。直接操纵式变速器操纵机构的变速杆设置在变速器盖上，驾驶人可直接操纵变速杆来拨动变速器壳体内的换档拨叉机构，如图2-32所示；而远距离操纵式，由于变速器的安装位置离驾驶人座椅较远，为此在变速杆和变速器之间加装了一套传动杆件或钢索，构成远距离操纵的形式，如图 2-33 所示。

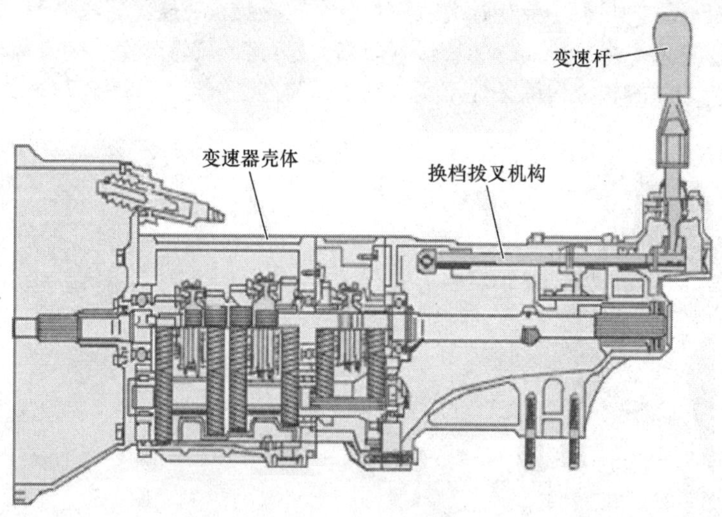

图 2-32　直接操纵式

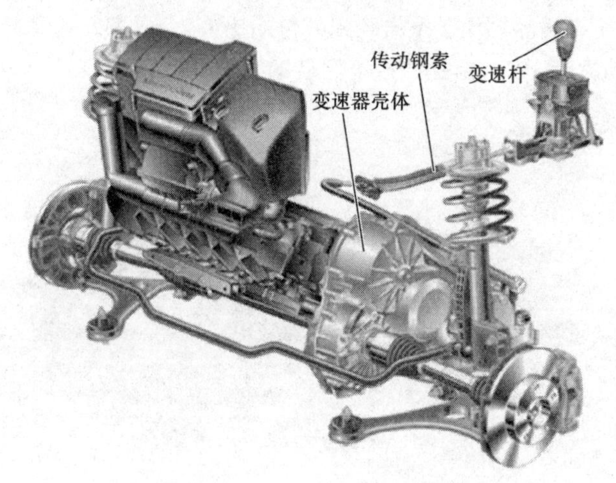

图 2-33　远距离操纵式

变速器操纵机构通常由换档拨叉机构和定位锁止装置两部分组成。

1. 换档拨叉机构

如图 2-34 所示，换档拨叉机构包括变速杆、拨叉及拨叉轴三部分。驾驶人通过拨动变速杆来带动变速器壳体内的拨叉轴移动，安装在拨叉轴上的拨叉便带动变速器换档装置（即同步器），从而挂入驾驶人预先选定的档位。

2. 定位锁止装置

为了保证变速器在任何情况下都能可靠地在所选档位上工作，变速器操纵机构都设有定位锁止装置，包括自锁装置、互锁装置和倒档锁装置。通常自锁装置和互锁装置设置在变速器盖或换档拨叉机构上，倒档锁装置与变速杆位置有关。

（1）自锁装置　自锁装置是对各档拨叉轴进行轴向定位锁止，以防止其自动产生轴向移动而造成变速器自动挂档或自动脱档，保证全齿长啮合，使驾驶人具有手感。大多数变速器的自锁装

置采用定位钢球对拨叉轴进行轴向定位锁止，其主要由拨叉轴上的凹槽、自锁钢球、自锁弹簧组成，如图 2-35 所示。

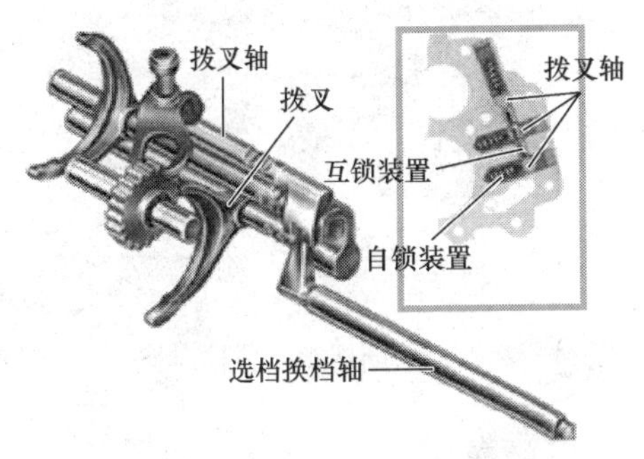

图 2-34　换档拨叉机构

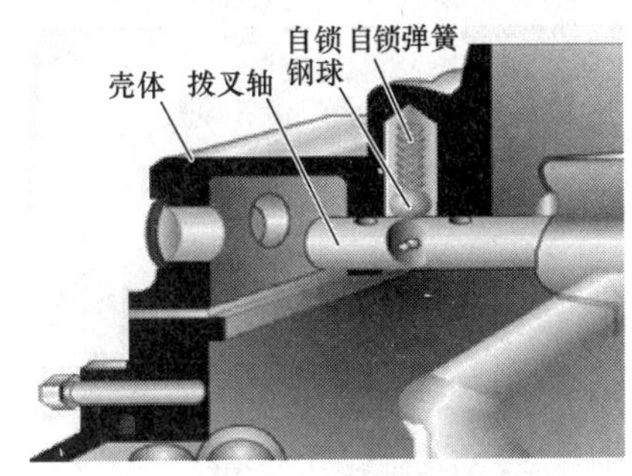

图 2-35　自锁装置原理图

自锁装置是在变速器盖上凸起部钻的小孔，在孔中装有自锁弹簧及自锁钢球，其位置处于拨叉轴的正上方，拨叉轴对着钢球的表面沿轴向设有三个凹槽，凹槽的深度小于钢球的半径。中间的凹槽对正钢球时为空档位置，前边或后边的凹槽对正钢球时则处于某一工作档位置，相邻凹槽之间的距离保证齿轮处于全齿长啮合或完全退出啮合。

具体工作原理：凹槽对正钢球时，钢球便在弹簧的压力作用下嵌入该凹槽内，拨叉轴的轴向位置便被固定，其拨叉及相应的接合套和接合齿圈被固定在空档位置或某一工作档位置，而不能自动挂档或自动脱档。当需要换档时，驾驶人通过变速杆对拨叉轴施加一定的轴向力，克服弹簧的压力而将钢球从拨叉轴凹槽中挤出并推回孔内，拨叉轴便可滑过自锁钢球进行轴向移动，并带动拨叉及相应的接合套轴向移动。当拨叉轴移到另一凹槽与钢球对正时，钢球又被压入凹槽，此时，拨叉所带动的接合套便拨入空档或另一工作档位置。

（2）互锁装置　互锁装置是防止两个拨叉轴同时移动，即当拨动一个拨叉轴轴向移动时，其他拨叉轴都被锁止，从而可防止同时挂入两个档位而造成乱档。

如图 2-36 所示，互锁装置主要由拨叉轴上的凹槽、互锁钢球及互锁销组成。其中互锁销尺寸长 = 拨叉轴直径 −1 个凹槽深度；相邻 2 个互锁钢球总尺寸长 = 两个相邻拨叉轴表面间距 +1 个凹槽深度。

具体工作原理：当移动中间拨叉轴时，由于尺寸保证，使得两侧互锁钢球分别落入上面拨叉轴和下面拨叉轴的凹槽内，从而防止上面拨叉轴和下面拨叉轴挂入工作档位置，即起到了防止同时挂入两个档位的设计目的。当需要移动另一拨叉轴时，则中间拨叉轴先退回空档，这也为互锁钢球空出了一个凹槽位置，上面或下面的拨叉轴即可挂入某一工作档位置。

（3）倒档锁装置　为防止驾驶人误挂倒档，变速器上都设有倒档锁装置。现代汽车的倒档锁是采用变速杆在倒档时与前进档位置在空间错开，挂倒档需将变速杆压下方可挂入，以防误挂倒档。

具体工作原理：如图 2-37 所示，当驾驶人想挂倒档时，必须用较大的力使变速杆下端向倒档拨叉轴移动，此时，变速杆下端顶动锁销，锁销克服弹簧弹力退入锁销孔内，变速杆下端进入拨块凹槽中进行换档。当倒档拨叉轴移动挂档时，另外两个拨叉轴被互锁装置锁止。由此可见，倒档锁装置的作用是使驾驶人必须对变速杆施加更大的力，才能挂入倒档，起到警示注意作用，以防误挂倒档。

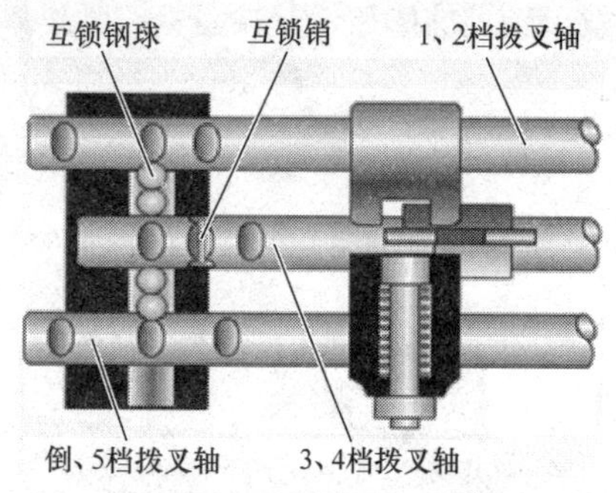

图 2-36　互锁装置原理图

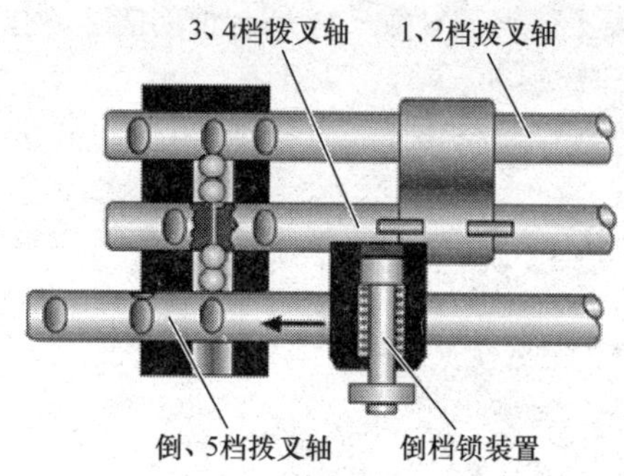

图 2-37　倒档锁装置原理图

八、变速器传动机构

变速器传动机构是变速器的主体，主要由齿轮、轴以及轴承组成，其作用是在变速器操纵机构的控制下改变齿轮传动比及旋转方向。按工作轴的数量（不包括倒档轴）可分为两轴式变速器和三轴式变速器两种。

1. 两轴式变速器

两轴式变速器用于发动机前置前轮驱动的汽车，一般与驱动桥合称为变速驱动桥，主要包括输入轴、输出轴、倒档轴、各档齿轮以及轴承等。其特点是输入轴、输出轴及倒档轴相互平行，且无中间轴。目前，国内常见的轿车均采用这种变速器，如迈腾、捷达、宝来和奥迪等。

前置发动机有纵向布置和横向布置两种形式，与其配用的两轴式变速器也有两种不同的结构形式。发动机纵置时，主减速器为一对圆锥齿轮，如桑塔纳轿车；发动机横置时，主减速器为一对圆柱齿轮，如捷达轿车。

如图 2-38 所示为与前置发动机横向布置相配合使用的五速两轴式变速器结构示意图。在变速器输入轴上有一档、倒档、二档、三档、四档、五档主动齿轮，其中，一档、倒档、二档主动齿轮铸造在输入轴上，而三档、四档、五档主动齿轮通过轴承空套在输入轴上。三档和四档共用一个同步器，五档单独用一个同步器。

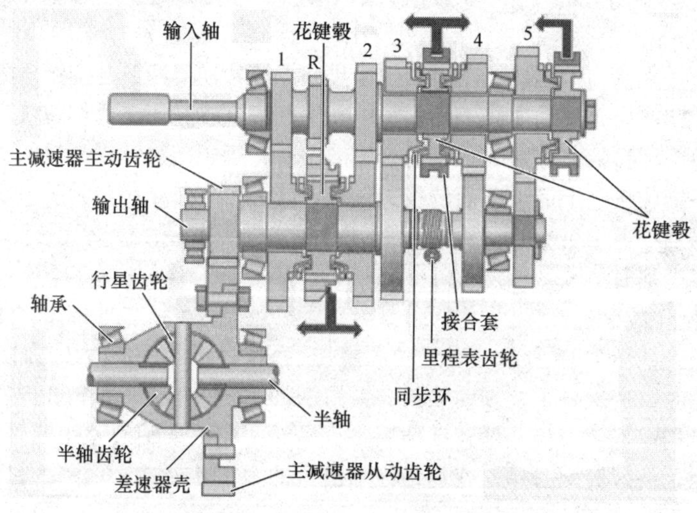

图 2-38　两轴式变速器结构示意图

在输出轴上有一档、倒档、二档、三档、四档、五档从动齿轮，其中一档、二档从动齿轮通过轴承空套在输出轴上，而三档、四档从动齿轮铸造在输出轴上，五档从动齿轮通过花键与输出轴连接。一档和二档共用一个同步器，且同步器接合套的外圈带有直齿，即构成倒档从动齿轮。同时，驱动桥内主减速器的主动圆柱齿轮直接装在输出轴的伸出端。

2. 三轴式变速器

三轴式变速器广泛用于发动机前置后轮驱动的汽车上，主要包括输入轴、输出轴、中间轴、倒档轴、各档齿轮以及轴承等。其特点是输入轴与输出轴轴线同心，且都与中间轴和倒档轴平行，传动比的变化范围大，使传动效率提高。

如图 2-39 所示，为五速三轴式变速器结构示意图。在变速器输入轴上铸造有常啮合齿轮（四档齿轮）、四档接合齿圈。中间轴上有中间轴常啮合齿轮、中间轴三档齿轮、中间轴二档齿轮、中间轴倒档齿轮、中间轴一档齿轮、中间轴五档齿轮，其中常啮合齿轮、三档齿轮、二档齿轮、倒档齿轮、一档齿轮铸造在中间轴上，而五档齿轮通过花键与中间轴连接。

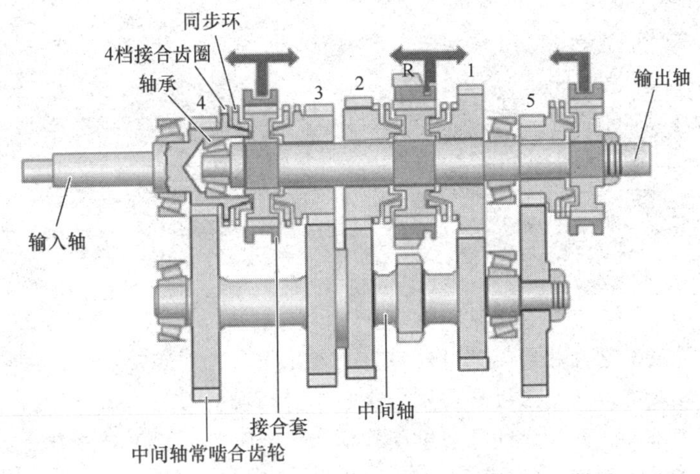

图 2-39 三轴式变速器结构示意图

在输出轴上有输出轴三档齿轮、输出轴二档齿轮、输出轴倒档齿轮、输出轴一档齿轮、输出轴五档齿轮，其中，三档齿轮、二档齿轮、一档齿轮和五档齿轮通过轴承空套在输出轴上。四档和三档共用一个同步器，二档和一档共用一个同步器，且同步器接合套的外圈带有直齿，即构成输出轴倒档齿轮。五档单独用一个同步器。

注：位于同步器两侧或一侧的齿轮均为浮动式，即通过滚针轴承空套在相应的轴上。

☞ 九、变速器换档装置

目前，汽车中手动变速器的换档装置有两种：一是采用直齿齿轮滑动式，如宝来轿车倒档的换档方式；二是采用同步器式，这种方式应用最广泛，几乎所有的变速器都是采用同步器进行换档的。下面，我们就来具体学习一下同步器式换档装置。

同步器安装在两个浮动齿轮的中间，它可分为常压式、惯性式和自增力式三种类型。目前，广泛采用的是惯性式同步器。

惯性式同步器是依靠摩擦作用实现同步的，其作用是保证接合套与待接合齿圈迅速达到同步，并阻止二者在未达到同步时进入啮合，从而消除换档冲击，改善换档质量。惯性式同步器按结构不同又可分为锁环式和锁销式两种。锁环式同步器结构紧凑，但传力小，故多用于轿车和轻型车辆的变速器中；锁销式同步器结构尺寸大，传递转矩大，故多用于中、重型车辆的变速器中。

下面分别对锁环式惯性同步器和锁销式惯性同步器进行讲解。

1. 锁环式惯性同步器

（1）结构　如图 2-40 所示，锁环式惯性同步器由花键毂、接合套、锁环（也称同步环）、滑块和弹簧圈等组成。

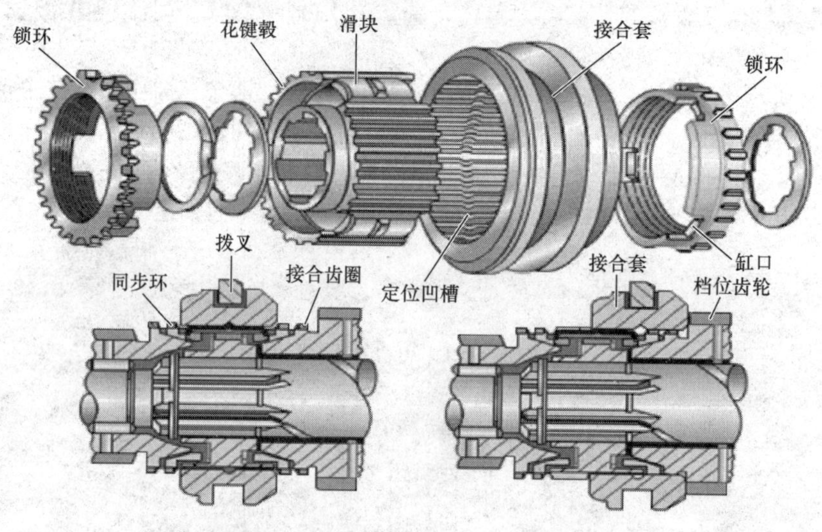

图 2-40　锁环式惯性同步器结构图

花键毂以其内花键套装在相应轴的外花键上，并用卡环轴向固定，而且花键毂上制有三个均布的轴向槽，用于安装滑块。两个锁环分别装在花键毂与接合齿圈之间。锁环具有内锥面，接合齿圈则具有相同的外锥面，两者之间通过锥面相接触。为了增加其接触锥面之间的摩擦力，在锁环内锥面上车有细密的螺纹槽，以使两锥面接触后能够破坏锥面间的油膜，提高摩擦系数。锁环上有断续的短花键齿，其短花键齿的断面形状和尺寸与接合齿圈上的外花键齿均相同。接合齿圈和锁环上的花键齿，在对着接合套的一端都制有倒角，称为锁止角，且与接合套内花键齿齿端的倒角相同。锁环的端部沿圆周相间均布着三个缺口。三个滑块分别装在花键毂上三个均布的轴向槽内，沿槽可以轴向移动。安装在三个滑块下面的两个弹簧圈将滑块压向接合套，滑块中部的凸起部位压嵌在接合套中部的凹槽内，其作用是保证接合套在空档处于中间位置。滑块两端伸入锁环的缺口中，滑块窄缺口宽，两者之差等于锁环上的花键齿宽。锁环相对于滑块顺转和逆转都只能转动一个齿宽，且只有当滑块位于锁环缺口的中央时，接合套与锁环才能接合。

（2）工作原理　如图 2-41 所示，下面以三档换四档为例，说明锁环式惯性同步器的工作原理。

1）空档位置。接合套刚从三档退入空档时，如图 2-41a 所示，四档接合齿圈、接合套、锁环以及与其有关联的运动件，因惯性作用而沿原方向继续旋转（图示箭头方向）。由于接合齿圈与高档齿轮铸成一体（相对于三档齿轮来说），所以，接合套、锁环的转速低于接合齿圈的转速。

2）挂档。欲换入四档时，驾驶人通过变速杆使拨叉推动接合套连同滑块一起向左移动，如图 2-41b 所示，滑块又推动锁环移向四档接合齿圈，使锥面接触。驾驶人通过拨叉作用在接合套上的轴向推力，使两锥面有正压力，又因两者有转速差，所以，产生摩擦力矩。通过摩擦作用，四档接合齿圈带动锁环相对于接合套向前转动一个角度，使锁环缺口靠在滑块的另一侧为止。此

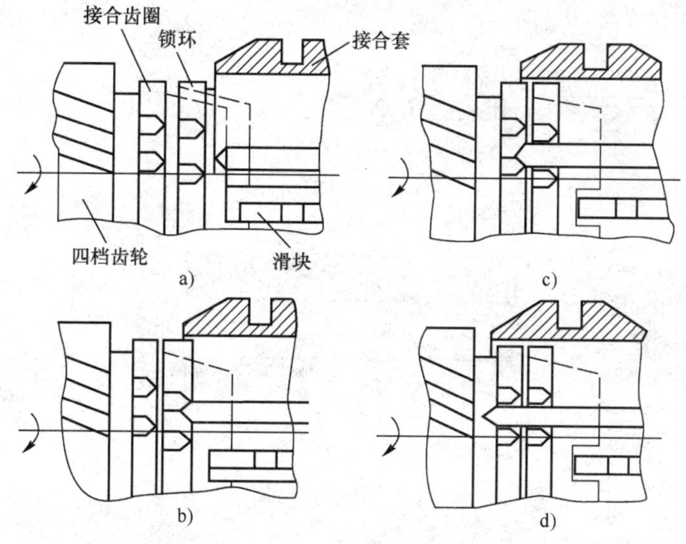

图 2-41　锁环式惯性同步器工作原理图

时，接合套内花键齿与锁环短花键齿错开了约半个齿宽，接合套内花键齿齿端倒角面与锁环短花键齿齿端倒角面互相抵住。

3）锁止。驾驶人的轴向推力使接合套内花键齿齿端倒角面与锁环短花键齿齿端倒角面之间产生正压力，形成一个企图拨动锁环相对于接合套反转的力矩，称为拨环力矩。这样，在锁环上同时作用着方向相反的摩擦力矩和拨环力矩，同步器的结构参数可以保证在同步前(存在摩擦力矩)拨环力矩始终小于摩擦力矩。所以，在同步之前无论驾驶人施加多大的操纵力，都不会挂上档，即产生锁止作用，如图 2-41c 所示。

4）同步啮合。随着驾驶人施加于接合套上的推力加大，摩擦力矩不断增加，使四档接合齿圈的转速迅速降低。当四档接合齿圈、接合套和锁环达到同步时，作用在锁环上的摩擦力矩消失。此时，在拨环力矩的作用下，锁环、四档接合齿圈以及与之相关联的运动件都相对于接合套反转一个角度，滑块处于锁环缺口的中央，如图 2-41c 所示，接合套内花键齿与锁环短花键齿不再抵触，锁环的锁止作用消除。接合套通过滑块压下弹簧圈继续左移(滑块脱离接合套中部的环槽而不能左移)，与锁环的短花键齿进入啮合，进而再与四档接合齿圈进入啮合，换入四档，如图 2-41d 所示。

（3）防止自动脱档措施　在手动变速器中，除了自锁装置可以防止自动脱档外，部分变速器的同步器也采取了一些防止自动脱档的措施，其结构形式有减薄齿式和齿端倒斜面式。

1）减薄齿式防止自动脱档机构。此种机构的同步器花键毂外齿圈的两端，齿厚各减薄 0.3～0.4mm，使得齿中部形成一个凸台。当同步器的接合套左移与接合齿圈接合时(如图 2-42a 所示位置)，接合齿圈的转矩传给接合套的一侧，再由接合套的另一侧传给花键毂。由于接合套的后端被花键毂中部的凸台挡住，在接触面上作用一个力 N，其轴向分力 P 即为防止自动脱档的阻力。

2）齿端倒斜面式防止自动脱档机构。此种机构在接合套内花键齿两侧齿端及接合齿圈的齿端都制有相同斜度的倒斜面。当同步器的接合套左移与接合齿圈接合时(如图 2-42b 所示位置)，接合齿圈将转矩传到接合套的一侧，再经过接合套的另一侧传给花键毂。由于接合齿圈与接合套齿端部都为斜面接触，便产生一个垂直斜面的正压力 N，其分力分别为 F 和 P，其轴向分力 P 即

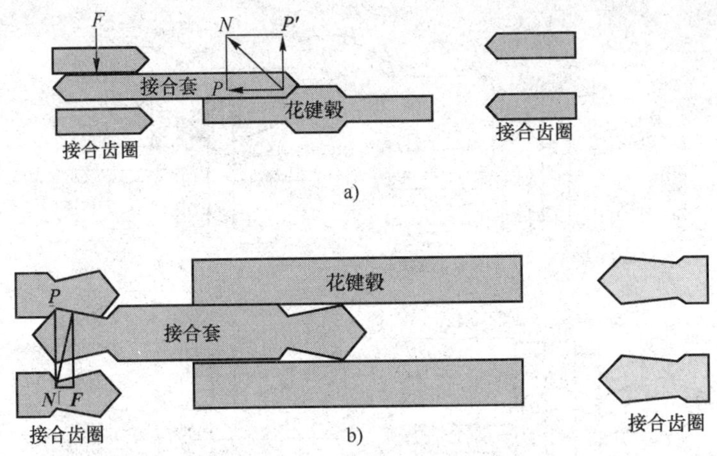

图 2-42　防脱档结构图

为防止自动脱档的阻力。

2. 锁销式惯性同步器

如图 2-43 所示，锁销式惯性同步器的结构与锁环式惯性同步器不同，主要由定位销、锁销、摩擦锥环、摩擦锥盘、接合套和花键毂等元件组成。

锁销式惯性同步器和锁环式惯性同步器相比，摩擦力矩大，体积也较大，故常用于中、重型车辆的变速器中。其结构特点是：两个带有内锥面的摩擦锥盘以其内花键分别固装在带有齿圈的斜齿轮上，随齿轮一起转动。与之相配合的两个带有外锥面的摩擦锥环（锥环上有螺纹），通过 3 个均布的锁销和定位销与接合套连接。定位销与接合套的相应孔为滑动配合，接合套可沿定位销轴向移动。定位销的正中间切有一小段环槽，相应的接合套上钻有斜孔，内装有弹簧、钢球。钢球在弹簧作用下落入定位销的环槽中，起到空档定位作用。定位销的两端伸入两个锥环的内侧面，并留有间隙，可使锥环相对于接合套能转过一定的角度。锁销中间一段也制有环槽，其直径变化处切有倒角，接合套相应孔的两端也切有同样的倒角，故只有当锁销与接合套的相应孔对准时，接合套才能沿锁销轴向移动。锁销两端与锥环铆接，从而使 2 个摩擦锥环、3 个锁销、3 个定位销及 1 个接合套构成一个整体。

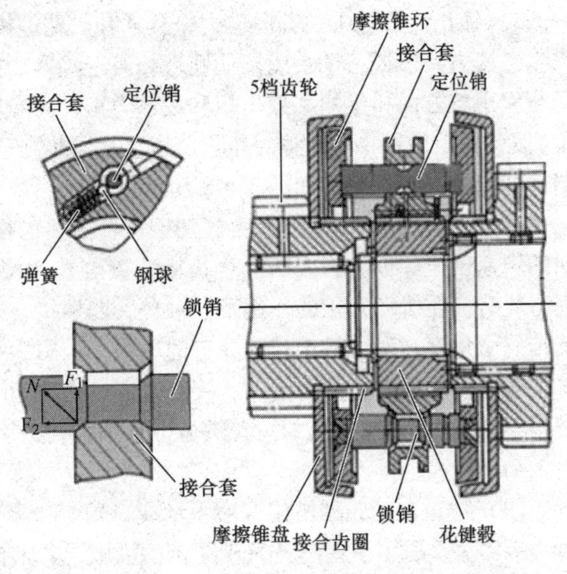

图 2-43　锁销式惯性同步器

具体工作原理：以变速器挂入 5 档为例进行说明，如图 2-43 所示。当要挂入 5 档时，驾驶人通过变速杆、拨叉轴、拨叉推动接合套向左移动，接合套便通过定位钢球和定位销推动左侧摩擦锥环向左移动，使之与左侧的摩擦锥盘相接触。由于此时的摩擦锥环和摩擦锥盘转速不同，所以，两者一接触，便在其摩擦锥面摩擦力矩的作用下，使摩擦锥环连同锁销一起相对于接合套转

过一个角度，使锁销中部倒角与接合套销孔端倒角的锥面互相抵触，从而使锁销产生锁止作用，阻止接合套向左移动(见锁销放大图)。与锁环式同步器一样，在锁止倒角上的切向分力 F_2 也形成一个拨环力矩而力图使锁销以及锥环倒转，但在锥环与锥盘未达到同步前，由左侧锥盘所形成的摩擦力矩总是大于拨环力矩，因而可以阻止接合套与接合齿圈在同步之前进入啮合。而只有达到同步后惯性力矩消失，拨环力矩才可拨动锁销及摩擦锥环、锥盘和 5 档接合齿圈等一起相对于接合套转过一个角度，使锁销重新与接合套的销孔对中，接合套便在轴向推力的作用下，压入定位钢球而沿定位销和锁销向左移动，与 5 档接合齿圈进入啮合，即完成挂入 5 档的换档过程。

☞ 十、变速器壳体和盖

变速器壳体和盖用来安装传动机构、换档装置和部分操纵机构，同时储存润滑油。为了减轻汽车的自身重量，对于轿车来说，变速器壳体和盖常采用铝合金或镁合金制造。中、重型车辆的变速器壳体和盖一般用铸铁制造，以保证其强度要求。

☞ 十一、变速器的润滑和密封

变速器中各齿轮副、轴以及轴承等运动部件均有较高的运动速度，因此，必须有可靠的润滑。

1. 齿轮油的选用

齿轮油是指汽车手动变速器和驱动桥的润滑油。它以精制润滑油为基础油，加入抗氧化、防锈、消泡、耐压抗磨等多种添加剂调合而成，因此，具有良好的润滑性能。它与其他的润滑油一样，具有润滑、减摩、冷却、清洗、密封、防锈和降低噪声等作用，但其工作条件与发动机机油不一样。因此，对性能的要求也不一样。

（1）齿轮油的基本性能

1）对齿轮油的使用要求。齿轮油具有良好的润滑性能，较高的挤压性；具有适当的粘度(比发动机机油高)和较好的粘温特性；较好的低温流动性；较好的防腐性和抗氧化安定性；良好的抗泡性。

2）对齿轮油的性能要求。对齿轮油的性能要求主要有粘度、粘温性和抗磨性等几项指标。齿轮油的粘度应使得传动机构工作时消耗于油内摩擦的能量很少，同时又能保证齿轮及轴承摩擦面不发生擦伤及噪声，油封及接合面不漏油。

抗磨性是指油品能在运动部件间保持油膜，防止金属与金属直接接触的能力。齿轮油极压抗磨性可用油的负荷承载能力来评定。

（2）齿轮油的分类　我国车辆齿轮油按 100℃时的动力粘度和低温动力粘度达 150000mPa · s 时的最高温度，分为 70W、75W、80W、85W、90、140、250 七个指标。带 W 字母的为冬季用油。同时符合两个粘度级的齿轮油称为多级齿轮油。如 SAE80W/90，即表示其低温粘度符合 SAE80W 的标准，而高温粘度又符合 SAE90 的要求，可以在某一地区全年使用，也可以根据当地温度选用。

（3）齿轮油的选用原则　通常按说明书的要求，选择相应标号的齿轮油，还可以参照下列原则选油。

1）根据季节选择齿轮油的标号(粘度级)。齿轮油的标号 70W、75W、80W、85W、90、140、250 号分别适用于最低气温为 −55℃、−40℃、−26℃、−14℃、−12℃、−10℃、−8℃的地区，应对照当地最低气温适当选择。

2）根据齿轮类型和工况选择齿轮油的标号(使用级)。对于一般工作条件下的螺旋锥齿轮主减速器、变速器和转向器，可选用普通车辆齿轮油；主减速器是准双曲面齿轮的，必须根据工作条件选用中负荷车辆齿轮油或重负荷车辆齿轮油。

（4）选择齿轮油的注意事项

1）不要混淆发动机机油和齿轮油的SAE粘度分类标号。在标准中为避免混淆，规定为高的粘度标号用在齿轮油上，低的粘度标号用于发动机润滑油。但旧牌号齿轮油的分级号较低。应注意齿轮油和发动机机油粘度级别并无联系，同型号不能互用。切不可将齿轮油当发动机机油使用，否则，发动机将会出现烧瓦、拉缸和烧活塞顶等严重事故。

2）不能降级使用或升级使用齿轮油。必须根据齿轮传动的特点，选用性能与使用级别合适的齿轮油，否则，会造成变速器齿轮的腐蚀性磨损和不必要的经济损失。

3）不要误认为高粘度齿轮油的润滑性好。使用粘度标号太高的齿轮油，将会使燃油消耗显著增加，特别是对高级轿车影响更大，应尽量使用合适的多级齿轮油。

4）加油量应适当。油量应适当，不能过多也不能过少。过多不仅会增加搅油阻力和燃油消耗，而且有可能齿轮油经后桥壳混入制动鼓造成制动失灵；过少会使润滑不良，温度过高，加速齿轮磨损。齿轮油面一般应加到与变速器加油口下缘平齐，且应经常检查各处是否渗漏，并保持各油封、垫片的完好。

5）合理使用齿轮油。齿轮油的使用寿命较长，如使用单级齿轮油，在换季维护时换用不同的粘度标号。放出的旧油如不到换油期限，可在再次换油时加车使用。旧油应妥善保管，严防水分、机械杂质等污染。

6）适时换油。应按汽车制造厂推荐的换油期限换用新油，一般为30000～50000km。换油时，应趁热放出旧油，按标准加入新油。

7）齿轮油使用禁忌。在使用中，严禁向齿轮油中加入柴油等进行稀释，也不要冬季因起动困难而烘烤变速器及驱动桥壳体，以免齿轮油严重变质。如果出现这种情况，应用低粘度的多级齿轮油。

2. 润滑方式及密封

1）普通齿轮变速器大都采用飞溅润滑，只有少数重型汽车变速器采用压力润滑。采用飞溅润滑的变速器，其壳体内加入一定量的齿轮油，依靠齿轮自身旋转将齿轮油甩到各运动零件的工作表面。壳体一侧有加油口，通常齿轮油液面高度应保持与加油口下缘平齐。壳体底部有放油螺塞。为了润滑前轴承和各个空套齿轮的衬套或滚针轴承，有的齿轮钻有径向油孔，以便使齿轮油进入各衬套或滚针轴承。

2）为了防止齿轮油泄漏，变速器盖与壳体以及各轴承盖与壳体的接合面装有密封垫或用密封胶进行密封，有的部位则用自紧油封或回油螺纹密封。为了防止变速器工作时由于温度过高，使壳体内压力过大而造成润滑油渗漏，在变速器壳体上装有通气塞。

十二、变速器的装配与调整

变速器装配质量的好坏，对变速器的工作影响很大，在变速器装配时应注意以下几个方面。

1）装配前必须对零件进行认真的清洗，除去污物、毛刺、磨屑等。尤其要注意齿轮上润滑油孔的畅通。

2）装配轴承时，应涂质量优良的润滑油进行预润滑。总成修理时，应更换所有的滚针轴承。

3）对零件的工作表面不能用硬金属直接敲击，避免齿轮轮齿出现运转噪声。

4）注意同步器锁环的装配位置。装配过程中，如有旧件时应原位装复，以保证两元件的接触面积。因此，在变速器解体时，应对同步器各元件做好装配标记，以免装错。

5）组装输入轴、中间轴和输出轴时，应注意各档齿轮、同步器花键毂、止推垫圈的方向及位置，以保证齿轮的正确啮合。

6）安装轴承时，只允许用压套垂直压在轴承的内圈上，禁止施加冲击载荷，轴承内圈圆角最大的一侧必须朝向齿轮。

7）装入油封前，需在油封的刃口涂少量的润滑脂，要垂直压入，并注意安装方向。

8）变速器装配后，要检查各齿轮的轴向间隙和各齿轮副的啮合间隙及啮合印痕。常啮合齿轮的啮合间隙为0.15～0.40mm，滑动齿轮的啮合间隙为0.15～0.50mm。输入轴的轴向间隙≤0.15mm，其余各轴的轴向间隙≤0.30mm，各齿轮的轴向间隙≤0.40mm。

9）装配密封衬垫时，应在密封衬垫的两侧涂以密封胶，确保密封效果。

10）安装变速器盖时，各齿轮和拨叉均处于空档位置。必要时，可分别检查各个常用档的齿轮副是否处于全齿长啮合。

11）按规定的力矩拧紧各部位的螺栓。

十三、变速器主要零部件的检修

1. 齿轮与花键的检修

齿轮损伤表现为：齿面、齿顶、齿轮中心孔、花键齿磨损，齿面疲劳脱落、斑点，严重时会出现轮齿断裂、破碎等现象。

1）齿轮的齿面上出现明显的疲劳斑点、划痕或阶梯形磨损时，应更换；斑点小时可用油石修磨后继续使用。

2）齿轮端面的磨损长度不允许超过齿长的15%，否则更换。

3）齿轮的啮合面应在齿高的中部，接触面积不得小于齿轮工作面的60%。

4）齿轮与齿轮、齿轮与轴及花键的啮合间隙要符合原厂的规定。

2. 轴的检修

轴的损伤通常表现为：轴颈、花键齿的磨损，轴的变形，轴的破裂。

1）轴的弯曲变形用百分表来测量，如图2-44所示，超过标准时应校正或更换。

2）轴齿、花键齿损伤达到前述损伤的程度时应更换。

3）用千分尺检查轴颈的磨损程度，其磨损达到规定值时，可堆焊后修磨、镀铬修复或更换。

4）检查轴上定位凹槽的磨损，最大磨损量为0.5mm，超过应更换。

图2-44 轴的弯曲变形检查

5）轴出现任何形式的裂纹和破碎时，应更换。

3. 轴承的检修

轴承应转动灵活，滚动体与内外圈不得有麻点、麻面、斑痕和烧灼等，保持架完好，否则应更换。

4. 同步器的检修

（1）锁环式同步器的检修　锁环式同步器的损伤表现在锁环、滑块、接合套、花键毂和花键齿的损伤。锁环内锥面和滑块凸台的磨损都会破坏换档过程的同步作用；锁环、接合套锁止角的磨损，会使同步器失去锁止作用，这都会出现换档困难，发出机械撞击噪声。

锁环的检验方法是将同步器锁环压在换档齿轮的端面上，检查摩擦效能，并用塞尺测量锁环和换档齿轮接合齿圈之间的间隙，如图2-45所示。同步器滑块顶部凸台磨损出现沟槽，必须更换，否则，也会使同步作用减弱。

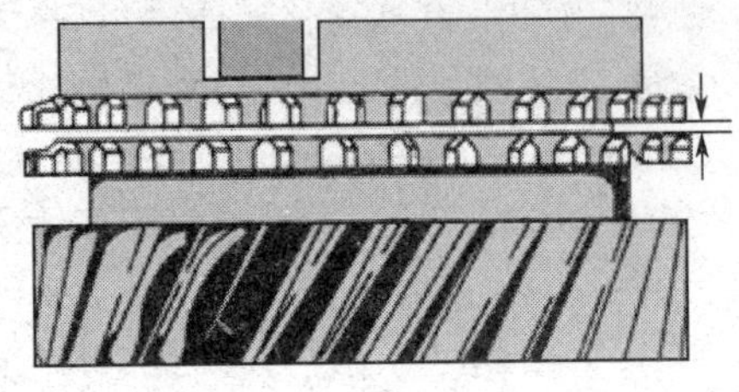
图2-45　同步器间隙的检查

（2）锁销式同步器的检修　锁销式同步器的主要损伤有锥盘的变形，锥环锥面、锁销和定位销磨损等。

锥盘的变形是由于换档操作不当、冲击过猛，使锥盘外张，摩擦角变大造成同步效能降低。锥环锥面上的螺纹槽的磨损严重，使摩擦系数过低，甚至两者端面接触，使同步作用失效。同步器的锁销、定位销松动或有散架，锁止角异常磨损，都会使同步器失效，应换用新同步器。

5. 变速器壳体的检修

变速器壳体的主要损伤表现为：壳体的变形，螺纹、定位销孔、轴承孔和螺纹孔磨损等。

（1）变速器壳体不得有裂纹　对受力不大的裂纹，可用环氧树脂粘接或焊接修复。如轴承、座孔、定位销孔、螺纹孔等重要部位出现裂纹时必须更换壳体。

（2）变速器壳体的变形　将破坏齿轮的正常啮合，引起变速器故障。检查时，对于三轴式变速器要用专用量具检查：

1）上下两孔轴线间的距离。

2）上下两孔轴线的平行度。

3）上孔轴线与上平面间的距离。

4）前后两端面的平面度。

两轴式变速器壳体由前、后两部分组成，其变形主要是检查输入轴与输出轴的平行度、前后壳体接合面的平面度。超过规定时要进行修复。

当变速器轴承孔磨损超限、变形时，可采用镶套、刷镀的方法修复或更换；当壳体平面度误差超限时，可采用铲、刨、锉、铣等方法修复或更换。

（3）壳体上所有连接螺孔的裂纹　损伤不得多于2牙。裂纹孔的损伤可用换加粗螺栓或焊补后重新钻孔的方法修复。

6. 操纵机构的检修

变速器操纵机构工作频繁，其损伤常表现为：磨损、变形、连接松动、弹簧失效等。

1）检查变速器操纵机构各零件的连接情况，如有松动应及时紧固。

2）检查变速杆、拨叉轴、拨叉等变形情况，如有变形应校正。

3）检查拨叉与接合套、拨叉与拨叉轴、换档轴等处的磨损，如磨损应更换。

4）检查复位弹簧、锁止弹簧的弹性，如失效应更换。

☞ 十四、变速器的故障诊断与排除

汽车变速器随着行驶里程的增加，以及不正常的操作，使其零件的磨损、变形随之增加，这样会出现自动脱档、乱档、挂档困难、异响及漏油等变速器常见故障。

1. 自动脱档

（1）故障现象　汽车在加速、减速、爬坡或汽车剧烈振动时，变速杆自动跳回空档位置。

（2）故障原因

1）操纵机构变形松旷导致挂档后齿轮未达到全齿长啮合。

2）接合齿圈与接合套磨损过量，沿齿长方向磨损成锥形。

3）自锁装置的钢球未进入拨叉轴凹槽内。

4）自锁装置的钢球或凹槽磨损严重，自锁弹簧疲劳过软或折断。

（3）故障诊断与排除　先确知脱档档位：走热全车后，采用连续加、减速的方法逐档进行路试便可确定。将变速杆挂入脱档档位，发动机熄火，小心分解变速器，观察脱档齿轮的啮合情况。

1）未达到全齿长啮合，则故障一般由操纵机构变形松旷所引起。

2）达到全齿长啮合，应继续检查。

3）检查啮合部位磨损情况：磨损成锥形，则故障可能由接合齿圈与接合套磨损过量引起。

4）检查自锁装置，若自锁装置的止动阻力很小，甚至钢球未进入凹槽，则故障为自锁效能不良。

2. 乱档

（1）故障现象　在离合器技术状况正常的情况下，所挂档位与需要档位不符或同时挂上两个档位。

（2）故障原因

1）互锁装置失效：如拨叉轴、互锁销或互锁钢球磨损过甚等。

2）接合套上的凹槽磨损过大。

3）变速杆球头定位销折断或球孔、球头磨损过于松旷。

（3）故障诊断与排除

1）挂需要档位时，结果挂入了别的档位：摇动变速杆，检查其摆转角度，若超出正常范围，则故障由操纵机构各球头、球孔磨损过大引起。

2）如摆转角度正常，仍挂不上或摘不下档，则故障由拨叉从接合套凹槽中脱出引起。

3）同时挂入两个档，则故障由互锁装置失效引起。

注：乱档的主要原因是变速器操纵机构失效。

3. 挂档困难

（1）故障现象　离合器技术状况良好，但挂档时不能顺利挂入档位，常发生齿轮撞击声。

（2）故障原因

1）同步器磨损或有缺陷。

2）拨叉轴弯曲、锁紧弹簧过硬、钢球损伤等。

3）变速器轴弯曲变形或花键损伤。

（3）故障诊断与排除

1）检查同步器是否散架、锁环内锥面螺旋槽是否磨损、滑块是否磨损、弹簧弹力是否过软等。

2）如果同步器正常，检查变速器轴是否弯曲、花键是否磨损严重。

3）检查拨叉轴是否移动正常。

4. 变速器异响

变速器的异响主要是由于轴承磨损松旷或齿轮间不正常的啮合而引起的噪声。其大致表现在空档发响和挂档后发响。

（1）空档发响

1）故障现象。发动机怠速运转，变速器处于空档位置有异响，踩下离合器踏板时响声消失。

2）故障原因。

① 变速器与发动机安装时曲轴与变速器输入轴轴向不同心或变速器壳体变形。

② 变速器常啮合齿轮磨损，齿侧间隙过大或个别齿破裂。

③ 常啮合齿轮未成对更换，啮合不良。

④ 轴承松旷、损坏，齿轮轴向间隙大。

⑤ 拨叉和接合套间隙过大。

（2）挂档后发响

1）故障现象。变速器挂入档位后发响，且车速越高，声响越大，而当滑行或低速时响声减小或消失。

2）故障原因。

① 变速器轴弯曲变形。

② 齿轮啮合不当或轴承松旷。

③ 操纵机构各连接处松动。

④ 主、从动锥齿轮配合间隙过大。

（3）故障诊断与排除　变速器产生异响是由于齿轮或轴的振动及其他声源开始，然后扩散到变速器壳体产生共振而形成的。

1）发动机怠速运转，变速器空档有异响，踩下离合器踏板后异响消失，多为常啮合齿轮啮合不良。

2）变速器各档均有异响，多为轴、齿轮、花键磨损使位置超限。

3）挂入某档异响严重，则说明该档齿轮磨损严重。

4）起动后尚未挂档就产生异响，且在汽车行驶中车速变化时异响严重，说明输出轴前后轴承磨损严重。

5. 变速器漏油

（1）故障现象　变速器周围出现齿轮油或油泥，变速器内的油量减少，则可判断为齿轮油泄漏。

（2）原因及排除方法

1）齿轮油选用不当，产生过多泡沫，或齿轮油太多，此时，需更换齿轮油或调节齿轮油量。

2）侧盖太松，密封垫损坏，油封损坏，密封垫和油封损坏应更换新件。

3）放油螺栓和变速器壳体及盖的紧固螺栓松动，应按规定力矩拧紧。

4）变速器壳体破裂或延伸壳油封磨损而引起的漏油，必须更换。

5）里程表齿轮限位器松脱破损，必须锁紧或更换。

☞ 十五、宝来02T五速两轴式变速器

大众公司成功地开发了一种超轻重量的两轴式变速器：MQ200系列的新一代02T五速手动变速器。新一代的变速器的开发目的为：

1）便捷精确的换档操纵。

2）最优的效率。

3）重量轻。

4）模块化技术。

5）标准的拉索操纵变速器。

02T手动变速器（图2-46所示）是一个五速前轮驱动的紧凑型变速器，它是一个两轴式变速

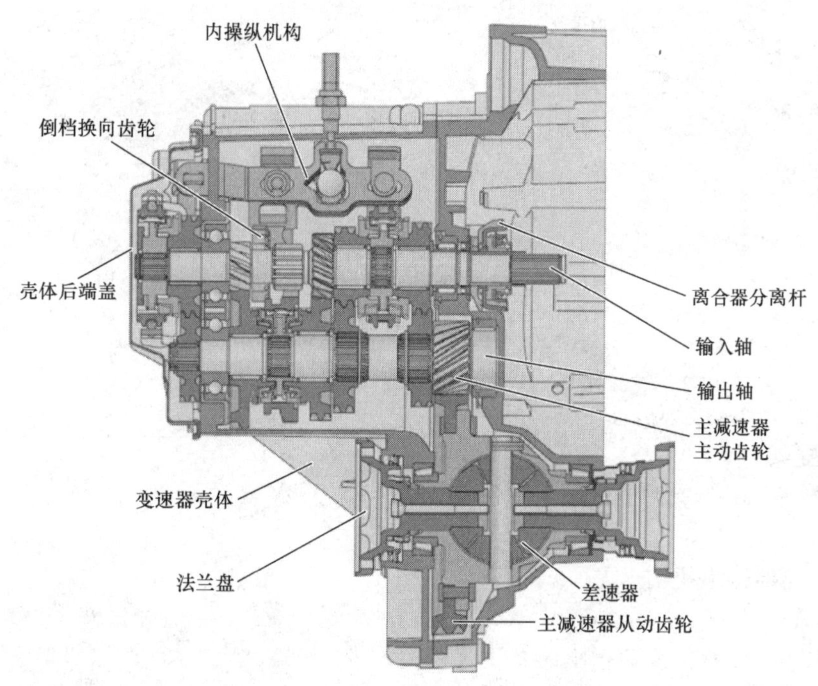

图 2-46 宝来 02T 五速两轴式变速器

器，并带有附加的倒档齿轮轴。前进档的齿轮是螺旋槽齿轮并连续啮合，1 档和 2 档齿轮在输出轴啮合，3 档、4 档和 5 档齿轮在输入轴上啮合。倒档齿轮是直齿，当选择了倒档时，倒档换向齿轮啮合到一个在输出轴和输入轴之间的独立的倒档轴上，输出轴的转动方向被改变。该变速器是通过换档拉索进行操纵的，离合器是液压控制的。变速器能够传递达 200N · m 的转矩并可以与 A00 系列到 A 系列的各种发动机组合使用。

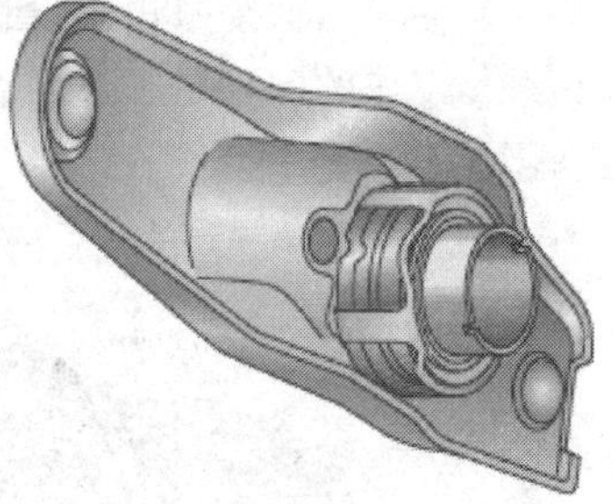
图 2-47 离合器分离杆

（一）变速器的结构特点

独立的模块单元以模块的形式装配，这提高了它们在系列化生产后以及在维修车间的功能性。这些模块为：

1. 离合器分离杆

如图 2-47 所示，该模块包括离合器分离杆、分离轴承和导向套筒。

2. 带换档机构罩盖的换档轴

如图 2-48 所示，换档机构所有的锁齿、弹簧和导向元件，以及用于换档机构调整的角块都属于该模块。

3. 内操纵机构

如图 2-49 所示，包括换档拨叉、换档板和轴承。

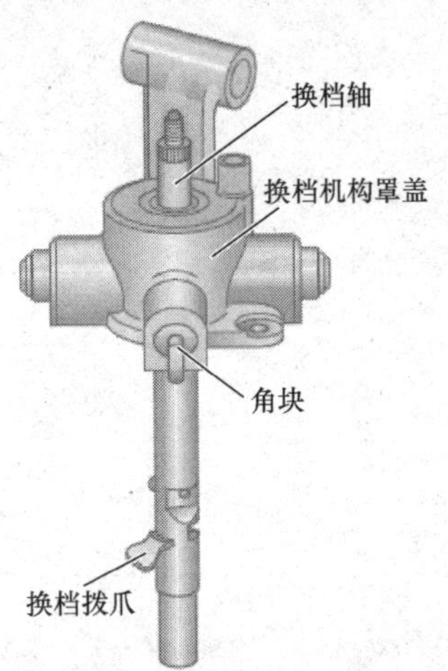

图 2-48　换档轴

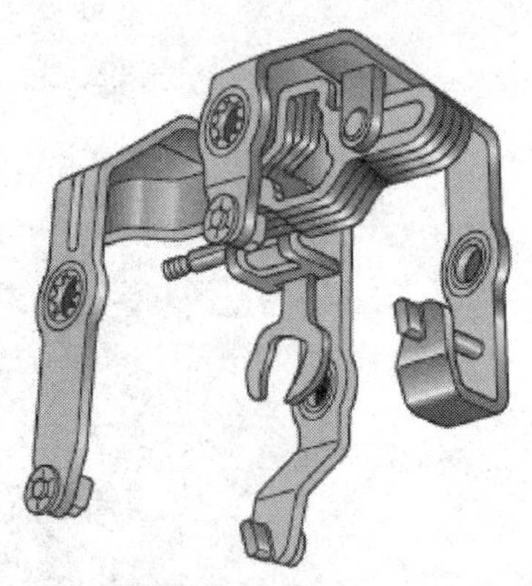

图 2-49　内操纵机构

4. 轴承支架

如图 2-50 所示，带有两个球轴承和预安装的传动机构。

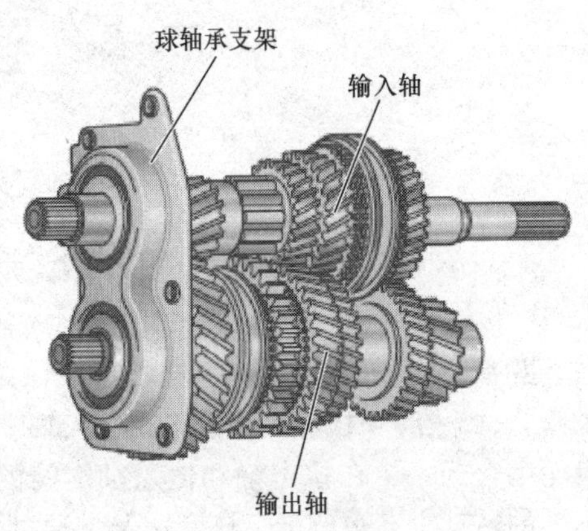

图 2-50　轴承支架

（二）变速器操纵机构

1. 外操纵机构

如图 2-51 所示，02T 变速器上装备了远距离拉索式外操纵机构：有两根拉索连接变速杆和变速器。两根拉索将变速杆的选档和换档运动传递到换档轴上。中继杆和换档运动杆将两根拉索的运动分解成换档轴的向前、向后和旋转运动。在换档机构罩盖上有一个角块，它使换档轴按照预先设计好的位置被安装，以保证维修工作的顺利进行。因此，由拉索操纵的换档更易于调整。

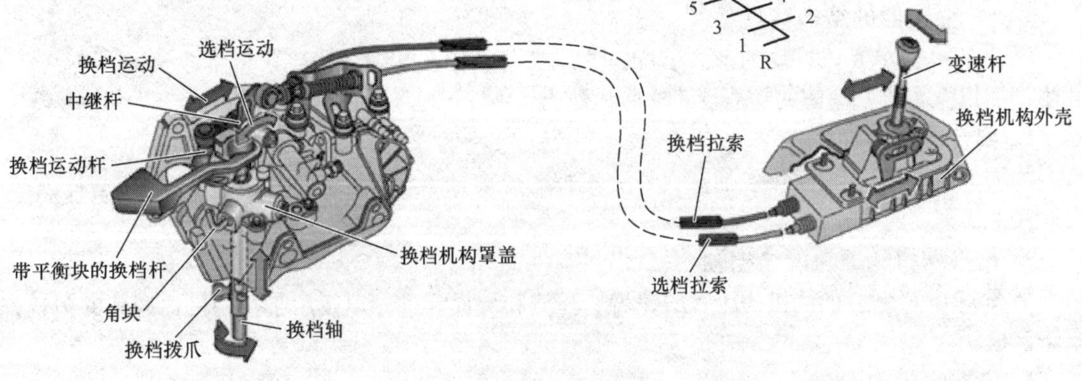

图 2-51　外操纵机构

2. 内操纵机构

内操纵机构如图 2-52 所示。换档运动是从上部传入到变速器的，换档轴位于换档机构罩盖

中，换档轴在选档运动中轴向运动，并在换档运动中转动，两个带有弹簧的球体将换档轴锁定位置。1、2 档换档拨叉和 3、4 档换档拨叉是安装在球轴承上的，这些轴承增加了换档机构的运动平顺性。5 档换档拨叉的轴承具有低磨损特性。换档拨叉的换档块卡入到相应齿轮副的接合套中。在换档时，换档板和换档轴上的换档拨叉由换档拨爪移动。

3. 选档运动

如图 2-53 所示为选档运动示意图。作用在变速杆上的选档运动（左右）通过选档杆转换为选档拉索的前后运动。选档杆安装在轴承销上。通过变速器的外部机构，选档拉索的前后运动被转换为换档轴的上下运动。出于该目的，选档拉索安装在中继杆上，中继杆安装在中心轴承上并通过一个滑块与换档轴非刚性连接。在变速器内，该上下运动将换档轴上的换档拨爪定位在相应的换档板上。

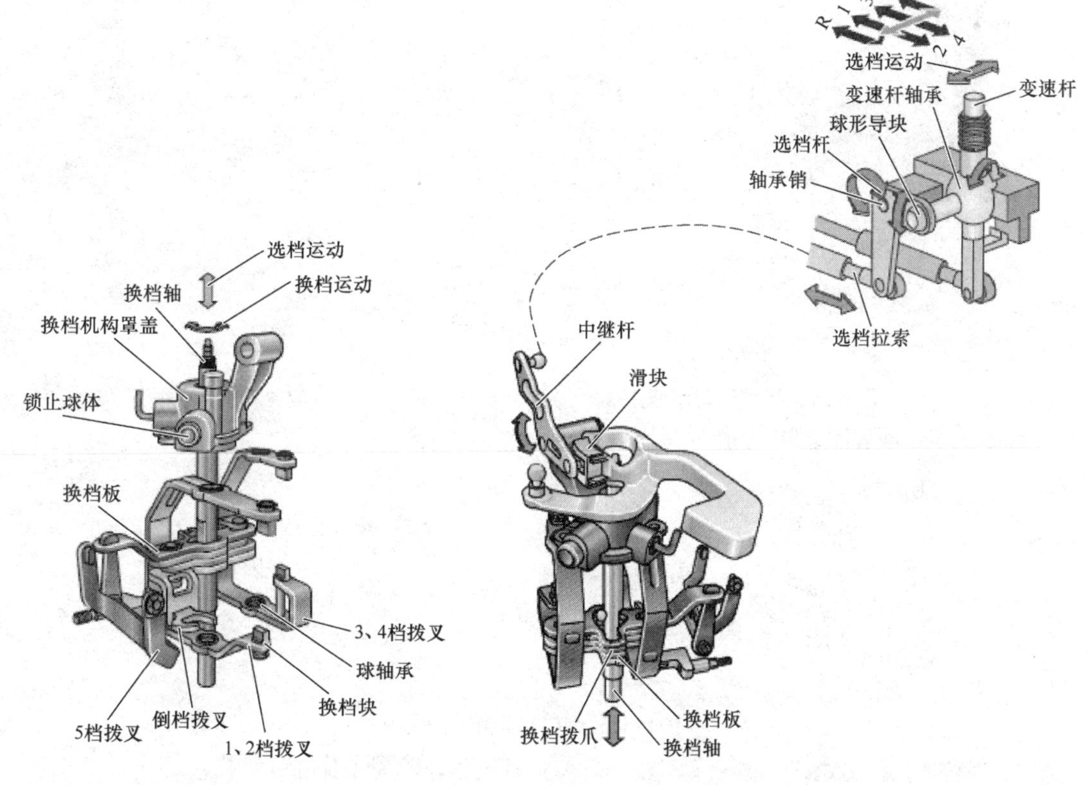

图 2-52　内操纵机构

图 2-53　选档运动示意图

4. 换档运动

如图 2-54 所示为换档运动示意图。直接的换档运动通过变速杆导块传递到换档拉索，如果变速杆在某个档位的前后方向运动，换档拉索则以与换档运动杆运动相反的方向运动。换档拉索在换档中的向前或向后的运动使得换档轴转动，可移动的滑块保持选档拉索中继杆在所选择的位置上不变化。在变速器内换档轴上的换档拨爪在转动中移动换档板。在转动中，换档轴驱动换档拨叉并转换换档接合套，档位被啮合。

5. 倒档锁

如图 2-55 所示，在 02T 变速器中有一个倒档锁，作为防止无意挂入倒档的安全装置。倒档锁集成在换档壳体上，驾驶人首先必须克服倒档锁的力，然后才能选择倒档并换档。

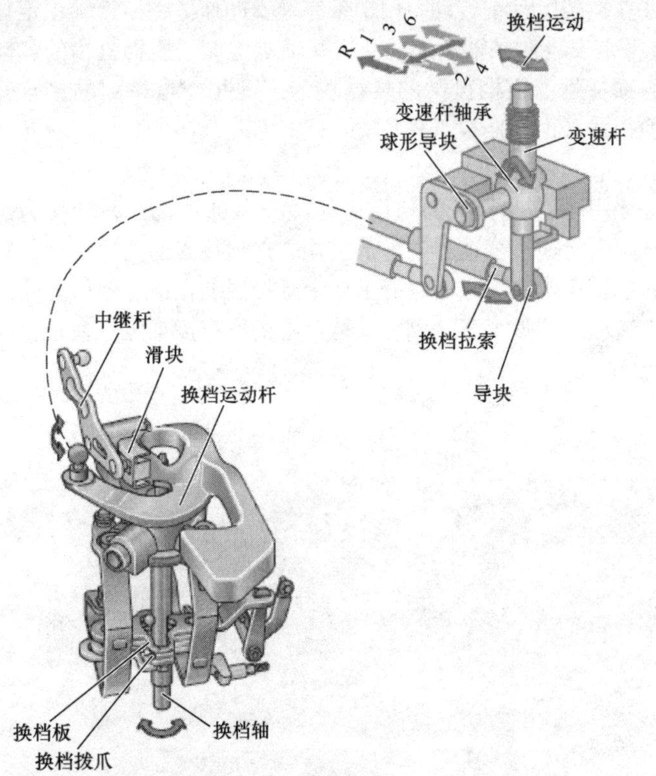

图 2-54　换档运动示意图

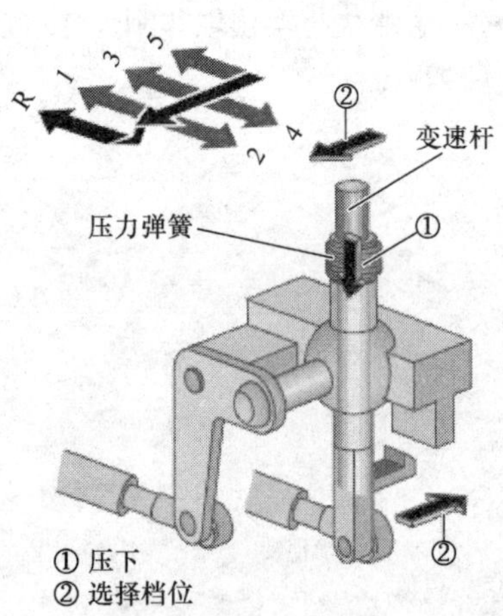

图 2-55　倒档锁结构图

具体工作原理如图 2-56 所示。

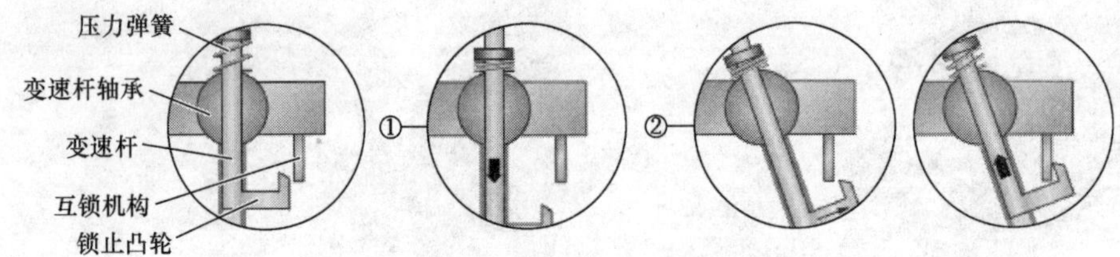

图 2-56　倒档锁工作原理图

1）在普通的换入前进档的换档过程中，变速杆的锁止凸轮抵住互锁机构。

2）当驾驶人预挂入倒档时，变速杆克服弹簧力被压下。此时，锁止凸轮位于互锁机构的下部。

3）在随后的选择倒档的运动中，变速杆可以通过互锁机构以选择倒档。

4）当驾驶人挂入倒档后，压力弹簧将变速杆向上顶到啮合位置并保持在倒档位置。

（三）变速器换档装置

02T 变速器共有 3 个换档装置——同步器，其同步器有两种形式：三件式和单件式。其中 1 档和 2 档的传动比大，因此，采用三件式同步器；而 3 档、4 档和 5 档的传动比相对较小，因此，采用单件式同步器。其中 3 档、4 档和 5 档采用的单件式同步器我们前面已经讲解过，现在只对三件式同步器进行讲解。

如图 2-57 所示，所谓的三件式同步器，相对于单件式同步器而言，只不过是多了两个同步环。三件式同步器主要由内同步环、中间同步环和外同步环组成。

如图 2-58 所示，三件式同步器位于 1 档和 2 档浮动齿轮之间。在换档过程中，齿轮副通过齿轮上的接合齿圈和同步器上的接合套进行同步，这种几乎是双倍面积的锥形摩擦面增加了同步性能约 50%，同时，几乎降低了一半的换档力，其结果是极大地提高了从 3 档换入 2 档，以及从 2 档换入 1 档的操作舒适性。

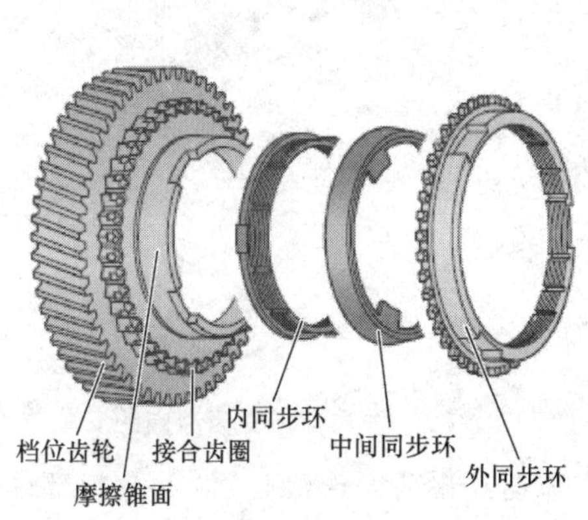

图 2-57　三件式同步器结构图

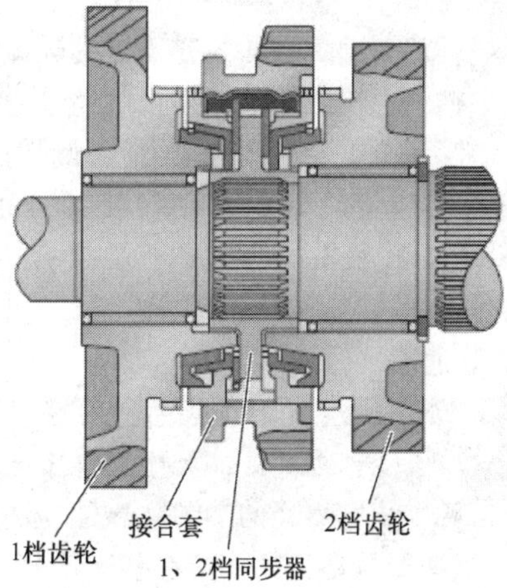

接合套
2档齿轮
1档齿轮
1、2档同步器

图 2-58　三件式同步器的安装位置

（四）变速器传动机构

通过分析 02T 变速器的结构可知，该变速器内有三根相互平行的轴：一根输入轴、一根输出轴和一根倒档轴。在每根轴上都适当地安有齿轮，相应的在齿轮与齿轮之间还适当地安装有同步器。通过换档操纵机构的控制，可以实现 5 个前进档和 1 个倒档。具体结构讲解如下。

1. 输入轴

如图 2-59 所示，输入轴连同位于变速器壳体内的一个滚柱轴承和一个开槽球轴承安装在变速器壳体内的一个轴承总成上。为减小重量，输入轴有一个很深的钻孔。1 档、2 档、倒档齿轮与输入轴制成一体。3 档、4 档和 5 档齿轮是浮动的并套在滚针轴承上转动。3、4 档同步器和 5 档同步器是通过纵向键槽与输入轴主动连接的。

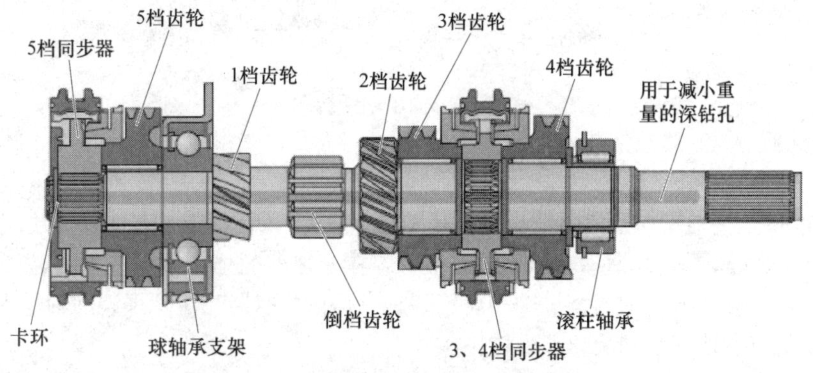

图 2-59　输入轴结构图

图 2-60 所示为输入轴在变速器内的安装位置。

2. 输出轴

如图 2-61 所示，与输入轴一样，输出轴支承在变速器壳体中的轴承上，为减小重量，输出轴也有一个很深的钻孔。3 档齿轮、4 档齿轮、5 档齿轮和 1、2 档同步器是通过纵向键槽与输出轴主动连接的。1 档和 2 档齿轮是浮动的并套在滚针轴承上转动。

图 2-62 所示为输出轴在变速器内的安装位置。

3. 倒档轴

倒档轴的两端直接插入变速器的壳体内，因此，倒档轴既不转动也不轴向移动。在倒档轴上只安装有直齿式倒档惰轮，它空套在倒档轴上。在倒档过程中，倒档拨叉拨动倒档惰轮轴向移动，使其分别与输入轴上的倒档直齿轮和 1、2 档同步器接合套上的直齿相啮合。

4. 差速器

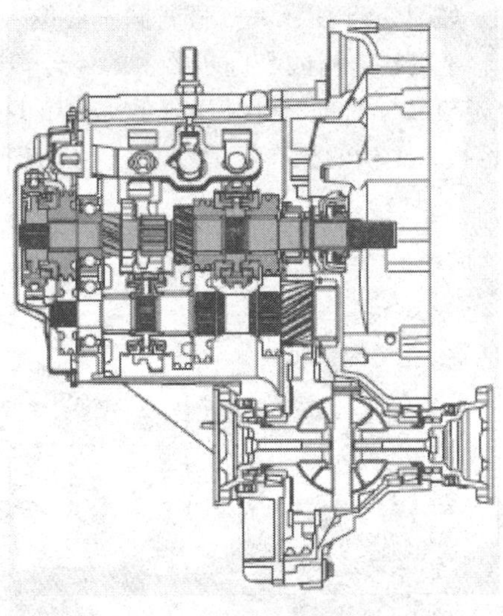

图 2-60 输入轴在变速器内的安装位置

如图 2-63 所示，差速器和手动变速器组合成一个整体，它位于变速器前壳体和中壳体中的两个圆锥滚子轴承中，两个不同直径的油封将壳体与法兰轴的外部隔离开。主减速器从动齿轮铆接在差速器壳体上，并与主减速器主动齿轮相啮合。当更换部件后，需要使用一个调整盘调整差速器在变速器前壳体内的轴向位置。

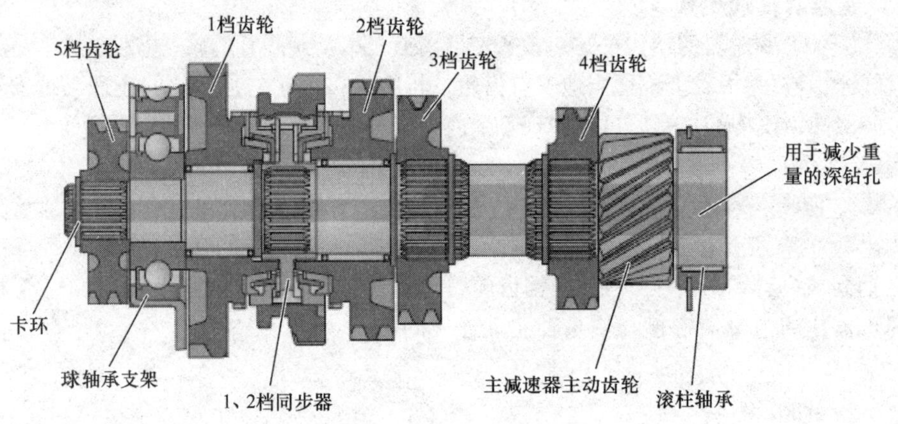

图 2-61 输出轴结构图

图 2-64 所示为差速器在变速器内的安装位置

5. 轴承支架

如图 2-65 所示，轴承支架模块的设计是变速器布局的一个新特点，这种模块是一个带有两个开槽球轴承的轴承支架。开槽球轴承不是直接安装在变速器壳体上的，它们是位于一个单独的轴承支架上。输入轴和输出轴的整个轴和齿轮副总成是在变速器壳体外预装到轴承支架中的。因此，它们可以很方便地安装到变速器壳体中。

用于“固定”输入轴和输出轴的两个开槽球轴承是紧凑型轴承支架的组成部分，它是压入到轴承支架中的。开槽球轴承是用一个成形板定位在设计位置上的，成形板是焊接到轴承支架上的。开槽球轴承通过独立的径向密封圈阻挡变速器油中的磨损残余物。

轴承支架及其眼镜形凸肩，被压入变速器并用六个螺栓紧固到变速器壳体上。

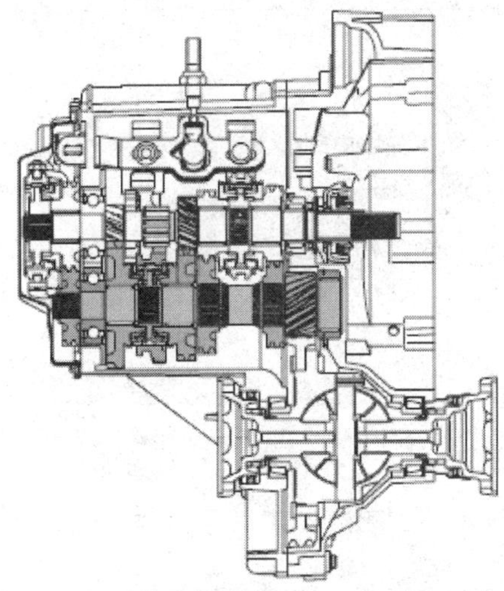

图 2-62　输出轴在变速器内的安装位置

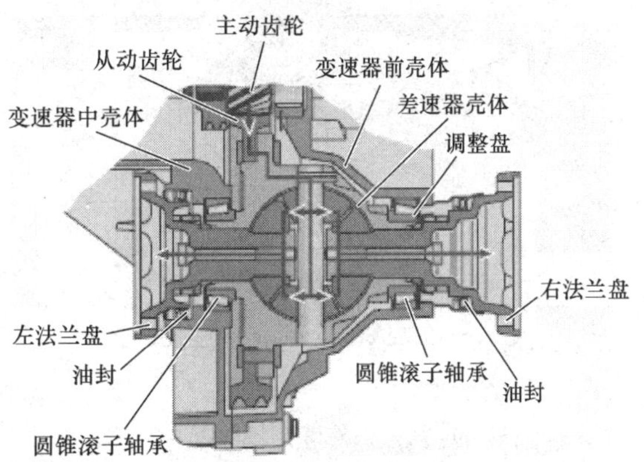

图 2-63　差速器结构图

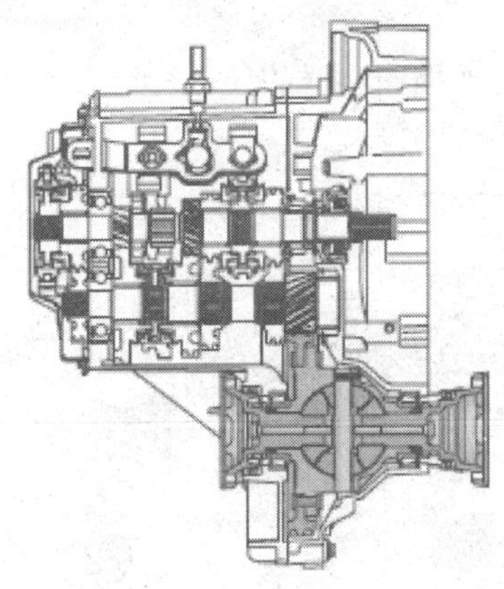

图 2-64　差速器在变速器内的安装位置

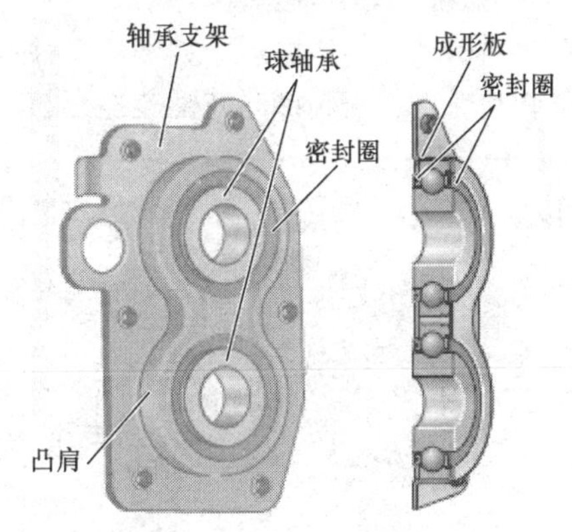

图 2-65　轴承支架结构图

6. 宝来 02T 变速器各档位动力传递原理

（1）1 档动力传递原理　如图 2-66 所示，当预挂入 1 档时，驾驶人左脚将离合器踏板踩下，此时，离合器处于分离状态。驾驶人右手将变速杆置入 1 档位置，此时，1、2 档同步器的接合套向左移动，将输出轴 1 档齿轮的接合齿圈与花键毂连接，1、2 档同步器处于工作状态。随后，左脚缓慢放松离合器踏板，当离合器接合后，发动机的动力经离合器传递到变速器内的齿轮传动机构上。

动力传递路线：动力经发动机曲轴→飞轮→离合器→输入轴→输入轴 1 档齿轮→输出轴 1 档齿轮→1、2 档同步器已工作→输出轴→主减速器主动齿轮→主减速器从动齿轮→差速器→半轴→驱动轮，汽车前进行驶。

（2）2 档动力传递原理　如图 2-67 所示，2 档时，1、2 档同步器的接合套向右移动，将输出轴 2 档齿轮的接合齿圈与花键毂连接，1、2 档同步器处于工作状态。

动力传递路线：动力经发动机曲轴→飞轮→离合器→输入轴→输入轴 2 档齿轮→输出轴 2 档齿轮→1、2 档同步器已工作→输出轴→主减速器主动齿轮→主减速器从动齿轮→差速器→半轴→驱动轮，汽车前进行驶。

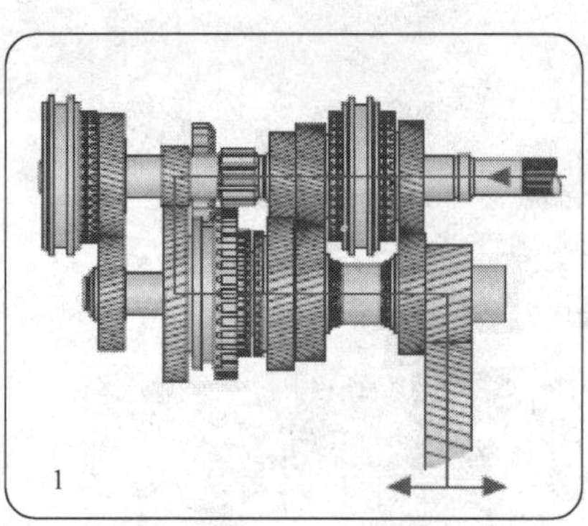

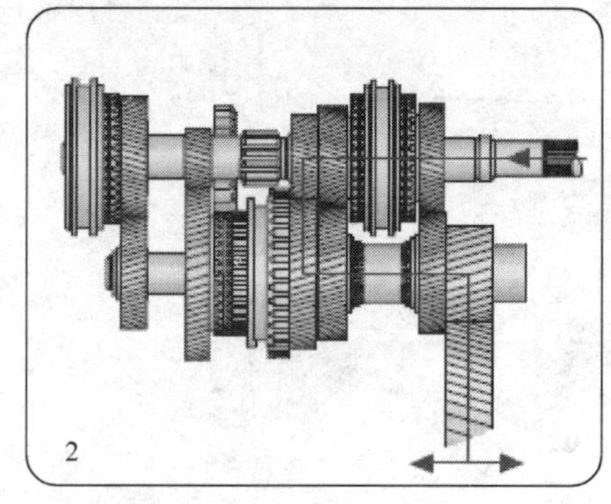

图 2-66　02T 变速器 1 档动力传递路线图

图 2-67　02T 变速器 2 档动力传递路线图

（3）3 档动力传递原理　如图 2-68 所示，3 档时，3、4 档同步器的接合套向左移动，将输入轴 3 档齿轮的接合齿圈与花键毂连接，3、4 档同步器处于工作状态。

动力传递路线：动力经发动机曲轴→飞轮→离合器→输入轴→3、4 档同步器已工作→输入轴 3 档齿轮→输出轴 3 档齿轮→输出轴→主减速器主动齿轮→主减速器从动齿轮→差速器→半轴→驱动轮，汽车前进行驶。

（4）4 档动力传递原理　如图 2-69 所示，4 档时，3、4 档同步器的接合套向右移动，将输入轴 4 档齿轮的接合齿圈与花键毂连接，3、4 档同步器处于工作状态。

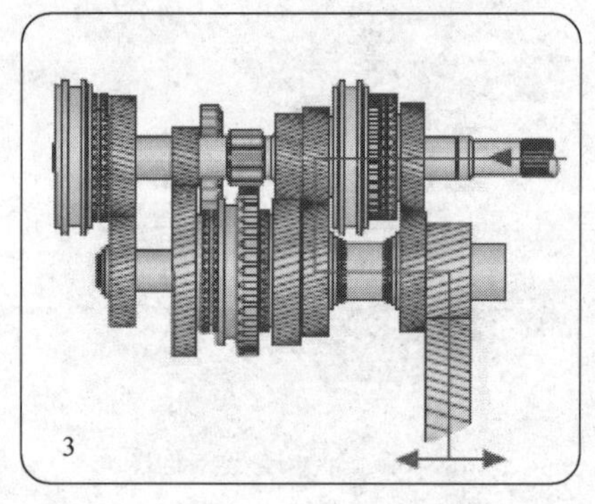

图 2-68　02T 变速器 3 档动力传递路线图

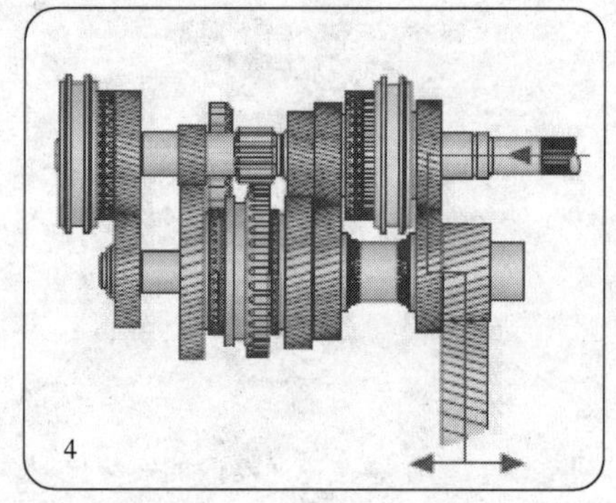

图 2-69　02T 变速器 4 档动力传递路线图

动力传递路线：动力经发动机曲轴→飞轮→离合器→输入轴→3、4 档同步器已工作→输入轴 4 档齿轮→输出轴 4 档齿轮→输出轴→主减速器主动齿轮→主减速器从动齿轮→差速器→半轴→驱动轮，汽车前进行驶。

（5）5 档动力传递原理　如图 2-70 所示，5 档时，5 档同步器的接合套向右移动，将输入轴 5 档齿轮的接合齿圈与花键毂连接，5 档同步器处于工作状态。

动力传递路线：动力经发动机曲轴→飞轮→离合器→输入轴→5 档同步器已工作→输入轴 5 档齿轮→输出轴 5 档齿轮→输出轴→主减速器主动齿轮→主减速器从动齿轮→差速器→半轴→驱动轮，汽车前进行驶。

（6）倒档动力传递原理　如图 2-71 所示，当预挂入倒档时，驾驶人左脚将离合器踏板踩下，此时，离合器处于分离状态。驾驶人右手将变速杆左移并将其压下以挂入倒档位置。此时，倒档拨叉将倒档轴上的倒档惰轮向右移动，此时，倒档惰轮分别与输入轴上的倒档直齿轮和 1、2 档同步器接合套上的直齿相啮合，以改变输出轴的旋转方向。随后，左脚缓慢放松离合器踏板，当

离合器接合后，发动机的动力经离合器传递到变速器内的齿轮传动机构上。

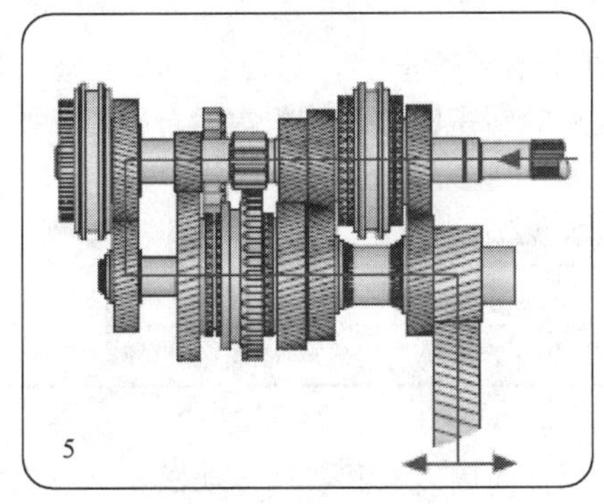

图 2-70　02T 变速器 5 档动力传递路线图

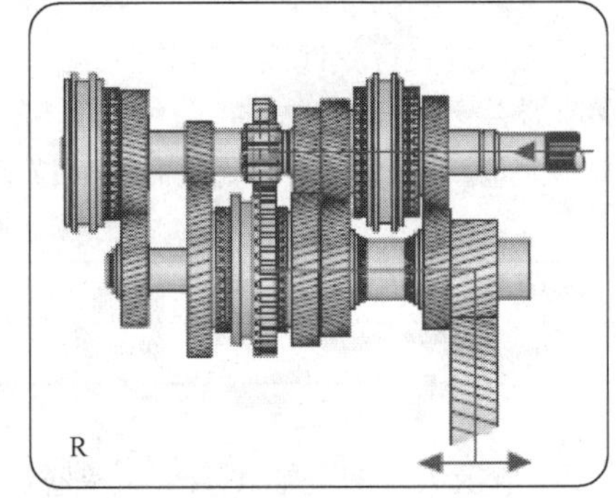

图 2-71　02T 变速器倒档动力传递路线图

动力传递路线：动力经发动机曲轴→飞轮→离合器→输入轴→输入轴倒档直齿轮→倒档惰轮→1、2 档同步器接合套上的直齿→输出轴→主减速器主动齿轮→主减速器从动齿轮→差速器→半轴→驱动轮反转，汽车倒向行驶，实现倒车功能。

注：两轴式变速器中的两轴是指变速器的输入轴和输出轴，不包括倒档轴。通过上面的学习，我们发现前进档中的各档采用的是同步器式换档方式，因此，各档齿轮均为斜齿轮。而倒档采用的是直齿滑动式换档方式，其采用的齿轮均为直齿，这也是倒档噪声比前进档噪声大的原因所在。

（五）变速器壳体和盖

如图 2-72 所示，变速器前壳体和中壳体由镁金属制成。同铝制的壳体比较，镁制的壳体具有低的密度，因此，其强度也降低，但这可以通过加厚的加强筋条和增大的壁厚来补偿。其安装支架的安装点位于变速器壳体的顶部，自对准轴承支架的接合点位于变速器壳体的底部。

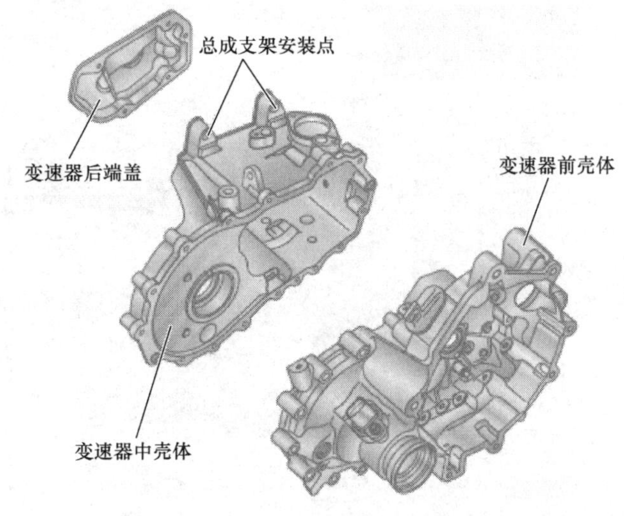

图 2-72　变速器壳体和盖

壳体的低材料强度要求加大螺栓的拧入深度。为防止壳体产生电化学降解作用，螺栓都必须使用涂层。

十六、途锐 08D 六速三轴式变速器

途锐是一款集行驶性能和舒适性能于一体的运动型豪华越野车，它配备了 08D 六速三轴式手动变速器，这款变速器提供了一个紧凑的传动比，强大的转矩输出使其非常适合越野行驶。图 2-73 所示为 08D 三轴式手动变速器，其技术参数见表 2-1。

表 2-1　08D 变速器技术参数

安装方向	纵向	总重量	60kg
齿轮油规格	合成油	齿轮油容量	1.8L

表 2-2 所示为六速三轴式手动变速器 08D 与发动机配合使用表及其各档传动比。

表 2-2　08D 变速器与各发动机的配合表

档位	VR6			R5 TDI		
	常啮合齿轮齿数比	各档齿轮副齿数比	传动比	常啮合齿轮齿数比	各档齿轮副齿数比	传动比
1 档	41:31	46:13	4.680	44:27	46:13	5.766
2 档	41:31	44:23	2.530	44:27	37:20	3.015
3 档	41:31	37:31	1.579	44:27	33:29	1.854
4 档	41:31	34:37	1.215	44:27	29:36	1.313
5 档			1			1
6 档	41:31	31:49	0.837	44:27	26:53	0.799
倒档	41:31	(23:13)×(42:23)	4.273	44:27	(23:13)×(42:23)	5.265

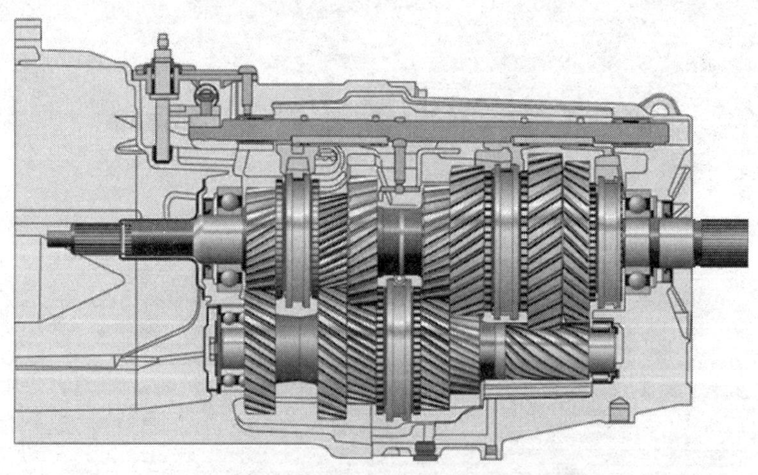

图 2-73　途锐 08D 三轴式手动变速器

1. 变速器结构

途锐 08D 六速三轴式手动变速器有四根轴：一根输入轴、一根输出轴、一根中间轴以及一根倒档轴。其中输入轴和输出轴拥有共同的轴线，因此，其两者均与中间轴和倒档轴平行。在每

根轴上都适当地安有齿轮，相应的在齿轮与齿轮之间还适当地安装有同步器。通过换档操纵机构的控制，可以实现6个前进档和1个倒档，其中5档为直接档，6档为超速档。具体结构讲解如下：

（1）输入轴　如图2-74所示，输入轴前端通过球轴承支承在变速器壳体上，后端则通过滚柱轴承和输出轴支承在变速器壳体上，并进行轴向定位。输入轴前面花键部分安装离合器的从动盘，以接受发动机的动力。后端的齿轮为常啮合齿轮并与轴制成一体，它与中间轴常啮合齿轮常啮合，将动力传递给中间轴，作为变速器除直接档以外的各档的第一级齿轮传动。因此，只要发动机运转，离合器接合，常啮合齿轮就一直转动。

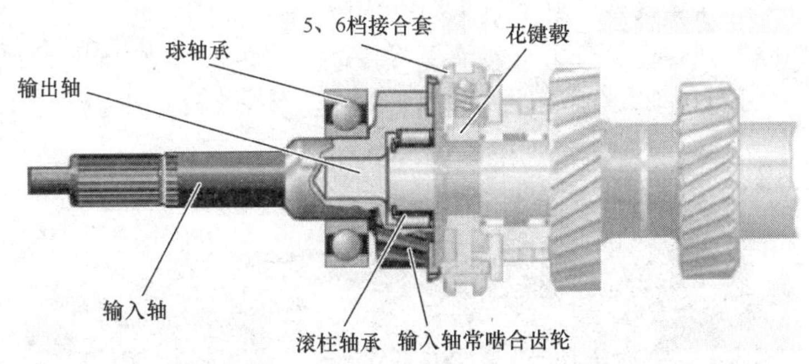

图2-74　输入轴结构图

图2-75所示为输入轴在变速器内的安装位置。

（2）输出轴　如图2-76所示，输出轴前端轴颈通过滚柱轴承支承在输入轴后端的轴承孔内，后端轴颈则通过球轴承支承在变速器壳体上。输出轴上的3档齿轮和4档齿轮与输出轴制成一体，而1档齿轮、2档齿轮、6档齿轮和倒档齿轮则通过滚针轴承空套在输出轴上。在输出轴上安装有3个同步器，同步器是通过纵向键槽与输出轴主动连接的。其中，在6档齿轮左侧安装有5、6档同步器，在1档齿轮和2档齿轮之间安装有1、2档同步器，在倒档齿轮右侧安装有倒档同步器。

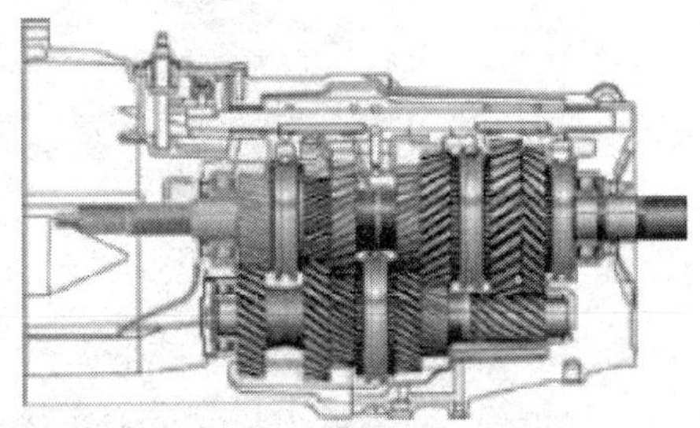

图2-75　输入轴在变速器内的安装位置

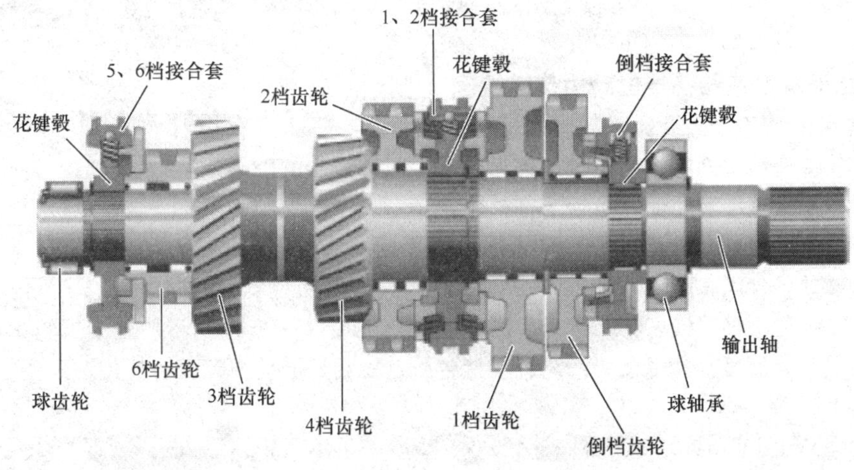

图2-76　输出轴结构图

图 2-77 所示为输出轴在变速器内的安装位置。

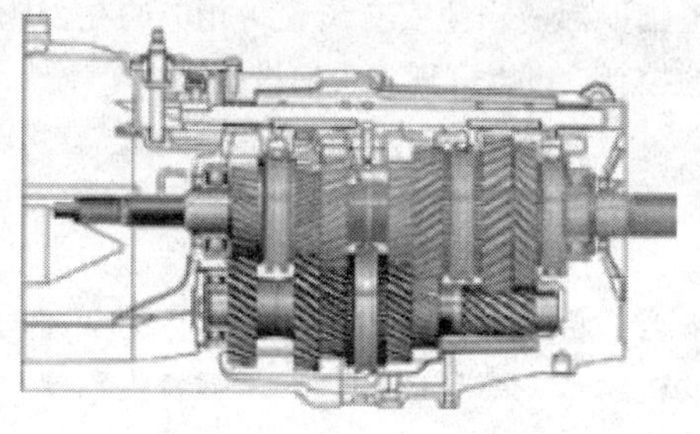

图 2-77　输出轴在变速器内的安装位置

（3）中间轴　如图 2-78 所示，中间轴的前端通过调心球轴承支承在变速器壳体的前部，其后端通过滚柱轴承支承在变速器壳体的后部。中间轴上的 2 档齿轮和 1、倒档齿轮与中间轴制成一体，而 3 档齿轮和 4 档齿轮则通过滚针轴承空套在中间轴上。中间轴常啮合齿轮及 6 档齿轮通过花键与中间轴连接。在 3 档齿轮和 4 档齿轮之间安装有 3、4 档同步器并通过纵向键槽与中间轴主动连接。除常啮合齿轮外，中间轴上的其他齿轮都为主动齿轮，与输出轴上相应的齿轮啮合，构成变速器各档的第二级齿轮传动。

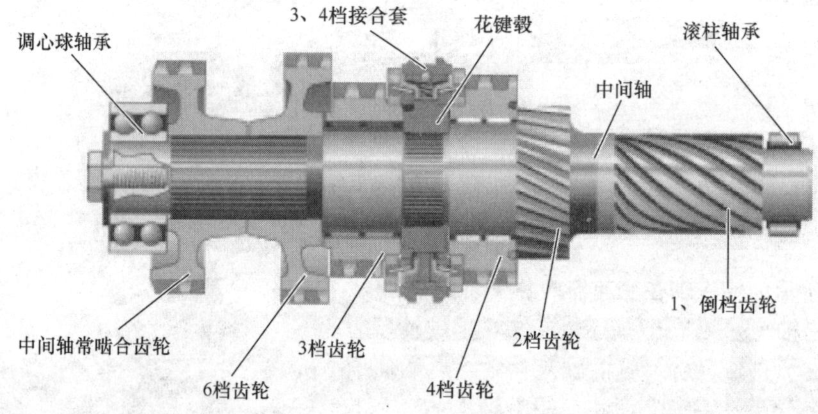

图 2-78　中间轴结构图

图 2-79 所示为中间轴在变速器内的安装位置。

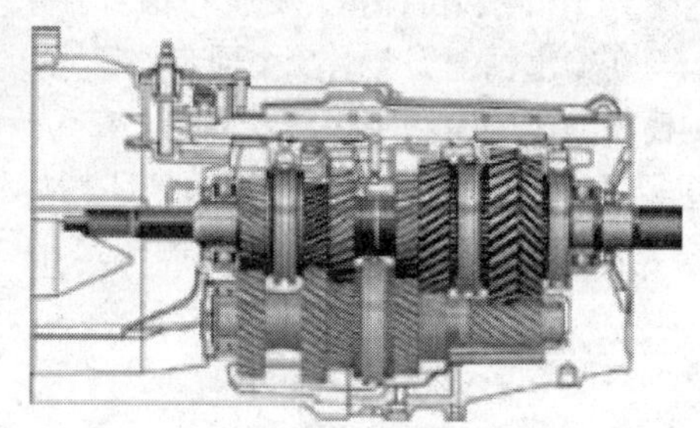

图 2-79　中间轴在变速器内的安装位置

（4）倒档轴　除了上述三根主要轴外，在中间轴的一侧还装有一根很短的倒档轴。在倒档轴上空套有倒档斜齿轮，它只能在倒档轴上转动而不能轴向移动。倒档斜齿轮同时与输出轴上的倒档齿轮和中间轴上的倒档齿轮常啮合。它作为惰轮可使输出轴的旋转方向与输入轴方向相反，即实现倒车行驶。

2. 途锐 08D 变速器各档位动力传递原理

发动机旋转、离合器接合时，输入轴旋转动力通过常啮合齿轮传递给中间轴，输出轴上的齿轮在中间轴齿轮的带动下空转。此时，各档接合套处于中间位置，输出轴不转，变速器处于空档位置。

（1）1 档动力传递原理　如图 2-80 所示，当预挂入 1 档时，驾驶人左脚将离合器踏板踩下，此时，离合器处于分离状态。驾驶人右手将变速杆置入 1 档位置，此时，1、2 档同步器的接合套向右移动，将输出轴 1 档齿轮的接合齿圈与花键毂连接，1、2 档同步器处于工作状态。随后，驾驶人左脚缓慢放松离合器踏板，当离合器接合后，发动机的动力经离合器传递到变速器内的齿轮传动机构上。

动力传递路线：动力经发动机曲轴→飞轮→离合器→输入轴→输入轴常啮合齿轮→中间轴常啮合齿轮→中间轴→中间轴 1 档齿轮→1、2 档同步器已工作→输出轴 1 档齿轮→输出轴→主减

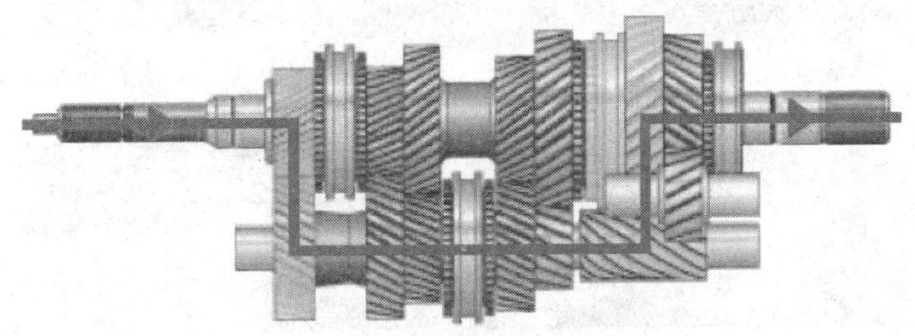

图 2-80 08D 变速器 1 档动力传递路线图

速器主动齿轮→主减速器从动齿轮→差速器→半轴→驱动轮，汽车前进行驶。

（2）2 档动力传递原理 如图 2-81 所示，2 档时，1、2 档同步器的接合套向左移动，将输出轴 2 档齿轮的接合齿圈与花键毂连接，1、2 档同步器处于工作状态。

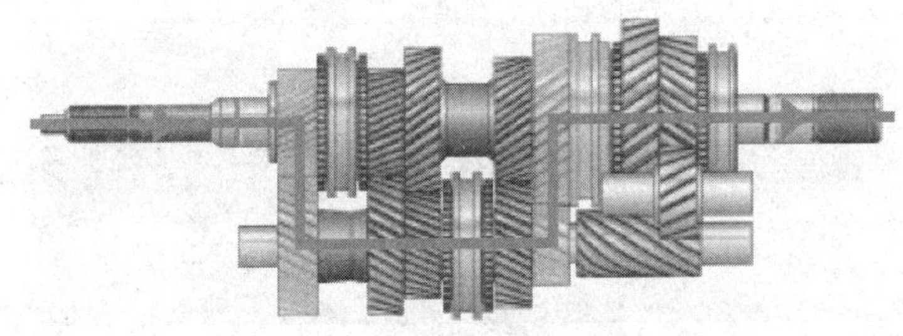

图 2-81 08D 变速器 2 档动力传递路线图

动力传递路线：动力经发动机曲轴→飞轮→离合器→输入轴→输入轴常啮合齿轮→中间轴常啮合齿轮→中间轴→中间轴 2 档齿轮→1、2 档同步器已工作→输出轴 2 档齿轮→输出轴→主减速器主动齿轮→主减速器从动齿轮→差速器→半轴→驱动轮，汽车前进行驶。

（3）3 档动力传递原理 如图 2-82 所示，3 档时，3、4 档同步器的接合套向左移动，将中间轴 3 档齿轮的接合齿圈与花键毂连接，3、4 档同步器处于工作状态。

动力传递路线：动力经发动机曲轴→飞轮→离合器→输入轴→输入轴常啮合齿轮→中间轴常啮合齿轮→中间轴→中间轴 3 档齿轮→3、4 档同步器已工作→输出轴 3 档齿轮→输出轴→主减速器主动齿轮→主减速器从动齿轮→差速器→半轴→驱动轮，汽车前进行驶。

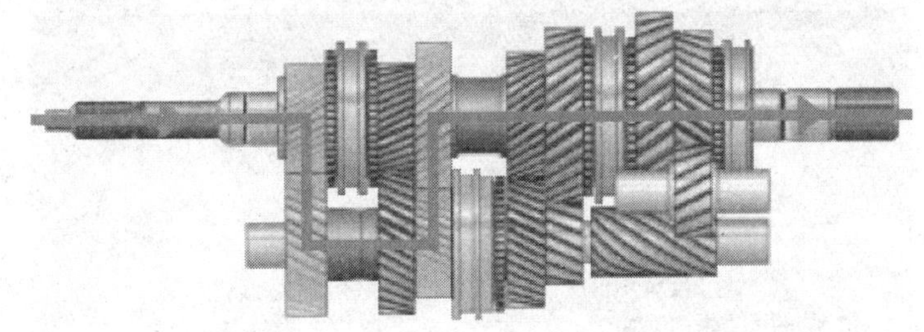

图 2-82 08D 变速器 3 档动力传递路线图

（4）4 档动力传递原理 如图 2-83 所示，4 档时，3、4 档同步器的接合套向右移动，将中间轴 4 档齿轮的接合齿圈与花键毂连接，3、4 档同步器处于工作状态。

动力传递路线：动力经发动机曲轴→飞轮→离合器→输入轴→输入轴常啮合齿轮→中间轴常啮合齿轮→中间轴→中间轴 4 档齿轮→3、4 档同步器已工作→输出轴 4 档齿轮→输出轴→主减速器主动齿轮→主减速器从动齿轮→差速器→半轴→驱动轮，汽车前进行驶。

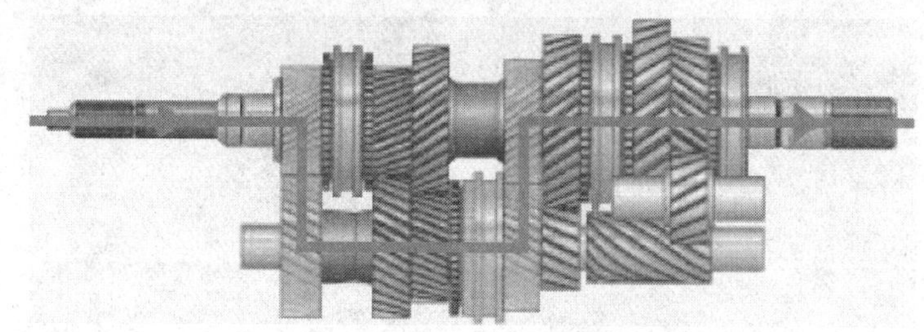

图 2-83　08D 变速器 4 档动力传递路线图

（5）5 档动力传递原理　如图 2-84 所示，要挂入 5 档，使 5、6 档同步器的接合套向左移动与接合齿圈接合，此时动力从输入轴经常啮合齿轮、接合齿圈、接合套和花键毂直接传递给输出轴，而不再经过中间轴齿轮传动，故此档称为直接档，传动比等于 1。

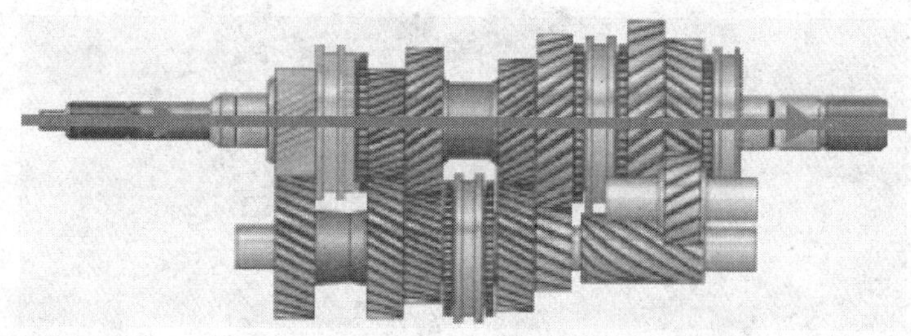

图 2-84　08D 变速器 5 档动力传递路线图

动力传递路线：动力经发动机曲轴→飞轮→离合器→输入轴→输入轴常啮合齿轮→5、6 档同步器已工作→接合齿圈→接合套→花键毂→输出轴→主减速器主动齿轮→主减速器从动齿轮→差速器→半轴→驱动轮，汽车以直接档前进行驶。

（6）6 档动力传递原理　如图 2-85 所示，6 档时，5、6 档同步器的接合套向右移动，将输出轴 6 档齿轮的接合齿圈与花键毂连接，5、6 档同步器处于工作状态。

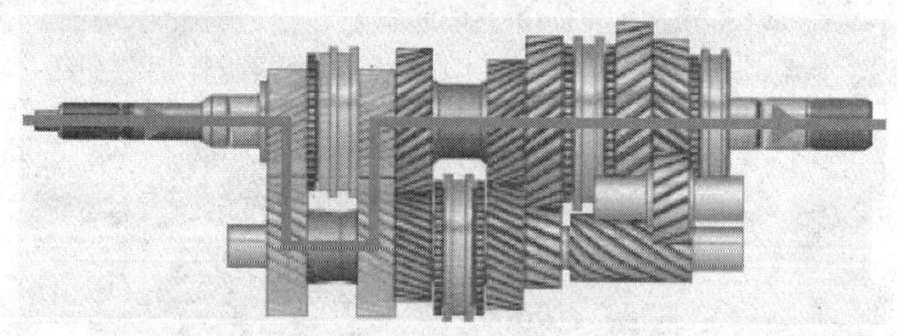

图 2-85　08D 变速器 6 档动力传递路线图

动力传递路线：动力经发动机曲轴→飞轮→离合器→输入轴→输入轴常啮合齿轮→中间轴常啮合齿轮→中间轴→中间轴 6 档齿轮→5、6 档同步器已工作→输出轴 6 档齿轮→输出轴→主减速器主动齿轮→主减速器从动齿轮→差速器→半轴→驱动轮，汽车以超速档前进行驶。

（7）倒档动力传递原理　如图 2-86 所示，倒档时，倒档同步器的接合套向左移动与接合齿圈接合，倒档同步器处于工作状态。此时动力从输入轴依次经过输入轴常啮合齿轮、中间轴常啮合齿轮、中间轴倒档齿轮、倒档斜齿轮、输出轴倒档齿轮、接合齿圈、接合套、花键

毂传到输出轴。由于增加了一个倒档斜齿轮，故输出轴的旋转方向与输入轴相反，汽车便倒向行驶。

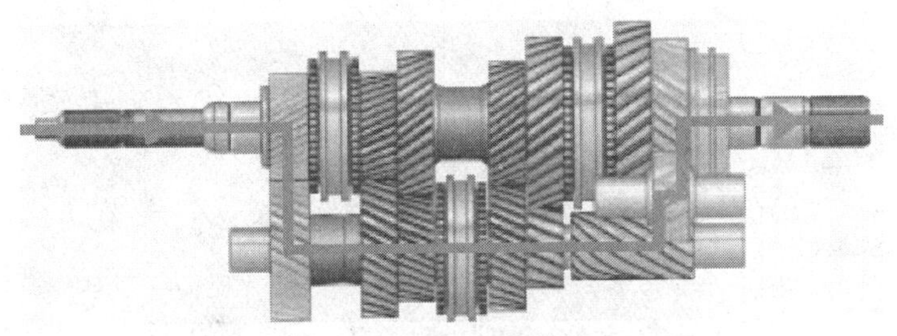

图 2-86　08D 变速器倒档动力传递路线图

动力传递路线：动力经发动机曲轴→飞轮→离合器→输入轴→输入轴常啮合齿轮→中间轴常啮合齿轮→中间轴→中间轴倒档齿轮→倒档斜齿轮→倒档同步器已工作→输出轴倒档齿轮→接合齿圈→接合套→花键毂→输出轴→主减速器主动齿轮→主减速器从动齿轮→差速器→半轴→驱动轮反转，汽车倒向行驶，实现倒车功能。

注：三轴式变速器中的三轴是指变速器的输入轴、输出轴和中间轴，同样不包括倒档轴。那么，对比 08D 六速三轴式变速器和 02T 五速两轴式变速器我们可以发现，08D 变速器的倒档也采用同步器式换档方式。因此，08D 变速器内所有档位均采用斜齿轮传动。

十七、02M 六速两输出轴式变速器

为了适应现代汽车对驾驶舒适性、环保性能要求的不断提高，变速器技术有了进一步的改进。为了使变速器能更平稳地运行，变速器内添加了更多的齿轮组。这样，变速器能更好地适应各种发动机的特点，它也间接地利用了转矩降低来减少废气排放量。

如图 2-87 所示，六速手动变速器 02M 是一款新产品：这是一款适应横置发动机的六速两输出轴式变速器。两输出轴式变速器严格意义上来说没有这种称谓，但是，随着 02M 变速器的出现，两输出轴这个名字被越来越多的人熟悉，我们也就姑且把这种变速器称为两输出轴式变速器。

图 2-87　02M 六速两输出轴式变速器

02M 是一款横置紧凑型六速手动变速器。那么，它是如何实现紧凑的呢？

在传统的手动变速器上，一根输入轴将动力传递给一根输出轴，档位越多，变速器输入轴和输出轴上的齿轮就越多，其结果是变速器的轴向尺寸变长。而 02M 变速器使用了两根输出轴，这样所有档位的变速齿轮就布置在两根输出轴上，变速器的整体轴向尺寸变短，如图 2-88 所示。在本学习内容中，将向您讲解 02M 变速器的结构及传动原理。

表 2-3 所示为 02M 六速两输出轴式变速器的技术参数，表 2-4 所示为 02M 六速两输出轴式变速器与发动机配合使用表及其各档传动比。

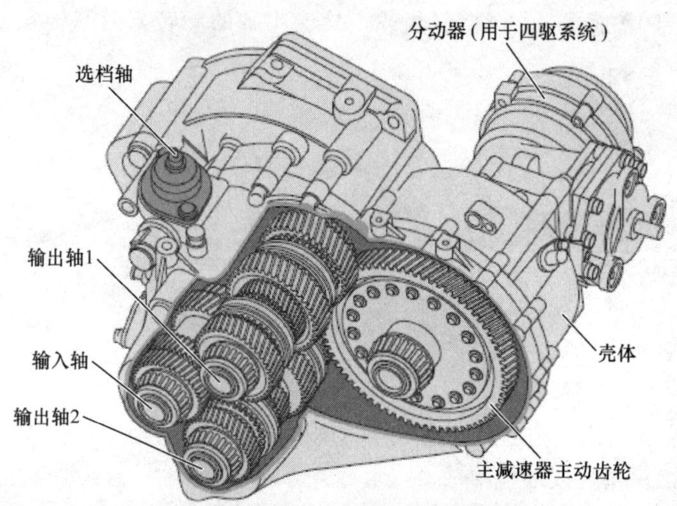

图 2-88　02M 六速两输出轴式变速器结构图

表 2-3　02M 六速两输出轴式变速器技术参数

前进档数	6	倒档数	1
安装方向	横向	最大输入转矩	350N · m
齿轮油规格	DEA DES-5080	总重量	68kg（四轮驱动） 48.5kg（前轮驱动）

表 2-4　02M 六速两输出轴式变速器与各发动机的配合表

档位	2.8L 150kW VR6		1.9L 85kW TDI L4	
	各档齿轮副齿数比	传动比	各档齿轮副齿数比	传动比
1 档	41:12	3.417	41:11	3.727
2 档	40:19	2.105	40:19	2.105
3 档	40:28	1.429	39:29	1.345
4 档	34:31	1.097	35:36	0.972
5 档	37:34	1.088	32:33	0.970
6 档	31:34	0.912	29:36	0.806
倒档	(30:12) × (23:14)	4.107	(31:11) × (23:14)	4.630

从表 2-4 可以看出，02M 变速器与两种类型的发动机配合使用。所配合使用的发动机类型不同，变速器的安装角度也不同。

1）如图 2-89 所示，如果与 L4 型发动机配合使用，则变速器向后倾斜 15°。

2）如图 2-90 所示，如果与 VR6 型发动机配合使用，则变速器向前倾斜 8°。

1. 变速器结构

在传统的手动变速器上，一根输入轴将动力传递给一根输出轴，档位越多，变速器输入轴和输出轴上的齿轮就越多，其结果是变速器的轴向尺寸变长。

所谓的短变速器，其中一个典型的代表就是 02M 变速器，它使用了两根输出轴，这样所有

档位的变速齿轮就布置在两根输出轴而不是一根输出轴上。用两根输出轴取代传统的一根输出轴来实现短的、紧凑的变速器是不够的，它仍然需要找到一种方法——在不需要更多组件的情况下将转矩传递给两根输出轴。这个问题是由单齿轮双传动来解决的。在这种情况下，输入轴上一个固定的齿轮可以驱动输出轴 1 和输出轴 2 上的两个滑动齿轮。

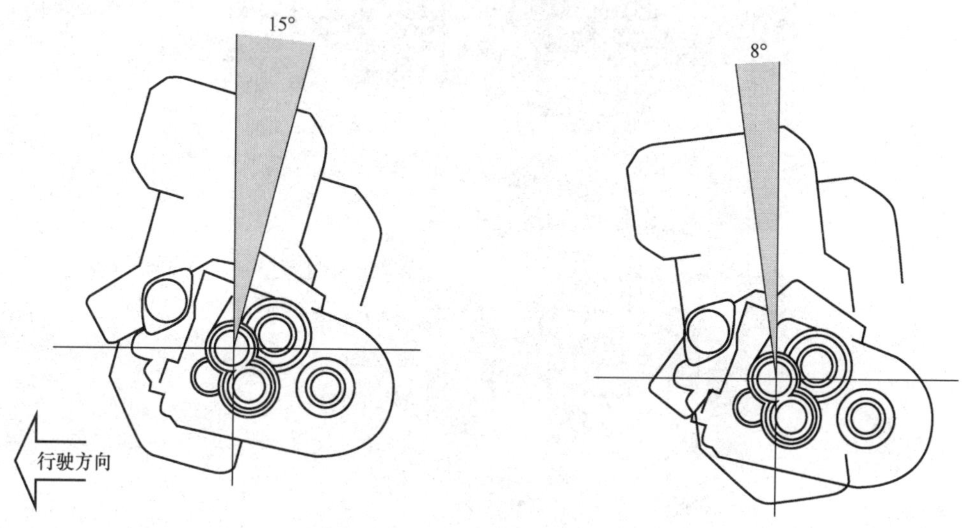

图 2-89　与 L4 型发动机配合使用　　图 2-90　与 VR6 型发动机配合使用

为了实现不同的传动比，各档位的滑动齿轮拥有不同的直径，因此，也就有了不同齿数的滑动齿轮。通过换档操纵机构的控制，可以实现 6 个前进档和 1 个倒档。具体结构讲解如下：

（1）输入轴　如图 2-91 所示，输入轴前面花键部分安装离合器的从动盘，以接受发动机的动力。输入轴上的齿轮设计为固定齿轮，即它们永久地连接在输入轴上。这些齿轮包括 1/倒档主动齿轮、2 档主动齿轮、3 档主动齿轮、4/6 档主动齿轮和 5 档主动齿轮。只要发动机运转，所有档位的主动齿轮就一直转动。

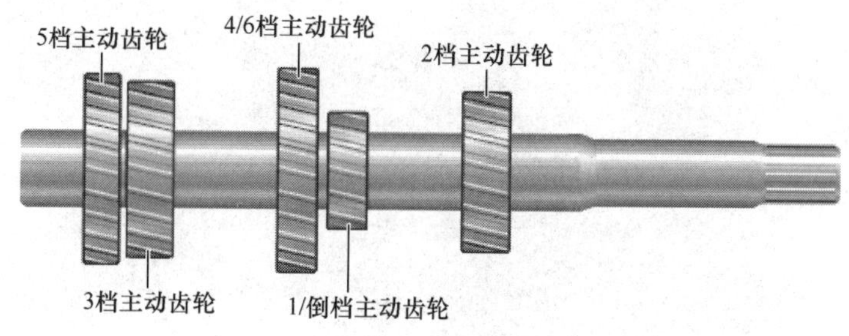

图 2-91　输入轴结构图

（2）输出轴　如图 2-92 所示，02M 变速器有两根输出轴。在每根输出轴上，除输出齿轮固定在输出轴上外，其他的档位齿轮均通过滚针轴承空套在输出轴上，并可以自由旋转，因此，它们也被称为滑动齿轮。同步器中的接合套可通过接合齿圈将滑动的档位齿轮刚性地连接到输出轴上，这样，便可在输入轴相应齿轮的带动下形成我们所需要的档位。

两根输出轴的滑动齿轮安装情况如下：

1）输出轴 1：1 档从动齿轮、2 档从动齿轮、3 档从动齿轮和 4 档从动齿轮。

2）输出轴 2：5 档从动齿轮、6 档从动齿轮和倒档从动齿轮。

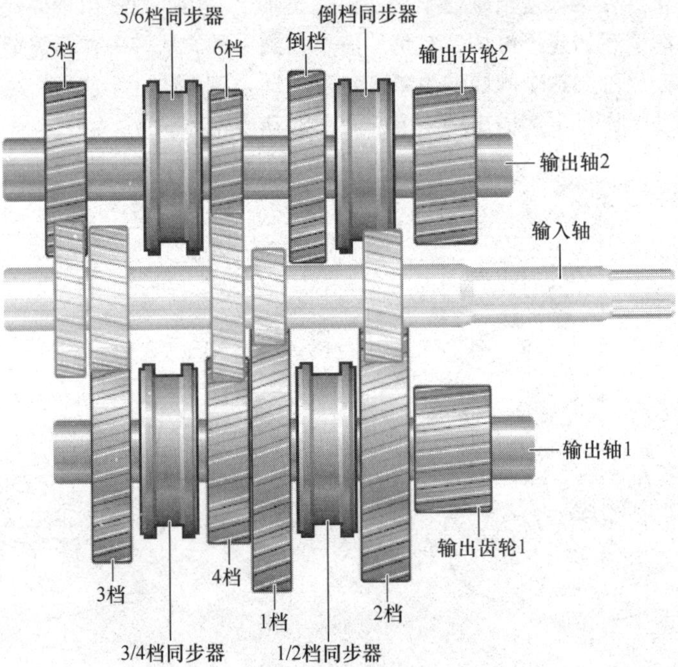

5/6档同步器
倒档同步器
5档
6档
倒档
输出齿轮2
输出轴2
输入轴
输出轴1
输出齿轮1
3档
4档
1档
2档
3/4档同步器
1/2档同步器

图 2-92　输出轴结构图

（3）倒档轴　两个旋向相反的倒档惰轮 1 和倒档惰轮 2 安装在一根倒档轴上。图 2-93 所示为各个轴的安装位置示意图。

主减速器主动齿轮
输出轴1
输入轴
输出轴2
倒档轴

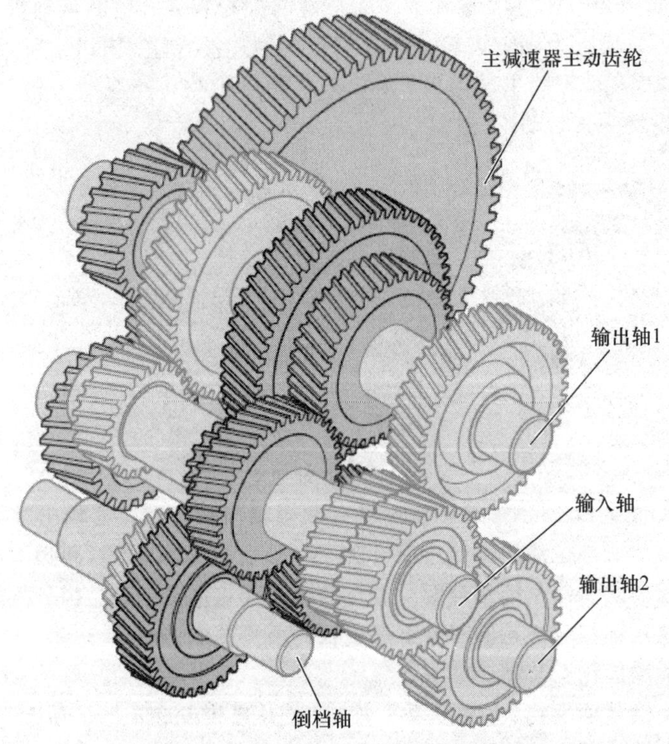

图 2-93　各轴安装位置示意图

2. 变速器各档位动力传递原理

发动机旋转、离合器接合时，输入轴上各档位的主动齿轮转动，输出轴上各档位的从动齿轮空转。此时，各档同步器的接合套处于中间位置，输出轴不转，变速器处于空档位置。

（1）1 档动力传递原理　如图 2-94 所示，当预挂入 1 档时，驾驶人左脚将离合器踏板踩下，此时，离合器处于分离状态。驾驶人右手将变速杆置入 1 档位置，此时，1/2 档同步器的接合套向左移动，将输出轴 1 上的 1 档从动齿轮的接合齿圈与花键毂连接，则 1 档从动齿轮与输出轴 1 刚性连接，1/2 档同步器处于工作状态。随后，驾驶人左脚缓慢放松离合器踏板，当离合器接合后，发动机的动力经离合器传递到变速器内的齿轮传动机构上。

动力传递路线：动力经发动机曲轴→飞轮→离合器→输入轴→输入轴 1/倒档主动齿轮→输出轴 1 上的 1 档从动齿轮→1/2 档同步器已工作→输出轴 1→输出齿轮 1→主减速器主动齿轮→主减速器从动齿轮→差速器→半轴→驱动轮，汽车前进行驶。

（2）2 档动力传递原理　如图 2-95 所示，2 档时，1/2 档同步器的接合套向右移动，将输出轴 1 上的 2 档从动齿轮的接合齿圈与花键毂连接，则 2 档从动齿轮与输出轴 1 刚性连接，1/2 档同步器处于工作状态。

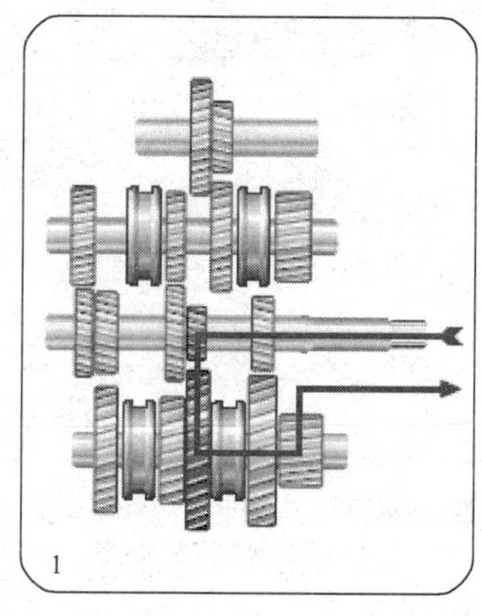

图 2-94　02M 变速器 1 档动力传递路线图

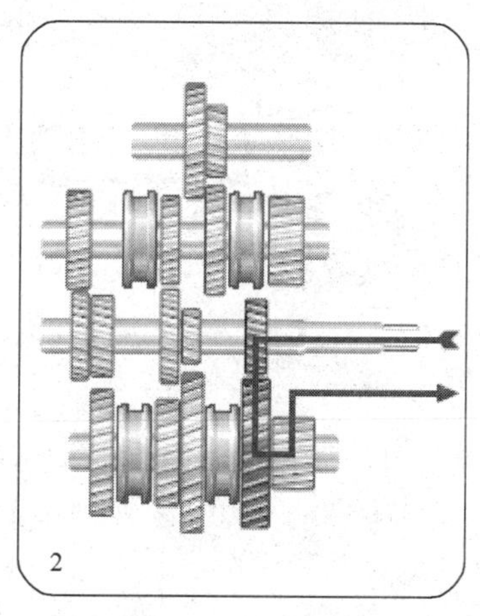

图 2-95　02M 变速器 2 档动力传递路线图

动力传递路线：动力经发动机曲轴→飞轮→离合器→输入轴→输入轴 2 档主动齿轮→输出轴 1 上的 2 档从动齿轮→1/2 档同步器已工作→输出轴 1→输出齿轮 1→主减速器主动齿轮→主减速器从动齿轮→差速器→半轴→驱动轮，汽车前进行驶。

（3）3 档动力传递原理　如图 2-96 所示，3 档时，3/4 档同步器的接合套向左移动，将输出轴 1 上的 3 档从动齿轮的接合齿圈与花键毂连接，则 3 档从动齿轮与输出轴 1 刚性连接，3/4 档同步器处于工作状态。

动力传递路线：动力经发动机曲轴→飞轮→离合器→输入轴→输入轴 3 档主动齿轮→输出轴 1 上的 3 档从动齿轮→3/4 档同步器已工作→输出轴 1→输出齿轮 1→主减速器主动齿轮→主减速器从动齿轮→差速器→半轴→驱动轮，汽车前进行驶。

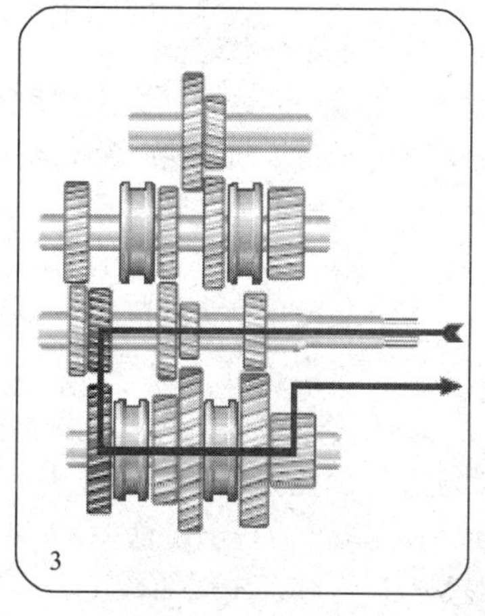

图 2-96　02M 变速器 3 档动力传递路线图

（4）4 档动力传递原理　如图 2-97 所示，4 档时，3/4 档同步器的接合套向右移动，将输出轴 1 上的 4 档从动齿轮的接合齿圈与花键毂连接，则 4 档从动齿轮与输出轴 1 刚性连接，3/4 档同步器处于工作状态。

动力传递路线：动力经发动机曲轴→飞轮→离合器→输入轴→输入轴 4/6 档主动齿轮→输出轴 1 上的 4 档从动齿轮→3/4 档同步器已工作→输出轴 1→输出齿轮 1→主减速器主动齿轮→主减速器从动齿轮→差速器→半轴→驱动轮，汽车前进行驶。

（5）5 档动力传递原理　如图 2-98 所示，5 档时，5/6 档同步器的接合套向左移动，将输出轴 2 上的 5 档从动齿轮的接合齿圈与花键毂连接，则 5 档从动齿轮与输出轴 2 刚性连接，5/6 档同步器处于工作状态。

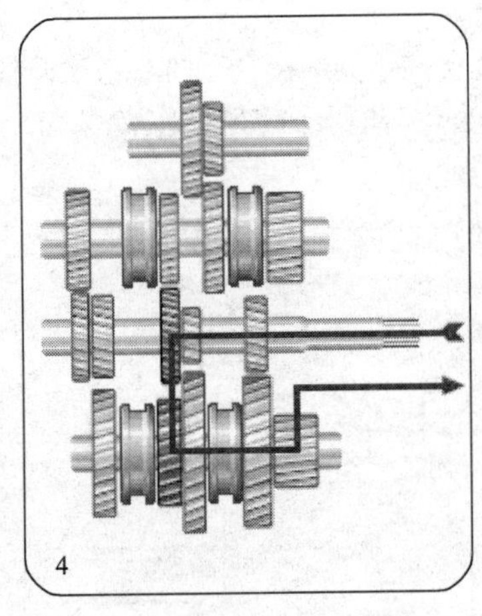

图 2-97　02M 变速器 4 档动力传递路线图

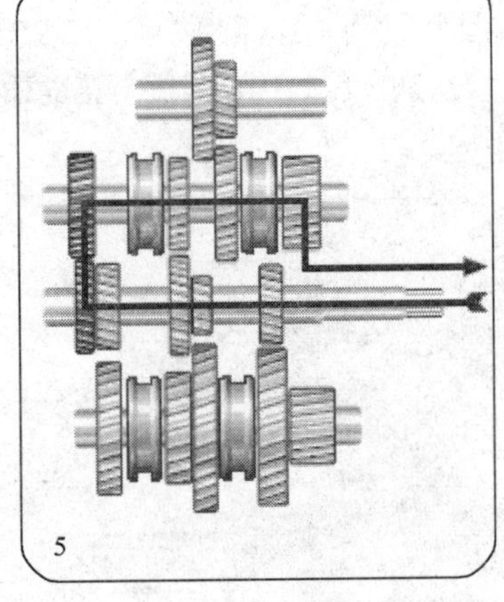

图 2-98　02M 变速器 5 档动力传递路线图

动力传递路线：动力经发动机曲轴→飞轮→离合器→输入轴→输入轴 5 档主动齿轮→输出轴 2 上的 5 档从动齿轮→5/6 档同步器已工作→输出轴 2→输出齿轮 2→主减速器主动齿轮→主减速器从动齿轮→差速器→半轴→驱动轮，汽车前进行驶。

（6）6 档动力传递原理　如图 2-99 所示，6 档时，5/6 档同步器的接合套向右移动，将输出轴 2 上的 6 档从动齿轮的接合齿圈与花键毂连接，则 6 档从动齿轮与输出轴 2 刚性连接，5/6 档同步器处于工作状态。

动力传递路线：动力经发动机曲轴→飞轮→离合器→输入轴→输入轴 4/6 档主动齿轮→输出轴 2 上的 6 档从动齿轮→5/6 档同步器已工作→输出轴 2→输出齿轮 2→主减速器主动齿轮→主减速器从动齿轮→差速器→半轴→驱动轮，汽车前进行驶。

（7）倒档动力传递原理　如图 2-100 所示，倒档时，倒档同步器的接合套向左移动，将输出轴 2 上的倒档从动齿轮的接合齿圈与花键毂连接，则倒档从动齿轮与输出轴 2 刚性连接，倒档同步器处于工作状态。

动力传递路线：动力经发动机曲轴→飞轮→离合器→输入轴→输入轴 1/倒档主动齿轮→倒档轴上的倒档惰轮 1→倒档轴上的倒档惰轮 2→倒档同步器已工作→输出轴 2 上的倒档从动齿轮→输出轴 2→输出齿轮 2→主减速器主动齿轮→主减速器从动齿轮→差速器→半轴→驱动轮，汽车倒向行驶，实现倒车功能。

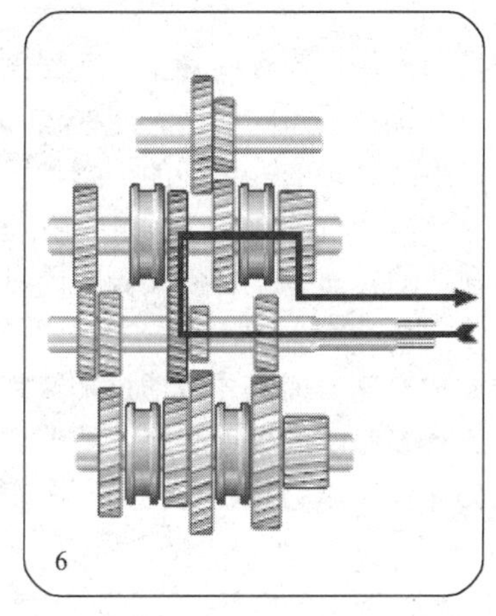

图 2-99 02M 变速器 6 档动力传递路线图

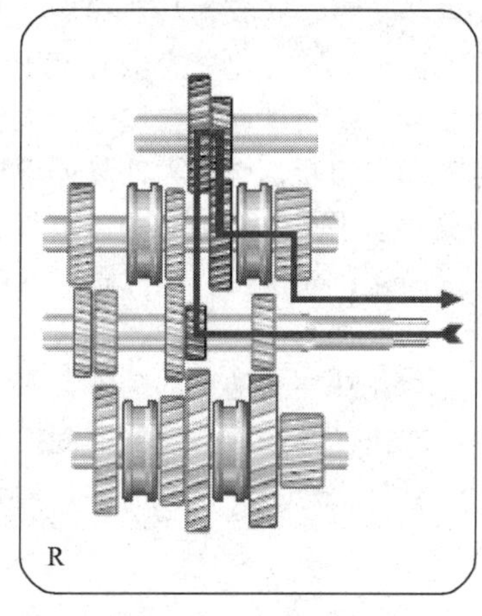

图 2-100 02M 变速器倒档动力传递路线图

十八、赛车用碰撞式变速器

赛车变速器也被称为碰撞式变速器(Crash Box)或者犬式变速器(Dog Box)，前面所讲述的传统变速器内部的斜齿轮在这里已经被直齿轮尽数取代。直齿轮在啮合时彼此的接触面积更小，这意味着摩擦更小，动力损耗也就更低。这就是赛车发烧友钟情于直齿轮的原因。

通常直齿轮多半都浸没在润滑油中，而并非像传统变速器那样依赖飞溅润滑。因此，直齿轮产生的额外噪声被润滑油的消声效应减弱为一种非常刺耳的“高频电锯声”。

那么，犬式变速器又是何物呢？其实这种东西在很多年前就已经装用于摩托车上了。

通常使用同步器的变速器可在全段发动机转速区间内工作，因为离合器将变速器输入轴和发动机曲轴直接相连。由于之前通常设有一组减速齿轮，因此，犬式变速器只需在 1/2 ~ 1/3 的发动机转速区间内工作。犬式变速器接合齿圈上的接合齿相比同步器式变速器也有所减少，同时接合齿在圆周方向彼此还有一段间距。因此，与同步器式变速器接合套内齿圈和接合齿圈上的接合齿一对一的精确啮合不同，犬式变速器的接合齿在圆周方向上彼此最多可以有 60°的“自由空间”。这意味着犬式变速器无需一对一的精确啮合方式，转而通过齿与齿之间的相互碰撞完成啮合，碰撞式变速器因此而得名，它最多只需 1/6 圈便可让接合齿相碰接合所需档位。图 2-101 可见同步器式变速器接合齿圈的接合齿和犬式变速器接合齿圈的接合齿之间的区别。

图 2-101 接合齿的区别

通过减少接合齿数量，增大接合齿的尺寸和间距，降低变速器运行转速等措施，集上述元素于一身的犬式变速器表面上似乎易于接合。但实际上这种变速器的接合依旧非常困难，驾驶人换档时需要非常精确地掌控发动机转速，否则，便可能出现打齿或接合齿彼此弹开无法入档的现象。上述现象会让变速器油中混入大量金属碎屑，最终导致变速器过早大修，当然还要附带一笔不菲的费用。

但犬式变速器在机械层面上更为可靠却是不争的事实，这种变速器结构坚固，能够承受赛车巨大的动力和转矩，这成为其在赛场上立足的根本。

本质上讲，犬式变速器完全有赖于驾驶人完成正确的换档动作。现在的赛车变速器大都装有点火切断装置。换档过程中在接合齿接合的同时发动机点火系统将被瞬间切断，这样输入变速器的动力也被瞬间切断，这极大地降低了接合齿接合的难度，当然这里的片刻指的是毫秒级的。有了这套装置，车手在升降档时可以彻底摆脱对离合器的依赖(静止起步除外)。如此一来换档过程便可大为简化：先摘档，然后踩加速踏板使发动机达到合适的转速，接合齿接合的同时发动机点火切断辅助换档。

现在甚至连踩加速踏板的动作都可以省了——先进的犬式变速器能够先行通过加速踏板输入调整发动机转速使其进入合适的区间。然而，即便拥有如此众多聪明的辅助装置，不够娴熟的换档动作仍然会带来严重的机械磨损，但在赛车中这些都无关痛痒，因为每场比赛后赛车变速器都会解体大修。

第四节　万向传动装置

汽车的发动机、离合器和变速器是连成一体固装在车架上的，而驱动桥则通过弹簧悬架与车架连接，所以，变速器的输出轴与驱动桥的输入轴不在同一平面上。当汽车行驶时，车轮的跳动会造成驱动桥与变速器的相对位置不断变化，变速器的输出轴与驱动桥的输入轴不可能刚性连接，应装有万向传动装置。

一、万向传动装置的作用及组成

1. 作用

万向传动装置的作用是实现汽车上任何一对轴间存在夹角且相对位置经常变化的转轴之间的动力传递。

2. 组成

万向传动装置一般由万向节和传动轴组成，有的还加有中间支承。

二、万向传动装置的应用

1. 变速器与驱动桥之间

发动机前置后轮驱动的布置形式中，发动机、离合器和变速器连成一体安装在汽车前部，而驱动桥安装在汽车后部，变速器与驱动桥之间利用万向传动装置实现动力传递。

2. 变速驱动桥与驱动轮之间

发动机前置前轮驱动的布置形式中，变速器与驱动桥制成在一个壳体内，称为变速驱动桥，它同发动机、离合器连成一体安装在汽车前部，变速驱动桥的动力通过万向节传递给驱动轮。

3. 转向操纵机构中

在转向系统中，转向轴轴线与转向器输入轴轴线不能重合，因此，在转向轴与转向器之间安装有万向节。

三、万向节

万向节按扭转方向是否有明显的弹性，可分为刚性万向节和挠性万向节。前者是靠零件的铰链式连接传递动力的；而后者则靠弹性连接来传递动力，且有缓冲减振作用。刚性万向节是目前汽车中应用最广泛的一种万向节，它又可分为不等速万向节、准等速万向节和等速万向节三种。

所谓不等速是指从动轴在一圈内，其速度时而大于主动轴的速度，时而小于主动轴的速度，但主、从动轴的平均速度相等，即主动轴转一圈，从动轴也转动一圈。

1. 不等速万向节

不等速万向节常用的有十字轴式刚性万向节(又称普通万向节)，它允许相邻两轴的最大夹角为15°~20°，主要应用在变速器与驱动桥之间的传动轴或转向传动机构中。

如图2-102所示，十字轴式刚性万向节主要由十字轴、万向节叉及轴承等组成。两个万向节叉上的孔分别套在十字轴的四个轴颈上。在十字轴轴颈与万向节叉孔之间装有滚针轴承和套筒，用带有锁片的螺钉和轴承盖来使之轴向定位。为了润滑轴承，十字轴内钻有油道，且与油嘴、安全阀相通。为避免润滑脂流出及尘垢进入轴承，十字轴轴颈的内端套装着油封。安全阀的作用是当十字轴内腔润滑脂压力超过允许值时，阀打开润滑脂外溢，使油封不会因油压过高而损坏。现代汽车多采用橡胶油封，多余的润滑脂从油封内圆表面与十字轴轴颈接触处溢出，故无需安装安全阀。

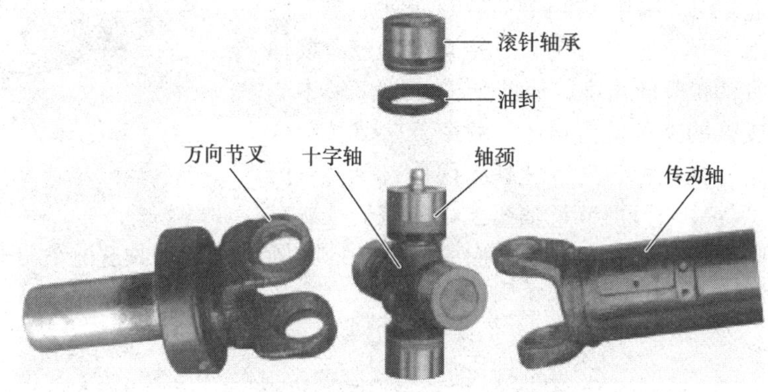

图2-102　十字轴式刚性万向节

十字轴式刚性万向节的损坏是以十字轴轴颈和滚针轴承的磨损为标志的，润滑和密封直接影响万向节的使用寿命。

十字轴式万向节可以保证在轴间夹角变化时可靠地传动，结构简单，传动效率高，其缺点是单个万向节的不等速性，将使从动轴及其相连的传动部件产生扭转振动，从而产生附加交变载荷，加剧零件的磨损。为避免这一缺点，在汽车传动系统中均采用两个十字轴式刚性万向节，且中间以传动轴相连，利用第二个万向节的不等速效应来抵消第一个万向节的不等速效应，从而实现输入轴与输出轴等速传动。但要达到这一目的，还必须满足两个条件：

1）第一个万向节的主动节叉与第二个万向节的从动节叉在同一平面内，即传动轴上的两个节叉在同一平面内。

2）第一个万向节两轴之间的夹角与第二个万向节两轴之间的夹角相等。

第一个条件可以通过正确装配传动轴与万向节予以保证，而后一个条件只有在驱动桥采用独立悬架时才能实现。若驱动桥采用非独立悬架，由于驱动桥随悬架一起运动，不可能在任何时候都保证两个轴间夹角相等。因此，只能做到尽量减小传动的不等速性。

十字轴式刚性万向节结构简单，工作可靠，允许在轴间夹角为15°~20°的两轴之间传递动力，且采用两个或两个以上的万向节可近似地满足等速传动，因此，在汽车上得到了广泛的应用。

十字轴式刚性万向节虽然具有上述诸多优点，但因受轴向尺寸及轴间夹角的限制，难以实现转向驱动桥或断开式驱动桥的要求，在转向驱动桥和断开式驱动桥上多采用准等速万向节和等速万向节。

2. 准等速万向节

在采用独立悬架的变速驱动桥中，由于受轴间尺寸的限制及要求偏转角大等原因，十字轴式刚性万向节已不能适应其要求，所以，广泛采用了准等速万向节和等速万向节。其中，准等速万向节较等速万向节应用少。

准等速万向节是根据两个十字轴万向节实现等速传动的原理制成的，常见的有双联式万向节和三销轴式万向节。

（1）双联式准等速万向节　如图 2-103 所示，双联式万向节实际上是一套将传动轴长度减缩至最小的双十字轴式万向节传动装置，主要由一个双联叉和两个万向节叉组成。双联叉相当于两个在同一平面内的万向节叉，即缩短至极限的传动轴。

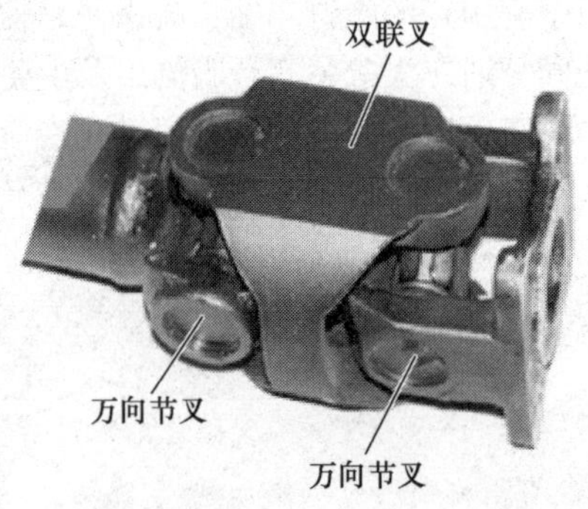

图 2-103　双联式万向节

双联式准等速万向节工作原理如图 2-104 所示，当一侧万向节叉轴相对另一侧万向节叉轴在一定角度范围内摆动时，双联叉也被带动相应的角度，使两个“十”字轴中心连线与万向节叉轴线的夹角差值很小，两个万向节叉轴的速度接近相等，这种性能称为准等速性。因此，只要将两个“十”字轴中心连线与万向节叉轴线夹角的差值控制在一定范围内，双联式万向节就具有准等速性。轮胎的弹性变形可以吸收这微小的不等速，不会导致轮胎滑磨。

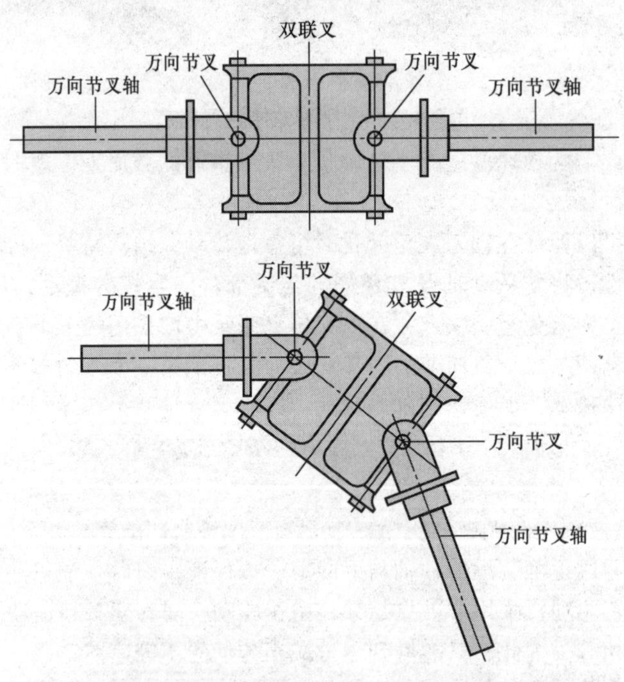

图 2-104　双联式万向节工作原理图

双联式万向节的优点是工作夹角大、轴承密封好、传动效率高、工作可靠、制造加工方便。缺点是结构尺寸较大、零件多、传递转矩受滚针轴承限制。

（2）三销轴式准等速万向节　三销轴式万向节是由双联式万向节演变而来的准等速万向节。图2-105所示为转向驱动桥中的三销轴式万向节，主要由两个偏心轴叉、两个三销轴以及六个轴承、密封件等组成。主动偏心轴叉与从动偏心轴叉分别与变速驱动桥的内、外半轴制成一体。主、从动偏心轴叉都是偏心叉，叉孔中心线与叉轴中心线互相垂直但不相交，两叉由两个三销轴连接。三销轴的大端有一贯通的轴承孔，其中心线与小端轴颈中心线重合，靠近大端两侧有两个轴颈，其中心线与小端轴颈中心线垂直而不相交。装合时，每一偏心轴叉的两叉孔与一个三销轴的大端两轴颈配合，而后两个三销轴的小端互相插入对方大端的轴承孔内。

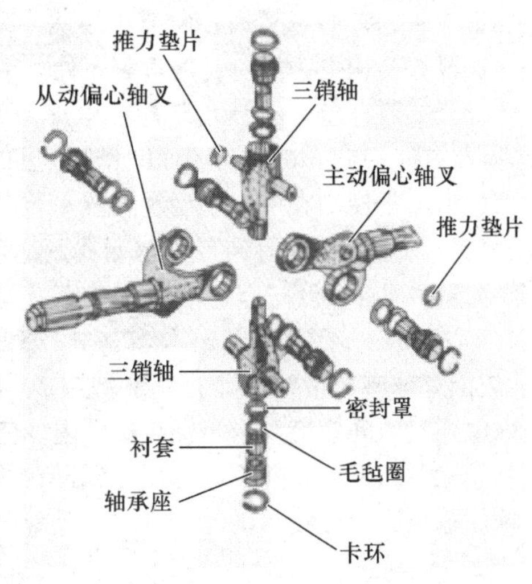

图2-105　三销轴式万向节

三销轴式万向节的最大特点是允许被连接的两轴有较大的夹角，最大可达45°。采用此万向节的转向驱动桥可使汽车获得较小的转弯半径，提高了汽车的机动性。富康轿车前轮转向驱动桥中的半轴与轮毂之间采用了这种准等速万向节。其缺点是外形尺寸较大，零件形状复杂，制造困难。

3. 等速万向节

等速万向节多用于采用断开式驱动桥轿车的半轴上，常用的等速万向节有球叉式、球笼式和三叉销式。等速万向节的基本原理是从结构上保证万向节在传动过程中，传力点始终处于两轴交角的平分面上，这一原理可以用一对大小相等的锥齿轮传动原理来说明，如图2-106所示。两齿轮夹角为α，两齿轮啮合点P位于夹角的平分面上，由P点到两轴的距离都等于r。在P点处两齿轮的圆周速度相等，因此，两个齿轮的角速度也相等。

（1）球叉式等速万向节　球叉式等速万向节的结构如图2-107所示，由主动叉、从动叉、四个传力钢球和一个定心钢球组成。其主动叉、从动叉分别与内、外半轴制成一体，叉内各有四条曲面凹槽，装合后，形成两条相交的环槽，作为钢球滚道，四个传力钢球装在槽中，定心钢球装在两叉中心凹槽内以实现定心。为顺利将传力钢球装入槽内，在定心钢球上铣出一个凹面，凹面中央有一深孔。装合时，先将定位销装入从动叉内，放入定心钢球，然后在两球叉槽中陆续装入三个传力钢球，再将定心钢球的凹面对向未放钢球的凹槽，以便装入第四个传力钢球，而后再将定心钢球的孔对准从动叉孔，提起从动叉轴使定位销插入球孔中，最后将锁止销插入从动叉上与定位销垂直的孔中，以限制定位销轴向移动，保证定心钢球的正确位置。

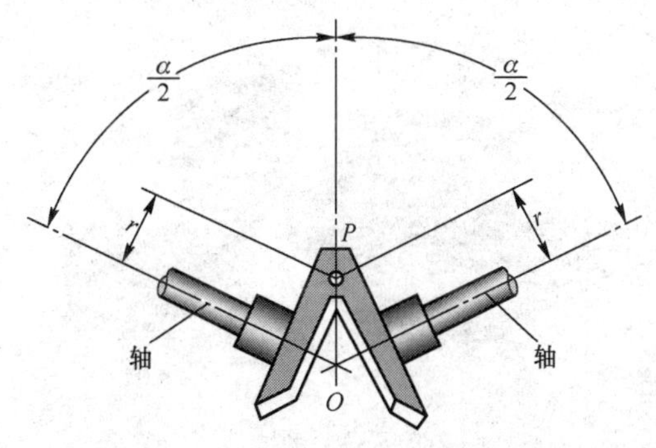

图2-106　等速万向节工作原理图

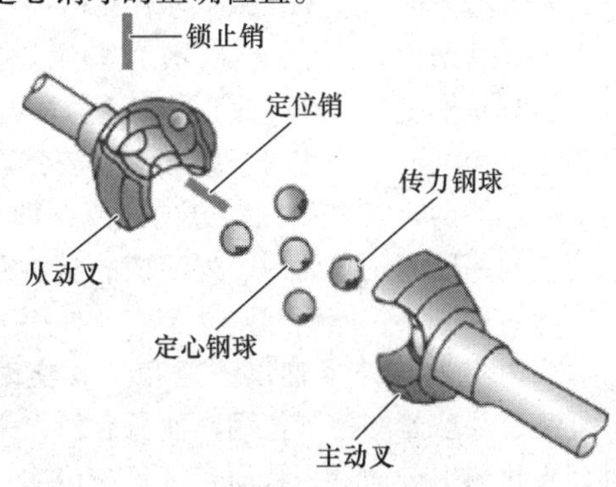

图2-107　球叉式等速万向节

近年来，有些球叉式万向节中省去了定位销和锁止销，定心钢球上也没有凹面，靠压力装配。这样，结构更为简单，但拆装不便。

球叉式万向节允许最大夹角为32°~38°，但由于工作时只有两个钢球传力，而另两个钢球在反转时传力。因此，钢球与曲面凹槽之间的接触压力大，磨损快，影响其使用寿命。所以，球叉式万向节通常使用在中、小型越野汽车转向驱动桥上。

（2）球笼式等速万向节　球笼式万向节按其内、外滚道结构不同又可分为球笼式碗形万向节、球笼式双补偿万向节、VL型万向节，其中，球笼式碗形万向节和VL型万向节应用最为广泛。

1）球笼式碗形万向节结构如图2-108所示，主要由碗形外球座、球笼、内球座、钢球等组成。碗形外球座与带外花键的外半轴制成一体，内表面制有相应的六条曲面凹槽，形成外滚道。内球座通过中间花键与内半轴相连，内球座的外表面有六条曲面凹槽，形成内滚道。六个钢球分别装于六条凹槽中，并用球笼使之保持在一个平面内。动力经内半轴传至内球笼，经六个钢球及外球座输出，传递给驱动轮。

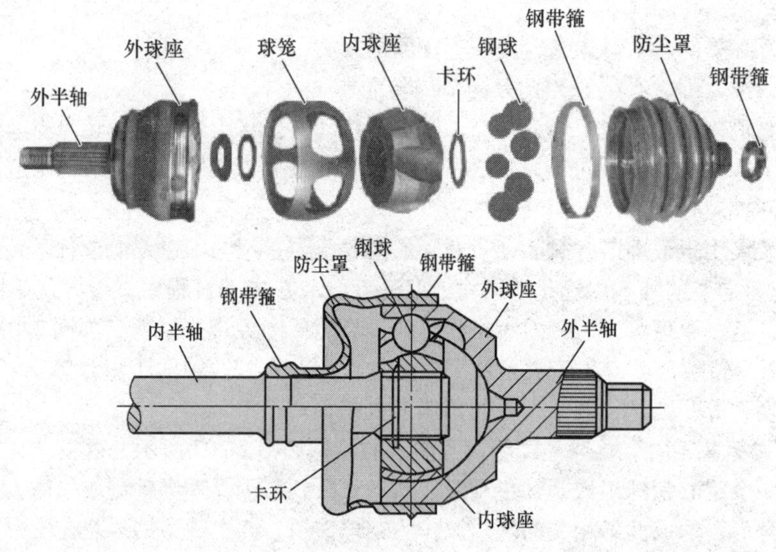

图2-108　球笼式碗形万向节

这种万向节允许在轴间最大夹角为42°的情况下传递转矩，且在工作时，所有钢球全部传力。与球叉式万向节相比，其承载能力大，磨损小，结构紧凑，拆装方便。因此，广泛应用于轿车的外球笼。

2）VL型万向节　VL型万向节又称伸缩型球笼式万向节，其结构如图2-109所示。其内、外滚道为圆筒形，只是圆筒中心线（滚道中心线）不与轴线平行，而是以相同的角度相对于轴线倾斜着，而且同一零件上相邻的两条滚道的倾斜方向相反，即呈V形。装合后，同一周向位置处内、外滚道的倾斜方向正好相反，即对称交叉，而钢球则处于内、外滚道的交叉部位。当内半轴与外半轴以任意角度相交时，由于内、外滚道及球笼的控制作用，使所有传力钢球都位于轴间夹角的平分面上，从而实现等速传动。

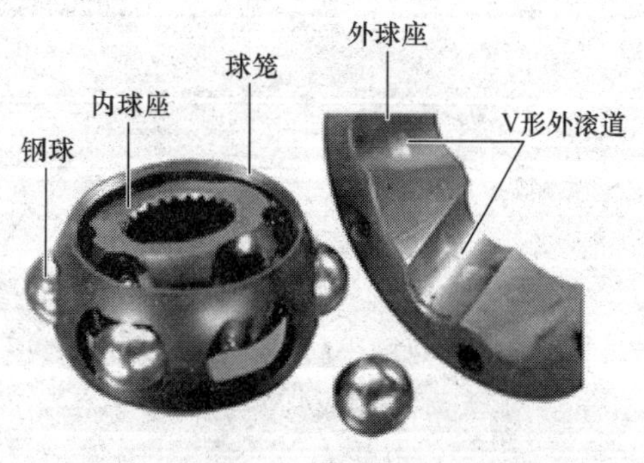

图2-109　VL型球笼万向节

因为这种万向节的内外滚道沿圆周方向呈 V 形布置，且在动力传递过程中，内、外球座可以沿轴向相对移动，所以称为 VL 型万向节。其允许最大的轴间夹角为 22°，轴向伸缩量可以达到 45mm。

（3）三叉销式等速万向节 如图 2-110 所示，三叉销式等速万向节也称为三角式万向节，它主要由三叉销总成和外球座组成。外球座与带外花键的外半轴制成一体，其内表面制有三条曲面凹槽，形成滚轮的滚道。三叉销总成的中间花键孔与半轴花键配合，三个滚轮安装在三叉销的三个轴颈上，为减小磨损，在轴颈与滚轮之间装有滚针轴承，这样三个滚轮即可在外球座的滚道内轴向伸缩。

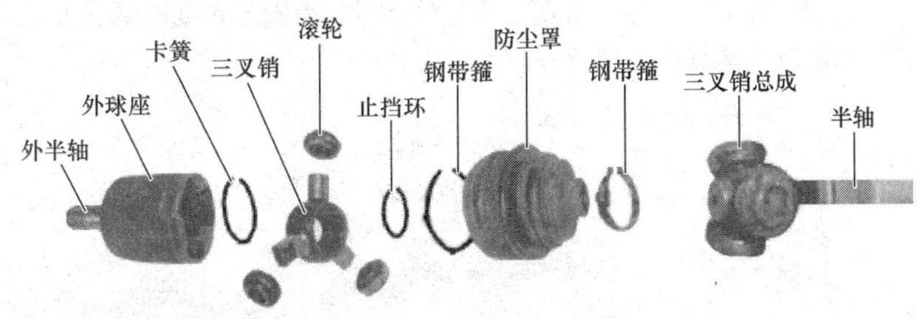

图 2-110 三叉销式等速万向节

三叉销式等速万向节结构简单，磨损小，并且可轴向伸缩，在轿车上广泛应用于内球笼，富康轿车转向驱动桥就采用了这种万向节。

注：上面所说的外球笼指的是安装在驱动轮附近的等速万向节，而内球笼指的是安装在变速驱动桥附近的等速万向节。

四、传动轴

1. 作用

传动轴是万向传动装置中的主要传力部件。在发动机前置后轮驱动的汽车上，用来连接变速器和驱动桥；对于四驱车，用来连接分动器和驱动桥。

2. 构造

传动轴有实心轴和空心轴之分。为了减小传动轴的质量，节省材料，提高轴的强度、刚度，传动轴多为空心轴，一般用厚度为 1.5～3.0mm 的薄钢板卷焊而成，超重型货车则直接采用无缝钢管。

3. 传动轴的特点

1）如图 2-111 所示，由于变速器和驱动桥的相对位置经常发生变化，为了避免运动干涉，通常在传动轴上制有伸缩叉，用滑动花键联接，以实现传动轴总长度的变化。

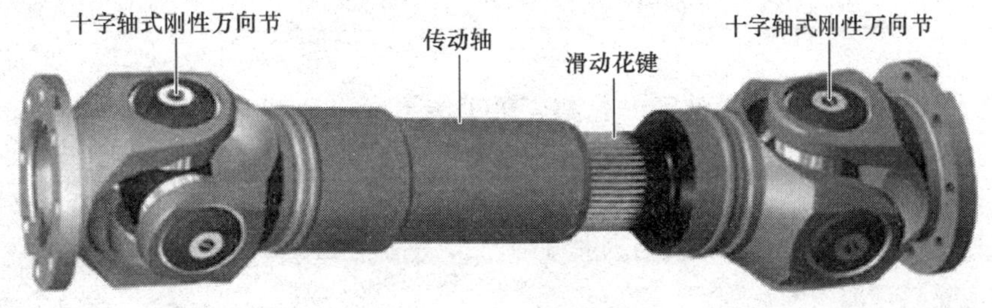

图 2-111 传动轴

2）传动轴是高速转动件，为了避免由于离心力引起的剧烈振动，故要求传动轴的质量沿圆周均匀分布。

五、中间支承

当传动轴过长时，其自振频率会降低，高转速下容易发生共振。为了防止传动轴的共振，常将传动轴制成两段，用三个十字轴式刚性万向节相连，并用中间支承将传动轴吊装在车架上（图2-112 所示）。传动轴分成两段时，一般把前端称为主传动轴，后端称为从传动轴。主传动轴前端通过万向节与变速器相连，后端用中间支承悬挂在车架上。从传动轴前端通过万向节与主传动轴相连，后端与驱动桥通过万向节连接。采用了两根传动轴，缩短了传动轴的长度，其临界转速提高，从而保证了传动轴的安全性和可靠性。

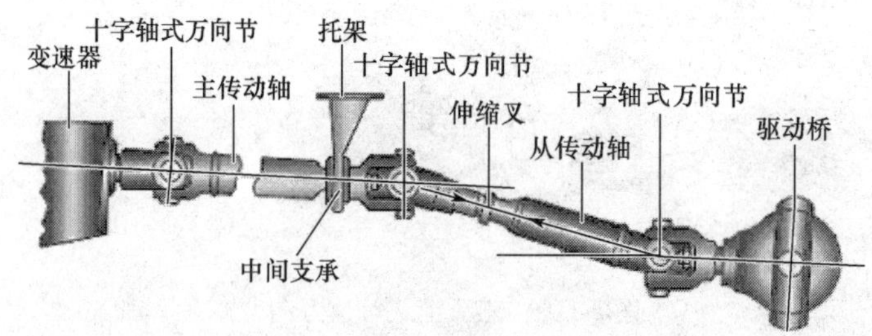

图 2-112　中间支承安装位置

中间支承应能补偿传动轴轴向和角度方向的安装误差，并能适应行驶过程中由于发动机振动或车架的变形所引起的位移。如图 2-113 所示，中间支承主要由轴承托架、橡胶垫、轴承、油封和注油嘴等组成。

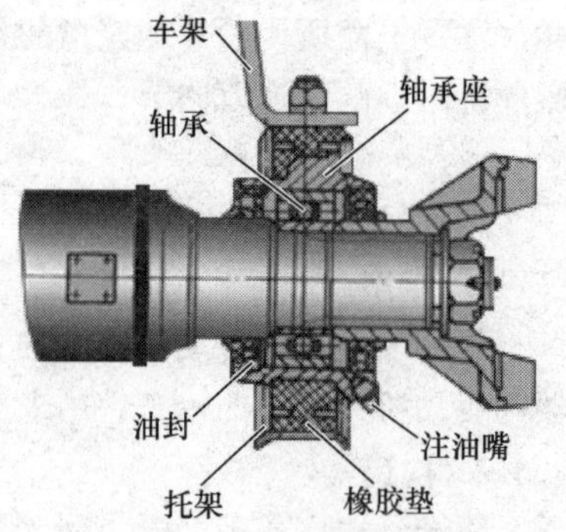

图 2-113　中间支承结构图

六、万向传动装置的检修

1. 传动轴

传动轴不得有裂纹、凹陷，严重时要更换。

1）传动轴弯曲程度的检查方法如图 2-114 所示，用 V 形架支起传动轴，用百分表在轴的中部测量径向圆跳动。如表 2-5 所示，传动轴全长的径向圆跳动应符合规定，轿车传动轴相应减小 0. 20mm。

表 2-5　传动轴全长的径向圆跳动

轴长	<600mm	600 ~ 1000mm	>1000mm
径向圆跳动	0. 60mm	0. 80mm	1. 00mm

2）检查传动轴花键轴与滑动叉的侧隙，轿车应不大于 0. 15mm，其他类型的汽车不大于 0. 30mm，装配后要滑动自如，否则应更换。

2. 中间支承

如图 2-115 所示，检查中间支承轴承的旋转是否灵活，有无异响；油封和橡胶垫是否损坏。如果是，均应更换新的中间支承。

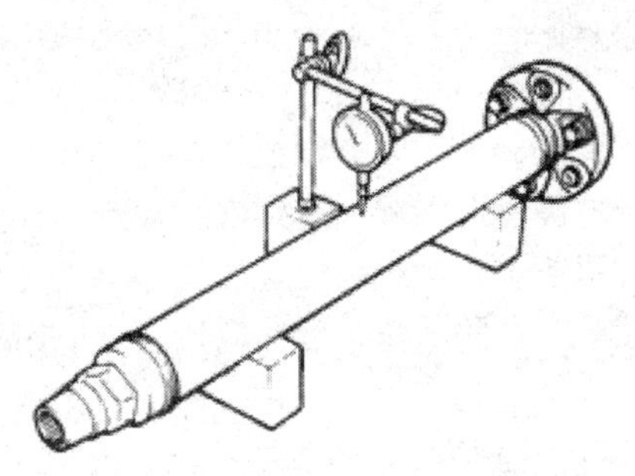

图 2-114 传动轴弯曲程度的检查

图 2-115 中间支承的检查

拆下中间支承前，可以在中间支承附近摇动传动轴，检查中间支承轴承的松旷程度。分解后，可进一步检查轴承的轴向和径向间隙，其轴向间隙应小于 0.50mm，径向间隙应小于 0.05mm。

3. 十字轴式刚性万向节

万向节分解完成后，需要用汽油清洗各零件，以便暴露出零件的损伤、磨损情况，而且应按以下要求检查和修复。

1）检查滚针轴承，如果滚针断裂、油封失效，应更换新件。

2）检查十字轴轴颈磨损、压痕剥落等情况。十字轴轴颈轻微磨损、轻微压痕或剥落，仍可继续使用。如果轴颈出现磨损过甚、严重压痕(深度超过 0.1mm)或严重剥落时，应予以更换。

3）检查万向节叉不得有裂纹或其他严重损伤，否则应更换新件。

4）万向节装配完毕后，可用手扳动十字轴进行检验，以转动自如没有松旷感觉为合适。若装配过紧或过松，应查明原因，必要时应拆检及重新装配。

4. 等速万向节

检查防尘罩是否有刺破、撕裂等损坏现象，如有则更换。钢带箍、卡环等损坏时，应予以更换。

检查内、外等速万向节中各部件的磨损情况和装配间隙。一般外等速万向节酌情单件更换；内等速万向节，如某部件磨损严重，则应整体更换。

1）外等速球笼式碗形万向节的 6 颗钢球要求有一定的配合公差，并与内球座一起组成配合件。检查轴、球笼、内球座与钢球有无凹陷与磨损，若万向节间隙过大，则需更换新的万向节。

2）内等速三叉销式万向节应检查滚道、滚轮、滚针轴承和三叉销轴颈有无麻点、磨损，如磨损严重则应更换。

☞ 七、万向传动装置的故障诊断与排除

万向传动装置由于经常受汽车在复杂道路上行驶的影响，使传动轴在其角度和长度不断变化情况下传递转矩，因此，常出现传动轴动不平衡、万向节与中间支承松旷、发响等故障。

1. 传动轴异响

（1）故障现象　在万向节和伸缩叉技术状况良好时，汽车行驶中发出周期性的响声；速度越高响声越大，甚至伴随有车身振动，握转向盘的手感觉麻木。

（2）故障原因

1）传动轴上的平衡块脱落。

2）传动轴弯曲或传动轴管凹陷。

3）传动轴管与万向节叉焊接不正或传动轴未进行过动平衡试验和校准。

4）伸缩叉安装错位，造成传动轴两端的万向节叉不在同一平面内，不满足等速传动条件。

（3）故障诊断与排除

1）检查传动轴管是否有凹陷，有凹陷，则故障由此引起；无凹陷，则继续检查。

2）检查传动轴管上的平衡片是否脱落，如脱落，则故障由此引起，否则继续检查。

3）检查伸缩叉安装是否正确，不正确，则故障由此引起，否则继续检查。

4）拆下传动轴进行动平衡试验，动不平衡，则应校准以消除故障，弯曲应校直或更换。

2. 万向节松旷

（1）故障现象　在汽车起步或突然改变车速时，万向节处发出“哐”的响声；在汽车缓行时，发出“咣当、咣当”的响声。

（2）故障原因

1）凸缘盘连接螺栓松动。

2）万向节主、从动部分游动角度太大。

3）万向节十字轴磨损严重。

（3）故障诊断与排除

1）用锤子轻轻敲击各万向节凸缘盘连接处，检查其松紧度。太松旷则故障由连接螺栓松动引起，否则继续检查。

2）用双手分别握住万向节主、从动部分转动，检查游动角度。游动角度太大，则故障由此引起。

3. 中间支承松旷

（1）故障现象　汽车运行中出现一种连续的“呜呜”响声，车速越高响声越大。

（2）故障原因

1）滚动轴承缺油烧蚀或磨损严重。

2）中间支承安装方法不当，造成附加载荷而产生异常磨损。

3）橡胶垫损坏。

4）车架变形，造成前后连接部分的轴线在水平面内的投影不同线而产生异常磨损。

（3）故障诊断与排除

1）给中间支承轴承加注润滑脂，响声消失，则故障由缺油引起，否则继续检查。

2）松开夹紧橡胶垫的所有螺栓，待传动轴转动数圈后再拧紧，若响声消失，则故障由中间支承安装方法不当引起。否则故障可能是：橡胶垫损坏；或滚动轴承技术状况不佳；或车架变形等引起。

4. 传动轴动不平衡

（1）故障现象　汽车行驶中传动装置发出周期性的响声，车速越高响声越大，严重时伴随有车身振抖。

（2）故障原因　主要原因是传动轴动不平衡。由于传动轴变形或平衡块脱落等；其次是中间支承托架固定螺栓松动或万向节凸缘盘连接螺栓松动，使传动轴偏斜。

（3）故障诊断与排除　除“传动轴动不平衡”诊断方法外，再检查中间支承托架固定螺栓和万向节凸缘盘连接螺栓是否松动，若有松动，则异响由此引起。

第五节　驱　动　桥

驱动桥处于传动系统的终端，是将万向传动装置传递过来的动力由主减速器改变方向并降低

转速增大转矩，然后经过差速器分配给左、右半轴和驱动轮。

☞ 一、驱动桥的作用

驱动桥是传动系统的最后一个总成，其作用是将万向传动装置输入的动力经降速增矩、改变动力传递方向后，分配给左、右驱动轮，使汽车行驶，并允许左、右驱动轮以不同的转速旋转而驱动汽车行驶。

☞ 二、驱动桥的组成

如图 2-116 所示，驱动桥主要由主减速器、差速器、半轴和桥壳组成。

驱动桥是传动系统的最后一个总成，发动机的动力传到驱动桥后，首先传到主减速器，在这里将转矩放大并降低转速后，经差速器分配给左、右半轴，最后通过半轴传到驱动车轮的轮毂。驱动桥的主要零部件都装在驱动桥的桥壳中。

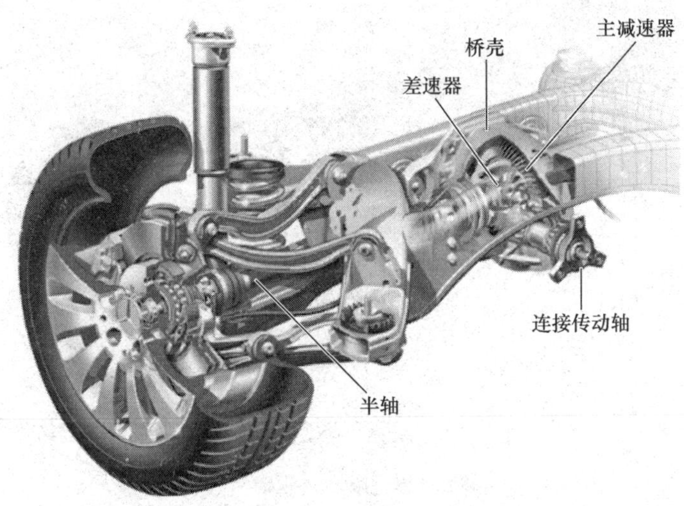

图 2-116 驱动桥结构

☞ 三、驱动桥的类型

按照结构的不同，驱动桥可以分为整体式驱动桥和断开式驱动桥，整体式驱动桥又称为非断开式驱动桥。

1. 整体式驱动桥

整体式驱动桥如图 2-117 所示，采用非独立悬架。由半轴套管和主减速器壳构成的驱动桥壳

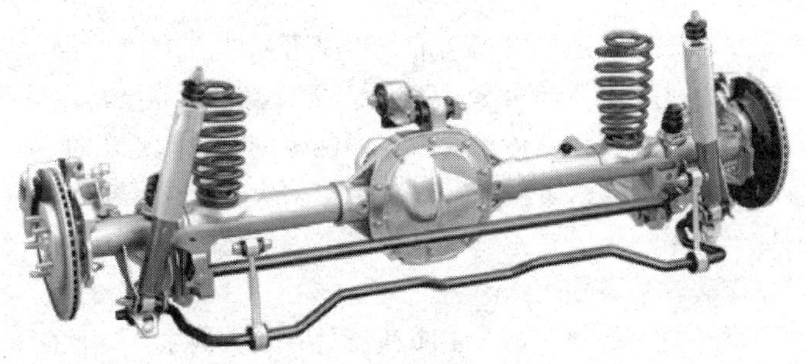

图 2-117 整体式驱动桥

为一刚性的整体，主减速器、差速器和半轴安装在桥壳内。驱动桥两端通过悬架与车架或车身连接，由于半轴套管和主减速器壳是刚性的整体，因而两侧的半轴和驱动轮不可能相互独立地跳动。当某一侧驱动轮通过地面的凸出物或凹坑升高或下降时，整个驱动桥及车身都要随之发生倾斜，车身波动大，但其刚度和强度较好。

2. 断开式驱动桥

断开式驱动桥如图 2-118 所示，采用独立悬架。它取消了半轴套管，因此，半轴露在外面，半轴的两端通过万向节分别与主减速器壳内的差速器和驱动轮相连。主减速器壳固定在车架或车身上。驱动桥两端分别用悬架与车架或车身连接。这样，两侧驱动轮可以彼此独立地相对于车架或车身上下跳动。

图 2-118　断开式驱动桥

根据发动机的布置方式和传动方案不同，驱动桥又可分为前驱动桥和后驱动桥两类。

四、主减速器

1. 主减速器的作用

主减速器的作用是将动力的传递方向改变 90°(发动机纵置时)，并将转速降低，转矩增大，以保证汽车在良好路面上具有足够的牵引力和适当的速度。

如果主减速器为一对圆柱齿轮，则不会改变动力传递方向。

2. 主减速器的类型

为满足不同的使用要求，主减速器的结构形式也是不同的。

1）按参加传动的齿轮副数目不同可分为单级式主减速器和双级式主减速器。有些重型汽车又将双级式主减速器的第二级圆柱齿轮传动设置在两侧驱动车轮附近，称为轮边减速器。

如图 2-119 所示，单级式主减速器主要由主动齿轮、从动齿轮、支承轴承等零件组成。目前，轿车和一般轻、中型货车都采用单级式主减速器，即可以满足汽车动力性的要求。它具有结构简单、体积小、重量轻和传动效率高等优点。

根据发动机特性和车辆使用条件，要求主减速器具有较大的主传动比时，由一对锥齿轮构成的单级式主减速器已无法保证足够的最小离地间隙，这时则需要采用两对齿轮实现降速的双级式

主减速器。双级式主减速器主要由两对常啮合的齿轮组成，其中一对为圆锥齿轮，另一对为圆柱齿轮，一些中型或重型汽车采用双级式主减速器。图2-120所示为双级式主减速器结构简图，第一级为一对圆锥齿轮减速，第二级为一对圆柱斜齿轮减速。

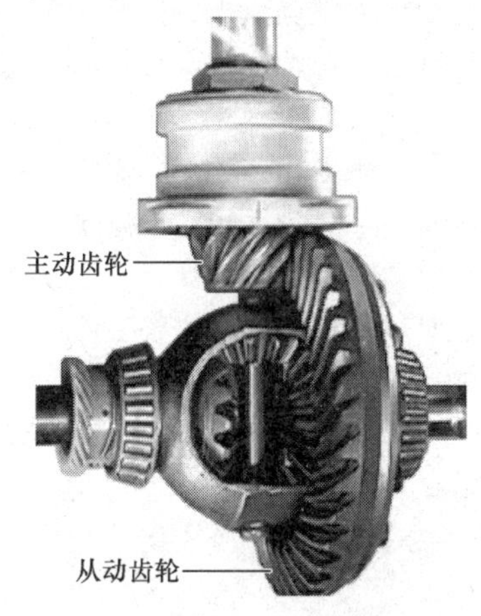

图2-119　单级式主减速器

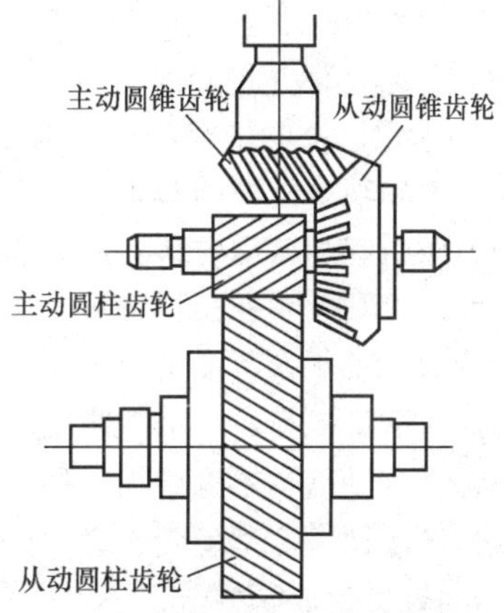

图2-120　双级式主减速器

2）按主减速器传动比个数不同可分为单速式主减速器和双速式主减速器。单速式的传动比是固定的，而双速式则有两个传动比供驾驶人选择，以适应不同行驶条件的需要。

3）按齿轮副结构形式不同可分为圆柱齿轮式（又可分为定轴轮系和行星轮系）主减速器、圆锥齿轮式主减速器（图2-121所示）和准双曲面锥齿轮式主减速器（图2-122所示）。

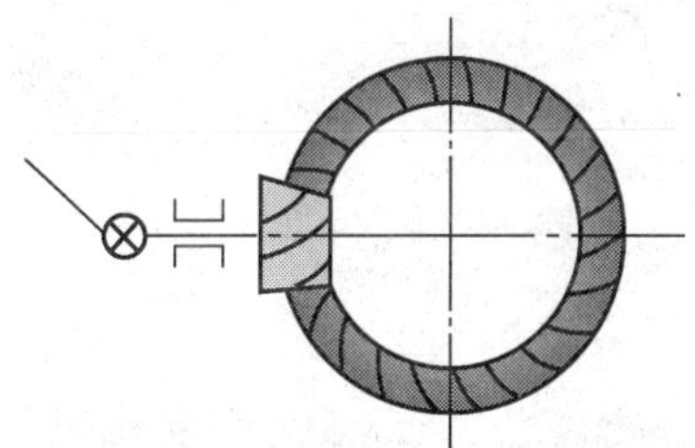

图2-121　圆锥齿轮式主减速器

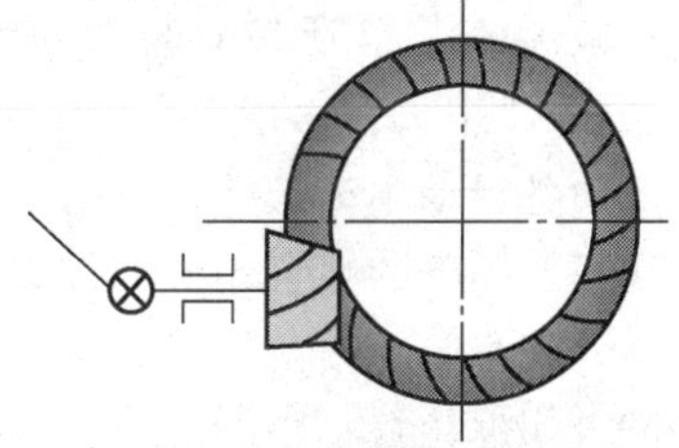

图2-122　准双曲面锥齿轮式主减速器

近年来，在准双曲面锥齿轮式主减速器广泛用于轿车的基础上，越来越多地使用在中型、重型汽车上。这是因为它与圆锥齿轮式主减速器相比，不仅齿轮的工作平稳性好，弯曲强度和接触强度好，而且，其主动锥齿轮的轴线相对从动锥齿轮可以偏移。在保证一定的离地间隙的情况下，主动锥齿轮的轴线向下偏移，可降低主动锥齿轮和传动轴的位置，因而使车身和整个汽车的重心降低，提高了汽车的行驶稳定性。

准双曲面锥齿轮式主减速器工作时，由于齿面间的相对滑移量大，且齿面间的压力也大，齿面油膜易被破坏。为了减小摩擦，提高效率，必须使用专门级别的齿轮油，决不允许用普通齿轮油代替。否则，会使齿面迅速擦伤和磨损，降低主减速器的使用寿命。

3. 单级式主减速器

单级式主减速器具有结构简单，重量轻，体积小，传动效率高等优点，主要用于轿车及中、轻型以下客货车。

对于发动机纵向布置的汽车，由于需要改变动力传递方向，单级式主减速器都采用一对圆锥

齿轮传动，如桑塔纳2000；对于发动机横向布置的汽车，单级式主减速器采用一对圆柱齿轮即可，如捷达、宝来1.8T等。

对于圆锥齿轮式主减速器来说，为了使主、从动锥齿轮之间啮合传动时冲击轻、噪声低，而且轮齿沿其长度方向磨损均匀，必须有正确的相对位置。为此，在结构上一方面要使主、从动锥齿轮有足够的支承刚度，使其在传动过程中不至于发生较大变形而影响正常啮合；另一方面，应有必要的啮合调整装置。

（1）轴承预紧度的调整　圆锥滚子轴承一般都是成对使用的，装配时应使其具有一定的预紧度，即在消除轴承间隙的基础上，再给予一定的压紧力，其目的是为了减小锥齿轮在传动过程中因轴向力而引起的轴向位移，以提高轴的支承刚度，保证锥齿轮副的正确啮合。但轴承预紧度又不能过大，否则摩擦和磨损增大，传动效率低。为此，设有轴承预紧度的调整装置。

主动锥齿轮轴承预紧度由调整垫片来调整。增加垫片的厚度，轴承预紧度减小；反之，轴承预紧度增加。从动锥齿轮(差速器壳)轴承预紧度则是通过拧动两侧的轴承调整螺母来调整的。拧入调整螺母，轴承预紧度增加；反之，轴承预紧度减小。

轴承预紧度调整之前应先检查。一般是采用经验法，即用手转动主动(或从动)锥齿轮应转动自如，且轴向推动无间隙。

要注意：只有圆锥滚子轴承的预紧度可调，而圆柱滚子轴承无须调整，且圆锥滚子轴承预紧度的调整必须在齿轮啮合调整之前。

（2）齿轮啮合的调整　为了使齿轮传动工作正常、磨损均匀、延长其使用寿命，必须保证齿轮副正确的啮合。为此，需要对锥齿轮的啮合进行调整。锥齿轮啮合的调整是指齿面啮合印痕和齿侧啮合间隙的调整。

1）齿面啮合印痕。先检查齿面啮合印痕，方法为：在主动锥齿轮上相隔120°的三处用红丹油在齿的正反面各涂2～3个齿，再用手对从动锥齿轮稍施加阻力并正、反向各转动主动锥齿轮数圈。观察从动锥齿轮上的啮合印痕，正确的啮合印痕如图2-123所示，应位于齿高的中间偏小端，并占齿宽60%以上。

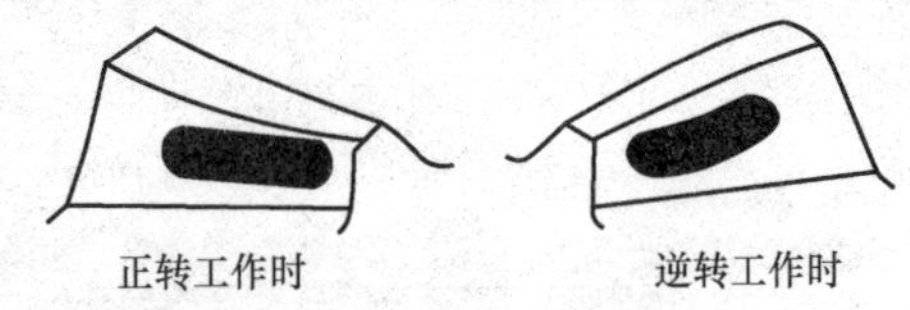

图2-123　正确的啮合印痕

如果啮合印痕位置不正确，应进行调整，方法是增减主减速器壳与主动锥齿轮轴承座之间调整垫片的总厚度，即增加调整垫片的厚度，使主动锥齿轮前移；反之则后移。

2）齿侧啮合间隙。调整啮合印痕移动主动锥齿轮后，主、从动锥齿轮的啮合间隙要发生变化。

啮合间隙的检查：将百分表抵在从动锥齿轮正面的大端处，用手把住主动锥齿轮，然后轻轻往复摆转从动锥齿轮即可显示间隙值。中、重型汽车应为0.15～0.50mm，轻型车约为0.10～0.18mm。

如果啮合间隙不符合要求应进行调整，方法是移动从动锥齿轮(差速器壳)。当从动锥齿轮远离主动锥齿轮时间隙变大，反之则变小。移动从动锥齿轮的方法是将一侧的轴承调整螺母旋入几圈，另一侧就旋出几圈。

要注意：

① 要先进行轴承预紧度的调整，再进行锥齿轮啮合的调整。

② 锥齿轮啮合调整时，啮合印痕首要，啮合间隙次要，否则将加剧齿轮磨损。但当啮合间隙超过规定时，应成对更换。

☞ 五、差速器

1. 为什么安装差速器

汽车行驶过程中，车轮相对路面有两种运动状态：滚动和滑动，其中滑动又有滑转和滑移两种。当汽车转弯行驶时，内外两侧车轮在同一时间内移过的距离显然不同，即外侧车轮移过的距离大于内侧车轮，如图 2-124 所示。若两侧车轮用一根刚性轴连接，两侧车轮只能以相同的速度转动，这在转向时，外侧车轮必然是边滚动边滑移，内侧车轮必然是边滚动边滑转，因而导致车轮与路面之间不能作纯滚动。

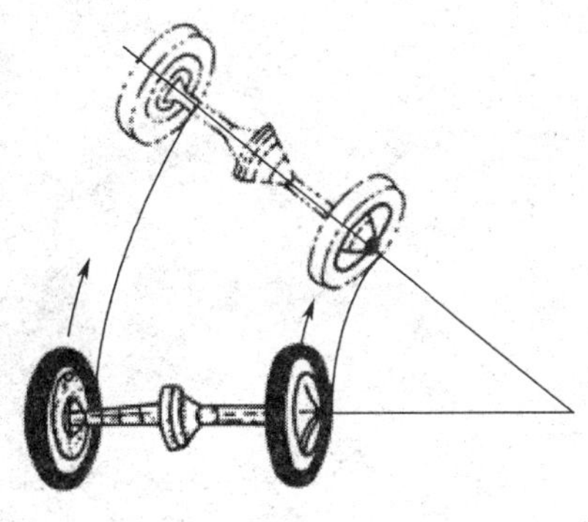

图 2-124　汽车右转向时驱动轮运动示意图

同样，汽车在不平路面上直线行驶时，两侧车轮实际移过的距离也不相等。即使路面非常平直，但由于轮胎制造尺寸误差，磨损程度不同，承受的载荷不同或充气压力不同等，两侧轮胎的滚动半径实际上不可能相等，因此，也会造成上述滑移和滑转的现象。

车轮对路面的滑动不仅会加速轮胎磨损，增加汽车的动力消耗，而且可能导致转向困难、制动性能恶化和行驶稳定性差等。为了消除以上的不良现象，保证驱动轮相对路面作纯滚动，在传动系统中安装了差速器。

2. 作用

综上所述，差速器的作用是将主减速器传来的动力传给左、右两半轴，并在必要时允许左、右半轴以不同转速旋转，使左、右驱动轮相对路面作纯滚动而不是滑动。

3. 类型

1）按工作特性可分为普通差速器和防滑差速器。

2）按装设位置可分为轮间差速器和轴间差速器。

布置在前驱动桥或后驱动桥内的差速器，分别称为前差速器或后差速器，它们都是轮间差速器；如果将它布置在四驱汽车的中间传动轴上，用来调节前轮和后轮之间的转速，则称为轴间差速器，也称为中央差速器。

4. 普通差速器

目前，汽车上应用最广泛的普通差速器为行星齿轮式差速器。

（1）结构　如图 2-125 所示，行星齿轮式差速器由差速器壳、行星齿轮轴、两个行星齿轮、两个半轴齿轮、复合式推力垫片等组成。主减速器从动齿轮通过螺栓固定在差速器壳上，行星齿轮轴装入差速器壳轴颈孔后用止动销定位。两个行星齿轮套装在行星齿轮轴的两端，而两个半轴齿轮分别与行星齿轮啮合并通过中间花键孔与两侧半轴连接。行星齿轮和半轴齿轮的背面制成球面，差速器壳的内表面也制成球面，以保证 4 个齿轮能正确啮合。4 个齿轮与差速器壳之间装有复合式推力垫片，用以减轻摩擦、降低磨损，以提高差速器的使用寿命，同时还可以用来调整齿轮的啮合间隙。差速器通过一对圆锥滚子轴承支承在驱动桥壳中。

工作时，主减速器从动齿轮的动力传至差速器壳，依次经行星齿轮轴、行星齿轮、半轴齿轮传给半轴，再由半轴传给驱动轮。

（2）工作原理　差速器壳与行星齿轮轴连成一体，并由主减速器从动齿轮带动一起转动，是差速器的主动件，设其转速为 n_0。两个半轴齿轮分别与两侧半轴连接，设其转速分别为 n_1

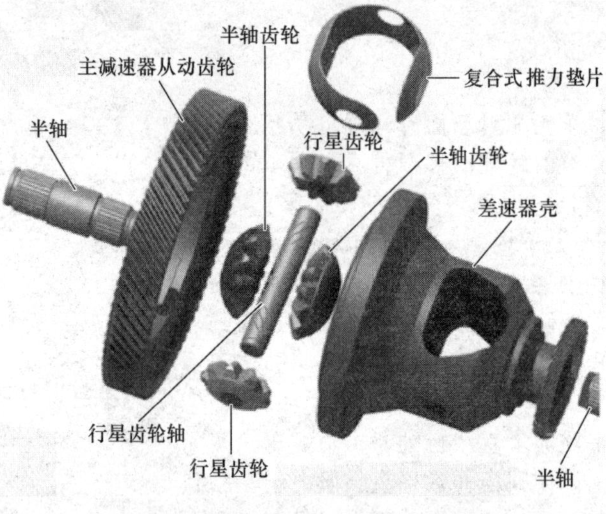

图 2-125　行星齿轮式差速器结构

和 n_2。

1）速度特性。

① 行星齿轮有三种运动状态，即公转、自转和既公转又自转。如图 2-126 所示，当汽车直线行驶时，行星齿轮相当于一个等臂杠杆保持平衡，即行星齿轮不自转，而只随行星齿轮轴及差速器壳一起公转，所以，两半轴无转速差，差速器不起差速作用。

即 $n_1 = n_2 = n_0$，且 $n_1 + n_2 = 2n_0$。

② 如图 2-127 所示，当汽车转弯行驶时，行星齿轮除了随差速器壳一起公转外，还绕行星齿轮轴自转，则半轴齿轮 1 的转速加快，半轴齿轮 2 的转速减慢，所以，半轴齿轮 1 转速的增加值等于半轴齿轮 2 转速的减小值。设半轴齿轮转速的增加值为 $\triangle n$，则两半轴齿轮转速分别为：

$$n_1 = n_0 + \triangle n,\quad n_2 = n_0 - \triangle n$$

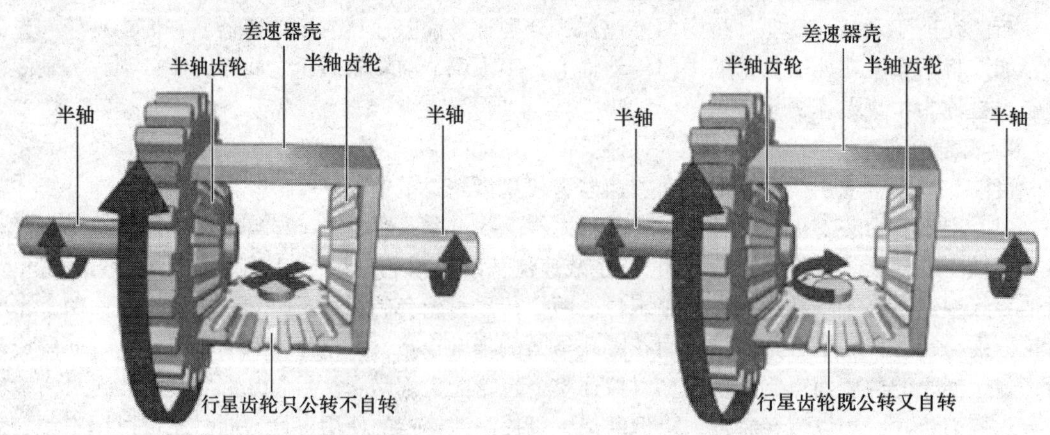

图 2-126　汽车直线行驶　　　　图 2-127　汽车转弯行驶

这就是差速器的差速作用。即汽车在转弯或其他情况下行驶时，两侧车轮可以不同的转速在地面上滚动，但仍然有：

$$n_1 + n_2 = 2n_0$$

上式即为行星齿轮式差速器的运动特性方程。它表明，差速器无论差速与否，两半轴齿轮转速之和始终等于差速器壳体转速的2倍，而与行星齿轮自转转速无关。由上式可知：

a. 当任何一侧半轴齿轮的转速为零时，另一侧半轴齿轮的转速为差速器壳体转速的2倍。

b. 当差速器壳体转速为零时，若一侧半轴齿轮受其他力矩而转动时，另一侧半轴齿轮以相同的速度反转。

2）转矩特性。差速器起差速作用的同时，还要分配转矩给左右两侧的驱动轮。图2-128为行星齿轮式差速器转矩分配示意图。主减速器传至差速器壳体的转矩为M_0，经行星齿轮轴和行星齿轮传递给两半轴齿轮，两半轴齿轮的转矩分别为M_1、M_2。

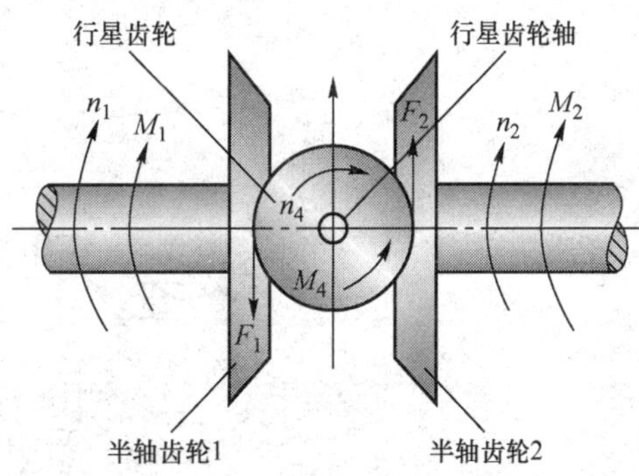

图2-128　行星齿轮式差速器转矩分配示意图

① 当汽车直线行驶时，行星齿轮只公转不自转，即$n_4=0$，$M_4=0$（M_4为行星齿轮自转时内孔和背面所受的摩擦力矩），行星齿轮相当于一个等臂杠杆，均衡拨动两半轴齿轮转动，所以，差速器将转矩M_0平均分配给两半轴齿轮，即$M_1=M_2=M_0/2$。

② 当汽车转弯行驶，行星齿轮既公转又自转（按n_4方向自转，即$n_1>n_2$），行星齿轮所受的摩擦力矩M_4与其自转方向相反，从而使行星齿轮分别对半轴齿轮1和半轴齿轮2附加作用了两个大小相等而方向相反的圆周力F_1和F_2，F_1使传到转得快的半轴齿轮1上的转矩减小，而却使传到转得慢的半轴齿轮2上的转矩增大，且M_1的减小值等于M_2的增大值，所以，当汽车转弯行驶时：

$$M_1=(M_0-M_4)/2,\ M_2=(M_0+M_4)/2$$

即转得慢的驱动轮分配到的转矩大于转得快的驱动轮分配到的转矩，差值为差速器内部摩擦力矩M_4，由于M_4很小，可以忽略不计：

即$M_1=M_2=M_0/2$

可见，无论差速器差速与否，行星齿轮式差速器都具有转矩等量分配的特性。

5. 防滑差速器

行星齿轮式差速器转矩等量分配的特性对于汽车在良好路面上行驶是有利的，但汽车在坏路面上行驶时却会严重影响其通过能力。例如，当汽车的一个驱动轮处于泥泞路面因附着力小而原地打滑时，即使另一驱动轮处于附着力大的路面上未滑转，汽车仍不能行驶。这是因为附着力小的路面只能对驱动车轮作用一个很小的反作用力矩，而驱动转矩也只能等于这一很小的反作用力矩。由于差速器等量分配转矩的特性，附着力好的驱动轮也只能分配到同样小的转矩，以至于总的驱动力不足以克服行驶阻力，汽车便不能前进。

为了提高汽车通过坏路面的能力，可采用防滑差速器。当汽车某一侧驱动轮发生打滑时，差速器的差速作用即被锁止，并将大部分或全部转矩分配给未打滑的驱动轮，充分利用未打滑驱动轮与路面之间的附着力，以产生足够的驱动力使汽车继续行驶。

汽车上常用的防滑差速器有人工强制锁止式和自锁式两大类。前者通过驾驶人操纵差速锁，人为地将差速器暂时锁住，使差速器不起差速作用；后者是在汽车行驶过程中，根据路面情况自动改变驱动轮间的转矩分配。自锁式差速器又有摩擦片式、滑块凸轮式和托森式等。

（1）强制锁止式差速器　如图2-129所示，强制锁止式差速器是在行星齿轮差速器上设计了差速锁。该差速锁由牙嵌式接合器和操纵机构两大部分组成。牙嵌式接合器由固定接合套和滑动接合套组成。其中，固定接合套用花键与差速器壳左端连接，而滑动接合套用花键与半轴连接，并可在操纵机构的控制下轴向滑动。

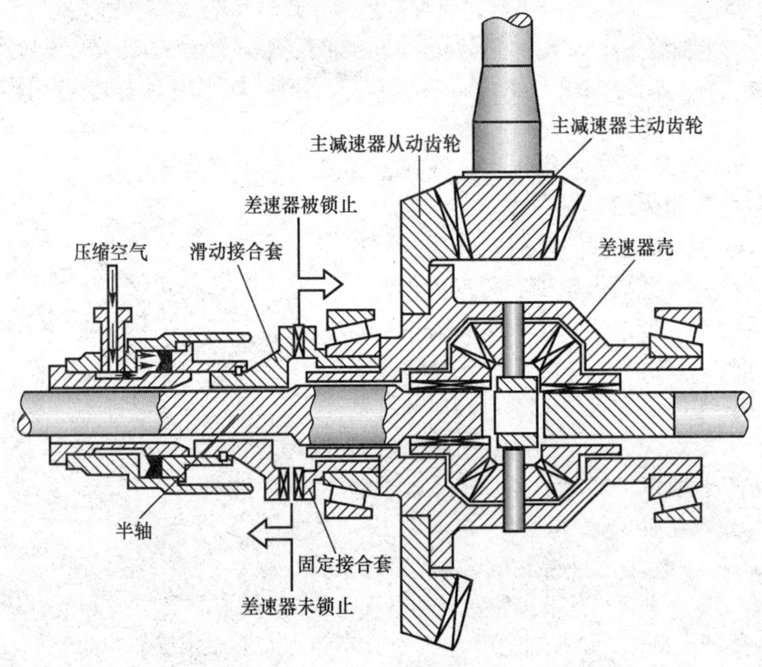

图 2-129　强制锁止式差速器

具体工作原理：

1）当汽车在良好路面上行驶时，不需要锁止差速器，滑动接合套与固定接合套不嵌合，即处于分离状态，此时为行星齿轮式差速器。

2）当汽车通过坏路面需要锁止时，通过驾驶人操纵仪表板上的按钮，使电磁阀接通压缩空气管路，压缩空气进入活塞缸，推动活塞右移，活塞推动滑动接合套右移与固定接合套接合，从而将左半轴与差速器壳连成一个整体，则左、右两半轴被连锁成一体转动，即差速器被锁止，不起差速作用。

强制锁止式差速器结构简单，易于制造，但操作不便，一般要在停车时进行。

（2）摩擦片式差速器　图 2-130 所示为摩擦片式差速器，它是在行星齿轮式差速器的基础上发展而来的。两半轴齿轮背面与差速器壳之间各安装了一套摩擦片式离合器，用以增大差速器的内部摩擦阻力矩。摩擦片式离合器由推力压盘，主、从动摩擦片组成。推力压盘的内花键与半轴相连，而其外花键与从动摩擦片的内花键连接。主动摩擦片的外花键与差速器壳的内花键连接。主、从动摩擦片及推力压盘均可作微小的轴向移动。十字轴由两根互相垂直的行星齿轮轴组成，其轴颈的端部均切有凸 V 形斜面，差速器壳上的配合孔较大，相应地也加工有凹 V 形斜面。两根行星齿轮轴的凸 V 形斜面是反向安装的。

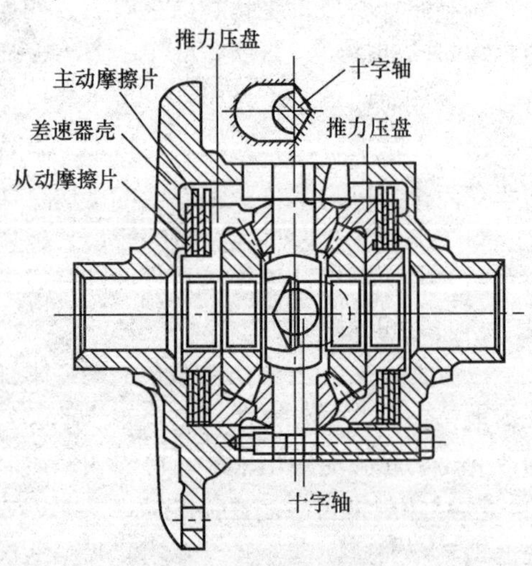

图 2-130　摩擦片式差速器

具体工作原理：

1）当汽车直线行驶，两半轴无转速差时，转矩平均分配给两半轴。由于差速器壳通过V形斜面驱动行星齿轮轴，在传递转矩时，斜面上产生的平行于差速器轴线的轴向分力迫使两根行星齿轮轴分别向左、右方向略微移动，通过行星齿轮推动推力压盘压紧摩擦片。此时，转矩经两条路线传给半轴：一路经行星齿轮轴、行星齿轮和半轴齿轮将大部分转矩传给半轴；另一路则由差速器壳、主从动摩擦片、推力压盘传给半轴。

2）当一侧驱动轮在坏路面上滑转或转弯时，差速器起差速作用，使两半轴转速不相等，即一侧半轴的转速高于差速器壳的转速，另一侧低于差速器壳的转速。这样，由于转速差及轴向力的存在，主、从动摩擦片间将产生摩擦力矩，且经从动摩擦片及推力压盘传给两半轴的摩擦力矩方向相反：与快转半轴的转向相反，而与慢转半轴的转向相同。因而使得慢转半轴所分配到的转矩大于快转半轴所分配到的转矩，从而提高了汽车的通过能力，其防滑原理就在于此。

（3）托森差速器　托森差速器制造成本极高，结构十分复杂，一般只作为四驱车辆轴间差速器使用，装在变速器后端。转矩由变速器输出轴传递给托森差速器，再由托森差速器分配给前驱动桥和后驱动桥。

“托森”一词表示“转矩—灵活”，托森差速器采用蜗轮—蜗杆传动的不可逆性来工作，即蜗杆可以使蜗轮自由转动，而蜗轮不能使蜗杆自由转动。

如图2-131所示为托森轮间差速器的结构图，它主要由差速器壳、6个蜗轮、6根蜗轮轴、12个直齿圆柱齿轮及2根蜗杆组成。

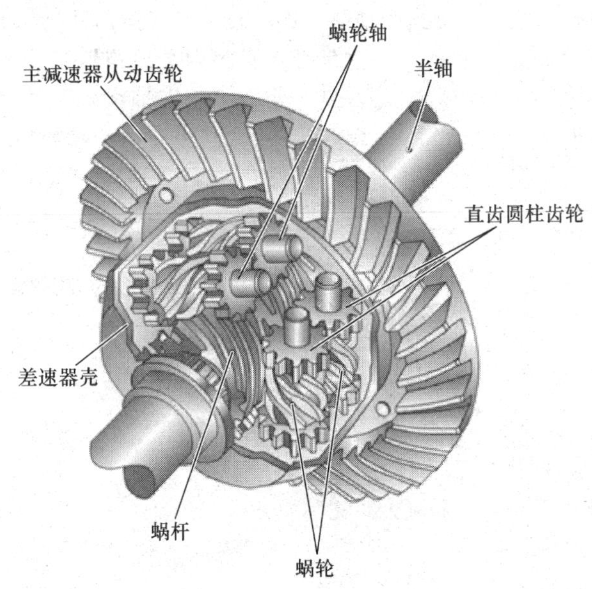

图2-131　托森轮间差速器结构

差速器壳通过螺栓与主减速器从动齿轮连接，6根蜗轮轴沿差速器壳分为前后两组，每组3根蜗轮轴沿差速器壳圆形断面等弦长安装，每根蜗轮轴上空套有1个蜗轮和2个直齿圆柱齿轮，且蜗轮和两侧的直齿圆柱齿轮刚性连接。同一弦长位置的前后蜗轮轴上的直齿圆柱齿轮相互啮合。与两侧半轴分别相连的2根蜗杆位于差速器壳内，2根蜗杆分别与轴向位置的3个蜗轮啮合，因此，构成6对蜗杆蜗轮啮合副。由主减速器从动齿轮传来的转矩经差速器壳、蜗轮轴、蜗轮传给2根蜗杆，然后分配给两侧半轴。

具体工作原理：

1）当汽车直线行驶时，蜗轮随差速器壳一起公转，即各蜗轮、蜗杆与差速器壳一体等速转动，所以，两侧半轴无转速差，差速器不起差速作用。

2）当汽车转弯行驶时，蜗轮除公转传递动力外还要自转，由直齿圆柱齿轮的相互外啮合，使前后蜗轮的自转方向相反，从而使一根蜗杆转速增加，另一根蜗杆转速减小，实现了差速。由此可见，托森差速器起差速作用的同时，由于蜗杆蜗轮啮合副之间的摩擦作用，转速较低的蜗杆比转速较高的蜗杆分配到的转矩大，若转速较低的蜗杆分配到的转矩大到一定程度而出现滑转时，则转速较低的蜗杆转速升高一点，转矩又立刻重新分配给转速较高的蜗杆一些，所以，驱动力的分配可根据转弯的要求自动调节，使汽车转弯具有良好的驾驶性能。

托森差速器与行星齿轮式差速器相同的是：在汽车转弯行驶时，差速器都起作用。当某一驱动轮因附着力小而出现滑转时，对于行星齿轮式差速器来说，驱动力大部分分配给附着力小的一侧驱动轮，汽车只能望而止步。但对于托森差速器来说，驱动力大部分分配给附着力大的一侧驱动轮，从而提高了汽车的通过能力，其防滑原理就在于此。

六、奥迪 Quattro-Torsen 中央差速器四轮驱动

Quattro 一直以来都是奥迪宣传的重点，性能方面自然有过人之处，它最早被采用在 20 世纪 80 年代的奥迪 S1 拉力赛车上，20 世纪 90 年代以后在奥迪的民用车上广泛采用。现在，几乎 6 缸以上的奥迪车都把 Quattro 作为标配。我们熟悉的奥迪 100 轿车就配备过 Quattro 四驱系统。经过这么多年的发展，奥迪一直沿用着这一独特的四驱技术，其可靠性已经非常成熟。

其实，说奥迪的 Quattro 四驱独特，主要是因为它的中央差速器设计非常独特。奥迪 Quattro 采用的是托森（Torsen）中央差速器。从图 2-132 上可以看出奥迪四驱系统的托森中央差速器、前传动轴和前差速器都是集成在变速器的壳体里面，这样的设计结构非常紧凑，也为乘员舱腾出了空间。

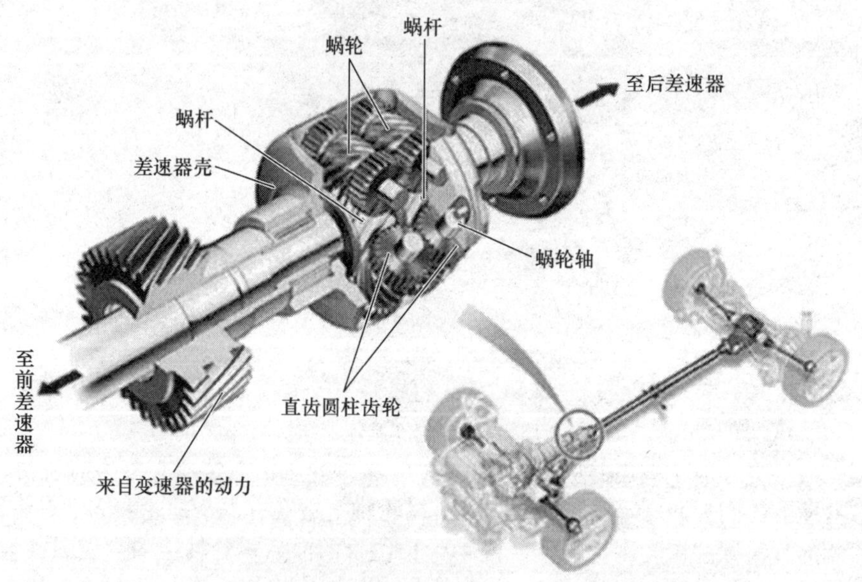

图 2-132　奥迪 Quattro 四驱系统托森中央差速器位置及结构

能这样紧凑主要归功于奥迪独特的发动机布置方式。我们知道奥迪集团的传统就是前纵置发动机前轮驱动的设计，整个发动机布置在前轴之前，而变速器刚好布置在前轴之后，前车轴刚好

从变速器底部穿过。这给差速器的布置带来了好处，也因此才可以把四驱系统最占空间的中央差速器、前差速器和前传动轴集成为一体。所以结构紧凑是奥迪 Quattro 的一大优点，紧凑的结构带来的是更高的传动效率和更轻的整备质量。

不过要想了解 Quattro 四驱在性能上的优越性，我们不得不提托森差速器的优越性。因为 Quattro 的四驱性能在很大程度上是因为托森中央差速器的独特结构才能实现的。托森中央差速器与前面讲述的托森轮间差速器的结构基本相同，只不过是将蜗杆分别与前差速器和后差速器相连。这样动力可以顺利地通过蜗杆分配给前、后传动轴，从而能够驱动前、后驱动桥。正是因为这样的蜗杆设计，让它具备了一个自锁死功能。注意这一全套机构都是纯机械联动的，没有任何电子设备的介入。蜗杆的动力传输特性刚好跟行星齿轮式差速器的半轴齿轮相反，它能自动地把动力分配给受阻力较大一侧的传动轴。

具体工作原理如图 2-133 所示。

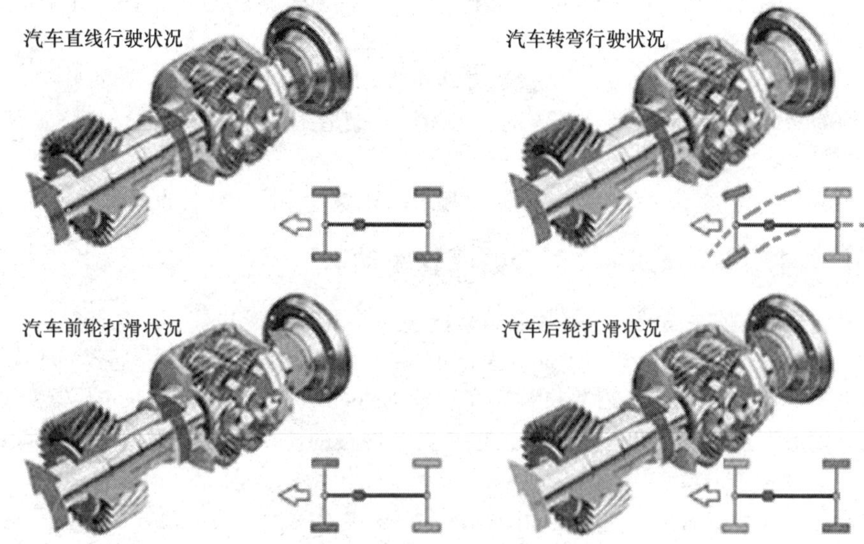

图 2-133　奥迪 Quattro 四驱系统托森中央差速器工作原理

1）在汽车直线行驶状况下，托森差速器是前后 50∶50 平均分配动力的。此时，差速器壳体里面的蜗轮自身并不转动。当汽车加速时，由于后轮附着力增大，托森差速器会自动向后轮分配更多的动力来获得更大的有效驱动力。

2）在汽车前轮打滑状况下，也就是说前轮即将失去抓地力时。蜗杆、蜗轮会相互咬死，让动力无法传递给打滑的前轮，从而自动分配给了仍然有抓地力的后轮。而且，这一切都是线性调节的，前轮打滑得越厉害，获得的驱动力越少；相反，抓地力越大的后轮获得的驱动力越多。

3）在汽车后轮打滑状况下，也就是说后轮即将失去抓地力时。蜗杆、蜗轮同样会相互咬死，让动力无法传递给打滑的后轮，从而自动分配给了仍然有抓地力的前轮。而且，这一切同样都是线性调节的，后轮打滑得越厉害，获得的驱动力越小；相反，抓地力越大的前轮获得的驱动力越大。

4）托森差速器常被称为转矩感应式差速器，它的灵敏程度是可以通过在设计时调节蜗杆齿轮斜齿的斜度来调整咬死转矩的。我们知道汽车在转弯时由于前后车轮的运动圆弧不等长，所以也会造成转速差。此时，动力分配并不平均，不过这时可以通过转向盘转角与四个车轮转速计算出是否在正常转向的转速差范围的。然而，托森差速器的灵敏度是固定不变的，那么在匹配托森差速器时，必须要考虑转向带来的转速差问题，因为此时不能让蜗杆、蜗轮咬死，否则会损坏传动系统，降低传动效率，甚至产生转向制动。那么蜗杆齿轮的齿形斜度必须依据转弯时的前后车轮转速差来匹配，也就是说在转弯时(前后车轮转速差较小时)不能发生锁死情况。

同样的道理，当汽车加速出弯时，后轮附着力增大，它会自动地把稍多的转矩分配给后轮，这相当于一种偏向后轮驱动的全时四驱，我们知道后轮驱动的汽车能有更高的弯道操控极限和更高的过弯速度，那么托森差速器刚好满足了这种需求。

总的来说，拥有托森中央差速器的奥迪 Quattro 是一个既兼顾公路性能又兼顾通过性能的全时四驱系统。最难能可贵的是它没有借助任何电子设备，而是通过精妙的纯机械设计来达到这些性能上的要求，所以，奥迪 Quattro 四驱系统有着极高的响应速度，这给公路行驶带来很大的好处。

从另外一个角度来看，因为它是主动分配动力的，不需要通过传感器和电脑的分析判断，而且纯机械结构带来的是超高的可靠性和耐用性，这对需要通过性能的 SUV 是非常有好处的，奥迪 Q7 正是拥有这种设计的 SUV。

因此，托森差速器几乎可以成为 20 世纪继转子发动机以后精妙机械设计的典范。不过正是因为这套机构的精妙，导致其需要非常高的加工精度、制造工艺和高强度的材料才能保证其性能的发挥。所以，成本非常之高。

奥迪 Quattro 之所以没有在前、后差速器上都采用托森差速器，估计也是出于成本的考虑。

☞ 七、大众 4Motion-Haldex 离合器四轮驱动

奥迪和大众虽然是“一家人”，但是在四驱技术上并没有实现共享。大众有着自己的四驱方式 4Motion，这跟奥迪的 Quattro 截然不同。大众 4Motion 是与瑞典的四轮驱动开发商 Haldex 合作开发的，是由大众提供车型设计数据和数字模型给 Haldex 公司，然后由 Haldex 操刀设计匹配，最后生产出总成由大众直接采购。这种模式很常见，瑞典的沃尔沃也是采用的由 Haldex 提供的类似产品。

大众之所以不能直接应用奥迪成熟的四驱技术，这主要跟大众的传动方式有关。我们知道奥迪和大众的主打车型虽然都为前驱，但奥迪主要以纵置发动机为主，而大众则是以横置发动机为主。

前面讲解过，奥迪的 Quattro 之所以能够设计得紧凑，主要归功于它的前纵置发动机布置。但大众的横置发动机显然不能满足 Quattro 在布置上的需求。而最早为沃尔沃设计四驱系统的瑞典 Haldex 公司提出的解决方案正好对准了大众的口味，因为沃尔沃全系列车也是采用的前横置发动机平台设计。

全时全轮驱动在大众和奥迪汽车上已有近 15 年的历史。其中，大众公司从带有粘液耦合器的同步式四驱系统发展到带有现今的 Haldex 离合器的四驱系统。

在前轴和后轴之间存在转速差时，滑差识别系统被激活，然后将驱动转矩相应地分配到两根车轴上。大众汽车以前一直使用的粘液耦合器只能识别滑差，但不能识别其原因。如图 2-134 所示，随着 Haldex 离合器的开发，现代全轮驱动技术取得了巨大的进步。Haldex 离合器是可调节的，在调节操作时，通过计算机顾及其他的信息，不仅仅

图 2-134　Haldex 离合器总成

是滑差，而且汽车的动态行驶状态也决定了驱动力的分配。计算机通过 CAN 总线共享 ABS 车轮转速传感器和发动机功率电子控制系统(加速踏板信号)的信号。有了这些数据，计算机就能掌握关于车速、弯道行驶、滑行或牵引模式等所有最基本的信息，并且可以对各种情况作出最佳反应。

Haldex 离合器具有如下优点：

1）使用电子控制膜片式离合器的永久四轮驱动。

2）前轮驱动特性。

3）快速响应方式。

4）驻车和调车时无抖动。

5）适用于各种轮胎(例如应急轮胎)。

6）抬起车轴牵引时无限制。

7）与滑差控制系统，如 ABS、EDS、ASR、EBV 和 ESP 完全兼容。

1. 四轮驱动传动系统

四轮驱动传动系统与全新的膜片式离合器是专门为大众集团的 A 平台横向前置发动机而开发的。这个新型离合器是一个紧凑型总成，其安装位置与以前驱动装置的粘液耦合器的安装位置相同，它位于后轴主减速器上，并由传动轴驱动(图 2-135 所示)。

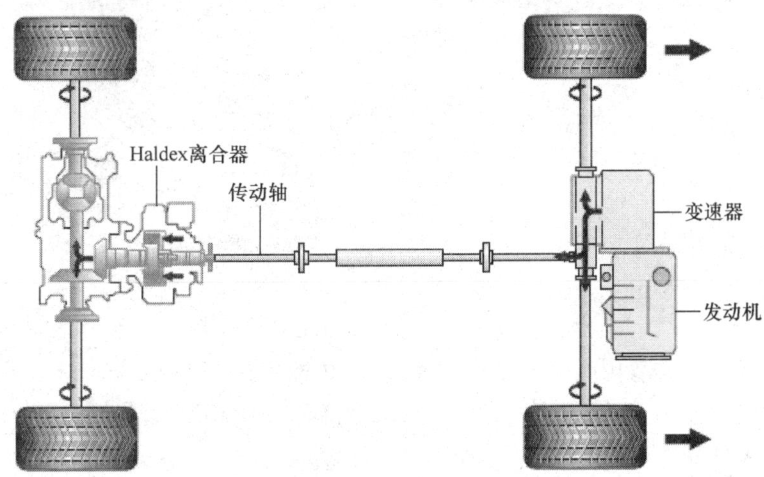

图 2-135 Haldex 离合器安装位置

发动机转矩通过手动变速器、前轴差速器和前轴驱动机构传输到传动轴上。传动轴与 Haldex 离合器的输入轴相连。在 Haldex 离合器中，输入轴与连接后轴差速器的输出轴是分离的。只有当 Haldex 离合器的膜片组接合时，转矩才能传输到后轴差速器上。

2. 底盘上的变化

如图 2-136 所示，四轮驱动系统的安装需要一个新的后轴和一个新的后轴悬架。后轴辅助框架设计得非常平坦，以便获得尽可能大的内部空间。弹簧和减振器分开布置，使前轮驱动汽车的减振性发挥得更好，同时车内更宽。

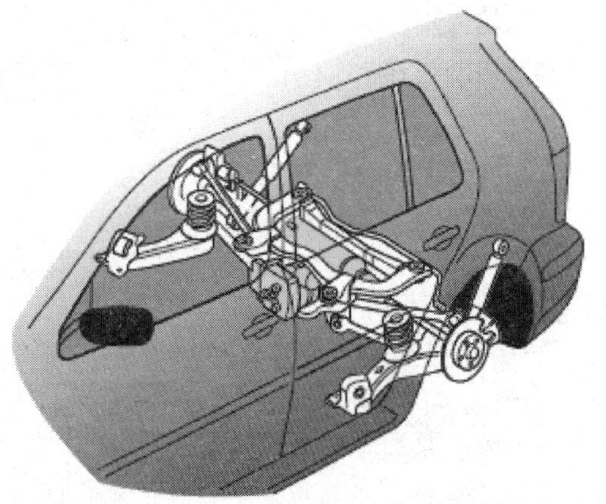

图 2-136 新后轴及悬架

3. 燃油供给系统上的变化

如图 2-137 所示，与前轮驱动车辆相比，需要将四轮驱动车辆的油箱进行调整，以适应更狭小的空间。要考虑为传动轴所需的空间留出一个通道，由此形成了一种“分体式油箱”。

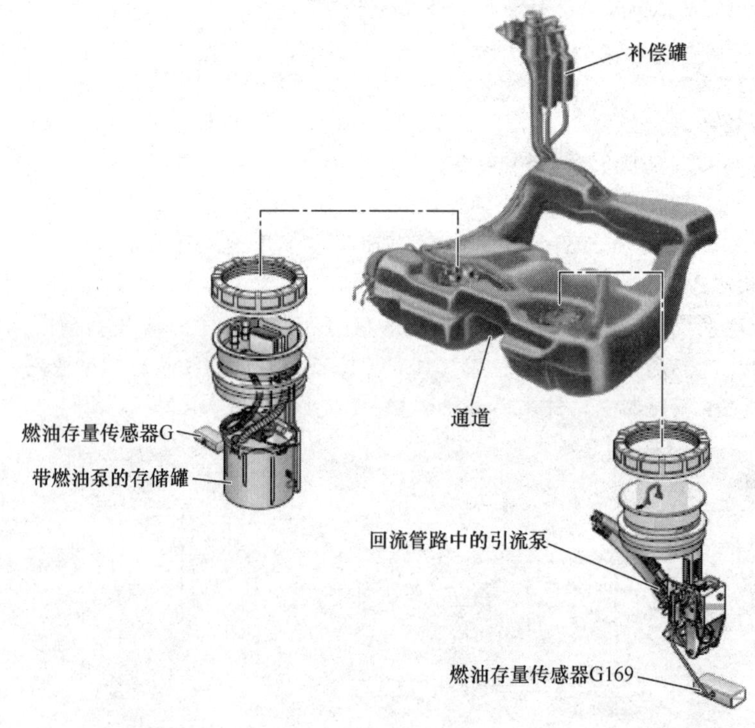

图 2-137　燃油供给系统

引流泵通过燃油回油管由两档式燃油泵驱动，将燃油从燃油箱的左半部输送到燃油泵的存储罐中。燃油存量传感器 G 和 G169 是串联的。在组合仪表的组合处理器中进行分析。

4. Haldex 离合器

如图 2-138 所示，Haldex 离合器主要由机械机构、液压机构和电子装置组成。

（1）机械机构　主要由旋转和移动部件组成，其中包括：

1）输入轴。

2）内外膜片。

3）偏心盘。

4）带环形活塞的滚子轴承。

5）输出轴

（2）液压机构　主要由以下部分组成：

1）2 个压力阀。

2）2 个吸油阀。

3）1 个限压阀。

4）蓄压器。

5）油滤器。

6）环形活塞。

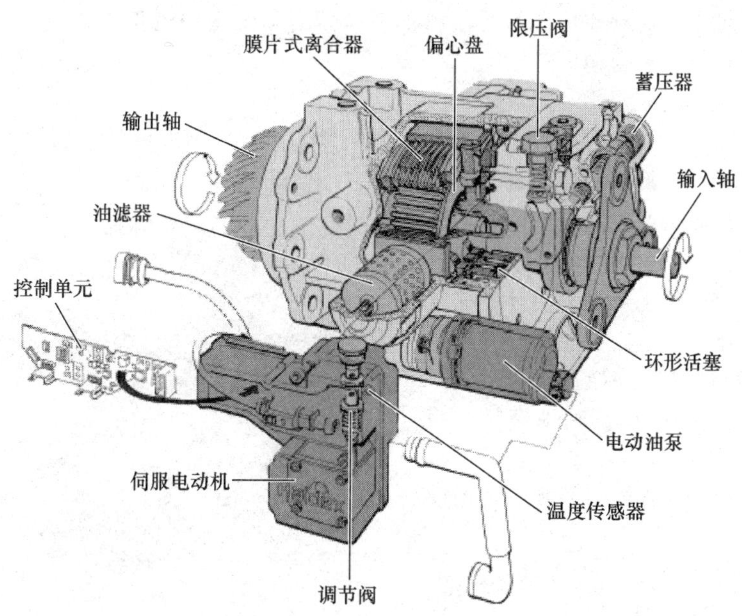

图 2-138　Haldex 离合器结构

（3）电子装置　主要由以下部分组成：

1）电动油泵。

2）调节阀的伺服电动机。

3）温度传感器。

4）控制单元。

5）调节阀(带有电磁线圈)。

5. 机械机构

（1）结构　如图 2-139 所示，离合器的输入轴与传动轴相连。输入轴的转动带动往复活塞和

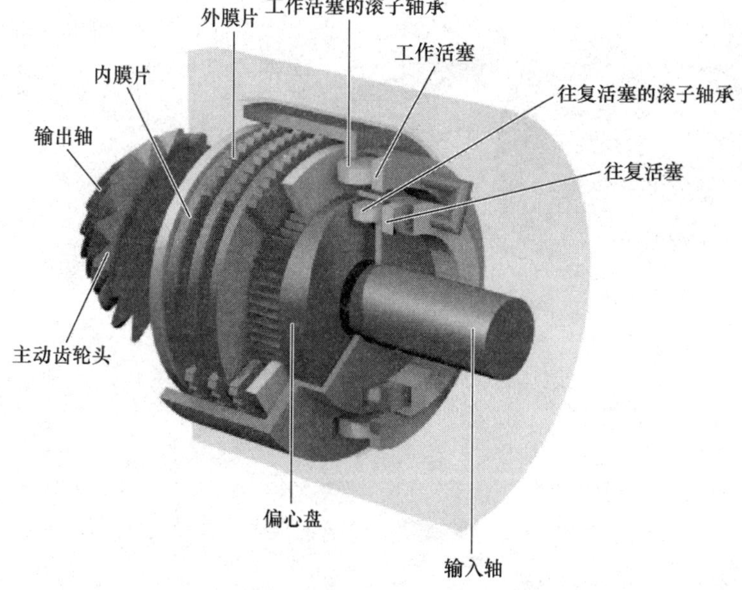

图 2-139　膜片式离合器结构

工作活塞的滚子轴承以及外膜片运转。输出轴将从偏心盘到主动齿轮头的各部分构成了一个单元。内膜片也通过纵向齿与输出轴相连。

往复活塞和工作活塞都是环形活塞。

（2）功能　如图2-140所示，在加速的瞬间，输入轴带动往复活塞的滚子轴承围绕着仍然静止的输出轴偏心盘旋转。同时，往复活塞的滚子轴承在偏心盘的高低轨道上运动。滚子继续将这种上下运动传递到往复活塞上。往复活塞由此进行往复运动并建立油压。此油压通过油道传递到工作活塞上，油压将工作活塞向左挤压到轴承滚子和膜片组的压板上，膜片组压在一起。这样就建立起离合器输入轴与输出轴的连接，并由此实现四轮驱动。

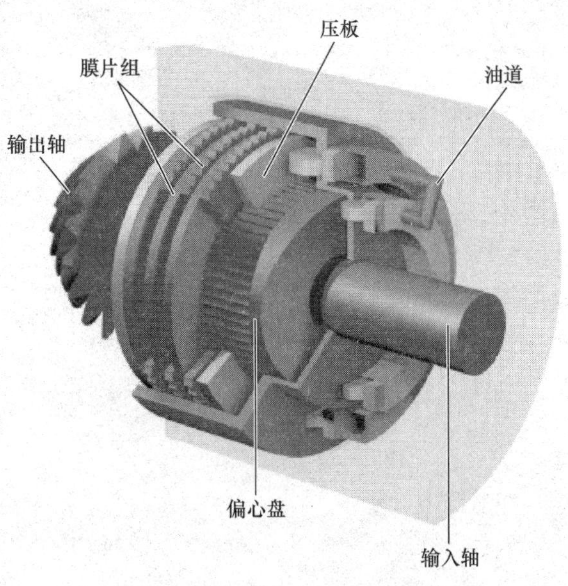

图2-140　膜片式离合器工作状态示意图

当车辆前轴和后轴之间存在转速差时，外膜片壳体及滚子轴承围绕输出轴旋转，使得往复活塞的滚子轴承在偏心盘上滚动。由于偏心盘的形状，往复活塞的滚子轴承的运动轨迹是一个高高低低的轨迹，而且这种往复运动继续传递到壳体内的往复活塞上。

如图2-141所示，带有内膜片纵向齿的输出轴与偏心盘和主动齿轮头构成一个单元。带有外膜片纵向齿的外膜片壳体与输入轴构成一个单元。通过往复活塞的往复运动产生一个油压，它通过油道作用于工作活塞上并将其向左推。该压力通过工作活塞的滚子轴承和一个压板传递到膜片组上，离合器接合并在车辆前轴和后轴之间建立起连接。

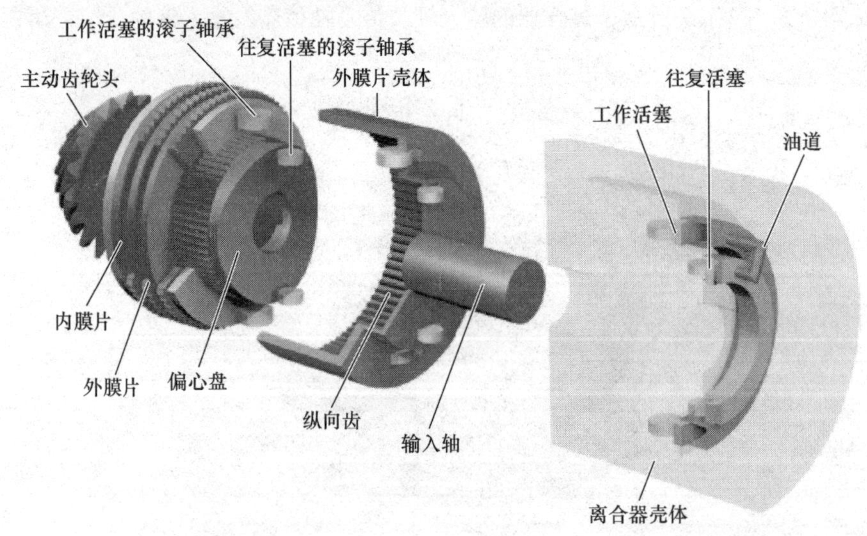

图2-141　膜片式离合器结构分解

6. 液压机构

（1）蓄压器　蓄压器通过弹簧力来调节液压油供油压力并保持压力恒定。

1）系统无压力：如图2-142所示，蓄压器弹簧处于放松状态，没有液压油流过。

2）系统有压力：如图2-143所示，如果供油压力过高，那么蓄压器会将该压力向液压油槽方向卸压。

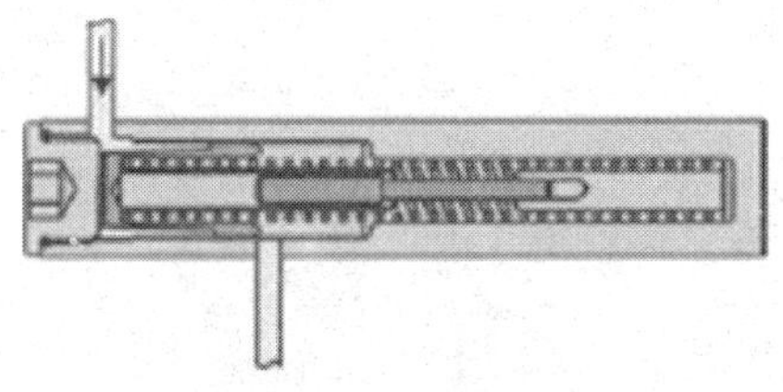

图2-142　系统无压力

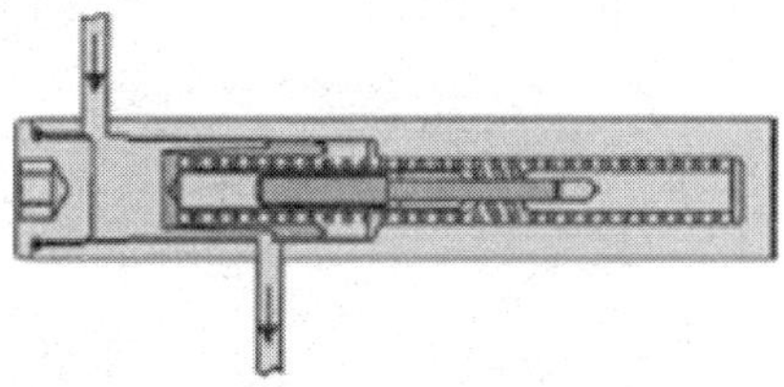

图2-143　系统有压力

如果供油压力过低，那么弹簧会减少或切断液压油流。

（2）限压阀　限压阀用于保护部件，它将工作压力限制为最大约100bar(1bar＝0.1MPa)。

如图2-144和图2-145所示，限压阀通过一个弹簧来工作，该弹簧的力的大小已经设定好。如果系统内压力升到100bar，那么限压阀就会打开，液压油通过蓄压器流入到液压油槽，系统卸压。

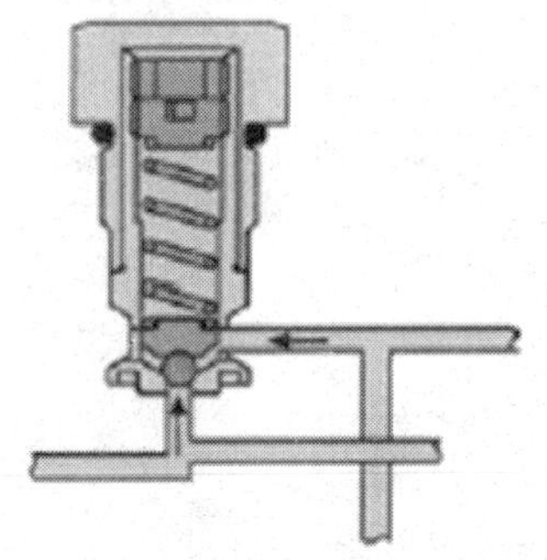

图2-144　系统压力低于100bar

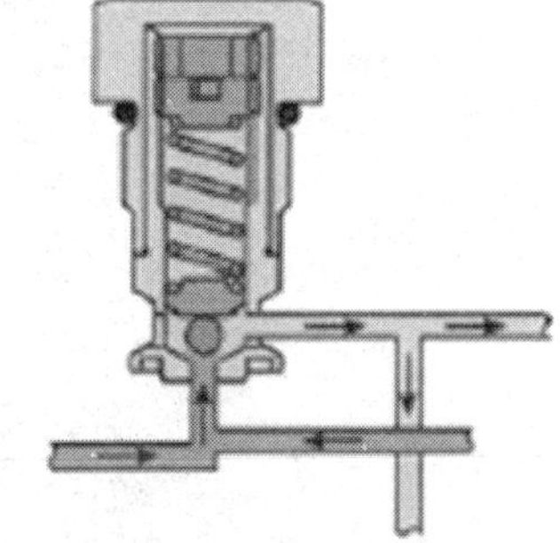

图2-145　系统压力高于100bar

（3）吸油阀　吸油阀位于Haldex离合器和往复活塞的供油压力一侧。

如图2-146和图2-147所示，吸油阀是弹簧加载的，当供油压力作用在往复活塞方向时，吸油阀会打开。如果往复活塞已经建立起油压，吸油阀就关闭，这样就可保持住往复活塞或工作活塞上的压力。

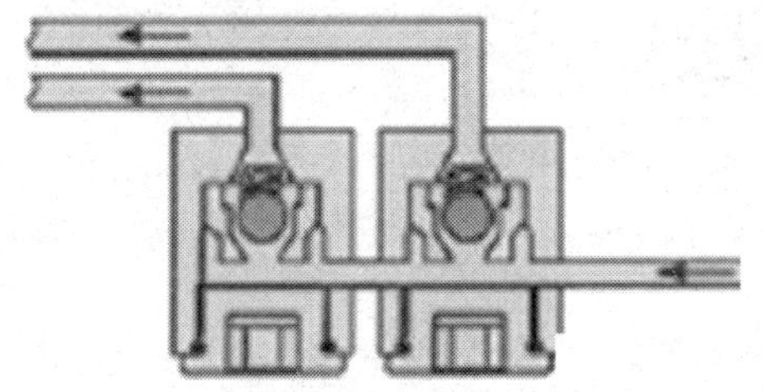

图2-146　吸油阀打开(供油压力)

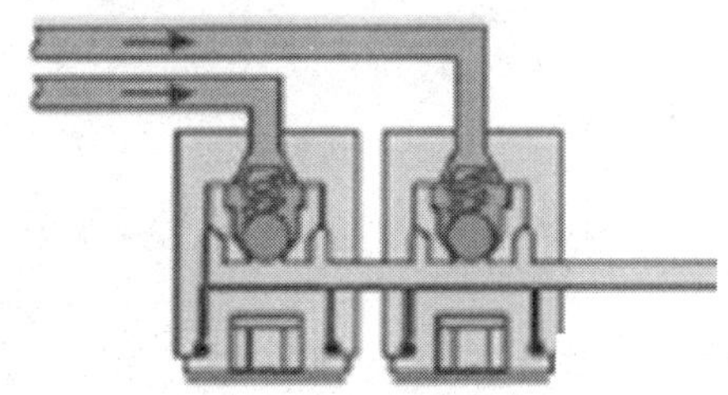

图2-147　吸油阀关闭(工作压力)

（4）压力阀　压力阀位于往复活塞、工作活塞和调节环路(带有限压阀和调节阀N373)之间。

如图2-148所示，这种压力阀是弹簧加载的，当超过供油压力时，压力阀就会打开。随后压力阀将油压从往复活塞继续传到工作活塞，与此同时压力阀也打开了带有调节阀 N373 的调节环路。

如图 2-149 所示，当工作活塞处于偏心盘上的谷底时，压力阀关闭，这样就可防止朝往复活塞方向卸压。

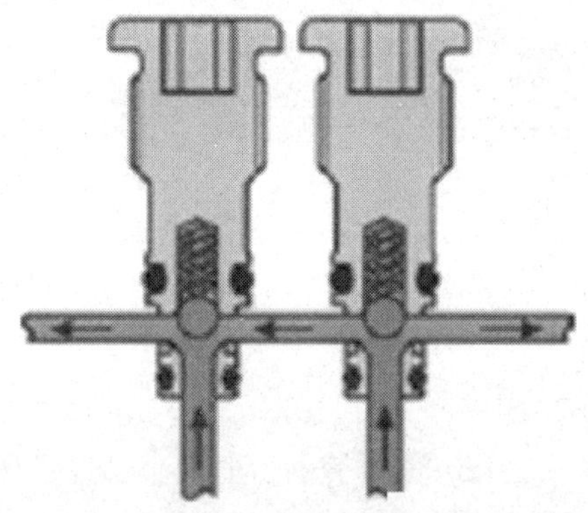

图 2-148　压力阀打开(工作压力)

图 2-149　压力阀关闭(无压力或供油压力)

(5) 液压机构工作原理

1) 无压系统描述。如图 2-150 所示，限压阀决定了离合器片上的最大压力。由于输入轴和带有偏心盘的输出轴之间的转速差，在往复活塞上产生油压。该油压通过阀门调节，这样就允许膜片式离合器在断开和将近接合的状态下有一定的滑差。

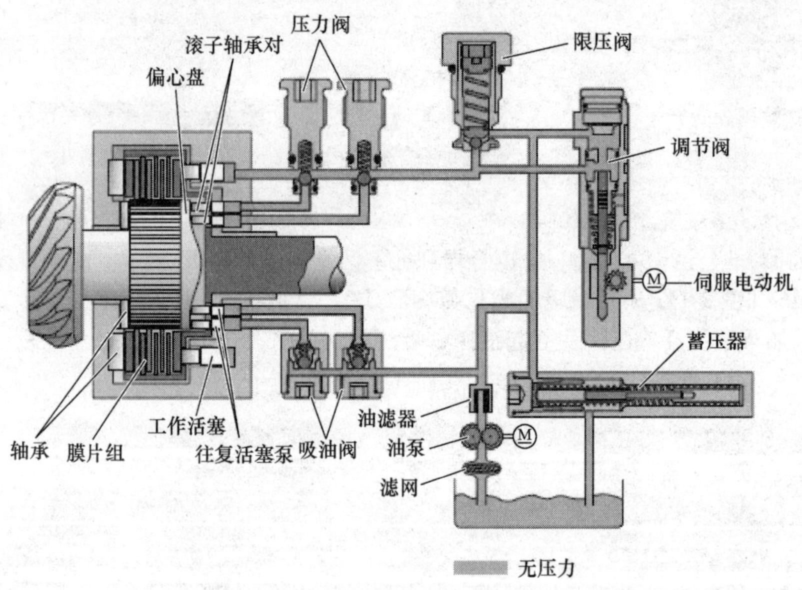

图 2-150　无压系统示意图

2) 电动油泵的建压(预压)。如图 2-151 所示，自发动机转速大于 400r/min 起，电动油泵被电动控制。电动油泵通过滤网从离合器壳体的无压力空间内吸取液压油，并通过吸油阀将液压油经油滤器送到往复活塞上。就这样向往复活塞供给液压油，同时往复活塞通过偏心盘贴在偏心盘上并保持住。同时液压油流经调节阀并被压力阀送到工作活塞上，工作活塞同样被压住。此外，通过该预压消除了膜片组中的间隙，实现离合器的快速响应性能。蓄压器将预压固定在 4bar，蓄

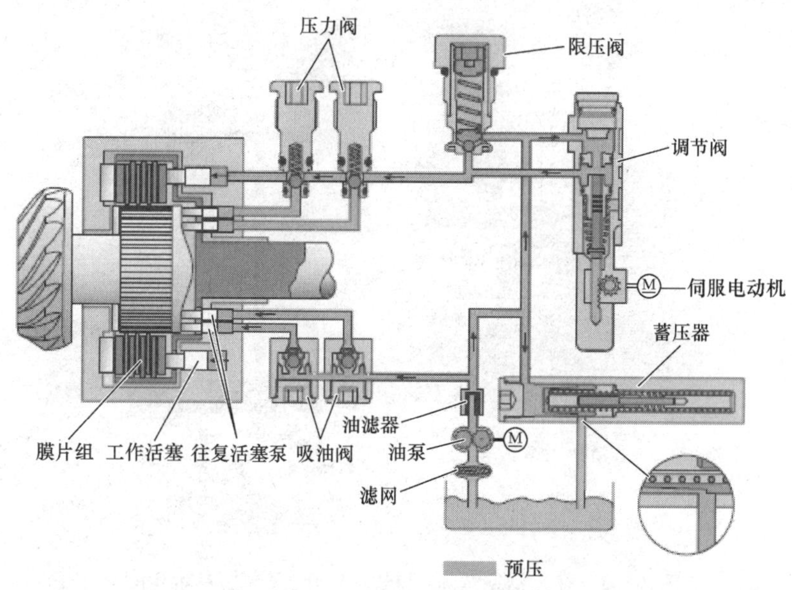

图 2-151 电动油泵建压示意图

压器另一个任务是平复压力波动。

3）通过往复活塞建压（调节阀闭合）。如图 2-152 所示，由往复活塞产生的油压通过压力阀到达工作活塞，膜片组接合并在输入轴和输出轴之间建立连接。膜片上的压力通过调节阀确定。受到 Haldex 离合器控制单元控制的伺服电动机改变调节阀的状态。当调节阀关闭时，最大压力作用在膜片上，此最大压力由限压阀确定。

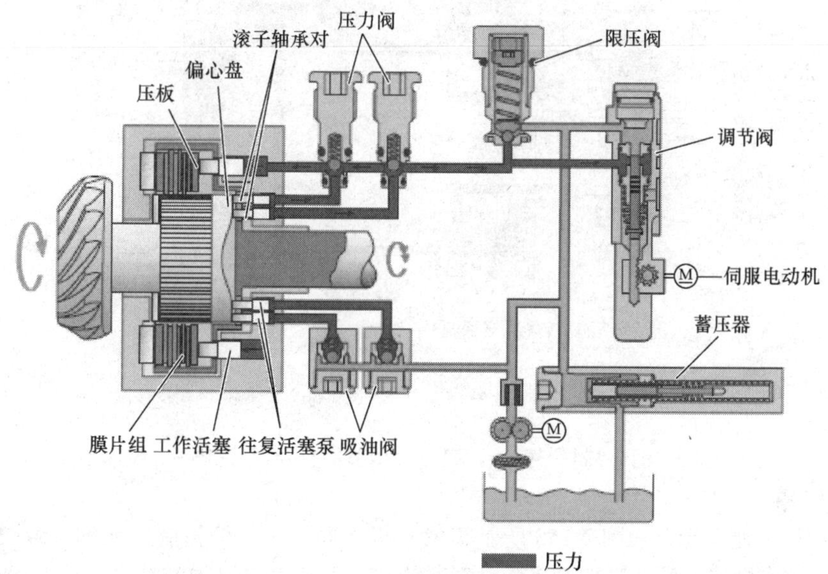

图 2-152 往复活塞建压（调节阀闭合）示意图

4）通过往复活塞建压（调节阀打开三分之一）。如图 2-153 所示，调节阀打开了约三分之一，使得一部分液压油能够通过蓄压器回流到油箱中，压力因此而下降，离合器只允许有限的转矩传递。这样，离合器在某些行驶状态下也可以以较低的转矩进行全轮驱动。

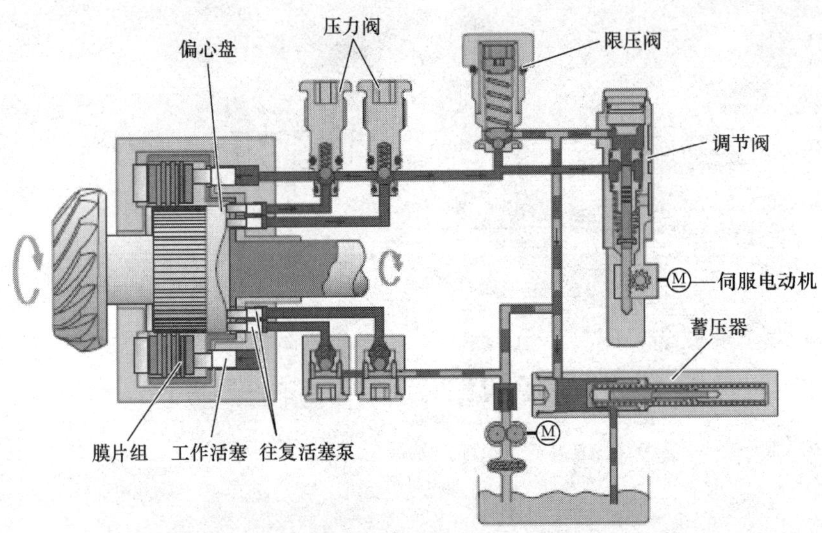

图 2-153　往复活塞建压(调节阀打开三分之一)示意图

5）通过往复活塞建压(调节阀打开)。如图 2-154 所示，调节阀打开，这样液压油可以通过调节阀经过蓄压器回流到油箱中。由此在工作活塞上不建立压力。膜片式离合器分离，不进行转矩传递。蓄压器在调节阀的回流管路中维持预压。

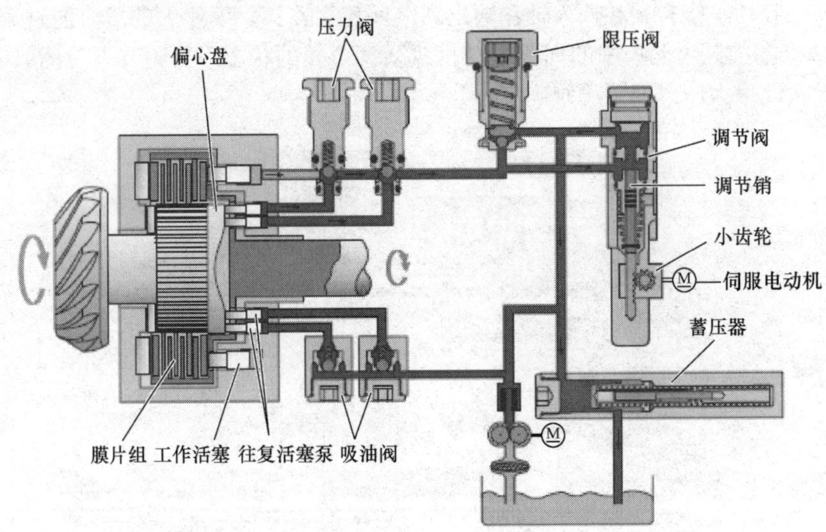

图 2-154　往复活塞建压(调节阀打开)示意图

7. 电子装置

(1) 发动机控制单元　如图 2-155 所示，发动机不同，发动机控制单元的安装位置也不同，但主要安装在排水槽中。发动机控制单元针对转矩进行工作，这是通过新型电子节气门功能实现的。发动机控制单元通过 CAN 总线提供了如下信号：

1）发动机转速信号。

2）加速踏板位置信号。

3）发动机转矩信号。

当信号失灵时，发动机将不运转。

（2）发动机转速传感器 G28　如图 2-156 所示，发动机转速传感器是感应式传感器，安装在发动机左侧油滤器附近。发动机一旦运转，传感轮转过 G28 并产生一个交流电压，其频率随发动机转速的变化而变化，发动机控制单元利用交流电压的频率识别发动机转速。传感器测量曲轴的准确角度位置，以确定点火正时和喷油正时以及发动机转速。

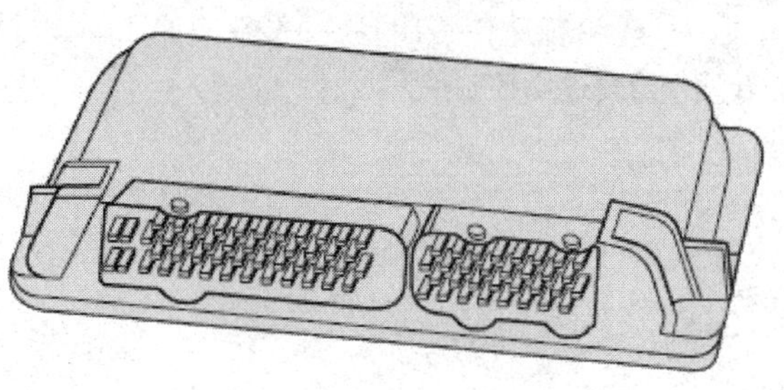

图 2-155　发动机控制单元

当发动机转速传感器的转速信号失灵时，发动机可能会无法起动或运转。

（3）加速踏板位置传感器 G79/G185　如图 2-157 所示，加速踏板位置传感器 G79/G185 用于将驾驶人意愿传送到发动机控制单元上。加速踏板位置传感器将一个与加速踏板位置相对应的模拟信号发送到 Motronic 上。为保证电子节气门的功能，加速踏板位置传感器安装了两个相互独立工作的传感器 G79 和 G185。控制单元监控两个传感器 G79 和 G185 的功能和信号的可信度，它们的特性曲线走向是不同的。如果一个传感器失灵，则由另一个代替，并且组合仪表中的电子节气门故障信号灯 K132 亮起。

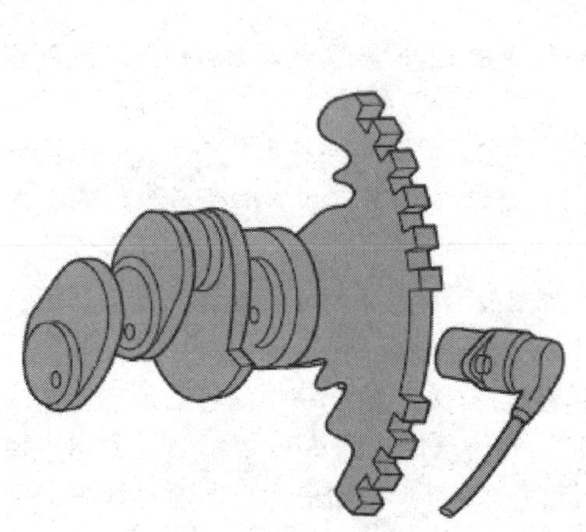

图 2-156　发动机转速传感器 G28

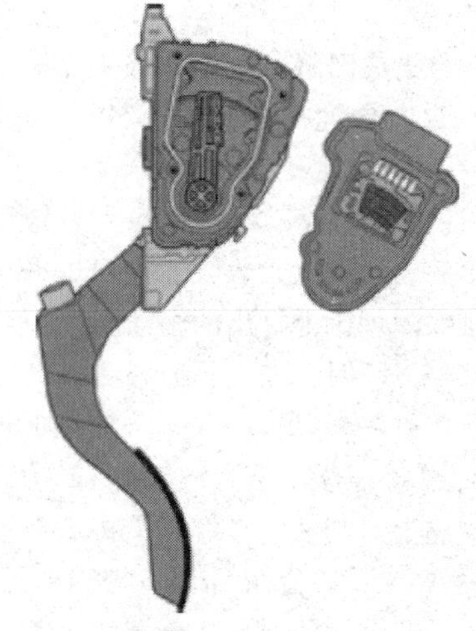

图 2-157　加速踏板位置传感器 G79/G185

（4）ABS 控制单元 J104　如图 2-158 所示，ITT Automotiv 公司的控制单元与液压单元一起组成一个总成，安装在发动机舱内左侧。该控制单元由两台误差极小的计算机系统组成，这两台计算机在监控各个组件的同时还相互监控。接通点火开关时，控制单元进行自检。ABS 控制单元 J104 通过 CAN 总线向 Haldex 控制单元提供了如下信号：

1）车轮转速传感器信号。

2）制动信号灯开关信号。

3）驻车制动器开关信号。

4）纵向加速度传感器信号。

如果车辆上还安装了 ESP 电子稳定程序系统，那么 ESP 调节将优先于全轮驱动功能。

当控制单元完全失灵时（这种情况大不可能出现），驾驶人还能使用无调节功能的普通制动系统，但不能使用全轮驱动调节功能。

（5）车轮转速传感器 G44～G47　如图 2-159 所示，车轮转速传感器测量车轮的转速变化，并作为转速信息传递给控制单元。

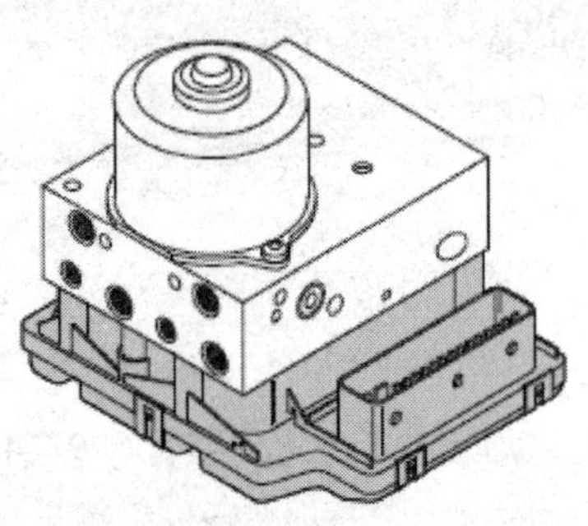
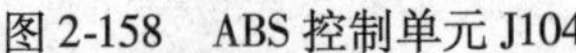

图 2-158　ABS 控制单元 J104

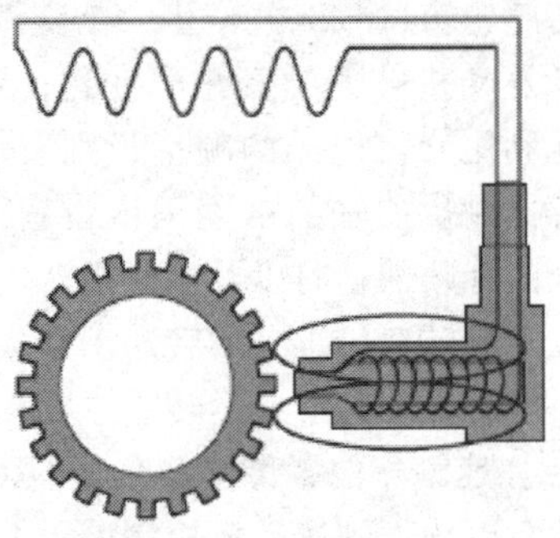

图 2-159　车轮转速传感器

车轮转速传感器安装在车轴法兰附近。在车轴法兰上固定有一个脉冲轮，在车轮旋转运动时，它会经过转速传感器的头部，脉冲轮的齿和齿隙之间的磁力线扭曲。因此，在转速传感器的线圈中感应产生一个正弦交流电压，其频率取决于车轮转速。控制单元根据频率识别出各个车轮的当前转速。

当信号失灵时将：①无 ABS 调节；②无全轮驱动调节。

（6）纵向加速度传感器 G249　如图 2-160 所示，纵向加速度传感器 G249 安装在右侧 A 柱上。

Haldex 离合器接合时，前轮和后轮实现刚性连接。汽车的实际车速是由各个车轮转速传感器计算得出的。当摩擦系数较低且 Haldex 离合器接合时在某些条件下可能不准确。测得的纵向加速度用于保障理论上算出的车速。

当信号失灵时：如果不另外测量纵向加速度，那么在最不利的条件下可能无法准确计算实际车速；ESP 和 ABS 功能失灵；当使用 ESP 调节时，Haldex 离合器分离。

（7）制动信号灯开关 F　如图 2-161 所示，制动信号灯开关 F 位于制动踏板的顶端，并固定在踏板支座上。制动信号灯开关将“制动踏板已踩下”的信息传送到 ABS 控制单元 J104。控制单元通过 CAN 总线通知 Haldex 控制单元，然后在制动时，Haldex 控制单元立即通过伺服电动机打开压力调节器，Haldex 离合器失压。

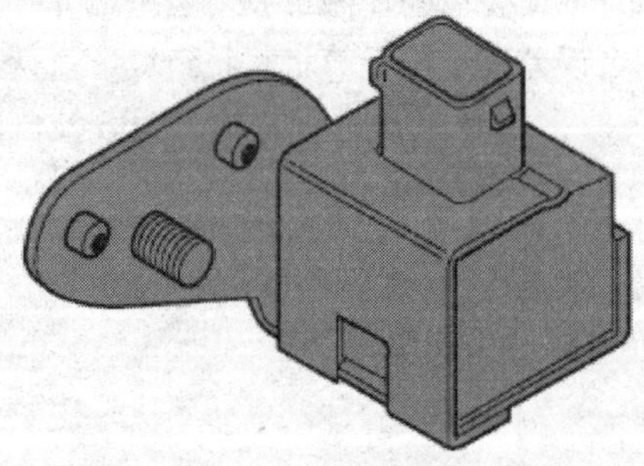

图 2-160　纵向加速度传感器 G249

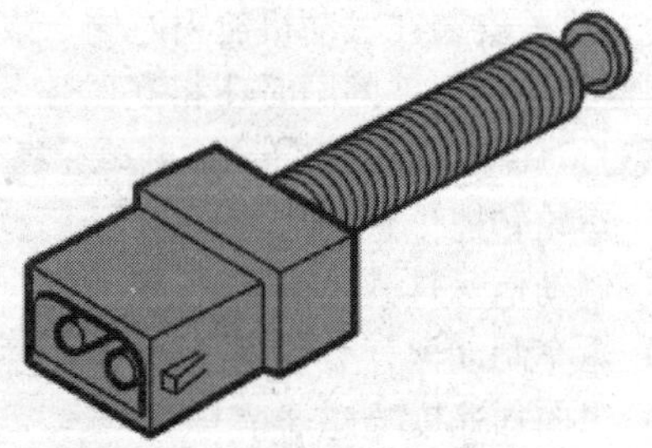

图 2-161　制动信号灯开关 F

当信号失灵时，可代替性地使用CAN总线信息。

（8）驻车制动器开关F9　驻车制动器开关F9安装在驻车制动器拉杆的下方。驻车制动器开关将“驻车制动器已操纵”信息同时传输到ABS控制单元J104和Haldex控制单元J492上。在ABS控制单元通过CAN总线将“过滤的”信息传递到Haldex控制单元的期间，Haldex控制单元直接从驻车制动器开关获得信息。当识别到驻车制动器开关F9的信号时，Haldex离合器分离。

当信号失灵时将：无全轮驱动调节以及ABS调节时舒适性受到影响。

（9）Haldex离合器的温度传感器G271　如图2-162所示，Haldex离合器的温度传感器G271安装在Haldex控制单元壳体内调节阀的旁边，并且受到液压油的冲刷。温度传感器感应当前液压油的温度，并将信息传送到Haldex控制单元。该信息用于适应变化的液压油粘度。表2-6所示为油温与液压油的粘度关系。

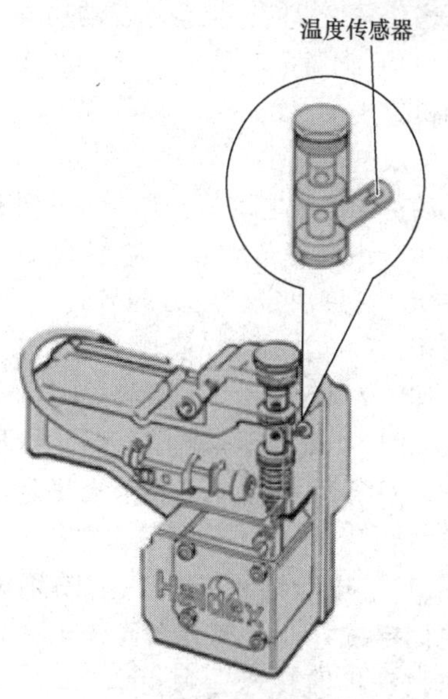

图2-162　温度传感器G271

表2-6　油温与液压油的粘度关系

温度	液压油粘度	调节阀
在低温区	粘稠	打开大一些
正常20℃	正常	正常打开
超过20℃	稀薄	打开小一些

当液压油温度超过100℃时，离合器被切换到无压力。当温度重新下降到100℃以下时，重新给离合器施加压力。

当信号失灵时：关闭全轮驱动功能。

（10）Haldex控制单元J492　如图2-163所示，Haldex控制单元直接固定在Haldex离合器壳体上，并和伺服电动机与调节阀组成一个单元。Haldex离合器控制单元通过CAN总线与发动机控制单元及ABS控制单元相连。Haldex控制单元根据各控制单元的传感器信号决定在Haldex离合器膜片上施加多大的油压。Haldex离合器膜片上的油压确定了向后轴传输转矩的大小。

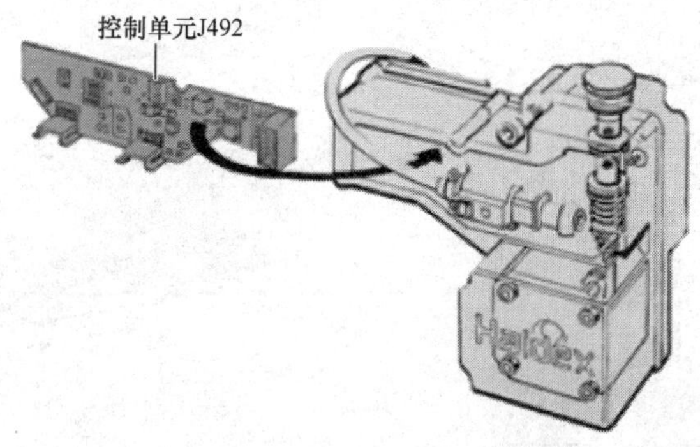

图2-163　控制单元J492

当信号失灵时，无全轮驱动功能。

（11）伺服电动机 V184　如图 2-164 所示，伺服电动机集成在 Haldex 控制单元壳体中。

伺服电动机由 Haldex 控制单元供电，是一个步进电动机。伺服电动机按照 Haldex 控制单元的命令通过一个小齿轮改变压力调节阀上调节销的高度。调节销的高度决定了压力调节阀中一个回流孔的横截面积，这样就确定了膜片工作活塞上的压力。

如图 2-165 所示，调节阀关闭，膜片上有最大压力；如图 2-166 所示，调节阀部分打开，膜片上压力较低；如图 2-167 所示，调节阀完全打开，膜片上没有压力。

（12）电动油泵 V181　如图 2-168 所示，电动油泵固定在 Haldex 离合器壳体上。发动机起动后，一旦发动机的转速达到 400r/min 以上时，电动油泵就由 Haldex 控制单元供电。油泵将液压油输送到往复活塞上，并通过滚子轴承将往复活塞贴在偏心盘上。同时，液压油到达工作活塞，因此消除膜片组中的间隙，并实现快速响应特性。

当信号失灵时，无全轮驱动功能。

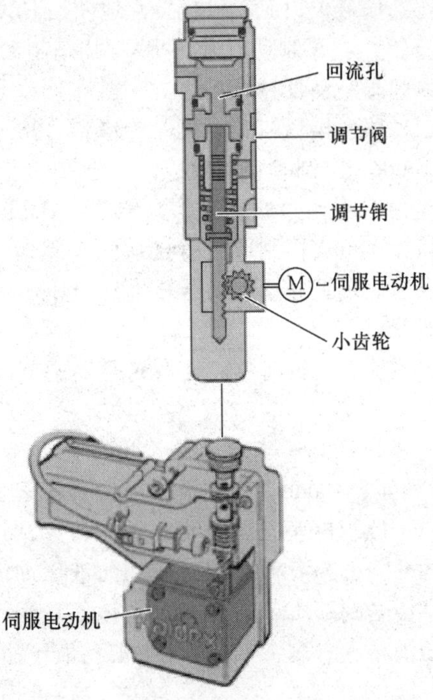

图 2-164　伺服电动机 V184

8. 行驶状态

表 2-7 所示为汽车的行驶状态。

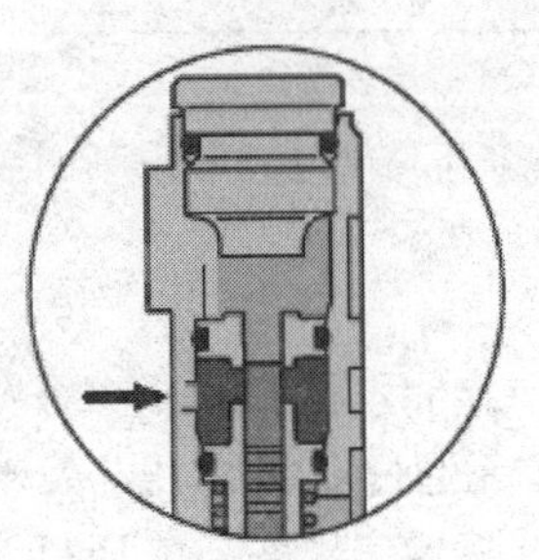

图 2-165　调节阀关闭

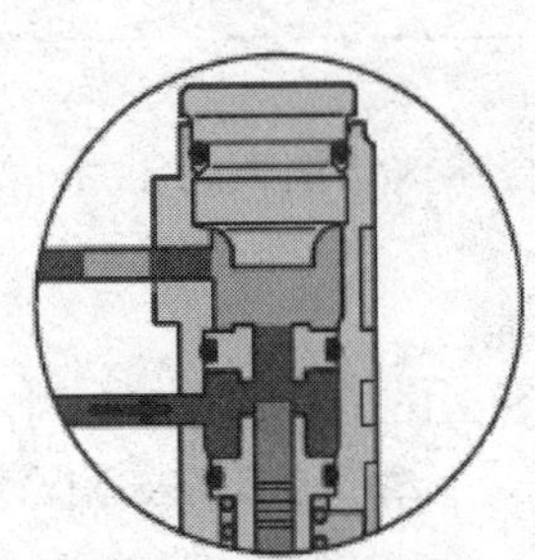

图 2-166　调节阀部分打开

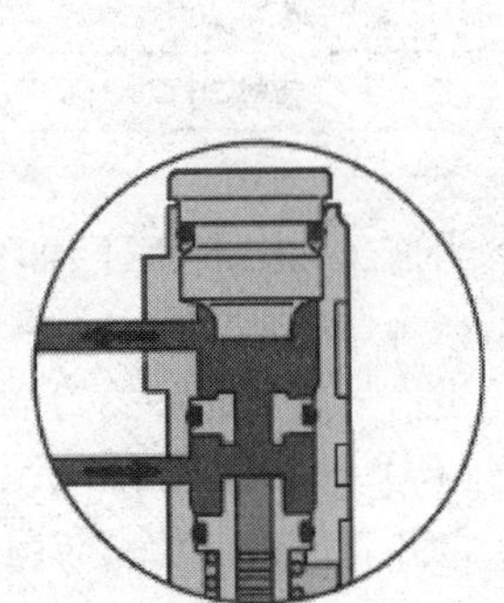

图 2-167　调节阀完全打开

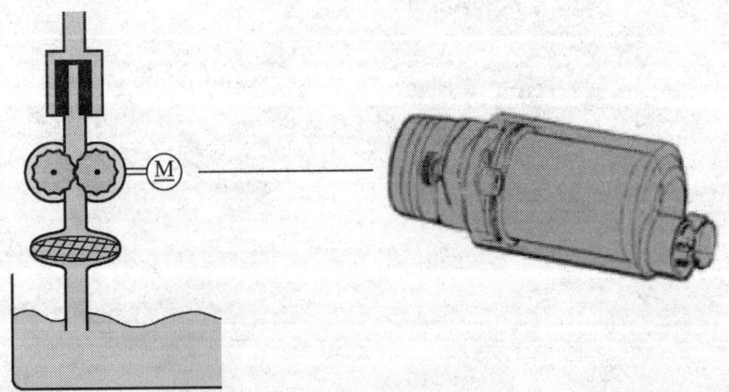

图 2-168　电动油泵 V181

表 2-7　汽车行驶状态

	驻车	加速	快速行驶	行驶在溜滑路面上	带应急车轮行驶	制动	牵引	制动测试
前后轴之间的转速差	低	高	低	在高低之间波动	正常至高	正常至高	高	高
后轴上的必要转矩	低	高	低	在高低之间波动	低	0	0	0
膜片式离合器的状态	低压紧力	高压紧力，直到最大，EDS 调节可以提高压紧力	根据需要接合	接合，直到最大	分离和略微接合	分离	分离，电动预压泵关闭(点火开关关闭时)	分离，电动预压泵关闭(点火开关关闭时)
输入信号	发动机转矩，发动机转速，加速踏板位置，四个车轮传感器	发动机转矩，发动机转速，加速踏板位置，四个车轮传感器	发动机转矩，发动机转速，加速踏板位置四个车轮传感器	发动机转矩，发动机转速，加速踏板位置，四个车轮传感器（CAN 通信）	四个车轮传感器（通过 ABS 控制单元）	四个车轮传感器（通过 ABS 控制单元），制动信号灯开关	发动机转速小于 400r/min	发动机转速小于 400r/min

9. 系统总览

系统总览如图 2-169 所示。

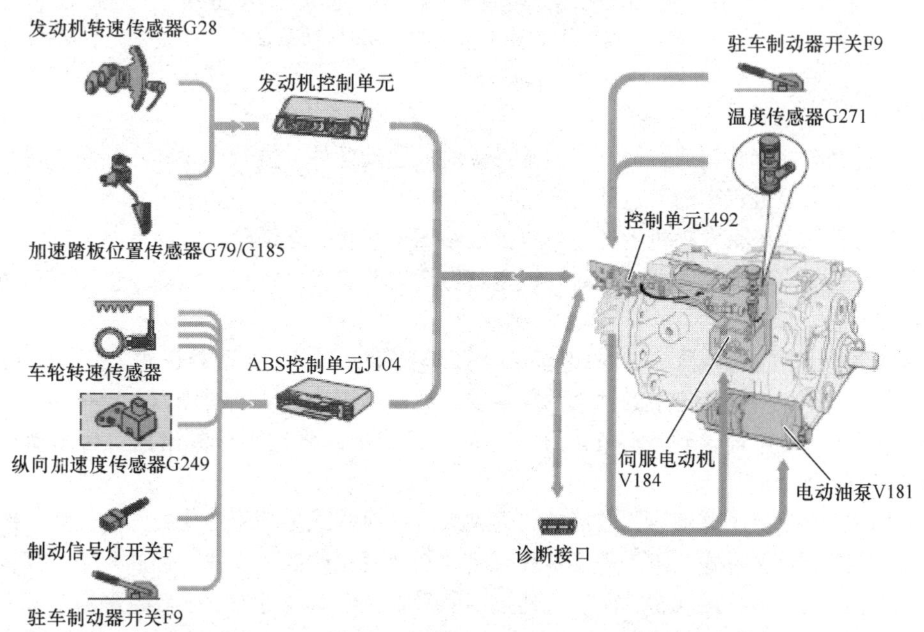

图 2-169　系统总览

10. 系统电路

系统电路如图 2-170 所示。

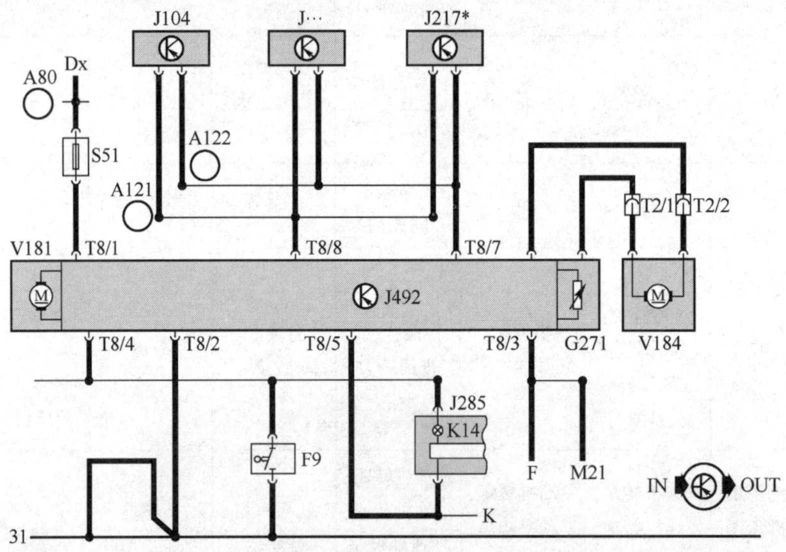

图 2-170　系统电路

D—点火起动开关　F—制动信号灯开关　F9—驻车制动器开关　G271—温度传感器
J…—发动机控制单元　J104—ABS 控制单元，带 EDS/ASR/ESP，在发动机舱内左侧
J217—自动变速器控制单元，在排水槽内中间　＊—仅用于带自动变速器的车辆
J285—带显示单元的控制单元，在组合仪表内　J492—Haldex 离合器控制单元
K—连接　K14—驻车制动器指示灯　M21—左侧信号制动灯灯泡　S51—熔丝
V181—伺服电动机　V184—电动油泵　A80—连接仪表板导线束
A121—连接(高位总线)　A122—连接(低位总线)

八、分动器

为了改善汽车在越野时或在泥泞、雪地行驶时的驱动条件，越野汽车和一些高级轿车都装备了四轮驱动系统来改进汽车的通过能力。

对于四轮驱动系统，发动机的动力可以分配给四个车轮，在道路不好的情况下行驶，这种功能可以极快地增加汽车的驱动力，同时在汽车转弯时能改善操纵性能，使动力作用在路面上的四个车轮上。

四轮驱动可分为分时四驱、适时四起和全时四驱三种形式。而分动器是四驱车辆上特有的部件，它的作用是将从变速器传来的动力分配给前、后驱动桥。分动器的传力方式有两种：一种是通过齿轮将动力分配给前、后驱动桥，另一种是通过传动链将动力分配给前、后驱动桥，如图 2-171和图 2-172 所示。

在分时四驱汽车上，分动器比较简单，驾驶人拉动手柄或按动驱动模式开关，即可以把汽车切换成两驱或四驱行驶方式。由于需要驾驶人经常切换两驱或四驱模式，造成操作的复杂性，如果发生误操作，又很容易出问题，所以，这类四驱只是在一些较老的、强调越野的车辆上广泛使用。因此，这类分动器几乎见不到。

在适时四驱汽车上，分动器不需要人为控制，系统可以自动完成两驱或四驱的切换。由于其制造成本相对低廉，使得适时四驱系统广泛应用在一些城市 SUV 和轿车上。因此，这类分动器在现代汽车上可以见到。上面讲述的大众 Haldex 离合器四驱系统就是此种形式。

图 2-171 齿轮传动式分动器

图 2-172 链条传动式分动器

在全时四驱汽车上，四个车轮时刻都能提供驱动力。因此，分动器的主要结构就是中央差速器，由它负责向前、后驱动桥分配动力。上面讲述的奥迪 Quattro 四驱系统就是此种形式。

九、半轴

1. 作用

半轴的作用是将差速器传来的动力传递给驱动轮。

因半轴传递的转矩较大，常制成实心轴。如果半轴断裂，则汽车无法起步、行驶。

2. 结构

半轴的结构因驱动桥结构形式的不同而异。整体式驱动桥中的半轴为一根刚性实心轴，内端有花键，与半轴齿轮相连，外端有凸缘，与驱动轮的轮毂相连。如图 2-173 所示，断开式驱动桥中的半轴也为实心轴，但其分段并用万向节分别与半轴齿轮和驱动轮毂相连。

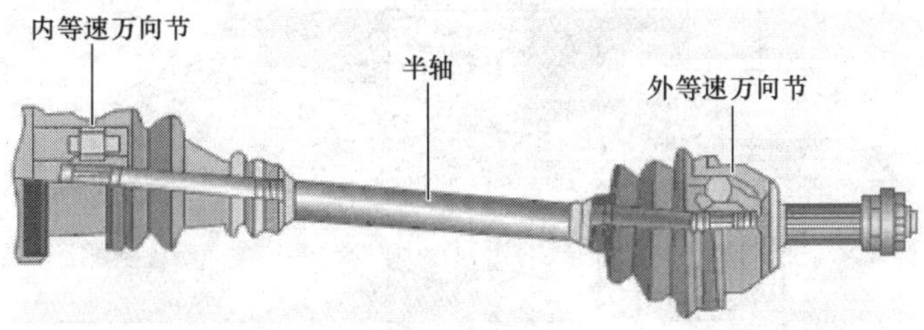

图 2-173 半轴

3. 支承形式

现代汽车常采用全浮式和半浮式两种半轴支承形式。

(1) 全浮式半轴支承 全浮式半轴支承广泛应用于整体式驱动桥。如图 2-174 所示为全浮式半轴支承的示意图。半轴外端锻造有半轴凸缘，用螺栓紧固在轮毂上，轮毂用一对圆锥滚子轴承支承在半轴套管上，半轴套管与空心梁压配成一体，组成驱动桥壳。半轴内端用花键与差速器的半轴齿轮套合。

这种半轴支承形式，半轴与桥壳没有直接联系，半轴只在两端承受转矩，不承受其他任何反力和弯矩，所以，称为全浮式半轴支承。

全浮式半轴支承便于拆装，只需拧下半轴凸缘上的轮毂螺栓，即可将半轴抽出，而车轮和桥壳照样能支撑住汽车。

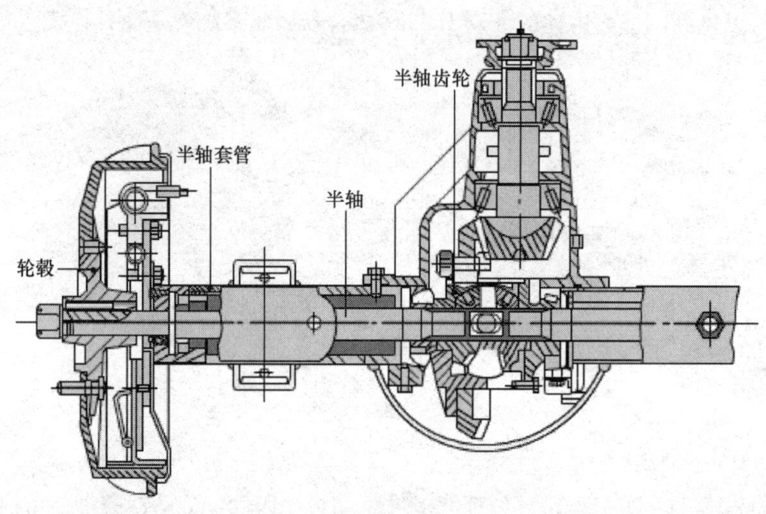

图 2-174　全浮式半轴支承示意图

（2）半浮式半轴支承　半浮式半轴支承广泛应用于断开式驱动桥。如图 2-175 所示为半浮式半轴支承的示意图。半轴分为两段，即外半轴和内半轴。外半轴与万向节的外球座制成一体，并铣有花键槽，最外端制有螺纹。内半轴的两端都铣有花键槽，并分别与内外万向节的内球座套合。因此，半轴不仅要承受转矩，而且还要承受各种反力及其形成的弯矩。故称这种支承形式为半浮式半轴支承。

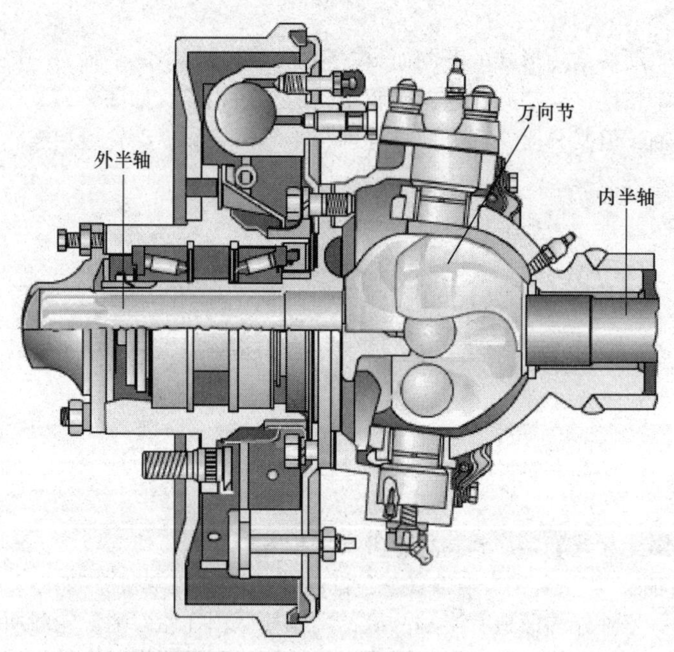

图 2-175　半浮式半轴支承示意图

半浮式半轴支承结构简单，但半轴受力情况复杂且拆装不便，多用于反力、弯矩较小的各类轿车上。

十、桥壳

1. 作用

驱动桥壳既是传动系统的组成部分，同时也是行驶系统的组成部分。作为传动系统的组成部分，其作用是安装并保护主减速器、差速器和半轴。作为行驶系统的组成部分，其作用是安装悬架或轮毂，和从动桥一起支承汽车悬架以上各部分质量，承受驱动轮传来的反力和力矩，并在驱动轮与悬架之间传力。

驱动桥壳必须有足够的强度和刚度，质量小，并便于主减速器的拆装和调整。由于桥壳的尺寸和质量比较大，制造较困难，故其结构形式在满足使用要求的条件下，要尽可能便于制造。

2. 类型

驱动桥壳可分为整体式桥壳和分段式桥壳两种类型。

整体式桥壳常见有整体铸造、中段铸造压入钢管、钢板冲压焊接等形式。图 2-176 所示为整体铸造式驱动桥壳。其中部为一环形空心壳体，即主减速器壳，用于安装主减速器、差速器；两端为半轴套管，用来安装半轴。桥壳后盖上装有检查油面用的螺塞。

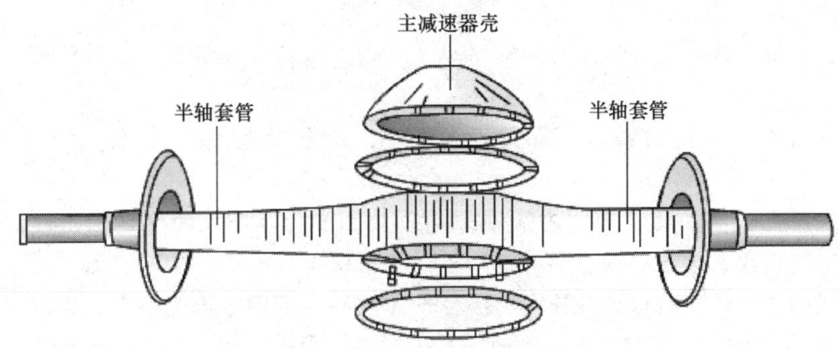

图 2-176 整体式桥壳

如图 2-177 所示，分段式桥壳一般由两段式桥壳组成，即由主减速器壳和两个半轴套管组成。中间用螺栓连成一体。分段式桥壳铸造加工简便，但维修、保养十分不便。当拆检主减速器时，必须把整个驱动桥从汽车上拆卸下来，目前很少采用。

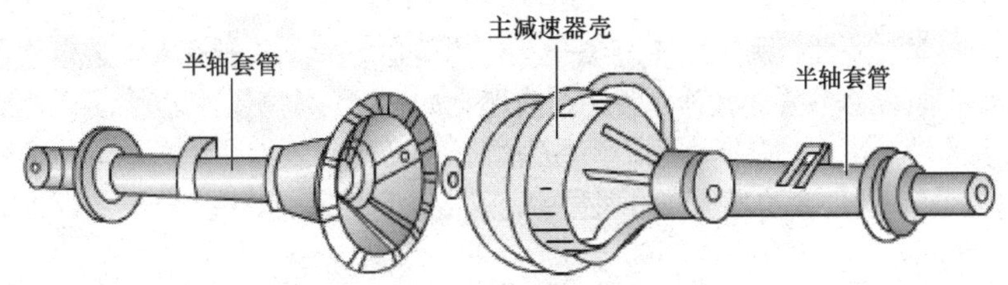

图 2-177 分段式桥壳

十一、驱动桥的检修

1. 主减速器的检查

主减速器壳应无裂损，壳体上各螺孔的螺纹损伤不得多于两牙，各轴承孔无明显磨损；主减速器主动齿轮花键与凸缘槽的侧隙不大于 0.20mm。

2. 差速器的检查

1）差速器壳应无裂损，壳体与行星齿轮、半轴齿轮垫片的接触面应光滑无沟槽。

2）与差速器轴承配合的轴颈径向圆跳动为0.08mm，半轴齿轮孔的径向圆跳动为0.08mm，行星齿轮轴与差速器壳及行星齿轮的配合间隙分别不大于0.05mm和0.18mm。

3. 半轴的检修

1）半轴应进行探伤检查，不得有任何形式的裂纹存在。

2）半轴花键应无明显的扭转变形。

3）以半轴轴线为基准，半轴中段未加工圆柱体径向圆跳动不得大于1.3mm；花键外圆柱面的径向圆跳动不得大于0.25mm；半轴凸缘内侧端面圆跳动不得大于0.15mm。径向圆跳动超限，应进行冷压校正；端面圆跳动超限，可车削端面进行修整。

4）半轴花键的侧隙增大量较原厂规定不得大于0.15mm。

5）对前轮驱动汽车的半轴总成（带两侧等速万向节）还应进行以下作业：

① 外球笼万向节用手感检查应无径向间隙，否则应予更换。

② 内侧三叉销式万向节可沿轴向滑动，但应无明显的径向间隙感，否则应予更换。

③ 检查防尘罩是否有老化破裂，钢带箍是否有效可靠。如失效，应予更换。

4. 桥壳的检修

1）桥壳和半轴套管不允许有裂纹存在，半轴套管应进行探伤处理。各部位螺纹损伤不得超过两牙。

2）钢板弹簧座定位孔的磨损不得大于1.5mm，超限时先进行补焊，然后按原位置重新钻孔。

3）整体式桥壳以半轴套管的两内端轴颈的公共轴线为基准，两外轴颈的径向圆跳动超过0.30mm时应进行校正，校正后的径向圆跳动不得大于0.08mm。

4）分段式桥壳以桥壳的接合圆柱面、接合平面及另一端内锥面为基准，轮毂的内外轴颈的径向圆跳动超过0.25mm时应进行校正，校正后的径向圆跳动不得大于0.08mm。

5）桥壳承孔与半轴套管的配合及伸出长度应符合原厂规定，如半轴套管承孔的磨损严重，可将座孔镗至修理尺寸，更换相应的修理尺寸的半轴套管。

6）滚动轴承与桥壳的配合应符合原厂规定。

☞ 十二、驱动桥的故障诊断与排除

汽车行驶时，驱动桥的受力情况十分复杂。各传递动力的零件，由于接近最终传动，它所受的各种应力远远大于传动系统的其他部件。后轮驱动的汽车，其驱动桥壳要承受相当一部分的载荷；而前轮驱动的轿车，半轴暴露在外，两端万向节的防尘套长期使用后的老化会使驱动桥的技术状态发生变化，造成传动间隙增大而出现异响、温度过高、漏油等现象，影响汽车的正常使用。

1. 过热

（1）故障现象　汽车行驶一段里程后，用手探试驱动桥壳中部或主减速器壳，有无法忍受的烫手感觉。

（2）故障原因

1）齿轮油变质、油量不足或牌号不符合要求。

2）轴承调整过紧。

3）齿轮啮合间隙和行星齿轮与半轴齿轮啮合间隙调整太小。

4）推力垫片与主减速器从动齿轮背隙过小。

5）油封过紧和各运动副、轴承润滑不良而产生干(或半干)摩擦。

（3）故障诊断与排除　检查驱动桥中各部分受热情况：

1）局部过热。

① 油封处过热，则故障由油封过紧引起。

② 轴承处过热，则故障由轴承损坏或调整不当引起。

③ 油封和轴承处均不过热，则故障由推力垫片与主减速器从动齿轮背隙过小引起。

2）普遍过热。

① 检查齿轮油油面高度：油面太低，则故障由齿轮油油量不足引起；否则检查齿轮油规格、粘度或润滑性能。

② 检查结果不符合要求，则故障由齿轮油变质或规格不符引起；否则检查主减速器齿轮啮合间隙的大小。

③ 松开驻车制动器，变速器置于空档，轻轻转动主减速器的凸缘盘。若转动角度太小，则故障由主减速器齿轮啮合间隙太小引起；若转动角度正常，则故障由差速器行星齿轮与半轴齿轮啮合间隙太小引起。

2. 漏油

（1）故障现象　从驱动桥加油口、放油口螺塞处或油封、各接合面处可见到明显漏油痕迹。

（2）故障原因

1）加油口、放油口螺塞松动或损坏。

2）油封磨损、硬化，油封装反，油封与轴颈不同轴，油封轴颈磨成沟槽。

3）接合平面变形、加工粗糙，密封衬垫太薄、硬化或损坏，紧固螺钉松动或损坏。

4）通气孔堵塞。

5）桥壳有铸造缺陷或裂纹。

6）齿轮油加注过多，运转中壳体内压增高，使齿轮油渗出。

（3）故障诊断与排除　根据漏油痕迹部位来判断漏油的具体原因。

3. 异响

（1）故障现象

1）行驶时驱动桥有异响，脱档滑行时异响减弱或消失。

2）行驶时驱动桥有异响，脱档滑行时亦有异响。

3）汽车直线行驶时无异响，当汽车转弯时驱动桥处有异响。

4）汽车上坡或下坡时后桥有异响，或上、下坡时驱动桥都有异响。

5）车轮有运转噪声或沉重的异响。

（2）故障原因

1）圆锥和圆柱主、从动齿轮，行星齿轮，半轴齿轮啮合间隙过大；半轴齿轮花键槽与半轴的配合松旷；主、从动锥齿轮啮合不良；圆锥和圆柱主、从动齿轮啮合间隙不均；齿轮齿面损伤或轮齿折断。

2）主动锥齿轮轴承松旷；主动圆柱齿轮轴承松旷；差速器圆锥滚子轴承松旷；后桥中某个轴承由于预紧力过大，导致间隙过小；主、从动锥齿轮调整不当，间隙过小。

3）差速器行星齿轮、半轴齿轮不匹配，使其啮合不良；行星齿轮、半轴齿轮磨损或折断；差速器行星齿轮轴颈磨损；行星齿轮支承垫圈磨薄；行星齿轮与行星齿轮轴卡滞或装配不当(如行星齿轮支承垫圈过厚)，使行星齿轮转动困难；主减速器从动齿轮与差速器壳的紧固铆钉松动。

4）驱动桥某一部位的齿轮啮合间隙过小，导致汽车上坡时发响；后桥某一部位的齿轮啮合间隙过大，导致汽车下坡时发响；后桥某一部位的齿轮啮合印痕不当或齿轮轴支承轴承松旷，导致汽车上、下坡时都发响。

5）车轮轮毂轴承损坏，轴承外圈松动；制动鼓内有异物；车轮轮辋破碎；车轮轮辋轮胎螺栓孔磨损过大，使轮辋固定不牢。

（3）故障诊断与排除　根据异响部位的不同来判断异响的具体原因。

【回顾与总结】

1. 传动系统的作用是将发动机产生的动力按照需要传递给驱动轮，并保证汽车正常行驶。

2. 差速器将主减速器传来的动力分配给左、右半轴，从而允许左、右驱动轮以不同的速度旋转，以满足左、右驱动轮在行驶过程中差速的需要。

3. 使用了自动变速器的车辆就没有离合器，取而代之的是液力变矩器。对于四轮驱动的汽车，在变速器与万向传动装置之间还装有分动器，其作用是将发动机的动力分配给前、后驱动桥。

4. 适时四驱是在不需要四轮驱动的时候就采用两轮驱动，需要四轮驱动的时候汽车会自动采用四轮驱动，它与分时四驱最大的区别就是这一切都是系统自动完成切换的，不需要人为控制。

5. 全时四驱的英文简称 AWD，指四个车轮时刻都能提供驱动力，无论是直线行驶还是转弯，那么为了避免转向干涉问题，全时四驱设置了一个中央差速器来调节前、后驱动桥的转速差。

6. 离合器盖是用低碳钢冲压制成的，它通过螺栓固定在飞轮上，为了保证离合器拆装后不失去平衡，用定位销确保离合器盖与飞轮之间的安装位置。

7. 在膜片弹簧内端与分离轴承之间预留一定的间隙，称为离合器的自由间隙，一般为几毫米。

8. 离合器操纵机构是驾驶人可以使离合器分离，而后又使之柔和接合的一套机构。它起始于离合器踏板，终止于分离轴承。

9. 传动比在一定范围内连续变化的变速器，称为无级变速器，它的传动比不是间断的点，而是一系列连续的值，譬如可以从 3.454 一直变化到 0.85。

10. 汽车的行驶条件为：驱动力必须大于等于各阻力之和且小于等于附着力。

11. 锁环式同步器结构紧凑，但传力小，故多用于轿车和轻型车辆的变速器中；锁销式同步器结构尺寸大，传递转矩大，故多用于中、重型车辆的变速器中。

12. 为了减小汽车的自重，对于轿车来说，变速器壳体和盖常采用铝合金或镁合金制造。中、重型车辆的变速器壳体和盖一般用铸铁制造，以保证其强度要求。

13. 驱动桥是传动系统的最后一个总成，发动机的动力传到驱动桥后，首先传到主减速器，在这里将转矩放大并降低转速后，经差速器分配给左、右半轴，最后通过半轴传到驱动车轮的轮毂。

14. 在全时四驱汽车上，四个车轮时刻都能提供驱动力。因此，分动器的主要结构就是中央差速器，由它负责向前、后驱动桥分配动力。

【思考与练习】

一、填空题

1. 按结构和传动介质不同，汽车传动系统的类型可分为(　　)、(　　)、(　　)、(　　)等，其中(　　)和(　　)应用最广泛。

2. 普通轿车机械式传动系统由(　　)、(　　)、(　　)、(　　)等组成。

3. 现代的轿车多采用4个车轮，其中只有两个驱动轮，其驱动形式可表示为(　　)。越野汽车的4个车轮全部为驱动轮，其驱动形式可表示为(　　)。

4. 四轮驱动按操纵方式不同可分为(　　)、(　　)和(　　)三种形式。

5. 由于离合器安装在发动机的飞轮上，加之离合器本身质量也很大，所以它也起到发动机飞轮的作用，储存发动机做功行程多余的能量，用于克服其他三个行程所产生的阻力，从而使发动机运转平稳。

6. 按压紧弹簧的形式和布置不同可分为(　　)、(　　)、(　　)和(　　)。

7. 从动盘由(　　)、(　　)、(　　)和(　　)等组成。

8. 同步器安装在两个浮动齿轮的中间，它可分为(　　)、(　　)和(　　)三种类型。目前，广泛采用的是(　　)。

9. 惯性式同步器按结构不同又可分为(　　)和(　　)两种。

10. 万向节按扭转方向是否有明显的弹性，可分为(　　)和(　　)。

11. 等速万向节多用于采用断开式驱动桥轿车的半轴上，常用的等速万向节有(　　)、(　　)和(　　)。

12. 行星齿轮式差速器由(　　)、(　　)、(　　)、(　　)、(　　)等组成。

二、问答题

1. 为什么说前置前驱车容易产生转向不足现象？

2. 什么是离合器的自由间隙和离合器踏板的自由行程？

3. 如何排除离合器的打滑故障？

4. 请说明锁环式同步器损伤表现及检验方法。

5. 变速器换档困难的原因是什么？

6. 请说明宝来02T五速两轴式变速器各档位动力传递原理。

7. 为什么安装差速器？

第三章 汽车行驶系统

汽车要想动起来，必须有负责动的系统，这就是汽车的行驶系统。行驶系统作为汽车底盘的四大系统之一，接受传动系统传输的动力，是汽车能够动起来的最终保障。

精解目标

1）了解汽车行驶系统的作用及组成。

2）了解车轮总成的基本组成及作用。

3）掌握轮胎规格的表示方法。

4）掌握车轮定位参数。

5）掌握悬架的作用及组成。

6）掌握双向作用单筒式液压减振器的工作原理。

7）掌握轮胎压力监控系统的组成。

精解要点

1）轮胎的检查方法及车轮的拆装方法。

2）轮胎的磨损检查及换位。

3）车轮动平衡的检查及调整方法。

4）车轮总成的拆卸及安装。

5）常见独立悬架的结构及特点。

6）电磁式减振器的控制方式。

7）典型空气悬架控制。

第一节 行驶系统概述

一、行驶系统的作用

行驶系统的主要作用是将传动系统传来的转矩转化为汽车行驶的驱动力；将汽车构成一个整

体，支承汽车的总重量；承受并传递路面作用于车轮上的力和力矩；减小振动、缓和冲击，保证汽车平顺行驶；与转向系统配合，以正确控制汽车的行驶方向。

二、行驶系统的组成

汽车行驶系统的结构形式因车型及行驶条件不同，有轮式、履带式、车轮—履带式和水陆两用式等几种类型。其中，绝大多数汽车经常在比较坚实的道路上行驶，其行驶系统中直接与路面接触的部分是车轮。因此，称之为轮式行驶系统。

本书主要讲解轮式行驶系统，图 3-1 所示为普通轿车轮式行驶系统的组成和布置示意图。它由车架、车桥、车轮和轮胎及悬架四部分组成。前、后车轮分别安装在前后车桥上，车桥又通过前、后悬架与车架相连接，车架是整个汽车的装配基体。这样，行驶系统就形成一个整体，构成汽车的装配基础。

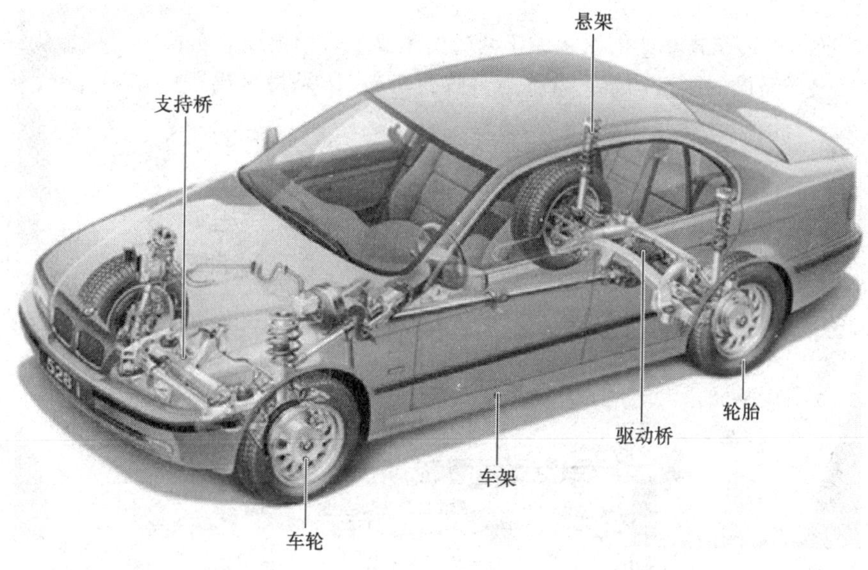

图 3-1　行驶系统的组成及布置示意图

第二节　车　架

一、车架的作用

就像人的身体由骨架来支持一样，汽车也必须有一副“骨架”，这就是车架。车架俗称“大梁”，它是汽车的装配基体，汽车绝大多数的零部件、总成都要安装在车架上。另外，车架不仅承受各零部件、总成的载荷，还要承受汽车行驶时来自路面各种复杂载荷的作用，如汽车加速、制动时的纵向力，汽车转弯、侧坡行驶时的侧向力，不良路面传来的冲击等。

所以，车架的作用可以概括为两点：一是支承、连接汽车各零部件、总成；二是承受车内、外各种载荷的作用。

从车架的作用可以看出，车架是一个形状复杂、强度和刚度要求较高的刚性结构。

二、设计要求

1）固定在车架上的各总成和零部件之间不应发生干涉。

2）车架应具有足够的强度和适当的扭转刚度。

3）质量尽可能小，其质量应小于整车装备质量的10%。

4）车架应尽可能地使整车重心降低及获得较大的前轮转向角，以保证汽车行驶的稳定性和转向的灵活性。

三、车架的类型

汽车上采用的车架有五种类型：边梁式车架、中梁式车架、综合式车架、无梁式车架和特殊材料一体成型式。目前，汽车上多采用边梁式车架和无梁式车架。

1. 边梁式车架

如图3-2所示，边梁式车架由两根位于两边的纵梁和若干根横梁组成，用铆接法或焊接法将纵梁与横梁连接成坚固的刚性构架，常称为“阵式车架”，是最早出现的车架类型(从全世界第一部汽车开始一直沿用至今)。

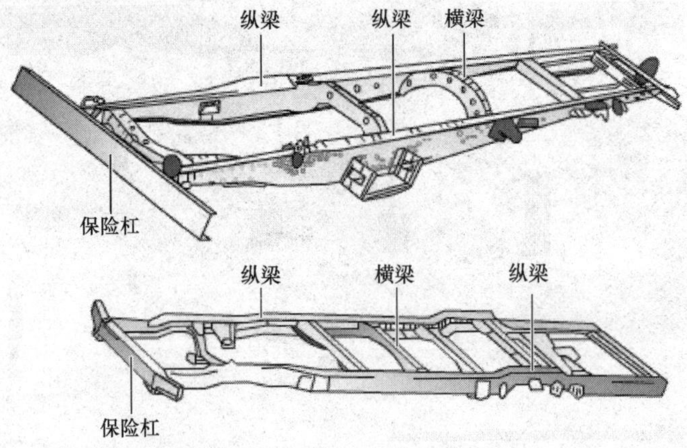

图3-2　边梁式车架

纵梁常用低碳合金钢板冲压而成，采用抗弯能力较强的槽形断面，也有的制成工字形或箱形断面。根据车型不同及总成结构布置的要求，纵梁可以制成在水平面内或纵向垂直平面内弯曲的形状。其横断面可以是等断面的，也可以是不等断面的。

横梁用来连接左、右两个纵梁，保证车架的扭转刚度和承受一定的纵向载荷，而且还可支承发动机、散热器等主要部件。因此，横梁的数量、结构形式、在纵梁上的布置应该满足汽车总体布置的需要和车架刚度、强度的要求。通常，载货汽车上采用五根以上的横梁。

由于边梁式车架承载能力和抗扭刚度强，结构简单，工艺要求较低，因而多用于大型载货汽车，中、大型客车，以及对车架刚度要求很高的车辆。

2. 中梁式车架

如图3-3所示，中梁式车架又称脊梁式车架，它由一根贯穿汽车纵向的中央纵梁和若干根横向悬伸托架构成。

传动轴由中梁内孔通过，主减速器壳通常固定在中梁尾端。中梁式车架的结构特点是中梁的断面可做成管形或箱形，中梁式车架有较大的扭转刚度并使车轮有较大的运动空间，便于采用独

立悬架，车架较轻，减小了整车质量，重心也较低，行驶稳定性好。但这种车架制造工艺复杂，精度要求高，总成安装比较困难，维修也不方便，故目前应用不多。

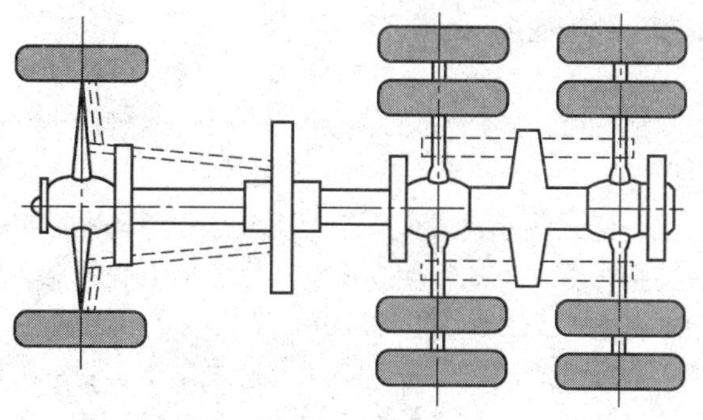

图 3-3　中梁式车架

3. 综合式车架

如图 3-4 所示，综合式车架是由边梁式和中梁式车架结合而成的。车架前段或后段近似边梁式结构，便于分别安装发动机或驱动桥。车架中部采用中梁式结构，传动轴从中梁中间穿过。这种结构制造工艺复杂，目前应用也不多。

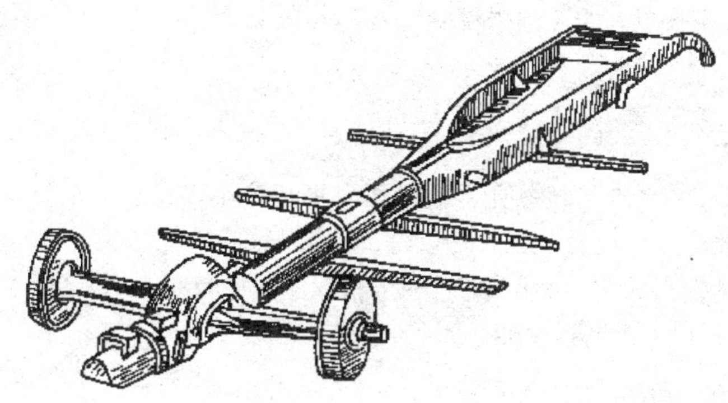

图 3-4　综合式车架

4. 无梁式车架

如图 3-5 所示，无梁式车架没有实体的车架，而以车身兼作车架来承受所有的载荷，因此又称为承载式车身。

图 3-5　无梁式车架

承载式车身是目前轿车的主流，因为这种结构将车架和车身合二为一，重量轻，可利用空间大，重心低，而且冲压成型的制造方式十分适合现代化的大批量生产。但是除了开发制造难度高外，刚度(尤其是抗扭刚度)不足也是承载式车身的一大缺陷。目前，主要采取的办法是优化车架的几何形状和采用局部增粗或补焊以加强抗扭能力。

另外针对边梁式车架地台高的弊病，近年还出现了采用承载式车身的大型客车，称为“无大梁车身”。由于取消了大梁，旅游大巴可以在车底腾出巨大且左右贯通的行李空间。用于市区的公共汽车则可以将地台降至与人行道等高以便于上下车。

承载式车身按其使用材料不同可分为全钢承载式车身、全铝合金承载式车身和碳纤维承载式车身三种类型。

全钢承载式车身由钢经冲压、焊接而成，对设计和生产工艺的要求都很高。成型的车架是个带有乘员舱、发动机舱和底板的骨架，我们所能看到的光滑的汽车车身则是嵌在骨架上的覆盖件。

全铝合金承载式车身最大优点是重量轻(相同刚度的情况下)，但是成本高，不宜大量生产，而且铝合金本身的特性决定了其承载能力受限制，暂时只有少数车厂运用在小型的量产跑车上，如路特斯 ELISE 和雷诺 SPIDER。

碳纤维承载式车身即一体成型式车架。制造方法是用碳纤维浇铸成一体化的底板、乘员舱和发动机舱结构，再装上机械零件和车身覆盖件。碳纤维车架的刚度极高，重量比其他任何车架都要轻，重心也可以造得很低。但是制造成本是它的致命伤。因此，目前都只用于不计成本的赛车和极少数量产车上。至今仅有的两部采用碳纤维车架的量产车是 1994 年的麦克拉伦 F1 和 1995 年的法拉利 F50。

☞ 四、车架变形的修理

车架弯曲、扭曲或歪斜变形超过允许值时，应进行校正。若变形不大，可用专用液压机具(车体校正机)进行整体冷压校正。变形严重时，可将车架拆散，对纵、横梁分别进行校正，然后重新铆合，必要时可采用中性氧化焰或木炭火将变形部位局部加热至暗红色进行热校正，加热温度不得超过 700℃，以免影响车架的性能。

☞ 五、车架常见的损伤及原因

1. 车架侧向弯曲

车架前部或后部的侧向弯曲通常是指车辆受到撞击使车架前后发生侧向变形的结果。在这种情况下，一侧的轴距比另一侧长，这种侧向弯曲会使汽车自行向轴距较短的一侧跑偏。

完全侧向弯曲发生在车辆受撞击时，撞击点在车辆一侧中点附近。因此，将导致车架略呈 V 形。

2. 车架向下弯曲

车架向下弯曲通常发生在车架前部或后部直接受到撞击所致。这种情况发生时，车架边梁的前部或后部相对于车架中心有向上拱起的变形。如果车辆一侧承受的冲击力比另一侧更大，左、右侧轴距的尺寸很可能会不相同。

前横梁可能在受撞击时向下弯曲。当这根梁下陷时，双横臂悬架系统的上摆臂彼此靠近，如果麦弗逊式前悬架发生下陷，它的滑柱顶部也会相互靠近。在这两种的任何一种前悬架中，下陷状态会使车轮顶部向内移而使外倾角变成负值。

3. 车架纵向弯曲

车架发生纵向弯曲时，发动机罩与前保险杠之间的距离小于规定值，或者后轮与后保险杠的距离小于规定值。即车架纵向弯曲是由于车架正前方或正后方受到撞击引起的。在许多车架纵向弯曲的情况下，车架的一侧或两侧的轴距变小，这种撞击可使车架侧面向外鼓起，尤其是承载式车身。

4. 车架菱形变形

车架菱形变形出现在车架撞击受损而不再保持相互垂直的时候。在这种情况下，车架的形状像一个四边形的框架。如果右后轮相对左后轮被撞向后方，后悬架会向右转，而这又使车辆向左转向。此时，汽车转向盘必须不断向右转才能抵消向左的转向侧向力。车架的菱形变形通常出现在边梁式车架的车辆上，而承载式车身的车辆很少有这种变形发生。

第三节　车　　桥

一、车桥的作用

车桥通过悬架与车架连接，两端安装和支承车轮。当汽车行驶时，车轮受到的滚动阻力、驱动力、制动力和侧向力及其弯矩和转矩均通过车桥传递给悬架和车架。同时，车架上的载荷也通过车桥传递给车轮。故车桥的作用是安装车轮，传递车架与车轮之间的各个方向的作用力及其产生的弯矩和转矩。

二、车桥的类型

1. 根据悬架结构的不同分类

根据悬架结构的不同，车桥分为整体式车桥和断开式车桥两种。整体式车桥的中部是刚性实心或空心壳，与非独立悬架配用；断开式车桥为活动关节式结构，与独立悬架配用。

2. 根据车桥的功用不同分类

根据车桥的功用不同，车桥分为转向桥、驱动桥、转向驱动桥和支持桥四种。

在后轮驱动的汽车中，前桥不仅用于承载，而且兼起转向作用，称为转向桥；后桥不仅用于承载，而且兼起驱动作用，称为驱动桥。

四驱汽车和前轮驱动汽车的前桥，除了承载和转向作用外，还兼起驱动作用，所以，称为转向驱动桥。

只起支承作用的车桥称为支持桥。挂车的车桥就是支持桥。支持桥除不能转向外，其他功能和结构与转向桥相同。

三、转向桥

1. 转向桥的作用及组成

安装转向轮的车桥叫转向桥，转向桥通常位于汽车前部，能使装在其两端的车轮偏转一定的角度，以实现汽车转向。同时，还要承受车架与车轮之间的作用力及其产生的弯矩和转矩。如图3-6所示，转向桥主要由前轴、转向节、主销和轮毂四部分组成。

2. 零部件介绍

下面介绍一下与非独立悬架匹配的转向桥的零部件。

1）前轴是转向桥的主体，一般由中碳钢经模锻而成。其端面采用工字形断面以提高抗弯强度。接近两端逐渐过渡为方形，以提高抗扭刚度。中部加工出两处用以支承钢板弹簧的弹簧座，其上钻有四个安装U形螺栓的通孔和两个位于中心的钢板弹簧定位凹坑。中部向下弯曲，使发动机位置得以降低，从而降低汽车重心，扩展驾驶人视野。前轴两端各有一个加粗部分，呈拳形，称为拳部，其中有通孔，主销插入此孔内可将前轴与转向节铰接。

2）转向节是用中碳钢锻造而成的叉形部件，转向节与前轴通过主销采用铰接连接方式，形似羊角，故称为“羊角”。上、下两叉制有同轴销孔，通过主销与前轴的拳部相连，使前轮可以绕主销偏转一定角度而使汽车转向。为了减小磨损，转向节销孔内压入青铜衬套，衬套上的润滑油槽在上面端部是切通的，用装在转向节上的油嘴注入润滑脂润滑。

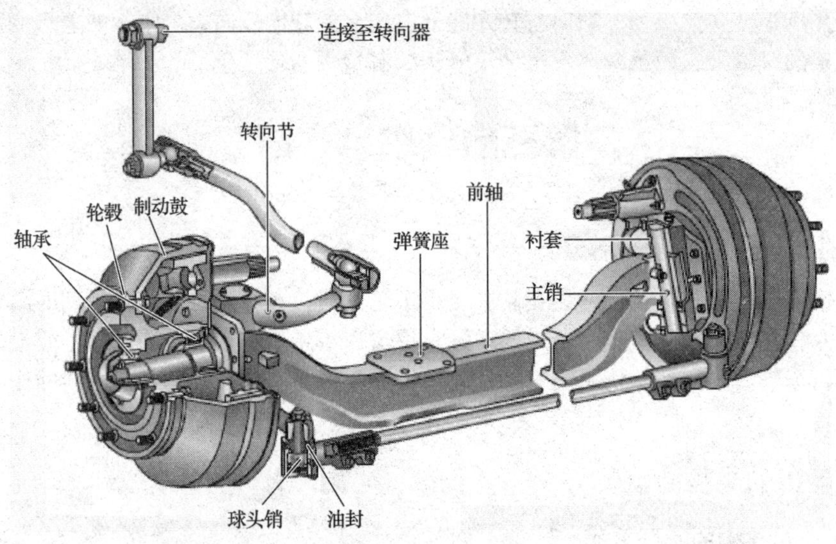

图 3-6 转向桥结构

3）主销的作用是铰接前轴与转向节，使转向节绕着主销摆动以实现车轮转向。常见的主销形式有实心圆柱形、空心圆柱形、圆锥形和阶梯形四种，主销中部一般都切有凹槽，通过带螺纹的楔形销将主销固定在前轴拳部孔内，使之不能转动。

4）轮毂用于连接制动鼓和半轴凸缘，它通过内外两个圆锥滚子轴承装在转向节轴颈上。轴承的松紧度可通过调整螺母加以调整，调整后用锁紧垫圈锁紧。在轮毂外端装有端盖，以防止泥水和尘土浸入；内侧装有油封、挡油盘，以防止润滑油进入制动器。

四、转向驱动桥

1. 什么是转向驱动桥

如图 3-7 所示，在许多轿车和全轮驱动的汽车上，前桥除作为转向桥外，还兼起驱动桥的作用，故称为转向驱动桥。

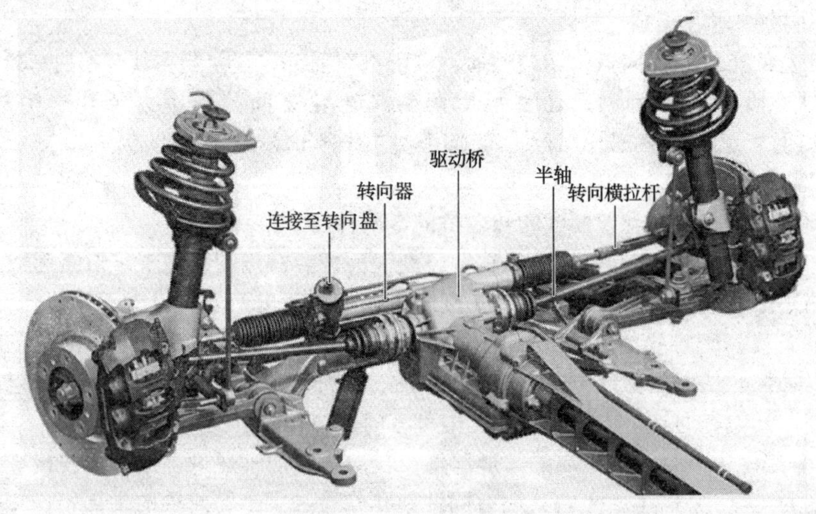

图 3-7 转向驱动桥

2. 结构特点

1）转向驱动桥具有一般驱动桥的主减速器、差速器和半轴，也具有一般转向桥所具有的转向节、主销和轮毂。

2）转向驱动桥为活动关节式结构，与独立悬架配合使用。

3）由于需要转向，半轴被分为两段(内半轴和外半轴)，其间用等速万向节连接。

4）结构简单，行驶平稳，转弯半径小，便于进行维修。

五、转向车轮定位

1. 什么是转向车轮定位

一般人认为汽车的四个车轮是垂直于地面的，实际上要想保证汽车在行驶中安全和舒适，必须要考虑许多因素来确定车轮与地面的角度，也就是车轮定位。

所谓车轮定位就是指车轮、转向节和车桥与车架的安装应保持一定的相对位置。车轮定位参数有：主销后倾、主锁内倾、前轮外倾和前轮前束四个参数。通常车轮定位主要是指前轮(转向车轮)定位，现在也有许多车辆除前轮定位外还需对后轮定位，即四轮定位。

对于两端装有主销的转向桥，汽车转向时，转向车轮会围绕主销轴线偏转，如图3-8a所示。但在大多数断开式转向桥中没有主销，采用上、下球头销代替主销，上、下球头销球头中心的连线相当于主销轴线，如图3-8b所示。由此可见，主销可以理解为在转向时，转向车轮所围绕转动的一条轴线。

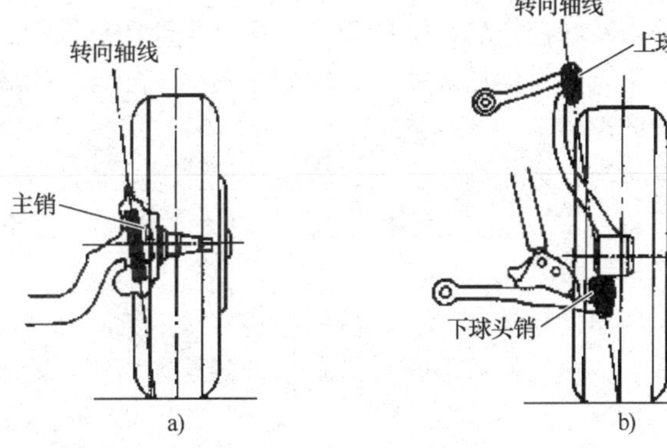

图3-8　主销的不同形式

2. 作用

1）自动回正。当转向轮在偶遇外力作用或转向后发生偏转时，在外力消失后，应能立即自动回到直线行驶的位置。

2）使轮胎磨损均匀。使车轮轮胎尽量与地面接触，并尽量保证车轮轮胎与地面发生纯滚动，这样使轮胎磨损均匀。

3）减轻轮毂外轴承的负荷。

4）转向轻便。提高汽车安全性、经济性，降低驾驶人的疲劳强度。

3. 主销后倾

主销安装在前轴上，其上端略向后倾斜，这种结构形式称为主销后倾。在纵向垂直平面内，主销轴线与垂线之间的夹角γ叫主销后倾角，如图3-9所示。

主销后倾的作用是形成回正力矩，保证汽车直线行驶的稳定性，并使汽车转向后回正操纵轻便。

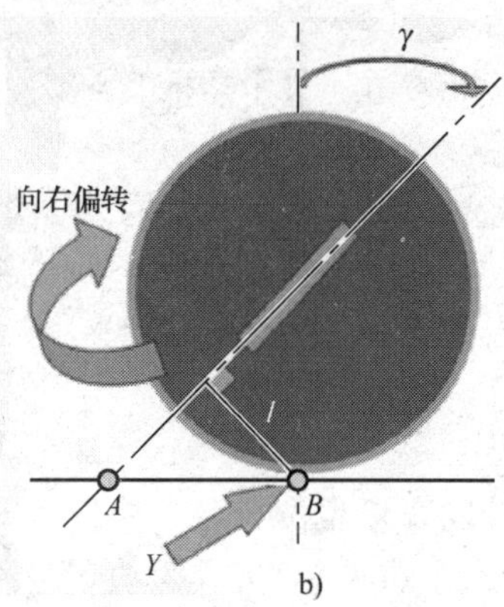

图 3-9　主销后倾

主销后倾，使主销轴线的延长线与地面的交点 A 位于车轮与路面的接触点 B 之前，A、B 两点之间的距离称为主销后倾移距。设 B 点到主销轴线延长线之间的距离为 l。汽车直线行驶时，若转向轮偶然受到外力作用而偏转(图 3-9b 所示为向右偏转)，汽车将偏离行驶方向而右转弯。由于汽车本身离心力的作用，在轮胎与路面接触点 B 处将产生一个路面对车轮的侧向反作用力 Y，由于反作用力 Y 没有通过主销轴线，因而形成了一个使车轮绕主销轴线旋转的力矩 $D(D=Y\times l)$，其方向正好与车轮偏转方向相反。在此力矩作用下，将使车轮回复到原来中间的位置，从而保证了汽车直线行驶的稳定性，故此力矩称为回正稳定力矩。同理，在汽车转向后的回正过程中，此力矩具有帮助驾驶人使转向车轮回正的作用，使汽车转向后回正操纵轻便。

我们都熟悉的自行车前叉梁也是向后倾斜的，它就是自行车的“主销后倾”。我们可以松开自行车把骑车的原理就在于此。

主销后倾角越大、车速越高，回正力矩越大，转向轮偏转后自动回正的能力也越强。但主销后倾角也不宜过大，一般不超过 2°～3°，否则，在转向时为了克服此力矩，驾驶人需在转向盘上施加较大的力，使转向变得沉重。

此外，有些汽车由于采用超低压轮胎，弹性增加，转向时因轮胎弹性变形而使轮胎与路面的接触点后移，使回正力矩增加，故主销后倾角可以减小，甚至为负值(即主销前倾)。

4. 主销内倾

主销安装在前轴上，其上端略向内侧倾斜，这种结构形式称为主销内倾。在横向垂直平面内，主销轴线与垂线之间的夹角 β 称为主销内倾角。

主销内倾的作用是使转向轮转向后能自动回正，并使转向操纵轻便。

主销内倾具有使转向轮转向操纵轻便的作用，如图 3-10a 所示。由于主销内倾，使主销轴线的延长线与地面的交点至车轮中心平面与地面交点之间的距离 c 缩短(在有些维修资料中将此距离称为偏置或磨胎半径)。转向时，路面作用在转向轮上的阻力对主销轴线产生的力矩减小，从而可减小转向时驾驶人施加在转向盘上的力，使转向操纵轻便。同时，还可以减小因路面不平而从转向轮传到转向盘上的冲击力。

主销内倾具有使转向轮自动回正的作用，如图 3-10b 所示。当转向轮在外力作用下绕主销旋转(为了解释方便，假设旋转 180°，即由图 b 中左边位置转到右边位置)而偏离中间位置时，由于主销内倾，车轮的最低点将陷入路面以下 h 处，即车轮必须将路面压低距离 h 后才能旋转过来，但实际上路面不可能被压低，车轮下边缘不可能陷入路面之下，而是车轮连同整个汽车前部被向上抬起相应高度。一旦外力消失，转向轮就会在汽车前部重力作用下力图自动回正到旋转前的中间位置。主销内倾角越大、转向轮偏转角越大，汽车前部就抬起得越高，转向轮自动回正的作用就越大。

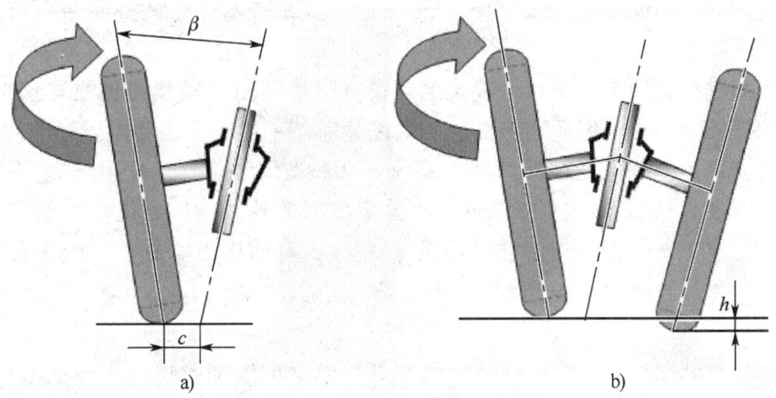

图 3-10　主销内倾

主销内倾角既不宜过大，也不宜太小。主销内倾角过大（偏置 c 减小），转向时，车轮在滚动的同时将与路面产生较大的滑动，增加轮胎与路面的摩擦阻力，这不仅使转向沉重，而且加速了轮胎的磨损，故主销内倾角一般为 5°～8°，偏置一般为 40～60mm；主销内倾角过小（偏置 c 增大），汽车行驶的稳定性和制动的稳定性将变差。在一些发动机前置前轮驱动的轿车上，为了使汽车具有良好的行驶稳定性，特别是制动稳定性，其主销内倾角均较大。

要注意，主销后倾和主销内倾都具有使转向轮自动回正及转向操纵轻便的作用，但其区别在于：主销后倾的回正作用与车速有关，而主销内倾的回正作用与车重有关。

5. 前轮外倾

当汽车升起时，从汽车前方看前轮，轮胎并非垂直于路面，而是稍微倾斜，这种现象称为前轮外倾。在横向垂直平面内，前轮中心线与垂线之间的夹角 α 称为前轮外倾角，如图 3-11 所示。轮胎呈现“八”字形张开时称为负外倾，而呈现 V 形张开时称为正外倾。

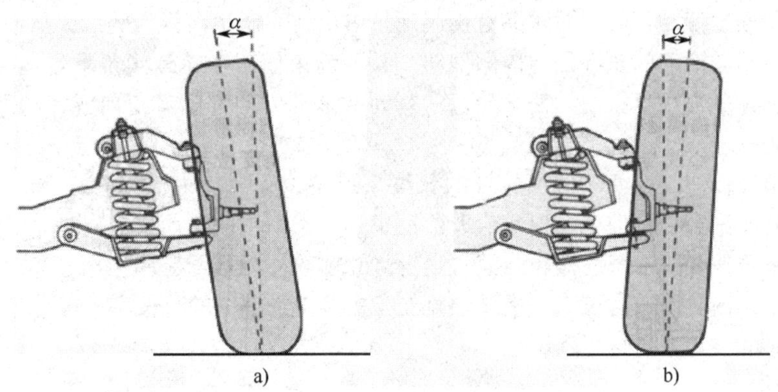

图 3-11　前轮外倾

a）前轮负外倾　b）前轮正外倾

前轮外倾的作用是提高车轮工作的安全性和转向操纵的轻便性。

如果空车时车轮的安装正好垂直于路面，则满载时车桥将因承载变形而可能出现车轮内倾，这样将加速轮胎的偏磨损。另外，路面对车轮的垂直反作用力沿轮毂的轴向分力将使轮毂压向轮毂外端的小轴承，加重了外端小轴承及轮毂紧固螺母的负荷，降低它们的使用寿命，严重时会损坏外端的紧固螺母而使车轮外脱，造成交通事故。因此，为了使轮胎磨损均匀和减轻轮毂外轴承的负荷，安装车轮时预先使其有一定的外倾角，以防止车轮内倾。车轮外倾与主销内倾相配合可进一步缩短距离 c（图 3-10a），使汽车转向轻便。此外，车轮有一定的外倾角也可以与拱形路面相适应。

前轮的外倾角是在转向节的设计中确定的。设计时使转向节轴颈的轴线与水平面成一角度，该角度即为前轮外倾角。在使用普通斜交轮胎的鼎盛时期，由于使轮胎倾斜触地便于转向盘的操作，所以外倾角设计得比较大。随着汽车上扁平子午线轮胎的普及，并由于子午线轮胎的特性（轮胎花纹刚性大,胎体比较软,外胎面宽），若设定较大的外倾角，会使轮胎偏磨，缩短轮胎的使用寿命。现在的汽车一般都将外倾角设定为 1°左右，有的接近垂直，有的为负值，这样在汽车转向时可避免车身过分倾斜。

6. 前轮前束

俯视两前轮会看到两前轮的中心线不平行，其前端略向内侧收束，这种现象称为前轮前束。两前轮后端距离 A 大于前端距离 B，其差值 $A-B$ 称为前轮前束值，如图 3-12 所示。

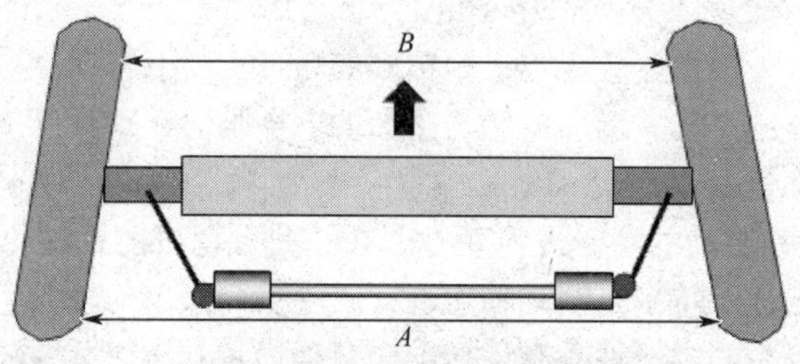

图 3-12　前轮前束

前轮前束的作用是消除因前轮外倾使汽车行驶时车轮向外张开的趋势，减少轮胎磨损和燃油消耗。

由于前轮外倾，在汽车行驶时，两个车轮的滚动类似于两个锥体的滚动，其轨迹不再是直线，而是逐渐向各自的外侧滚开。但因受车桥和转向横拉杆的约束，两侧车轮不可能向外滚开。这样，车轮在路面上滚动行驶的同时又被强制地拉向内侧，产生向内的侧滑，从而加剧轮胎的磨损。有了前束，车轮滚动的轨迹是向内侧偏斜，只要前束值与车轮外倾角配合适当，车轮向内、外侧滚动的偏斜量就会相互抵消，使车轮每一瞬间的滚动方向都朝着正前方，从而消除了侧滑，减轻了轮胎的磨损。

前轮前束值可以通过改变转向横拉杆的长度来调整，一般前束值为 0 ~ 12mm。有的汽车为与负前轮外倾角相配合，其前束也取负值即负前束，如桑塔纳轿车前束为 −3 ~ −1mm。

要注意：采用非独立悬架的车轮，其主销内倾和前轮外倾均不可调，部分车型的主销后倾可调，而所有车型的前轮前束均可调；采用独立悬架的车轮，其前轮外倾和前轮前束均可调，部分车型的主销后倾和主销内倾也可调。

7. 后轮定位

随着道路条件的改善，现代轿车的行驶速度越来越高，现在有许多高级轿车都设置了四轮定位，即不仅要求前轮定位，还需要后轮定位。其原因是对前轮驱动汽车和独立后悬架汽车，如果后轮定位不当，即使前轮定位良好，仍然会有不良的操纵性和轮胎早期磨损。为了防止高速行驶时汽车出现的“激转”及自动转向现象，在结构设计上应确保汽车具有不足转向特性。汽车后轮具有一定程度的外倾角和前束可使后轮获得合适的侧偏角，提高高速行驶的操纵稳定性。

（1）后轮外倾角　像前轮外倾角一样，后轮外倾角也对轮胎磨损和操纵性有影响。理想状态是四个车轮的运动外倾角均为零，这样轮胎和路面接触良好，从而得到最佳的牵引性能和操纵性能。

车轮外倾角不是静态的，它随悬架的上下移动而变化。车辆加载后悬架下沉就会引起车轮外倾角改变。

为了对载荷进行补偿，采用独立后悬架的大多数车辆常有一个较小的后轮正外倾角。以保护外轴承和外端锁紧螺母，避免后轮飞脱的危险及轮胎磨损。

（2）后轮前束 如同前轮前束一样，后轮前束也是后轮定位的一个重要项目。如果前束不当，后轮轮胎也会被擦伤，另外，还会引起转向不稳定及降低制动性能。而设置后轮前束，就是为了避免上述原因及后轮外倾所带来的不良后果。

（3）驱动力作用线 两后轮前端连线的中点与两后轮后端连线的中点，两中点的连线称为驱动力作用线。正常情况下，驱动力作用线将垂直于后轴并与车辆纵轴线重合。但如果一个后轮前端偏里或偏外，或者一个车轮相对于另一个略为后缩，驱动力作用线就要偏离车辆纵轴线，从而产生了一个驱动力偏离角并使车辆朝与偏离角相反方向偏行。例如，驱动力作用线偏右时，汽车向左侧跑偏。

驱动力偏离角的出现使得车辆在冰、雪或湿路面上的方向稳定性变差。在车辆制动或急剧加速时它有时会使车辆跑偏。用于转向控制的前轮要克服后轮的这种作用，所以，驱动力偏离角还使轮胎磨损加剧。

只有消除驱动力偏离角才能解决上述问题。通过重新设置后轮前束，可使驱动力作用线回中。其后轮前束调整可根据厂家提供的调整方法进行。

8. 如何察觉定位角度的异常

约有60%是因为直行性不良，转向盘角度偏一边；其次是因为转向盘抖动，还有就是行驶一段时间后发现轮胎磨损不均匀。

9. 四轮定位多久做一次

一般新车在驾驶3个月后就应做四轮定位，以后根据底盘使用情况最少应每半年检查一次。更换轮胎或减振器及发生碰撞后都应及时做四轮定位。

六、车桥的故障诊断与排除

以转向桥为主进行介绍。

1. 转向沉重

（1）故障现象 汽车转向时，转动转向盘感到沉重费力且无回正感。

（2）故障原因

1）转向节臂变形。

2）转向节推力轴承缺油或损坏。

3）转向节主销与衬套间隙过小或缺油。

4）轮胎气压不足。

5）前轴或车架变形引起前轮定位失准。

（3）故障诊断与排除 诊断时用举升机举起汽车，用手转动转向盘，若感到转向很容易，不再有转动困难的感觉，这说明故障部位在转向桥与车轮。因为举起汽车后，转向时已不存在车轮与路面的摩擦阻力，而只是取决于转向器等的工作状况。此时，应仔细检查前轮胎气压是否过低，前轴有无变形，同时也要考虑检查车架有无变形。必要时，检查车轮定位角度是否正确。

2. 低速摆头

（1）故障现象　汽车低速直线行驶时前轮摇摆，感到方向不稳。转弯时大幅度转动转向盘，才能控制汽车的行驶方向。

（2）故障原因

1）转向节臂装置松动。

2）转向节主销与衬套磨损松旷。

3）轮毂轴承间隙过大。

4）前束过大。

5）轮毂螺栓松动或数量不全。

（3）故障诊断与排除　前轮低速摆头和转向盘自由行程大，一般是各部分间隙过大或有连接松动现象。诊断时应采用分段区分的方法进行检查。可举起汽车，并用手沿转向节轴轴向推拉前轮，凭感觉判断是否松旷。若松旷，说明转向节主销与衬套的配合间隙过大或前轴主销孔与主销配合间隙过大。若此处不松旷，说明前轮毂轴承松旷，应重新调整轴承的预紧度。若非上述原因，应检查前轮定位是否正确，检查前轴是否变形。如果前轮轮胎异常磨损，则应检查前束是否正确。

3. 高速摆振

（1）故障现象

1）随着车速的提高，摆振逐渐增大。

2）在某一较高车速范围内出现摆振，出现行驶不稳，甚至还会造成转向盘抖动。

（2）故障原因

1）轮毂轴承松旷，使车轮歪斜，在运行时摇摆。

2）轮盘不正或制动鼓磨损过度失圆，歪斜失正。

3）使用翻新轮胎。

4）转向节主销或推力轴承磨损松旷。

5）横、直拉杆弯曲。

6）前轮定位值调整不当。前束失调，两前轮主销后倾角或内倾角不一致等，汽车向前行驶时，前轮摇摆晃动。

7）车轮动不平衡。

8）转向节弯曲。

9）前钢板弹簧刚度不一致。

（3）故障诊断与排除

1）在进行高速摆振故障的诊断时，应先检查转向桥、转向器以及转向传动机构连接是否松动，悬架弹簧是否固定可靠。

2）支起驱动桥，用楔块固定非驱动轮，起动发动机并逐步换入高速档，使驱动轮达到产生摆振的转速。若这时转向盘出现抖动，说明是传动轴不平衡引起的，应拆下传动轴进行检查。若此时不出现明显抖动，则说明摆振原因在汽车转向桥部分。

3）怀疑摆振的原因在转向桥部分时，应架起转向桥试转车轮，检查车轮是否晃动，以及车轮钢圈是否偏摆过大。

4）检查车架是否变形，铆钉有无松动以及前轴是否变形。另外，还需检查前钢板弹簧的刚度。

5）检查前轮定位是否正确。

6）检查高速摆振的故障，有时还需借助一定的测试仪具。当缺少必要的测试仪具时，也可以采用替换法。例如，在怀疑某车轮有动不平衡时，可以另换一车轮试验，或者将可能引起的高速摆振的车轮拆装到不发生摆振的车辆上进行对比试验。

4. 行驶跑偏

（1）故障现象　汽车在直线行驶时必须紧握转向盘，方能保持直线行驶。若稍放松转向盘，汽车会自动偏向一边行驶。

（2）故障原因

1）前轮定位值不正确，前束调整不当，过大或过小。

2）左、右前轮主销后倾角或车轮外倾角不相等。

3）制动鼓与制动蹄摩擦片间隙调整不均匀，一边过紧，一边过松。

4）钢板弹簧一边折断，造成两边弹力不等。

5）转向节或转向节臂弯曲变形。

6）前轴或车架弯曲或扭转。

7）左、右两边轮胎气压不相等。

8）前轮毂轴承调整不当，左、右轮毂轴承松紧度不一致。

（3）故障诊断与排除

1）检查左、右前轮轮胎气压是否一致。如果是在换上新轮胎后出现跑偏现象，则应检查左、右轮胎规格以及轮胎花纹是否一致。

2）用手触摸一下跑偏一侧的制动鼓和轮毂轴承部位是否发热。若发热，说明制动拖滞或是车轮轮毂轴承调整过紧，造成一边紧一边松的现象。

3）测量左、右轴距是否相等。

4）检查前钢板弹簧有无折断，前轴是否变形。

5）若以上均属正常，应对前轮定位进行检查调整。

第四节　车轮和轮胎

汽车车轮总成如图3-13所示，由车轮和轮胎两大部分组成，是汽车行驶系统的重要部件。

其主要作用是：

1）支承整车重量。

2）缓和由路面传来的冲击载荷。

3）通过轮胎和路面之间的附着作用来产生驱动力和制动力。

4）保证汽车正常转向行驶的同时，通过轮胎产生自动回正力矩，使汽车保持稳定的直线行驶方向。

此外，车轮和轮胎还是汽车重要的安全部件，几乎所有的汽车行驶性能都与轮胎有关。

一、车轮的作用及组成

1. 作用

车轮是介于轮胎和车桥之间承受负荷的旋转部件，其作用是安装轮胎，连接车桥并承受轮胎与车桥之间的各种载荷。

2. 组成

如图3-14所示，车轮一般由轮毂、轮辋和轮辐组成。

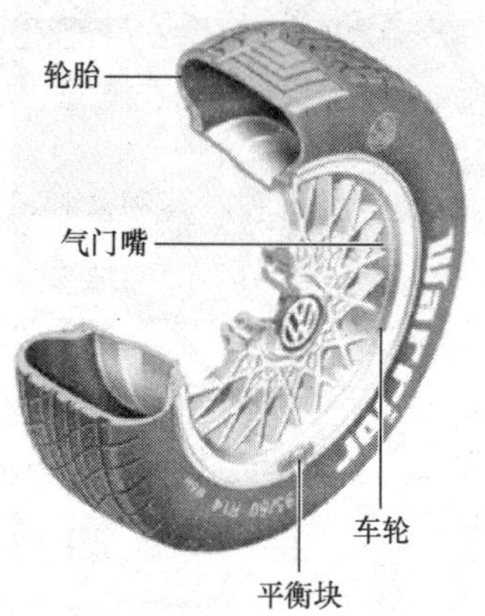

图 3-13　车轮总成

图 3-14　车轮

轮毂通过螺栓将车轮固定在车桥上；轮辋用于安装和固定轮胎；轮辐用于将轮毂和轮辋连接起来。

二、车轮的类型及结构

1. 轮辐

按轮辐结构的不同，车轮可以分为辐板式车轮和辐条式车轮两种。

（1）辐板式车轮　车轮中用以连接轮毂和轮辋的钢质圆盘称为辐板，大多是冲压制成的。目前，普通轿车和货车普遍采用辐板式车轮，这种车轮如图 3-15 所示。

货车的辐板与轮辋通过焊接或铆接的方式固定成为一个整体。货车后桥负荷比前桥大得多，为使后轮轮胎不致过载，后桥一般装用双式车轮，在同一轮毂上安装了两套辐板和轮辋。为了防止汽车在行驶中固定轮毂的螺母自行松脱，汽车两侧车轮上的轮毂固定螺栓一般采用旋向不同的螺纹，左侧用左旋螺纹，右侧用右旋螺纹。目前，在一些载货汽车上（如黄河 JNl150D 型汽车），采用了球面弹簧垫圈，可以防止螺母的自行松脱，故汽车左、右车轮上固定轮毂的螺栓均可用右旋螺纹。

轿车的辐板所用板料较薄，常冲压成起伏多变的形状，以提高其刚度。

（2）辐条式车轮　按辐条结构的不同，辐条式车轮又分为钢丝辐条式车轮和铸造辐条式车轮，如图 3-16 所示。钢丝辐条式车轮的结构与自行车车轮完全一样，由于其价格昂贵、维修安装不便，

图 3-15　轿车辐板式车轮

图 3-16　轿车铸造辐条式车轮

故仅用于赛车和某些高级轿车上。另外，钢丝辐条式车轮还不能与无内胎轮胎组合使用。因此，现代轿车广泛采用铝合金辐条式车轮，即辐条与轮毂铸成一体，其质量小，尺寸精度高，生产工艺好，美观大方，可以明显改善车轮的空气动力学特性，降低汽车油耗。

2. 轮辋

轮辋也称为钢圈，用于安装和固定轮胎。按其轮廓结构不同，轮辋的常见形式有深槽式轮辋、平底式轮辋和对开式轮辋，如图 3-17 所示。此外，还有半深槽轮辋、深槽宽轮辋、平底宽轮辋、全斜底轮辋等。

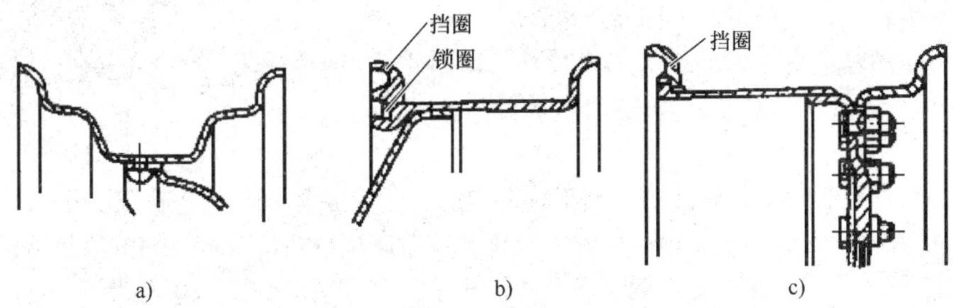

图 3-17　轮辋的形式

a）深槽式轮辋　b）平底式轮辋　c）对开式轮辋

深槽式轮辋如图 3-17a 所示，这种轮辋主要用于轿车及轻型越野车，适宜安装尺寸小弹性较大的轮胎。因为尺寸较大、较硬的轮胎很难装进这样的整体轮辋内。深槽式轮辋有带肩的凸缘，用以安放轮胎的胎圈，其肩部通常略向中间倾斜，倾斜部分的最大直径即称为轮胎胎圈与轮辋的着合直径。为便于轮胎的拆装，断面的中部制成深凹槽。深槽式轮辋的结构简单，刚度大，质量较小。

平底式轮辋如图 3-17b 所示，多用于货车。其挡圈是整体的，且用一个开口锁圈来防止挡圈脱出。在安装轮胎时，先将轮胎套在轮辋上，而后套上挡圈，并将它向内推，直至越过轮辋上的环形槽，再将开口的弹性锁圈嵌入环形槽中。东风 EQl090E 和解放 CAl091 型汽车均采用这种形式的轮辋。

对开式轮辋如图 3-17c 所示，这种轮辋由内外两部分组成，其内外轮辋的宽度可以相等，也可以不相等，二者用螺栓连成一体。拆装轮胎时拆卸螺栓上的螺母即可。图中所示挡圈是可拆的。有的无挡圈，而由与内轮辋制成一体的轮缘代替挡圈的作用，内轮辋与辐板焊接在一起。这种轮辋主要用于载重量较大的重型货车和大型客车。

近几年来，为了适应提高轮胎负荷能力的需要，国内外均朝宽轮辋的方向发展，如美国的货车已全部采用宽轮辋，欧洲各国也在积极普及宽轮辋，我国也在进行由窄轮辋向宽轮辋的过渡。实验表明，采用宽轮辋可以提高轮胎的使用寿命，并可改善汽车的通过性和行驶稳定性。

3. 轮毂

轮毂通过螺栓将车轮总成安装在车桥上，其中，有一个螺栓是防盗螺栓，必须用随车防盗扳手才能拆下，以防止车轮总成被盗走。

☞ 三、车轮的拆装

1. 车轮总成的拆卸

1）停稳车辆，拉起驻车制动手柄，必要时用三角木掩住各车轮。

2）取下车轮上的装饰罩，弄清汽车左、右侧车轮轮毂紧固螺母的旋转方向，使用随车防盗扳手和轮胎扳手初步拧松各紧固螺母，如图3-18所示。

3）用千斤顶顶在指定的位置，使被拆车轮稍离地面。也可将车辆停在举升机上，升起车辆，使车轮稍离开地面。

4）拧下车轮轮毂全部螺母，取下垫圈，并摆放整齐。

5）边向外拉边左右晃动车轮，从车桥上取下车轮总成。

2. 车轮总成的安装

1）升起车辆，套上车轮，将螺母初步拧上。

2）放下车辆并在车轮前后用三角木掩住，按对角线顺序分2～3次拧紧紧固螺母，最后一次要按规定力矩拧紧。

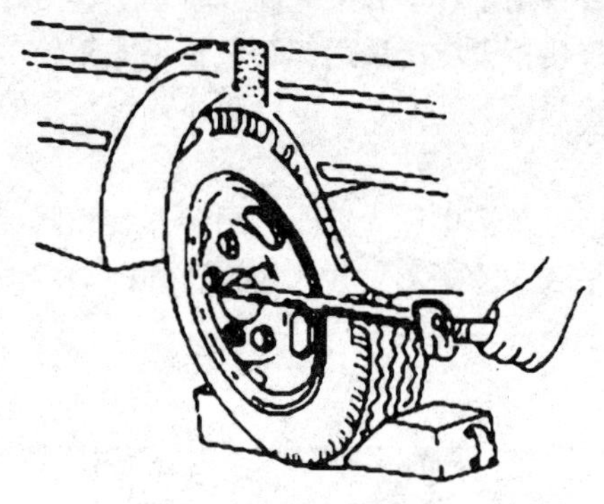

图3-18　车轮总成的拆卸

3）安装后轮双胎时，要先拧紧内侧车轮的内螺母，再装外侧车轮。在安装过程中，应用千斤顶分两次顶起车桥，分别安装内、外两个车轮。双轮胎高低搭配要合适，一般较低的胎装于里侧，较高的胎装于外侧。应注意内侧轮胎和外侧轮胎的气门嘴应互成180°位置。

☞ 四、轮胎的作用及类型

轮胎是一种高科技的复合型产品，从宏观上来说，轮胎原料是由橡胶、帘布层、化学添加物和钢丝组成的；从微观上来说，轮胎原料是由14%的天然橡胶、27%的人造聚合物、28%的炭黑、10%的石油、4%的其他石油产品、4%的纤维、10%的钢丝、3%的其他成分组成的(均为质量分数)。

轮胎也是一种文化，它蕴含着人类的聪颖与智慧；轮胎更是一种安全，它关系着汽车时代每个人的生命安全，是必须谨慎对待的消费品。但归根结底轮胎是为汽车服务的，是汽车上最重要的组成部件之一。

1. 作用

轮胎安装在轮辋上，直接与路面接触，它的作用是：

1）支承汽车的质量，承受路面传来的各种载荷。

2）和汽车悬架共同来缓和汽车行驶中所受到的冲击，并衰减由此而产生的振动，以保证汽车有良好的乘坐舒适性和行驶平顺性。

3）保证车轮和路面有良好的附着性，以提高汽车的动力性、制动性和通过性。

概括起来，轮胎的作用可以简记为支承、缓冲、减振和提高附着性。

2. 类型

1）按轮胎内空气压力的大小，轮胎分为高压胎(0.5～0.7MPa)、低压胎(0.2～0.5MPa)和超低压胎(0.2MPa以下)三种。低压胎弹性好，减振性能强，壁薄散热性好，与路面接触面积大、附着性好，因而广泛用于轿车。超低压胎在松软路面上具有良好的通过能力，多用于越野汽车及部分高级轿车。

2）按轮胎有无内胎，轮胎分为有内胎轮胎和无内胎轮胎(俗称真空胎)两种。目前，轿车上普遍采用无内胎轮胎。

3）按轮胎帘布层帘线排列方式的不同，轮胎分为斜交轮胎和子午线轮胎。

4）按胎面花纹的不同，轮胎分为普通花纹轮胎、越野花纹轮胎和混合花纹轮胎。

目前轿车上应用的轮胎主要是低压(或超低压)、无内胎的子午线轮胎。

五、轮胎的结构

1. 有内胎轮胎

如图 3-19 所示，有内胎轮胎由外胎、内胎和垫带等组成，使用时安装在汽车车轮的轮辋上。

内胎是一个环形的橡胶管，上面装有气门嘴，以便充入或排出空气，为使内胎在充气状态下不产生褶皱，其尺寸应稍小于外胎的内壁尺寸。内胎具有良好的弹性、耐热性和密封性。

垫带是一个环形的橡胶带，它垫在内胎与轮辋之间，以保护内胎不被轮辋和胎圈磨伤，并防止尘土及水浸入胎内。

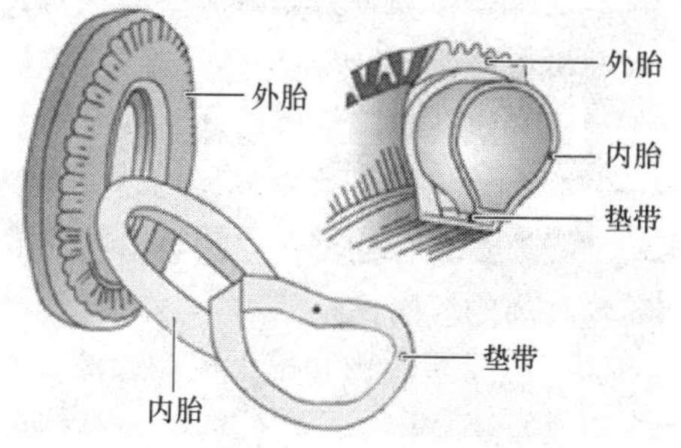

图 3-19　有内胎轮胎结构

2. 无内胎轮胎

无内胎轮胎俗称真空胎，在外观上与有内胎轮胎相似，但是没有内胎及垫带。它的气门嘴用橡胶垫圈和螺母直接固定在轮辋上，空气直接充入轮胎中，其密封性由胎圈和轮辋来保证。

如图 3-20 所示，无内胎轮胎由胎面、胎肩、胎侧、胎圈、气密层、帘布层和缓冲层组成。

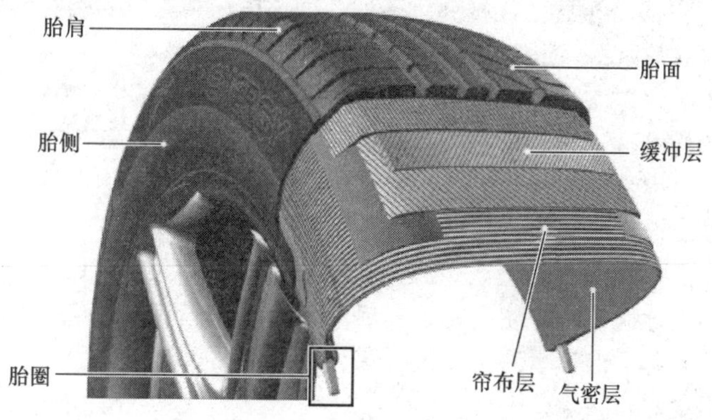

图 3-20　无内胎轮胎结构

（1）胎面　胎面与路面直接接触，直接承受冲击与磨损，并产生附着力，使车辆行驶和制动。为使轮胎与地面有良好的附着性能，防止纵、横向滑移，在胎面上制有各种形状的花纹。如图 3-21 所示，主要有普通花纹、横向花纹越野花纹、混合花纹等。普通花纹中的纵向折线花纹沟槽细而浅，花纹块的接地面积较大，因而耐磨性和附着性较好，最适合于在较好的硬路面上高速行驶，广泛用于轿车、客车及货车等各种车辆；横向花纹仅用于货车；越野花纹沟槽宽而深，花纹块接地面积较小，保证了轮胎与大片接地面积的“咬合”，防滑性能好，适用于矿山、建筑

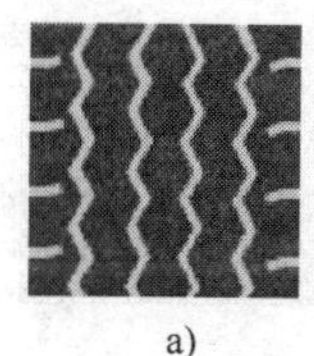
a）

b）

c）

d）

图 3-21　胎面花纹形状

a）普通花纹　b）横向花纹　c）越野花纹　d）混合花纹

工地及其他一些在松软路面上使用的越野汽车轮胎；混合花纹由纵向折线花纹和横向花纹组合而成，在好路面和不良路面上都可提供稳定的驾驶性能，广泛用于客车和货车。

(2) 胎肩　胎肩是较厚的胎面和较薄的胎侧间的过渡部分，一般也制有各种花纹，以提高该部位的防滑和散热性能。

(3) 胎侧　胎侧又称胎壁，它由数层橡胶构成，贴在帘布层侧壁，用以保护帘布层，避免受潮湿和机械损伤。胎侧在行驶过程中，不断地在载荷作用下挠曲变形。胎侧上标有厂家名称、轮胎尺寸及其他资料等重要信息。

(4) 胎圈　胎圈由钢丝圈、帘布层包边和胎圈包布组成。它有很大的刚度和强度，可以使轮胎牢固地安装在轮辋上，并对轮胎形成密封。在胎圈外侧也有一层橡胶密封层，用以加强胎圈与轮辋之间的气密性。

(5) 气密层　由几乎无法渗透的丁基合成橡胶制成，一般厚度为2～3mm。在现代无内胎轮胎中，气密层替代了原来的内胎。有的在气密层的下面还贴一层自粘层，起到自行将刺穿的孔粘合上的作用。由于随着时间推移，胎压可能降低，所以，请每个月检查一次胎压。

(6) 帘布层　帘布层是轮胎的骨架，由帘线粘合在橡胶上制成，主要用于承受载荷，保持轮胎的形状和尺寸，并使其具有足够的强度。帘布层相邻层的帘线交叉排列，帘线可以是棉线、人造丝、尼龙和钢丝。帘布层数越多，轮胎的强度越大，但弹性下降。

如图3-22所示，按照帘布层帘线排列方式的不同，轮胎可以分为斜交轮胎和子午线轮胎。

斜交轮胎帘布层的帘线按一定角度交叉排列，帘线与轮胎横断面的交角通常为52°～54°。子午线轮胎帘布层帘线排列的方向与轮胎横断面一致，即成90°交角，类似于地球仪上的子午线，故称为子午线轮胎。子午线轮胎帘线的排列方式能使其强度被充分利用，故它的帘布层数比斜交轮胎可减少一半，因而轮胎较柔软，在径向上容易变形，可以增加轮胎的接地面积，即使在充足气后，两胎侧上也有一个特殊的凸起部。但其缓冲层层数较多，从而提高了胎面的刚度和强度。

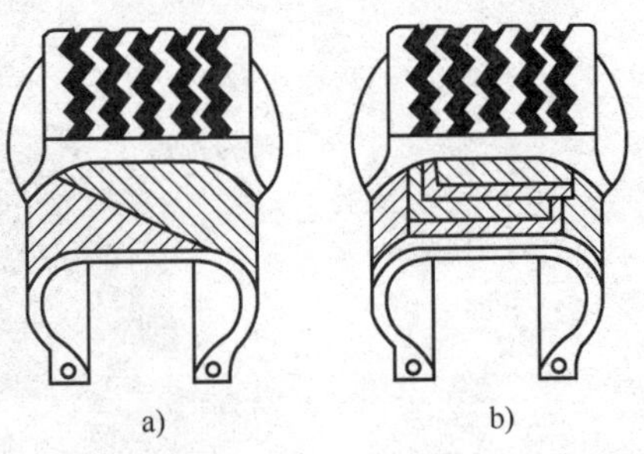

图3-22　帘线排列方式
a）斜交轮胎　b）子午线轮胎

子午线轮胎与斜交轮胎相比较具有行驶里程长、滚动阻力小、承载能力大、缓冲性能好、附着性能强、胎面耐穿刺、胎温低、节约燃料、不易爆胎等优势，目前，在汽车上广泛应用。

(7) 缓冲层　缓冲层夹在胎面和帘布层之间，由数层较稀疏的帘布(或钢丝)和橡胶制成，弹性较大，其作用是加强胎面与帘布层之间的结合，防止汽车紧急制动时胎面与帘布层脱离，并缓和汽车行驶时所受到的路面冲击和振动。缓冲层还为轮胎提供了抵消离心力和侧向力的强度，并足够柔软，以确保驾乘舒适度。

无内胎轮胎一旦被刺破，穿孔不会扩大，故漏气缓慢，胎压不会急剧下降，仍能继续行驶一定距离，可消除爆胎的危险。因无内胎，摩擦生热少、散热快，适用于高速行驶。此外，结构简单，质量较小，维修也方便。但无内胎轮胎必须配用深槽式轮辋，在轿车上广泛应用。

注：由于空气体积受温度影响，为了提高行车安全性，避免爆胎发生，现在轮胎内可充入氮气。

☞ 六、应急轮胎

应急轮胎也被称为备胎，现代轿车装备的备胎大多数都是T型备胎。T型备胎的T是英文“Temporary”的开头字母，意思为“应急”或“临时”。当轮胎爆破或漏气时，装上它后可以保

证汽车行驶到维修站，并尽快修复故障轮胎或换上正规轮胎，因此，称为应急轮胎。备胎平时安装在行李箱下面。

由于应急轮胎成本低，作为轮胎的性能它不如标准轮胎。因此，装用这种备胎时，需要在行驶中避免高速行驶或紧急制动，而且最好不要用在驱动轮上。

此外，对于行李箱空间小的运动车，一般采用折叠备胎或紧凑型备胎。这种备胎也是应急用的，必须避免高速行驶，轮胎的胎侧为折叠结构，收装空间比T型备胎小。折叠备胎在折叠状态下不能使用，需用打气筒充气，待轮胎膨胀后才可使用。收装时，只要将空气放掉，按原状折好，轮胎外径骤然变小。

随着轮胎技术的发展，特种轮胎越来越多，现在雪地上行驶可以装用防滑轮胎或防滑钉轮胎。这样在冰雪路面上行驶，就不需要装用防滑链，从而避免装卸防滑链的麻烦，而且还不会影响乘坐的舒适性和油耗，减少装用防滑链后带来的轮胎损伤，以及在不连续的冰雪道路上行驶的方便性。

☞ 七、轮胎性能

为了正确掌握轮胎的使用，有必要了解轮胎基本性能。轮胎的性能包括行驶阻力、轮胎所产生的热量、轮胎的制动效能、胎面花纹噪声、驻波、浮滑现象、轮胎磨损等。

1. 行驶阻力

汽车行驶中受到的阻力有传动系统中的摩擦、加速过程中的惯性阻力以及在斜坡路段由重力等造成的爬坡阻力、空气阻力、轮胎的滚动阻力。

2. 轮胎所产生的热量

橡胶、帘布层帘线等材料在轮胎变形时吸收能量并将其转化为热量，因为它们都是不良导体，不能使产生的热量快速散发，热量积累在轮胎材料内部，造成轮胎内部温度上升。过量的热量积累，削弱了各橡胶层与轮胎帘线之间的粘合力，最终导致各橡胶层分离，甚至使轮胎爆破。积累在轮胎之间的热量因充气压力、载荷、车速、胎面纹槽深度及轮胎结构等因素而异。

3. 制动效能

轮胎与路面之间所产生的制动力可使汽车减速或停车。制动力的大小取决于路面条件、轮胎类型、轮胎结构以及轮胎工作的其他条件。轮胎的制动效能可由其摩擦系数评估。摩擦系数越小，则轮胎所产生的摩擦力越小，制动距离越长。

4. 胎面花纹噪声

胎面花纹噪声是轮胎最突出的工作声音。与路面接触的胎面纹槽中含有空气，这些空气密封在纹槽与路面之间，并受到压缩。当轮胎离开路面时，受到压缩的空气便从纹槽中突然冲出，产生噪声，这就是胎面花纹噪声。

5. 驻波

车辆行驶过程中，随着胎面新的部分与路面接触，轮胎便不断变形。稍后，当该部分胎面离开路面时，轮胎内的空气压力及轮胎本身的弹性，便要将轮胎恢复原状。当车速较高时，轮胎旋转速度快得没有足够的时间来完成这一复原过程。在如此短暂的时间间隔中，不断地重复这一过程，便会使胎面振动，这些振动被称为驻波。驻波在轮胎附近不断传播，储存在驻波中心的能量，大部分转化为热量，使轮胎温度急剧升高。某些情况下，这种储存的热量会导致爆裂，甚至在几分钟内将轮胎毁坏。一般情况下，轿车轮胎的最大允许速度，由出现驻波时的车速决定。

6. 浮滑现象

如果车速太高，胎面没有足够的时间从路面上排开积水，不能附着在路面上，车辆便会在积水路面上打滑，这种现象称为浮滑现象。这是因为，当车速升高时，水的阻力也相应增大，迫使轮胎“浮”在水面上。

7. 轮胎磨损

轮胎在路面上滑动时所产生的摩擦力，会使胎面和其他橡胶面遭受损失或损坏，这就是轮胎磨损。轮胎磨损与充气压力、载荷、车速、路面条件、温度等因素有关。

八、轮胎规格的表示方法

1. 斜交轮胎的规格

我国和大多数国家一样，斜交轮胎的规格可用轮胎外径 D、轮胎内径或轮辋直径 d、轮胎宽度 B 和轮胎高度 H 的名义代号。其轮胎规格的标注是采用英制表示法。

低压胎一般用 $B-d$ 表示，B 为轮胎宽度，d 为轮胎内径，其单位均为 in，“-”表示低压胎。例如，9.00-20 表示轮胎宽度为 9.00in、轮胎内径为 20in 的斜交轮胎。

高压胎一般用 $D\times B$ 表示，D 为轮胎外径，B 为轮胎宽度，其单位均为 in，“×”表示高压胎。因为轮胎宽度 B 约等于轮胎高度 H，故安装外胎轮辋应选直径 $d=D-2B$。例如，轮胎规格 34×7 表示为该轮胎外径为 34in、轮胎宽度为 7in 的高压胎，可选用直径 d 为 20in 的轮辋。

2. 子午线轮胎的规格

我国国家标准规定，在轮胎胎侧除标有轮胎规格外，还应有制造商标、层级、最大负荷、相应气压、编号及平衡标志等。为便于识别帘布层帘线材料，胎侧还标有汉语拼音字母，如 M—棉线帘线、R—人造丝帘线、N—尼龙帘线、G—钢丝帘线。

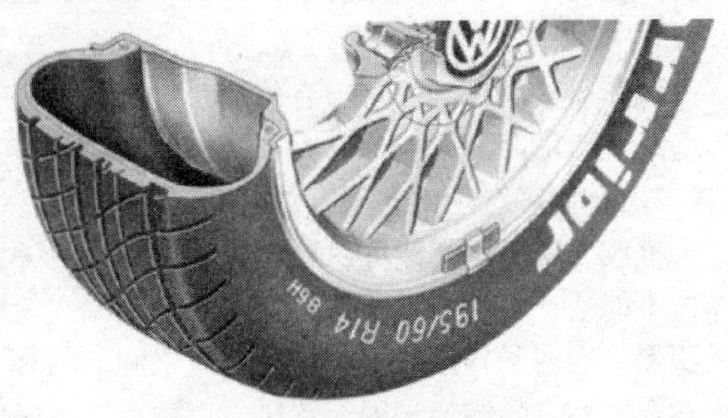

图 3-23 轮胎规格

下面，以图 3-23 所示轿车轮胎的规格 195/60 R14 86H 为例进行说明。

1）195 表示轮胎宽度为 195mm，货车子午线轮胎宽度一般以 in 为单位。轮胎宽度有 145、165、175、185、195、205、215、245 八个级别。

2）60 表示扁平比为 60%，扁平比为轮胎高度 H 与宽度 B 之比，有 60、65、70、75、80 五个级别。

3）R 表示子午线轮胎，即“Radial”的第一个字母。

4）14 表示轮胎内径为 14in。

5）86 表示荷重等级，即最大载荷质量。荷重等级为 86 的轮胎的最大载荷质量为 530kg。常见的荷重等级及对应的最大载荷质量见表 3-1。

表 3-1 荷重等级及对应的最大载荷质量

荷重等级	最大载荷质量/kg	荷重等级	最大载荷质量/kg
71	345	99	775
72	355	100	800
73	365	101	825
74	375	102	850
75	387	103	875

（续）

荷重等级	最大载荷质量/kg	荷重等级	最大载荷质量/kg
76	400	104	900
77	412	105	925
78	425	106	950
79	437	107	975
80	450	108	1000
81	462	109	1030
82	475	110	1060
83	487	111	1095
84	500	112	1129
85	515	113	1164
86	530	114	1200
87	545	115	1237
88	560	116	1275
89	580	117	1315
90	600	118	1355
91	615	119	1397
92	630	120	1440
93	650	121	1485
94	670	122	1531
95	690	123	1578
96	710	124	1627
97	730	125	1677
98	750		

6）H表示速度等级，表明轮胎能行驶的最高车速。常见的速度等级及对应的最高车速见表3-2。

表3-2　速度等级及对应的最高车速

速度等级	最高车速/(km/h)	速度等级	最高车速/(km/h)
L	120	T	190
M	130	U	200
N	140	H	210
P	150	V	220
Q	160	Z	240
R	170	W	270
S	180	Y	300

注：在轮胎规格前加“P”表示轿车轮胎；在胎侧标有“REINFORCED”表示经强化处理；

"RADIAL"表示子午线胎；"TUBELESS"（或 TL)表示无内胎(真空胎)；"M + S"（Mud and Snow）表示适于泥地和雪地；"→"表示轮胎旋向，不可装反。

九、常见轮胎品牌

世界著名的轮胎品牌主要有美国的固特异(Goodyear)、日本的普利司通(Bridgestone)和凡世通(Firestone)、英国的邓禄普(Dunlop)、法国的米其林(Michelin)、意大利的倍耐力(Pirelli)、韩国的韩泰(Hankook)和锦湖(Kumho)、德国的马牌(Continental)、我国的回力等，如图 3-24 所示。

美国固特异

韩国韩泰

韩国锦湖

日本凡世通

意大利倍耐力

法国米其林

英国邓禄普

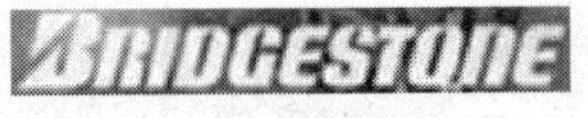

日本普利司通

图 3-24　世界著名的轮胎品牌

十、轮胎的使用与换位

1. 更换轮胎注意事项

1）不能装用其他汽车型号的轮胎，否则，难以保证汽车的路面附着性和行驶的安全性。

2）为了使轮胎磨损尽可能达到均衡，安装在汽车上的所有轮胎，应进行轮胎换位，轮胎换位要按规定进行，并保持轮胎的原滚动方向。下面介绍两种换位法：一种是交叉换位法，适用于经常在拱形路面行驶的汽车；一种是循环换位法，适用于经常在较平坦道路上行驶的汽车，如图 3-25 所示。

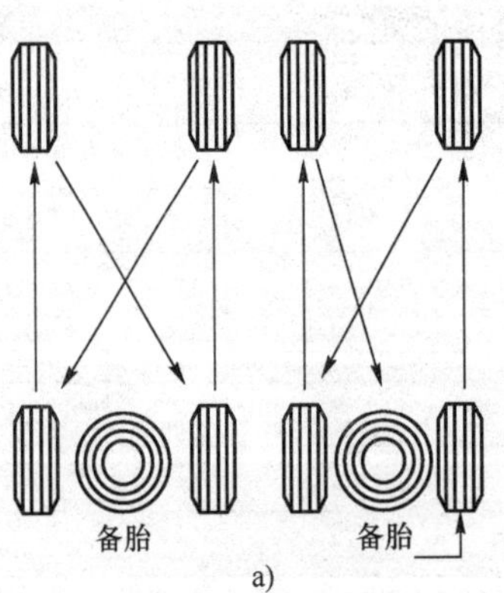

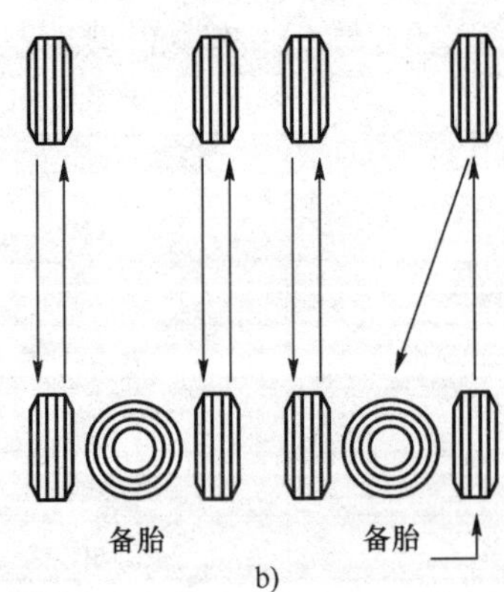

图 3-25　轮胎换位法

a）轮胎交叉换位　b）轮胎循环换位

3）轮胎与轮辋必须配套使用，不允许对轮辋进行敲击或使用撬棒，要用轮胎拆装机进行拆装。

4）经修理过的或新的轮胎必须经过动平衡试验后方可使用。

注：厂家一般推荐 8000 ~ 10000km 应将轮胎换位一次。

2. 轮胎的使用

轮胎的合理使用是延长其使用寿命的根本途径。只有合理使用轮胎，才能防止轮胎的异常磨损和诸如爆胎、划伤、漏气等致命损坏，从而提高轮胎的行驶里程。

（1）保持轮胎气压正常　轮胎气压是决定轮胎使用寿命和工作好坏的重要因素。轮胎气压受到使用条件和气体缓慢泄漏等影响。保持轮胎气压的关键是定期检查轮胎气压。轮胎气压过高时，轮胎内部压力增加，接地面积减小，使轮胎的胎面中心向外凸起，造成胎面磨损加剧；由于轮胎的橡胶、帘线等材料过度拉伸，气压高使轮胎刚性增加，一旦遇到冲击，极易造成轮胎爆破。可是，轮胎气压略高，有利于降低行驶阻力，节约燃油。当轮胎气压过低时，造成胎侧变形加大，胎面中心向内凹，即所谓的“桥式效应”，使胎肩部位磨损加剧。由于轮胎变形大，轮胎帘布层中的帘线应力增加，使得轮胎温度升高，加速橡胶老化和帘线与橡胶脱层，帘线松散，甚至帘线折断。

（2）防止轮胎超载　轮胎承受负荷的高低，对使用寿命影响很大。轮胎承受负荷较小时，使用寿命大大提高，但是不利于提高运输生产效率。轮胎承受负荷较大时，使用寿命随负荷的增加而缩短。其原因为轮胎超载后，帘布层应力增大，容易造成帘线与橡胶脱层，帘线折断、松散。

（3）合理搭配轮胎　合理搭配轮胎的目的是使整个汽车上的几条轮胎尽量磨损一致，使其寿命相同。

（4）精心驾驶车辆　驾驶车辆技术的好坏，直接影响了汽车的使用寿命，轮胎也是如此。因此，节胎的驾驶操作要领是：起步平稳，避免轮胎滑转；均匀加速，中速行驶，避免急加速和急减速；选择路面，避免在不良路面上行驶；转弯减速，避免高速转弯引起的轮胎横向滑移。

（5）保持良好的底盘技术状况　轮胎的异常磨损与底盘技术状况有关，如前轮定位中的前轮外倾与前轮前束配合不当、轮毂轴承松旷、转向传动机构间隙过大、车轮不平衡、轮辋变形、悬架与车架变形或制动技术状况不良等。

☞ 十一、轮胎的拆装、检查及故障诊断

1. 轮胎的拆装

1）拆装轮胎要在清洁、干燥、无油污的地面上进行。

2）拆装轮胎要用专用工具，不允许用大锤敲击或其他尖锐的工具拆胎。

3）外胎、内胎、垫带、轮辋必须符合规格要求，才能组装。要特别注意子午线轮胎胎圈部分的完好。

4）内胎装入外胎前，须紧固气门嘴，以防漏气，并在外胎内部和垫带上涂上滑石粉。

5）气门嘴的位置应装在轮辋气门嘴孔中。胎侧有平衡标记的，标记应在与气门嘴相对的位置上，以便于平衡。轮辋上有平衡块的，应用动平衡机进行平衡调整。

6）安装有向花纹的轮胎，应注意滚动方向的标记。拆装子午线轮胎应做记号，使安装后的子午线轮胎滚动方向保持不变。

注：目前，轿车都是采用无内胎的子午线轮胎，最常见的拆装轮胎的专用设备是轮胎拆装机，

即扒胎机。

2. 轮胎的检查

轮胎的检查主要是检查轮胎磨损程度和轮胎气压，轮胎磨损程度的检查包括胎面花纹深度的检查和轮胎异常磨损的检查。

轮胎磨损过甚，花纹过浅，是行车重要的不安全因素。过度磨损的轮胎，除容易爆破外，还会使汽车操纵稳定性变坏。汽车在雨中高速行驶时，由于不能把水全部从胎下排出，轮胎将会出现浮滑现象，致使汽车失控。花纹越浅，浮滑的倾向越严重。而轮胎（包括备胎）气压的检查对于行车也是非常重要的。轮胎气压不足，会导致轮胎过热，并因轮胎的接地面积不均匀，而产生不均匀磨损或胎肩和胎侧快速磨损，缩短轮胎的使用寿命，同时会增加滚动阻力、加大油耗，而且影响车辆的操控，严重时甚至引发交通事故。轮胎气压过高则使车身重量集中在胎面中心上，导致胎面中心快速磨损，不但缩短轮胎的使用寿命，而且降低车辆的舒适性。所以，日常维护和各级维护时，对于轮胎的检查是非常必要的。

（1）胎面花纹深度的检查　胎面磨耗标志或称防滑标记，即是稍微高出胎面花纹沟槽底部的凸台。随着轮胎行驶里程的增加、轮胎磨损、花纹沟槽变浅，此时露出凸台，说明轮胎花纹即将磨尽，若不更换，可能造成行驶中轮胎打滑，引发交通事故。因此，为了便于检查轮胎的磨损，通常在磨耗标志对应的胎肩处标出“TWI”或者“△”等符号，每条轮胎应沿周向等距离地设置不少于4个。

（2）轮胎异常磨损的检查　检查轮胎的异常磨损，可以发现故障的早期征兆和原因，以便及时排除影响轮胎寿命的不良因素，防止早期磨损和损坏。具体内容见下面的轮胎常见故障诊断。

（3）轮胎气压的检查　轮胎气压可用气压表进行检查。

注：不同的车辆，轮胎的气压值也不同，检查时应参看相应车辆的维修手册。一般轿车前轮的胎压为0.22MPa，后轮的胎压为0.25MPa，即平时我们所说的前轮2.2个大气压，后轮2.5个大气压。

3. 轮胎常见故障诊断

轮胎的常见故障是轮胎的异常磨损。

（1）胎肩或胎面中间磨损

1）故障现象。如图3-26所示，轮胎的胎肩和胎面出现了磨损。

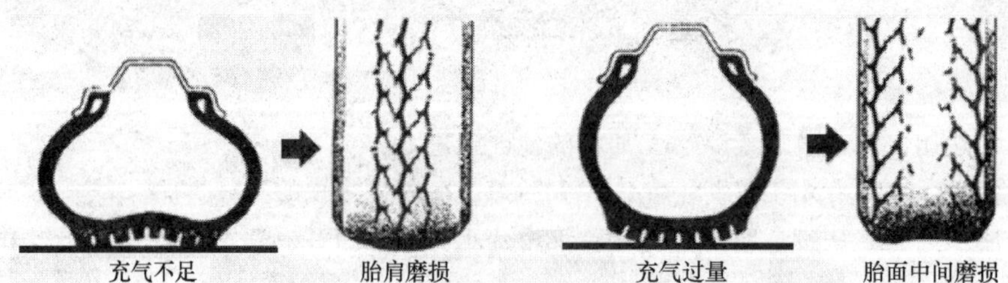

图3-26　胎肩或胎面中间磨损

2）故障原因。集中在胎肩上或胎面中间的磨损，主要是由于未能正确保持充气压力所致。如果轮胎充气压力过低，轮胎的中间便会凹入，将载荷转移到胎肩上，使胎肩磨损快于胎面中间。另一方面，如果充气压力过高，轮胎中间便会凸出，承受了较大的载荷，使轮胎中间磨损快于胎肩。

3）故障排除步骤。

① 检查是否超载。

② 检查充气压力，如果充气过量或充气不足，应调整充气压力。

③ 调换轮胎位置。

（2）胎侧磨损

1）故障现象。轮胎的内侧或外侧磨损不均匀。

2）故障原因。

① 在过高的车速下转弯会造成转弯磨损。转弯时轮胎滑动，便产生了斜形磨损。

这是较常见的轮胎磨损原因之一。驾驶人所能采取的唯一补救措施，就是在转弯时降低车速。

② 悬架部件变形或间隙过大，会影响前轮定位，造成不正常的轮胎磨损。

③ 如果轮胎某一侧的磨损快于另一侧的磨损，其主要原因可能是外倾角不正确。由于轮胎与路面接触面积大小因载荷而异，对具有正外倾角的轮胎而言，其外侧直径要小于其内侧直径。因此，胎面必须在路面上滑动，以便其转动距离与胎面的内侧相等。这种滑动便造成了外侧胎面的过量磨损。反之，具有负外倾角的轮胎，其内侧胎面磨损较快。

3）故障排除步骤。

① 询问驾驶人是否高速转弯，如果是则要避免。

② 检查悬架部件，如松动则将其紧固；如变形和磨损，应修理或更换。

③ 检查外倾角，如不正常，应校正。

④ 调换轮胎位置。

（3）前端和后端磨损

1）故障现象。前端和后端磨损是一种局部磨损，常常出现在具有横向花纹和区间花纹的轮胎上，胎面上的区间发生斜向磨损(与鞋跟的磨损方式相同)，最终变成锯齿状。

2）故障原因。

① 具有纵向折线花纹的胎面，磨损时会产生波状花纹。

② 非驱动轮的轮胎只受制动力的影响，而不受驱动力的影响，因此，往往会有前后端形式的磨损，如反复使用和放开制动器，便会使轮胎每次发生短距离滑动而磨损，前、后端磨损的形式便与这种磨损相似。

③ 如果是驱动轮的轮胎，则驱动力所造成的磨损，会在制动力所造成的磨损的相反的方向上出现，所以，驱动轮轮胎极少出现前后端磨损。客车和大货车由于制动时产生了很大的摩擦力，故具有横向花纹的轮胎，便会出现与非驱动轮相似的前后端磨损。

3）故障排除步骤。

① 检查充气压力。如果充气压力不足，就将其充至规定值。

② 检查车轮轴承。如果磨损或松动，应更换或调整。

③ 检查外倾角和前束。如果不正确，应加以调整。

④ 检查轴颈或悬架部件。如果损坏，应修理或更换。

⑤ 调换轮胎位置。

☞ 十二、车轮动平衡试验

车轮的静不平衡是指质心与旋转中心不重合；车轮的动不平衡是指不平衡的质量不在同一平面内。

1. 车轮动不平衡的危害及原因

（1）车轮动不平衡的危害　汽车车轮是旋转部件，如果车轮动不平衡，在高速行驶时会引起车轮上下跳动和横向摇摆，这不仅影响汽车乘坐舒适性，而且使驾驶人难以控制行驶方向，以及汽车制动性能变差，影响行车安全。车轮动不平衡还会大大增加各部件所受的力，加大轮胎的磨损和行驶噪声等。因此，汽车在使用和维修中必须进行车轮动平衡试验和校准。

（2）车轮动不平衡的原因

1）质量分布不均匀，如轮胎产品质量欠佳，翻新胎、补胎、胎面磨损不均匀。

2）轮辋、制动鼓变形。

3）轮毂与轮辋加工质量不佳，如中心不准、轮胎螺栓孔分布不均、螺栓质量不佳等。

2. 车轮动平衡试验

由于车轮动不平衡对汽车危害很大，因此，必须对车轮的动不平衡进行试验，并进行调平衡工作。车轮的不平衡包括静不平衡和动不平衡，由于动平衡的车轮一定处于静平衡状态。因此，只要检测了动平衡，就没有必要检测静平衡。

车轮的动平衡试验有离车式和就车式两种方法。

（1）离车式车轮动平衡机及使用方法　利用离车式车轮动平衡机对车轮进行动平衡检测时，需将车轮从车上拆下。如图 3-27 所示为常见的车轮动平衡机。该动平衡机主要由驱动装置、转轴与支承装置、显示与控制装置、制动装置及防护罩组成。

图 3-27　离车式车轮动平衡机

使用方法如下：

1）对被测车轮进行检查，去掉泥土、砂石，拆掉旧平衡块。

2）检查轮胎气压，并充气至规定气压值。

3）根据轮辋中心孔的大小选择锥体，将车轮安装于平衡机上。

4）打开电源开关，检查指示装置是否指示正确。

5）输入轮辋直径、宽度，测出轮辋边缘到机箱之间的距离并输入。

6）放下防护罩，按下起动键，开始测量。

7）当车轮自动停转后，从指示装置读出车轮内、外动不平衡量和位置。

8）抬起车轮防护罩，用手慢慢旋转车轮，当动平衡机指示装置发出信号时，停止转动车轮。

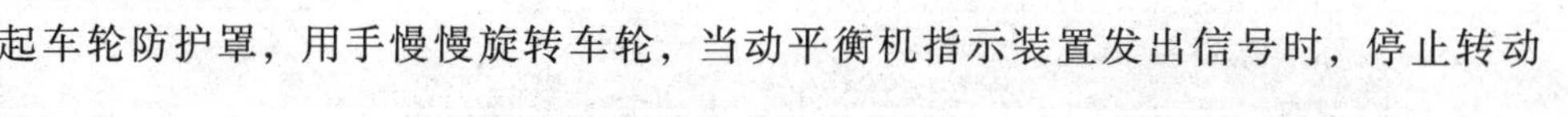

9）根据动平衡机显示的动不平衡量，在轮辋内侧或外侧的上部的边缘加装平衡块。内、外侧要分别进行，平衡块要安装牢固。

10）重新起动动平衡机，进行动平衡试验，直至动不平衡量 < 5g，机器显示“00”或“OK”时为止。

11）取下车轮，关闭电源，测试结束。

（2）就车式车轮动平衡机及使用方法　就车式车轮动平衡机可以在汽车不拆卸车轮的前提下，对汽车进行车轮平衡检测，其结构与测量原理如图 3-28 所示。

对车轮进行动平衡检测时，方法如下：

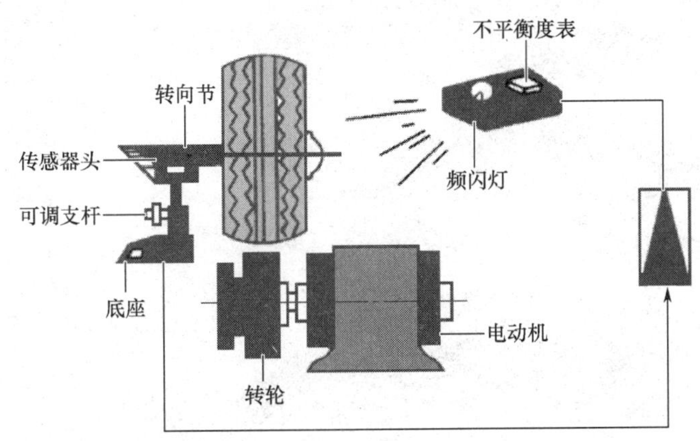

图 3-28　就车式车轮动平衡机

1）首先，应对车轮进行清洁，并去掉旧平衡块，将轮胎充气到规定气压，轮毂轴承松紧度合适，支起汽车，使两侧车轮离地间隙相等，然后，用粉笔在轮胎任意位置做出标记。

2）将传感器头吸附在制动底板边缘，并使车轮在规定转速下旋转。

3）观察轮胎标记位置，在指示装置上读取不平衡量，停转车轮，加装平衡块，再进一步复查，直至合格，测试结束。

4）测从动轮时，利用动平衡机转轮驱动车轮转动；测驱动车轮时，则直接用汽车发动机、传动系统来驱动车轮转动。

5）若以上均属正常，应对前轮定位进行检查调整。

第五节　悬　　架

汽车车架若直接安装在车桥上，则会由于道路不平而上下颠簸振动，从而使车上的乘员感到不舒服或者使货物损坏。因此，汽车上必须装有具有缓冲、减振和导向作用的悬架装置。汽车悬架是车架与车桥之间一切传力、连接装置的总称。

一、悬架的作用及组成

1. 作用

悬架的作用是把车桥和车架弹性地连接起来，并用它来吸收和缓和行驶中因路面不平引起的车轮跳动而传给车架的冲击和振动；保持车架和车轮之间正确的运动关系，从而保证汽车的行驶平顺性和操纵稳定性；传递路面作用于车轮的支持力、驱动力、制动力和侧向力及其产生的力矩。

2. 组成

悬架主要由弹性元件、减振器和导向装置三部分组成。在某些车辆上，为防止车身在转向等情况下发生过大的横向倾斜，还设有辅助的弹性元件——横向稳定杆，如图 3-29 所示为奥迪 A4 悬架系统。

1）弹性元件：缓和冲击，承受、传递垂直载荷，使车桥和车架弹性连接。

2）减振器：衰减路面冲击和振动，提高乘坐舒适性。

3）导向装置：保证车轮相对于车架的正确运动关系。

4）横向稳定杆：防止车身横向过度倾斜。

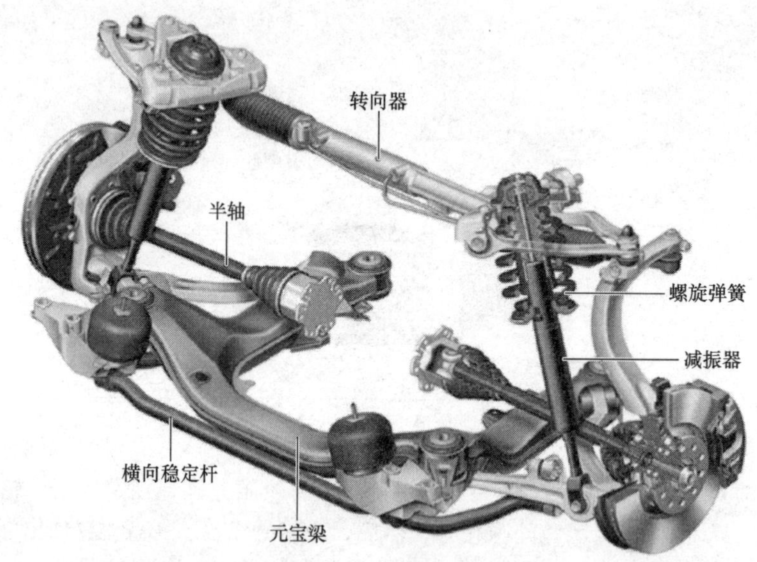

图 3-29　奥迪 A4 悬架系统

二、对悬架的要求

汽车的固定频率是衡量汽车平顺性的重要参数，它由悬架刚度和悬架弹簧支承的质量(簧上质量)所决定。人体所习惯的垂直振动频率约为 1 ~ 1. 6Hz，车身振动的固有频率应接近或处于人体适应的频率范围，才能感觉舒适。由于汽车的载重量经常会发生变化，因此，其固有频率也会随之变化。为了使空载和满载时的固有频率保持一定或变化很小，需要把悬架刚度做成可变或可调的。而目前汽车上装有电子控制的悬架，就能满足此种目的。

弹性的悬架在给衰减振动带来好处的同时，也使车轮出现相对的跳动，跳动的结果必然会改变车轮定位角度，这种改变应当受到严格的控制，否则，原已设计好的车轮运动关系将会遭到破坏，汽车的转向和操纵性能变坏，轮胎磨损加剧。在车轮上下跳动过程中约束其运动的任务由悬架导向装置完成。

三、悬架的类型

1. 根据悬架结构不同分类

根据悬架结构不同分类，汽车悬架可分为两大类：非独立悬架与独立悬架。

如图 3-30 所示，非独立悬架是左右两侧的车轮装在一个整体式车桥上，车轮连同车桥一起通过悬架与车架相连接，当一侧车轮因路面不平等原因相对于车架的位置发生变化时，另一侧车轮的位置也随之发生变化。这样，自然不会得到较好的操纵稳定性及舒适性，同时由于左、右两侧车轮的互相影响，也容易影响车身的稳定性，在转向的时候较易发生侧翻。

如图 3-31 所示，独立悬架是两侧车轮各自独立地通过悬架与车架相连接，其配备的车桥都是断开式的，每个车轮都能独立地上下运动。因此，从使用过程来看，当一侧车轮受到冲击、振动后可通过弹性元件自身吸收冲击力，这种冲击力不会波及另一侧车轮，使得厂家可在车型的设计之初通过适当的调校使汽车在乘坐舒适性、稳定性、操纵稳定性三方面取得合理的配置。

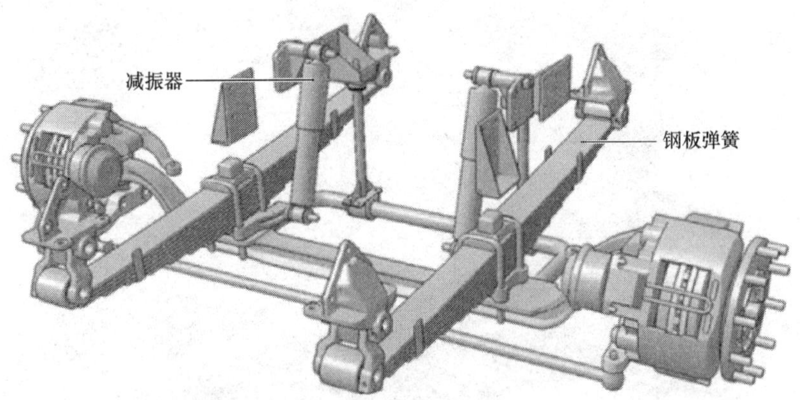

图 3-30 非独立悬架

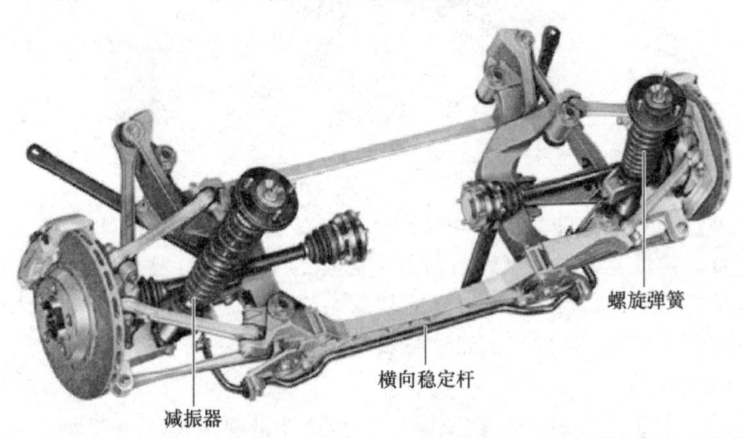

图 3-31 独立悬架

非独立悬架由于结构简单，制造成本低，至今仍然应用于许多客、货车上。但是，随着汽车行驶速度的不断提高，非独立悬架已不能满足行驶平顺性与操纵稳定性等方面的要求，现代轿车大多数采用了独立悬架。

2. 根据控制方式不同分类

根据控制方式不同分类，汽车悬架可分为两大类：被动悬架与主动悬架。

目前，大多数汽车上采用被动悬架，如图 3-30 和图 3-31 所示均为被动悬架。被动悬架的含义是：汽车姿态(状态)只能被动地取决于路面、行驶状况和汽车的弹性元件、导向装置以及减振器这些机械零件。20 世纪 80 年代后，主动悬架开始在一部分汽车上使用，目前，使用主动悬架的高级轿车越来越多，一般以空气弹簧作为悬架系统。主动悬架可以根据路面和行驶工况自动调整悬架刚度和阻尼，从而使车辆能主动地控制垂直振动及其车身或车架的姿态。如图 3-32 所示为主动悬架。

注：现代轿车广泛采用被动式独立悬架。

☞ 四、弹性元件

1. 弹性元件的特点

为了缓和冲击，汽车在行驶系统中，除采用弹性的充气轮胎外，在悬架中还需要装有弹性元件，使车架与车桥之间弹性连接。弹性元件具有以下特点。

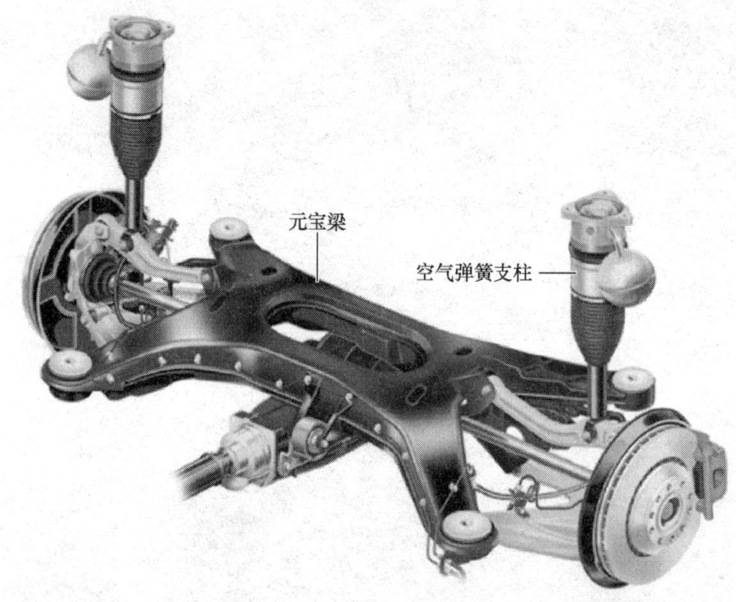

图 3-32　主动悬架

（1）弹性　弹性是弹性元件本身的一种特性，它发生弹性变形后可以恢复原来的状态。

（2）弹簧刚度　弹性元件的变形程度与对它施加的力(载荷)成正比。作用力除以变形量所得到的常数称为弹簧刚度。如果对两个弹性元件施加的载荷相同，弹簧刚度小的弹性元件的变形量要大于弹性刚度大的弹性元件的变形量。弹簧刚度小的弹簧称为“软”弹簧；弹簧刚度大的弹簧称为“硬”弹簧。

（3）弹簧振动　当车轮驶过凸起路面时，弹性元件迅速压缩。由于每个弹性元件有弹性，要立即恢复原状，就会回弹，使车身上下运动。由于惯性，弹簧在恢复到原始长度后还要被拉伸；当弹簧拉伸到极限位置时开始收缩，使车身朝下运动，弹簧在恢复到原始长度后还要被压缩；压缩到极限位置后又拉伸。弹簧的压缩和拉伸不断交替出现，从而使车身上、下振动。

2. 弹性元件的类型

汽车悬架常用的弹性元件包括钢板弹簧、螺旋弹簧、扭杆弹簧、气体弹簧和橡胶弹簧等。

（1）钢板弹簧　钢板弹簧是由若干片等宽不等长、弧度不等、厚度相等或不等的钢板弹簧片组合而成的一根近似等强度的弹性梁，被绝大部分非独立悬架所采用，其一般构造如图 3-33 所示。

钢板弹簧的第一片最长，称为主片，其两端弯成卷耳，内装衬套，用钢板销与车架上的支架或吊耳用铰链连接。钢板弹簧的中心部位用 U 形螺栓与车桥固定。

中心螺栓用以连接各弹簧片，并保证装配时各片的相对位置。中心螺栓到两端卷耳中心的距离可以相等，称为对称式钢板弹簧；距离也可以不相等，称为非对称式钢板弹簧。为了增加主片及卷耳的强度，常将第二片两端做成加强卷耳，3/4 包在主片卷耳外面。主片与第二片卷耳间通常留有较大间隙，以便主片受力变形时有较大的滑动余地。

钢板夹主要作用是当钢板弹簧反向变形，即车架离开车桥时，使各片不致互相分开，而将反力传给较多的弹簧片，以免主片单独承载，同时还可防止各片横向错动。装配钢板夹时，应将螺栓头朝向车架一面，而使螺母在车轮一面，以防止螺栓松脱时刮伤轮胎。

钢板弹簧在载荷作用下变形，各片之间因相对滑动而产生摩擦，可使车架的振动衰减。各片之间处于干摩擦，同时还要将车轮所受冲击力传递给车架，因此，增大了各片的磨损。为了减小

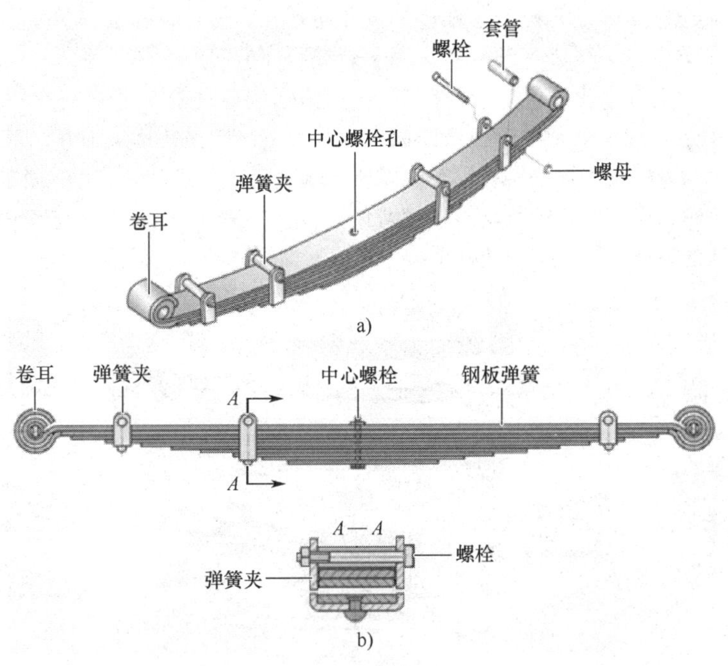

图 3-33 钢板弹簧

a）对称式钢板弹簧 b）非对称式钢板弹簧

弹簧片的磨损，在装合弹簧片时，各片须涂上较稠的石墨润滑脂。有些弹簧片间还加装塑料衬片或橡胶衬片，也有的将弹簧片装在保护套内，以防止润滑脂流失或尘土污染。

由于钢板弹簧有足够的刚性使车轮适当定位，不需要导向装置；钢板弹簧之间的摩擦可控制弹簧自身的振荡，因此，也可不设减振器。钢板弹簧一般用在货车或大型客车上。

（2）螺旋弹簧 如图 3-34 和图 3-35 所示，螺旋弹簧用弹簧钢料卷制而成，有刚度可变的圆锥形螺旋弹簧和刚度不变的圆柱形螺旋弹簧两种。螺旋弹簧大多应用在独立悬架上，尤其是前轮独立悬架中。在有些轿车上，后轮非独立悬架中也使用螺旋弹簧作为弹性元件。

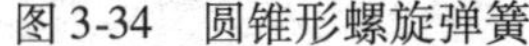

图 3-34 圆锥形螺旋弹簧

图 3-35 圆柱形螺旋弹簧

与钢板弹簧相比，螺旋弹簧具有无需润滑、不怕油污、质量小、所占空间不大、具有良好的吸收冲击能力、可改善乘坐舒适性等优点，因此，在现代轿车上被广泛采用。由于螺旋弹簧只能承受垂直载荷，用它作为弹性元件的悬架要加设导向装置。另外，螺旋弹簧变形时，不产生摩擦力，所以，在其悬架中也必须装有减振器，用于衰减因冲击而产生的振动。

（3）扭杆弹簧　如图3-36所示，扭杆弹簧是用铬钒或硅锰合金并具有扭曲刚性的弹簧钢制成的杆，它的表面经过加工很光滑，扭杆断面常为圆形，少数是矩形或方形。其两端形状可以做成花键、方形、六角形或带平面的圆柱形等，以便一端固定在车架上，另一端固定在悬架的控制臂上，控制臂则与车轮相连。当车轮跳动时，摆臂便绕着扭杆曲线摆动，使扭杆产生扭转弹性变形，来保证车轮与车架的弹性关系。有的扭杆由一些矩形断面的薄条组合而成，这样，弹簧更为柔软。

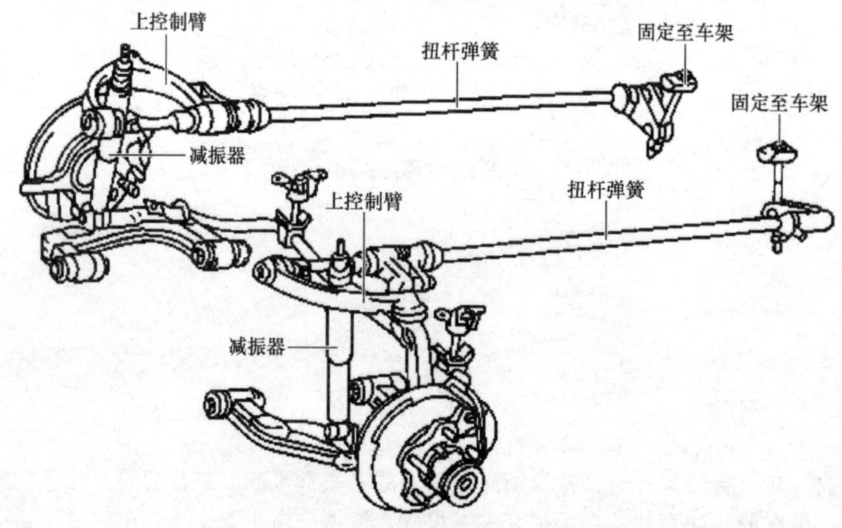

图3-36　扭杆弹簧

为保护扭杆表面，可在其上涂抹环氧树脂，并包一层玻璃纤维，再涂一层环氧树脂，最后，涂上沥青和防锈油漆，以防腐蚀和损坏表面，从而提高扭杆弹簧的使用寿命。

扭杆弹簧在制造时，经热处理后施加一定方向的扭转力矩载荷，使它有一个永久变形，从而具有一定的预应力，以提高其弹性极限。左、右扭杆由于施加的预应力有方向性，装在车上时的扭转方向应与所预加的应力方向一致。因此，在左、右扭杆做有标记，安装时应加以注意，否则，将使扭杆弹簧的实际工作应力加大而缩短寿命。

采用扭杆弹簧作为弹性元件的悬架要设导向装置和减振器。扭杆弹簧与钢板弹簧相比，质量较小，而且不需润滑，保养维修方便，节省纵向空间，适用于小型车及越野车辆的悬架系统。

（4）气体弹簧　气体弹簧分为空气弹簧和油气弹簧两种。空气弹簧是以空气作为弹性介质，即在一个密闭的容器内装入压力为0.5～1MPa的压缩空气，利用气体的可压缩性实现弹簧的作用。空气弹簧又有囊式和膜式两种形式，如图3-37所示。

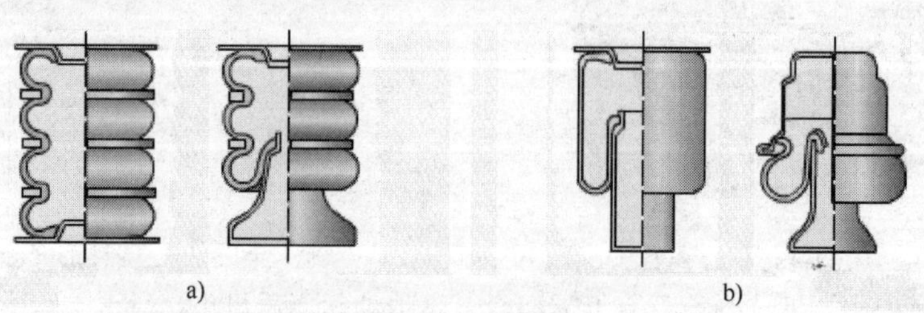

图3-37　空气弹簧

a）囊式空气弹簧　b）膜式空气弹簧

囊式空气弹簧由加有帘线的橡胶制成的气囊和密闭在其中的压缩空气构成。气囊外层由耐油橡胶制成单节或多节，节数越多弹簧越软，节与节之间围有钢质腰环，防止两节之间摩擦。气囊上下盖板将空气封于囊内。

膜片空气弹簧由橡胶片和金属压制件组成。它比囊式空气弹簧的弹性曲线更为理想，固有频率更低些，且尺寸小，便于布置，因而多用于小轿车上。但其造价较贵，寿命较短。

油气弹簧是在密封的容器中充入压缩空气（如氮气等惰性气体）和油液，利用气体的可压缩性实现其弹簧作用，这种弹簧弹性是可变的，而用油液作为传力介质，其结构原理如图3-38所示。

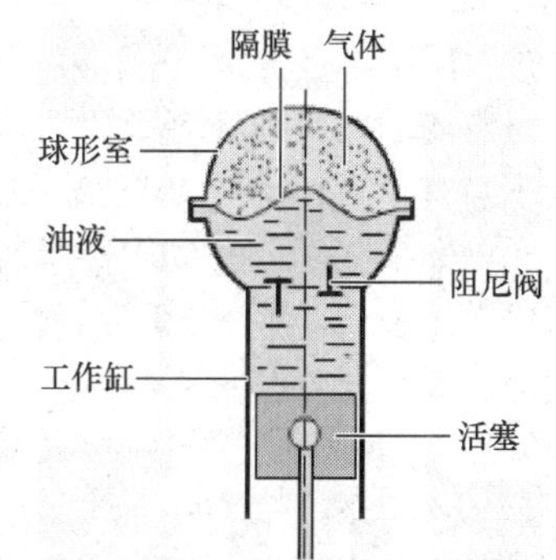

图3-38　油气弹簧结构原理图

球形室固定在工作缸之上，室内腔用橡胶隔膜将油液与气体隔开，充入高压氮气的一侧为气室，与工作缸相同而充满油液的一侧为油室。工作缸内装有活塞和阻尼阀及阀座。

具体工作原理：当汽车受到的载荷增大时，活塞向上移动，使工作缸内油压升高，打开阻尼阀进入球形室下部，推动隔膜向气室方向移动，气室受到的压缩压力升高，使油气弹簧刚度增加。

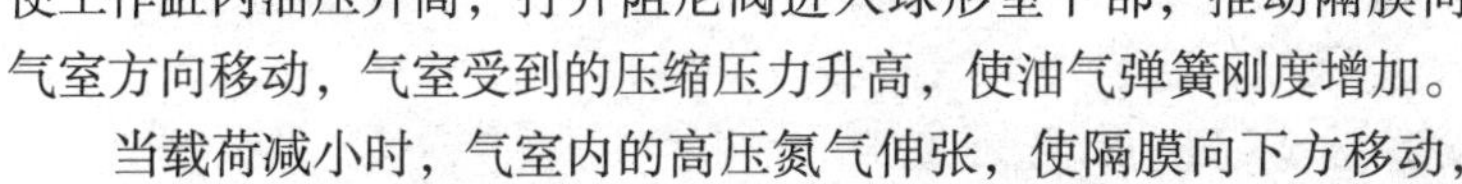

当载荷减小时，气室内的高压氮气伸张，使隔膜向下方移动，油液通过阻尼阀流回工作缸，活塞下移使油压降低，同时气室容积变大压力下降，使油气弹簧刚度降低。随着汽车行驶中的姿态变化，工作缸内的油压与气室内的氮气压力也随之变化，此时，活塞处于工作缸中的不同位置。因此，油气弹簧具有可变刚度的特性。

此外，当油液流经阻尼阀时，产生阻尼力，因此，油气弹簧还起减振器的作用。

油气弹簧具有良好的行驶平顺性，而且体积小，质量小。但是对密封性要求很高，维护相对麻烦。目前，这种弹簧多用于重型汽车和部分客车上。

由于空气和油气弹簧只能承受垂直载荷，因此，采用这种弹簧的悬架也必须有导向装置和减振器。

（5）橡胶弹簧　橡胶弹簧是利用橡胶本身的弹性来起作用的弹性元件，它可以承受压缩载荷和扭转载荷。当橡胶弹簧在外力作用下变形时，便产生内部摩擦，以吸收振动。橡胶弹簧的优点是可以制成任何形状，使用时无噪声，不需要润滑。但橡胶弹簧不适用支承重载荷。所以，橡胶弹簧主要用做辅助弹簧，或用做悬架部件的衬套、垫块、挡块及其他支承件。

☞ 五、减振器

汽车在行驶中四个车轮在垂直方向上会受到不同力的作用，悬架系统中的弹性元件受冲击会相应产生振动。因此，需要在悬架中与弹性元件并联安装减振器（图3-39所示），以衰减振动，提高汽车行驶的平顺性。

1. 作用

减振器在汽车中的作用是迅速衰减由车轮通过弹性元件传给车架的冲击和振动，提高汽车行驶的平顺性能。

2. 基本工作原理

汽车悬架系统中通常采用液力减振器，其工作原理是当车架或车身与车桥间受振动出现相对运动时，减振器内的活塞上下移动，减振器内的油液便反复地从一个腔经过不同的孔隙流入另一个腔内。此时，孔壁与油液间的摩擦和油液分子间的内摩擦消耗了振动的能量，而对振动形成阻尼力，使汽车振动能量转化为油液热量，再由减振器吸收散发到大气中。在油液通道截面等因素不变时，阻尼力随车架与车桥之间的相对运动速度的增减而变化，并与油液粘度、孔道的多少及孔道的大小等因素有关。

弹性元件与减振器承担着缓冲和减振的任务，若阻尼力过大，振动衰减变得过快，使悬架的弹性元件的缓冲作用变差，甚至使减振器连接件及车架损坏。一般汽车在行驶中可能处于三种状态：第一种是在良好的路面上行驶，此时要求弹性元件充分发挥作用；第二种是相对于汽车承受中等强度的振动，这种情况减振器起主导作用；第三种情况是车辆受到剧烈振动，这时与轮胎的接地性有密切关系。减振器要想在以上三种情况下与弹性元件均能协调工作，为此必须满足以下要求：

1）在悬架压缩行程中(车桥和车架互相靠近)，减振器阻尼力较小，以便充分发挥弹性元件的弹性作用，缓和冲击。此时，弹性元件起主要作用。

2）在悬架伸张行程中(车桥和车架互相远离)，减振器阻尼力应较大，以迅速减振。此时，减振器起主要作用。

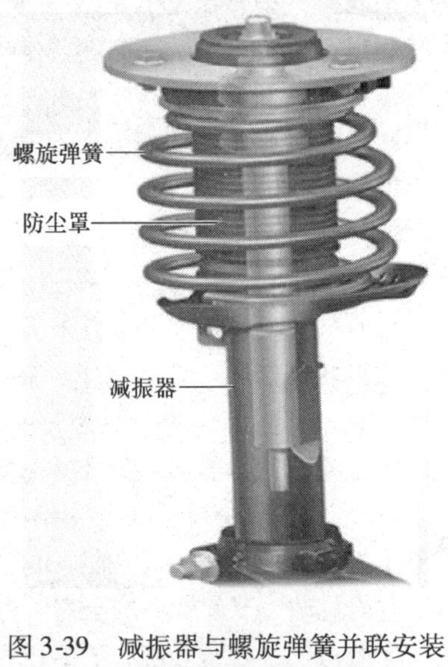

图 3-39　减振器与螺旋弹簧并联安装

3）当车桥和车架间的相对运动速度过大时，要求减振器能自动加大液流量，使阻尼力始终保持在一定限度之内，以避免车架承受过大的冲击载荷。

3. 类型

1）按工作原理分为单向作用式减振器和双向作用式减振器。

2）按结构分为双筒式减振器和单筒式减振器。

3）按工作介质分为液压式减振器和气压式减振器。

注：现代汽车大多采用双向作用单筒式液压减振器。在新型的汽车上，开始采用充气式减振器。在压缩和伸张两个行程中均能起阻尼减振作用的减振器称为双向作用式减振器；只在伸张行程中起阻尼减振作用的减振器称为单向作用式减振器。

4. 双向作用单筒式液压减振器

（1）结构　如图 3-40 所示，双向作用单筒式液压减振器一般由几个同心钢筒、几个阀门和一些密封件等组成。里面的钢筒为工作缸，工作缸内装有活塞，活塞上装有伸张阀和流通阀，在工作缸下端的支座上装有压缩阀和补偿阀。流通阀和补偿阀是单向阀，较小的油压即可打开或关闭。伸张阀和压缩阀也都是单向阀，需要较大的油压才能打开，而油压稍降低，阀门即可关闭。

（2）具体工作原理　如图 3-40 所示。

1）压缩行程：当车桥移近车架时，减振器受压缩，活塞杆推动活塞下移，使下腔室容积减小，油压升高，油液经流通阀进入活塞上腔室。由于活塞杆占去了上腔室一部分容积，故上腔室增加的容积小于下腔室减小的容积，致使下腔室油液不能全部流入上腔室，多余的油液压开压缩阀流入储油缸筒。油液流经上述阀孔时，受到一定的节流阻力，为克服这种阻力而消耗了振动能量，使振动衰减。当车身振动剧烈，活塞高速运动时，活塞下腔室油压骤增，压缩阀的开度增大，油液能迅速通过较大的通道流回储油缸筒。这样，油压和阻尼力都不致过大，使压缩行程中弹性元件的缓冲作用能充分发挥。

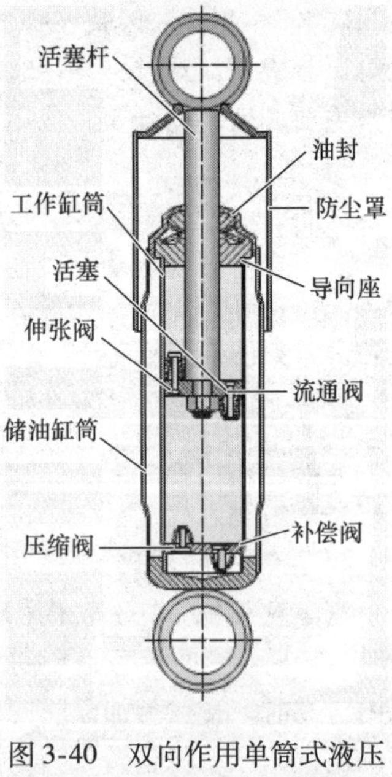

图 3-40　双向作用单筒式液压减振器结构及工作原理图

2）伸张行程：当车桥远离车架时，减振器受拉伸，活塞杆拉动活塞上移，使上腔室容积减小，油压升高，上腔室油液推开伸张阀流入下腔室。由于活塞杆的存在，下腔室形成一定的真空度，储油缸筒内的油液在真空度的作用下，推开补偿阀流入下腔室。由于伸张阀弹簧刚度和预紧力比压缩阀大，且伸张行程时的油液通道面积小。所以，在伸张行程产生的最大阻尼力远远超过了压缩行程内的最大阻尼力。减振器这时充分发挥减振作用，能迅速衰减振动。

六、电磁式减振器

现在汽车上应用的减振器多数为液压式减振器，在高档轿车上配备有空气—油液式减振器，而新式的电磁式减振器已经应用于帕萨特及奥迪车上。下面，我们就一起学习一下电磁式减振器的结构及原理。

电磁式减振器称为 Electromagnetic Absorber，它是利用电磁反应而产生阻尼的一种新型智能化减振器。电磁式减振器的电子控制单元 ECU 根据加速度传感器检测到的路面实际状况和悬架行程传感器检测到的实际运动行程，来发出指令控制电磁式减振器内线圈的电流大小，从而控制减振器的阻尼力。

1. 电磁式减振器的优点

1）以磁代油，以电磁场瞬时消能减振代替油摩擦滞时消能减振，本质上解决了传统液压式减振器漏油失效的困境。

2）根据路况，自动调整阻尼力，以减小车身晃动和倾斜，满足舒适性和平稳性。

3）以振消振，利用振动能量驱动磁场产生电磁场，形成最优磁阻尼，达到平稳消能吸振的目的。

4）电磁场工作区间呈悬浮状态，关键部件采用耐磨、耐蚀、高强度的特殊材质制造，正常使用寿命是传统液压式减振器的 3 倍以上。

5）减振效果好，延长了变速器、车轮和轮胎等部件及整车的使用寿命。

6）紧急制动时，瞬时产生的振动能量可通过电磁场的能量转化迅速消耗掉，控制轮胎紧贴路面，明显提高制动效率，紧急制动时稳定性好，驾乘更安全。

2. 电磁式减振器的控制方式

电磁式减振器的控制方式有两种：纯电磁控制和电液一体控制。

（1）纯电磁控制　如图 3-41 所示为帕萨特 CC 轿车所采用的纯电磁减振器。减振器内没有

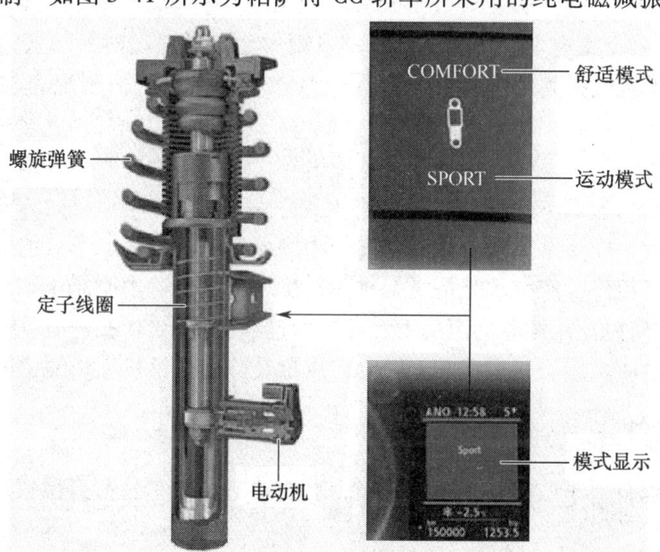

图 3-41　帕萨特 CC 用纯电磁减振器

了传统液压式减振器的油液，电磁式减振器活塞外侧有定子线圈，通过控制定子线圈的电流，从而精确控制电动机反方向运动的阻尼力和减振力，缓和路面的冲击与振动。输入的电流越大，定子线圈中产生的磁场就越强，电动机产生反方向运动的阻尼力和减振力也就越大；反之，阻尼力和减振力就越小。另外，该减振器还提供了舒适模式(COMFORT)和运动模式(SPORT)两阶段阻尼调整模式，可调的阻尼模式能够适应不同驾驶风格及多种路况要求。相比传统的液压式减振器，该减振器的动作要快得多。当选择舒适模式(COMFORT)时，减振器的阻尼作用变弱；当选择运动模式(SPORT)时，减振器的阻尼作用变强。

(2) 电液一体控制　如图 3-42 所示为奥迪 TT 跑车所采用的电液一体化电磁减振器，它和传统液压式减振器一样，依靠油液在节流孔的流动实现阻尼效果，只是减振器内的油液是一种新型的电磁液，它是由合成碳氢化合物以及 3 ~ 10μm 大小的磁性粒子组成的。一旦控制单元发出脉冲信号，线圈内便会产生电压，从而形成一个磁场，改变其中粒子的排列方式。

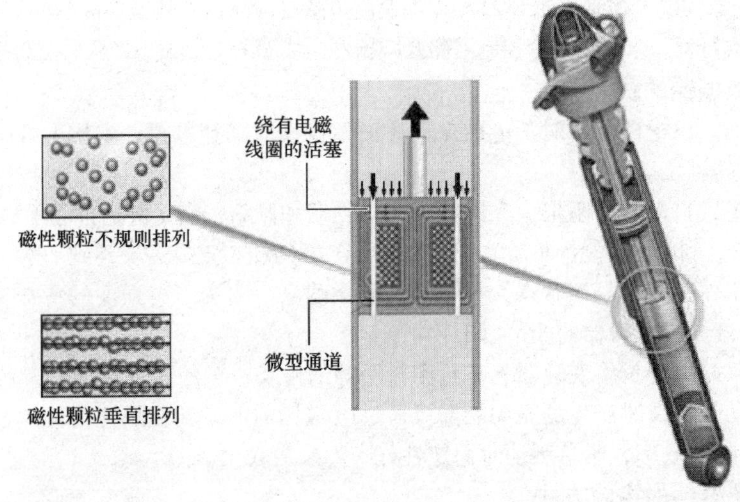

图 3-42　奥迪 TT 用电液一体化电磁减振器

具体工作原理：

1）该减振器活塞上绕有电磁线圈。当电磁线圈中无电流通过时，活塞内 4 个微型通道中的电磁液未被磁化，不规则排列的磁性颗粒呈均匀分布状态，产生的阻尼力与传统液压式减振器相同。

2）如图 3-42 所示，一旦控制单元发出脉冲信号，线圈内便会产生电压，从而形成一个电磁场，并改变粒子的排列方式。此时，这些粒子马上会按垂直于活塞运动的方向排列，阻碍油液在活塞微型通道内流动，提高阻尼效果。活塞线圈中输入的电流越大，形成的电磁场强度越强，磁性颗粒被磁化的程度越好，产生的阻尼力就越大；反之，则阻尼力就越小。

ECU 可在 1s 时间内让减振器的阻尼力和减振力连续改变 1000 次，与单独使用弹簧液压式减振器相比，既提高响应速度，又可提高舒适性，堪称全球动作最快、最先进的智能悬架系统。

七、独立悬架

现代汽车，特别是轿车广泛采用独立悬架，有的轿车全部车轮都采用独立悬架。

1. 结构特点

独立悬架的结构特点是车架与每一侧车轮之间的悬架连接是独立的，它的车桥为断开式，当

一侧车轮上下跳动时，不会影响到另一侧车轮位置的变化。这种悬架乘坐舒适性和操纵稳定性都较好，且具有降低汽车重心、减小汽车造型受约束的效果，但其结构较复杂，造价较昂贵。

2. 与非独立悬架相比的优点

1）左、右车轮的运动相互独立，减小了车身的振动。

2）非簧载质量小，悬架所受到的冲击小，平顺性好。

3）与断开式车桥配用，可降低汽车重心，行驶稳定性好。

在独立悬架中，多采用螺旋弹簧和扭杆弹簧作为弹性元件，其他形式的弹性元件使用得很少。

悬架的构件虽然简单，但参数的确定却相当复杂，厂家不但要考虑汽车的舒适性和操控稳定性，还要考虑到成本问题。基于这三个原因，不同厂家有不同的倾向性策略，也就产生了国内现在比较常见的五种悬架：麦弗逊式独立悬架、双叉臂式独立悬架、双横臂式独立悬架、连杆支柱式独立悬架、多连杆式独立悬架。下面，就让我们来分别学习五款国内常见的独立悬架。首先，来学习下使用最普遍的麦弗逊式独立悬架。

3. 麦弗逊式独立悬架

如图3-43所示，麦弗逊式独立悬架是以发明者Macphersan的名字命名，在中级以下轿车中使用很广泛的一种悬架。

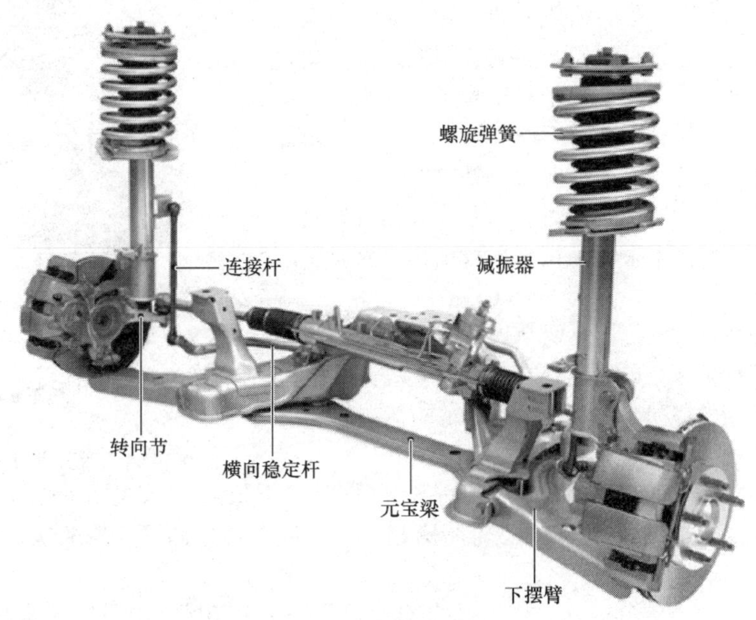

图3-43　麦弗逊式独立悬架

这种悬架由减振器、螺旋弹簧、A字形下摆臂组成，绝大部分车型还会加上横向稳定杆。减振器与套在它外面的螺旋弹簧合为一体，构成悬架的弹性支柱。支柱上端与车身挠性连接，支柱下端与转向节刚性连接。下摆臂的外端通过螺栓与转向节的下部连接，内端与元宝梁铰接。车轮所受的侧向力经转向节大部分由下摆臂承受，其余部分由减振器承受。

麦弗逊式独立悬架没有传统的主销实体，转向轴线为上、下铰接中心的连线。麦弗逊式悬架结构简单，布置紧凑，用于前悬架时能增大两轮内侧的空间，故多用于发动机前置前轮驱动的汽车上。转向轮采用麦弗逊式独立悬架时，前轮定位参数的变化较小，除前束可调整外，其他参数有的车型规定不可调整，有的车型规定可以调整。

麦弗逊式独立悬架由于结构简单，所以，它质量小、响应速度快，并且在一个下摆臂和支柱的几何结构下能自动调整车轮外倾角，让其能在过弯时自适应路面，让轮胎的接地面积最大化，虽然麦弗逊式悬架并不是技术含量很高的悬架结构，但麦弗逊式悬架在行车舒适性上的表现还是令人满意的，不过由于其构造为直筒式，对左、右方向的冲击缺乏阻挡力，抗制动点头作用较差，悬架刚度较弱，稳定性差，转弯侧倾明显。

由于其占用空间小，适合小型车以及大部分中型车使用。国内常见的广州本田飞度、东风标致 307、一汽丰田卡罗拉、上海通用君越、一汽大众迈腾等前悬架均采用了麦弗逊式独立悬架。

麦弗逊式独立悬架的主要优点：结构简单、占用空间小、响应较快、制造成本低；主要缺点：横向刚度小、稳定性不佳、转弯侧倾较大。

注：超级跑车保时捷 911 也采用了麦弗逊式前悬架，这足以证明这款悬架具有广泛的适应性。

4. 双叉臂式独立悬架

如图 3-44 所示，双叉臂式独立悬架是在中、高级轿车中使用很广泛的一种悬架。

双叉臂式独立悬架又称为双 A 臂式独立悬架，双叉臂式独立悬架拥有上、下两个叉形摆臂。其中，上、下叉臂的一端分别通过叉臂轴与车身铰接，另一端分别通过上、下球头销与转向节相连。减振器与套在它外面的螺旋弹簧合为一体，构成悬架的弹性支柱。支柱上端与车身挠性连接，支柱下端与转向节刚性连接。横向力由两个叉臂同时吸收，支柱只承载车身重量，因此，横向刚度大。垂直力通过转向节、下球头销、下摆臂和减振器及螺旋弹簧传递给车身；而纵向力、侧向力及其力矩由转向节、下摆臂、上摆臂、下球头销、上球头销传递给车身。由于此种悬架使用上下球头销来代替主销，故属于无主销式悬架。

图 3-44　双叉臂式独立悬架

双叉臂式独立悬架的上、下两个 A 字形叉臂可以精确地定位前轮的各种参数。前轮转弯时，上、下两个叉臂能同时吸收轮胎所受的横向力，加上两个叉臂的横向刚度较大，所以，转弯的侧倾较小。

双叉臂式独立悬架通常采用上、下不等长叉臂（上短下长），让车轮在上、下运动时能自动改变外倾角并且减小轮距变化、减小轮胎磨损，并且能自适应路面，轮胎接地面积大，贴地性好。

相比麦弗逊式独立悬架，双叉臂式独立悬架多了一个上摆臂，不仅需要占用较大的空间，而且其定位参数较难确定，因此，小型轿车的前桥出于空间和成本考虑一般不会采用此种悬架。但其具有侧倾小、可调参数多、轮胎接地面积大、抓地性能优异等优点，因此，绝大部分纯正血统的跑车的前悬架均选用双叉臂式独立悬架，可以说双叉臂式独立悬架是为运动而生的悬架。法拉利、玛莎拉蒂超级跑车以及 F1 方程式赛车均采用了双叉臂式前悬架。而国内采用双叉臂式前悬架的轿车主要有一汽丰田皇冠和锐志，以及奥迪的豪华 SUV Q7、大众途锐等。

双叉臂式独立悬架的主要优点：横向刚度大、抗侧倾性能优异、抓地性能好、路感清晰；主要缺点：制造成本高、悬架定位参数设定复杂。

5. 双横臂式独立悬架

如图 3-45 所示，双横臂式独立悬架是在双叉臂式独立悬架的基础上改变而来的，二者有着许多的共性，双横臂式只是结构比双叉臂式简单些，可以称之为简化版的双叉臂式独立悬架。同双叉臂式悬架一样，双横臂式悬架的横向刚度也较大，一般也采用上、下不等长摆臂设置。

双横臂式悬架设计偏向运动性，其性能优于麦弗逊式悬架，但比起真正的双叉臂式悬架以及多连杆悬架要稍差一些。国内采用双横臂式前悬架的轿车主要有：广州本田雅阁、一汽轿车马自达 6 以及克莱斯勒 300C；而采用双横臂式后悬架的有东风本田思域。

6. 连杆支柱式独立悬架

连杆支柱式独立悬架严格意义上来说没有这种称谓，但是，随着国内广州丰田凯美瑞的热销，连杆支柱这个名字被越来越多的人熟悉，我们也就姑且把这种悬架称为连杆支柱式独立悬架。

如图 3-46 所示，连杆支柱式悬架与麦弗逊式悬架一样，用来支撑车体的也是减振器支柱，它把减振器和螺旋弹簧组装成一体。连杆支柱式悬架也有一根粗大的减振器支柱，与麦弗逊式悬架的主要区别在于：悬架下部与车身连接的 A 字形下摆臂改成了三根连杆定位。转弯时产生的横向力主要由减振器支柱和横向连杆来承担。它具有与麦弗逊式悬架相近的操控性能，又有比麦弗逊式悬架更高的连接刚度和相对较好的抗侧倾性能。但是，同样也存在麦弗逊式悬架的缺点，就是稳定性不好，转弯侧倾还是较大，需要加装横向稳定杆来减小转向侧倾。

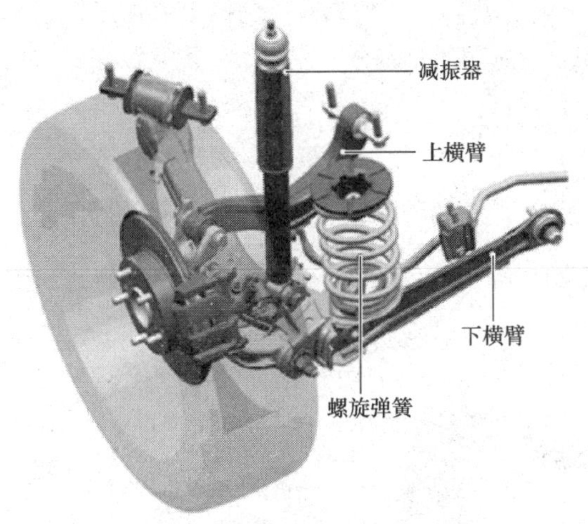

图 3-45　双横臂式独立悬架

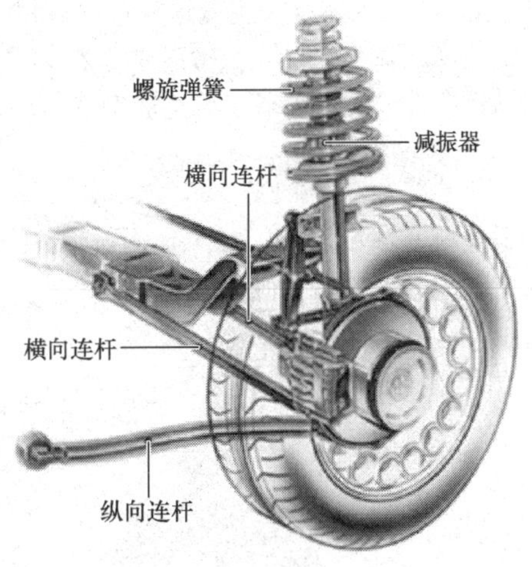

图 3-46　连杆支柱式独立悬架

不过其占有空间小于真正的多连杆式悬架，成本也低于多连杆式悬架，因此，被不少厂家采用。国内采用这种前悬架的主要有昌河铃木利亚纳、东风悦达起亚赛拉图、北京现代伊兰特、广州丰田凯美瑞等；而采用连杆支柱式后悬架的有汉兰达。

连杆支柱式独立悬架的主要优点：结构简单、占用空间较小、制造成本较低；主要缺点：横向刚度依然有限、稳定性不佳、容易加剧前驱车的转向不足特性。

7. 多连杆式独立悬架

多连杆式独立悬架可分为多连杆式前悬架和多连杆式后悬架。其中前悬架一般为 3 根连杆或 4 根连杆式独立悬架；后悬架则一般为 4 根连杆或 5 根连杆式独立悬架。其中，5 连杆式后悬架应用较为广泛。

如图 3-47 所示，多连杆式悬架能实现主销后倾角的最佳位置，大幅度减小来自路面的前后方向力，从而改善加速和制动时的平顺性和舒适性，同时也保证了直线行驶的稳定性。因为由螺

旋弹簧拉伸或压缩导致的车轮横向偏移量很小，不易造成非直线行驶。在车辆转弯或制动时，多连杆式悬架结构可使后轮形成正前束，提高了车辆的控制性能，减少转向不足的情况。

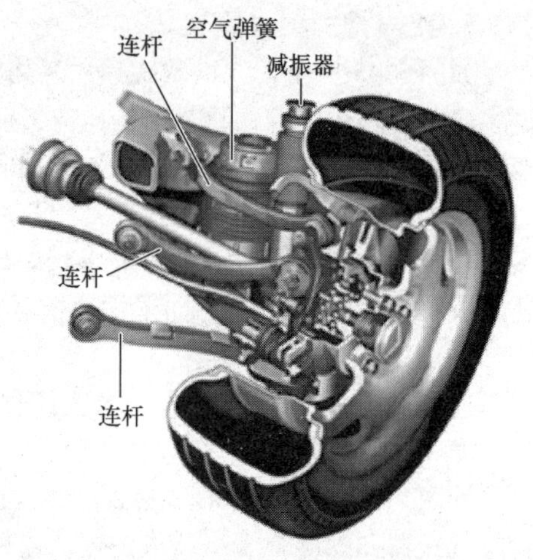

图 3-47　多连杆式独立悬架

多连杆式悬架在收缩时能自动调整外倾角、前束角以及使后轮获得一定的转向角度。通过对连接运动点的约束角度设计使得悬架在压缩时能主动调整车轮定位，能完全针对车型进行匹配和调校，以最大限度地发挥轮胎抓地力，从而提高整车的操控极限。

多连杆式悬架结构相对复杂，材料成本、研发试验成本以及制造成本远高于其他类型的悬架，而且其占用空间大，中小型车出于成本和空间考虑极少使用这种设计。但多连杆式悬架的舒适性能是所有悬架中最好的，操控性能也和双叉臂式悬架难分伯仲。高档轿车由于空间充裕且注重舒适性能和操控稳定性，所以，大多使用多连杆式独立悬架，可以说多连杆式悬架是高档轿车的绝佳搭档。

国内前、后悬架均采用多连杆的车型有：奔驰 E 级轿车、华晨宝马的 3 系及 5 系轿车、一汽大众奥迪 A4 及 A6L；采用多连杆前悬架的车型有上海大众的帕萨特领驭；采用多连杆后悬架的有长安福特福克斯、一汽大众速腾、广州本田雅阁、上海通用君越、一汽丰田皇冠及锐志、一汽轿车马自达 6、东南汽车三菱戈蓝等。

☞ 八、横向稳定器

当代轿车悬架很软，即固有频率很低。汽车高速行驶转弯时，车身会产生较大的侧向倾斜和侧向角振动。为了提高悬架的侧倾角刚度，减小侧倾，常在悬架系统中加设横向稳定器，如图 3-48所示为杆式横向稳定器。

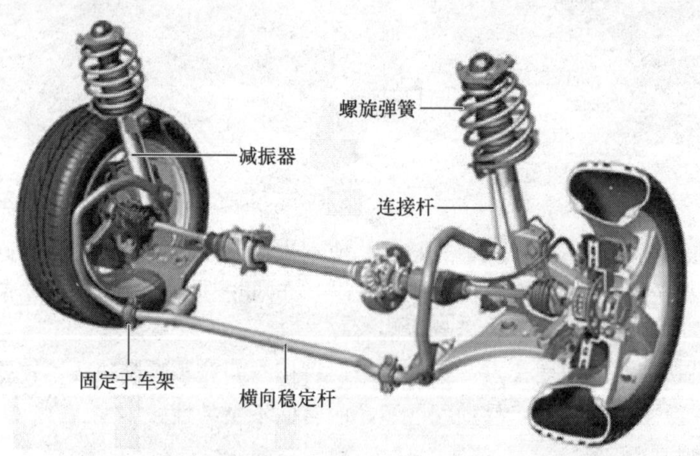

图 3-48　杆式横向稳定器

由弹簧钢制成的横向稳定杆呈 U 形，安装在汽车紧靠悬架的前端或后端(有的轿车前后端都装有横向稳定器)。稳定杆中部的两侧自由支承在两个固定于车架上的橡胶套内，稳定杆的两端通过铰接杆与减振器相连。

横向稳定杆工作原理：当车身受到振动而两侧悬架变形量相同时，横向稳定杆中部的两个固

定点在橡胶套内自由转动，此时，横向稳定杆不起作用。当两侧悬架变形不等，车身相对路面发生侧向倾斜时(如转弯)，一侧车身降低，另一侧车身升高，此时，横向稳定杆两端相对于车身的移动方向相反。由于车身倾斜时，横向稳定杆的中部与车身并无相对运动，只是稳定杆两端及其纵向部分向不同方向偏转，于是稳定杆中部便被扭转，具有弹性的稳定杆抵抗扭转的内力矩就阻碍了悬架弹簧的变形，因而减小了车身的横向倾斜和横向角振动。另外，横向稳定器还可起平衡两侧车轮载荷的作用。

☞ 九、辉腾带减振控制的空气悬架系统

车辆与道路的接触性能由悬架系统的部件决定，它应尽最大可能满足车辆的乘员舒适性，优化驾驶安全性以及降低路面传递到车内的噪声，这些条件对悬架系统的设计提出了很高的要求。设计满足高舒适性标准的车辆，就要在各种悬架系统的要求中进行综合考虑，形成一个各方兼顾的方案，这是一项特殊的挑战。而辉腾轿车在悬架系统中采用了完全承载式水平高度调节系统——4 角空气悬架(4CL)并带有连续减振控制(CDC)的设计方案。为了更好地理解该设计方案，我们有必要先学习一下弹簧/减振器系统基础、空气悬架基础和减振系统基础三部分内容。

(一) 弹簧/减振器系统基础

1. 车辆悬架

如图 3-49 所示，当车辆运动时，外部作用力与冲击会使车辆沿三维空间轴的方向(横轴、纵轴、垂直轴)产生运动与振动。减振的目标是在弹簧与减振器之间获得良好的平衡，从而将这些力对驾驶舒适性、驾驶安全性和操纵安全性的影响降到最低。

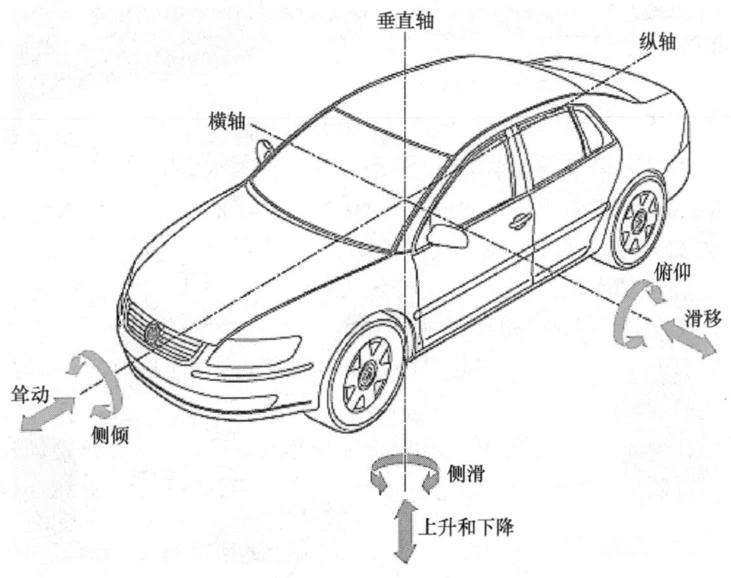

图 3-49 车辆运动与振动示意图

1) 驾驶舒适性：乘员不会感觉到有害的或不舒服的振动，并且让车内货物保持完好。

2) 驾驶安全性：用以保持车轮与地面的接触，这对于转向和制动都是十分重要的。

3) 操纵安全性：保护车身与各个总成不会受到较大的冲击和振动载荷。

轮胎、弹簧/减振器与座椅及座垫共同组成车辆的减振系统。弹簧/减振器元件是该系统的关键部件，连接在车轮与车身之间。在汽车上，分簧下质量(通常包括车轮、制动器、半轴、下摆臂、减振器和车轮轴承等)与簧上质量(车身传动系统零件)。车辆优化的总体目标是将簧下质量保持

在最小，这样可对车身振动特性的干扰降到最小，并改善悬架响应和驾驶舒适性。那么，通过采用以下部件可减小簧下质量：

1）铝合金悬架零件。

2）铝合金制动钳。

3）铝合金中空辐条式车轮与重量优化后的轮胎。

2. 机动车上的振动类型

轮胎、悬架元件、车身与座椅构成了一个可以振动的系统。如图3-50所示，当一个力将弹簧上作用的物体拉离其静止位置时，弹簧中就会产生一个回复力，这个力使得该物体向回弹。于是，该物体开始振动并经过静止位置，这就又产生一个回复力，这个过程反复在进行，直到空气阻力和弹簧内部摩擦力使得振动停止为止。这些振动是由振幅和频率所决定的。

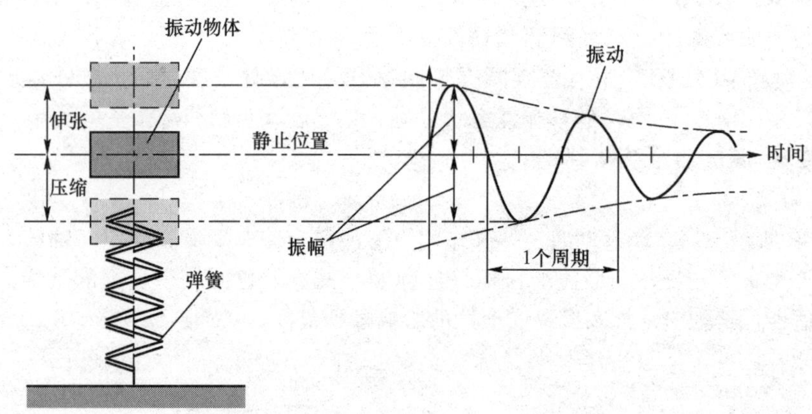

图3-50　振动原理示意图

1）振动：一个物体的向上与向下运动（例如车身的下压与反弹）。

2）振幅：摆动物体到其静止位置的最大距离（弹簧行程）。

3）周期：一个振动所持续的时间。

4）频率：每秒振动的次数。

5）固有频率：簧上质量每秒的自由振动次数。

在进行底盘设计时，车身固有频率具有特别重要的意义。车身固有频率基本上由弹簧刚度与簧上质量来决定。

如图3-51所示，较大的质量或较软的弹簧会使得车身固有频率变小并增加弹簧的行程。

如图3-52所示，较小的质量或较硬的弹簧会使得车身固有频率变大并减小弹簧的行程。

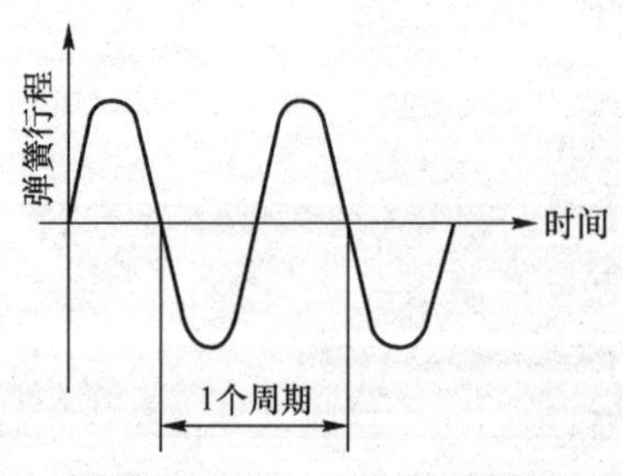

图3-51　固有频率小

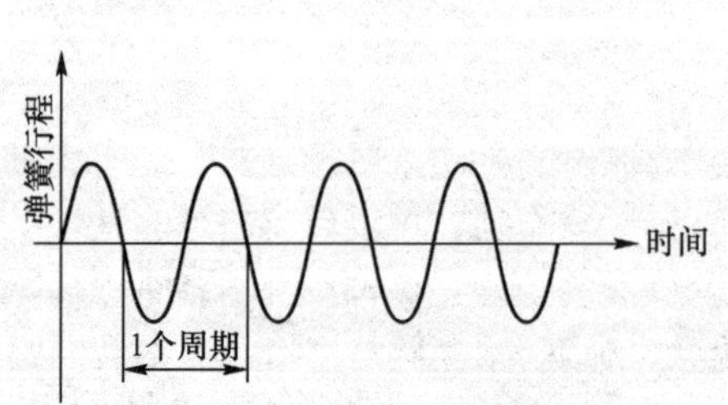

图3-52　固有频率大

当车身固有频率小于1Hz时会引起晕车的感觉，当然这也取决于个人的体质；当固有频率高于1.5Hz时，将使驾驶舒适性下降；当固有频率高于5Hz时，会使人感到振动。

如图3-49所示，在车辆行驶中，除了车辆的向上与向下运动外，还会发生围绕或沿车辆三维空间轴方向（横轴、纵轴、垂直轴）的振动，这些振动包括以下内容：

1）耸动：沿纵轴方向的振动。

2）侧倾：纵轴扭振（横摆、起伏、倾斜）。

3）横向滑移：沿横轴方向的振动。

4）纵倾：横轴扭振（俯仰）。

5）垂直振动：沿垂直轴方向的振动（冲击、垂直振动）。

6）横摆：垂直轴扭振（侧滑）。

3. 弹簧特性

弹簧刚度就是作用力和弹簧行程的关系，其单位是N/mm。弹簧刚度用来描述弹簧的软、硬程度。

如图3-53所示，如果在弹簧的整个行程内，弹簧刚度不变，那么，此弹簧具有线性特性。若弹簧较软，则特性曲线较平；弹簧较硬时，则特性曲线也较陡。螺旋弹簧的特性可能会受到以下因素影响：

1）弹簧直径。

2）弹簧钢丝直径。

3）弹簧的绕制圈数。

如图3-53所示，如果弹簧刚度随着弹簧行程的增大而增大，那么，此弹簧具有渐进特性。具有渐进特性的螺旋弹簧有下列特点：

1）螺旋弹簧的螺距不均匀。

2）螺旋弹簧呈锥形。

3）螺旋弹簧钢丝直径呈锥形。

4）不等弹簧直径的螺旋弹簧组合到一起。

弹簧渐进特性的优点：

1）悬架系统从正常状态到全负荷状态的匹配均较佳。

2）在负荷不断增加时，车身固有频率基本不变。

3）当车辆因路面不平而受到强烈冲击时，悬架下沉不会很快。

4）可充分利用弹簧的可用行程。

4. 弹簧行程

对于不带水平高度调节系统的车辆，其所需的弹簧行程等于车辆满载弹簧压缩距离减去空载弹簧压缩距离所得的静态弹簧行程加上动态弹簧行程。

静态弹簧行程就是车辆静态时在有效载荷作用下弹簧被压缩的距离。它等于车辆满载时的静态压缩量与车辆空载时的静态压缩量之差。

如图3-54所示，当弹簧特性曲线比较平坦（软弹簧）时，这个差值就是满载与空载之间的静态压缩量，这个静态压缩量就比较大。

如图3-54所示，当弹簧特性曲线斜度较陡（硬弹簧）时，这个静态压缩量就较小。

1）空载位置：就是可使用汽车（包括满箱燃油、工具箱与备胎，但不包括驾驶人）的车轮静立在地面上时的弹簧压缩量，即车轮中心与翼子板下沿之间的距离。

2）设计位置：就是车辆在空载位置条件的基础上再乘坐三名体重为68kg乘员后的位置。

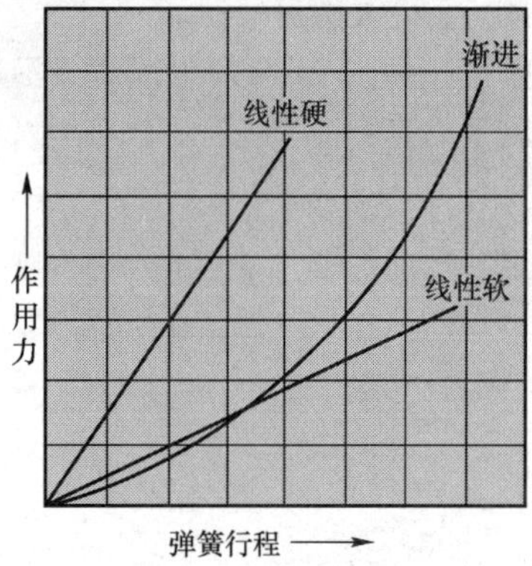

图 3-53　弹簧特性图

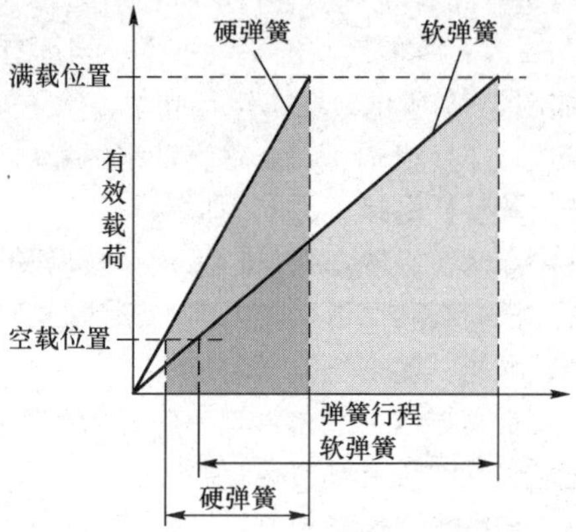

图 3-54　弹簧行程图

3）控制位置：就是不管有效载荷为多少而空气悬架的水平高度调节系统所保持的车辆位置，即车轮中心与翼子板下沿之间的恒定距离。

（二）空气悬架基础

1. 空气悬架

辉腾轿车采用的空气悬架是一种高度可调的汽车悬架系统，而且，可以与可控的减振器系统联合使用。它是一种相对较为容易实现的水平高度调节系统空气悬架。

水平高度调节系统可以将车身保持在恒定高度(控制位置)，即预定义的离地间隙。通过调节作用在空气弹簧上的压力以及改变空气弹簧支柱中的空气量就可进行车辆的高度调节。水平高度调节系统具有以下几方面的优点：

1）车辆可以轻松地调整高度。

2）不管有效载荷为多少，车辆的静态高度保持不变。

3）降低轮胎磨损。

4）风阻系数和车辆外形不受有效载荷的影响。

5）在所有载荷情况下，均能保持最大伸张行程与压缩行程。

6）即使在最大有效载荷情况下，也能保持最大离地间隙。

7）前束与前轮外倾不随有效载荷的变化而变化。

该空气悬架除了具有上述基本优点外，还可以设置三个不同的车辆高度：

1）正常悬架位置。

2）高悬架位置，用于路面状况较差或者不平路面。

3）低悬架位置，在高速公路行驶时自动设置。

2. 空气弹簧特性

（1）弹簧力/弹簧刚度　空气弹簧的弹簧弹力 F(承载力)由它的几何尺寸(有效圆面积 A_w)与作用在空气弹簧上的压力 P 确定。即：$F = P \times A_w$。有效圆面积 A_w 由有效作用直径 d_w 来决定。

对一个刚性结构来说，如气缸和活塞，这个有效作用直径就是活塞的直径。对于带有管状气囊的空气弹簧来说，这个有效作用直径由气囊最低点的直径决定(伸张行程的 d_{w_1} 与压缩行程的 d_{w_2})。因为在 A_w 计算公式中有效作用直径 d_w 进行平方计算，所以，此直径很小的变化就会使圆面积产生较大变化，同样也会使空气弹簧的承载力发生较大变化。由于载荷不同，承载力也就不同，因此，就会有相应的弹簧特性曲线或弹簧刚度。弹簧刚度的变化率与车身重量的变化率是一样的，这样，就可以保证与行驶性能相关的车身固有频率保持不变。

弹簧压缩改变了空气弹簧气囊的有效作用直径（d_w 从 d_{w1} 变化到 d_{w2}），因为它向下压在起伏活塞上。图 3-55 显示了起伏活塞轮廓线对有效作用直径 d_w 的作用效果。

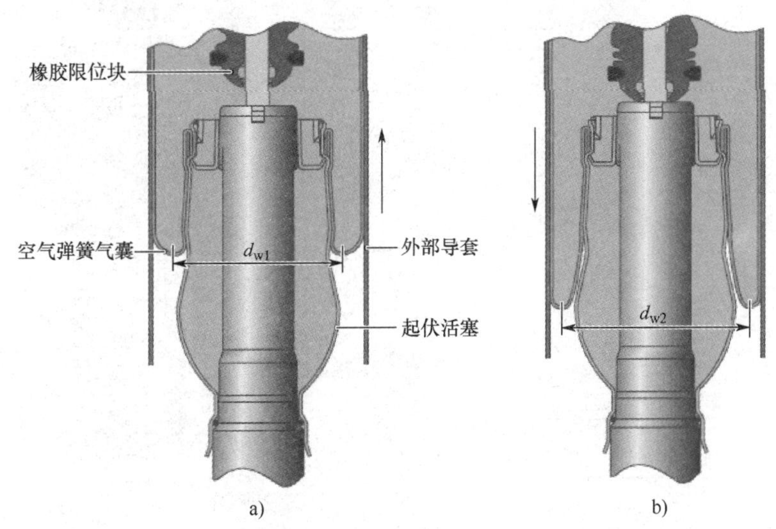

图 3-55 起伏活塞轮廓线对 d_w 的作用效果图

a）伸张行程 b）压缩行程

（2）弹簧特性 大体上，圆柱形活塞空气弹簧的弹簧特性是渐进的。如图 3-56 所示，其弹簧特性曲线是陡峭还是平坦由空气弹簧体积决定。大体积的空气弹簧产生平坦的弹簧特性曲线（软弹簧）；小体积的空气弹簧产生陡峭的弹簧特性曲线（硬弹簧）。假设弹簧中的空气体积受到动态压缩而悬架压缩行程不变，小空气弹簧体积系统中的压力上升速度要比大体积系统的速度快得多。此特性曲线会受到起伏活塞轮廓的影响。更改起伏活塞轮廓就改变了空气弹簧的有效作用直径 d_w，从而也就改变了弹簧弹力（承载力）。

根据具体应用，通过调整以下参数，可以对空气弹簧进行调整：①有效圆面积 A_w 的大小；②空气弹簧体积（空气量）的大小；③起伏活塞的外轮廓。

3. 空气弹簧的设计

空气弹簧的类型有两种：“部分承载”式与“完全承载”式。“完全承载”式是指所有车轮上只用空气弹簧作为支承负荷的弹簧元件。如果采用钢制弹簧和空气弹簧组合，通过液压和气压力来进行调节，因而这种悬架系统的承载力应是这两种弹簧力的总和，我们把这种形式称为“部分承载”式。

如图 3-57 所示，在辉腾轿车上使用的空气悬架为“完全承载”式空气弹簧。该空气弹簧主要包括以下部件：

1）带有外部导套的上部壳体。

2）空气弹簧气囊。

3）起伏活塞（下部壳体）。

4）一个系统储压器（在需要时才用）。

5）一个集成可连续控制的减振器（CDC）。

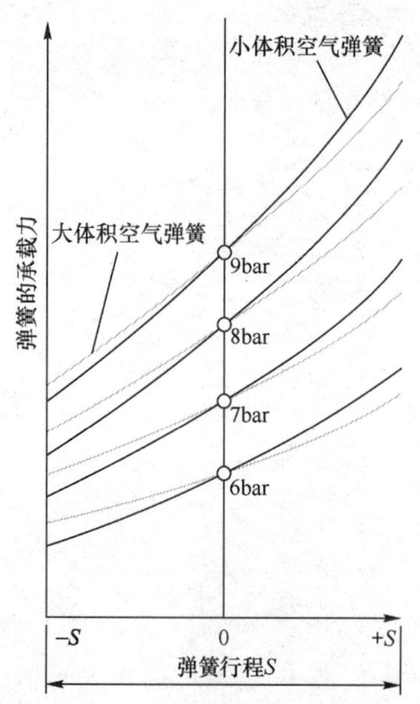

图 3-56　空气弹簧特性曲线图

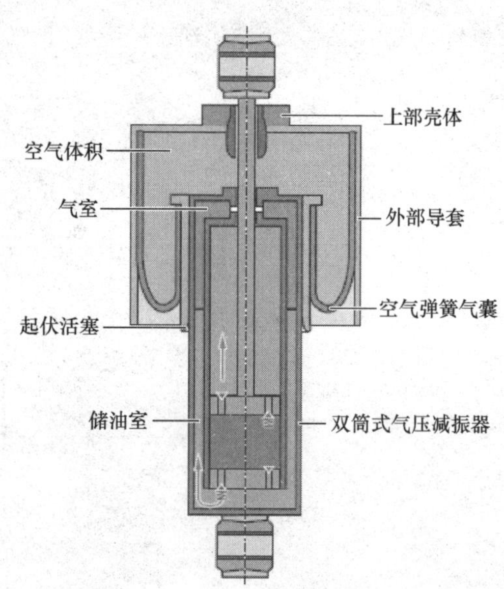

图 3-57　外部导向完全承载式空气弹簧示意图

4. 气囊

空气弹簧气囊由专用高质量多层人造橡胶材料制成，其中，内嵌有尼龙线织网作为加强材料。加强材料吸收空气弹簧中产生的力。里面的覆盖层是专门设计的气密层。各个层经过特殊组合后可使空气弹簧气囊具有良好的起伏特性并且准确地响应悬架动作。在 −35 ~ 90℃ 的温度范围内，这些材料可以抵抗所有外界影响。

外部导套金属套吸收周围作用力，有这种金属套的空气弹簧称为“外部导向”式空气弹簧。与之相对，不使用这种金属套的空气弹簧就叫做“无导向”式空气弹簧。

在辉腾轿车上使用的是带有“外部导向”完全承载式空气弹簧。

（三）减振系统基础

1. 减振器

如图 3-58 所示，如果没有减振器的话，车辆在行驶时，因路面不平造成的承载质量振动就会非常强烈，这就使得车身振动越来越强烈，并会导致车轮与路面脱离接触。这样，车辆将失去操纵性。减振器的任务就是尽可能快地降低车身的振动能量并将振动能量转化为热能。为此，在空气弹簧的基础上，又安装了气压式减振器。

正如以前说过的那样，减振器对驾驶安全性和驾驶舒适性有很大的影响。但是，对驾驶安全性的要求与对驾驶舒适性的要求是相互矛盾的。在一定的范围内，情况基本是这样的：

1）减振程度越高，驾驶安全性就越好，但驾驶舒适性越差。

2）减振程度越低，驾驶舒适性就越好，但驾驶安全性越差。

如图 3-59 和图 3-60 所示，根据具体的车桥设计形式，空气弹簧与气压式减振器的布置形式有两种：即同轴布置和单独布置。在辉腾轿车上采用的是同轴布置形式。

气压式减振器按结构不同可分为两种类型：即单筒式气压减振器和双筒式气压减振器。

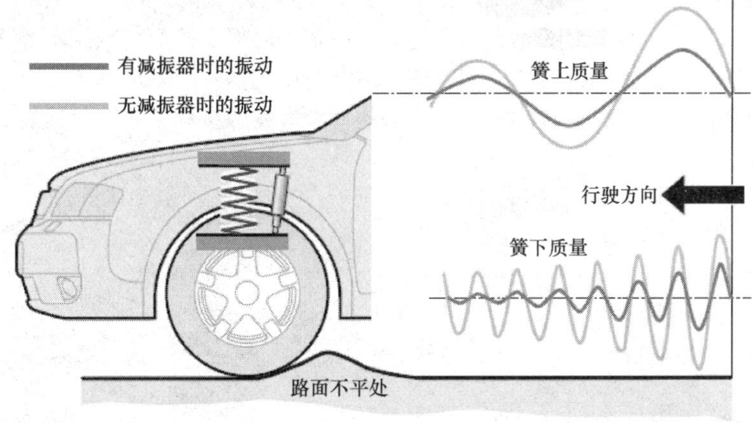

图 3-58 车辆振动强度示意图

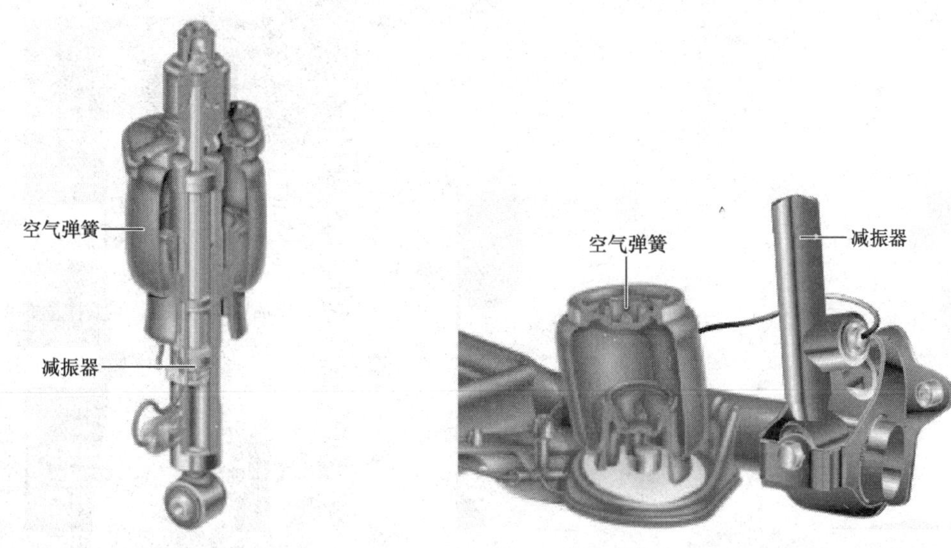

图 3-59 奥迪 A6 四驱同轴布置形式

图 3-60 奥迪 A6 前驱单独布置形式

（1）单筒式气压减振器 如图 3-61 所示，对于单筒式气压减振器来说，工作油室与储油室位于一个油缸中。因温度影响以及弹簧受压时活塞杆的推入而引起的容积变化由一个单独的气室来补偿，该气室是由隔离活塞从工作油室中隔离出来的。气室内的压力约为 25 ~ 30bar，该压力必须能在压缩时顶住阻尼力。其容积的变化量等于受压气室中的气体变化量。

具体工作原理：如图 3-62 所示。

1）在压缩行程，液压油经集成在活塞上的压缩阀被从工作油室压出，压缩阀会对液压油施加一定的阻力。于是，气室就会被压缩，压缩量就是插入活塞杆的容积。

2）在伸张行程，液压油经集成在活塞上的伸张阀被从储油室压出，伸张阀同样会对液压油施加一定的阻力。于是，气室就会膨胀，膨胀量就是浮出活塞杆的容积。

（2）双筒式气压减振器 如图 3-63 所示，双筒式气压减振器作为标准减振器得到了广泛应用。正如它的名称那样，它由安装在一起的两个筒组成。内筒作为工作油室，其中充满了液压油。活塞连同活塞阀和活塞杆一起在工作油室中上下运动。工作油室的底部由底板和底阀构成。外筒与内筒之间是环形的储油室，储油室用于补偿因活塞杆及液压油温度变化而产生的容积变化，它只装着一部分液压油，工作压力为6～8bar，这样就可减少气蚀。储油室中的油量等于工作油室中油量的变化量。在加油嘴上有一气室。在活塞和底板上的两个减振阀的作用下，振动得到衰减。这两个减振阀分别称为活塞阀和底阀，活塞阀中包括一个阻尼阀和一个单向阀，而底阀同样包括一个阻尼阀和一个单向阀，它们由弹簧垫片、螺旋弹簧和带有节流孔的阀体组成。

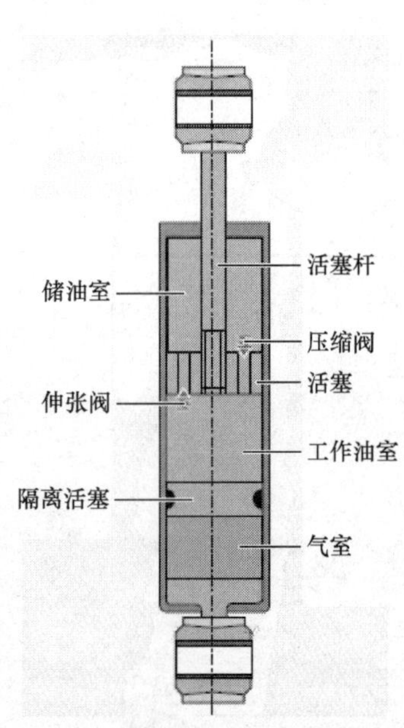

图3-61　单筒式气压减振器结构图

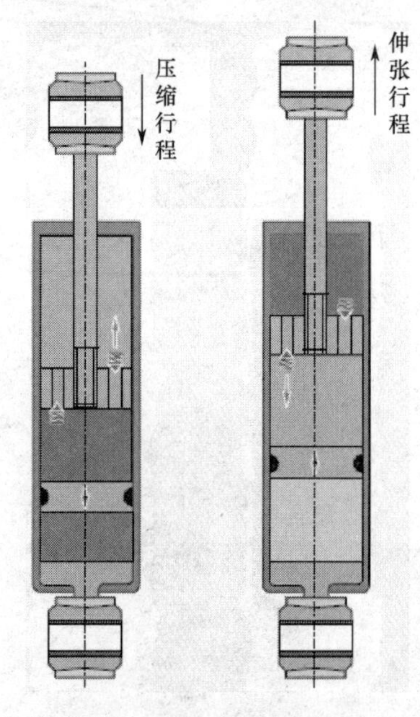

图3-62　单筒式气压减振器工作原理图

具体工作原理如图3-64所示。

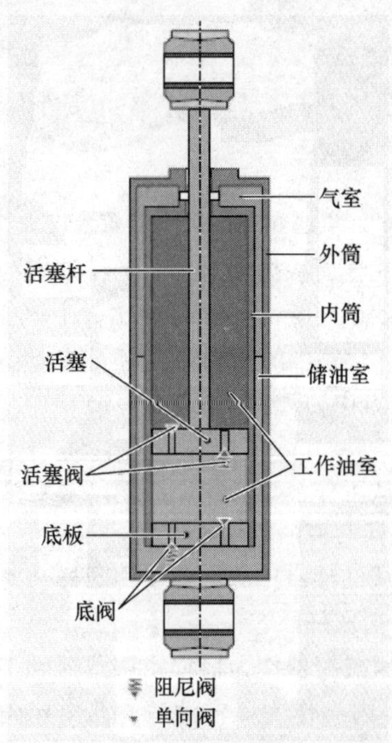

图3-63　双筒式气压减振器结构图

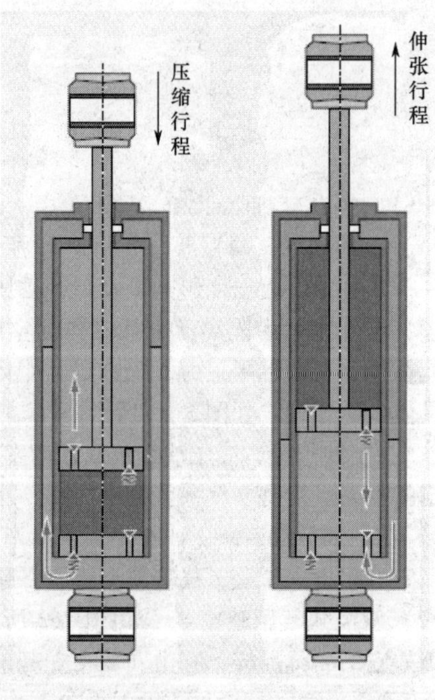

图3-64　双筒式气压减振器工作原理图

1）在压缩行程，减振作用主要靠底阀完成，部分由活塞的运动阻力作用完成。活塞杆挤出的液压油流入储油室，底阀对这些液压油的流动会施加一定的阻力，从而就降低了流动的速度。

2）在伸张行程，减振作用由活塞阀独自完成，对向下流动的液压油施加一定的阻力。工作油室内所需要的液压油可以通过底阀上的单向阀毫无阻碍地回流。

注：气蚀指的是当液压油流动很快时，随着真空出现而形成空腔的一个过程。

2. 减振器调节

阻尼基本分为两种情况：压缩和伸张。对于减振器来说，压缩行程的阻尼力与伸张行程的阻尼力有所不同，压缩行程的阻尼力小于伸张行程的阻尼力。这样，由于路面不平而引起的振动只有较少部分传递给车辆。由于减振器的调节是固定的，所以，驾驶舒适性与驾驶安全性有着密切的关系。但安装在辉腾轿车上的连续控制的可调节式减振器在大约几毫秒间就可判断出哪个车轮要减振以及需要多大的减振程度。

减振程度说明了减振的快慢程度，这取决于减振器的阻尼力和簧上质量的大小。如果阻尼力不变的话，增大簧上质量会降低减振程度，这就意味着振动被吸收的速度变慢了，即慢速减振；减小簧上质量则增大减振程度，这就意味着振动被吸收的速度变快了，即快速减振。

阻尼力由下列因素来确定：排出的液压油油量、阻尼阀形成的流动阻力、减振器活塞的运动速度以及减振器液压油的粘度。

（四）辉腾带减振控制的空气悬架概述

辉腾轿车带有连续减振控制（CDC）的完全承载式4角空气悬架（4CL）从控制功能上来说属于电控悬架（即为主动悬架）。因此，同其他电控系统一样，也由传感器、控制单元（电脑）和执行器（电磁阀）组成。该悬架可以使车辆保持恒定的离地高度，而不管有效载荷为多少。换句话说，在路面和车辆底盘之间保持着恒定的静态离地间隙，该间隙由驾驶人的输入或车速决定。

整个系统包括：

1）一个4CL/CDC控制单元J197。

2）每个角有一个空气弹簧支柱和一个车身高度传感器。

3）每个角有一个集成在空气弹簧支柱中的可调双筒式气压减振器。

4）一个带有空气干燥器和温度传感器的压缩机。

5）一个带有4个空气弹簧支柱阀、一个电动排放阀和一个储压器阀的电磁阀体，其上有一个集成式压力传感器。

6）一个系统储压器，每个空气弹簧支柱上还安装有一个辅助储压器。

7）压缩机到各个空气弹簧支柱与储压器的空气管路。

8）各个空气弹簧支柱上各有一个车轮加速度传感器，其测量范围为 $\pm 13g$。

9）三个车身加速度传感器，其测量范围为 $\pm 1.3g$。

辉腾轿车可实现三个高度的调节：

1）正常悬架位置（NN），由驾驶人选择。

2）高悬架位置（HN），比（NN）高25mm。用于路况较差时行驶，由驾驶人选择。

3）低悬架位置（TN），比（NN）低15mm。在高速公路上高速行驶时，行驶高度根据车速自动选择，取消选择也是自动进行的。

使用特殊控制策略，该系统也可根据行驶状况自动转换到其他高度。行驶高度调整是在后台进行的，通常驾驶人不会注意到。在高速行驶时，离地间隙被自动降低，从高悬架位置降到动态性能更稳定的正常悬架位置。在速度更高的情况下，驾驶人不需选择，离地间隙就自动调整到低悬架位置上。当车速降到预定车速以下时，则自动取消低悬架位置的选择。处于“舒适”模式的减振器在高速驾驶时会自动向“运动/硬”模式调整，以确保操纵安全性与行驶稳定性。

图 3-65 所示为辉腾轿车连续减振控制（CDC）的完全承载式 4 角空气悬架（4CL）各部件安装位置示意图。

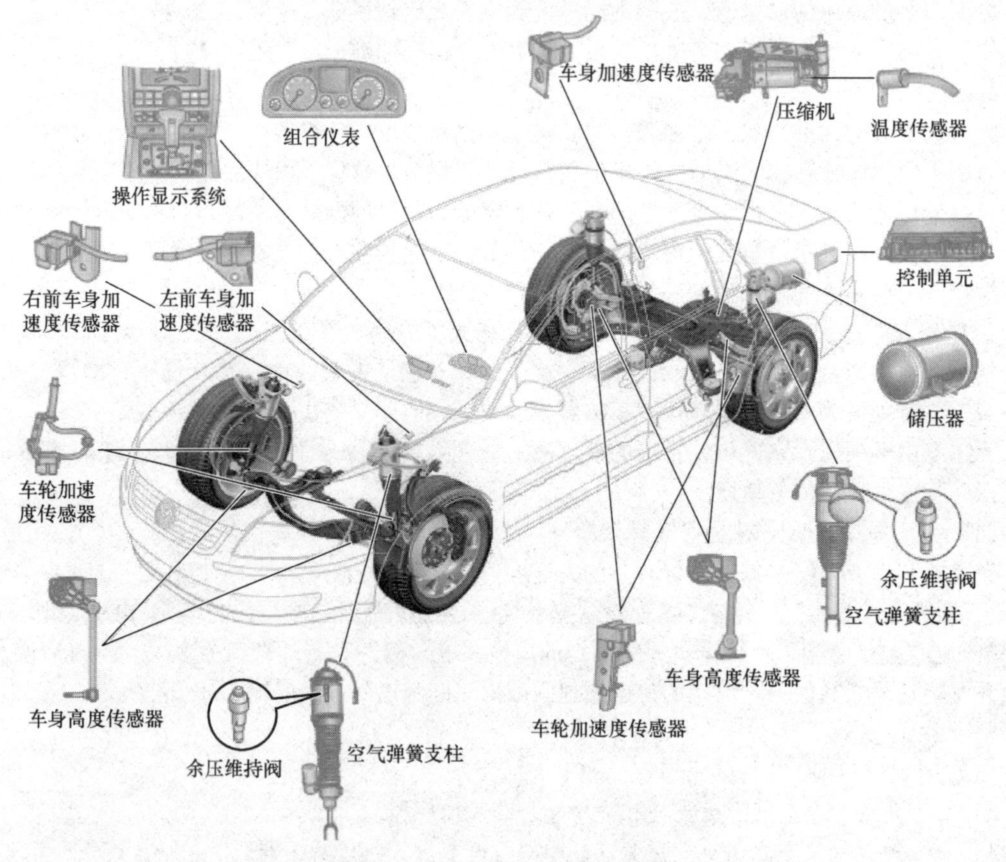

图 3-65　辉腾轿车空气悬架各部件安装位置示意图

1. 操作与显示

辉腾轿车是首次配备水平高度调节系统的大众车型。在前、后桥上，该系统包括带有水平高度调节系统的完全承载式空气弹簧和连续可调的减振器。该系统的中央控制单元是水平高度调节系统控制单元 J197。

如图 3-66 所示，操作显示系统由减振器调节按钮或水平高度调节系统按钮控制。这些按钮都在中央控制台上变速杆后面。按下相应的按钮就可打开信息娱乐系统显示屏中的一个弹出菜单，然后使用旋/压按钮在两种悬架高度和四种减振器调节之间进行选择：

1）两种悬架高度：正常悬架位置 NN（预设）和高悬架位置 HN。

2）四种减振器调节：舒适、基本（预设）、运动 1、运动 2。

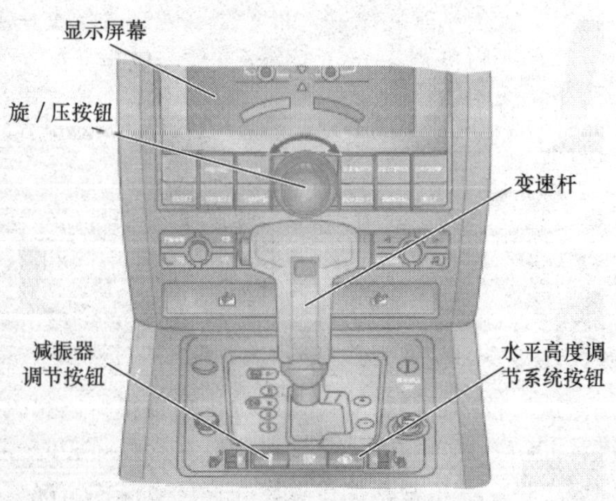

图 3-66　操作显示系统

2. 水平高度调节系统

要设置高度必须按下水平高度调节系统按钮，然后转动旋/压按钮，驾驶人可以在高悬架位置(HN)或正常悬架位置(NN)之间进行选择。如图3-67和图3-68所示，对应所选的高度显示在屏幕上。当设置高悬架位置后，水平高度调节系统按钮亮起。驾驶人可以按下旋/压按钮从菜单中退出。

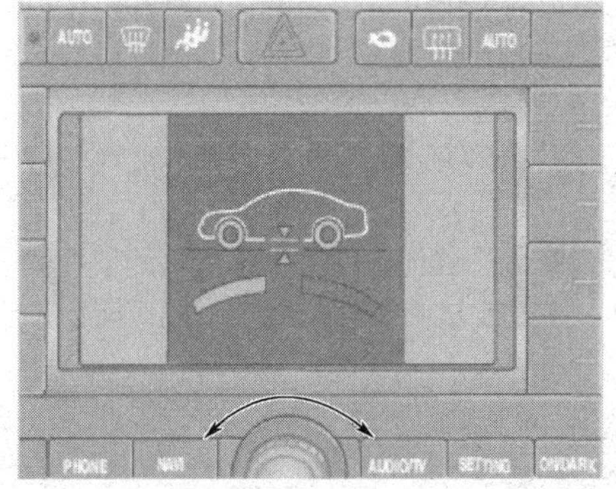

图3-67　正常悬架位置屏幕显示示意图

图3-68　高悬架位置屏幕显示示意图

(1) 水平高度调节系统的控制策略　位于桥壳与下部叉形杆之间的四个车身高度传感器测量车身相对车轮的位置，然后与存储在控制单元J197中的各个车轮的默认值进行比较。控制单元J197必须“学习”这些默认值。在正常情况下，水平高度调节过程中所需的空气是由压缩机提供的(最大压力16bar)。当车速大于35km/h时，由压缩机控制调节，储压器也会按照需要充满。当车速小于35km/h时，由储压器(5L容量)控制调节。如果储压器要进行调节时，储压器与空气弹簧之间需要有足够的压力差(大约3bar)。在装载或卸载过程中，若车身高度与地面的相对高度发生变化，控制单元J197则重新调节车身高度到标准高度。在此调节过程中，空气经过空气弹簧支柱阀送入空气弹簧或经排放阀排出。

1) 高度自动降低。如图3-69所示，车速为120km/h时，从高悬架位置HN降到正常悬架位置NN。在车速达到140km/h时30s后开始从正常悬架位置NN降到低悬架位置TN。在车速达到180km/h后立即从正常悬架位置NN降到低悬架位置TN。

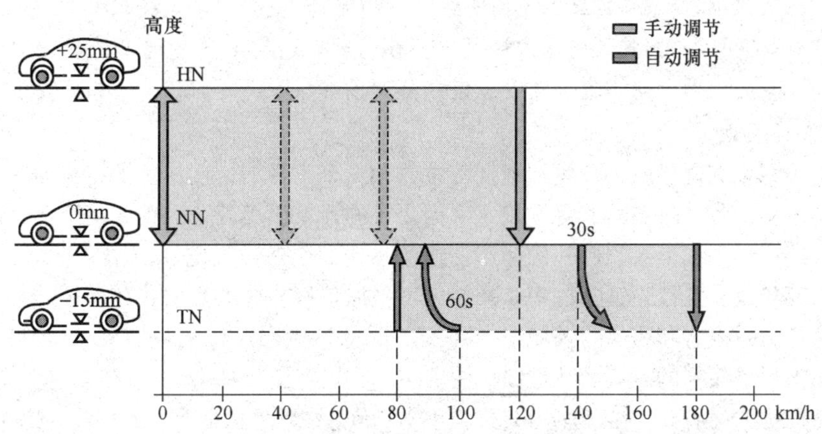

图3-69　悬架高度自动调节工作示意图

2) 高度自动升高。如图3-69所示，在车速达到100km/h时60s后开始从低悬架位置TN升到正常悬架位置 NN。在车速达到 80km/h 后立即从低悬架位置 TN 升到正常悬架位置 NN。

（2）水平高度调节系统的特殊模式

1）解除水平高度调节系统。在特殊情况下，例如，更换轮胎或者在将车辆升起后进行工作时，必须解除此悬架功能。按下水平高度调节系统与减振器调节按钮大约 5s 后，水平高度调节系统功能立即解除。组合仪表上出现一个消息，表明水平高度调节系统功能已经解除。

2）启用水平高度调节系统。同时按下这两个按钮大约 5s 后，该悬架系统就重新启动；或者当控制单元判断出车速达到 10km/h 时自动启动。

3）举升平台。当车辆用千斤顶或举升机顶起时，空气从四个空气弹簧中逸出，直至控制单元判断出车辆处于升起状态。

当水平高度调节系统检测到车身相对车轮过高时，就会让空气从弹簧中逸出以调节高度。这样，当该车从举升平台上下来后离地间隙就会非常小。在发动机与压缩机运转一段时间后，该车的高度会再次自动升至正常悬架高度(NN)。

3. 减振器调节

按下减振器调节按钮就可对减振器调节进行选择。转动旋/压按钮，驾驶人可从下列四种减振器调节方式中进行选择：舒适、基本(预设)、运动 1、运动 2，选择完成后屏幕出现相应的显示。图 3-70 和图 3-71 所示分别为选择舒适调节方式和运动 2 调节方式后屏幕的显示。

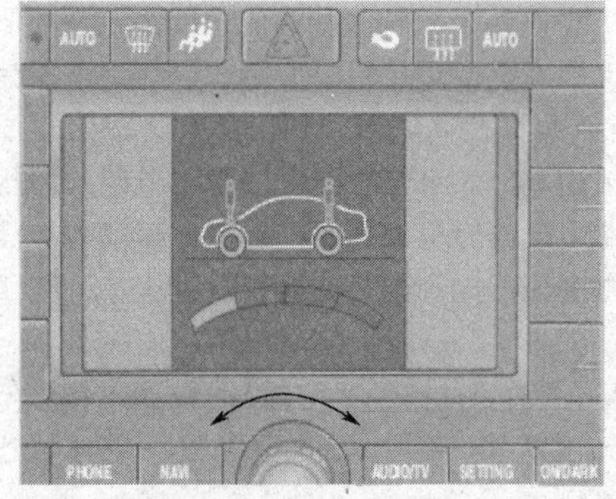

图 3-70　舒适调节方式屏幕显示示意图

图 3-71　运动 2 调节方式屏幕显示示意图

按下旋/压按钮后，驾驶人可退出该菜单。在舒适、运动 1 与运动 2 的设置中，按钮是亮起的。当点火开关关闭后运动 2 位置高度总是恢复到基本位置高度。

4. 减振器控制

减振器控制系统通过四个车轮加速度传感器和三个车身加速度传感器将路面状况和车辆的运动状况记录下来，各个减振器的特性按照减振要求的计算值来调节。在此情况下，减振器在压缩与伸张的周期运动中起半主动部件的作用。连续减振控制是通过电动调整减振器特性来实现的。这些减振器都集成在空气弹簧支柱中。减振力可根据特性曲线图用内置在减振器中的比例阀来调整设定。这样，减振力和相应驾驶状态与路面状况的适应匹配过程只需要几毫秒。图 3-72 所示为辉腾轿车前桥减振器的减振力特性曲线图。

该减振器根据车轮与车身的垂直加速度大小来调节。在理想状态下，这种减振控制看上去就像车身被空中的一个钩子吊着漂浮在路面上且没有任何干扰运动。用这个办法可以获得最大的驾驶舒适性。

5. 关闭点火开关后的空气悬架动作

（1）装载与卸载　在关闭点火开关之后，如果储压器中有足够的压力，该控制单元仍保持

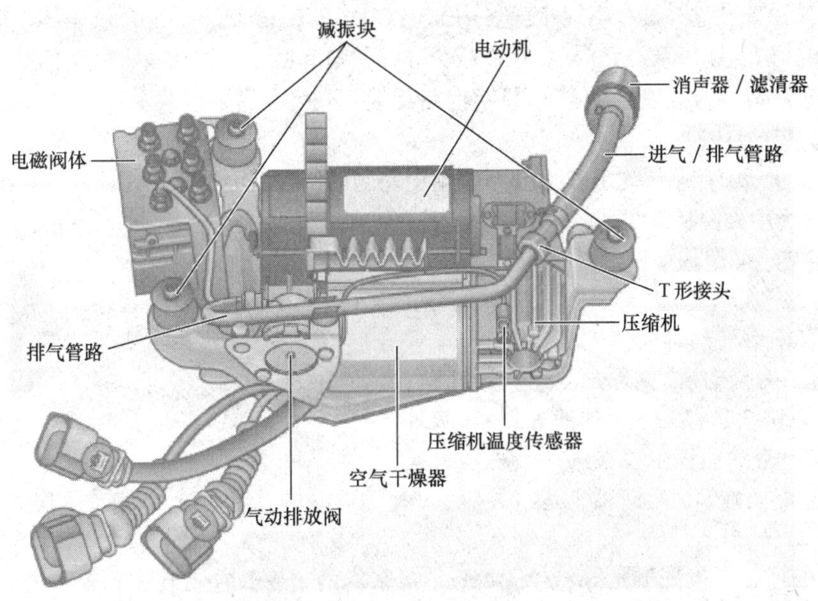

图 3-72　辉腾轿车前桥减振器的减振力特性曲线图

活动大约 1min 并且可以进行悬架调节操作，例如，进行有效载荷增加/减少时的补偿。如果没有检测到其他车门或者发动机罩/行李箱盖的操作时，此控制单元总会保持 1min 的活动状态。

（2）逐渐高度变化　空气弹簧中的空气在行驶过程中受热膨胀，而在停车后又会冷缩，这会逐渐改变车辆高度。为了补偿这种高度变化，在关闭点火开关后可用三种调节方式来获得最佳的离地间隙。如果储压器中有足够的压力，这三种调节分别在大约 2h、5h 和 10h 之后进行。

6. 辉腾带减振控制的空气悬架系统示意图

图 3-73 着重说明了该系统与车辆上其他系统的关系以及显示与操作元件。控制单元 J197 与

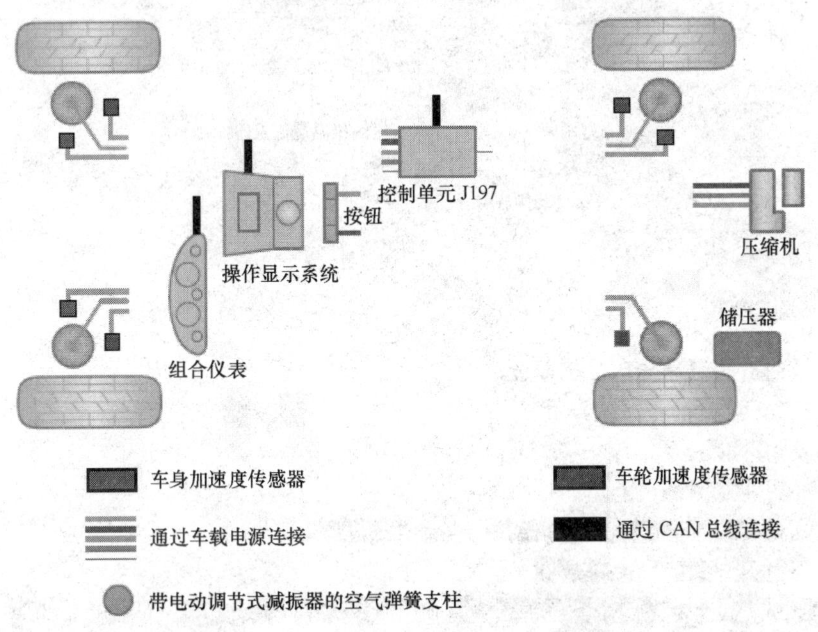

图 3-73　辉腾带减振控制的空气悬架系统示意图

CAN 总线连接。除此之外，CAN 总线还与 ESP ECU、发动机 ECU、组合仪表、车载电源 ECU、操作显示系统(信息娱乐系统)连接，从而减少导线数量和减小导线质量，共享信息。

（五）辉腾带减振控制的空气悬架结构与功能

1. 控制单元 J197

如图 3-74 所示，控制单元 J197 位于行李箱中左侧的饰件后面，它用螺栓固定在继电器与熔丝盒的后面。作为中央控制单元，它具有以下作用：

1）控制空气悬架和减振器。

2）监控整个系统。

3）诊断整个系统。

4）通过动力传动系统 CAN 总线进行通信。

控制单元 J197 具有一个附加的处理器(双处理器)。空气弹簧的运算主要在第一处理器上运行；减振控制主要在第二处理器上运行。

图 3-74　控制单元 J197

2. 供气单元

如图 3-75 所示，供气单元(ASU)是一个小巧紧凑的装置。它安装在车轮舱内的一个抗振支承上，紧邻着活性炭滤清器。此供气单元包括：

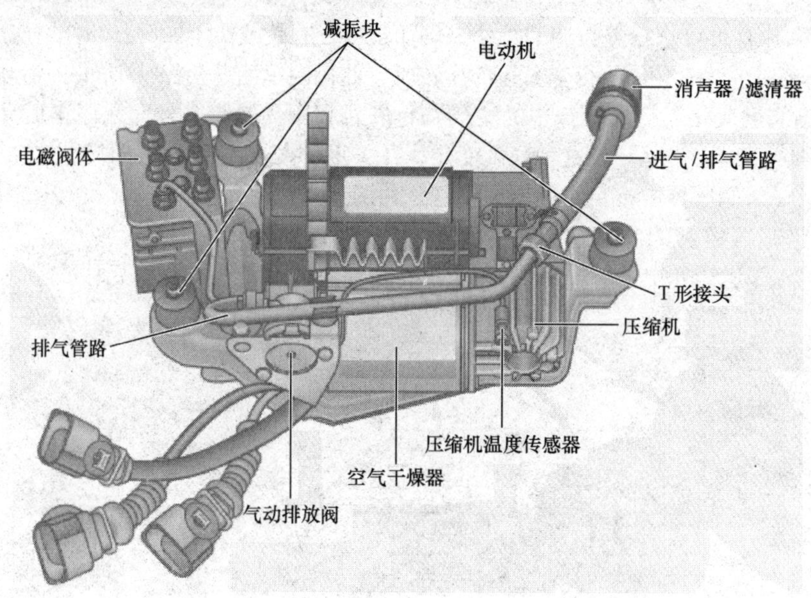

图 3-75　供气单元

1）带有电动机的干运转压缩机单元。

2）空气干燥器。

3）排放回路/阀。

4）带空气滤清器的消声器。

5）压缩机温度传感器(用于过热保护的温度传感器)。

6）带有压力限制阀的气动排放阀。

7）电磁阀体，其上带有四个空气弹簧支柱阀、一个储压器阀以及一个用于监控储压器的集成式压力传感器。

空气经由行李箱给压缩机供气。空气经由消声器/滤清器吸入，然后进行清洁并排出。温度传感器保护压缩机不会过热，并确保在各种气候与驾驶条件下为空气悬架供气。

(1) 干运转压缩机单元　如图3-76所示，压缩空气利用带集成式空气干燥器的单级活塞压缩机产生。为了防止污物进入空气弹簧气囊和空气干燥器，该压缩机采用所谓的干运转压缩机设计。免润滑轴承与PTFE(聚四氟乙烯)制的活塞环确保它有很长的使用寿命。电动排放阀N111、带有压力限制阀的气动排放阀和3个止回阀都集成在空气干燥器壳体中。为了避免过热，压缩机在超过一定温度后会切断。

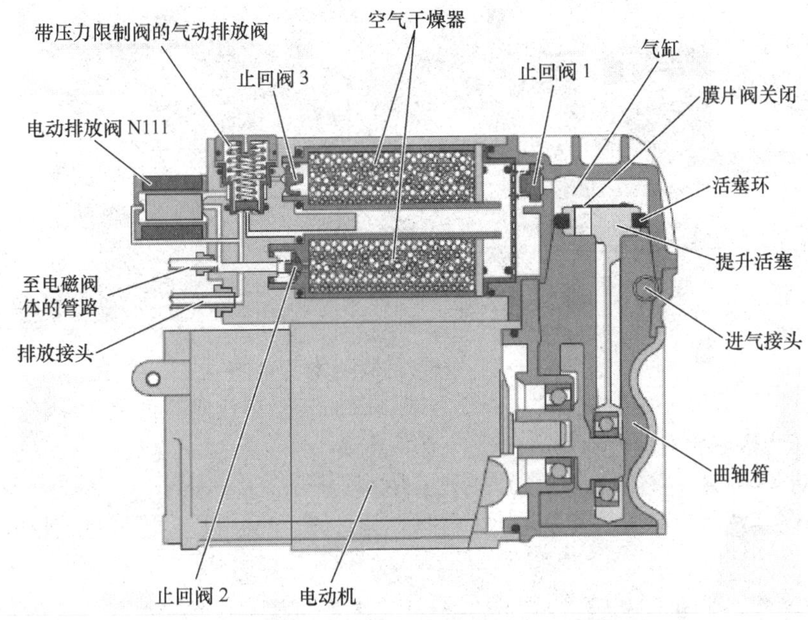

图3-76　干运转压缩机单元

具体工作原理如下。

1) 进气/压缩循环。如图3-77所示，当电动机带动活塞向上运动时，曲轴箱内压力降低，空气经过消声器/滤清器从进气接头被吸入曲轴箱。气缸中活塞上方的空气被压缩，然后通过止回阀1流入空气干燥器。经过压缩和干燥后的空气通过止回阀2和电磁阀体进入空气弹簧和储压器。

2) 旁通气流循环。如图3-78所示，当电动机带动活塞向下运动时，曲轴箱内压力升高，则曲轴箱的空气顶开膜片阀然后流入气缸。

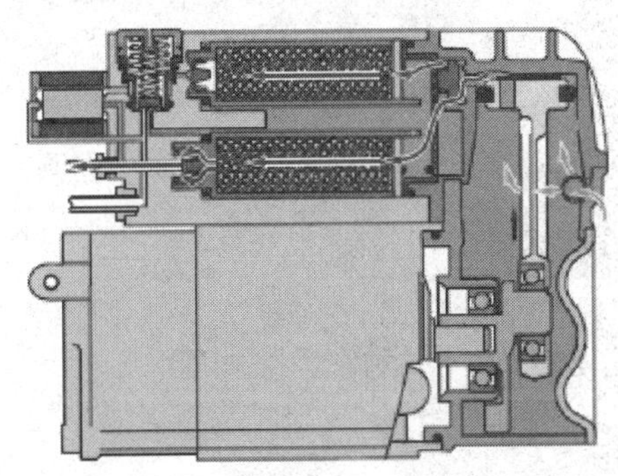

图3-77　进气/压缩循环工作原理图

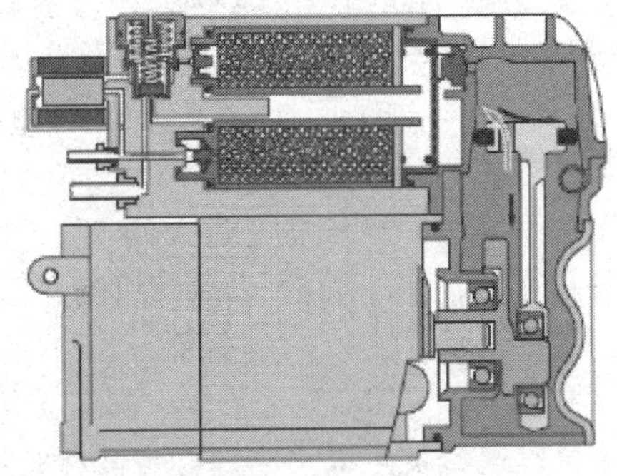

图3-78　旁通气流循环工作原理图

3）充气/提升循环。要给空气弹簧充气时，控制单元 J197 需要同时激活压缩机继电器电动机 J403 与空气弹簧支柱阀。

4）排气/降低循环。如图 3-79 所示，空气弹簧支柱阀 N148、N149、N150 和 N151 以及电动排放阀 N111 在排气循环中同时打开。空气弹簧内的压缩空气送至气动排放阀，然后从那里经过空气干燥器、压力限制阀和消声器/滤清器送到行李箱中的备用车轮舱。

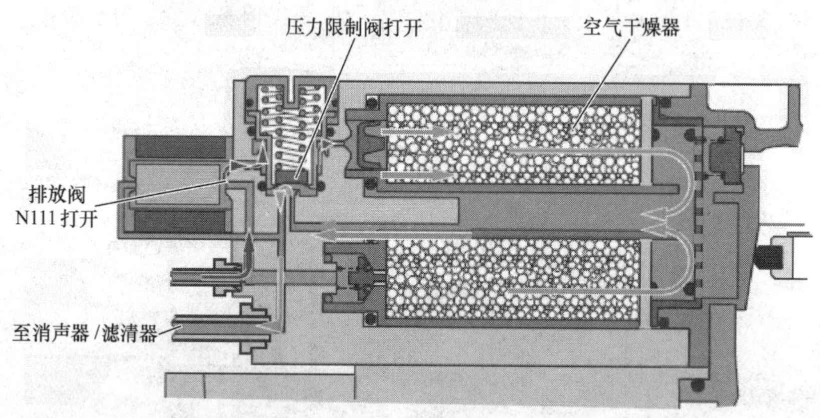

图 3-79　排气/降低循环工作原理图

（2）带压力限制阀的气动排放阀　带压力限制阀的气动排放阀有两个功能：余压维持和压力限制（通过压力限制阀实现此功能）。

为了避免空气弹簧气囊的损坏，规定最小压力必须维持在 3.5bar（余压）以上。余压维持功能确保了空气弹簧系统中的压力在压力释放过程中不会降到 3.5bar 以下（除非气动排放阀的上游发生泄漏）。

具体工作原理：如图 3-80 所示，当施加的空气弹簧压力大于 3.5bar 时，气动排放阀的阀体克服两个阀门弹簧的弹力向上升起并将阀座 1 和阀座 2 打开。在空气弹簧压力的作用下，空气经过节流阀和止回阀 3 进入空气干燥器。空气经过空气干燥器后再经压力限制阀的阀座 2 和消声器/滤清器而进入周围空气中。

空气经节流阀后压力下降很大，这就导致空气相对湿度降低，因而排出空气的吸湿能力就得到了提高。

（3）压力限制阀　压力限制阀可防止系统内的压力过高。在发生以下情况时，压力限制阀保护系统压力不至于过高，例如，当继电器触点或者控制单元发生故障而导致压缩机无法切断时。

具体工作原理：如图 3-81 所示，如果压缩机无法切断时，当压力超过大约 20bar 时，压力限制阀克服弹力而打开，压缩机输送的空气经滤清器放掉。

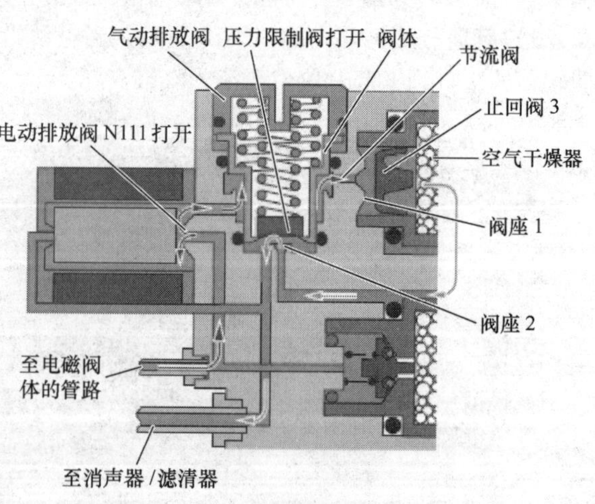

图 3-80　气动排放阀工作原理图

（4）空气干燥器　压力系统中的空气必须经过除湿以避免发生以下问题：腐蚀和结冰。供气单元中空气干燥器（图 3-82 所示）的任务就是给空气除湿。此空气干燥器采用了再生干燥

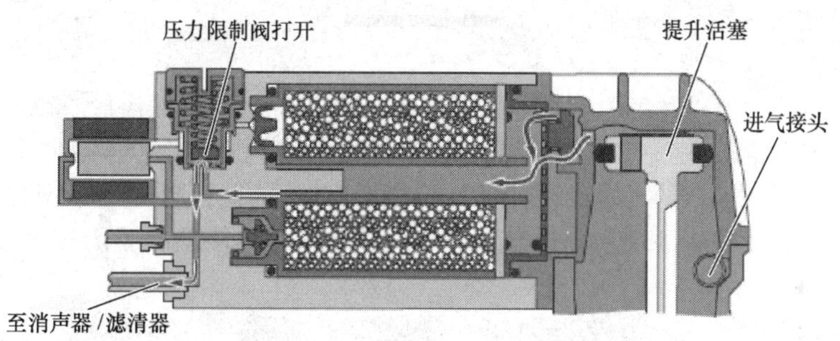

图 3-81 压力限制阀工作原理图

系统，其干燥剂是一种人造的硅酸盐颗粒。这种颗粒可以根据温度吸收大气中超过自身固有重量20%的潮气。

由于这种干燥器是可再生的，且只处理不含机油而且已经过滤的空气，所以，它不必每经过一定时间或里程就得更换，也无须保养。

再生原理：压缩空气流经硅酸盐颗粒并在其中进行干燥，潮气暂时存在空气干燥器内，已脱水的压缩空气进入水平高度调节系统。若干燥后的压缩空气由于操作需要(降低空气弹簧)而被导回到空气干燥器内，它会从颗粒中流过并吸收颗粒所吸附的潮气，吸收了潮气的压缩空气再排放到大气中。

由于该种空气干燥器是通过排出空气来再生的，所以一定不能用此压缩机给其他容器充入压缩空气。因为那样的话，由于压缩空气不再经干燥器导回，所以就会发生再生反应。正因为是这样，压缩机在出厂时没有加装用于给其他外部装置充气的压力接口。如果系统中有水分或潮气，说明空气干燥器或系统有故障。

(5) 系统储压器 如图 3-83 所示，系统储压器是铝制的，容量为 5L。最大操作压力约为 16bar。

图 3-82 空气干燥器

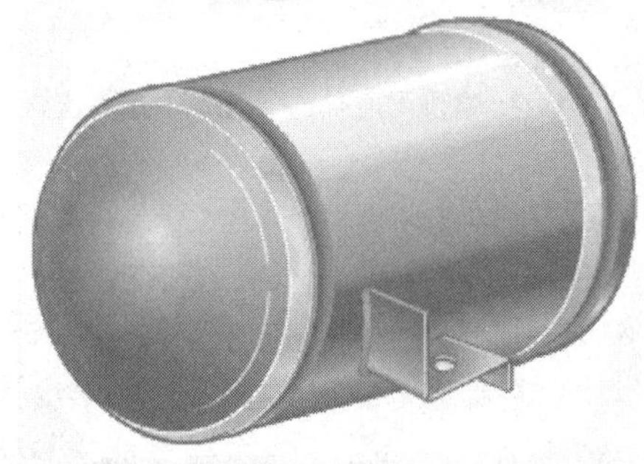

图 3-83 储压器

从储压器中抽取压缩空气可以让车辆快速升高并且噪声很小。这是因为只有在车辆行驶中才给储压器充气，这样就几乎听不到压缩机的运转噪声了。如果储压器能够提供足够大的压力，车辆可以在压缩机不工作的情况下升高。

足够大的压力指的是：在车辆升高之前，储压器与空气弹簧之间的压力差要不低于 3bar。

具体工作原理：储压器只有在车速高于 35km/h 时才充气。当车速低于 35km/h 时，空气主要由储压器提供(如果储压器内有足够的压力)。当车速高于 35km/h 时，空气主要由压缩机供给。这种工作原理保证系统运行噪声小，且可以降低蓄电池电能消耗。即使驾驶人没有调节车辆高度，只要压缩空气从储压器中抽出，压缩机就开始运转。

3. 传感器

（1）压缩机温度传感器 G290　如图 3-84 所示，为了防止压缩机过热，提高系统的工作可靠性，在压缩机气缸盖上装有温度传感器 G290。控制单元 J197 内有一个温度模型曲线（计算公式），该曲线用于在底盘升高调节的时间最长时防止压缩机过热。为此控制单元要根据压缩机的运行时间和温度信号计算出压缩机的最高允许温度，并在超过某个界限值时关闭压缩机或不让压缩机接通。

（2）水平高度调节系统压力传感器 G291　如图 3-85 所示，压力传感器 G291 集成在电磁阀体中，监控储压器与空气弹簧中的压力。在对上升控制功能进行真实性检查和进行自诊断时需要储压器的压力信息。通过启动各个空气弹簧支柱和储压器的电磁阀，就可确定相应空气弹簧和储压器的压力。

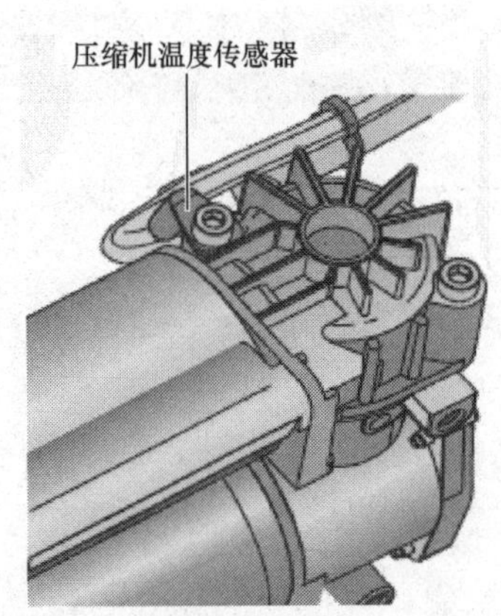

图 3-84　压缩机温度传感器 G290 安装位置

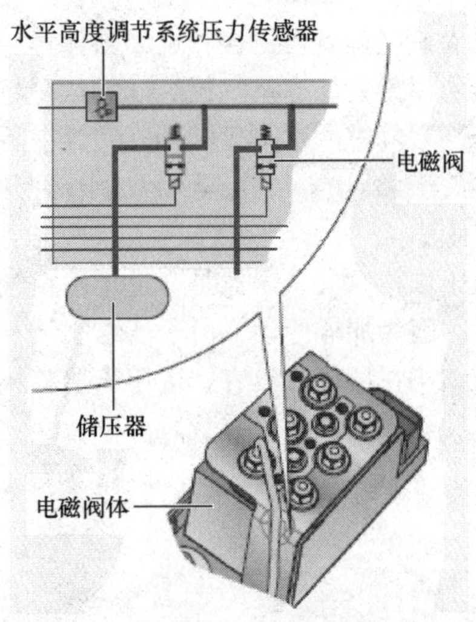

图 3-85　水平高度调节系统压力传感器 G291 安装位置

空气弹簧或储压器的压力测量在对其进行充气或放气时进行。用这种方式确定的压力由控制单元进行存储和更新。此外，在车辆运行中每 6min 对储压器压力进行一次附加判定（更新）。G291 产生正比于压力的电压信号。

（3）车身高度传感器 G76、G77、G78、G289　车身高度传感器就是所谓的车轮角度传感器。如图 3-86 和图 3-87 所示，车身高度传感器固定在桥壳上并且通过运动连接杆与悬架下摆臂连接，则车身的上下运动转换成角度变化量被记录下来。

车身高度传感器是非接触式的，按照电感原理进行工作。这种车身高度传感器的一个特点是：它可产生两个不同的且与转角成比例的输出信号。这个特点使得这种传感器既可用于空气悬架，也可用于前照灯光程调节。其中一个输出信号提供一个与角度成比例的电压信号（用于前照灯光程调节），另一个输出信号提供一个与角度成比例的占空比信号（用于空气悬架）。这四个高度传感器结构是相同的，只有支承和运动连接杆根据左右和车桥的不同而有所不同。

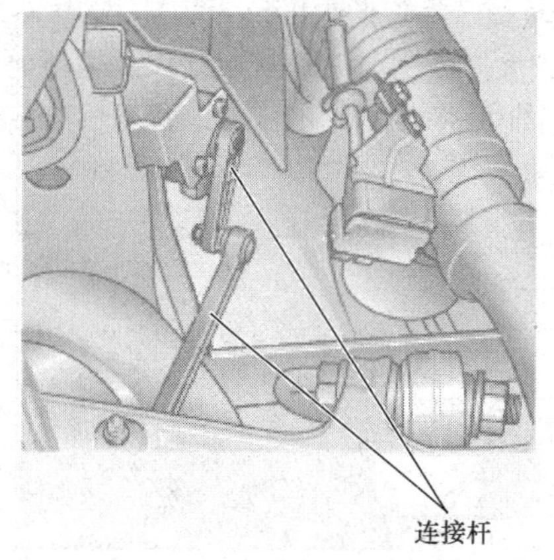

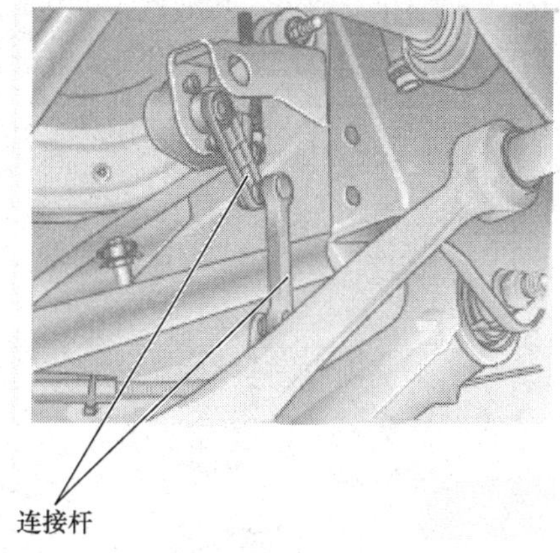

图 3-86　前桥车身高度传感器安装位置图　　　　图 3-87　后桥车身高度传感器安装位置图

左、右传感器转子的偏转方向是相反的，所以，输出的信号也是相反的。例如，车身一侧的传感器输出信号在空气悬架压缩时如果是增大的话，那么在车身另一侧该输出信号则是减小的。

1）车身高度传感器的结构。如图 3-88 所示，车身高度传感器主要由定子和转子构成。定子由一个多层电路板构成，其上有定子线圈和三个接收线圈以及控制/电子解析电路。三个接收线圈为星形且采用偏置布置方式。定子线圈位于电路板（定子）的背面。转子连接着连接杆并随其运转。转子线圈位于转子上，线圈的几何形状与三个接收线圈相同。

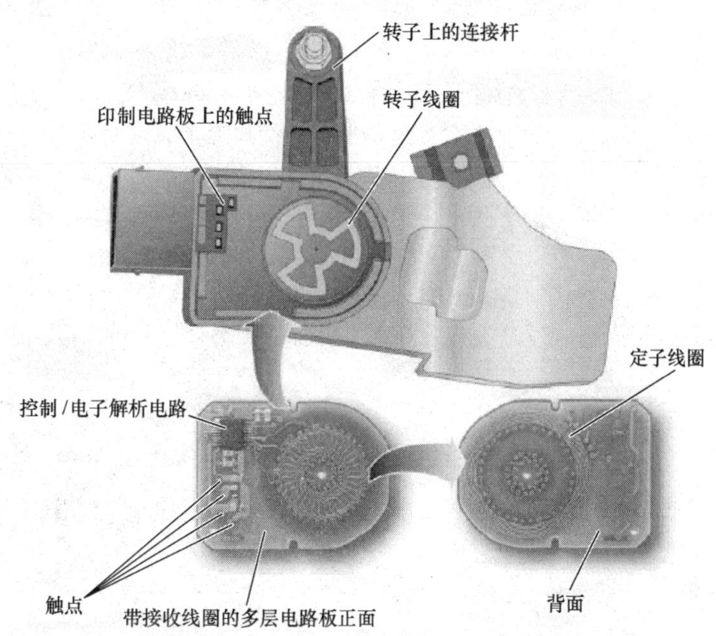

图 3-88　车身高度传感器结构图

2）车身高度传感器的工作原理　如图 3-89 所示，交变电流流经定子线圈后产生一个交变电磁场（初级磁场），该交变电磁场穿过转子线圈。转子线圈中感应出来的电流反过来也会产生一个转子线圈交变电磁场（次级磁场）。定子线圈与转子线圈的交变电磁场作用在三个接收线圈上，并在其上感应出与位置相关的交流电压。转子中的感应与转子的角度位置无关，接收线圈的感应取决于它们到转子的距离，也就是它们与转子的相对角度位置。由于转子与各个接收线圈的交叠随角度位置而变化。所以，接收线圈中的感应电压幅值也随着它们的角度位置而变化(图 3-90 所示)。电子解析单元将接收线圈的交流电压进行整流和放大并使之与三个接收线圈的输出电压成比例(成比例测量)。在该电压求值后，结果被转换成高度传感器的输出信号，并提供给控制单元 J197 进行下一步处理。

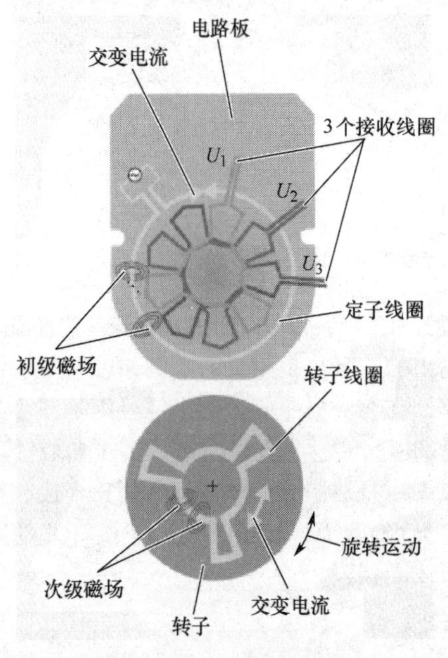

图 3-89　车身高度传感器工作原理图

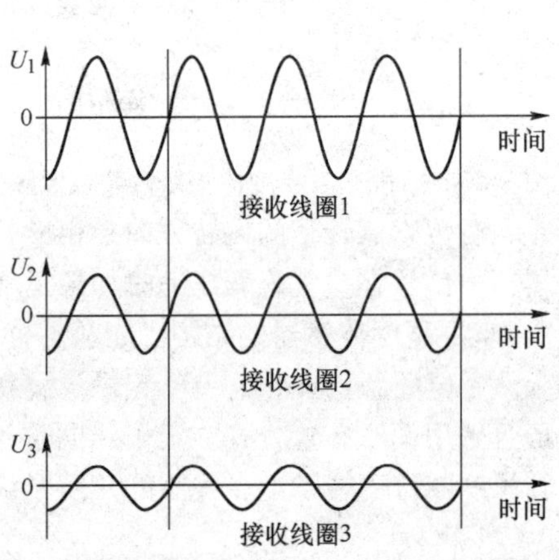

图 3-90　接收线圈中感应电压的变化曲线图

3）车身高度传感器的优点。这种车身高度传感器的优点除了非接触式(因而也就无磨损)外，还有相对比例测量这个优点。由于产生了这个比例，所以与角度成比例的输出信号基本就与机械公差(如距离变化、轴位移或倾角误差)无关了。同样，由于这种比例关系，电磁干扰也基本被抑制了。

由于没有使用磁性材料，所以，温度及使用寿命因素几乎不影响测量值。

（4）车身加速度传感器 G341、G342、G343　车身加速度传感器测量车身的垂直加速度。如图 3-91 和图 3-92 所示，这些传感器的分布：左前轮罩 G341，右前轮罩 G342 以及行李箱右前侧内衬后的 G343。

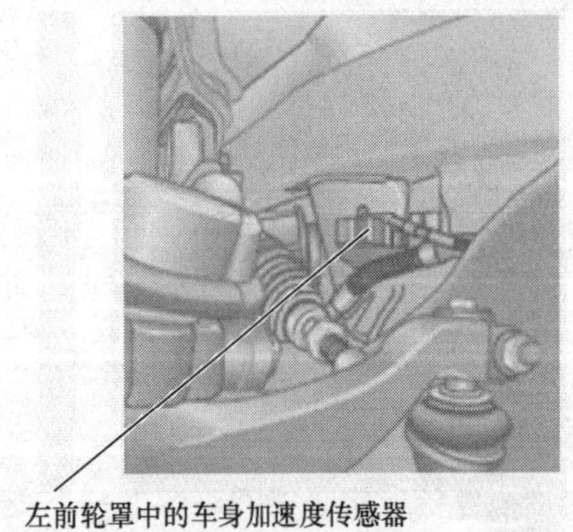

图 3-91　左前车身加速度传感器安装位置图

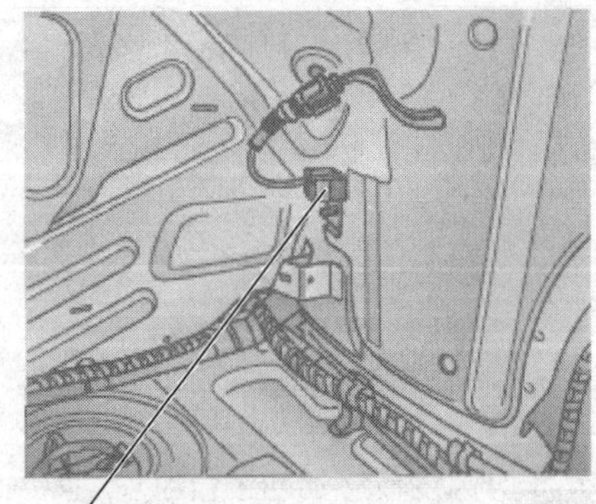

图 3-92　后部车身加速度传感器安装位置图

（5）车轮加速度传感器 G337、G338、G339、G340　如图 3-93 和图 3-94 所示，车轮加速度传感器直接安装在前桥和后桥的空气弹簧支柱上，它们测量车轮的加速度。水平高度调节系统控制单元 J197 使用这些信号以及车身加速度信号来计算支柱相对车身的运动方向。

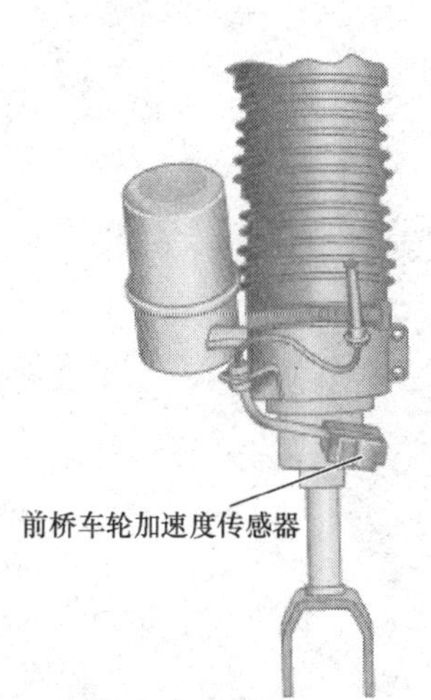

图 3-93 前桥车轮加速器传感器安装位置图

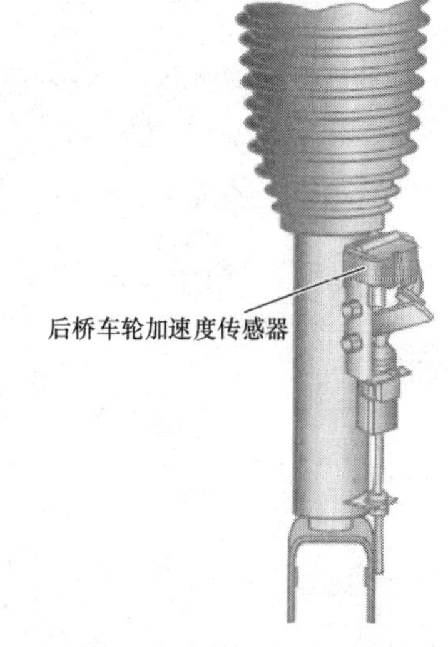

图 3-94 后桥车轮加速度传感器安装位置图

1）加速度传感器的结构与原理。车身与车轮加速度传感器是相同的传感器，这些加速度传感器按照电容测量原理工作。一个柔性固定的质量块 m 就像在两电容极板之间摆动的中央电极，并按照摆动大小将电容器 C_1 和 C_2 的电容量向相反方向解调。一个电容器的极板间距 d_1 的增加量等于另一个电容器的极板间距 d_2 的减小量，各个电容器的电容量因此改变，如图 3-95 所示。

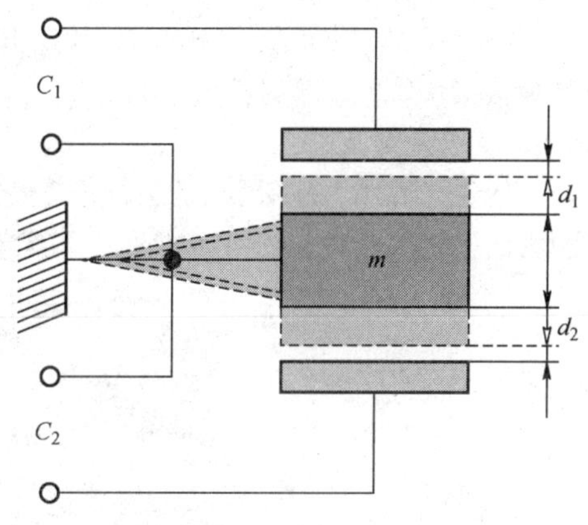

图 3-95 加速度传感器结构及原理图

电子解析单元为水平高度调节系统控制单元 J197 提供一个模拟电压信号。这些传感器具有不同的机械连接件与测量范围(灵敏度)。

2）传感器测量范围。见表 3-3。

表 3-3 加速度传感器测量范围

传感器类型	传感器测量范围	
车身加速度传感器	±1.3g	g 是加速度的测量单位 1g＝9.81m/s^2＝重力加速度标准值
车轮加速度传感器	±13g	

4. 电磁阀体

该空气悬架总共有十个电磁阀：一个水平高度调节系统储压器阀 N311，一个电动排放阀 N111，四个减振支柱阀 N148、N149、N150 与 N151 和四个减振器调节阀 N336、N337、N338 与 N339。除电动排放阀 N111 和四个减振器调节阀 N336、N337、N338 与 N339 外，其余五个电磁阀均安装在电磁阀体上(图 3-95 所示)。

电动排放阀 N111 连同气动排放阀共同构成了一个集成在空气干燥器壳体中的功能单元。排放阀 N111 是一个二位三通阀，在不通电时它是关闭的。

水平高度调节系统储压器阀 N311 和四个空气弹簧支柱阀 N148、N149、N150 与 N151 都是二

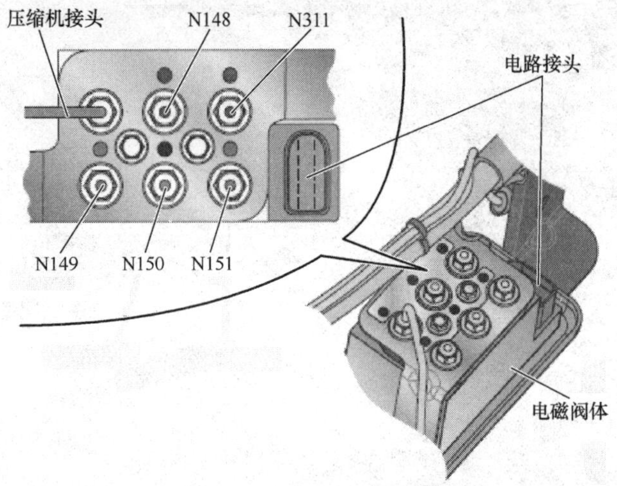

图 3-96　电磁阀体

位二通阀，并且在不通电时是关闭的。空气弹簧侧/储压器侧的压力是沿关闭方向作用的。为了避免接错压力管路，压力管路上都带有色标，电磁阀体上相匹配的接头上也有色标。

控制单元 J197 同时启动排放阀 N111 和四个空气弹簧支柱阀 N148、N149、N150 与 N151 时，空气弹簧实现放气，车身高度降低。

5. 空气弹簧支柱

如图 3-97 和图 3-98 所示，空气弹簧支柱包括空气弹簧和减振器两部分。图 3-99 和图 3-100 所示分别为前桥空气弹簧支柱结构图和后桥空气弹簧支柱结构图。

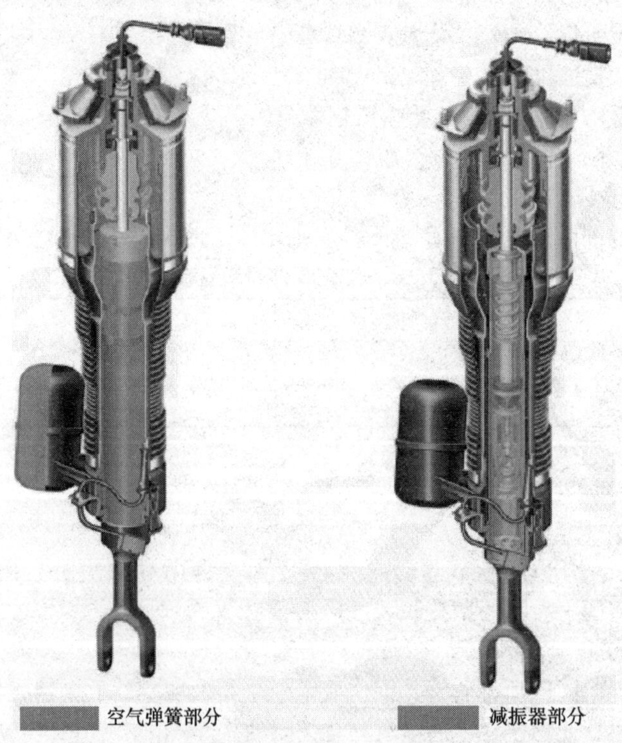

图 3-97　前桥空气弹簧支柱

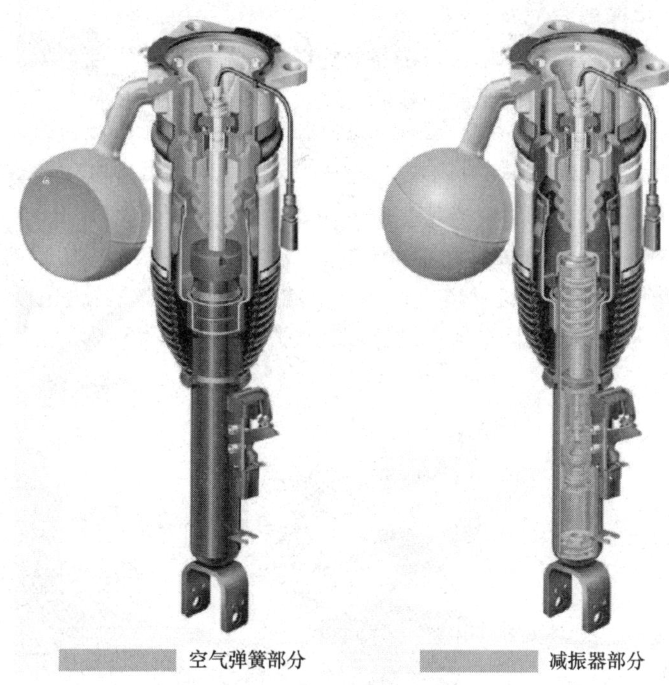

图 3-98　后桥空气弹簧支柱

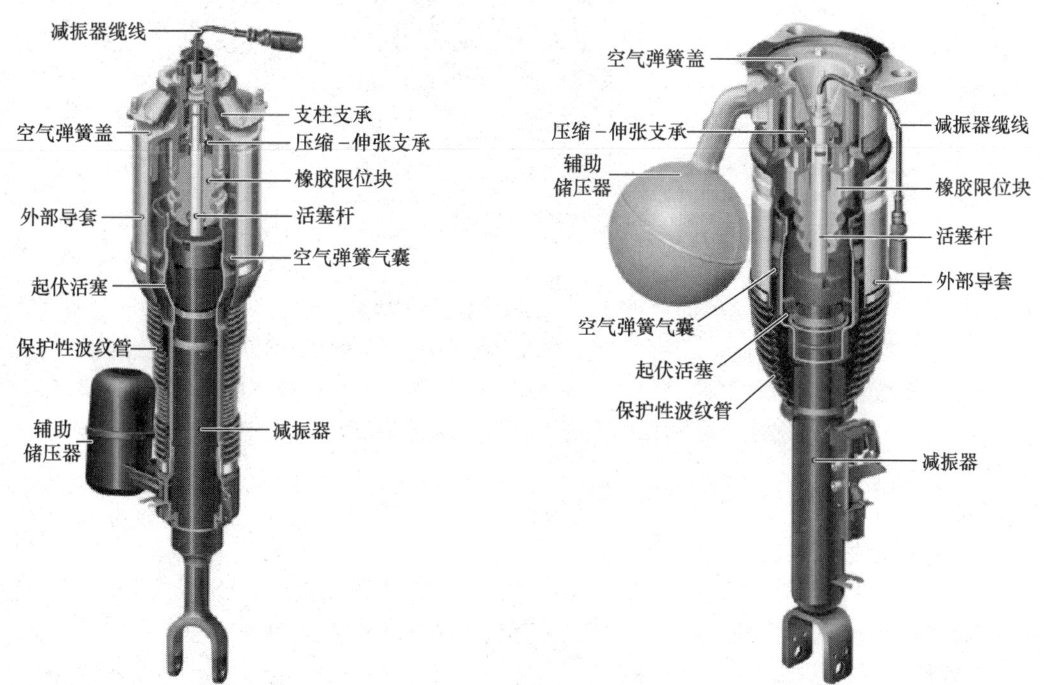

图 3-99　前桥空气弹簧支柱结构图

图 3-100　后桥空气弹簧支柱结构图

前、后车桥上的空气弹簧支柱都使用带有外部导套的双层气囊，空气弹簧气囊裹在双筒充气式减振器外部。空气弹簧气囊的囊壁很薄，可以提供极佳的悬架响应。通过将起伏活塞轮廓、外部导套与直接连接在支柱上的辅助储压器组合起来，这样就得到了所需的弹簧刚度。

前桥与后桥上使用的辅助储压器是不同的。前桥上的储压器可看成一个小气缸，其容量为

0.4L；后桥上的球形储压器容量为1.2L。

空气弹簧支柱的设计确保了作用在减振器上的横向力影响最小。前桥上支柱支承的特殊设计与后桥上万向作用式液压支承有助于减小横向力对减振器的影响。

余压维持阀都直接安装在每个空气弹簧支柱的空气管接头上，它们可在空气弹簧内保留大约3.5bar的余压。这样可使得部件的组装与固定变得更方便。外部导套除了对空气弹簧气囊和波纹管有导向作用之外，还可以保护空气弹簧气囊不被弄脏和损坏。

1）减振器调节阀。减振器调节阀一共有四个，分别集成在每个减振器的活塞上。如图3-101所示，CDC双筒式充气减振器可通过集成在活塞上的电控调节阀进行大范围减振力调节。通过改变流经电磁线圈的电流，流经调节阀的油流和减振力可以在几毫秒内适应瞬间的减振需求。

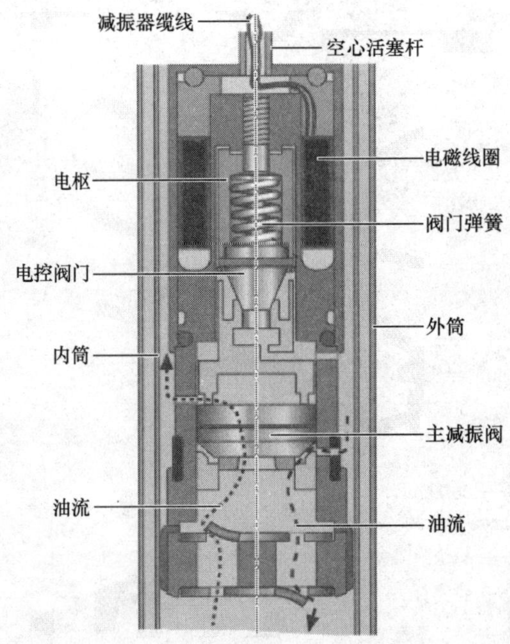

图3-101　减振器调节阀结构图

在计算所需的减振器设置时，使用车轮加速度传感器产生的信号和车身加速度传感器产生的信号。

由于该系统可以迅速检测并控制伸张与压缩行程，所以，可以根据瞬间的驾驶状态对减振力进行调节。驾驶状态的对应表存储在水平高度调节系统控制单元J197中。

2）气动原理图。如图3-102所示。

（六）接口

1. CAN总线

如图3-103所示，空气弹簧与减振控制的信息通过动力传动系统CAN总线在水平高度调节系统控制单元J197与联网的控制单元之间进行交换，只有少量接口例外。

2. K线

自诊断信息在水平高度调节系统控制单元J197与诊断测试与信息系统之间进行交换。信息首先通过CAN总线送到组合仪表，然后经过K线送到诊断测试与信息系统。

3. 其他接口

1）车门触点信号。此信号是车载电源控制单元的接地信号。用以指示车门或行李箱盖已经打开。它是一种“唤醒信号”，将睡眠模式转换到备用模式。

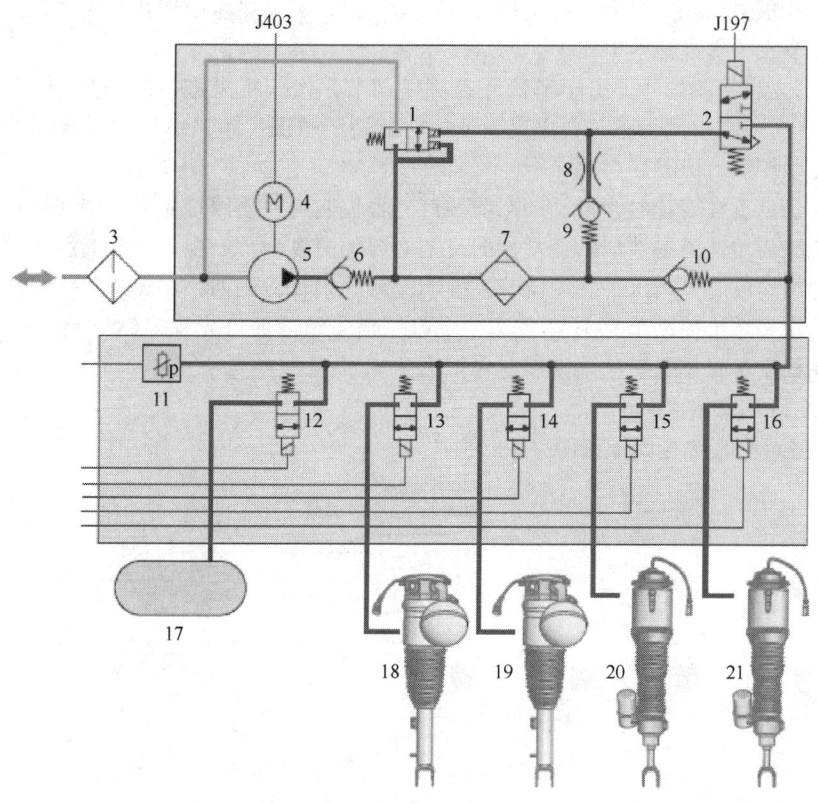

图 3-102 气动原理图

1—气动排放阀 2—电动排放阀 N111 3—消声器/滤清器 4—压缩机电动机 V66 5—压缩机 6—止回阀 1 7—空气干燥器 8—排气节流阀 9—止回阀 3 10—止回阀 2 11—压力传感器 G291 12—储压器阀 N311 13—左后空气弹簧支柱阀 N150 14—右后空气弹簧支柱阀 N151 15—左前空气弹簧支柱阀 N148 16—右前空气弹簧支柱阀 N149 17—系统储压器 18—左后空气弹簧支柱 19—右后空气弹簧支柱 20—左前空气弹簧支柱 21—右前空气弹簧支柱 J403—压缩机电动机继电器 J197—系统控制单元

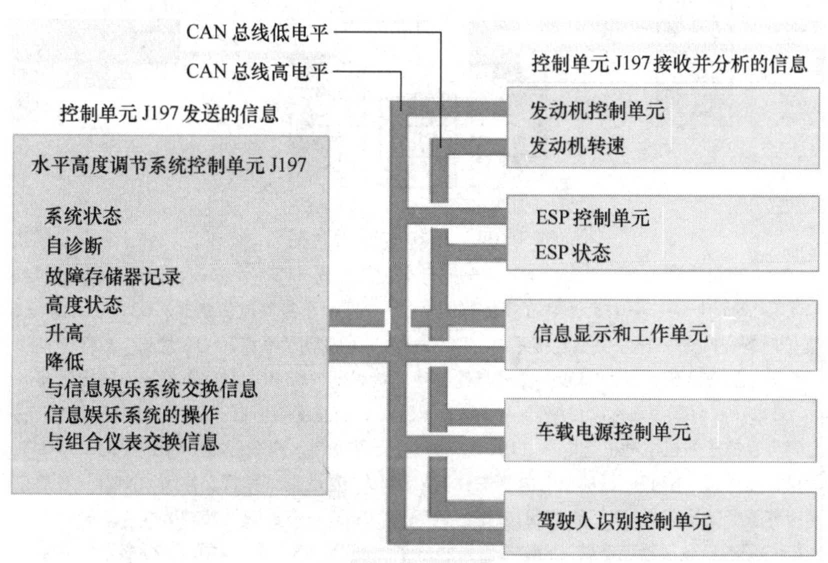

图 3-103 信息交换原理图

2）端子 50 信号。此信号表明起动机已经起动，但在起动操作中切断了压缩机。这样就保护了起动操作并节省了蓄电池的电能。

3）前照灯光程控制信号。由于车辆底盘高度调节是按车桥来进行的(也就是说同一车桥两侧同时调节)，所以在夜间行车时会出现视野短时缩短的情况。正是由于这个原因，辉腾轿车配备了前照灯光程控制(HRC)。

当车辆底盘高度在变化时，自动动态前照灯光程控制可将前照灯光束保持在恒定照射锥角。

为了避免路面坑洼不平造成的经常性的且不必要的高度调节，在车辆相对恒速驾驶、没有或几乎没有车轮加速度时，其水平高度调节系统响应时间很长。例如，在高速公路模式下进行高度调节时，空气悬架系统控制单元 J197 发送一个电压信号给前照灯光程控制单元 J431。HRC 立即作出反应，并根据车身位置变化调整照射光锥形角。

4. 系统接口示意图

图 3-104 所示为系统接口示意图。

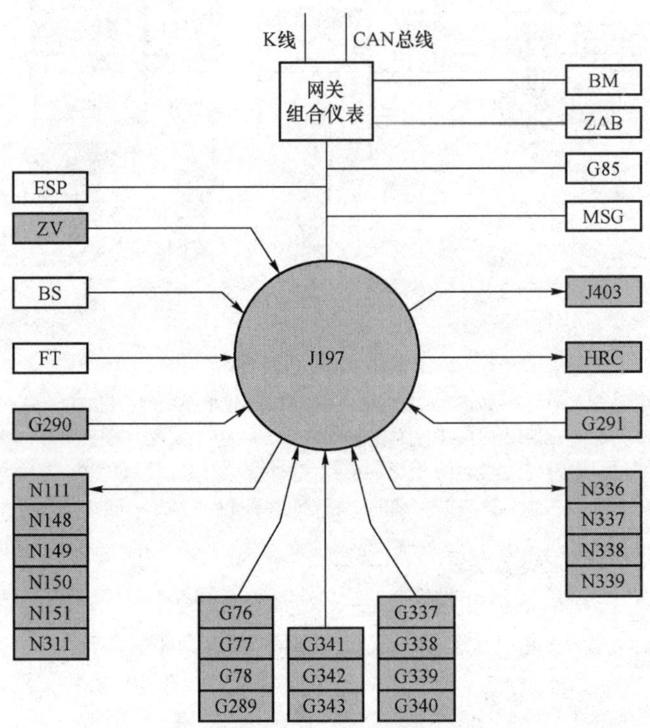

图 3-104　系统接口示意图

BM—蓄电池管理　BS—状态信号 T. 30、T. 15　ESP—电控行车稳定系统　FT—水平高度调节系统按钮与减振器调节按钮　G76—左后车身高度传感器　G77—右后车身高度传感器　G78—左前车身高度传感器　G289—右前车身高度传感器　G85—转向角度传感器　G290—压缩机温度传感器　G291—水平高度调节系统压力传感器　G337—左前车轮加速度传感器　G338—右前车轮加速度传感器　G339—左后车轮加速度传感器　G340—右后车轮加速度传感器　G341—左前车身加速度传感器　G342—右前车身加速度传感器　G343—车后车身加速度传感器　J197—水平高度调节系统控制单元　J403—水平高度调节系统压缩机电动机继电器　HRC—前照灯光程控制　MSG—发动机控制单元　N111—电动排放阀　N148—左前空气弹簧支柱阀　N149—右前空气弹簧支柱阀　N150—左后空气弹簧支柱阀　N151—右后空气弹簧支柱阀　N311—水平高度调节系统储压器阀　N336—左前减振器调节阀　N337—右前减振器调节阀　N338—左后减振器调节阀　N339—右后减振器调节阀　ZAB—信息娱乐系统　ZV—车门/发动机罩/行李箱盖信号

（七）紧急运行模式

当传感器、执行机构有故障或者控制单元发生内部故障时，空气弹簧控制系统与减振控制系统都会采用已存储的紧急运行模式。控制操作在某些情况下受到限制，并且故障存储器中存入故障码。在这些情况下，会发出“高度调节故障”或“减振器故障”警告，并在组合仪表上出现一个警告符号，此时，该车必须送到4S店修理。

（八）自诊断

地址码：34—水平高度调节系统诊断测试与信息系统。

所用仪器：VAS5051和VAS5052非常适合与空气悬架控制单元进行通信。

重新设置调节位置：若更换了控制单元、车辆高度传感器或整个供气单元，用“基本设置”功能对调节位置进行重新设置。

（九）系统总览图

图3-105所示为系统总览图。

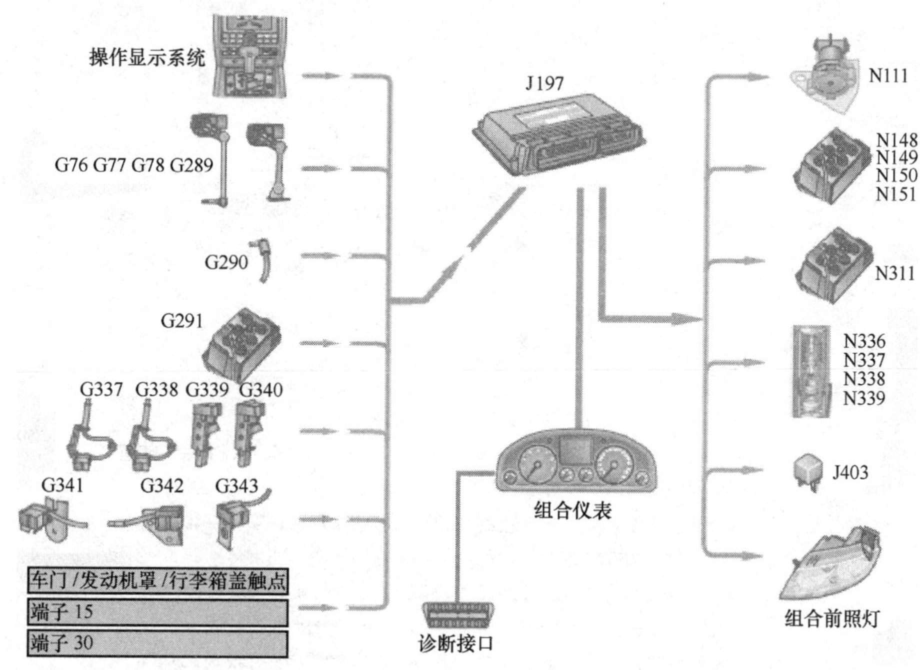

图3-105 系统总览图

G76—左后车身高度传感器 G77—右后车身高度传感器 G78—左前车身高度传感器 G289—右前车身高度传感器 G290—压缩机温度传感器 G291—水平高度调节系统压力传感器 G337—左前车轮加速度传感器 G338—右前车轮加速度传感器 G339—左后车轮加速度传感器 G340—右后车轮加速度传感器 G341—左前车身加速度传感器 G342—右前车身加速度传感器 G343—车后车身加速度传感器 J403—水平高度调节系统压缩机电动机继电器 N111—水平高度调节系统电动排放阀 N148—左前空气弹簧支柱阀 N149—右前空气弹簧支柱阀 N150—左后空气弹簧支柱阀 N151—右后空气弹簧支柱阀 N311—储压器阀 N336—左前减振器调节阀 N337—右前减振器调节阀 N338—左后减振器调节阀 N339—右后减振器调节阀 J197—水平高度调节系统控制单元 辅助信号—车门/发动机罩/行李箱盖触点/端子15/端子30

（十）系统电路图

图 3-106 和图 3-107 所示为系统电路图。

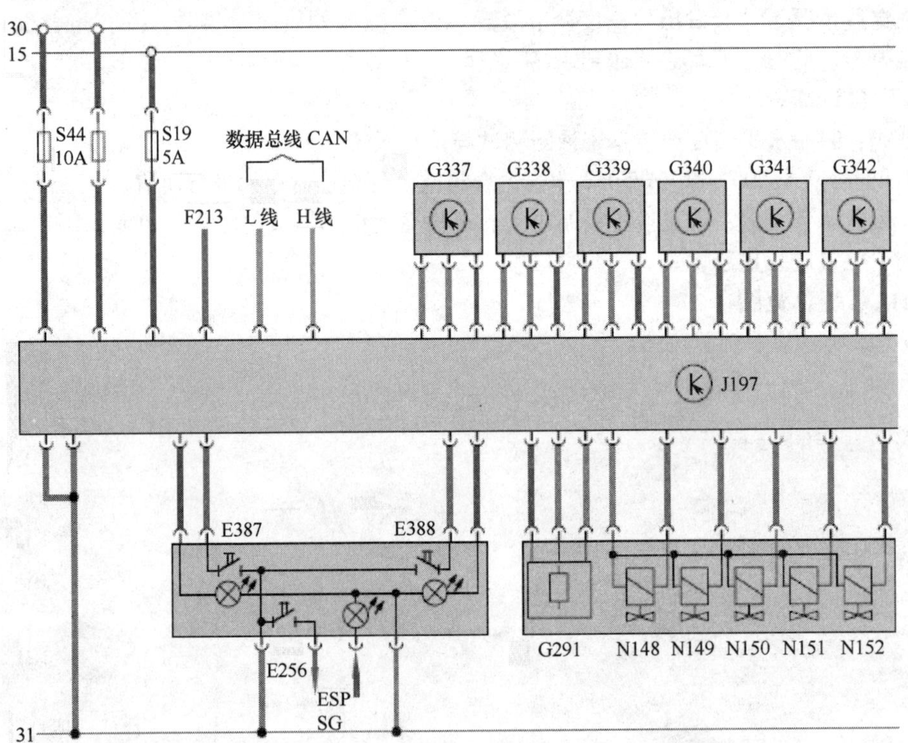

图 3-106　系统电路图一

E256—TCS/ES 按钮　E387—减振器调节按钮　E388—水平高度调节系统按钮
F213—驾驶人车门触点开关　G291—水平高度调节系统压力传感器
G337—左前车轮加速度传感器　G338—右前车轮加速度传感器
G339—左后车轮加速度传感器　G340—右后车轮加速度传感器
G341—左前车身加速度传感器　G342—右前车身加速度传感器
N148—左前空气弹簧支柱阀　N149—右前空气弹簧支柱阀
N150—左后空气弹簧支柱阀　N151—右后空气弹簧支柱阀

通过对辉腾带减振控制的空气悬架系统的学习，使大家能够对空气悬架(又称为主动悬架或电控悬架)的基本结构、原理以及工作过程有个基本的认识和了解。希望对大家以后的工作和学习有个指导作用。

十、悬架的检修

悬架的主要损耗形式是弹簧弹力下降、弹簧断裂和减振器失效。

1. 非独立悬架的检修

非独立悬架的检修主要是弹性元件和减振器的检修。

（1）弹性元件的检修　非独立悬架的常用弹性元件是钢板弹簧，也有些采用螺旋弹簧。

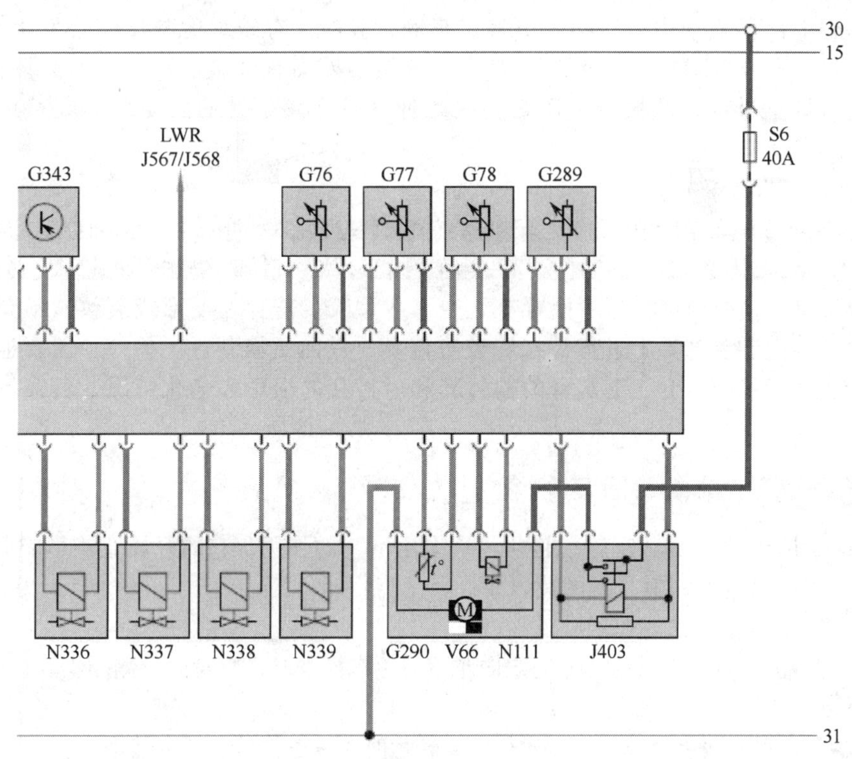

图 3-107 系统电路图二

G76—左后车身高度传感器 G77—右后车身高度传感器 G78—左前车身高度传感器 G289—右前车身高度传感器 G290—压缩机温度传感器 G343—车后车身加速度传感器 J403—水平高度调节系统压缩机电动机继电器 N111—水平高度调节系统压缩机电动机继电器 N336—左前减振器调节阀 N337—右前减振器调节阀 N338—左后减振器调节阀 N339—右后减振器调节阀 V66—水平高度调节系统压缩机电动机

1）钢板弹簧的检修。钢板弹簧长期使用会产生弹性下降甚至折断，钢板销、支架与吊耳产生磨损等。

① 钢板弹簧不能有裂纹、折断，如有应更换新件。

② 钢板弹簧弹性下降表现在钢板弹簧的弧高减小，一般在弹性实验器上检查有负荷或无负荷下弧高的减小。钢板弹簧弹性下降也表现在叶片的曲率半径变化，可用新片来进行靠合实验。

③ 左、右两侧的钢板弹簧的总片数要相等，总厚度差不大于5mm，弧高差不大于10mm。

④ 钢板弹簧的夹子、夹子螺栓应完整，U形螺栓要按规定的力矩拧紧。

⑤ 装配好并压紧的钢板弹簧，片与片之间应紧密配合，相邻两片在总接触长度的1/4长度内，间隙不大于1.2mm。

2）螺旋弹簧的检修。螺旋弹簧的检修主要是检查螺旋弹簧的自由长度，如自由长度比标准长度缩短了5%，则表示该弹簧已经永久变形，刚度变差，必须更换。更换时，要同时更换左、右两个螺旋弹簧，以保持车辆两侧高度相同。若螺旋弹簧有裂纹也要更换。

（2）减振器的检查 进行减振器检查时应固定住减振器，在上下运动活塞杆时应有一定阻力，而且向上比向下的阻力要大一些。若阻力过大，应检查活塞杆是否弯曲；若无阻力，则表示减振器油已漏光或失效，必须更换。车辆行驶时，有缺陷的减振器会发出冲击噪声，因此，应更换减振器。减振器为免维护机构，减振器外面有轻微的油迹，不必更换减振器；如有大量油迹即漏油时，减振器在压缩到底或伸张时会发生跳动的现象，这时只能更换减振器。

2. 独立悬架的检修

独立悬架常在汽车的前桥上，独立悬架的检修包括弹性元件、减振器、横向稳定杆等的检修。其弹性元件多为螺旋弹簧，因在非独立悬架的检修中已涉及螺旋弹簧和减振器的检修，故不再重复。

检查元宝梁、横向稳定杆和下摆臂有无变形或裂纹。若存在变形或裂纹，不允许在前悬架支承装置和导向装置部件上进行焊接和校直修复，只能更换新件。另外，需要检查横向稳定杆的橡胶支座和橡胶衬套、下摆臂的前衬套和后衬套的损坏和老化情况，若损坏需要及时更换。

十一、悬架的故障诊断与排除

悬架系统用于联系车身和车轮，起到“承上启下”的作用。它的好坏直接影响到乘坐舒适性和行驶稳定性及安全性。其主要的故障如下。

1. 钢板弹簧折断

（1）故障现象　汽车行驶时，方向定向跑偏；停车检查时，车身向一侧倾斜。

（2）故障原因

1）车辆在不平路面上超载、超速运行，或转弯时车速过快，负荷突然增大。

2）车辆长期在超载或装载不均匀状况下使用，在封存车辆时，未按规定解除钢板弹簧的负荷。

3）维护不及时，钢板弹簧片之间润滑不良或根本无润滑，使钢板弹簧片间的相对移位能力降低，造成承载能力下降而断裂。

4）弹簧夹松动，负荷集中在钢板弹簧上面几片，上面几片容易断裂。

5）更换的新钢板弹簧片曲率与原片曲率不同。

6）汽车紧急制动过多，或在满载下坡时，使用紧急制动使汽车负荷前移。前钢板弹簧突受额外负荷，造成钢板弹簧的一、二片断裂。

（3）故障诊断与排除

1）当汽车行驶中听到“呱嗒、呱嗒”的金属撞击声，则将车辆支起，使钢板弹簧处于自由状态，在钢板弹簧支架端用撬棒上下撬动钢板弹簧，若能撬动，说明钢板弹簧销、衬套、吊环支架间的间隙过大。

2）若汽车在正常装载条件下行驶，车架与钢板弹簧之间发生撞击，当行驶在不平路面上时，产生异响更大，则将车辆支起，使弹簧处于自由状态，测量弹簧弧高，若不符合规定，或钢板弹簧反垂、钢板弹簧软垫破裂，则钢板弹簧因疲劳而失效，应更换。

2. 减振器失效

（1）故障现象　汽车在不平路面上行驶，车身强烈振动并连续跳动，有时在一定范围内会发生“摆头”现象。

（2）故障原因

1）减振器连接销(杆)脱落或橡胶衬套(软垫)磨损破裂。

2）减振器油量不足或存有空气。

3）减振器阀门密封不良。

4）减振器活塞与缸筒磨损过量，配合松旷。

（3）故障诊断与排除

1）检查减振器连接销（杆）、橡胶衬垫、连接孔是否有损坏、脱落、破裂，若有应及时更换。

2）察看减振器是否有漏油和陈旧性漏油痕迹。

3）用力按汽车保险杠，手放松，若车身能有2、3次跳跃，说明减振器良好；反之，故障在减振器内部，应更换。

3. 减振器漏油

（1）故障现象　在减振器油封处或活塞连杆处有漏油痕迹。

（2）故障原因

1）油封垫圈、密封垫圈破裂，储油缸盖螺母松动。

2）减振器活塞杆弯曲或表面拉伤，破坏了油封。

（3）故障诊断与排除

1）拧紧储油缸盖螺母，若仍有油液漏出则是油封或密封垫圈失效。

2）更换新密封件后仍漏油，则应拉压减振器，若感到发卡、轻重不一时，则应进一步检查活塞杆是否弯曲，表面是否有划痕。

4. 前悬架有噪声

（1）故障现象　汽车在行驶过程中，特别是道路颠簸、突然制动、转弯时从前悬架部位发出噪声。

（2）故障原因

1）前减振器、转向节、下摆臂的连接螺栓松动。

2）前减振器漏油严重或前减振器活塞杆与缸筒磨损严重。

3）下摆臂的前后橡胶衬套磨损、老化或损坏。

4）螺旋弹簧失效或折断。

（3）故障诊断与排除

1）如果前减振器、转向节、下摆臂的连接螺栓松动，则重新紧固各松动螺栓。

2）如果前减振器漏油严重或前减振器活塞杆与缸筒磨损严重，则需更换前减振器。

3）如果下摆臂的前后橡胶衬套磨损、老化或损坏，则需更换橡胶衬套。

4）如果螺旋弹簧失效或折断，则需要更换螺旋弹簧。

5. 后悬架有噪声

（1）故障现象　汽车在行驶过程中，特别是道路颠簸、突然加速、转弯时从后悬架部位发出噪声。

（2）故障原因

1）后减振器漏油或损坏。

2）后减振器端缓冲套损坏。

3）后轮毂轴承损坏。

4）后桥体橡胶支承损坏。

5）后减振器的螺旋弹簧损坏，纵摆臂与后轴管支架之间的滚针轴承损坏。

6）扭杆与纵摆臂、后轴管支架总成的花键磨损松动。

7）后悬架各紧固螺栓或螺母松动。

(3) 故障诊断与排除

1) 如果后减振器漏油或损坏，则更换后减振器。

2) 如果后减振器端缓冲套损坏，则更换缓冲套。

3) 如果后轮毂轴承损坏，则更换轴承。

4) 如果后桥体橡胶支承损坏，则需要更换后桥体橡胶支承。

5) 如果后减振器的螺旋弹簧损坏，需要更换螺旋弹簧。

6) 如果扭杆与纵摆臂、后轴管支架之间的滚针轴承损坏，则需要更换滚针轴承。

7) 如果扭杆与纵摆臂、后轴管支架总成的花键磨损松动，则需要更换扭杆。

8) 如果后悬架各紧固螺栓或螺母松动，则紧固螺栓或螺母。

6. 前轮自动跑偏

(1) 故障现象　汽车行驶时，不能保持直线行驶方向，而自动偏向一边。

(2) 故障原因

1) 两前轮的气压不一致。

2) 两前轮轮胎磨损不一致。

3) 左、右螺旋弹簧损坏或产生永久变形。

4) 左、右前减振器损坏或变形。

5) 前轮定位角不正确。

6) 横向稳定杆橡胶套损坏或固定螺栓松动。

(3) 故障诊断与排除

1) 若两前轮的气压不一致，导致跑偏，则将两前轮均充至正常气压。

2) 若两前轮轮胎磨损不一致，则需要更换成色相同的轮胎。

3) 若左、右螺旋弹簧损坏或产生永久变形，则需要两侧一起更换螺旋弹簧。

4) 若左、右前减振器损坏或变形，则需要更换前减振器。

5) 如果前轮定位角不正确，则需要重新检查和调整前轮定位角。

6) 若横向稳定杆橡胶套损坏或固定螺栓松动，则需要更换橡胶套并重新紧固螺栓。

7. 前轮摆动

(1) 故障现象　汽车行驶时，在达到某一速度时，出现方向盘发抖、摆振。

(2) 故障原因

1) 轮毂的钢圈螺栓松动。

2) 前悬架螺栓松动。

3) 前轮毂轴承磨损。

4) 车轮轮辋产生偏摆。

5) 车轮动不平衡。

6) 下摆臂的球头销磨损或松动。

7) 转向横拉杆球头销磨损或松动。

8) 前轮定位角不正确。

(3) 故障诊断与排除

1) 如果轮毂的钢圈螺栓松动，则需要按照规定力矩和顺序紧固钢圈螺栓。

2) 如果前悬架螺栓松动，则需要紧固转向节、前减振器及下摆臂的紧固螺栓或螺母。

3) 如果前轮毂轴承磨损，则需要更换轴承。

4) 如果车轮轮辋产生偏摆，则需要更换轮辋。

5）如果车轮动不平衡，则需要做车轮动平衡。
6）如果下摆臂的球头销磨损或松动，则需要更换球头销。
7）如果转向横拉杆球头销磨损或松动，则需要更换球头销。
8）前轮定位角不正确，则需要校正前轮的前束和外倾角。

8. 后轮摆动

（1）故障现象　汽车保持直线行驶时，当达到某一速度后，感觉后轮有明显的左右摆动。
（2）故障原因
1）后轮轮毂偏摆。
2）后车轮动不平衡。
3）后摆臂上短轴变形。
4）后轮毂轴承间隙过大。
5）后桥体变形。
6）后减振器失效。
（3）故障诊断与排除
1）如果后轮轮毂偏摆，需要更换后轮轮毂。
2）如果后车轮动不平衡，则需要进行后车轮动平衡。
3）如果后摆臂上短轴变形，则需要更换短轴。
4）如果后轮毂轴承间隙过大，则需要进行后轮毂轴承间隙调整。
5）如果后轮毂轴承损坏，需要更换轴承。
6）如果后桥体变形，则更换后桥体。
7）如果后减振器失效，则更换后减振器。

第六节　奥迪轮胎压力监控系统

一、轮胎压力监控系统概述

统计显示：轮胎气压不足是导致事故和故障的一个常见原因。大多数情况下，轮胎损坏是由于轮胎的充气压力过低造成的。虽然正确的轮胎压力对行驶安全性、乘坐舒适性、轮胎耐用性和燃油消耗起关键作用，但轮胎压力是少数几个未处于持续监控下的量中的一个。因此，在行车时驾驶人无法得知轮胎上的实际气压。但随着电子装置的微型化及蓄电池容量的提高，现在开发出一种轮胎压力监控系统，英文为 Tyre Pressure Monitor，简称 TPM。该系统可在车辆行驶和静止时对轮胎压力进行持续监控，但前提是驾驶人须保证轮胎的充气压力达到厂家规定值。

轮胎压力监控系统通过检查由驾驶人设定的轮胎压力，并在气压不足时通过组合仪表发出相应的信息，该系统是在2000年型的奥迪 A8 和奥迪 S8 上首次使用的。

二、奥迪轮胎压力监控系统组成

如图 3-108 所示，奥迪轮胎压力监控系统由下述部件组成：
1）5 个轮胎压力传感器。
2）4 个轮胎压力监控天线。
3）轮胎压力监控控制单元。
4）组合仪表。

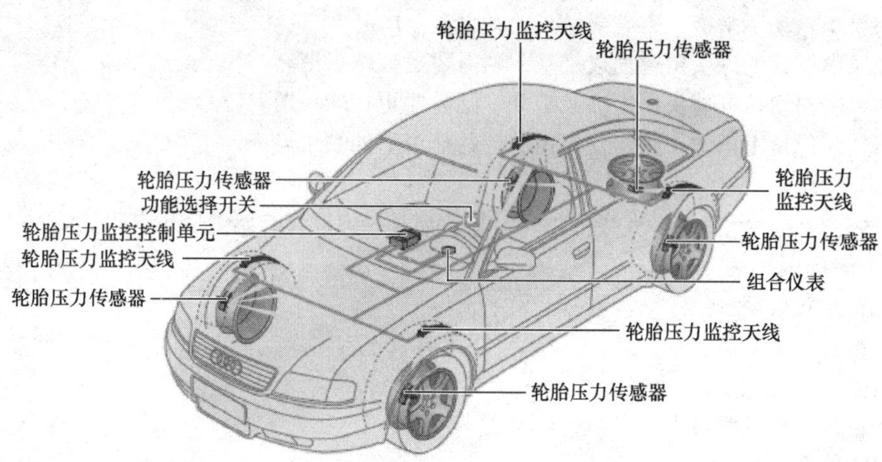

图 3-108　奥迪轮胎压力监控系统

5）功能选择开关。

奥迪车上用的轮胎压力监控系统是一种四轮系统，备胎由控制单元监控和管理，但其状态不包含在系统信息中，从轮胎压力传感器到控制单元的数据是通过高频无线电传递的。车辆外围设备的信息交换是通过舒适 CAN 总线实现的。

每个气门嘴上都装有一个轮胎压力传感器，该传感器以固定的时间间隔向安装在翼子板上的轮胎压力监控天线和驾驶室内的轮胎压力监控控制单元发送无线电信号。轮胎压力监控控制单元分析轮胎的充气压力及压力的变化情况，将相应信息发送至组合仪表，随后这些信息由驾驶人信息系统显示屏(FIS)显示出来。

1. 轮胎压力监控系统的优点

1）轮胎气压过低时会提前指示，因此，安全性得到提高。

2）不需要定期检查轮胎压力，因此，舒适性得到提高。只有当显示屏上显示相应的信息时才有必要校正轮胎压力。

3）提高了轮胎的使用寿命(轮胎压力每降低 0. 3bar,轮胎的使用寿命会降低 25%)。

4）正确的轮胎压力相应地也就降低了燃油消耗。

2. 轮胎压力监控情况的处理方法

(1) 缓慢漏气　缓慢漏气会提前指示给驾驶人，以便驾驶人检查轮胎状况及校正轮胎的气压。爆胎中有 85% 可归因于缓慢漏气。轮胎气压过低时，如果车辆在高速行驶，那么，就会因碾压而使轮胎过热，从而发生爆胎。

(2) 突然漏气　车辆正在行驶时，若出现突然漏气现象(如爆胎、瘪胎)，系统会立即给驾驶人发出警报。正常情况下，驾驶人根据车辆的行驶状态也可识别出这种情况。对于拥有车轮应急运行系统的车辆，驾驶人可能会由于应急运行的特点而未能立即识别出瘪胎。在这种情况下，轮胎压力监控系统就成了唯一能提醒驾驶人的手段了。有应急运行系统的车轮在轮胎没气时也可继续行驶，但是侧滑性能下降。因此，行驶安全性变差。另外，为了保证应急运行和防止轮胎彻底损坏，应限制车速和行驶里程。

(3) 车辆静止时瘪胎　如果车辆静止时出现瘪胎，那么，在接通点火开关后，系统会立即提醒驾驶人。

三、金属气门嘴

轮胎压力监控系统所用的气门嘴是新设计的，以前使用的是橡胶气门嘴，现在使用的是金属气门嘴。

如图 3-109 所示，金属气门嘴由气门嘴壳体、密封圈、气门芯、垫圈、锁紧螺母和盖帽组成，更换轮胎时(新轮胎,旧车轮)，只更换气门芯即可。

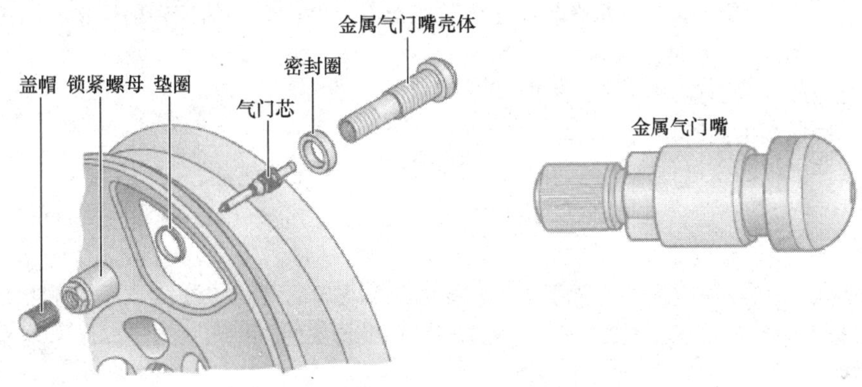

图 3-109　金属气门嘴

四、轮胎压力传感器

轮胎压力传感器共有 5 个，即 G222、G223、G224、G225 和 G226。轮胎压力传感器拧在金属气门嘴上，在更换车轮时，该传感器仍可再用。

如图 3-110 所示，轮胎压力传感器是集成有压力传感器、温度传感器、测量与控制电子装置、锂电池和发射天线的一个智能型传感器。

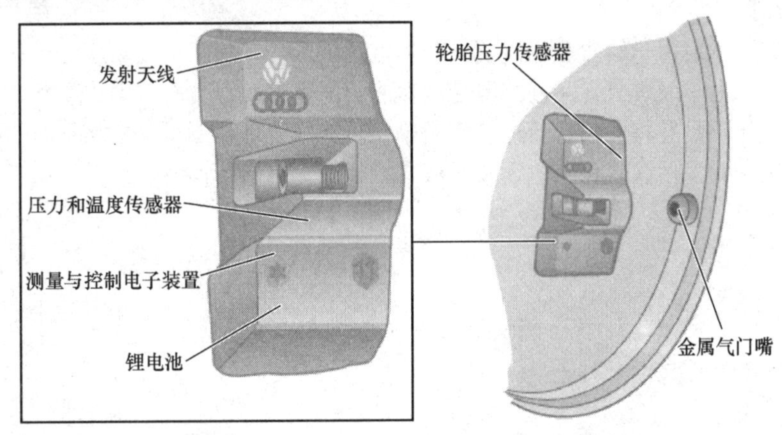

图 3-110　轮胎压力传感器

轮胎压力传感器将轮胎的实时压力信息(绝对压力测量)发送给轮胎压力监控控制单元，用以评估压力情况。温度信号用于补偿因温度改变而引起的压力变化，同时还用于自诊断。一个封闭系统内的空气压力变化与温度是成比例的。正常情况下，温度每变化 10℃，压力变化约 0. 1bar。温度补偿由轮胎压力监控控制单元来进行，测出的轮胎压力以 20℃时的值为标准值。当温度高于某一限定值时，传感器就停止发送无线电信号。

根据各国情况的不同，现在使用两种不同的载波频率(无线电发射频率)，大多数国家使用433MHz的载波频率。少数国家(如美国)使用315MHz的载波频率。轮胎压力传感器、轮胎压力监控天线和轮胎压力监控控制单元上都打印有相应的载波频率。另外，从零件号上也可看出用的是哪种载波频率。只有系统部件都使用相同的载波频率时，轮胎压力监控系统才能正常工作。

1. 轮胎压力传感器的发射天线发送的信息

1）专用识别码(ID-Code)，每个轮胎压力传感器都有一个专用的识别码用于轮胎识别。

2）实时轮胎压力(绝对压力)。

3）实时轮胎空气温度。

4）集成锂电池的状态。

5）为保证数据的安全传递所需的状态、同步和控制方面的信息。

以上所列的信息都包含在一段12位长的无线电信息内。数据传递是调频式的，传递时间约10ms。

注：地球表面的空气压力称为大气压力。按海拔高度来计算，大气压力平均值为1013mbar，一般就认为是1bar；相对压力是以大气压力基准计算出的压力；绝对压力是以压力是零为基准计算出的压力。

2. 温度切断

为了避免接收到错误信息，当轮胎压力传感器接收到的温度达到120℃时，它就不再发送无线电信号了。就在测量和控制电子装置马上切断轮胎压力传感器前，轮胎压力监控控制单元得到了温度切断信息，于是故障内容就被记录在故障存储器内。当温度低于某一值时，轮胎压力传感器又能恢复无线电通信。

当一个或多个轮胎压力传感器发生温度切断时，信息娱乐系统显示屏中会出现如图3-111中的提示。

3. 能源管理

测量、控制及发射电子装置是通过集成的锂电池供电的。为了使轮胎压力传感器的使用寿命尽可能长，其控制电子装置有专用的能源管理功能。测量轮胎压力的数据传递量是很小的，但应能立即识别出气压不足并将此信息传递给控制单元。能源管理功能可以根据不同的测量和发射时间间隔区分出是正常发射模式还是快速发射模式，如图3-112所示。

图3-111 温度切断提示

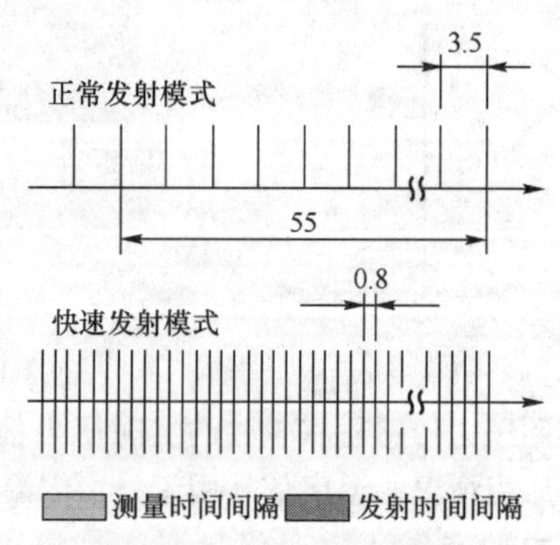

图3-112 能源管理功能图

1）当轮胎气压值保持恒定时，轮胎压力传感器就处于正常发射模式。

2）当气压损失高于0.2bar/min时，轮胎压力传感器立即切换到快速发射模式。

能源管理可在保证压力监控功能的同时，使传感器锂电池所承受的负荷尽可能小。锂电池使用寿命理论上可达到7年，可以通过自诊断来查询锂电池的理论寿命。锂电池是轮胎压力传感器的一个组成部件，它是不能单独更换的。

五、轮胎压力监控天线

轮胎压力监控系统共有4根用于轮胎压力监控的天线，即R59、R60、R61和R62，分别安装在左前、右前、左后、右后车轮罩内的衬板后(图3-113所示)。这4根天线经高频天线导线与轮胎压力监控控制单元相连，并根据安装位置与控制单元进行匹配。

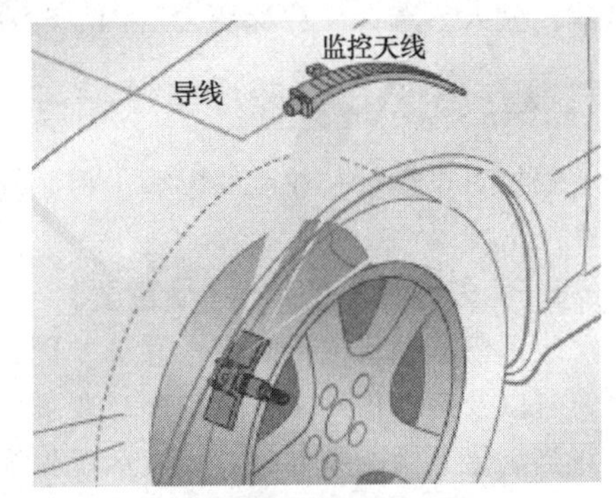

图3-113 轮胎压力监控天线

轮胎压力监控天线接收来自轮胎压力传感器的无线电信号，将此信号传至轮胎压力监控控制单元内并经过选择，以便处理正确的信息。

为了不干扰高频数据传递，对于损坏的天线导线目前不可以修理，如果天线导线损坏，应更换整个线束。

轮胎压力监控天线目前还不能用自诊断来查找故障，但故障存储器内记录的关于轮胎压力传感器“无信号”的故障，可能是天线和天线导线的原因。

六、轮胎压力监控控制单元

轮胎压力监控控制单元J502安装在仪表台内，用来对轮胎压力监控天线发送的信号进行处理并排队，然后把相应的信息送至组合仪表，驾驶人信息娱乐系统(FIS)的显示屏会显示相应信息。

通过对各种不同的界限值和按时间变化的压降(压降梯度)进行分析，就可对系统状况信息进行排队(按其重要性)。

控制单元内存储了两套彼此毫无关系的轮胎压力值。

1）用控制单元编码输入的部分负荷及全负荷时的轮胎充气压力。例如2 0 3 2 9，其中第四位2表示2.2bar(部分负荷轮胎充气压力)；第五位9表示2.9bar(全负荷轮胎充气压力)。

该压力值可在油箱盖上的不干胶标签上查到，它是按编码表输入的，根据部分负荷的压力可计算出一个最低压力极限值。在未超过最低压力极限值时，用菜单存储的压力值相对于用编码输入的压力值来说有优先权。

2）通过驾驶人信息娱乐系统显示屏的“存储压力”功能由驾驶人存储的轮胎充气压力。用驾驶人信息娱乐系统的菜单可以存储个性化的轮胎充气压力值(如满负荷或冬季轮胎)。

七、轮胎压力监控系统操纵

在轮胎压力子菜单里通过功能选择开关可以关闭或再次接通轮胎压力监控系统，还可以存储轮胎的实时压力。

1. 存储轮胎压力

为了避免错误信号，建议每次检查及校正完轮胎充气压力后，应在信息娱乐系统(FIS)菜单里执行一次“存储压力”功能。为了避免调整不当，应特别注意：必须在轮胎冷态时检查、校正及存储轮胎的充气压力。输入“存储压力”后，轮胎充气压力就被标准化为20℃时的值。

如果没有遵守这个说明且使用了不同的充气仪器来检查和校正轮胎气压，那么，根据充气仪器的公差范围情况，系统信号可能提前或延迟。

在轮胎温度不同(热/冷)或外界温度不同(夏天/冬天)校正完轮胎压力后但没有每次都存储压力值时，也会出现系统信号提前或延迟现象。

2. 关闭和打开系统

该系统可由驾驶人在菜单里关闭。每次接通点火开关后短时出现“系统已关闭”的信息以提醒驾驶人。选择“存储压力”时，轮胎压力监控系统自动接通。

☞ 八、轮胎压力监控系统信号

根据对车辆行驶性能的影响，将系统信号分为两个优先等级：优先等级1的信号和优先等级2的信号。

1. 优先等级1的信号(最重要)

表示已不能保证行驶安全性了，优先等级1的信号由信息娱乐系统(FIS)显示屏上的红色警报符号以及声音信号来指示，这时要求驾驶人立即检查轮胎状态。

当满足下面的条件时，会显示优先等级1的信号：

1）实际的轮胎充气压力值降至警报线2以下。

2）压力损失梯度大于0.2bar/min。

优先等级1的信号在处理完成后会立即显示出来。超过警报线3以后就总是显示优先等级1的信号。

(1）压力损失很快　如图3-114所示。

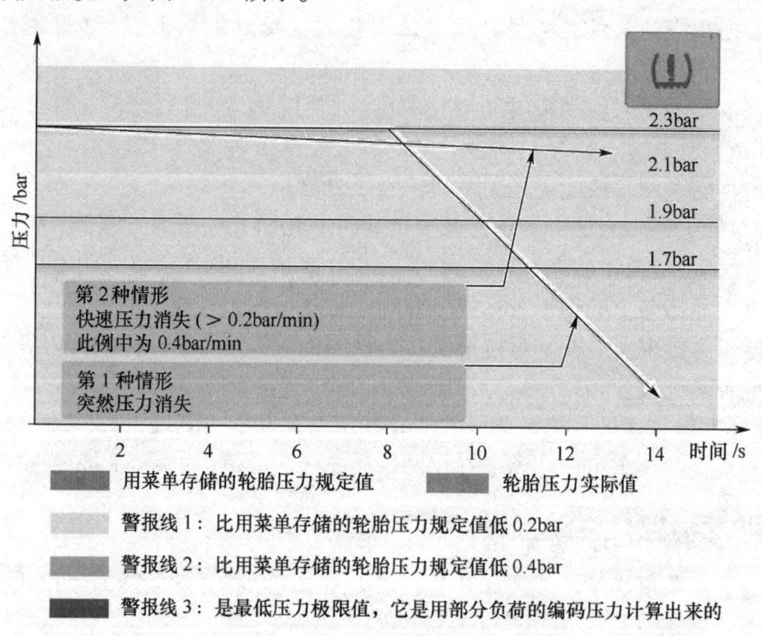

图3-114　优先等级1压力损失很快

压力损失过快可能会显示下面提及的优先等级 1 的信号：

1）当至少满足优先等级 1 的一个条件且不能明确指出是哪个车轮时，就会显示图3-115这个信息（优先等级 1，无位置）。此信息可能与一个或多个车轮有关。在某些条件下，该信息还可能与备胎有关。

图 3-115　无位置信息显示

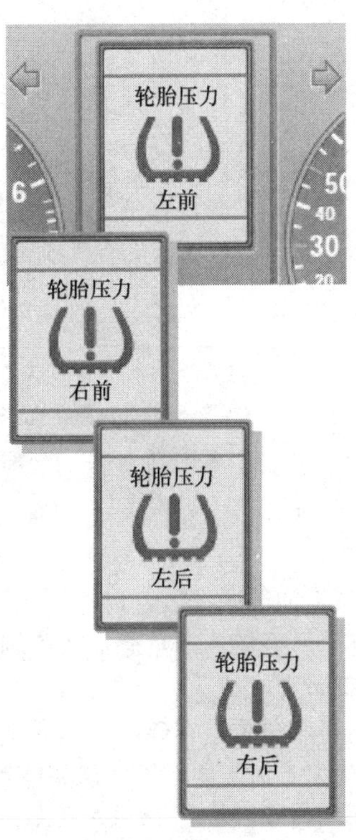

图 3-116　有位置信息显示

2）如图 3-116 显示的信息。这些信息（优先等级 1，有位置）与前面说过的信息是不同的，不同之处在于此处有明确的车轮位置指示。

3）在出现优先等级 1 的信号时，若按下 CHECK 按钮，就会出现图 3-117 的提示。

4）如果导航系统已激活，那么很快就会用图 3-118 显示的指示符号指示所有优先等级 1 的信号（先是全图，然后是小图）。这个指示符号出现在驾驶人信息娱乐系统显示屏的上部，这样就不会干扰行车路线指示了。

图 3-117　按 CHECK 钮提示信息

图 3-118　导航激活后指示符号

（2）调整不当，缓慢漏气　如图3-119所示。

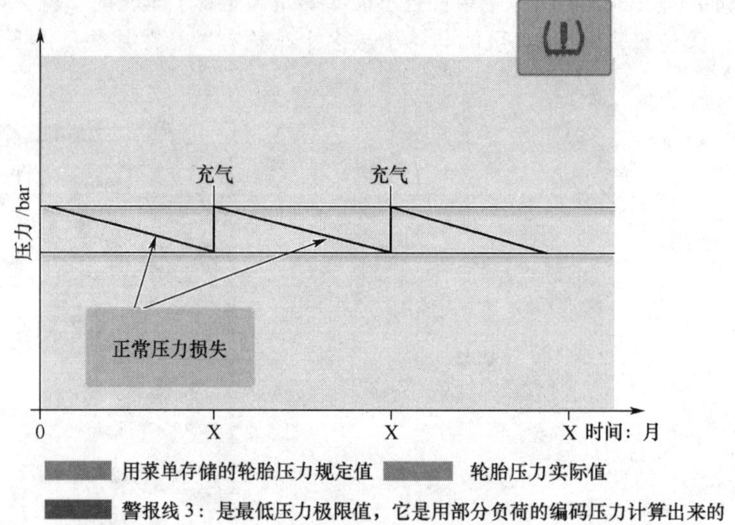

图3-119　优先等级1缓慢漏气

当满足下面的条件时，优先等级1的信号会自动撤销：

1）如果所有的压力传感器接收到的轮胎充气压力都高于警报线1(比存储的轮胎充气压力规定值低0.2bar)。

2）通过菜单重新存储了轮胎充气压力。

注：优先等级1的信号和优先等级2的信号又都可分为“无位置”和“有位置”两种形式。

1）所谓“无位置”是指系统不能准确说明故障原因的位置，或者有多个故障位置。

2）所谓“有位置”是指系统可以准确说明故障原因的位置，且只有该位置是引起故障的原因。

2. 优先等级2的信号(次重要)

表示还没有直接影响行驶安全性，信息娱乐系统(FIS)显示屏出现黄色符号来提醒驾驶人现在系统的状况如何。

当满足这些条件时，会显示优先等级2的信号：

1）当轮胎的实际压力达到或超过警报线1的时候。

2）当同一轴上的车轮轮胎压力差大于0.4bar时。

3）当系统已关闭或因故障而无法使用时。

缓慢漏气如图3-120所示。

与1)相关的信息：当某个车轮的实际压力比通过菜单存储的轮胎压力规定值低0.2bar时(警报线1)，就会显示图3-121指示的信息。这时轮胎压力监控控制单元应识别出轮胎压力传感器的位置(优先等级2,有位置)。另外，其他三个轮胎的实际压力与存储的压力规定值相差不能大于0.1bar。

如果某个轮胎压力达到警报线1，而其他轮胎中有一个或多个轮胎的实际压力比存储的压力规定值低0.1bar，就会显示无位置信息。这时就要求驾驶人检查并校正所有轮胎的压力。这样就可避免警报过于频繁，因为下次车轮故障在短时间内是不会发出警报的。

与1)相关的其他条件：在点火开关接通的情况下，传感器传送的温度不应该比环境温度高15℃以上，如果超过了这个界限，就不会发出警报了。

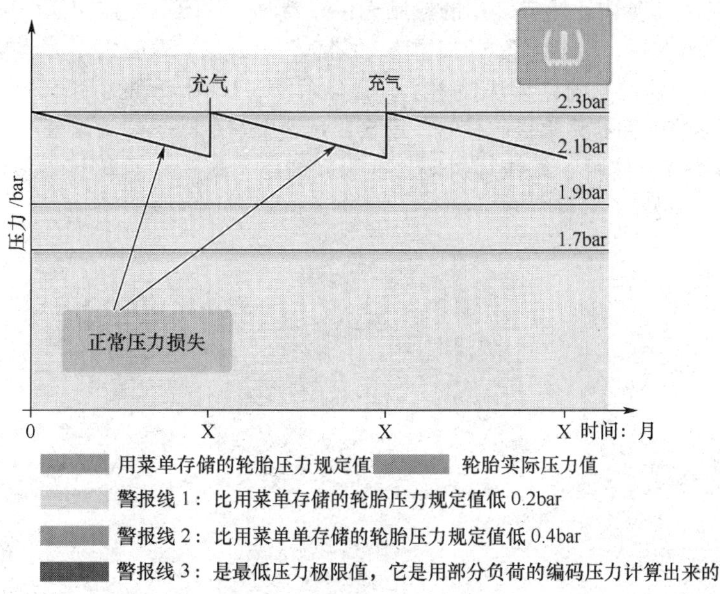

图 3-120　优先等级 2 缓慢漏气

满足这些条件时，1）下所说明的警报会被撤销：如果所有传感器接收到的压力信号与存储的压力规定值的偏差均小于 0. 1bar 时；重新存储了压力。

与 2）相关的信息：当同一轴（前轴、后轴或两轴）上的两个车轮轮胎压力差大于 0. 4bar 时，会显示图 3-122 指示的信息。如果校正轮胎压力的工作做得不对（比如忘了一个轮胎），也会显示这个信息，驾驶人应再次检查并校正轮胎压力，然后再次执行“存储压力”的功能。

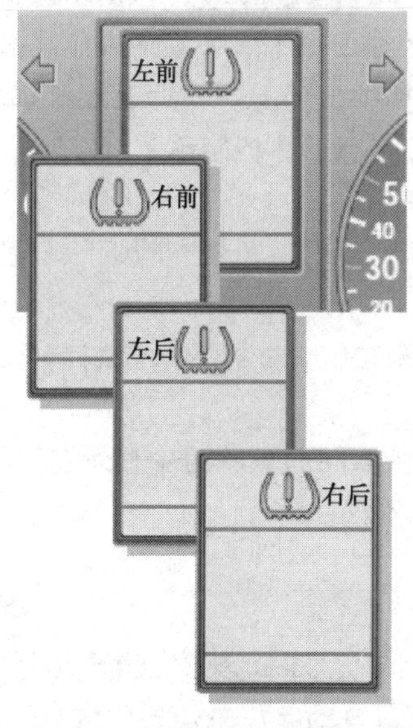

图 3-121　警报线 1 指示信息

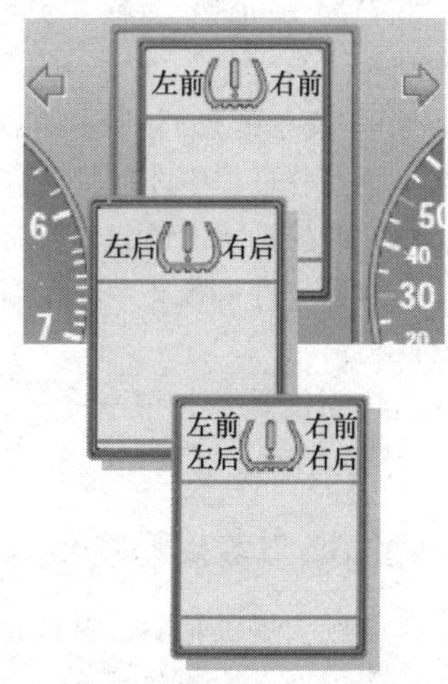

图 3-122　同轴压差过大指示信息

与 2）相关的其他条件：传感器传递的温度不应该比环境温度高 15℃以上，如果超过了这个界限，就不会发出警报了。

与 3）相关的信息：驾驶人可以通过菜单将压力监控系统关闭；当装有轮胎压力传感器的轮胎

(如冬季轮胎)放在行李箱内运输或装用的轮胎无传感器时，关闭压力监控系统就显得非常有意义了；每次接通点火开关后，会显示图3-123指示的信息，用以提示驾驶人压力监控系统已关闭。

如果因故障压力监控系统已无法使用了，会显示图3-124指示的信息以提醒驾驶人。例如，因电磁场变化而导致传感器无法接收信号，就会出现这个显示。干扰的因素有：火花塞间隙过大(火花塞插头未插好)或使用了无线耳机等。如果无线电干扰消失且传感器接收到信号，那么，这个提醒信息就消失了。

图3-123　接通点火开关后指示信息

图3-124　监控系统无法使用指示信息

图3-125　出现其他干扰后指示信息

当出现其他系统干扰时，出现显示图3-125指示的信息，它表示轮胎压力监控系统已经无法使用了。

九、轮胎压力监控系统轮胎识别

每个轮胎压力传感器都有一个单独的识别码(即ID码)，它是一个10位的数字，这个识别码包含在传感器信号中并传给轮胎压力监控控制单元J502，车辆用它就可识别传感器的位置。

控制单元J502在一定条件下确定并存储传感器的信息，这个过程就称为轮胎识别。最多可以“管理”5个轮胎压力传感器，(包括备胎)。接收到的ID码与存储的ID码总在不断地进行对比，以便对存储的数据进行进一步处理。这样，就可避免在无线电作用范围内“未知传感器”影响系统。

轮胎识别有“自学习”能力，例如轮胎如果装上了别的传感器，控制单元J502会识别出来，并在一定条件下(算法处理)接受并存储“新传感器”。

只有在车辆行驶过程中才能完成传感器的自适应，这样，就可避免停在附近的车辆影响(如果它有轮胎压力监控系统的话)。

在菜单中执行“存储压力”时，不但存储了新的轮胎充气压力，还要求控制单元进行轮胎识别和位置匹配。

可以用自诊断仪器在08功能——读取数据流状态下，在不同的显示组中显示各个传感器的ID码(轮胎识别)。

十、轮胎压力监控系统位置识别

为了能向驾驶人提供轮胎位置信息，轮胎压力监控控制单元J502必须知道传感器在车上的安装位置。位置识别是控制单元的一个扩展功能。该功能可以自动完成车轮与传感器的匹配，即定义出左前(VL)、右前(VR)、左后(HL)、右后(HR)及备胎(RR)。为此，车上安装了4根监控天线，通过分析各个轮胎压力传感器传来的不同强度的信号，即可完成位置识别。

轮胎压力监控控制单元J502根据计算和统计数据就可确定传感器的理论位置。在无线电传输的过程中，有很多影响接收信号强度的因素(如金属件的屏蔽作用,发射器到天线的距离、环境影响

等)。所以，并不能100%保证准确确定传感器的位置，这就是为什么说是“理论位置”的原因。

车在停止时的监控功能：为了使车在停止时仍能监控轮胎压力，轮胎压力监控控制单元J502在关闭点火开关后也仍在工作。只是这时的控制单元处于省电状态。当它接收到轮胎压力传感器定期发来的信号时会马上激活。该功能要求爱护锂电池，这样，才能保证在出车前就会得到及时的提示(如瘪胎)。

十一、备胎

备胎在轮胎压力监控系统中占有很重要的位置，备胎上也装有轮胎压力传感器，但与其他轮胎不同的是：备胎没有自己单独用于轮胎压力监控的天线。

备胎发出的无线电信号由天线接收后再传给轮胎压力监控控制单元J502，通过轮胎识别和位置识别就可判断出这个“第五个”轮胎就是备胎，并将该信息存入控制单元J502。

备胎由控制单元J502来“管理”，但涉及备胎的警报信息都被抑制而不显示出来。

备胎的充气压力可以用自诊断仪在08功能下的显示组13内检查，但前提条件是位置识别功能已完成了，当显示组19中显示出“15”时，就表示位置识别功能已经完成了。无位置的优先等级1的信号，如果没有完成位置识别(如在“存储压力”后或更换轮胎后)且充气压力在警报线3以下，那么，就还与备胎有关。

十二、系统信息交换

如图3-126所示，轮胎压力监控控制单元J502与车辆的信息交换是在组合仪表上通过CAN舒适总线来完成的。

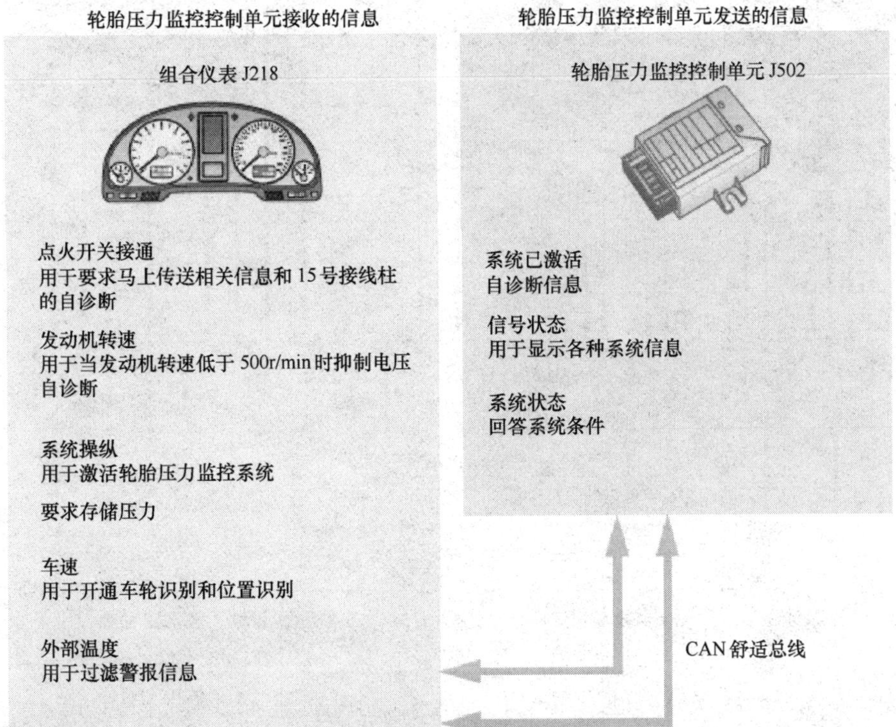

图3-126　信息交换原理图

十三、系统自诊断

通过车上的自诊断接口可以完成多种自诊断，从而可以快速查询故障。

1. 轮胎压力监控系统地址码

轮胎压力监控系统地址码为 65

2. 可选功能

01—查询控制单元版本

02—查询故障码

05—清除故障码

06—结束输出

07—控制单元编码

08—读取数据流

10—自适应

十四、系统电路图

如图 3-127 所示。

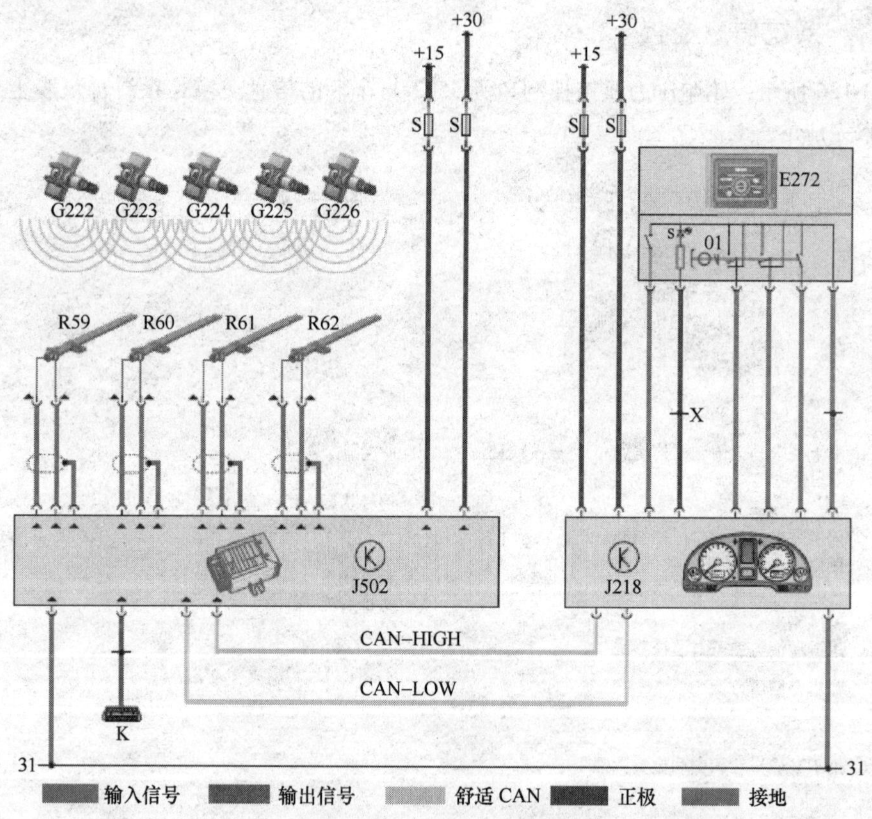

图 3-127　系统电路图

K—自诊断接口　X—接线柱 58S　E272—功能选择开关　G222—左前轮胎压力传感器　G223—右前轮胎压力传感器　G224—左后轮胎压力传感器　G225 右后轮胎压力传感器　G226—备胎轮胎压力传感器　J218—组合仪表内处理器　J502—轮胎压力监控控制单元　R59—左前轮胎压力监控天线　R60—右前轮胎压力监控天线　R61—左后轮胎压力监控天线　R62—右后轮胎压力监控天线

【回顾与总结】

1. 边梁式车架是由两根位于两边的纵梁和若干根横梁组成的，用铆接法或焊接法将纵梁与横梁连接成坚固的刚性构架，常称为“阵式车架”，是最早出现的车架类型。

2. 碳纤维承载式车身即一体成型式车架。制造方法是用碳纤维浇铸成一体化的底板、乘员舱和发动机舱结构，再装上机械零件和车身覆盖件。

3. 承载式车身按其使用材料不同可分为全钢承载式车身、全铝合金承载式车身、碳纤维承载式车身三种类型。

4. 主销后倾的作用是形成回正力矩，保证汽车直线行驶的稳定性，并使汽车转向后回正操纵轻便。

5. 主销内倾的作用是使转向轮转向后能自动回正，并使转向操纵轻便。

6. 前轮外倾的作用是提高车轮工作的安全性和转向操纵的轻便性。

7. 前轮前束的作用是消除因前轮外倾使汽车行驶时向外张开的趋势，减少轮胎磨损和燃油消耗。

8. 厂家一般推荐 8000 ~ 10000km 应将轮胎换位一次

9. 非独立悬架是左右两侧的车轮装在一个整体式车桥上，车轮连同车桥一起通过悬架与车架相连接，当一侧车轮因路面不平等原因相对于车架的位置发生变化时，另一侧车轮的位置也随之发生变化。

10. 独立悬架是两侧车轮各自独立地通过悬架与车架相连接，其配备的车桥都是断开式的，每个车轮都能独立地上下运动。

11. 螺旋弹簧用弹簧钢料卷制而成，有刚度可变的圆锥形螺旋弹簧和刚度不变的圆柱形螺旋弹簧两种。

12. 减振器在汽车中的作用是迅速衰减由车轮通过弹性元件传给车架的冲击和振动，提高汽车行驶的平顺性能。

13. 电磁式减振器称为 Electromagnetic Absorber，它是利用电磁反应而产生阻尼的一种新型智能化减振器。

14. 轮胎压力监控系统英文表示为 Tyre Pressure Monitor，简称 TPM。该系统可在车辆行驶和静止时对轮胎压力进行持续监控，但前提是驾驶人须保证轮胎的充气压力达到厂家规定值。

【思考与练习】

一、填空题

1. 普通轿车轮式行驶系统由(　　)、(　　)、(　　)和(　　)四部分组成。

2. 汽车上采用的车架有五种类型，即(　　)、(　　)、(　　)、(　　)和(　　)。

3. 根据悬架结构的不同，车桥分为(　　)和(　　)两种。整体式车桥的中部是刚性实心或空心壳，与(　　)配用；断开式车桥为活动关节式结构，与(　　)配用。

4. 根据车桥的功用不同，车桥分为(　　)、(　　)、(　　)和(　　)四种。

5. 车轮是介于(　　)和(　　)之间承受负荷的旋转部件，其作用是安装(　　)，连接车桥并承受轮胎与车桥之间的各种载荷。

6. 悬架主要由(　　)、(　　)和(　　)三部分组成。在某些车辆上，为防止车身在转向等情况下发生过大的横向倾斜，还设有(　　)。

7. 主动悬架可以根据路面和行驶工况自动调整悬架(　　)和(　　)，从而使车辆能主动地

控制垂直振动及其车身或车架的姿态

8. 采用扭杆弹簧作为弹性元件的悬架要设(　　)和(　　)。

9. 国内现在比较常见的五种悬架有(　　)、(　　)、(　　)、(　　)、(　　)。

二、问答题

1. 汽车车轮总成起到哪些作用?
2. 轮胎的作用有哪些?
3. 以 195/60 R14 86H 为例说明子午线轮胎规格的含义?
4. 常见的轮胎品牌有哪些?
5. 车轮动不平衡的危害及原因有哪些?
6. 为什么现代的汽车广泛采用独立悬架?
7. 横向稳定器的作用是什么?
8. 双向作用单筒式液压减振器的工作原理是什么?
9. 电磁式减振器的工作原理是什么?
10. 与非独立悬架相比,独立悬架具有哪些优点?
11. 辉腾带减振控制的空气悬架都使用了哪些传感器?
12. 奥迪轮胎压力监控系统由哪些部件组成?

第四章

汽车转向系统

汽车和人一样，都不能犯方向性错误，否则后果很严重。为此，在汽车底盘中设置了转向系统。转向系统作为汽车底盘的四大系统之一，可在驾驶人的控制下改变汽车的行驶方向，是汽车不犯方向性错误的直接保障。

精解目标

1）了解汽车转向系统的作用及组成。

2）了解机械式转向系统的组成。

3）掌握齿轮齿条式转向器的组成及优点。

4）掌握转向传动机构的类型及组成。

5）掌握助力转向系统的作用及类型。

6）掌握电动式助力转向系统的优势及组成。

精解要点

1）转向系统的类型及特点。

2）转向操纵机构的作用及组成。

3）循环球式转向器的应用。

4）转向储油罐油面的检查。

5）液压式助力转向系统。

6）电动式助力转向系统。

7）电动液压式助力转向系统。

8）动态转向系统。

第一节　转向系统概述

一、转向系统的作用与类型

1. 转向系统的作用

汽车在行驶时会遇到各种情况，有时需要沿直线行驶，有时需要改变车道或转弯，有时则需要沿曲线行驶，所以，汽车上需要一套系统来改变或保持汽车的行驶方向，这套系统就是转向系统。转向系统的作用就是改变和保持汽车的行驶方向。

2. 转向系统的类型

汽车转向系统按转向动力源的不同，可分为机械式转向系统和动力式转向系统两种。其中动力转向系统又可以分为液压式、气压式和电动式。

如图 4-1 所示，尽管现代汽车转向系统的结构形式多种多样，但都包括转向操纵机构、转向器和转向传动机构三个基本组成部分。

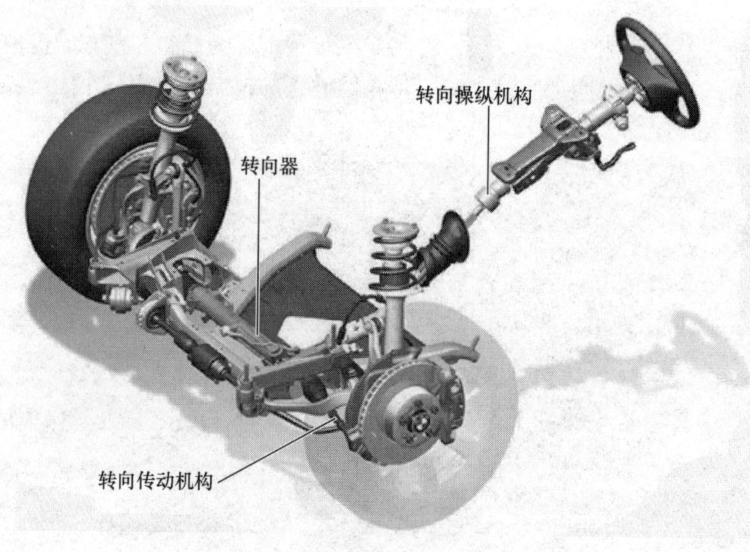

图 4-1　转向系统的组成及布置示意图

（1）机械式转向系统　以驾驶人的体力作为转向动力源。汽车转向时，驾驶人作用于转向盘上的力，经过转向轴(转向柱)传到转向器，转向器将转向力放大后，又通过转向传动机构的传递，推动转向轮偏转，致使汽车行驶方向改变。

汽车的转向，完全由驾驶人的操纵力来实现，操纵较费力，劳动强度较大，但它具有结构简单、工作可靠、路感性好、维护方便等优点，多应用于中小型货车或农用车上。

（2）液压式动力转向系统　液压式动力转向系统是在机械式转向系统的基础上，增加了转向控制阀、转向泵、转向动力缸等一套液压助力装置。

当汽车转向时，由发动机驱动的动力转向泵产生高压油，高压油在控制阀的作用下，进入动力缸推动转向轮偏转，此时，作用在转向盘的作用力就很小，从而减轻了驾驶人的劳动强度。

液压式动力转向系统操纵轻便，灵活省力，维护简单。目前，广泛应用于高速轿车和重型货车上。

（3）电动式动力转向系统　电动式动力转向系统是在机械式转向系统的基础上，增加了电控

单元、电源、电动机、转向传感器等。

当汽车转向时，电控单元根据传感器检测的转向力矩及转向速度等参数，计算出最佳作用力后，使电动机工作，推动转向，减轻驾驶人的劳动强度。

电动式动力转向系统具有节能、无需油压管路系统、并不直接消耗发动机功率、环保优势强、安装自由度大等优点，但电能动力不如液压动力大，目前，只用于前轴负荷较小的轿车上。

☞ 二、对转向系统的要求

1）工作可靠，操纵轻便。

2）转向机构还应能减小地面传到转向盘上的冲击，并保持适当的“路感”。

3）当汽车发生碰撞时，转向系统应能减轻或避免对驾驶人的伤害。

☞ 三、转向系统的参数

1. 转向系统角传动比

转向盘的转角与安装在转向盘同侧的转向轮偏转角的比值，称为转向系统角传动比，用 i_w 表示。而转向盘转角和转向摇臂摆角之比 i_1 称为转向器角传动比。转向摇臂摆角与同侧转向轮偏转角之比 i_2 称为转向传动机构角传动比。显然 $i_w = i_1 \times i_2$。i_w 越大，则克服一定的地面转向阻力所需的转向盘上的转向力矩便越小，使转向操纵轻便，但操纵灵敏度就会下降。但 i_w 不能过大，过大将导致转向操纵不够灵敏，即转向盘转动的圈数增加。

转向器角传动比 i_1 货车约为 16～32，轿车约为 12～22。转向传动机构角传动比 i_2 一般为 1 左右。

2. 转向时车轮运动规律

汽车转向时，内侧车轮和外侧车轮滚过的距离是不等的。对于前置后驱汽车而言，后桥左、右两侧的驱动轮由于差速器的作用，能够以不同的转速滚过不同的距离。但前桥左、右两侧的转向轮要滚过不同的距离，必然要引起车轮沿路面边滚动边滑动，致使转向时的行驶阻力增大，轮胎磨损增加。为避免这种现象，要求转向系统能保证在汽车转向时，所有车轮均作纯滚动。显然，这只有在转向时，所有车轮的轴线都交于一点方能实现。此交点 O 称为汽车的转向中心，如图4-2 所示。由图可见，汽车转向时内侧车轮转向角 β 大于外侧车轮转向角 α。α 与 β 的关系是：

$$\mathrm{ctg}\alpha = \mathrm{ctg}\beta + B/L$$

式中 α——外侧车轮转向角；

β——内侧车轮转向角；

B——两侧主销之间距离；

L——汽车轴距。

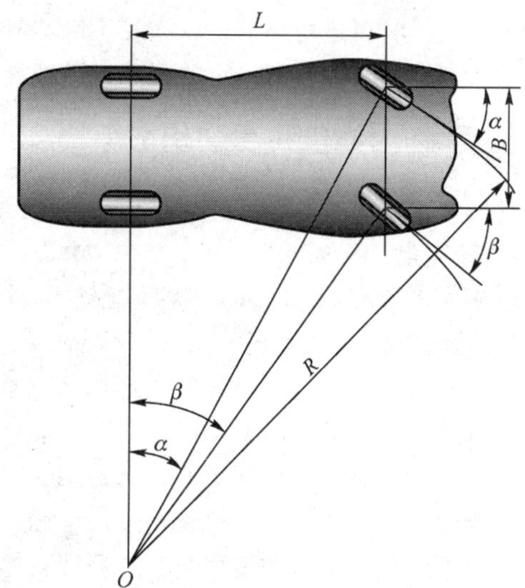

图 4-2 汽车转向示意图

转向盘打到底，由转向中心 O 到外转向轮与地面接触点的距离 R 称为汽车最小转弯半径。转弯半径 R 越小，则汽车转向所需要场地就越小，汽车的机动性也越好。从图 4-2 可以看出，当外侧车轮转向角达到最大值时(转向盘打到底)，转弯半径 R 最小。

汽车内侧车轮转向角一般在35°~42°之间，汽车的最小转弯半径一般约为5~12m。

汽车的转向操纵性能并不完全取决于转向系统，它还与行驶系统有关。汽车在直线行驶中，转向轮会受到偶然出现的地面侧向反力而发生意外偏转，从而使汽车意外地转向。为了使汽车能稳定地保持直线行驶，要求转向轮偶然发生偏转后，能立即自动回复到直线行驶的位置。前面所讲的转向车轮定位即是保证转向轮自动回正性能的结构措施之一。此外，悬架导向装置的结构和布置以及轮胎的径向和侧向刚度都对汽车的转向操纵性有很大影响。

3. 转向盘自由行程

转向盘在空转阶段的角行程称为转向盘的自由行程，这主要是由于转向系统各传动件之间的装配间隙和弹性变形所引起的，一般要求小于10°或10~15mm。

具体检查方法：使汽车前轮处于直线行驶状态，用指尖向左、向右侧轻轻推动转向盘，在转向盘外圆周上测量手感变重时(即轮胎开始转动)的自由行程。如该值在规定值之内，说明状况正常。否则需要调整，不同的转向器，调整的方法也不同。

第二节　转向操纵机构

机械式转向系统由一系列机械零件构成，完全由驾驶人的臂力实现转向。机械式转向系统由转向操纵机构、转向器、转向传动机构三大部分组成。汽车转向时，施加在转向盘上的力经转向柱等传至转向器，将转向力放大后，再通过转向传动机构的传递，带动转向轮偏转，使汽车改变行驶方向。

☞ 一、转向操纵机构的作用

转向操纵机构的作用是产生转动转向器所必需的操纵力，并具有一定的调节性和安全性。

转向操纵机构要将驾驶人操纵转向盘的力传给转向器，同时为了驾驶人的舒适驾驶，还要求转向操纵机构可以进行调节，以满足不同驾驶人的需求；为了防止车辆撞击后对驾驶人的损伤，还要求转向操纵机构具有一定的安全保护装置。

☞ 二、转向操纵机构的组成

如图4-3所示，转向操纵机构一般由转向盘、转向轴、转向管柱、万向节和转向传动轴组成。

1. 转向盘

如图4-4所示，转向盘由轮圈、轮辐和转向盘毂三部分组成，其按照轮辐的数目可分为三辐式转向盘和四辐式转向盘。

转向盘也称方向盘，内部是成形的金属骨架，通过带锥度的细花键将转向盘毂与转向轴相连，端部通过螺母轴向压紧固定。金属骨架外面一般包有柔软的合成橡胶或树脂，也有皮包革，以具有良好的手感，并防止手心出汗时转向盘打滑。当汽车发生碰撞时，转向盘骨架能产生变形，以吸收冲击能量，减轻驾驶人的伤害程度。转向盘上都装有喇叭按钮和安全气囊。有些轿车的转向盘上还装有巡航按钮和升、降档开关等。

现代汽车使用的转向盘具有以下特点：

1）造型科学化。

2）多层柔软化。

3）功能多样化。

4）尺寸小型化。

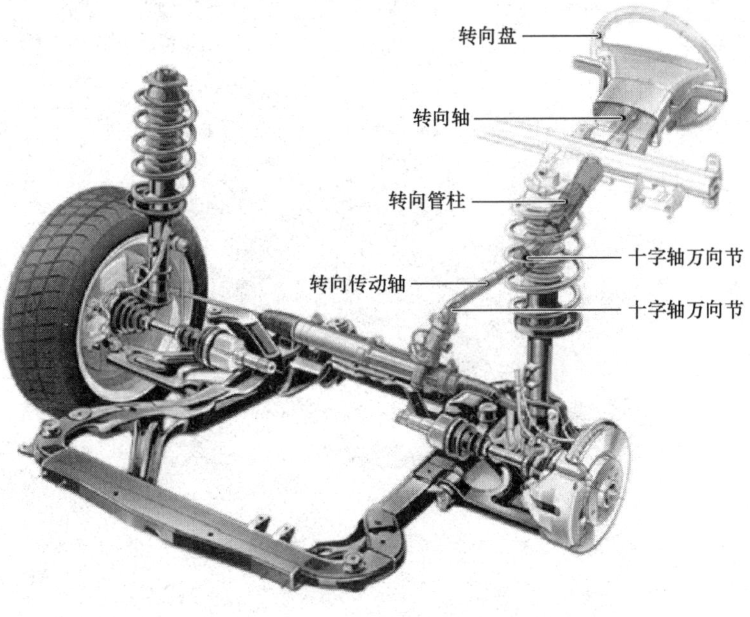

图 4-3 转向操纵机构结构图

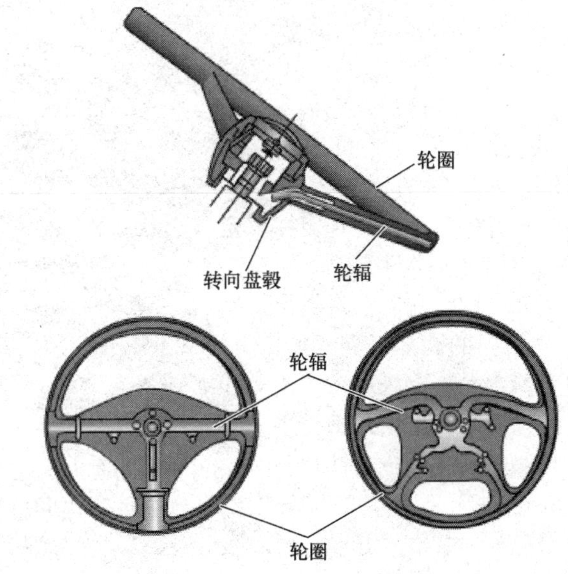

图 4-4 转向盘结构图

2. 转向柱

为了保证驾驶人的安全，同时也为了更加舒适、可靠地操纵转向系统，现代汽车(特别是轿车)通常在转向操纵机构上增设相应的安全、调节装置。这些装置主要反映在转向轴和转向管柱的结构上。为了叙述方便，将转向轴和转向管柱统称为转向柱。转向柱的作用是将转向盘的操纵力传给转向器的传力轴。转向柱上还安装有各种操纵开关，如组合开关、转向灯开关，有的还装有变速杆等。

现代汽车的转向柱具有以下特点：

1）吸收冲击能量。

2）倾斜角度可调节。

3）轴向位置可调节。

下面以奥迪 A8 转向柱为例进行讲解，图 4-5 所示为奥迪 A8 机械调整式转向柱总成。

图 4-5　奥迪 A8 机械调整式转向柱总成

（1）转向柱调整系统

1）带机械调整的转向柱。如图 4-6 所示，机械调整式转向柱主要包括提拉手柄、铁片束 1、铁片束 2 和偏心轮等。通过提拉手柄控制两组铁片束对转向柱进行倾斜角度和轴向位置的调整。

具体工作原理：铁片束 1 包括 8 片铁片，平均分配在转向柱的左、右两侧。铁片束 2 包括 10 片铁片，同样平均分配在转向柱的左、右两侧。铁片束 1 和铁片束 2 按前后方向进行排列，则在转向柱的每一侧，铁片束 1 和铁片束 2 的铁片相互插入。当驾驶人需要调整倾斜角度和轴向位置时，将提拉手柄下压，此时转向柱左右两侧的铁片不受压力，驾驶人可根据个人特点进行倾斜角度和轴向位置调整。当调整完毕后，松开提拉手柄，止点弹簧将手柄推向转向柱，则位于铁片两侧的偏心轮将铁片压紧在一起，实现对转向柱的固定。

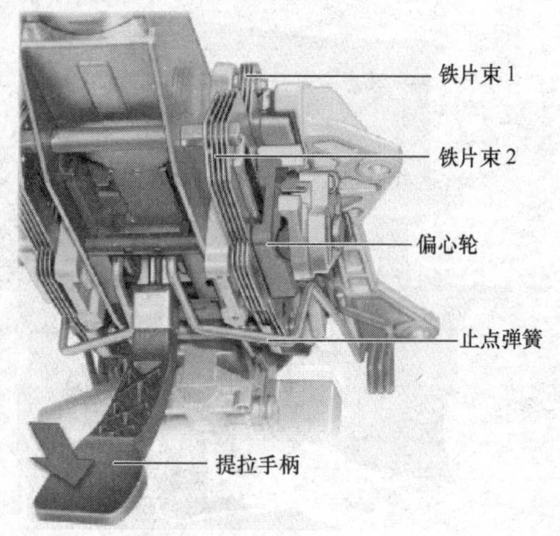

图 4-6　机械调整式转向柱

举个简单的例子，我们把两只手的手指叉开，然后互相插入，如果我们用力，则两排手指的夹角和位置即被固定。机械调整式转向柱的工作原理与此相同。

2）带电动调整的转向柱。

① 轴向位置调整。如图 4-7 所示，带传动齿轮的电动机和蜗杆与箱式平衡器牢固连接，带转向管的导向盒与调整基座牢固连接，蜗杆旋在调整基座的内螺纹上。

蜗杆的旋转运动将会使调整基座带着导向盒及转向管有一个轴向的位移，电动机内的霍尔传感器测量电动机旋转次数。因此，在控制器内可得出在转向柱调整范围内的当前位置。

② 倾斜角度调整。如图 4-8 所示，带转向管的导向盒可旋转置于支撑架上。带可弯曲轴杆的电动机、蜗杆和传动机构与箱式平衡器紧密连接。在支撑架上还有一个螺纹套管，蜗杆在其内部动作。通过蜗杆的运动使螺纹套管按垂直方向运动。带转向管的导向盒绕同一旋转点转动。

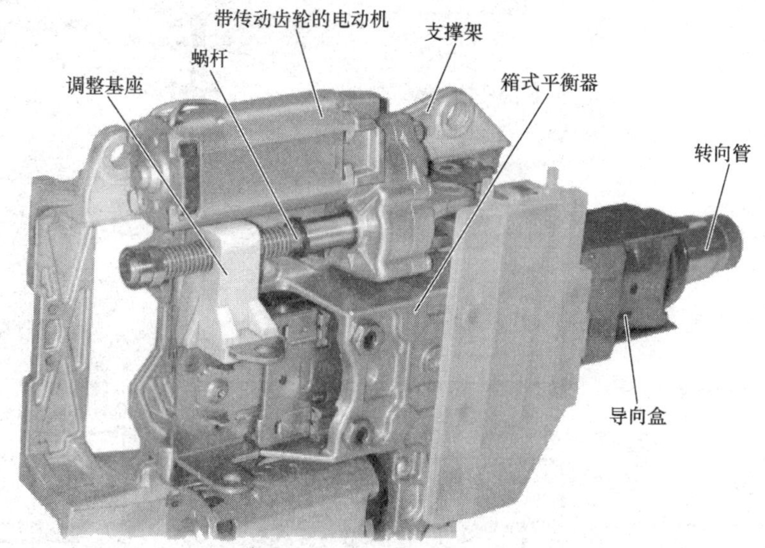

图 4-7 轴向位置调整示意图

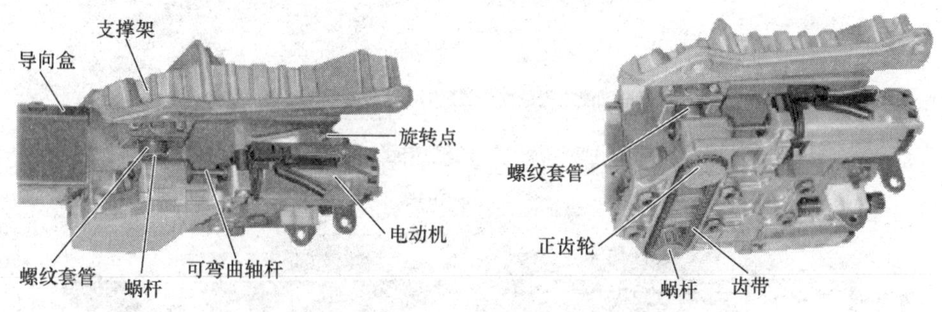

图 4-8 倾斜角度调整示意图

蜗杆的另一端和正齿轮固定连接。在蜗杆上的旋转运动通过齿带传送到转向柱的对应端上。在对应端上通过相同的构造部件开始进行倾斜角度调整。通过两端固定能增加与转向柱连接的稳固性。

电动机内的霍尔传感器测量电动机旋转次数。因此，在控制器内可得出在转向柱调整范围内的当前位置。

③ 功能示意图。如图 4-9 所示，在初安装后将基准位置在 Z(轴向位置调整）和 X(倾斜角度调整）方向运动。这些数据通过霍尔传感器传递并存储在车内电脑网络控制器 J519 内。

在每次后续调整时，霍尔传感器获得相应调位电动机的旋转数据。车内电脑网络控制器 J519 从这些数据以及储存的基准位置数据得出当前转向柱在调整范围内的当前位置。

（2）转向柱电动锁系统 ELV

1）概述。奥迪系列中第一次在 A8 上使用转向柱电动锁，而不使用机械锁。通过 ELV 元件和联锁系统在空间上的分离能达到以下本质上的优点：

① 车辆被动安全性：给予附加曲柄缓冲器以空间。

② 防盗：增加对部件进行盗窃的难度。

③ 费用：将发动机控制器和传动机构排列在一个部件单元中。

2）结构。如图 4-10 所示，带锥形外部齿轮系统的棘轮通过一个滑动联轴节和转向柱轴相连接。带锥形外部齿轮系统的限位滑块位于导向盒中并可沿纵向滑动。

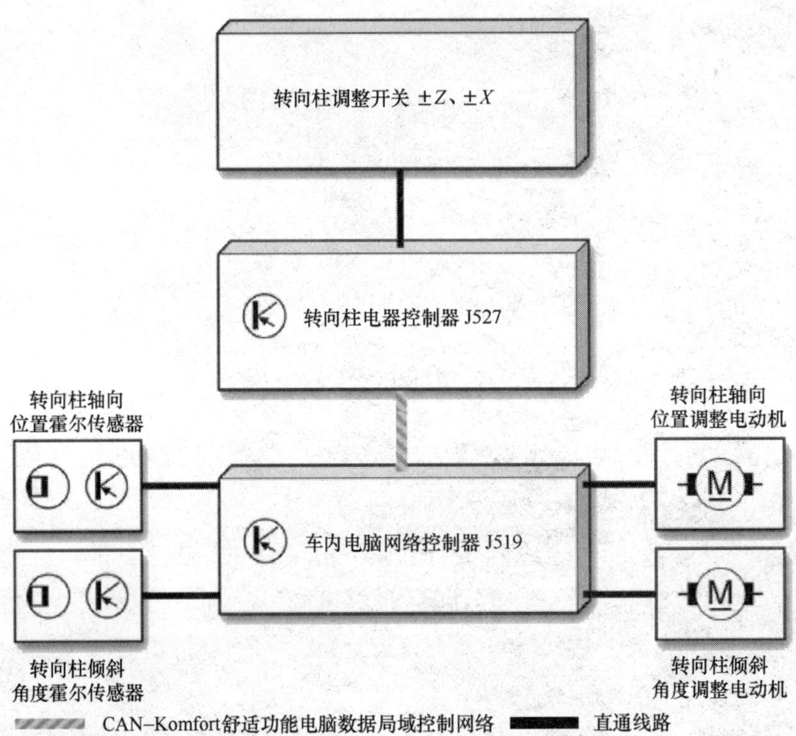

图 4-9　转向柱调整功能示意图

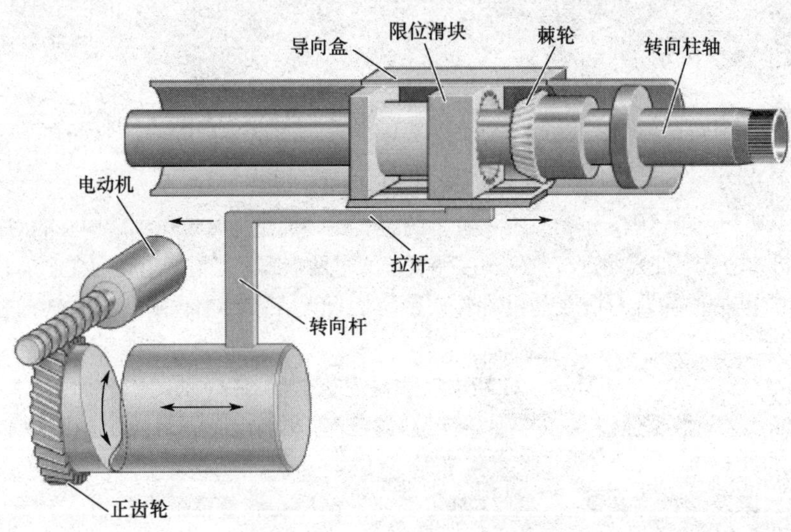

图 4-10　电器联锁系统结构图

电动机通过螺杆齿轮驱动正齿轮。转向杆纵向置于 ELV 元件中并通过拉杆和限位滑块相连接。

3）功能。在对电动机进行控制时正齿轮被扭转。正齿轮的侧面为带齿斜面。转向杆在其斜面上运动并根据正齿轮和斜面的位置纵向滑动，转向杆的运动直接传送到限位滑块。带内齿的限位滑块被推到带外齿的棘轮上直至停止，从而锁住转向柱。

ELV 元件通过螺塞与转向柱相连接并且在更换时只能与转向柱一起进行更换。

3. 万向节和转向传动轴

万向节用于连接转向轴与转向传动轴以及转向传动轴与转向器的输入轴。万向节一般都采用十字轴式刚性万向节或者柔性万向节。

三、转向操纵机构的检修

1. 转向柱的检修

检查转向柱的变形与损坏情况，不允许补焊或校正，若变形或损坏严重时，必须更换。检查转向柱轴承的磨损与烧蚀情况，严重时应更换。

2. 万向节的检修

用手检查万向节在十字轴的两个方向的径向间隙，若发现有间隙时，应更换万向节。

第三节 转 向 器

一、转向器的作用

转向器是转向系统中减速增矩的传动装置，其作用是增大由转向盘传到转向器的力并改变力的传递方向，获得所要求的摆动速度和角度。

二、转向器的类型

1. 按传动副的结构形式分类

按传动副的结构形式，可分为蜗杆曲柄指销式、循环球式和齿轮齿条式三种。其中齿轮齿条式转向器又分为两端输出式和中间(或单端)输出式两种。

2. 按其作用力的传递情况分类

按其作用力的传递情况，可分为可逆式和极限可逆式两种。

作用力很容易地由转向盘经转向器传到转向轮，而转向轮所受的路面冲击也比较容易地经转向器传到转向盘，这种转向器称为可逆式转向器，其正、逆传动效率都很高，有利于汽车转向后转向轮的自动回正，转向盘“路感”很强，但也容易在坏路行驶时出现“打手”现象。所以，主要应用于经常在良好路面行驶的车辆。

当作用力可以由转向盘很容易地经转向器传到转向轮，而转向轮所受的路面冲击只有在很大时，才能经转向器传到转向盘，这种转向器称为极限可逆式转向器，其正传动效率远大于逆传动效率。采用这种转向器时，也能实现汽车转向后转向轮的自动回正，路面冲击力只有很大时，方能部分地传到转向盘，“路感”较差。所以，主要应用于中型以上的越野汽车、工矿用自卸汽车等。

目前，现代轿车广泛采用齿轮齿条可逆式转向器。

转向器的作用和类型了解以后，下面具体学习一下各类型转向器的构造及工作原理。

三、齿轮齿条式转向器

如图 4-11 所示，齿轮齿条式转向器主要由转向齿轮、转向齿条、转向器壳体、调整螺塞等组成。

转向器通过转向器壳体的两端用螺栓固定在车身(车架)上。转向器输入轴通过球轴承、圆柱滚子轴承垂直安装在壳体中，其上端通过花键与转向传动轴上的万向节相连，其下部分是与轴制成一体的转向齿轮。转向齿轮是转向器的主动件，它与相啮合的从动件转向齿条水平布置，齿条背面装有弹簧和压块。在弹簧的作用下，压块将转向齿条压靠在转向齿轮上，保证二者无间隙

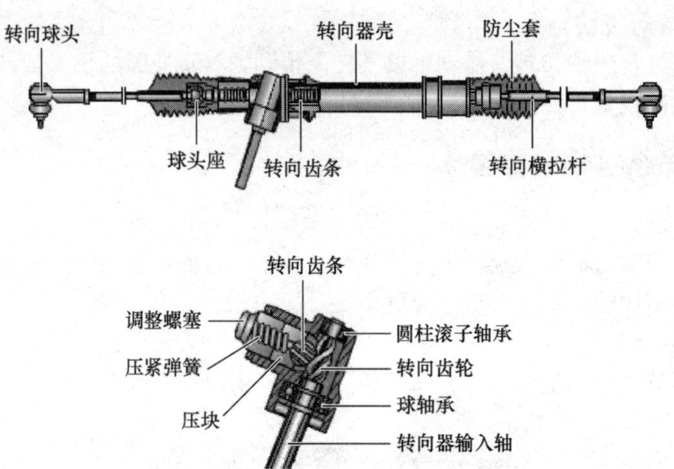

图 4-11　齿轮齿条式转向器结构图

啮合，有效地减小转向自由行程，提高操纵灵敏度，而其弹力的大小可由调整螺塞调整。弹簧不仅起消除啮合间隙的作用，而且还是一个弹性支承，可以吸收部分振动能量，缓和冲击。

转向齿条的两端分别与左、右转向横拉杆连接。转动转向盘时，转向齿轮转动，与之相啮合的转向齿条沿轴向移动，从而使左、右转向横拉杆带动转向节转动，使转向轮偏转，实现汽车转向。

齿轮齿条式转向器具有结构简单、轻巧、传力杆件少、维修方便、操纵灵敏等优点。目前，广泛应用于采用前轮独立悬架的轻、微型汽车和中、高级轿车上，如速腾、迈腾、奥迪等。

四、循环球式转向器

如图 4-12 所示，循环球式转向器是目前国内外应用最广泛的结构形式之一，一般有两级传动副，第一级是螺杆螺母传动副，第二级是齿条齿扇传动副。因此，循环球式转向器是由螺杆、螺母、齿条、齿扇、轴承、转向器壳等组成的。

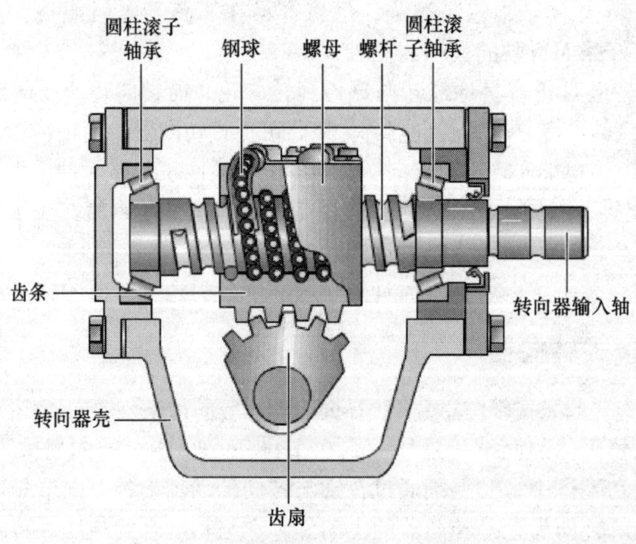

图 4-12　循环球式转向器结构图

转向器输入轴通过两组圆柱滚子轴承垂直安装在壳体中，其上端通过花键与万向节相连，其下部分是与轴制成一体的螺杆，带有内螺纹的轴向螺母套在螺杆外面。为了减小转向螺杆和转向螺母之间的摩擦，二者的螺纹并不直接接触，其间装有多个钢球，以实现滚动摩擦。转向螺杆和螺母上都加工出断面轮廓为两段或三段不同心圆弧组成的近似半圆的螺旋槽，二者的螺旋槽能配合形成近似圆形断面的螺旋管状通道。螺母侧面有两对通孔，可将钢球从此孔塞入螺旋形通道内。转向螺母外有两根钢球导管，每根导管的两端分别插入螺母侧面的一对通孔中，导管内也装满了钢球。这样，两根导管和螺母内的螺旋管状通道组合成两条各自独立的封闭的钢球“流道”。

转向螺杆在转向操纵机构的转动力作用下，通过钢球将力传给转向螺母，使螺母沿螺杆轴向移动。同时，在螺杆及螺母与钢球间的摩擦力作用下，所有钢球便在螺旋管状通道内滚动，形成“球流”。在转向器工作时，两列钢球只是在各自的封闭流道内循环，不会脱出。

随着螺母沿螺杆作轴向移动，位于螺母上的齿条便带动齿扇作圆弧运动，通过转向传动机构使转向轮偏转，实现汽车转向。

循环球式转向器与其他形式的转向器相比，在结构上的主要特点是有两级传动副。其主要性能优点是传动效率高(正效率最高可达90% ~95%)，故操纵轻便，转向结束后自动回正能力强，使用寿命长。但因其逆效率也很高，故容易将路面冲击传给转向盘而产生“打手”现象，不过，随着道路条件的改善，这个缺点并不明显。因此，循环球式转向器广泛用于各类各级汽车。

☞ 五、蜗杆曲柄指销式转向器

蜗杆曲柄指销式转向器具有传动效率较高、转向轻便、结构简单、调整方便的优点，但其综合性能仍不及循环球式转向器，所以，其应用面不广，有逐渐被淘汰的趋势。因此，对这种转向器，我们作为了解内容。

如图4-13所示，蜗杆曲柄指销式转向器主要由转向器壳体、转向蜗杆、转向摇臂曲柄、指销、侧盖等组成。

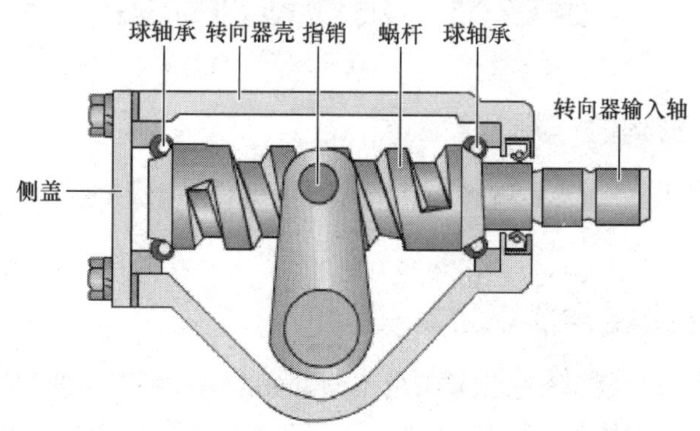

图4-13　蜗杆曲柄指销式转向器结构图

转向器壳体固定在车身(车架)的转向器支架上。壳体内装有传动副，其主动件是转向蜗杆，从动件是装在摇臂曲柄端部的指销。具有梯形截面螺纹的转向蜗杆支承在转向器壳体两端的两个球轴承上。

汽车转向时，驾驶人通过转向盘转动转向蜗杆(主动件)，与其相啮合的指销(从动件)一边自转，一边以曲柄为半径绕摇臂轴轴线在蜗杆的螺纹槽内作圆弧运动，从而带动曲柄、进而带动转向摇臂摆动，实现汽车转向。

六、转向器的检修

1. 齿轮齿条式转向器的检修

用检视法检查，转向器壳体应无裂纹，零件出现裂纹应更换；横拉杆、齿条在总成修理时应进行探伤检验。转向齿条的直线度误差不得大于标准值，无法调整时应更换。更换磨损的转向齿轮轴承。转向齿轮及转向齿条应运动灵活，无卡滞现象。检视齿条密封套及防尘套是否老化、磨损。转向器各零件不允许进行焊修或整形。

如转向齿轮与转向齿条的间隙过大，可通过拧紧调整螺塞使压块压向齿条，从而使转向齿条与转向齿轮紧密啮合。

2. 循环球式转向器的检修

用检视法检查，转向器壳体出现裂纹，应予以更换。用直尺和塞尺检查壳体与侧盖接合面的平面度误差大时，应将其修磨平整。

转向器壳体及端盖上各轴承孔磨损严重，摇臂轴与衬套配合松旷，均应换用新件。轴端法检查摇臂轴齿扇表面出现轻微点蚀，可用油石修整后继续使用，点蚀严重应换用新件。

转向螺杆与转向螺母的钢球滚道无疲劳磨损、划痕等耗损，钢球与滚道的配合间隙不得大于0.10mm。检验钢球与滚道配合间隙的方法：将转向螺母夹持固定后，把转向螺杆旋转到一端止点，然后检验转向螺杆另一端的摆动量，其摆动量不得大于0.10mm，转向螺杆的轴向窜动量也不得大于0.10mm。

总成修理时，应检查转向螺杆的隐伤，若产生隐伤、滚道疲劳剥落、三角键有台阶形磨损或扭曲，应更换。

转向螺杆的支承轴颈若产生疲劳磨损，会引起明显的转向沉重、转向迟钝。

第四节　转向传动机构

一、转向传动机构的作用

转向传动机构的作用是将转向器输出的力和运动传给转向轮，使两侧转向轮偏转以实现汽车转向。

二、转向传动机构的类型与组成

转向传动机构的类型根据汽车采用悬架的不同可分为两种：与非独立悬架配用的转向传动机构和与独立悬架配用的转向传动机构。由于现代汽车多采用前轮独立悬架转向系统，因此，我们只对与独立悬架配用的转向传动机构进行一下讲解。

与独立悬架配用的转向传动机构主要包括左、右转向横拉杆和转向球头。

左、右横拉杆分别通过螺纹与转向齿条连接，两个螺纹旋向不同，一个为左旋，另一个为右旋，锁紧螺母将转向横拉杆与转向齿条锁紧在一起。横拉杆还可以调整转向轮的前束。调整时，先松开锁紧螺母，拧动横拉杆，使两端同时内收或外张，调整好后，用锁紧螺母锁紧。

转向球头将横拉杆与转向节臂连接，这样，驾驶人作用在转向盘上的力通过转向器→转向横拉杆→转向球头→转向节臂传递给转向轮，从而使汽车实现转向。

第五节　助力转向系统

一、助力转向系统的作用及类型

前面所讲述的机械式转向系统很难兼顾汽车转向操纵省力且反应灵敏两方面的要求，为解决这一矛盾，现代汽车大多数都采用了助力转向系统。

助力转向，顾名思义，就是通过增加外力来抵抗转向阻力，让驾驶人只需要更少的力就能够完成转向，也被称为动力转向，英文为 Power Steering，简称 PS。助力转向最初是为了让一些自重较重的大型车辆能够更轻松地操作，但是现在已经非常普及，它让驾驶变得更加简单和轻松，并且让车辆反应更加敏捷，在一定程度上提高了行驶安全性。

采用助力转向系统主要有以下作用：

1）在汽车转弯时，减小对转向盘的操纵力。

2）原地转向时能提供必要的助力。

3）限制车辆高速或在薄冰上的助力，具有较好的转向稳定性。

4）在动力转向系统失效时，能保持机械转向系统有效工作。

汽车助力转向系统按其动力源不同可以分为液压式、电动式和电动液压式三种。

液压式助力转向系统是基于机械式的齿轮齿条式转向器而来的，它增加了一整套液力系统，包括储油罐、转向泵、与转向柱相连的控制阀、转向器上的液压缸和能够推动转向横拉杆的活塞等。其工作压力可高达 10MPa 以上，故其部件结构紧凑，尺寸很小。液压系统工作时无噪声，工作滞后时间短，而且能吸收来自不平路面的冲击，因此，液压式助力转向系统已在各类各级汽车上获得广泛应用。

液压式助力转向系统按转向控制阀阀芯运动方式不同可分为滑阀式与转阀式；按液流形式又可分为常压式与常流式。现代汽车多采用常流转阀式动力转向系统。

转向泵是液压式助力转向系统的动力源，固定于发动机机体，由发动机驱动产生转向助力油压，经转向控制阀向液压缸提供一定压力和流量的工作油液。转向泵有三种类型：齿轮式、转子式和叶片泵。其中，叶片式转向泵由于其结构紧凑、输油压力脉动小、输油量均匀、运转平稳、性能稳定、使用寿命长等优点，被现代汽车广泛采用。叶片式转向泵中的双作用式叶片泵应用最广泛，这种转向泵有两种结构形式，一种是潜没式转向泵，它与储油罐是一体的，即转向泵潜没在储油罐的油液中；另一种为非潜没式转向泵，它的储油罐与转向泵分开安装，用油管与转向泵相连接。

如图 4-14 所示，双作用式叶片泵由转子、定子、叶片和端盖等组成。其中，转子与定子的中心相重合。定子内表面不是圆形而是一个近似的椭圆形，它由两条长半径和两条短半径所决定的圆弧以及四段过渡曲线所组成。转子每转一周，叶片在转子切槽内往复运动两次，完成两次吸油和两次压油，故称为双作用式叶片泵。为了使转子受到的径向油压力完全平衡，工作油腔数(即叶片数)应当为偶数。

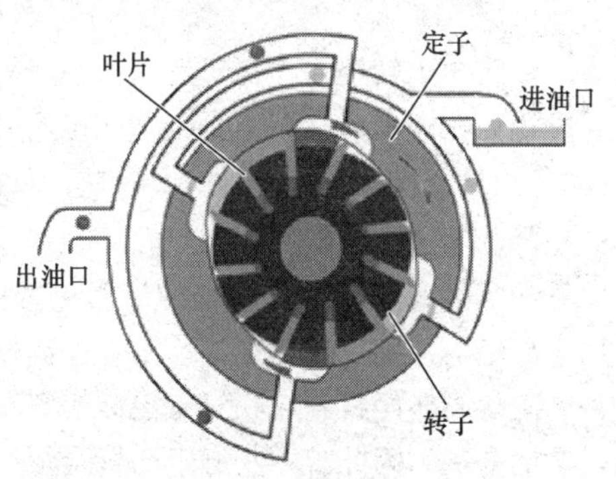

图 4-14　双作用式叶片泵结构图

转向控制阀用来控制转向泵最大输油量，并能将流量控制在规定范围内，满足转向助力的需要。

储油罐储存定量的油液，保证供给充足的油量并有散热冷却油液的作用。如果液面高度太低，将使助力转向系统渗入空气，造成汽车转向操作不稳，忽轻忽重或有噪声。

转向储油罐油面的检查：

1）将车辆停放在平坦的地面上，使前轮处于直行位置。

2）起动发动机，并使其达到正常的工作温度。

3）使发动机怠速运转大约2min，打几次转向盘，使油温达到40～80℃，关闭发动机。

4）如图4-15所示，观察储油罐的油面，此时，油面应处于“MAX”（上限）与“MIN”（下限）之间，油面低于“MIN”时，应加至“MAX”。

5）对于用油尺检查的汽车：拧下带油尺的封盖，用布将油尺擦净，将带油尺的封盖插入储油罐内拧好，然后重新拧出，观察油尺上的标记，应处于“MAX”与“MIN”之间，必要时将转向油加至“MAX”处。

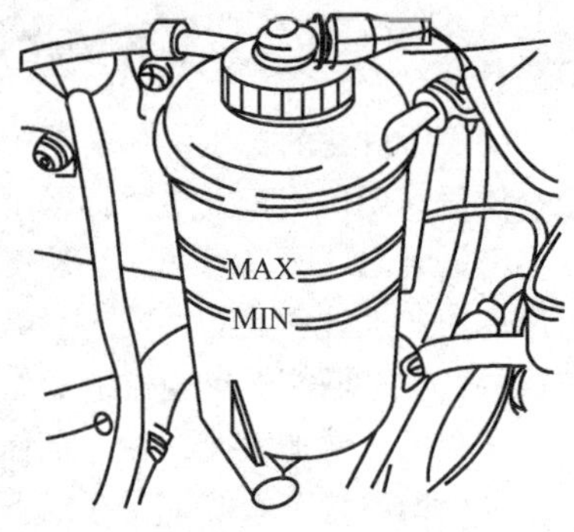

图4-15　储油罐油面的检查

二、奥迪液压式助力转向系统

1. 转向泵

在所有的四冲程往复点燃式发动机中使用的是叶片泵FP6，每次旋转的输送容量为15cm^3，系统压力的最大值为125bar。

2. 转向器

如图4-16所示，此转向器为齿轮齿条式转向器，主要由转向齿轮、转向齿条、转向控制阀、油管和球头销等组成。该转向齿条的齿距是变化的，即齿距中间密，两头疏。因此，该转向器称为可变转向比式转向器。

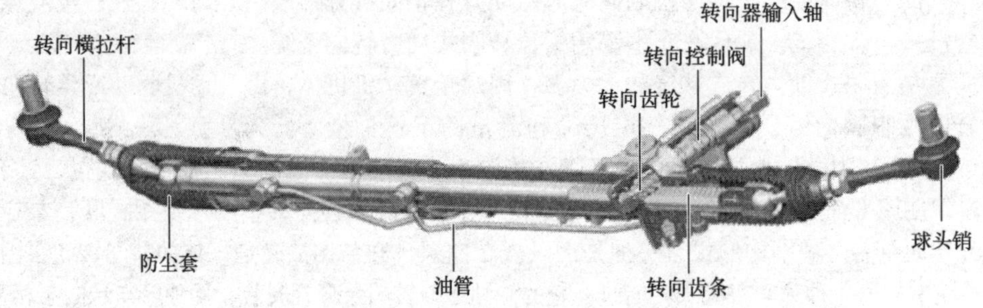

图4-16　转向器结构图

在转向角较小时，转向齿轮与中间较密齿距的转向齿条啮合，转向比较间接。而转向角变大后，比如在停车或急转弯时，转向齿轮与两头较疏齿距的转向齿条啮合，转向就变得直接了，这样，可以提高汽车的灵活性和转向舒适性。

3. 转向控制阀

如图4-17所示，在转向控制阀里的转向杆上端通过连接销与转向滑块稳固地连接，其下端用连接销与控制套管相连接。由驾驶人操作的转向运动在转向杆上形成作用力，转向杆被扭转。转向滑块同转向杆一起相对于控制套管转动，槽位和连接孔在转向滑块和控制套管上进行相对于对方的变化。因此，一些特定油管会根据转向滑块和控制套管间的角度扭转变化而被打开，其他的被关闭。

1）直线行驶状态。如图4-18所示，当在转向盘上没有作用力时，转向器液压缸、油管和储油罐相连接，系统中没有压力，助力系统不起作用。

2）转向轮左转。如图4-19所示，当驾驶人将转向盘向左转动时，由于轮胎和路面对转向动作的阻力，转向杆和转向滑块将会被扭转。因此，通过这种扭转油管将被压力管道打开连向右侧液压缸，左侧液压缸将通过回流管道与储油罐相连接。在活塞上作用有一个使转向轮左转的力，转向滑块的扭转运动将一直持续，直到活塞作用力和驾驶人的转向力的合力足够大，使转向轮改变方向。

通过转向杆相连的转向齿轮也运动，转向杆的下部带动控制套管也被扭转，此运动一直持续到转向杆的扭转和随之产生的转向滑块与控制套管之间的扭转消除。去向储油罐的回流管道重新与液压缸和压力管道相连，系统再次接近无压状态。每次对转向盘的新作用力会形成转向杆的扭转并且重新开始前面的流程。

3）突遇外力。如图4-20所示，当在相反方向有突然外力时，例如转向轮左转时遇到向右的外力。

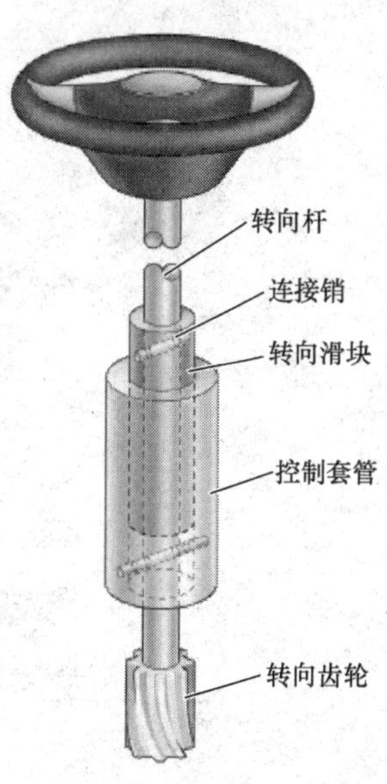

图4-17　转向控制阀结构示意图

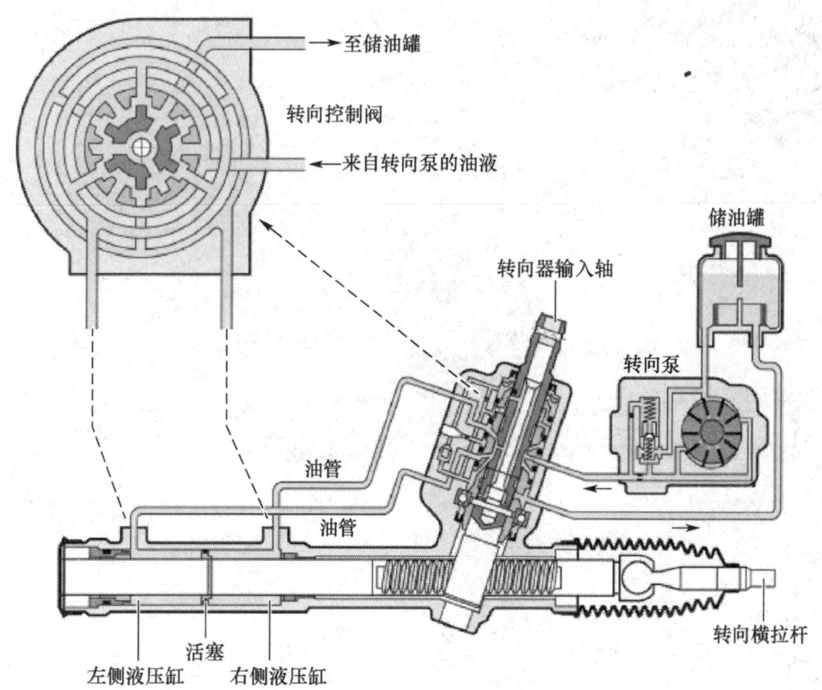

图4-18　直线行驶状态工作原理示意图

路面不平整形成的作用力 F_A 加在前轮并使前轮绕转动点 D 进行转动（向右改向）。因此，产生到齿条上的力 F_Z 导致了转向齿轮和转向杆的扭转，接下来到右侧液压缸的油路被打开，左侧液压缸通过控制阀与储油罐相连，作用在活塞和齿条上的反作用力 F_R 通过 F_Z 将路面作用力消除并防止了改向。

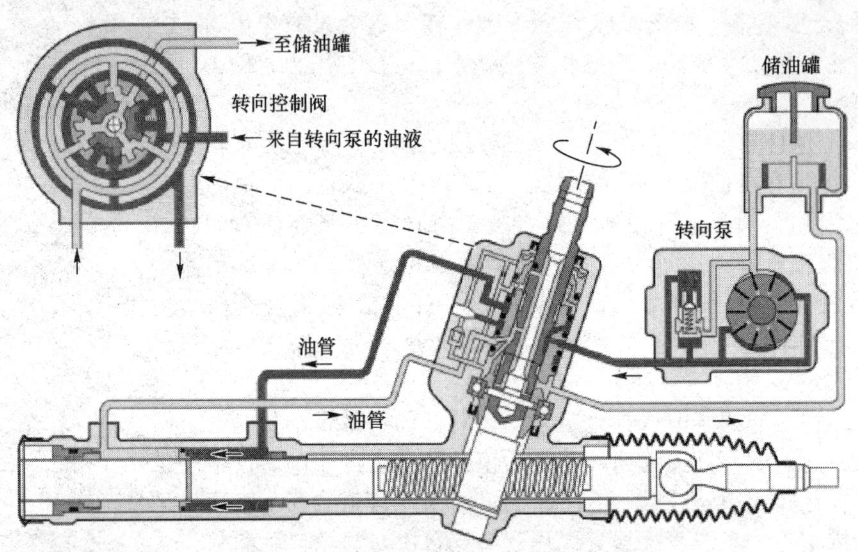

图 4-19　转向轮左转状态工作原理示意图

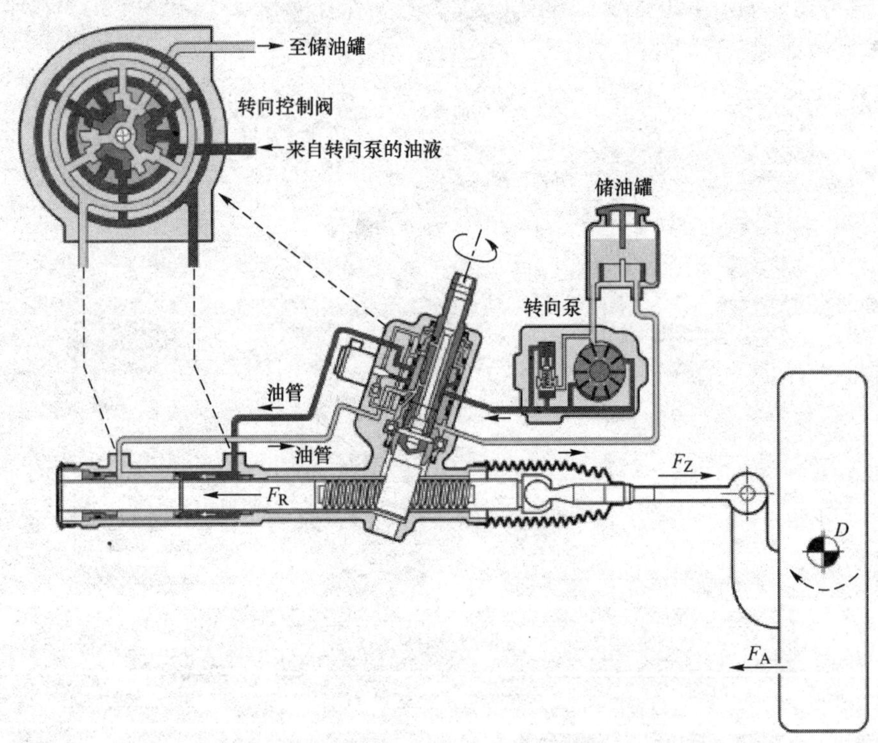

图 4-20　左转突遇外力状态工作原理示意图

☞ 三、速腾电动式助力转向系统

速腾 2009 车型转向系统采用了电动式助力转向系统，英文为 Electric Power Steering，简称 EPS 系统。与液压式助力转向系统相比，电动式助力转向系统有很多优点。它可帮助驾驶人减轻体力上和精神上的劳累程度，这是通过“按需”方式来实现的，也就是说：只有当驾驶人需要

转向助力时，助力系统才会工作。

那么，采用电动式助力转向系统(EPS)主要有以下优势：

1）精简结构，省去了转向泵、油管、储油罐、助力油等。

2）由于不使用助力油，因此，不会污染环境。

3）由于省去了由发动机带动的转向泵，因此，降低了燃油消耗。

4）该系统属于随速助力转向系统，能根据车速改变助力大小。

5）“双齿轮”式电动式助力转向系统(转向齿轮和电动机驱动齿轮)，在提供足够转向力的同时，保证了路感。

6）“主动回正”功能帮助转向轮回到中心位置，使在各种驾驶情况下能获得良好的平衡感觉及精确的直线行驶稳定性。

7）直线行驶稳定功能。当车辆受到侧向风的作用和行驶在上下颠簸的路面时，驾驶人更容易控制车辆直线行驶。

1. 电动式助力转向系统的组成

如图 4-21 所示，速腾电动式助力转向系统主要由转向器、转向盘、转向柱、十字轴万向节、转向传动轴、转向横拉杆、转向球头、转向盘转角传感器 G85、转向力矩传感器 G269、助力转向电动机 V187、故障警报灯 K161 和助力转向控制单元 J500 等组成。

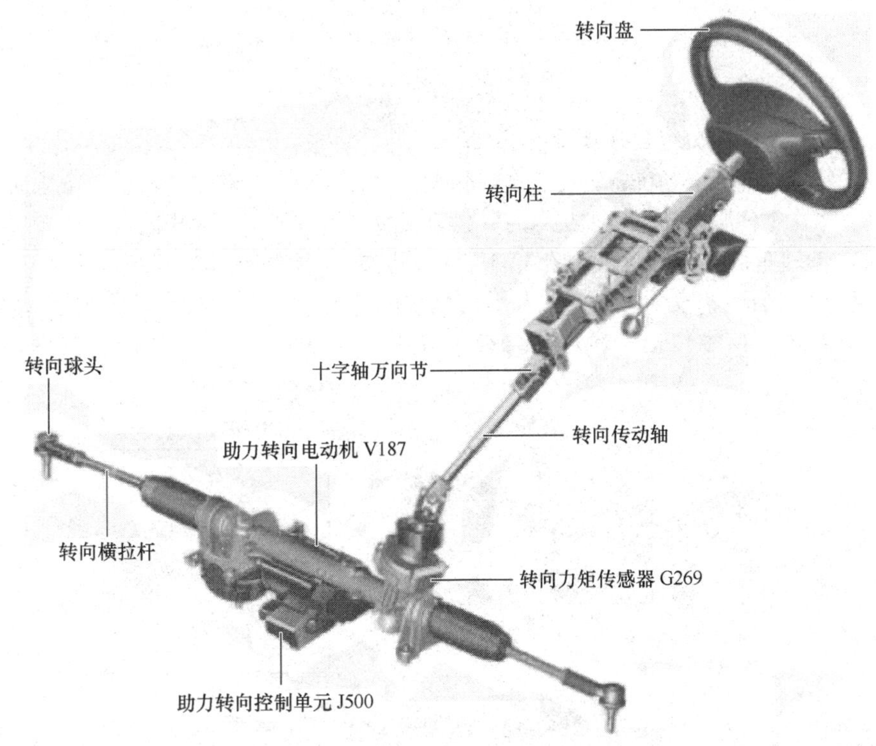

图 4-21　速腾电动式助力转向系统结构图

（1）转向器　如图 4-22 所示，转向器主要由一个转向力矩传感器 G269、一个扭转杆、一个转向齿轮、一个驱动齿轮、一个转向齿条、一个蜗轮蜗杆机构以及带有控制单元的电动机等组成。

在带有双齿轮(转向齿轮和驱动齿轮)的电动式助力转向系统上，所需要的转向力是由转向齿轮和驱动齿轮传递到齿条上的。转向齿轮传递驾驶人的转向力矩，驱动齿轮通过蜗轮蜗杆来传递电动式助力转向系统电动机 V187 所提供的助力力矩。

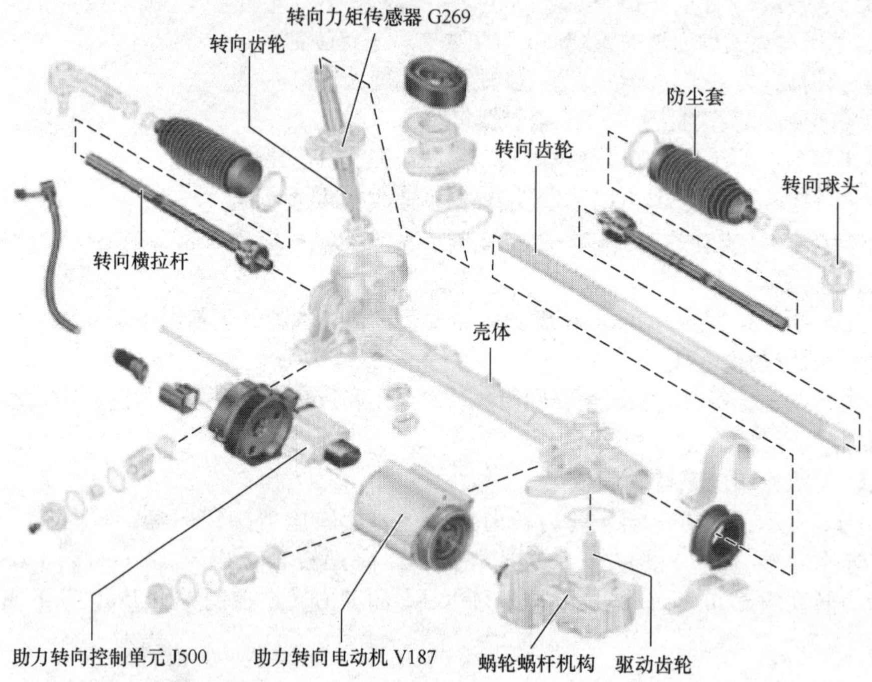

图 4-22 转向器结构分解图

转向齿条同时与转向齿轮和驱动齿轮相啮合。

这个带有控制单元的电动机布置在驱动齿轮上，这种结构意味着转向盘和齿条之间是机械连接的，那么，在这个伺服电动机出现故障时，仍可通过机械方式使车轮转向。

(2) 转向盘转角传感器 G85　如图 4-23 所示，转向盘转角传感器 G85 位于安全气囊的回位环(带有滑环)的后面，在转向柱开关和转向盘之间的转向柱上。该传感器通过 CAN 数据总线将用于计算转角的信号传送给转向柱电控单元 J527。J527 内有用于分析这个信号的电子装置。

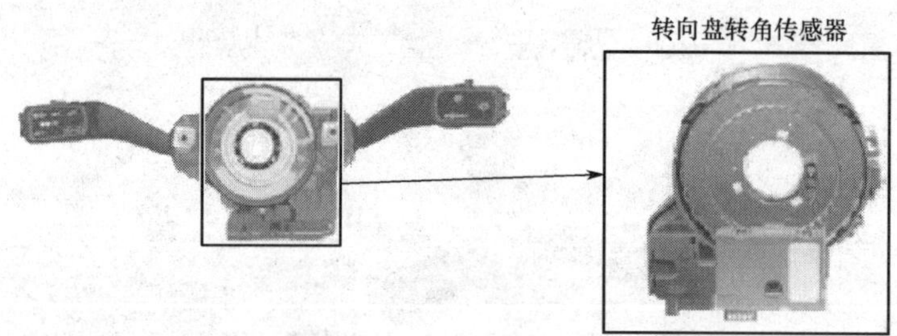

图 4-23 转向盘转角传感器 G85 安装位置图

信号中断影响：如果这个传感器出现故障的话，就会启动一个应急程序，用一个替代值来取代这个信号。转向助力功能仍保持完全正常状态。警告灯 K161 亮起表示有这个故障。

转向盘转角传感器的结构如图 4-24 和图 4-25 所示。

转向盘转角传感器的基本部件有：

1) 带有两个编码环的编码盘。

2) 光电装置对(各有一个光源和一个光电传感器)。

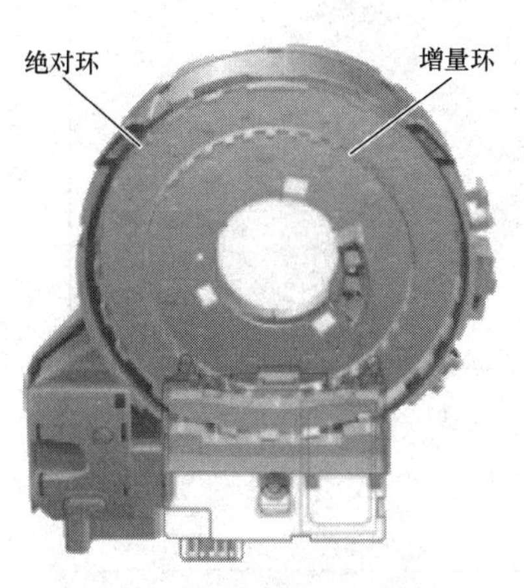

图 4-24　转向盘转角传感器结构图

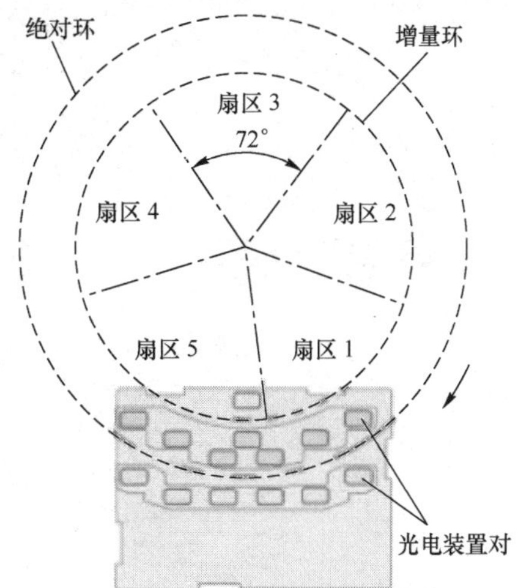

图 4-25　转向盘转角传感器结构原理图

编码盘由两个环组成：外面的是绝对环，里面的是增量环。

增量环划分为 5 个扇区，每个扇区为 72°，光电装置对会读取增量环的信息。环的扇区的内部穿有孔，在一个扇区内孔距是相等的，但是不同扇区的孔距是不相等的，这就构成了扇区编码。

绝对环确定角度，角度由 6 个光电装置对来读出。

转向盘转角传感器能识别 1044°的转向角。转向盘转角传感器将角度累加起来，当超过了 360°标记时，它就识别出现在转向盘已经转了整整一圈了。转向器的结构可使转向盘转动 2. 76 圈。

转向盘转角传感器的工作原理如图 4-26 所示，角度的测量采用的是光栅原理。

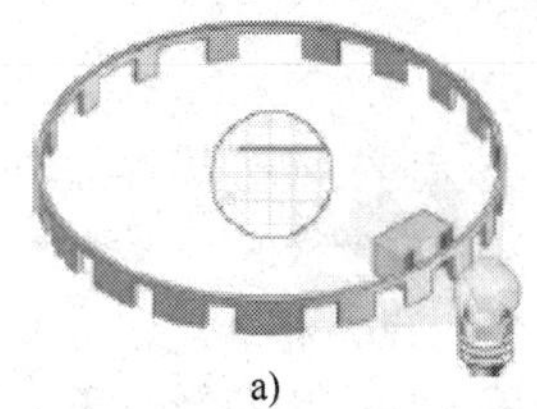

a)

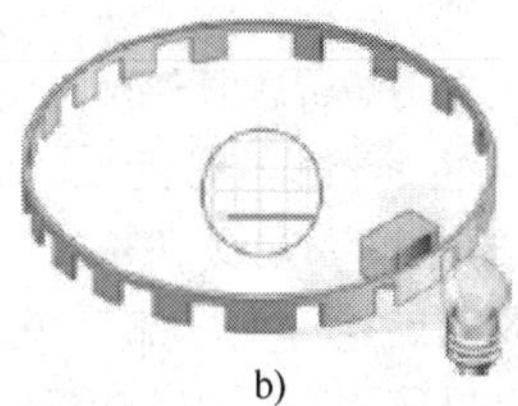

b)

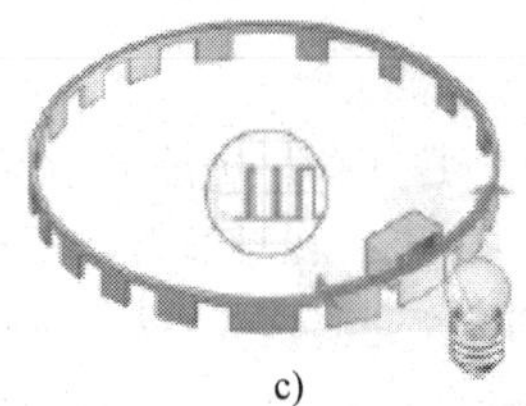

c)

图 4-26　转角传感器工作原理图

为了简单起见，我们只考虑增量环，在扇环的一侧放一个光源，另一侧放一个光电传感器。

如图 4-26a 所示，如果光源通过缝隙照到光电传感器上，那么，就会产生一个电压信号。

如图 4-26b 所示，如果光源被遮挡而无法照到光电传感器上，那么电压信号就中断了。

如图 4-26c 所示，如果转动增量环的话，就会产生一系列信号电压。

与此完全相同，在绝对环上的各光电装置对也产生一系列信号电压。所有的这些信号电压都由转向柱电控单元 J527 来处理。

系统通过比较这些信号，就可计算出环已经转动了多少，也就确定了转向盘的转角。

（3）转向力矩传感器 G269　如图 4-27 所示，转向力矩传感器 G269 安装在转向器输入轴上，用于记录并向控制单元 J500 传递打转向盘的力矩。

具体工作原理：如图 4-28 所示，转向盘上作用的力矩是由转向力矩传感器 G269 直接在转向齿轮上测得的。这个传感器是根据磁阻效应来工作的。该传感器采用双体(超静定)结构，以最大程度地保证其可靠性。

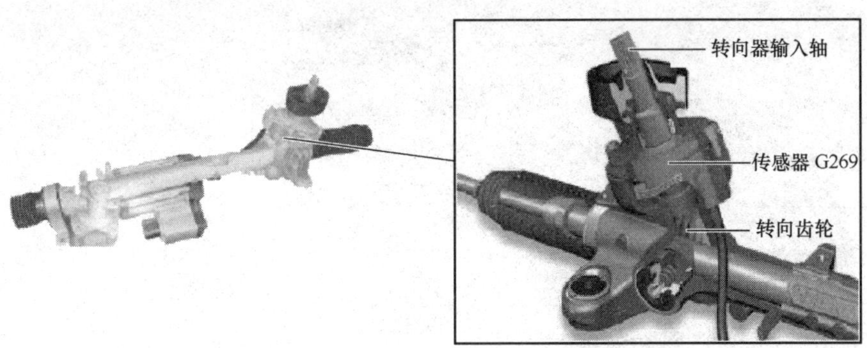

图 4-27　转向力矩传感器 G269 安装位置图

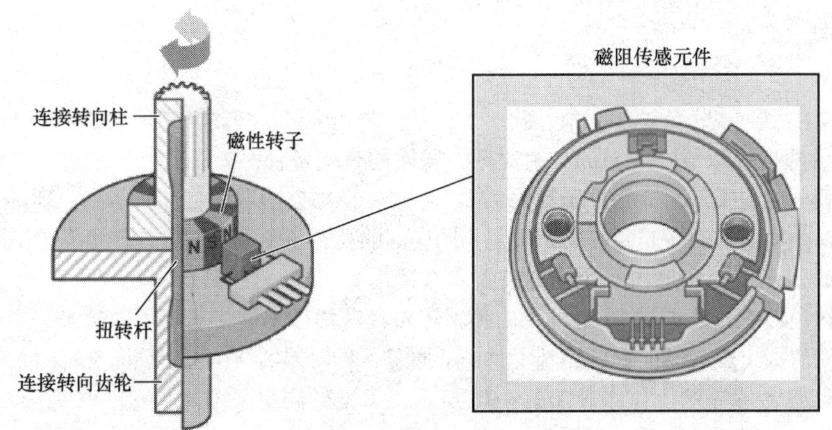

图 4-28　转向力矩传感器 G269 工作原理图

转向柱和转向器在力矩传感器处通过一个扭转杆连在一起。与转向柱相连接的部件上有一个磁电极感应转子，其周围有 24 个不同的磁极区在交替转换，每次用两个极来估算力矩。对应件是一个磁阻传感元件，它固定在转向器的连接件上。如果转动了转向盘，那么，这两个连接件就会按照作用的力矩相对运动。因为磁电极感应转子也会相对于传感元件发生扭转，于是就测量到了转向力矩的大小，并将该信号发送给控制单元。

信号中断影响：如果转向力矩传感器出现故障的话，必须更换转向器。系统识别出有故障时，转向助力功能就被关闭了。这个关闭过程不是突然的，而是“柔和的”逐步的过程。为了能实现“柔和”关闭，控制单元使用转角和转子转速计算出一个转向力矩的替代信号。同时仪表板内的故障警报灯 K161 呈红色亮起。

（4）转子转速传感器　转子转速传感器是电动式助力转向系统电动机 V187 的一个组件，从外面是看不见的。

信号作用：转子转速传感器是根据磁阻效应来工作的，其结构与转向力矩传感器 G269 是一样的。该传感器传送的是电动机 V187 转子的转速，该转速信号是精确控制该电动机所必需的。

信号中断影响：该传感器出现故障时，就使用转向角速度来作为替代信号。转向助力功能被安全关闭，这样可防止转向助力功能在这个传感器失灵时突然关闭。同时仪表板内的故障警报灯 K161 呈红色亮起。

（5）车速传感器　车速信号由 ABS 控制单元来提供。

信号中断影响：车速信号出现故障时，会启动一个应急程序。这时驾驶人仍可使用转向助力功能，但随速助力转向(Servotronic)功能无法使用了。同时仪表板内的故障警报灯 K161 呈黄色亮起。

(6) 发动机转速传感器 G28　如图 4-29 所示，发动机转速传感器 G28 是一个霍尔传感器，它拧在曲轴密封法兰的壳体上。

信号作用：发动机控制单元根据发动机转速传感器 G28 的信号来获知发动机的转速和曲轴的位置信息。

信号中断影响：如果发动机转速传感器 G28 出现故障，那么，转向系统通过 15 号接线柱来工作。该故障不用警报灯 K161 来显示。

图 4-29　发动机转速传感器 G28 安装位置图

(7) 助力转向电动机 V187　助力转向电动机 V187 是一个无刷式异步电动机，它可以产生最大 4.1N·m 的力矩用于转向助力。异步电动机无永久磁场或电励磁。异步电动机输入电压的频率与电动机转动频率是不同的，这就是“异步”这个名称的由来。异步电动机具有如下优点：

1) 异步电动机结构简单(无电刷)，所以工作非常可靠。

2) 异步电动机反应快，因此，也就适合快速转向反应的要求。

3) 在不通电的情况下，转向器仍可使异步电动机转动。

如图 4-30 所示，助力转向电动机 V187 和控制单元 J500 组合在一起安装在转向器上。该电动机装在一个铝制壳体内，通过一个蜗轮蜗杆机构和一个驱动齿轮与齿条啮合，从而传递用于转向助力的力矩。

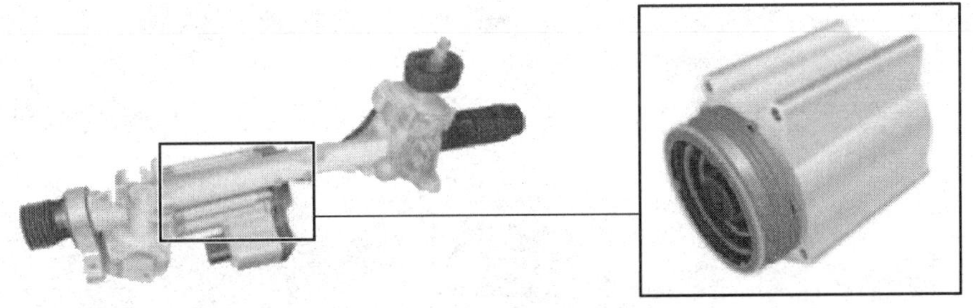

图 4-30　助力转向电动机 V187 安装位置图

在轴的控制端有一个磁铁，控制单元 J500 使用这个磁铁来获知转子的转速，控制单元使用这个信号来确定转向速度。

信号中断影响：异步电动机的一个优点是在不通电的情况下，转向器仍可使电动机转动。这就是说：即使该电动机出现故障(也就是无转向助力了)，那么，只需稍微再多用点力仍可转动机械式转向系统。即使短路，该电动机也不会锁止。同时仪表板内的故障警报灯 K161 呈黄色亮起。

(8) 控制单元 J500　如图 4-31 所示，控制单元 J500 直接固定在电动机上，这就可省去助力转向系统复杂的管路布置。

控制单元 J500 接收如下信号：

1) 转向盘转角传感器 G85 传来的转向角信号。

2) 发动机转速传感器 G28 传来的发动机转速信号。

3) 转向力矩和转子转速信号。

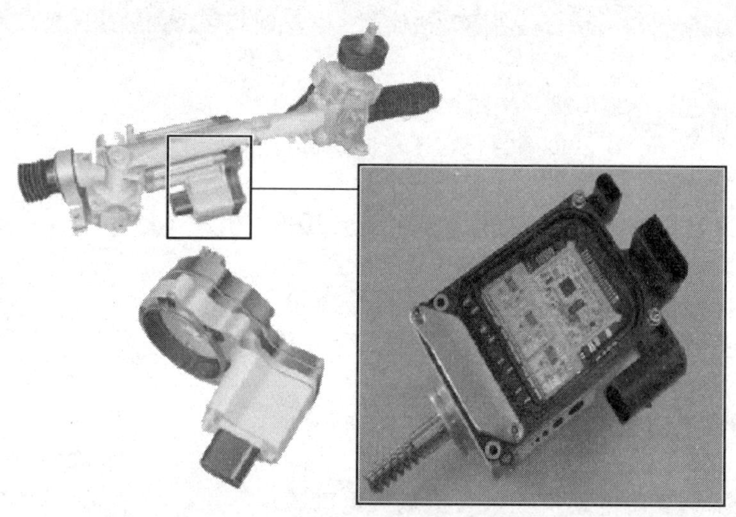

图 4-31　控制单元 J500 安装位置图

4）车速信号。

5）点火钥匙识别信号(来自组合仪表内的控制单元 J285)。

控制单元 J500 通过接收以上信号就可以确定出需要多大的转向助力、计算出励磁电流强度的大小并起动电动机 V187 来工作。

另外，该控制单元 J500 内集成了一个温度传感器，该温度传感器用于确定转向系统的温度。如果这个温度超过了 100℃，那么，助力转向功能就逐渐减弱。如果转向助力低于 60% 了，那么，故障警报灯 K161 就呈黄色亮起，故障存储器内也会记录下一个故障。

信号中断影响：如果控制单元 J500 出现故障了，必须整体更换。然后需要使用 VAS5051 来激活控制单元永久存储器内相应的特性曲线图族。

（9）故障警报灯 K161　如图 4-32 所示，故障警报灯 K161 位于组合仪表的显示屏上，它用于指示电动式助力转向系统的故障。

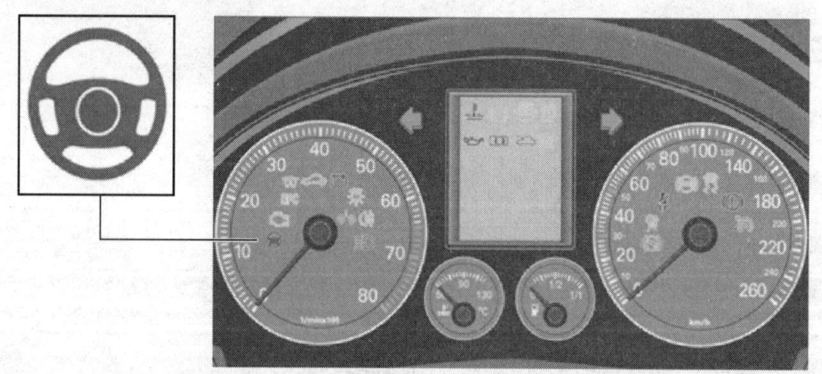

图 4-32　故障警报灯 K161 安装位置图

在接通点火开关后，该灯呈红色亮起，因为这时电动式助力转向系统要进行自检。当助力转向控制单元确定系统工作正常的话，该警报灯就熄灭了。这个自检过程持续大约 2s。在发动机起动后该警报灯会立即熄灭。

在出现故障时，该警报灯会以两种颜色亮起：

1）如果该灯呈黄色亮起，这表示一个不严重的警告。

2）如果该灯呈红色亮起，那就必须立即去4S店检查。当该灯呈红色亮起时，同时还会响起三声锣音。

2. 特性曲线族和特性曲线

转向助力的控制是通过控制单元内永久式程序存储器中的一个特定曲线族来完成的。该存储器中存有多达16种不同的特性曲线族，根据要求(例如车重)在出厂时激活相应的特性曲线族。但是在售后服务中，也可以使用VAS5051通过功能“自适应”在“通道1”中激活特性曲线族。例如，在更换了控制单元或者更换了转向装置时，就需要进行这样的工作了。

如图4-33所示，一种特性曲线族包括5条不同的特性曲线，它们用于不同的车速。特性曲线表示在这个车速时，电动机在多大的转向力矩时提供多大的转向助力力矩。

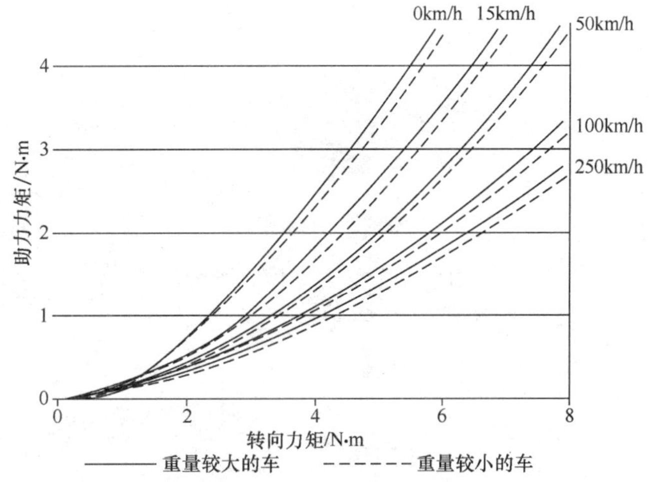

图4-33 特性曲线族

3. 电动式助力转向系统的工作原理

（1）转向助力功能 如图4-34所示。

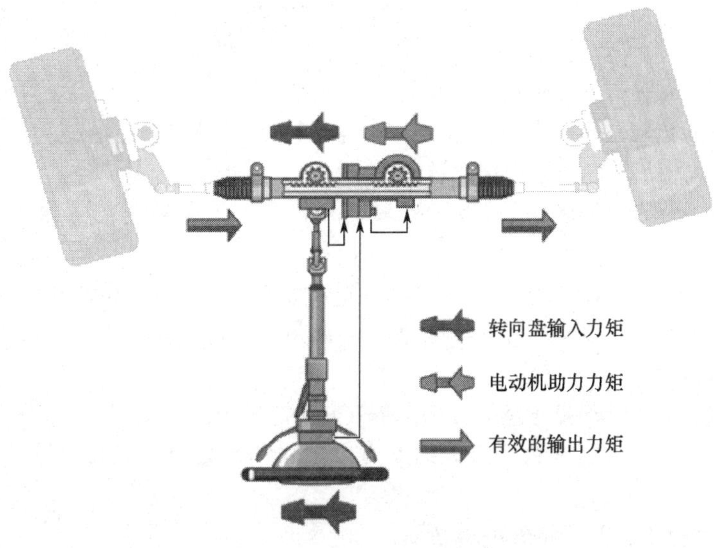

图4-34 转向助力功能原理图

1）当驾驶人用力转动转向盘时助力转向系统开始工作。

2）作用在转向盘上的转动力矩使得转向器中的扭转杆发生扭转，转向力矩传感器 G269 察觉到旋转并将计算出的转向力矩传给控制单元 J500。

3）转向盘转角传感器 G85 将转向盘实际转向的角度信息及转子转速传感器将实际转向的速度信息传给控制单元 J500。

4）控制单元 J500 根据转向力矩、发动机转速、车速、转向盘转角、转向盘转速以及存储在控制单元 J500 中的特性曲线，计算出必要的助力力矩并控制电动机 V187 开始工作。

5）转向助力是由驱动齿轮来完成的，该齿轮按平行于齿条方向传力，它由电动机 V187 来驱动，该电动机通过蜗轮蜗杆机构和一个驱动齿轮啮合在齿条上，并传递转向所需要的辅助力。

6）由电动机 V187 产生的助力转向力矩和驾驶人施加在转向盘上的力矩之和是最终驱动转向齿条上的有效力矩。

（2）泊车助力功能　如图 4-35 所示。

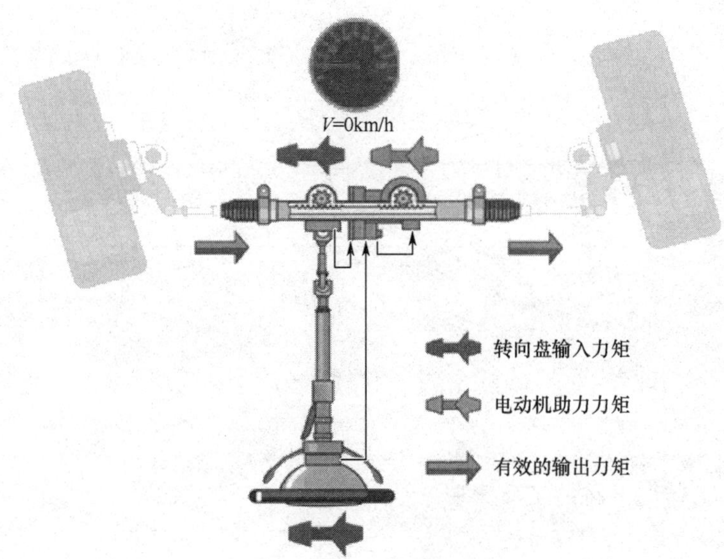

图 4-35　泊车助力功能原理图

1）在泊车时，驾驶人用力转动转向盘。

2）扭转杆发生扭转，转向力矩传感器 G269 侦测到这个扭转量并将这个信息传给控制单元 J500（现在有一个很大的转向力矩作用在转向盘上）。

3）转向盘转角传感器 G85 送来较大的转向角信息；转子转速传感器送来实际转向速度信息。

4）控制单元 J500 根据下列因素来确定出需要较大的助力力矩并操纵电动机来工作：较大的转向力矩、车速为 0km/h、发动机转速、较大的转向角、转向速度以及控制单元内存储的用于车速为 0km/h 的特性曲线。

5）于是在泊车时，驱动齿轮按平行于齿条方向传递最大的辅助力。

6）转向盘上的转向力矩和这个最大的助力力矩之和就是泊车时转向器上用于驱动齿条的力矩。

（3）城市循环行驶功能　如图 4-36 所示。

1）在城市行驶中遇弯道时驾驶人转动转向盘。

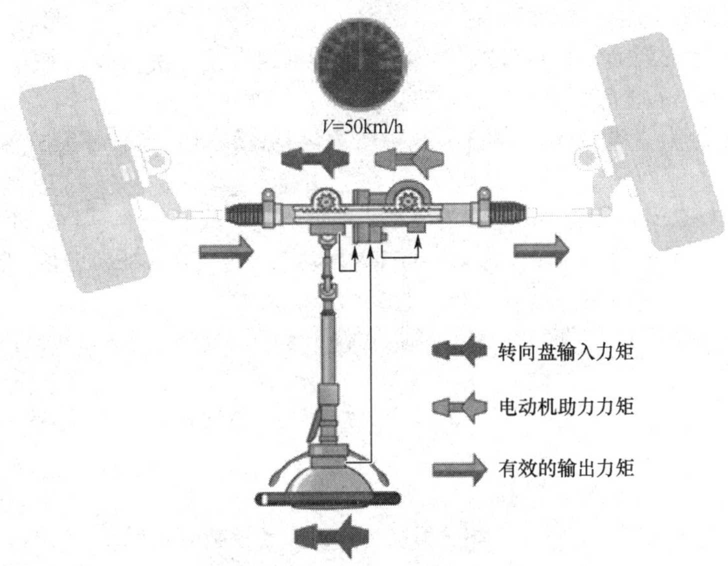

图 4-36　城市循环行驶功能原理图

2）扭转杆发生扭转，转向力矩传感器 G269 侦测到这个扭转量，将这个信息通知控制单元 J500（现在有一个中等的转向力矩作用在转向盘上）。

3）转向盘转角传感器 G85 送来中等的转向角信息；转子转速传感器送来实际转向速度信息。

4）控制单元根据下列因素来确定出需要中等的助力力矩并操纵电动机来工作：中等的转向力矩、车速为 50km/h、发动机转速、中等转向角、转向速度以及控制单元内存储的用于车速为 50km/h 的特性曲线。

5）于是在转弯时，驱动齿轮按平行于齿条方向传递中等的辅助力。

6）转向盘上的转向力矩和这个中等的助力力矩之和就是城市循环转弯时转向器上用于驱动齿条的力矩。

（4）高速公路行驶功能　如图 4-37 所示。

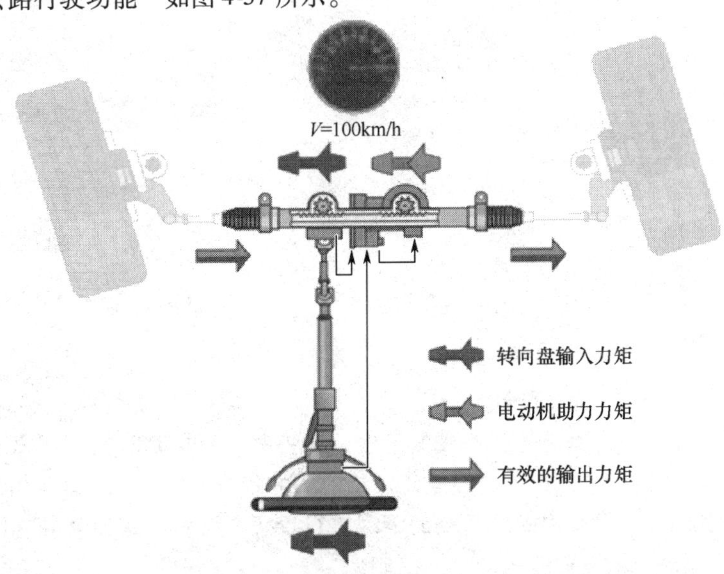

图 4-37　高速公路行驶功能原理图

1）在变道时驾驶人轻轻转动转向盘。

2）扭转杆发生扭转，转向力矩传感器G269侦测到这个扭转量，将这个信息通知控制单元J500（现在有一个很小的转向力矩作用在转向盘上）。

3）转向盘转角传感器G85送来很小的转向角信息；转子转速传感器送来实际转向速度信息。

4）控制单元根据下列因素来确定出需要很小的助力力矩或者根本不需要助力力矩并操纵电动机来工作：很小的转向力矩、车速为100km/h、发动机转速、很小的转向角、转向速度以及控制单元内存储的用于车速为100km/h的特性曲线。

5）于是在高速公路上行驶时，驱动齿轮按平行于齿条方向传递很小的的辅助力或者根本不传递辅助力。

6）转向盘上的转向力矩和这个最小的助力力矩之和就是高速公路变道时转向器上用于驱动齿条的力矩。

（5）主动回正功能　如图4-38所示。

1）在转弯时驾驶人减小了转向力矩，扭转杆也就跟着松弛下来了。

2）转向力减小的同时，包括转向角度和转向速度都相应减小，一个精确的回转速度也相应地计算出来。将其和转向角速度进行比较，其结果就是需要的回正力矩。

3）由于车轮定位参数的原因，在转向车轮上会产生一个回正力矩。由于转向系统和车桥内部的摩擦，这个回正力矩一般是非常小的，不足以将车轮转到直线行驶位置。

4）通过对转向力矩、车速、发动机转速、转向角、转向速度和控制单元内存储的特性曲线的分析，控制单元就可计算出回正所需要的力矩。

5）起动电动机，于是车轮回到直线行驶位置。

（6）直行修正功能　如图4-39所示，直线修正功能是主动回正功能的一个扩展，当没有力提供时，系统产生一个助力使车轮回到中心位置。为实现此功能，又分为长时算法和短时算法两种不同的情况。

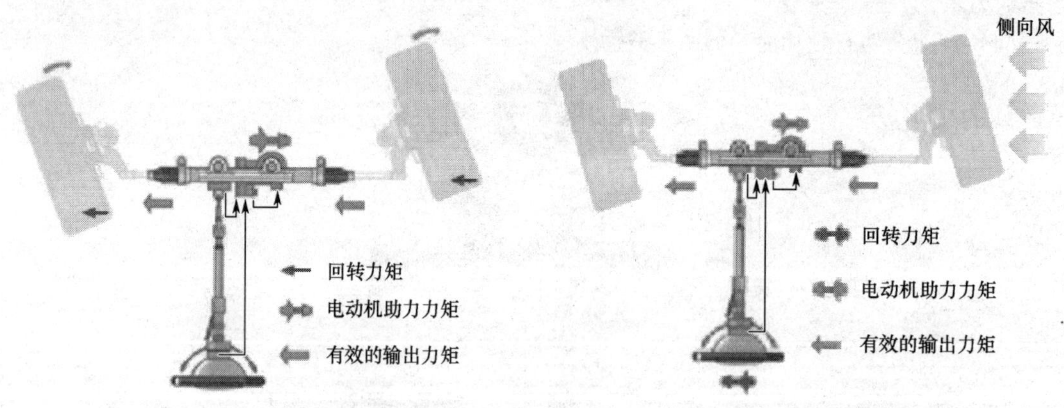

图4-38　主动回正功能原理图　　图4-39　直行修正功能原理图

1）长时算法：对长时间偏离直线行驶的情况进行补偿。当长时间发生背离中心位置的任何一侧时，起到平衡背离的任务，例如将夏季轮胎换成旧的冬季轮胎时所出现的情况。

2）短时算法：对短时间偏离直线行驶的情况进行校正。这可以减轻驾驶人的负担，比如在有持续的侧向风作用时，就需要持续地“对抗转向”。

① 当车辆受到持续的侧向力时，如侧向风。

② 驾驶人给转向盘一个力，以便使车辆保持直线行驶状态。

③ 通过对转向力矩、车速、发动机转速、转向角、转向速度和控制单元内存储的特性曲线的分析，控制单元就可计算出直线行驶校正所需要的力矩。

④ 起动电动机，于是车辆回到直线行驶位置。驾驶人就不再需要进行“对抗转向”了。

4. 电动式助力转向系统的电器部分

（1）牵引　在车速大于7km/h且点火开关接通时，如果牵引车辆，转向助力也会起作用。

（2）蓄电池亏电　转向系统会识别出电压过低并对此作出反应。如果蓄电池电压低于9V，那么，转向助力也就减至关闭状态，且警报灯K161呈红色亮起。如果电压只是短时降到9V以下，那么，警报灯K161呈黄色亮起。

（3）电路图　如图4-40所示。

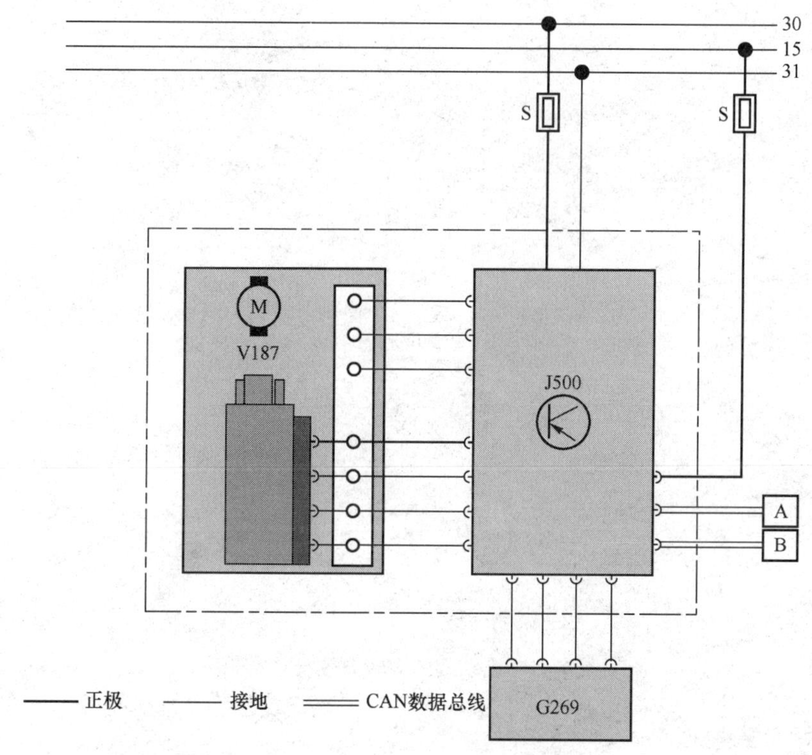

图4-40　电动式助力转向系统电路图

A—CAN—Low　B—CAN—High　G269—转向力矩传感器　J500—转向助力控制单元　S—熔丝　V187—电动机

5. 转向止点(挡块)的自适应

为了避免接触转向机构的机械硬止点，就通过软件来对转向角进行限制。这个“软件止点”(也就是缓冲)在机械止点前5°转向角时被激活。于是，转向助力力矩就根据转向角和转向力矩来减小了。

在“基本设定”中必须使用VAS5051来清除止点的角位置。

这个自适应不需要检测仪就可进行，为此，需要用到最新的维修手册和“故障导航”中的详细信息。

6. 系统总览图

图4-41所示为电动式助力转向系统总览图。

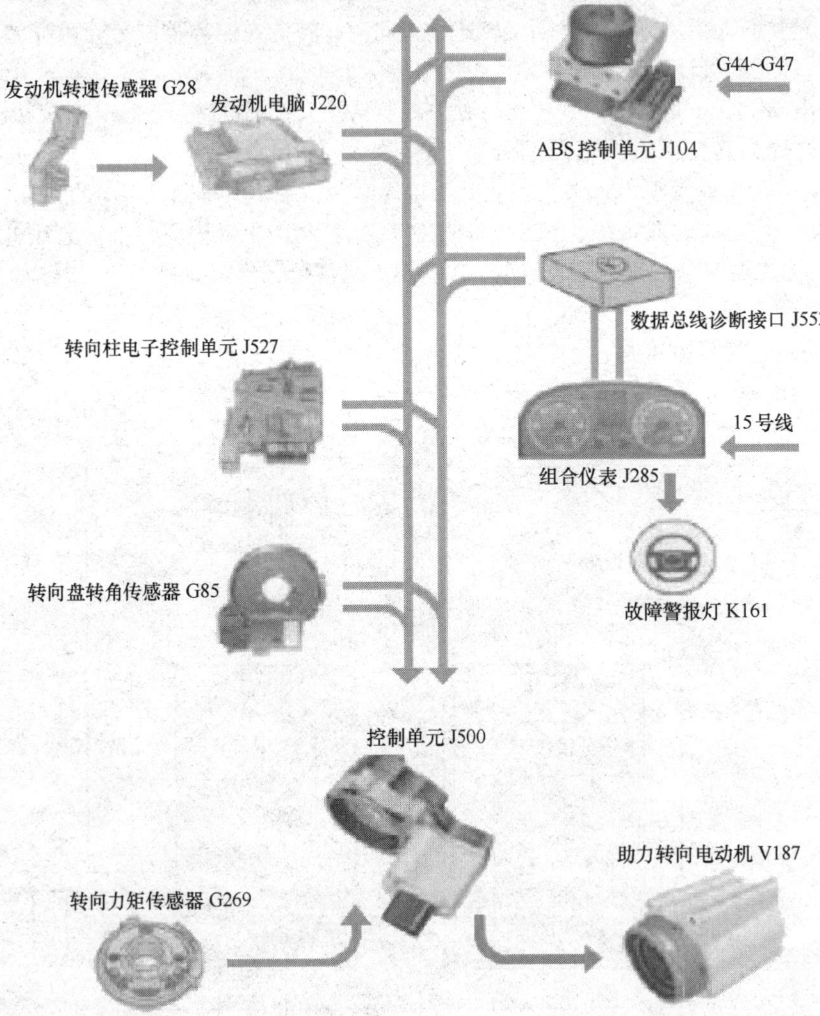

图 4-41　电动式助力转向系统总览图

四、电动液压式助力转向系统

电动液压式助力转向系统，英文为 Electro-Hydraulic Power Steering，简称 EHPS 系统。EHPS 是在液压式助力转向系统的基础上发展起来的，其特点是原来用发动机带动的转向泵改由电动机驱动，取代了由发动机驱动的方式，与传统的液压式助力转向系统相比，新研制的电动液压式助力转向系统有下列优点：

1）实际行驶中，节约燃油约 0. 2L/100km。

2）通过少的能源消耗、少的能量供应以及减少液压系统的油量实现保护环境的目的。

3）主动安全性更好，一般在转向时，转向盘转动很轻便，但高速行驶时，转向较重。

4）车辆在高速公路上行驶时，传统的液压式助力转向由于发动机转速高，而转向角小，转向泵将多余油量输送掉。新的电动液压式助力转向系统通过减小与和车辆行驶速度对应的流量，产生最大的节能效应。

1. 电动液压式助力转向系统的组成

如图 4-42 所示，电动液压式助力转向系统主要由带电动机的齿轮泵、储油罐、转向盘转角传感器 G85、助力转向传感器 G250 和控制单元 J500 等组成。

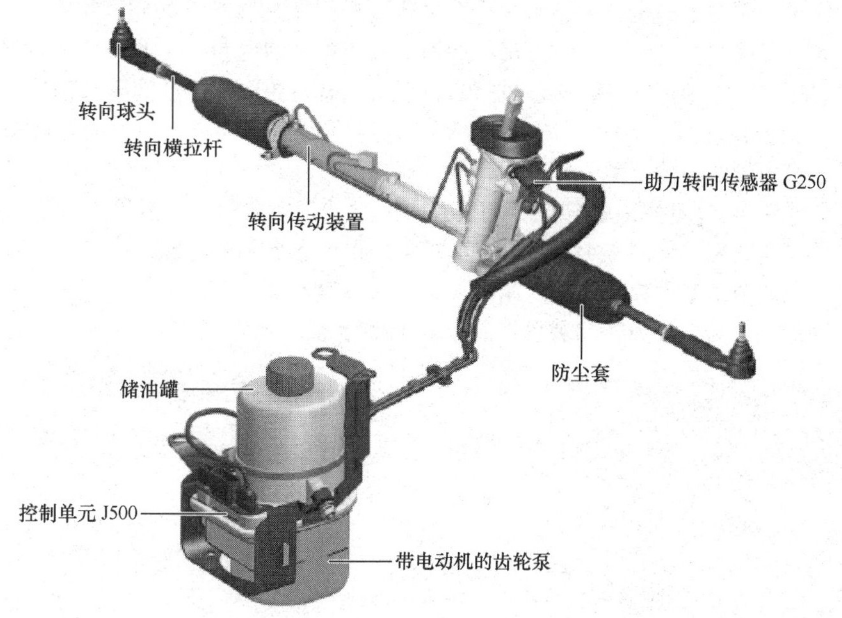

图 4-42　电动液压式助力转向系统结构图

（1）电动液压泵 V119　如图 4-43 所示，电动液压泵总成支架支承在发动机舱左侧，用螺栓固定连接在减振器和轮壳之间的车架纵梁上，电动液压泵总成用橡胶轴承弹性地悬挂在支架上，并且用一个消音罩包封。电动液压泵总成包括以下部件：

1）带有齿轮泵、液压阀及电动机的液压单元。

2）液压油的储油罐。

3）助力转向控制单元 J500。

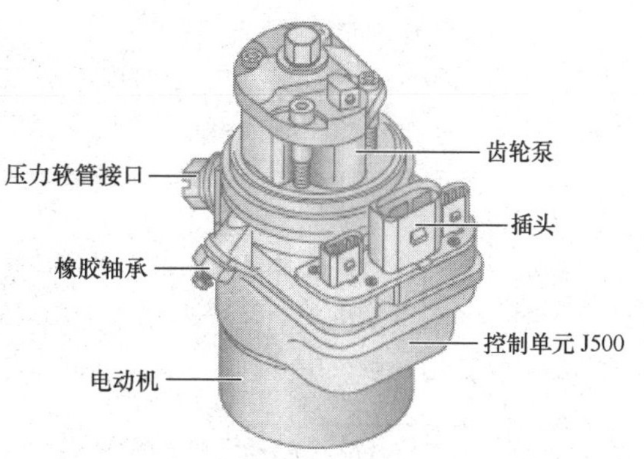

图 4-43　电动液压泵总成

在这种助力转向系统中采用的是一个集成在电动液压泵总成中的齿轮泵来取代迄今为止人们所熟悉的叶片泵。该齿轮泵不直接由发动机驱动，而是由一个集成在电动液压泵总成中的电动机来驱动的。该电动机只有在点火接通及发动机运转的情况下才工作。转向角速度、车速及发动机转速信号将传送给助力转向控制单元 J500。该控制单元可以调节电动机及齿轮泵的转速，进而调节供油量，更精确地说是液压油的体积流量。

电动液压泵总成无需维护，其内部润滑由液压油来完成，它不可拆卸且不提供修理说明。液压泵通过压力管道与助力转向传动装置相连接，液压油的回油管道通向储油罐。

（2）控制单元 J500　控制单元 J500 集成在电动液压泵总成中，它根据转向角速度和汽车行驶速度，发出信号来驱动齿轮泵。齿轮泵的瞬时供油量从控制单元 J500 中储存的通电特性场图中读取。控制单元 J500 能识别并储存运行中的故障，并具备再接通保护和温度保护功能。

再接通保护：

1）电动液压式助力转向系统在受到干扰、故障或撞车后具有一种再接通保护功能。在发生撞车的情况下，这种再接通保护只需用一个诊断仪即可被去除。

2）在出现其他故障的时候，再接通保护可以通过中断点火及发动机的重新起动来消除。如果发生这种情况，则为了使电动液压泵总成在过热之后能得到冷却，必须等待大约15min。这段时间过后，如果再接通保护不能通过发动机的起动被消除，则说明在车载网络中有故障或电动液压泵总成已损坏。在这种情况下，必须进行自诊断并且有时要更换电动液压泵总成。

（3）助力转向传感器G250　如图4-44所示，当汽车置于举升机上时，向右转动转向盘，就能通过翼子板和车轮之间的空隙看到助力转向传感器G250。

助力转向传感器G250安装在转向传动装置上方且装于转向传动装置输入轴上，它测定转向角并计算出转向角速度。如图4-45和图4-46所示，此传感器属于电容式传感器，通过固定在输入轴上的转子在9个小型平板电容器之间旋转，平板电容器的电容将由此而变化。传感器电子元件根据此电容变化计算出助力转向装置控制单元J500所需的信号（转向角及转向角速度）。

图4-44　助力转向传感器G250安装位置示意图

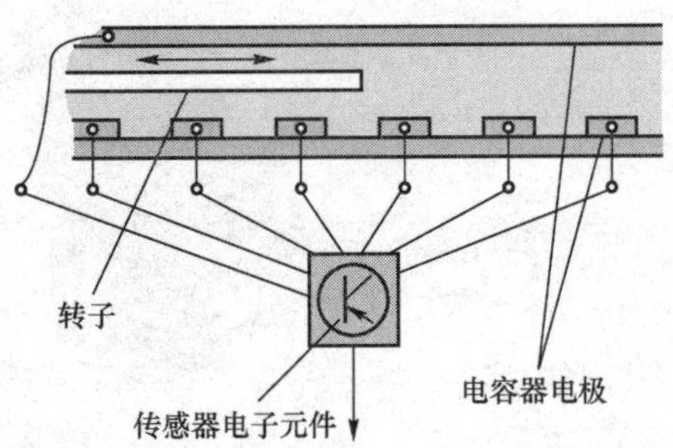

图4-45　助力转向传感器G250工作原理图

为了识别转向运动，控制单元J500中必须输入必要的信号，转向角速度越大，则液压泵的转速也越大，进而流量也越大（在不考虑车速的情况下）。

切断功能：当传感器G250失效时，助力转向系统即进入程序设定的紧急运行状态。此时转向功能得以保证，但转向较沉重。

（4）控制灯K92　如图4-47所示，车辆点火开关打开后，控制灯K92点亮，这时车辆进行内部检测，如果发动机起动及检测结束后，控制灯K92依然亮着，则车辆内部可能有故障，故障可能存储在控制系统中。

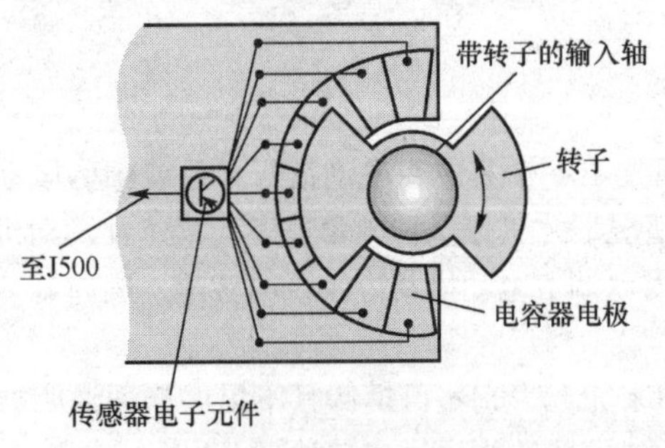

图4-46　助力转向传感器G250平面图

图4-47　控制灯K92

（5）检查油位　如图4-48所示，用储油罐密封盖上的油尺检查油位：①打开密封盖，用布擦干净油尺；②用手将密封盖拧紧；③打开密封盖，看油尺上显示的油位。

正常油位：转向油冷却时，位置在下标记以下；转向油热时（发动机温度约从50℃起），位置

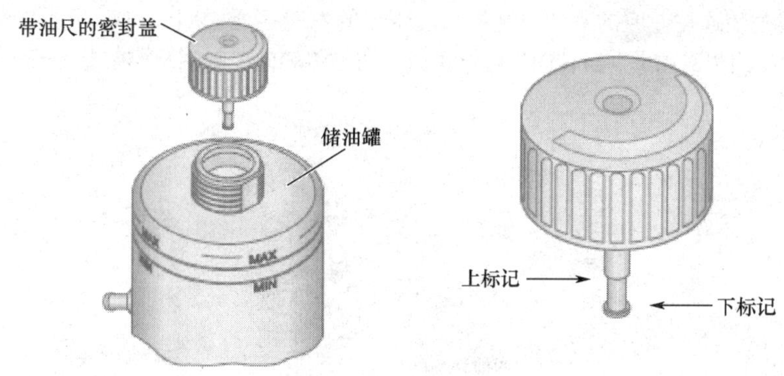

图 4-48　转向油的检查方法

大约在上、下标记之间。

2. 电动液压式助力转向系统的工作原理

如图 4-49 所示，与一般的助力转向系统相似，在液压控制单元中有一根扭杆，它一方面与转向控制阀相连，另一方面又与转向齿轮和控制套管相连。

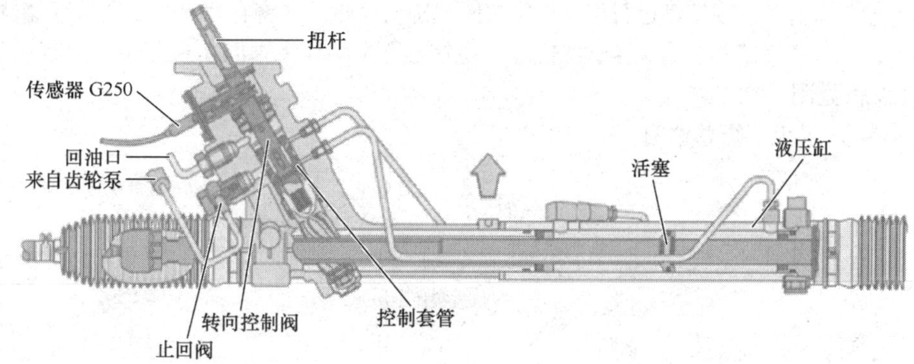

图 4-49　转向系统液压控制单元

（1）直线行驶　如图 4-50 所示，直线行驶时，扭杆处于转向控制阀和控制套管的中间位置，助力转向装置传感器测不出转向角速度。油液几乎是无压力地通过液压控制单元经回油通道流回储油罐。

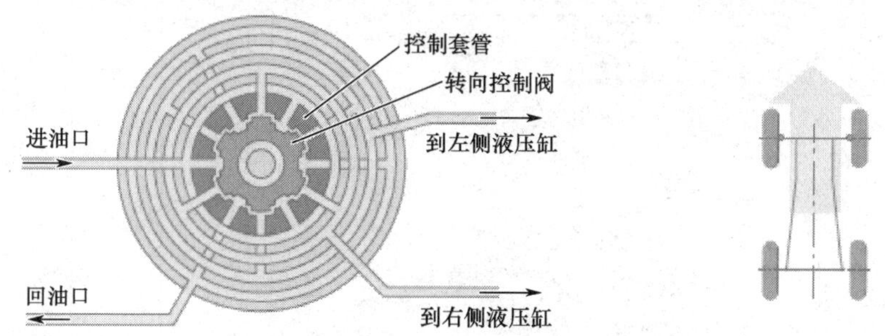

图 4-50　汽车直线行驶原理图

转向控制阀和控制套管的控制槽位于中央位置，两者控制槽的相互作用使液压油可以进入液压缸的左、右两腔，并能相应地经控制套管的回油道回到储油罐。

（2）向左转弯　如图 4-51 所示，转向控制阀通过扭杆的变形相对于控制套管旋转，转向控制阀的控制槽打开了通向液压缸右腔的高压油入口。高压油流入液压缸并协助完成转向运动，与此同时，转向控制阀关闭通往左腔的进油口并将与液压缸的左腔接通的回油口打开。右腔的压力将油液从液压缸的左腔压回到回油道。当转向过程结束时，扭杆将转向控制阀及控制套管回转到中间位置。

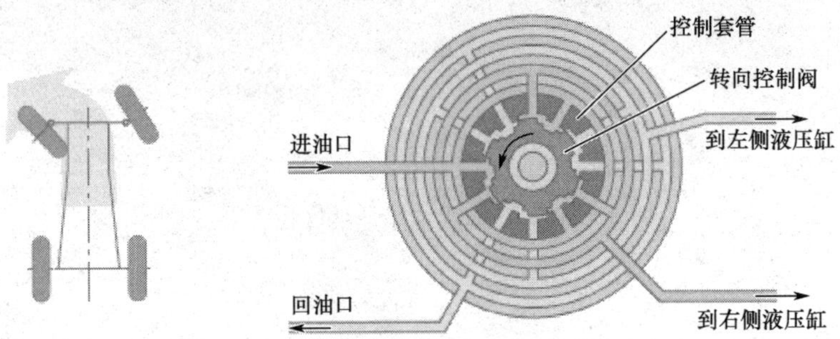

图 4-51　汽车向左转弯原理图

3. 自诊断

控制器或传感器更换之后，必须重新校准零位。传感器被连接在自诊断系统中，助力转向系统控制单元 J500 存储传感器的故障。

诊断结果的交流通过 CAN 总线进行，网关通过 CAN 将信号传输到 K 线。自诊断功能与助力转向系统的电控部分有关。在车辆运行中，控制单元识别出故障，并将它存储在永久性存储器中，即使供电不足，永久性存储器也能保存这些信息。偶尔会有个别故障未能在永久性存储器中存储。

4. 系统总览图

如图 4-52 所示为系统总览图。

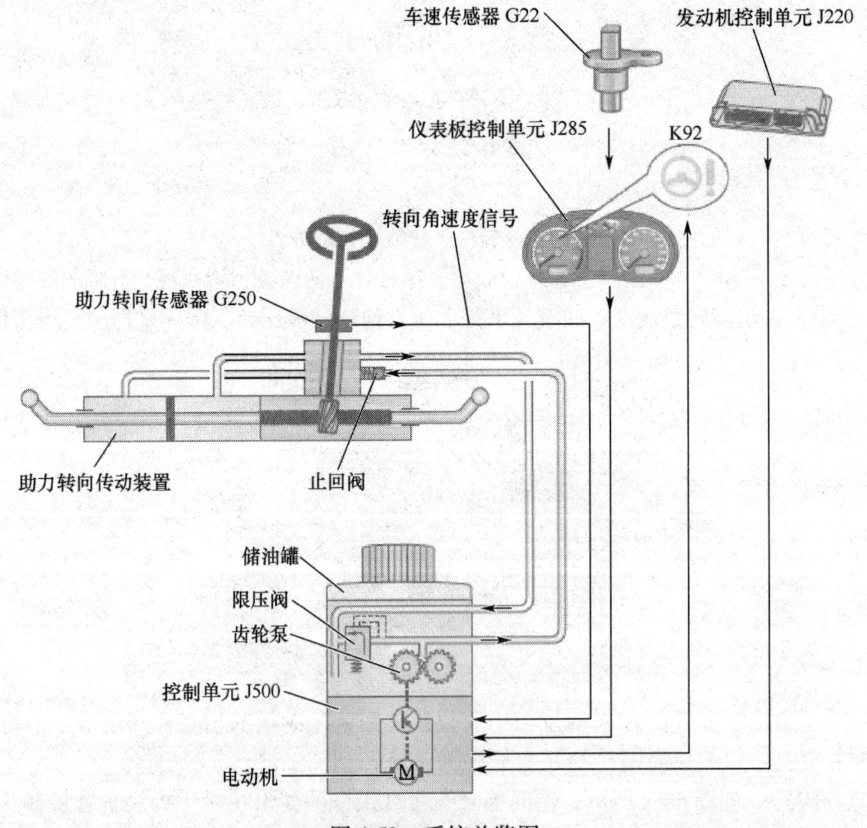

图 4-52　系统总览图

5. 系统电路图

系统电路图如图 4-53 所示。

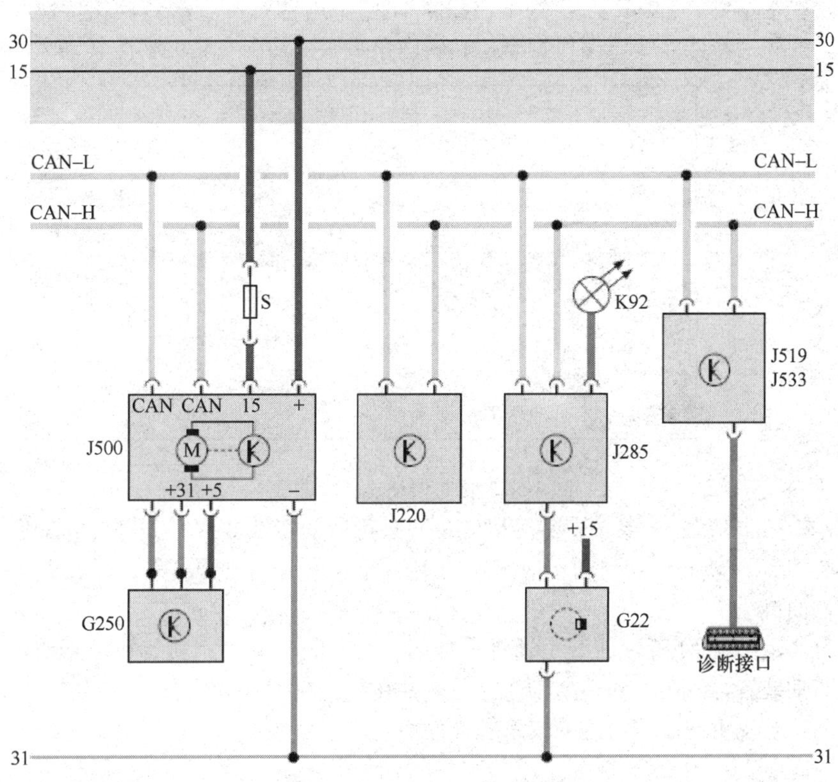

图 4-53　系统电路图

G22—车速传感器　G250—助力转向传感器　J220—发动机控制单元　J285—仪表盘控制单元
J500—电动液压式助力转向系统控制单元　J519—车载电网控制单元
J533—数据总线诊断接口　K92—控制灯　S—保险丝

第六节　奥迪 A4 动态转向系统

奥迪 A4 2008 款是奥迪车中第一个使用动态转向系统的。使用这种转向系统就解决了恒定转向传动比的折中问题，根据车速和转向盘的转角就可实现最佳转向传动比。这样，无论是在驻车、多弯道的乡间公路行车还是在高速公路上高速行车，动态转向系统都能提供最合适的转向传动比。

另外，动态转向系统因其具有行驶动态稳定转向能力，所以还可以对 ESP 提供支持。因此，这种新型智能转向系统不仅能增加行驶和转向舒适性，还能明显提高主动的行车安全性。

一、动态转向系统概述

在传统的转向系统上，转向盘与转向器之间是以机械方式直接相连的。因此，转向盘的转角与转向车轮的转角之间就存在着一个固定关系。通过转向齿条和转向齿轮之间齿部的配合，就可以实现不同的传动比特性曲线了。但是，一辆车上只能有一种传动比。在选择合适的传动比时，为了能使得不同的有时甚至是矛盾的要求尽可能地得到满足，那么所选择的传动比实际就是个折中方案。

在图 4-54 中，水平线所示的就是无动态转向系统的奥迪 A4 所用的传统助力转向系统传动比特性曲线。这些基本要求（低车速、中等车速和高车速）只有通过可变的传动比特性曲线才能完美地得到满足。这样的特性曲线能够根据车速和转向角来改变转向车轮的实际转动大小。

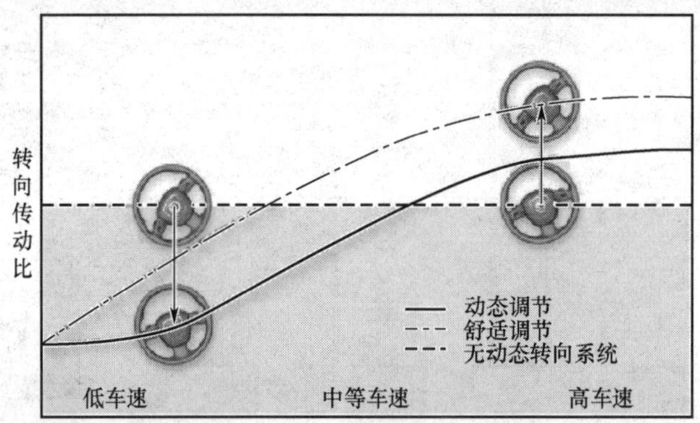

图 4-54　转向传动比特性曲线

奥迪 A4 车上的动态转向系统一般可以实现两条可变的特性曲线，分别为舒适型的和运动型的，如图 4-54 所示，转向传动比和相应车速的关系可以很清楚地看出来，驾驶人可以选择自己所需要的特性曲线。

如图 4-55 所示，可变特性曲线是通过另加的一套电动机械式驱动装置来驱动转向齿轮而实现的，这套驱动装置与驾驶人的转向动力是并行存在的。在紧急情况下，比如这套驱动装置失灵了，那么转向系统仍可当成普通的转向系统来使用。

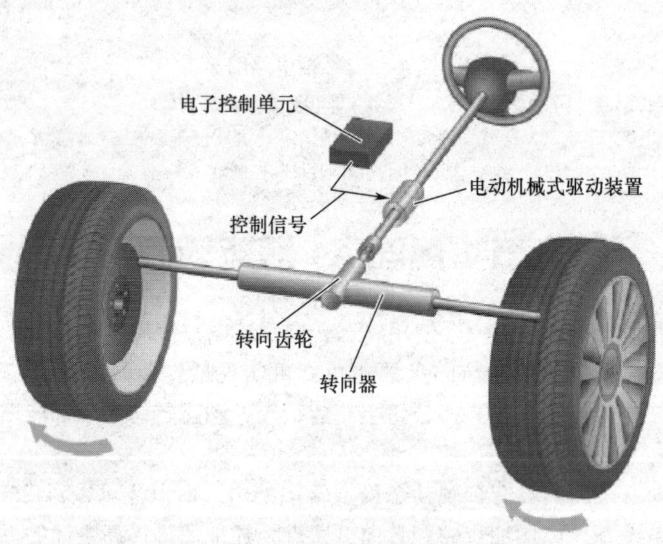

图 4-55　奥迪 A4 车上的动态转向系统

动态转向系统的优点就更多了。与 ESP 及其传感器一同协作，该系统在危险的临界行驶状态时也会发挥作用。由于前轮回转大小可以有针对性地改变，所以动态转向系统在动态行驶的临界范围可以支持 ESP 的工作。因此，就产生了两个主要优点：

1）由于制动和转向同时介入，车辆的整体稳定性能得到了提高，也就是主动安全性明显提高了。尤其是在车速很高时（>100km/h），这个优点的作用更明显，因为在这种情况下，动态转向

系统能充分展现出其快速反应的优点。

2）在少数极限行驶状况下，可以部分或完全放弃制动的介入，这可使车辆稳定过程更和谐、更舒适。与只通过制动介入来稳定的车辆相比，在低摩擦路面（比如雪地）上行时，驶使用动态转向系统的车辆通过减少制动介入，能更快地达到相同的稳定状态。在车辆过度转向和不足转向时，以及车辆在不同摩擦系数路面上制动时，ESP 都可以获得动态转向系统的帮助。

1. 过度转向的车辆

在车辆过度转向时，ESP 与动态转向系统一同来稳定车辆。这个稳定过程是通过一个有针对性的反转向来实现的，这可避免车尾的“甩动”。

如图 4-56 所示，车辆容易进入过度转向的一个典型情形是车辆快速变换车道。在转回新车道时，车尾容易甩动（尤其是在车速很高时）。大多数情况下，驾驶人都是实施反转向过迟或者根本就没有实施这个反转向，这就导致 ESP 制动的强力介入。

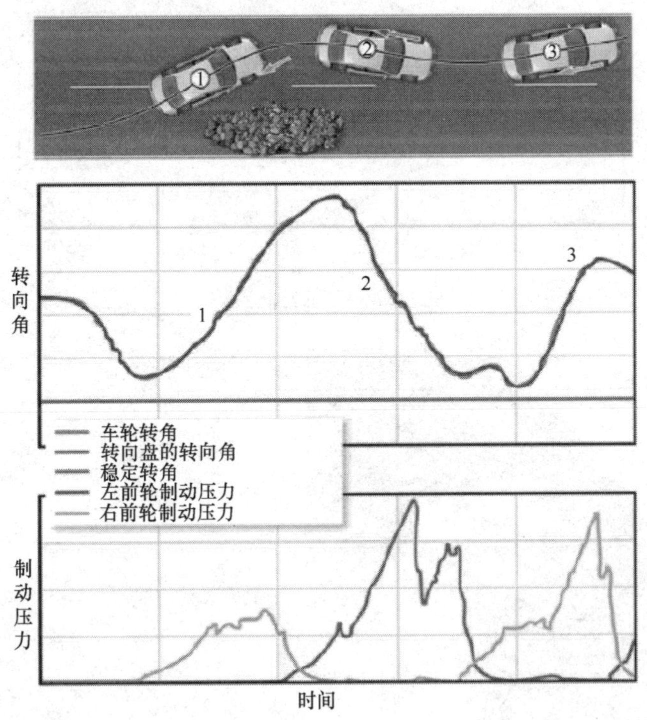

图 4-56　传统转向系统

如图 4-57 所示，使用了动态转向系统的话，这个反转向就可自动实现了，且驾驶人并没有注意到这个过程。因此，就可明显减轻驾驶人的转向疲劳，驾驶人只需在一般的稳定行驶状态来增加所需的转向角即可，ESP 的制动介入也同样明显减少了。因此，在变道时，不但提高了车辆稳定性，还提高了车辆的穿行速度。

2. 不足转向的车辆

如图 4-58 所示，在不足转向时，转动的前轮会迫使车辆驶向道路的外缘。在这种情况下，大多数驾驶人都是采用增大转向盘转角的方式来应对（车辆 1）。因此，可用的侧向滑动阻力就更小了。轮胎和路面之间的静摩擦变成了滑动摩擦，转向失控，车辆滑离道路。在这种情况下，ESP 也经常起不到帮助作用了。这种行驶状态的特点是尽管增大了转向盘转角，但侧滑阻力却降低了，由此导致转弯半径增大。

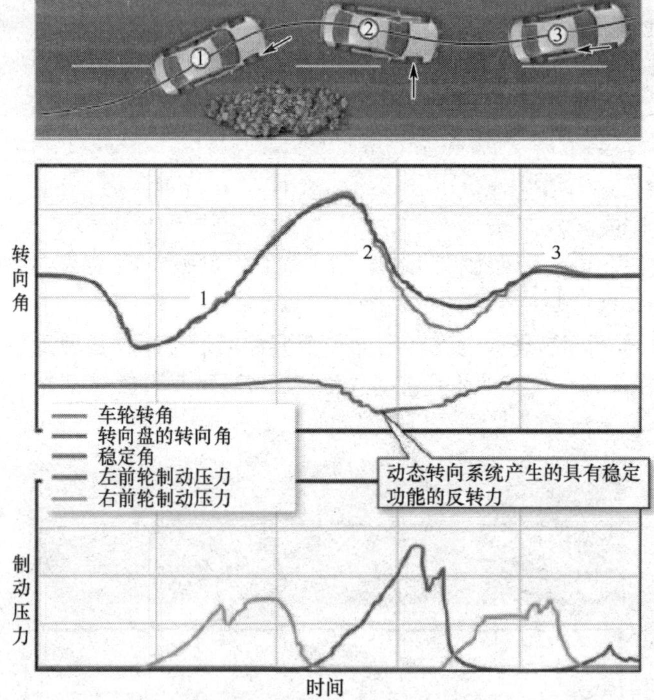

图 4-57　动态转向系统

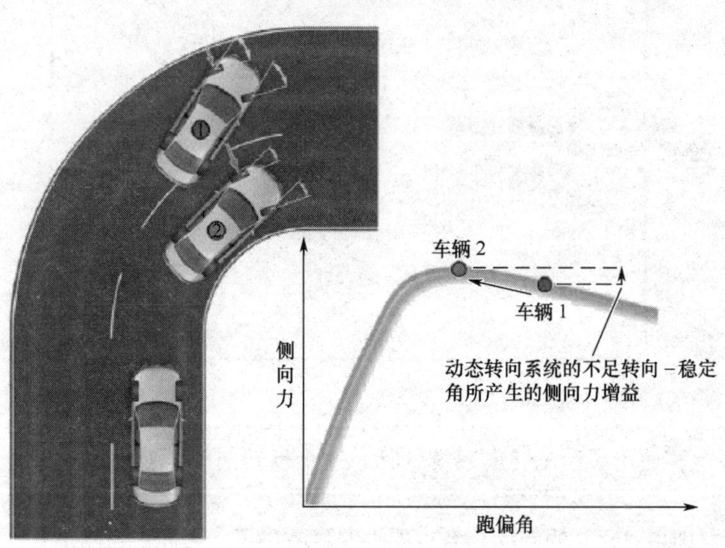

图 4-58　不足转向状态示意图

如图 4-58 所示，当车辆还没有到达这个程度时，动态转向系统就开始起作用了。动态转向系统实施“反向控制”（车辆 2）。车轮的实际回转角度小于驾驶人在转向盘上所要实现的回转角度。于是侧向滑动阻力就保持住了，车辆按最小转弯半径行驶。如果这个还不够的话，ESP 会主要在转弯内侧车轮上实施制动。于是围绕着汽车竖轴线就另外产生了一个起稳定作用的反向力矩。于是车辆又被制动并转向到驾驶人期望的弯道上了。

3. 不同摩擦系数路面上的制动

所谓不同摩擦系数的路面表面是这样的：车辆一侧的路面摩擦系数很大(比如是干燥的沥青路面)，车辆另一侧的路面摩擦系数很小(比如有水或冰)。在这种路面上进行车辆制动，车辆就会向制动力大的一侧(摩擦系数大的一侧)偏滑。

如图 4-59 所示，要想继续向前行驶，在没有动态行驶系统的车上就由驾驶人来调整转向盘转角，以便补偿这个侧滑。对于装备有动态转向系统的车来说，ESP 和动态转向系统的转角是自动来调整的。驾驶人并未感觉到转向盘保持在他所期望的行驶方向上。由于 ESP 和动态转向系统可以比驾驶人更快而准确地调节所需要的转角，那么在这种情况下，装备有动态转向系统的车就比未装备动态转向系统的车平均制动距离要短。

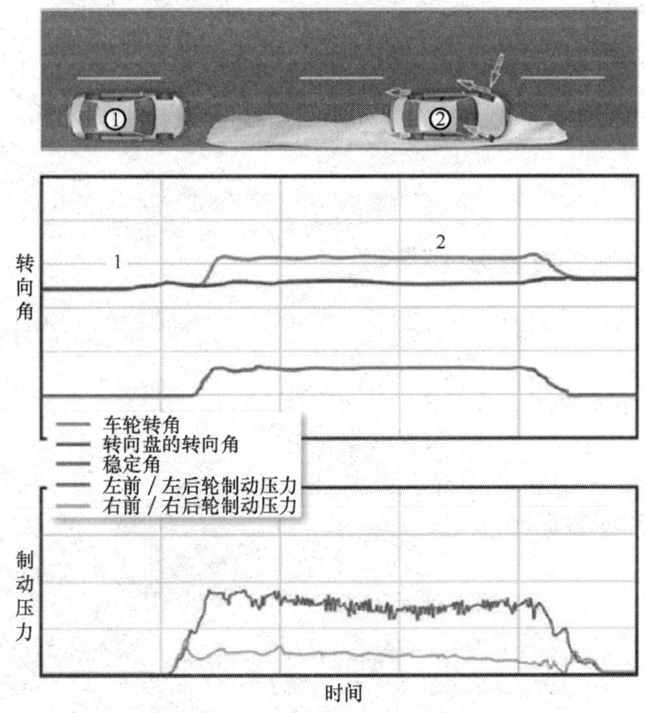

图 4-59 不同摩擦系数路面上的制动

☞ 二、动态转向系统基本结构及功能

如图 4-60 所示，动态转向系统内集成了一个并行的(叠加的)转向器(执行元件)。转向盘和前桥之间的机械式耦合器总是通过这个并行的转向器来保持接合。在系统出现严重故障时，这个并行的转向器的电动机轴就被锁住了，这样可避免功能失误。

控制单元会计算出转向角应该增大还是应该减小了。这个控制单元会操纵一个电动机，这个电动机会驱动并行转向器来工作。车轮总转向角是这个并行转角与驾驶人在转向盘上施加的转角之和。并行转角可以：

1）通过驾驶人施加的转角而增大。

2）通过驾驶人施加的转角而减小。

3）在驾驶人未操纵转向盘时就能实现转角。

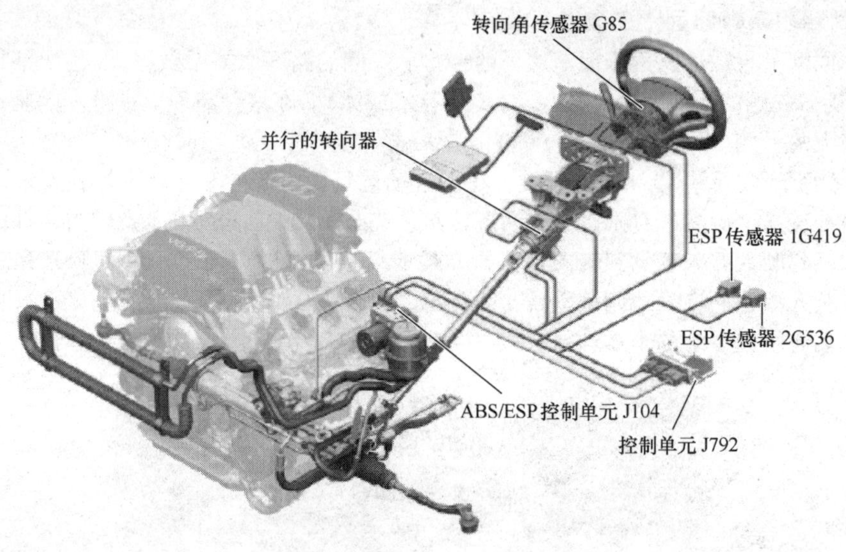

图 4-60　动态转向系统结构图

三、动态转向系统控制单元 J792

如图 4-61 所示，控制单元 J792 位于驾驶人脚坑处的座椅横梁前，它的功能可分成两个。

1. 基本功能

如图 4-62 所示，控制单元 J792 用于计算出并行转角，以便实现可变转向传动比。一般是根据车速和驾驶人所实施的转角来确定的。只要系统无故障，这个调节过程就一直在进行着。

2. 辅助功能

具有稳定作用的介入。ESP 控制单元通过稳定功能来计算出动态行驶时所期望的转向角校正值，这些校正值通过组合仪表—底盘 CAN 总线被传送给控制单元 J792。控制单元 J792 将相应的校正值加到计算出的并行转角中，于是作用到车轮上的就是经过了校正的转向角了。

图 4-61　动态转向系统控制单元 J792

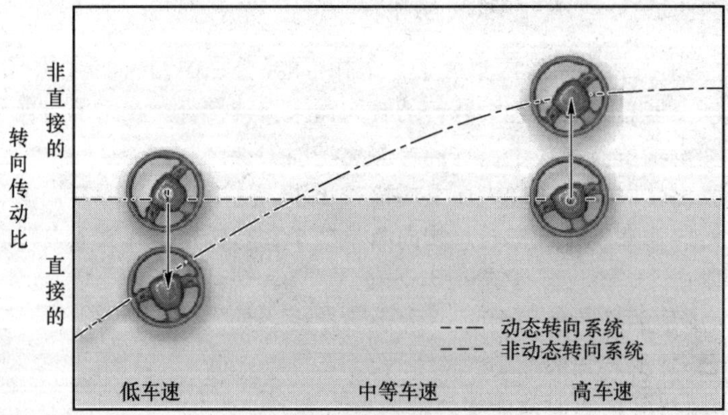

图 4-62　基本功能示意图

有一个安全系统用于监控控制单元的这个校正功能，这个安全系统可以判断出有可能导致执行元件误动(可能影响安全)的所有故障。具体会根据故障情况来采取相应措施，从关闭部分功能直至完全关闭系统。

该控制单元不参与15号线—CAN总线延时；该控制单元通过一个集成的温度传感器来监控，切断极限值为100℃。

四、执行元件的结构及功能

转向角的校正是通过执行元件带动转向齿轮转动而实现的。这个执行元件由一个轴齿轮构成，这个轴齿轮用一个电动机来驱动。这套齿轮装置尤其适用于将较快的转动(比如电动机)转换成很慢的转动。

如图4-63所示，在动态转向系统上，与转向盘直接相连的转向轴也与转向齿轮相连，这个连接是通过齿轮来实现的。杯形件与转向轴上部(它也直接与转向盘相连)通过花键实现无间隙连接。这个杯形件外形像个盆，壁薄而有弹性，这个壁上装备有100个齿的外齿。与之配对使用的是一个内齿，齿数为102个，这个内齿与万向节连接，从而也就与转向齿轮刚性连接。如果驾驶人转动了转向盘，那么杯形件与齿圈就像轴与轮毂那样运动了，转动动作就传递下去，这个工作模式与普通转向器是一样的。

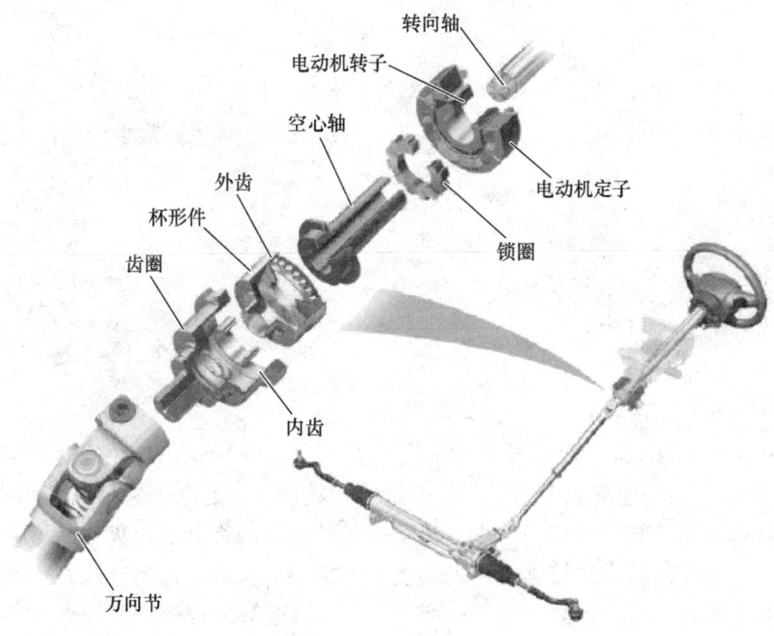

图4-63　执行元件结构图

基本原理：两个齿数不同的齿轮彼此啮合。由电动机直接驱动的齿轮(杯形件)有100个齿，输出齿轮(内齿)是102个齿。

如图4-64所示，转向轴上部装有一根空心轴，这个空心轴独立地在执行元件壳体内转动。这个空心轴由一个电动机直接驱动。为此，电动机的转子在一侧与空心轴连接在一起，空心轴的另一侧与滚动轴承的内圈连接在一起。这个内圈并不是个精确的圆形，它给球提供的是一个离心的(椭圆)轨道。

如图4-65所示，轴承外圈是弹性钢圈，轴承内圈的离心外形可以传递到外圈上。杯形件通过较松的过盈配合装在轴承外圈上。杯形件的弹性壁也会跟随轴承的离心外形进行变形。

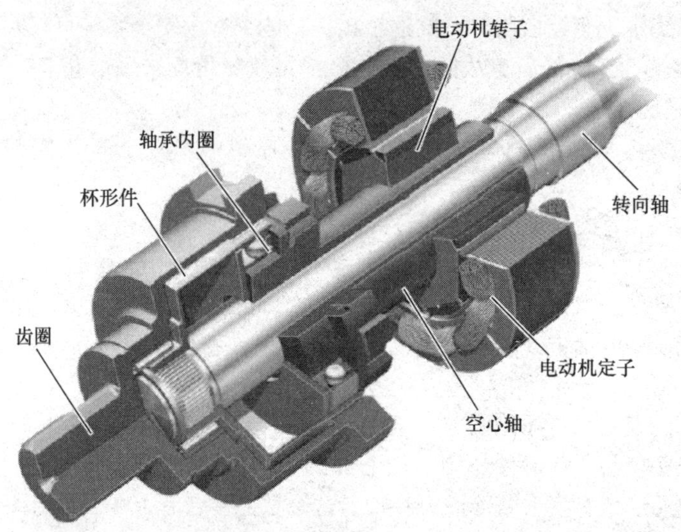

图 4-64　空心轴安装位置图

如图 4-66 所示，由于具有离心作用，所以杯形件的外齿并不是在整个圆周上都与齿圈的传统(圆的)内齿相啮合的。

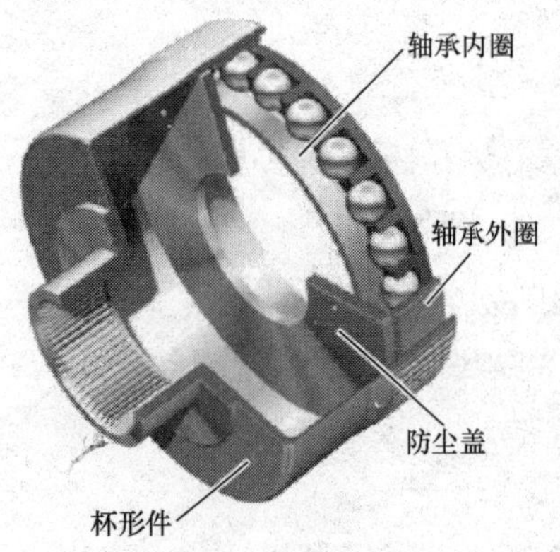

图 4-65　轴承结构图

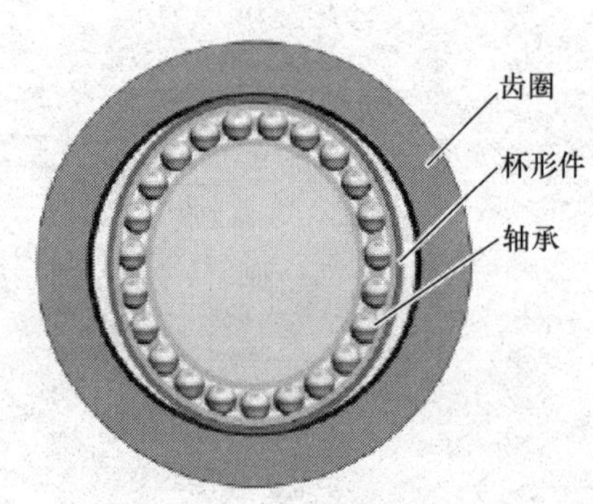

图 4-66　杯形件与齿圈关系图

如图 4-67 所示，如果电动机工作了，那么空心轴就被驱动起来了，滚动轴承内圈就在转动，于是离心形状就随着这个转动而转动。由于杯形件的外齿数与齿圈的内齿数是不同的，那么在啮合时，杯形件的一个外齿就无法精确地与齿圈上的内齿啮合。杯形件的外齿在侧面是呈错开状压到齿圈的内齿侧上的。于是内齿侧上就作用有一个力，这会导致齿圈产生一个极小的转动。在电动机工作时，由于离心率的“转动”，所有的齿在整个圆周上都会暂时出现这种错开啮合现象。于是齿圈就会连续转动，那么与之相连的转向齿轮也在转动，车轮的转角就会发生变化。这个过程可实现电动机转速，转向齿轮之间约有 50∶1 的减速比。

五、电动机

如图 4-68 所示，动态转向系统采用的是永久激励型的同步电动机，其转子与空心轴固定在一起，该转子由 8 个磁极可变的永久磁铁构成。

如图 4-69 所示，定子由 6 个线圈组构成。线圈布置在执行元件壳体内，由控制单元来进行触发控制。屏蔽线插在执行元件壳体上。

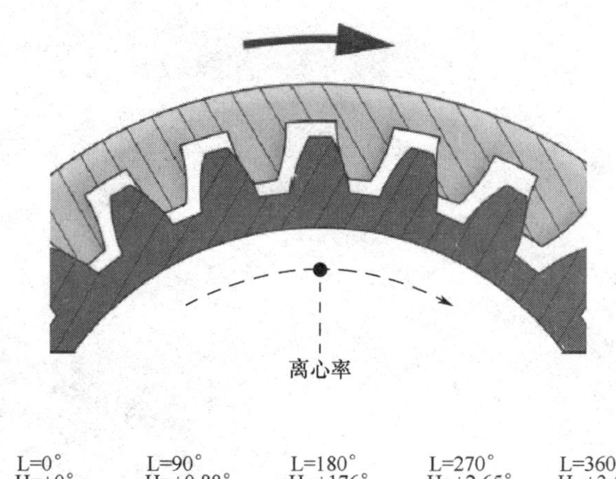

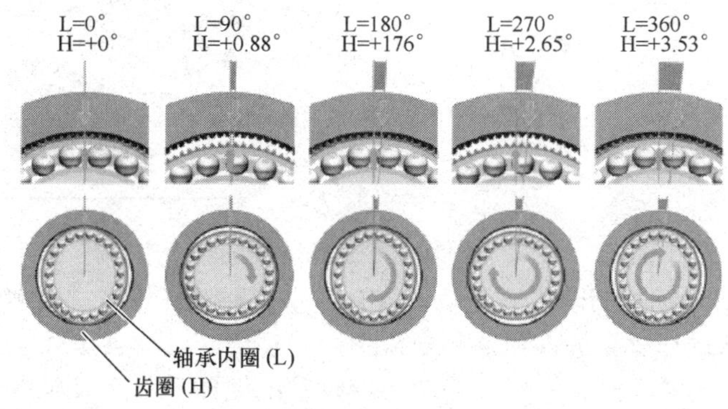

图 4-67　动态转向系统工作原理图

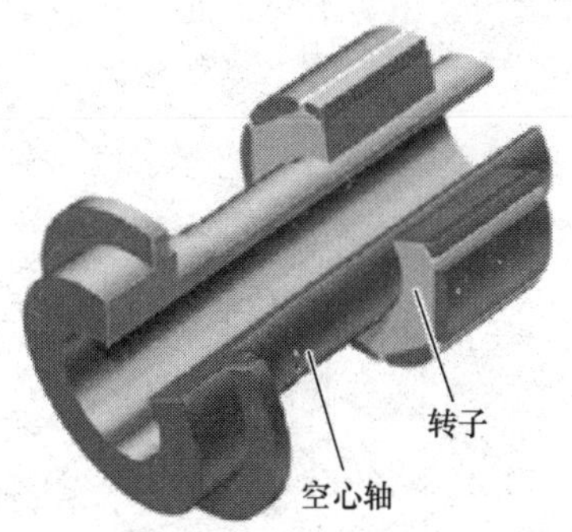

图 4-68　转子

图 4-69　定子

基本原理：电动机采用三相交流电压来工作。因此，在固定不动的定子线圈周围建立了可转动的电磁场。这个交变的电磁场的力作用在空心轴上转子的永久磁铁上，转子就会转动。

电动机这种构造形式的主要优点是反应快。对于起稳定作用的转向介入来说，针对控制状况的变化而能作出快速反应是必需的。

六、动态转向锁

如图 4-70 所示，为了能在系统失灵时保证系统回到原来的状态，可以通过机械方式将动态转向锁锁止。在正常工作状态下，只要发动机已经关闭了，这个锁就已经锁止了。发动机起动就会将动态转向系统开锁，您可以听到开锁时的一声“喀哒”噪声。锁止是通过一块电磁铁来完成的，这个电磁铁用螺栓拧在齿轮箱的壳体上。

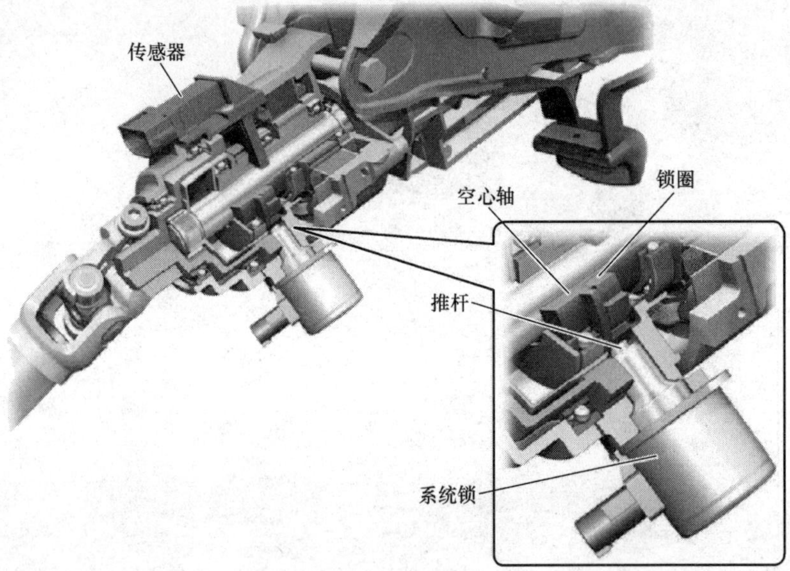

图 4-70　动态转向锁

如图 4-71 所示，电动机驱动的空心轴上装有一个锁圈，其外侧有很多缺口。当齿轮锁止时，电磁铁的圆筒状推杆就会进入到这些缺口中。于是空心轴就被卡住了，电动机就无法驱动离心轴承转动了。不通电时，推杆就将动态转向系统锁住了，这时压力弹簧会将推杆顶在止点挡块处。

如图 4-72 所示，如果控制单元 J792 通过单独的导线激活了电磁线圈，那么推杆就会顶着弹簧力向电磁线圈方向运动，推杆就脱离缺口，于是就松开了空心轴，也就松开了动态转向系统。

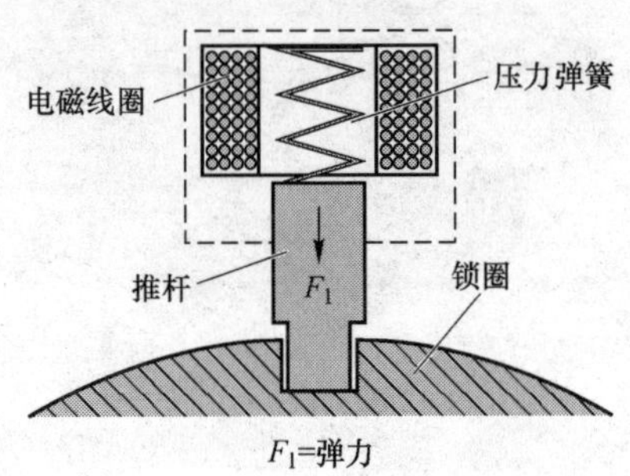

图 4-71　动态转向锁锁止示意图

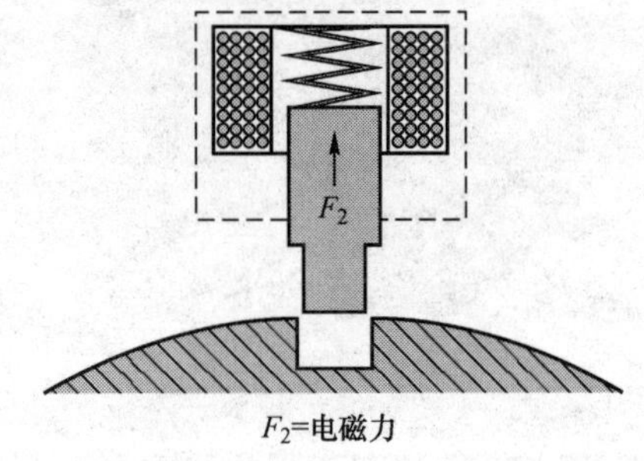

图 4-72　动态转向锁解锁示意图

七、传感器

1. 电动机位置传感器

如图 4-73 所示，空心轴的位置和轴承的离心由一个电动机位置传感器来感知。这个传感器就是空心轴上的磁圈，这个磁圈由 8 个电极组成。其磁场由 1 个传感器来感知，这个传感器带有 3 个霍尔元件。电动机每转 15°（相当于转向盘转 3°），就产生一个信号，该信号经单独的导线被送往控制单元 J792。

在关闭点火开关时，控制单元 J792 内会存储当前的位置信息。在 30 号线突然断电时，通过

基准传感器来识别零位。

2. 基准传感器

基准传感器使用的是磁性预紧的霍尔传感器。转向盘每转一圈或者执行元件输出轴每转一圈，基准传感器就输出一个信号。这个信号用于评定转向器的中间位置以及排除故障后的初始化。

基准传感器和电动机位置传感器共同装在一个壳体内。输出侧齿圈外面的一个缺口（图4-74）就作为传感器用。这个缺口在基准传感器的霍尔传感器上产生一个矩形信号。

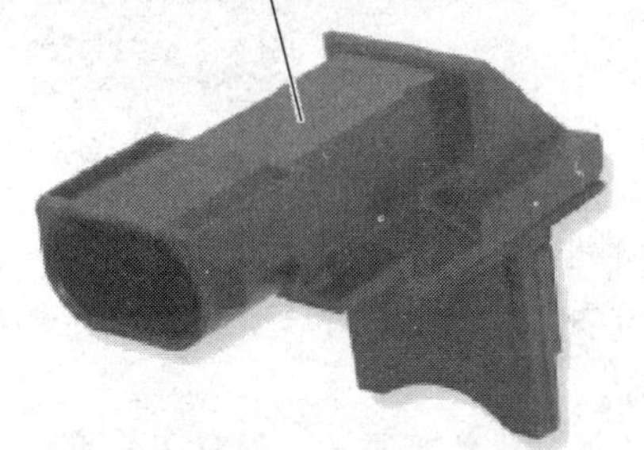

图 4-73 电动机位置传感器和基准传感器

图 4-74 缺口

3. ESP 传感器 1G419 和 ESP 传感器 2G536

如图 4-75 所示，装备有动态转向系统的车上使用两个 ESP 传感器，它们安装在驾驶人座椅下。这两个传感器的功能结构是相同的，从外表看，这两个传感器的区别在于插头的不同。功能正常时传递的都是相同的偏摆率和横向加速度信号。

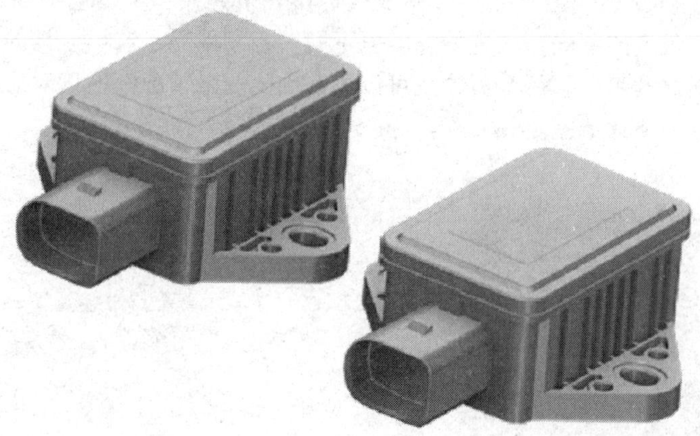

图 4-75 ESP 传感器

这两个传感器通过总线来与 ESP 控制单元及动态转向系统控制单元 J792 相连接。ESP 控制单元使用这两个传感器信号来计算所需要的并行转向角，以便去稳定车辆。

这种双传感器结构设计是为了防止由传感器信号而引起的误操作。这两个传感器信号采用同一个信号曲线来校验。

4. 转向角传感器 G85

如图 4-76 所示，一个必不可少的输入信号就是当前的转向角了。计算所需要的并行转向角以便来实现可变转向比要用到转向角信号，计算所需要的并行转向角以便使车辆稳定也要用到转向角信号。因此，转向角信息就由两个控制单元 J104 和 J792 来读取。传感器测得的值被送到组合仪表—底盘 CAN 总线上。转向角传感器设计成冗余结构。

八、操作和驾驶人信息

1. 转向传动比的选择

驾驶人通过奥迪驱动选择(Audi drive select)可以选择需要的转向传动比(设置成动态的还是舒适的)。

2. ESP 按钮 E256 的功能

短促按压该按钮(<3s)可以关闭 ASR，但动态转向系统的稳定功能仍不受影响，ESP 功能仍处于激活状态，但制动介入却减少了。这种模式是为松软路面或覆雪路面情况而设计的。

图 4-76　转向角传感器

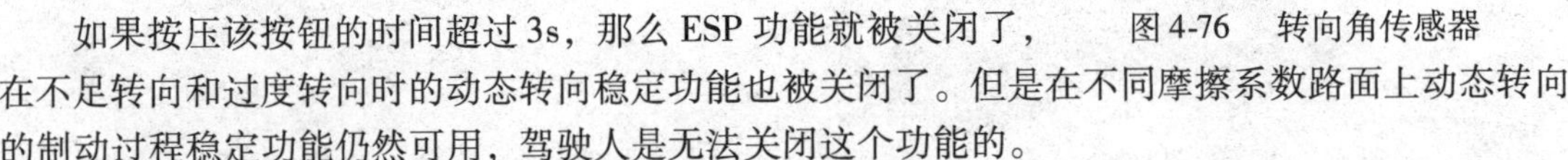

如果按压该按钮的时间超过 3s，那么 ESP 功能就被关闭了，在不足转向和过度转向时的动态转向稳定功能也被关闭了。但是在不同摩擦系数路面上动态转向的制动过程稳定功能仍然可用，驾驶人是无法关闭这个功能的。

如果按压该按钮的时间超过 10s，那么所有功能就又重新接通了。只有在关闭并再次打开点火开关后，才能再次关闭相应功能。

3. 功能显示和故障显示

如图 4-77 所示，转速表上有一个指示灯，它用来作为动态转向系统的功能显示和故障显示。另外，中央显示屏上还有文字显示。在接通点火开关时，该指示灯会进行自检，直至发动机起动，该指示灯才熄灭。只有在发动机运转时，动态转向系统才能解锁来工作。

如图 4-78 所示，如果系统出现故障，那么组合仪表中央显示屏上会显示这个内容，且指示灯也亮起。故障严重程度的不同，系统的反应也不同。控制单元是这样设计的：它要使得系统受到尽可能小的影响而继续工作。每个可能且可以诊断出的故障情况都准确对应着某个系统功能限制。系统性能可能存在下述偏差。

图 4-77　转速表内的黄色指示灯

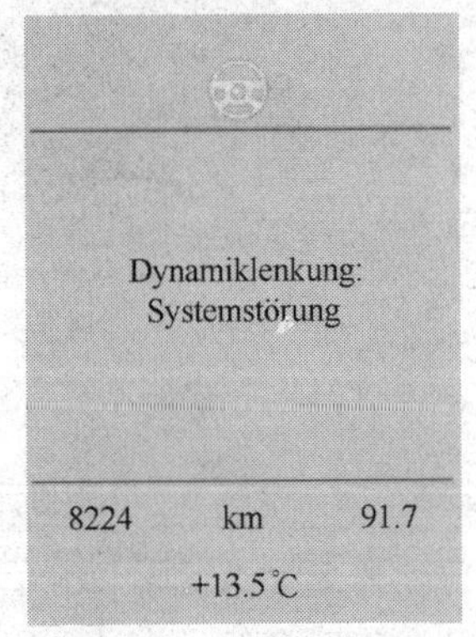

图 4-78　故障显示内容

1）车辆的转向性能发生改变。在慢速行驶时可能需要频繁摆动转向盘。在高速行驶时车辆对转向盘的摆动可能很敏感。

2）动态转向系统的稳定功能不可用了。

3）在车辆直线行驶时，转向盘不在中央位置。

如果系统故障严重的话，动态转向系统的所有功能都会被关闭。

4. 初始化

根据最新法规的要求，动态转向系统的结构是这样设计的：尽管可以采用电动机械式调节机构，但是转向盘和转向齿轮之间仍有永久式的机械连接部分。这样的话，在关闭了动态转向系统后，也可以通过转向盘来转动车轮(比如在举升器上进行修理时)。这样的转向过程中就没有动态转向系统的转向角叠加部分了，也就不采用可变特性曲线了。

在下次系统启动时(也就是起动发动机)，前轮转角对应的就不是可变特性曲线规定的转角了(这个转角对应着转向盘转角)。初始化的任务就是查明与规定值的偏差，并实现所要求的转向角叠加，以便再次形成前轮的正确转角。

发动机起动时进行初始化的话，指示灯会闪亮，且显示屏会显示“Initialisierung(初始化)”字样。如果在初始化过程中车辆是在行进中，那么这个显示内容就一直在显示，直到初始化结束。在这种情况下，初始化是在“后台”进行的，驾驶人几乎并未察觉到。

初始化是采用电动机位置传感器信号和转向角传感器信号来实现的。转向角传感器将当前转向盘位置信息告知控制单元，而电动机位置传感器传送的是空心轴位置信息和轴承的离心状态。控制单元计算出电动机位置的规定值和实际值之间的差，然后操纵电动机来进行必要的修正。

如果这个差值大于8°转向角，那么当车辆静止时就已经开始这个校正过程了。如果立即开车行使，那么这个校正过程就中断了，改在转向时进行校正了。如果偏差较小的话，一般都是在驾驶人进行转向时来进行这个校正的。

5. 故障后的初始化

如果出现严重故障，那么动态转向系统控制单元就无法在关闭点火开关时可靠地存储电动机位置传感器信号了，这时就使用一种专门的初始化过程了。

如图4-79所示，这时的初始化过程使用的是基准传感器信号，该传感器发出的是转向器处

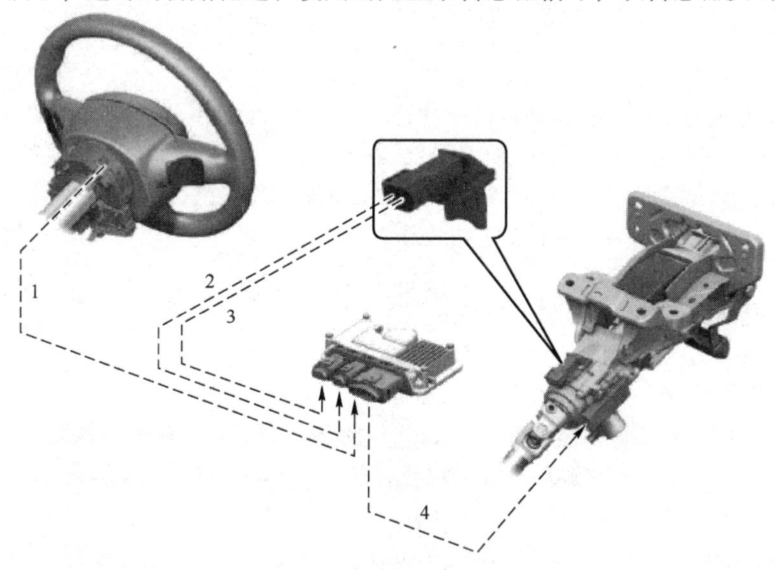

图4-79　故障后的初始化

1—转向角(转向盘位置)　2—电动机位置(离心位置)　3—基准脉冲(转向器主动齿轮的位置)　4—电动机控制

于中间位置的信号。使用基准传感器脉冲和转向角传感器位置信号，电动机就可以重新初始化了。随后，“正常的”初始化过程会与可能斜置的转向盘进行同步。

6. 动态转向系统的基本设定

通过基本设定，动态转向系统控制单元就会获知转向角传感器的测量值(转向盘位置)、电动机位置传感器信号(离心位置)以及基准传感器信号(转向器主动齿轮的位置)。

各个传感器信号彼此间的相互匹配是在生产厂家新车上就完成了的。这个基本设定过程是初始化的先决条件，也是在平坦路面上直线行驶时转向盘能保持在正中位置的前提条件。

进行基本设定时要非常小心。售后服务中，在下述情况下需要进行基本设定：

1）安装新的/另一个动态转向系统控制单元 J792。

2）安装新的/另一个转向柱。

3）安装新的/另一个转向角传感器 G85，或者对转向角传感器进行校准。

4）修改了车轮定位值。

在故障导航中选择了“基本设定”功能的话，那么在正式开始基本设定前，要对转向角传感器进行校正。这个校正需要用到新专用工具 VAS6458。校正时要格外小心。

这个校正就是要通知控制单元 J792：转向轮在直线位置时转向角是多少。要想进行下面的基本设定，需要有一个车轮定位仪。前轮要设置到“与车桥几何形状相同的单侧前束值”处。在这个位置，控制单元 J792 就能确定当前的转向角以及电动机位置传感器所传递的动态转向系统的电动机位置信息了(也就知道离心状况了)。随后转到中间位置，就可以确定基准传感器位置相对于转向角的关系了。车桥几何形状相同的单侧前束值的转向角以及转向轮在直线位置时的转向角之间的差值就确定了。随后如果需要的话，转向盘偏斜状态会由控制单元 J792 控制电动机来进行自动校正。这样就可保证在直线行驶时，转向盘在正中位置了。进行基本设定的前提条件是控制单元 J792 已经完成编码过程了。

九、带有 ECO 功能的转向泵

动态转向系统可以实施快速转向运动。要想实现这点，就需要一个大功率的转向泵了。但是需要快速转向的机会相对却较少。使用传统的转向泵的话，就持久地产生很大的输油量，尽管在大多数情况下并不需要这么大的供油量。因此，在装备有动态转向系统及 V6 和 V8 汽油机的奥迪 A4 2008 款车上，就使用了一种具有特殊调节功能的转向泵。

与传统装置相比，这种调节功能的好处在于：

1）可以将系统温度降低 15 ~ 20℃。

2）降低了燃油消耗(0.1 ~ 0.2L/100km)。

3）降低了泵所消耗的功率(约下降 35%)。

1. 结构和工作原理

如图 4-80 所示，动态转向系统的中心调节元件是一个电控液压阀，称为 ECO 阀，英文为 Electronical Controlled Orifice，是电控孔口意思的缩写，该阀会按需求在转向系统中产生相应的油流量。

电控过程根据转向速度和车速由控制单元 J792 通过 PWM 信号(脉冲宽度调制信号)来实现。

2. ECO 阀

如图 4-81 所示，如果阀的开口截面积很小，那么阀的输入端就会形成很大的背压。这个背

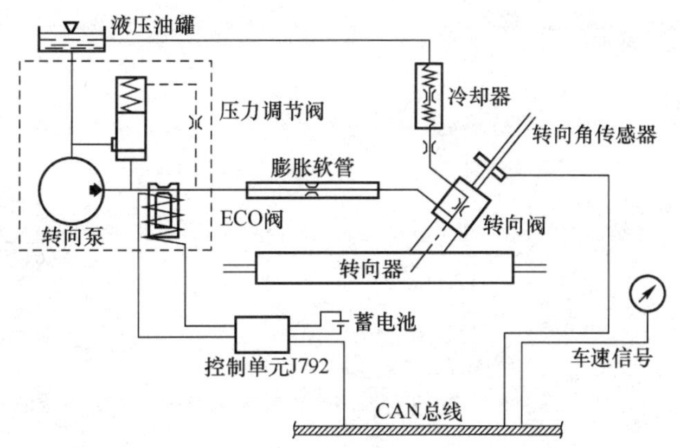

图 4-80 带有 ECO 功能的转向泵原理图

压就作用到压力调节阀的滑块上。当背压到达某一值时，将液压油从泵的压力侧排到泵的吸油侧的一根管路就打开了，于是泵的输油阻力就减小了，这就实现了上面提到的优点了。

如图 4-82 所示，当转向很快而车速很低时，阀的开口截面积就很大。那么阀的输入端就会形成很小的背压。于是压力调节阀的滑块移动的距离就不够大，不足以打开泵吸油侧的管路。

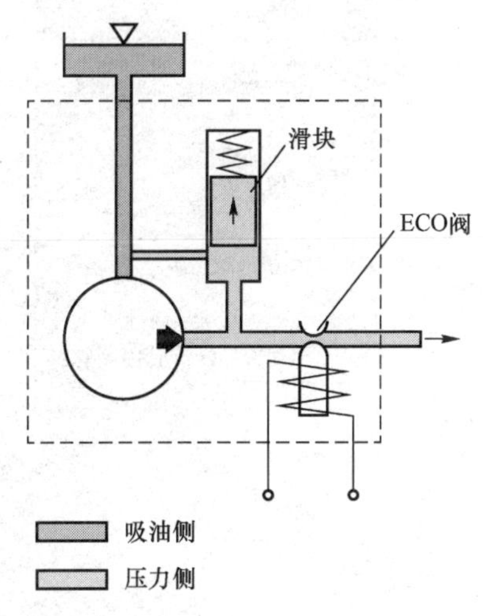

图 4-81 管路打开状态示意图

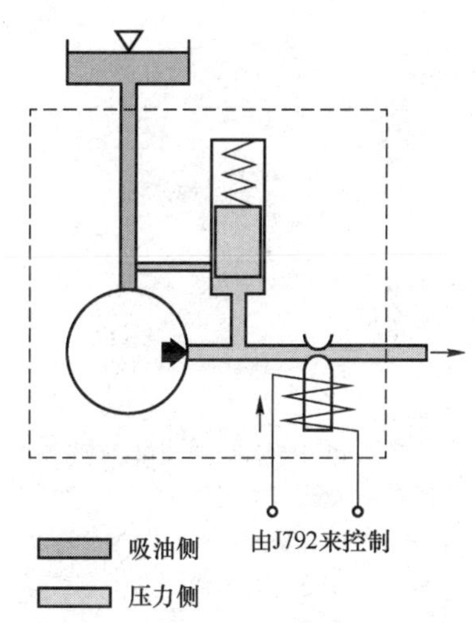

图 4-82 管路关闭状态示意图

3. 故障时的系统表现

所有带 ECO 阀的转向泵在安装前都要进行功能检查，其机械功能是无法进行监控的。在出现机械或者电器故障时，不会危及安全。ECO 阀会打开一定的开口截面，用于转向功能的液压油流量足够应对所有行驶状况了。但是在快速转向时，所需要的转向力要稍大些。

4. 维修范围

ECO 阀是转向泵的组件，从外面是无法够到的。如果该阀损坏的话，修理时必须更换整个转向泵。当车辆静止时，通过转动动作就可判定是否损坏。如果损坏了，您会发现所需要的转向力比没损坏时明显增大。

十、CAN 数据交换图

CAN 数据交换图如图 4-83 所示。

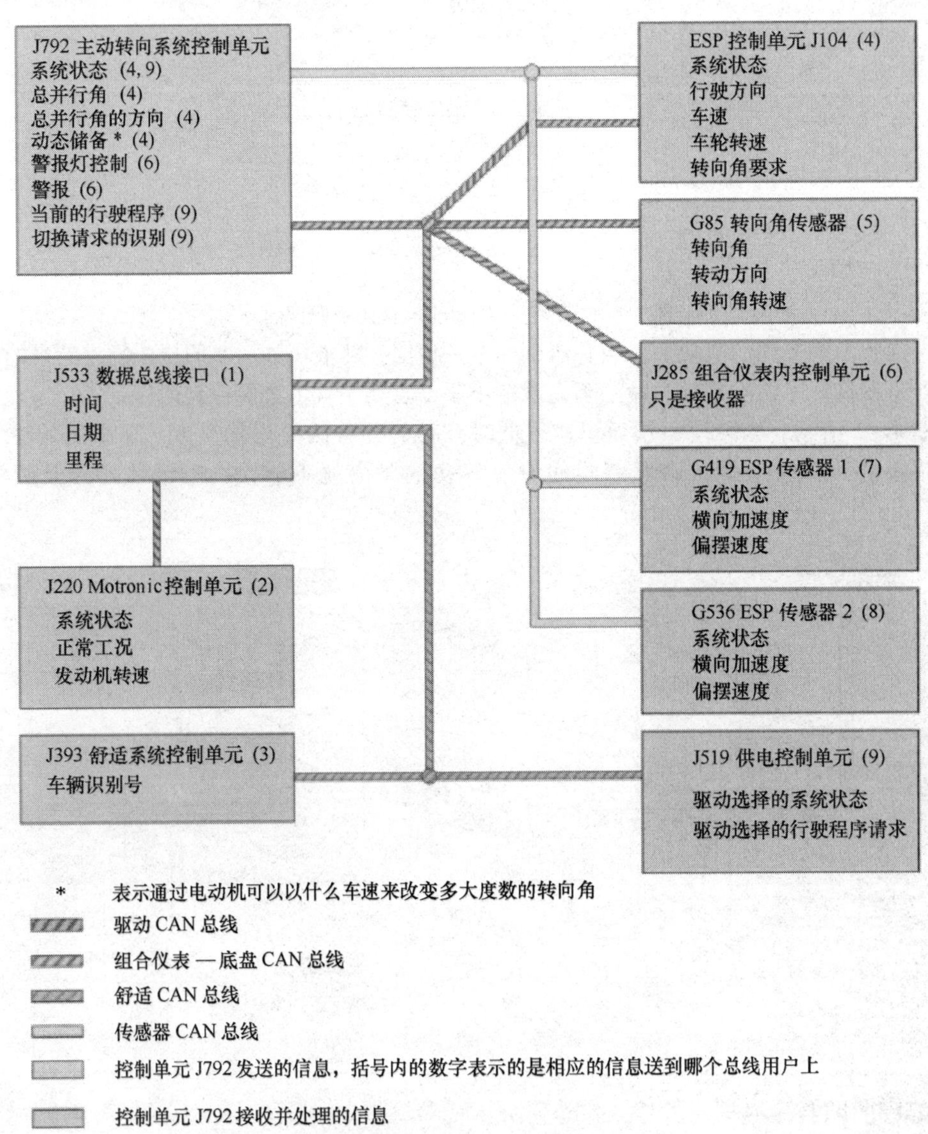

图 4-83 CAN 数据交换图

十一、系统电路图

系统电路图如图 4-84 所示。

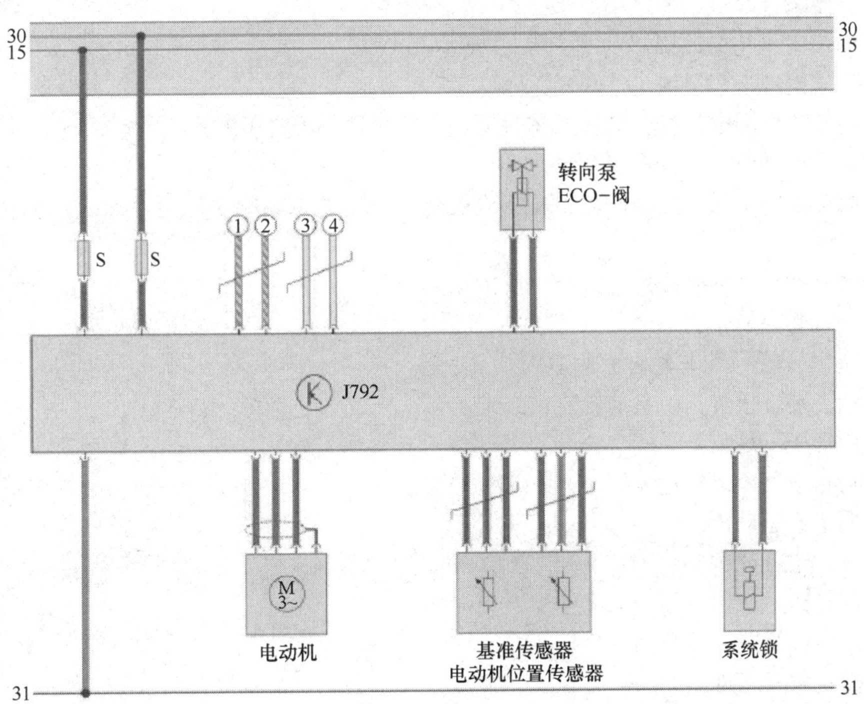

图 4-84　系统电路图

第七节　转向系统的故障诊断与排除

一、机械式转向系统的故障诊断与排除

1. 转向沉重

（1）故障现象　汽车在行驶中，转动转向盘感到沉重费力，转弯后又不能及时回正方向。

（2）故障原因

1）转向器方面的原因。

① 转向器缺乏润滑油。

② 转向轴弯曲或转向轴管凹陷碰擦，有时会发出“吱吱”的摩擦声。

③ 转向摇臂与衬套配合间隙过小或无间隙。

④ 转向器输入轴上下轴承过紧，或轴承损坏受阻。

⑤ 转向器啮合间隙调整过小。

2）转向传动机构的原因。

① 各处球销缺乏润滑油。

② 转向直拉杆和横拉杆上球销调整过紧，压紧弹簧过硬或折断。

③ 转向直拉杆或横拉杆弯曲变形。

④ 转向节主销与衬套配合间隙过小，或衬套转动使油道堵塞，润滑油无法进入，使衬套与转向节主销烧蚀。

⑤ 转向节推力轴承调整过紧或缺少润滑油或损坏。

⑥ 转向节臂变形。

3）前桥（转向桥）和车轮方面的原因。

① 前轴变形、扭转，引起前轮定位失准。

② 轮胎气压不足。

③ 前轮轮毂轴承调整过紧。

④ 转向桥或驱动桥超载。

4）其他部位的原因。

① 车架弯曲、扭转变形。

② 前钢板弹簧或是前悬架变形。

③ 前轮定位不正确。

(3) 故障诊断与排除

1）顶起前桥，转动转向盘，若感到转向盘变轻，则说明故障部位在前桥、车轮或其他部位。此时，应首先检查轮胎气压，如气压偏低，则应充气使之达到正常值，接下来应用四轮定位仪检查前轮定位，尤其应注意后倾角和前束值，如果是因为前束过大造成的转向沉重，同时还能发现轮胎有严重的磨损。

2）若转向仍感沉重，说明故障在转向器或转向传动机构，可进一步拆下转向摇臂与直拉杆的连接，此时若转向变轻，说明故障在转向传动机构，应检查各球头销是否装配过紧或推力轴承是否缺油损坏，各拉杆是否弯曲变形等，通常检查时，可用手扳动两个车轮左右转动察看各传动部分，并转动车轮检查车轮轴承松紧度。

3）拆下转向摇臂后，若转向仍沉重，则转向器本身有故障，可检查转向器是否缺油，转动转向盘时倾听有无转向轴与柱管的碰擦声，检查调整转向器输入轴上下轴承预紧度和啮合间隙，转向摇臂轴转动是否发卡等，如不能解决就将转向器解体检查内部有无部件损坏。

4）经过上述检查，如仍不见减轻，可检查车桥、车架或下控制臂（独立悬架式）与转向节臂，看其有无变形，如发现变形，应予修整或更换。同时检查前弹簧（钢板弹簧或螺旋弹簧），看其是否折断，如折断应更换。

2. 低速摆头

(1) 故障现象　汽车在低速行驶时，感到方向不稳，产生前轮摆振。

(2) 故障原因

1）转向器传动副啮合间隙过大。

2）转向传动机构横、直拉杆各球头销磨损松旷、弹簧折断或调整过松。

3）转向节主销与衬套的配合间隙过大或前轴主销孔与主销配合间隙过大。

4）前轮轮毂轴承装配过松或紧固螺母松动。

5）后轮胎气压过低。

6）车辆装载货物超长，使前轮承载过小。

7）前悬架弹簧错位、折断或固定不良。

（3）故障诊断与排除

1）外观检查。

① 检查车辆是否装载货物超长，而引起前轮承载过小。

② 检查后轮胎气压是否过低，若轮胎气压过低，应充气使之达到规定值。

③ 检查前悬架弹簧是否错位、折断或固定不良。若错位应拆卸修复；若折断应更换；若固定不良，应按规定力矩拧紧。

2）检查转向盘自由行程。

① 由一人握紧转向摇臂，另一人转动转向盘试验，若自由行程过大，说明转向器啮合传动副间隙过大，应调整。

② 放开转向摇臂，仍由一人转动转向盘，另一人在车下观察转向横拉杆球头销，若有松旷现象，说明球头销或球碗磨损过甚、弹簧折断或调整过松，应先更换损坏的零件，再进行调整。

③ 通过以上检查均正常，可支起前桥，并用手沿转向节轴轴向推拉前轮，凭感觉判断是否松旷。若有松旷感觉，可由另一人观察前轴与转向节连接部位。

④ 若此处松旷，说明转向节主销与衬套的配合间隙过大或前轴主销孔与主销配合间隙过大，应更换主销及衬套。

⑤ 若此处不松旷，说明前轮毂轴承松旷，应重新调整轴承的预紧度。

3. 高速摆头

（1）故障现象　汽车行驶中出现转向盘发抖，车头在横向平面内左右摆动、行驶不稳等。有下面两种情况：

1）在高速范围内某一转速时出现。

2）转速越高，上述现象越严重。

（2）故障原因

1）转向轮动不平衡。

2）前轮定位不正确。

3）车轮偏摆量大。

4）转向传动机构运动干涉。

5）车架、车桥变形。

6）悬架装置出现故障：左右悬架刚度不等、弹簧折断、减振器失效、导向装置失效等。

（3）故障诊断与排除

1）外观检查。

① 检查减振器是否失效，若漏油或失效，应更换。

② 检查左右悬架弹簧是否折断、刚度是否一致，若有折断或弹力减弱，应更换。

③ 检查悬架弹簧是否固定可靠，转向传动机构有无运动干涉等，若有应排除。

2）支起驱动桥，用三角架塞住非驱动轮，起动发动机并逐步使汽车换入高速档，使驱动轮达到车身摆振的车速。

① 若此时车身和转向盘出现抖动，说明传动轴严重弯曲或松旷，转向轮动不平衡或偏摆量大(前驱动)。

② 若此时车身和转向盘不抖动，说明故障在车架、车桥变形或前轮定位不正确。

3）检查前轮是否偏摆。

① 支起前桥，在前轮轮辋边上放一划针，慢慢地转动车轮，察看轮辋是否偏摆过大，若轮辋偏摆量过大，应更换。

② 拆下前轮，在车轮动平衡仪上检查前轮的动平衡情况，若不平衡量过大，应加装平衡块予以平衡。

4）经上述检查均正常，应检查车架、车桥是否变形，并用前轮定位仪检查调整前轮定位。

4. 行驶跑偏

（1）故障现象　汽车直线行驶时，转向盘不居中间位置；必须紧握转向盘，预先校正一角度后，汽车才能保持直线行驶，若稍放松转向盘，汽车会自动向一侧跑偏。

（2）故障原因

1）左、右前轮气压不相等或轮胎直径不等。

2）两前轮的定位角不等。

3）两前轮轮毂轴承的松紧度不等。

4）前束过大或过小。

5）前桥(整体式)弯曲变形或下控制臂(独立悬架式)安装位置不一致。

6）前、后车轴不平行。

7）车架变形或左、右轮距相差太大。

8）一边车轮制动拖滞。

9）转向轴两侧悬架弹簧弹力不等。

（3）故障诊断与排除

1）外观检查。

① 检查左、右两前轮轮胎气压是否一致，若不一致，应按规定充气，使两前轮轮胎气压保持一致。

② 检查左、右两前轮轮胎的磨损程度，若磨损程度不一致，应更换轮胎。

③ 检查左、右两前轮轮胎的花纹是否一致，若花纹不一致，应更换轮胎，使花纹一致。

④ 将汽车停放在平坦的地面上，察看汽车前部高度是否一致，若高度不一致，说明悬架弹簧折断或弹力不一致，应更换。

2）用手触摸跑偏一方的车轮制动鼓和轮毂轴承部位，感觉温度情况。

① 若感觉车轮制动鼓特别热，说明该轮制动器间隙过小或制动回位不彻底，应检查调整。

② 若感觉轮毂特别热，说明该轮轴承过紧，应重新调整轴承预紧度。

3）测量前、后桥左右两端中心的距离是否相等，若不相等，说明轴距短的一边钢板弹簧错位，车轴或半轴套管弯曲等，应检查维修。

4）用四轮定位仪检查前轮定位是否正确，若不正确，应调整。

5. 单边转向不足

（1）故障现象　汽车转弯时，有时会出现转向盘左右转动量或车轮转角不等。

（2）故障原因

1）转向摇臂安装位置不对。

2）转向角限位螺钉调整不当。

3）前钢板弹簧、U形螺栓松动，或中心螺栓松动。

4）直拉杆弯曲变形。

5）钢板弹簧安装时位置不正，或是中心不对称的前钢板弹簧装反。

（3）故障诊断与排除　诊断这类故障，主要根据使用维修情况。

1）若汽车转向原来良好，由于行驶中的碰撞而造成转向角不足或一边大一边小时，应检查直拉杆、前轴、前钢板弹簧有无变形和中心螺栓是否折断等现象。

2）若维修后出现转角不足，可架起前桥，先检查转向摇臂安装是否正确。将转向盘从左边极限位置转到右边极限位置，记住总圈数，再回转总圈数的一半，察看转向轮是否处于直线行驶位置，如不是则应重新安装转向摇臂。

① 若左、右转向角不等，则应相应调整。

② 当前轮转向已靠到转向限位螺栓时，最大转向角还不够，则转向限位螺栓过长，应予调整或更换。

③ 如前钢板弹簧中心不对称，则应检查是否装反。

☞ 二、液压式助力转向系统的故障诊断与排除

1. 转向沉重

（1）故障现象　装有液压助力转向系统的汽车，在行驶中突然感到转向沉重。

（2）故障原因　一般是液压转向助力系统失效或助力不足所造成的，其根本原因在于油压不足，引起转向系统油压不足的主要原因有：

1）储油罐缺油或油液高度低于规定要求。

2）液压回路中渗入了空气。

3）转向泵传动带过松或打滑。

4）各油管接头处密封不良，有泄漏现象。

5）油路堵塞或滤清器污物太多。

6）转向泵磨损、内部泄漏严重。

7）转向泵安全阀、溢流阀泄漏、弹簧弹力减弱或调整不当。

8）液压缸或转向控制阀密封损坏。

（3）故障诊断与排除　检查转向泵驱动部分的情况。

1）用手压下转向泵的传动带，检查传动带的松紧度，若传动带过松，应调整。

2）起动发动机，使发动机处于怠速运转，突然提高发动机的转速，检查转向泵传动带有无打滑现象，其他驱动形式的齿轮传动有无损坏，发现问题后应按规定更换性能不良的部件。

3）检查储油罐内的油液质量和液面高度，若油液变质则应重新更换规定油液。若只是液面低于规定高度，应加油使油面达到规定位置。

4）检查转向油液储油罐内的滤清器。

① 若发现滤网过脏，说明滤清器堵塞，应清洗。

② 若发现滤网破裂，说明滤清器损坏，应更换。

5）检查油路中是否渗入空气，如果发现储油罐中的油液有气泡时，说明油路中有空气渗入，应检查各油管接头和接合面的螺栓是否松动，各密封件是否损坏，有无泄漏现象，油管是否破裂等。对于出现故障的部位应进行修整和更换，并进行排气操作，最后重新加入油液。

6）检查各油管接头等处有无泄漏，油路中是否有堵塞，查明故障后按规定力矩拧紧有关接头或清除污物。

7）对转向泵进行输出油压检查，如果转向泵输出压力不足，说明转向泵有故障，此时应分解转向泵，检查转向泵是否磨损或内部泄漏严重，安全阀、溢流阀是否泄漏或卡滞，弹簧弹力是否减弱或调整不当，各轴承是否烧结或严重磨损等。对于叶片泵还应检查转子上的密封环或油封是否损坏，对于齿轮泵应检查齿轮间隙是否过大等，查明故障予以修理，必要时更换转向泵。

2. 噪声

（1）故障现象　汽车转向时，转向系统有不太大的噪声是正常现象，但当噪声过大或影响汽车的转向性能时，必须对转向系统进行检查，并排除故障。

（2）故障原因

1）储油罐中液面太低，转向泵在工作时容易渗入空气。

2）液压系统中渗入空气。

3）储油罐滤网堵塞，或液压回路中有过多的沉积物。

4）油管接头松动或油管破裂。

5）转向泵严重磨损或损坏。

6）转向控制阀性能不良。

（3）故障诊断与排除

1）当转向盘处于极限位置或原地慢慢转动转向盘时，转向器发出“嘶嘶”声，如果这种异响严重则可能为转向控制阀性能不良，应更换转向控制阀。

2）当转向泵发出“嘶嘶”声或尖叫声时，应进行以下检查：

① 检查储油罐液面高度，液面高度不够时应查明泄漏部位并修理，然后按规定加足油液。

② 检查转向泵传动带是否打滑，若打滑应查明原因，更换传动带或调整传动带张紧度。

③ 察看油液中有无泡沫，若有泡沫，应查找漏气部位并予以修理，然后排除空气。若无漏气，则说明油路有堵塞处或转向泵严重磨损及损坏，应予以修复或更换。

3. 左、右轮转向轻重不同

（1）故障现象　汽车行驶时，向左和向右转向操纵力不相等。

（2）故障原因

1）转向控制阀阀芯（或滑阀）偏离中间位置，或虽然在中间位置但与阀体槽肩的缝隙大小不一致。

2）控制阀内有污物阻滞，使左、右转动阻力不同。

3）液压系统中液压缸的某一油腔渗入空气。

4）油路漏损。

（3）故障诊断与排除　这种故障多是油液脏污所致，应按规定更换新油后再进行检查。

1）如果油质良好或更换新油后故障没有消除，应对液压系统进行排气并检查系统有无油液泄漏，液压系统中出现泄漏时，应更换泄漏部位的零部件。

2）如果故障仍不能排除，则可能是由于控制阀定中不良造成的。滑阀式转向控制阀可在动力转向器外部进行排除，通过改变转向控制阀阀体的位置来实现。如果滑阀位置调整后仍不见好转，应拆检滑阀测量其尺寸，若偏差较大，应更换滑阀；对于转阀式转向控制阀必须通过分解检查来排除故障。

4. 直线行驶转向盘发飘或跑偏

（1）故障现象　汽车直线行驶时，难以保持正前方向而总向一边跑偏。

（2）故障原因

1）油液脏污、转向控制阀回位弹簧折断或变软，使转向控制阀不能及时回位。

2）转向控制阀阀芯（或滑阀）偏离中间位置，或虽在中间位置但与阀体槽肩的缝隙大小不一致。

3）流量控制阀卡滞使转向泵流量过大或油压管路布置不合理，造成油压系统管路节流损失过大，使液压缸左、右腔压力差过大。

（3）故障诊断与排除

1）首先检查油液是否脏污。对于新车或大修以后的车辆，由于不认真执行走合维护的换油规定，使油液脏污。

2）对于使用较久的车辆，则可能是转向控制阀回位弹簧失效所致，此时可在不起动发动机的情况下转动转向盘，凭手感判断控制阀是否开启运动自如，若有怀疑一般应拆卸检查。

3）最后检查转向泵流量控制阀是否卡滞和油压管路布置是否合理，发现故障予以修理。

5. 转向时转向盘发抖

（1）故障现象　发动机工作时转向，尤其是在原地转向时，转向盘抖动。

（2）故障原因

1）储油罐液面低。

2）油路中渗入空气。

3）转向泵传动带打滑。

4）转向泵输出压力不足。

5）转向泵流量控制阀卡滞。

（3）故障诊断与排除

1）首先检查储油罐液面是否符合规定，否则按要求加注转向油液。

2）排放油路中渗入的空气。

3）检查转向泵传动带是否打滑或其他驱动形式的齿轮传动等有无损坏，发现问题后应按规定调整传动带张紧度或更换性能不良的部件。

4）对转向泵输出压力进行检查。压力不足时应分解转向泵，检查转向泵是否磨损或内部泄漏严重、安全阀及流量控制阀是否泄漏或卡滞、弹簧弹力是否减弱或调整不当、各轴承是否烧结或严重磨损等。对于叶片式转向泵还应检查转子上的密封环或油封是否损坏。对于齿轮式转向泵应检查齿轮间隙是否过大等。查明故障予以修理，必要时更换转向泵。如果泵轴油封泄漏也应更换转向泵。

6. 转向盘回正不良

（1）故障现象　汽车完成转向后，转向盘不能回到中间行驶位置(直线行驶位置)。

（2）故障原因

1）转向泵输出油压低。

2）液压回路中渗入空气。

3）回油软管扭曲阻塞。

4）转向控制阀或转向液压缸发卡。

5）转向控制阀定中不良。

（3）故障诊断与排除

1）对液压系统进行排气操作，排气后按规定加足转向油液。

2）检查转向泵输出油压，若油压不足应拆检转向泵，检查转向泵是否磨损或内部泄漏严重、安全阀及流量控制阀是否泄漏或卡滞、弹簧弹力是否减弱或调整不当、各轴承是否烧结或严重磨损等。查明故障予以修理。必要时更换转向泵。如果泵轴油封泄漏也应更换转向泵。

3）检查回油软管是否阻塞，如有应更换回油软管。

4）拆检转向控制阀或转向液压缸，查明故障原因，然后视情况进行修复，对于损坏的零件应更换。

【回顾与总结】

1. 转向系统的作用就是改变和保持汽车的行驶方向。

2. 转向操纵机构的作用是产生转动转向器所必需的操纵力，并具有一定的可调节性和安全性。

3. 转向柱的作用是将转向盘的操纵力传给转向器的传力轴。转向柱上还安装有各种操纵开关，如组合开关、转向灯开关、有的还装有变速杆等。

4. 转向器是转向系统中减速增矩的传动装置，其作用是增大由转向盘传到转向器的力并改变力的传递方向，获得所要求的摆动速度和角度。

5. 助力转向，顾名思义，就是通过增加外力来抵抗转向阻力，让驾驶人只需要更小的力就能够完成转向，也被称为动力转向，英文为 Power Steering，简称 PS。

6. 液压式助力转向系统是基于机械式的齿轮齿条式转向器而来的，增加了一整套液力系统，包括储油罐、转向泵、与转向柱相连的控制阀、转向器上的液压缸和能够推动转向横拉杆的活塞等。

7. 电动液压式助力转向系统，英文为 Electro-Hydraulic Power Steering，简称 EHPS 系统。

8. ECO 是 Electronical Controlled Orifice 的缩写，其中文含义是电控孔口的缩写，它会按需求在动态转向系统中产生相应的油流量。

【思考与练习】

一、填空题

1. 汽车转向系统按转向动力源的不同，可分为(　　)和(　　)。其中动力转向系统又可以分为(　　)、(　　)和(　　)。

2. 尽管现代汽车转向系统的结构形式多种多样，但都包括(　　)、(　　)和(　　)三个基本组成部分。

3. 机械式转向系统由(　　)、(　　)、(　　)三大部分组成。

4. 转向操纵机构一般由(　　)、(　　)、(　　)、(　　)和(　　)组成。

5. 转向盘由(　　)、(　　)和(　　)三部分组成，其按照轮辐的数目可分为(　　)和(　　)。

6. 转向器按传动副的结构形式，可分为(　　)、(　　)和(　　)三种。其中齿轮齿条式转向器又分为(　　)和(　　)两种。

7. 齿轮齿条式转向器主要由(　　)、(　　)、(　　)、(　　)等组成。

8. 循环球式转向器由(　　)、(　　)、(　　)、(　　)、(　　)、(　　)等组成。

9. 汽车助力转向系统按其动力源不同可以分为(　　)、(　　)和(　　)三种。

10. 液压式助力转向系统按转向控制阀阀芯运动方式不同可分为(　　)与(　　)；按液流形式又可分为(　　)与(　　)。现代汽车多采用常流转阀式动力转向系统。

二、问答题

1. 助力转向系统都有哪些作用？

2. 如何检查转向储油罐内的液面高度？

3. 电动式助力转向系统有哪些优势？

4. 电动式助力转向系统都需要哪些传感器？

5. 液压式助力转向系统中转向沉重的故障现象及故障原因？

第五章

汽车制动系统

汽车因速度而诞生，但汽车行驶过程中也会遇到复杂多变的路面状况，如进入弯道、行经不平道路、两车交会、突遇障碍物等，为了保证行驶安全，就要求汽车在尽可能短的距离内将车速降低，甚至停车。制动系统作为汽车底盘的四大系统之一，能够有效地控制车速，是汽车安全的主动保障。

精解目标

1）掌握制动系统的作用、类型及组成。

2）掌握鼓式制动器的结构及类型。

3）理解鼓式制动器的工作原理。

4）掌握盘式制动器的类型及各自原理。

5）掌握驻车制动器的作用及类型。

6）掌握液压式制动系统排气的操作程序。

7）掌握制动辅助系统的类型。

8）掌握防抱死制动系统的工作原理。

9）掌握驱动防滑控制系统的工作原理

精解要点

1）正确拆装、调整和检修鼓式制动器。

2）通风式制动盘及陶瓷式制动盘。

3）制动鼓及制动盘的检查。

4）驻车制动器的性能检查。

5）脚踏式驻车制动器的工作原理。

6）电控式驻车制动器的工作原理。

7）电子稳定程序控制系统的构造及功能。

第一节 制动系统概述

一、制动系统的作用

为了确保汽车在复杂多变的道路交通情况下能够高速安全行驶，提高其运输效率，行驶中需要随时控制车速。这就需要有一个能使汽车及时减速以至停车，确保汽车稳妥停放的系统，这套系统就是制动系统。其作用是：根据需要使汽车减速或在最短的距离内停车，使已停驶的汽车在各种道路条件下稳定驻车，使下坡行驶的汽车速度保持稳定。

二、制动系统的类型

1. 按功用分

行车制动系统、驻车制动系统、应急制动系统、辅助制动系统。

1）行车制动系统。是由驾驶人用脚来操纵的，故又称脚制动系。它的作用是使正在行驶中的汽车减速或在最短的距离内停车。

2）驻车制动系统。是由驾驶人用手来操纵的，故又称手制动系。它的作用是使已经停在各种路面上的汽车驻留原地不动。

3）应急制动系统。是用独立的管路控制车轮的制动器作为备用系统。其作用是当行车制动系统失效的情况下保证汽车仍能实现减速或停车。在许多国家的制动法规中规定，应急制动系统也是汽车必须具备的。

4）辅助制动系统。经常在山区行驶的汽车以及某些特殊用途的汽车，为了提高行车的安全性和减轻行车制动系统性能的衰退及制动器的磨损，用以在下坡时稳定车速。其中，利用发动机排气制动应用最广。

2. 按制动能量传输分

机械式、液压式、气压式、电磁式、组合式。

3. 按回路多少分

单回路制动系统、双回路制动系统。

4. 按能源分

人力制动系统、动力制动系统、伺服制动系统。

1）人力制动系统。以驾驶人的肌体作为唯一的制动能源的制动系统。

2）动力制动系统。完全靠由发动机的动力转化而成的气压或液压形式的能量进行制动的制动系统。

3）伺服制动系统。兼用人力和发动机动力进行制动的制动系统。

三、制动系统的组成

汽车上设置有彼此独立的制动系统，它们起作用的时刻不同，但它们的组成却是相似的。它们一般由以下几个组成部分：

供能装置：包括供给、调节制动所需能量以及改善传能介质状态的各种部件，如气压制动系统中的空气压缩机、液压制动系统中的液压泵、人的肌体等。

控制装置：包括产生制动动作和控制制动效果的各种部件，如制动踏板等。

传动装置：包括将制动能量传输到制动器的各个部件，如制动主缸、制动轮缸及连接管路等。

制动器：产生阻碍车辆的运动或运动趋势的力(制动力)的部件。

较为完善的制动系统还具有制动力调节装置、报警装置、压力保护装置等附加装置。

☞ 四、对制动系统的要求

为保证汽车能在安全的条件下发挥出高速行驶的能力，制动系统必须满足下列要求：

1）具有良好的制动性能。包括制动效能、制动效能的恒定性、制动时的方向稳定性三个方面。制动效能的评价指标有制动距离、制动减速度、制动力和制动时间。制动效能的恒定性指抗“热衰退”和抗“水衰退”能力。制动时的方向稳定性是指制动时保持原有行驶方向的能力。而在实际使用过程中，往往用制动效能中的制动距离来衡量整车的制动性能。制动距离是以某一速度开始紧急制动，从驾驶人踩上制动踏板起直至停车为止，汽车所走过的距离。

2）操纵轻便。即操纵制动系统所需的力不应过大。对于人力液压制动系统最大踏板力不大于500N(轿车)和700N(货车)。踏板行程货车不大于150mm，轿车不大于120mm。

3）制动平顺性好。制动力矩能迅速而平稳地增加，也能迅速而彻底地解除。

4）散热性好。连续制动时，制动鼓和制动蹄上的摩擦片因高温引起的摩擦系数下降要小；水湿后恢复要快。

5）对挂车的制动系统，还要求挂车的制动作用略早于主车；挂车自行脱挂时能自动进行应急制动。

☞ 五、对制动系统影响最大的因素

1. 热衰退

长距离下坡行驶时，如果一直使用行车制动系统(不用发动机制动)，由于摩擦的热量，制动器摩擦片表面的摩擦系数(物体对滑动的阻力数值,系数越高,则阻力越大)会急剧下降。即使用力踩下制动踏板，制动器产生的制动力也较小。

2. 气阻

气阻指的是制动器管路中的制动液达到沸点而产生气泡的情况。在很长的下坡路上，如果不使用发动机制动，而一直使用行车制动系统，制动鼓或制动蹄便会由于摩擦而变得很热。由于气体易于压缩，踩下制动踏板所产生的压力，首先用于压缩气体，结果使制动效率降低。

☞ 六、确保制动性能达标的条件

1）制动力要足够大。

2）制动力要同时施加在四个车轮上。

3）任何一个车轮都不能存在制动拖滞现象。

4）实施制动时不能产生过大的振动和车身抖动。

5）定期更换制动液：制动液的沸点根据其质量及所含水分的不同而有很大差别。制动液易于吸收水分，使其沸点下降，从而降低制动性能。

☞ 七、制动系统的工作原理

以一定速度行驶的汽车，具有一定的动能。要使它按需减速停车，路面必须强制地对汽车车轮产生一个阻止汽车行驶的力——制动力。这个力的方向与汽车行驶的方向相反。实质上，制动就是将汽车的动能强制地转化成其他形式的能量，即转化为热能，扩散到大气中去。

1. 制动作用的产生

如图 5-1 所示，制动时，驾驶人踩下制动踏板，推杆便推动主缸活塞，迫使制动液经油管进入制动轮缸，推动轮缸活塞克服回位弹簧的拉力，使制动蹄绕支承销转动而张开，消除制动蹄与制动鼓之间的间隙后压紧在制动鼓上。这样，不旋转的制动蹄摩擦片对旋转的制动鼓就产生一个摩擦力矩 M_u，其方向与车轮旋转方向相反，其大小取决于轮缸的张开力、摩擦系数及制动鼓和制动蹄的尺寸。制动鼓将力矩 M_u 传至车轮后，由于车轮与地面的附着作用，车轮即对地面作用一个向前的周缘力 F_u。同时，地面也会给车轮一个向后的反作用力，这个力就是车轮受到的地面制动力 F_b。各车轮上的制动力之和就是汽车受到的总制动力。在制动力作用下使汽车减速，甚至停车。

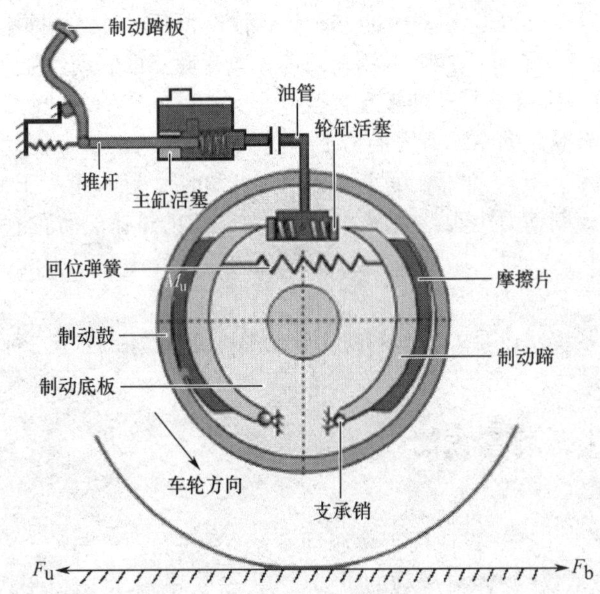

图 5-1　制动系统原理图

放松制动踏板，在回位弹簧的作用下，制动蹄与制动鼓的间隙又得以恢复，从而解除制动。

2. 最好的制动条件

制动时车轮上的制动力 F_b 随踏板力及其产生的摩擦力矩 M_u 的增加而增加。但受到轮胎与附着情况的限制，制动力不可能超过附着力。当制动力等于附着力时，车轮将被抱死而在路面上滑拖。滑拖会使胎面局部严重磨损，在路面上留下一条黑色的拖印。同时，滑拖使胎面产生局部高温，使胎面局部稀化，就好像轮胎与路面间被一层润滑剂隔开，使附着系数反而减小。最大制动力和最短制动距离并不是在车轮抱死时出现，而是在车轮将要抱死又未完全抱死时(制动力接近附着力)出现，即在所谓“临界状态”时，达到最大值。

可见，制动到抱死状态所能达到的制动力与车轮上的垂直载荷成正比。即车轮上的载荷越大，可能获得的制动力也应越大。为此，应根据各类汽车前后桥车轮所分配的质量不同(包括附着质量和转移质量)，从制动器的结构形式上(如张开机构、制动鼓、制动蹄的形式和尺寸大小等方面)，合理地分配制动力的大小，来获得较理想的制动工作状态。

实际上，一般结构的制动器在制动过程中，因车轮的载荷及其与地面附着系数不是常数，所以，很难完全避免车轮抱死滑拖。

不少汽车在制动系统中增设了后桥车轮制动力分配调节装置，能减少车轮的抱死现象。但最理想的还是电子控制的防抱死制动系统，即 ABS 系统。

第二节　车轮制动器

目前，汽车用的车轮制动器可分为鼓式和盘式两种。它们的区别在于：前者的摩擦副中的旋转元件为制动鼓，其工作表面为圆柱面；后者的旋转元件则为圆盘状的制动盘，以端面为工作表面。旋转元件固装在车轮上，即制动力矩直接作用于两侧车轮上的制动器称为车轮制动器。

一、鼓式车轮制动器

如图 5-2 所示，鼓式车轮制动器主要由制动轮缸、制动蹄、制动鼓、支承销等组成。鼓式车轮制动器应用在汽车上面已经有近一个世纪的历史了，但是，由于它的可靠性以及强大的制动力，使得鼓式制动器现在仍配置在许多车型上（多使用于后轮）。鼓式制动器是由液压将装置于制动鼓内的制动蹄往外推，使制动蹄与随着车轮转动的制动鼓内圆柱面发生摩擦而产生制动效果。

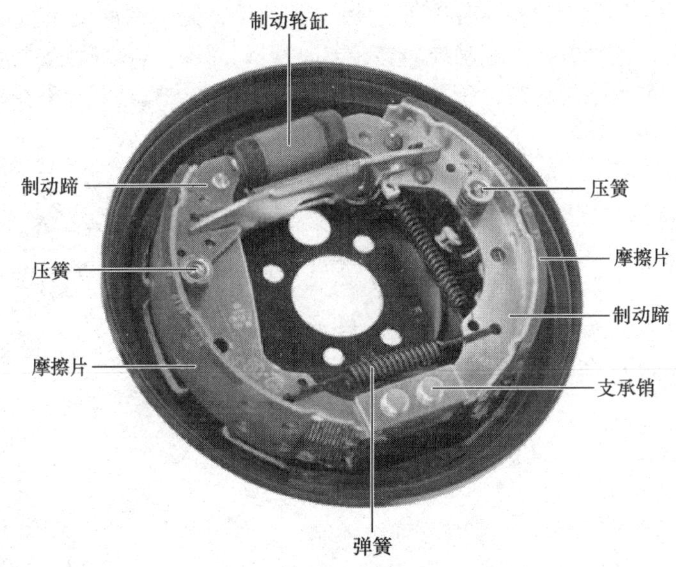

图 5-2　鼓式车轮制动器结构图

鼓式制动器的制动鼓内圆柱面就是制动装置产生制动力矩的位置。在获得相同制动力矩的情况下，鼓式制动器的制动鼓直径可以比盘式制动器的制动盘还要小许多。因此，载货用的大型车辆为获取强大的制动力，只能在轮圈的有限空间之中安装鼓式制动器。

简单地说，鼓式制动器就是利用制动器内静止的制动蹄去摩擦随着车轮转动的制动鼓，以产生摩擦力使车轮转动速度降低的制动装置。在踩下制动踏板时，脚的作用力会使制动主缸内的活塞将制动液往前推并在油路中产生压力。压力经制动液传送到每个车轮的制动轮缸活塞上，制动轮缸活塞再推动制动蹄向外，使制动蹄和制动鼓的内圆柱面发生摩擦，并产生足够的摩擦力去降低车轮的转速，以达到制动的目的。

鼓式制动器的优点：

1）有自动制动增力作用，使制动系统可以使用较低的油压，或是使用直径比制动盘小很多的制动鼓。

2）驻车制动装置的安装容易，有些后轮装有盘式制动器的车型，会在制动盘中心部位安装

鼓式制动器的驻车制动装置。

3）零件的加工与组成较为简单，而有较为低廉的制造成本。

鼓式制动器的缺点：

1）鼓式制动器的制动鼓在受热后直径会增大，而造成踩下制动踏板的行程加大，容易发生制动反应不如预期的情况。因此，在驾驶采用鼓式制动器的车辆时，要尽量避免连续制动造成制动蹄因高温而产生热衰退现象。

2）制动系统反应较慢，踏板的踩踏力道较不易控制，不利于做高频率的制动动作。

3）构造复杂，零件多，制动间隙需调整，使得维修不易。

根据制动过程中两制动蹄产生制动力矩的不同，鼓式车轮制动器可分为领从蹄式、双领蹄式、双向双领蹄式、双从蹄式、单向自增力式和双向自增力式等几种形式。

1. 领从蹄式制动器

图5-3所示为领从蹄式制动器示意图。汽车前进时，如果制动鼓逆时针旋转，制动蹄的支承点在前端，制动轮缸所施加的促动力作用于其后端，因而该制动蹄张开时的旋转方向与制动鼓的旋转方向相同，具有这种属性的制动蹄称为领蹄。与此相反，制动蹄的支承点在后端，促动力加于其前端，其张开时的旋转方向与制动鼓的旋转方向相反，具有这种属性的制动蹄称为从蹄。当汽车倒车时，即制动鼓反向旋转时，领蹄变成从蹄，而从蹄变成领蹄。这种在制动鼓正向旋转和反向旋转时，都有一个领蹄和一个从蹄的制动器即称为领从蹄式制动器。

在图5-3所示的结构中，轮缸的两活塞都可在轮缸内轴向移动，且二者直径相同。因此，制动时两活塞对两个制动蹄所施加的促动力永远是相等的，凡两蹄所受促动力相等的领从蹄式制动器都称为等促动力制动器。制动时，领蹄和从蹄在相等的促动力 F 的作用下，分别绕各自的支承点旋转到紧压在制动鼓上。旋转着的制动鼓即对两制动蹄分别作用着法向反力 N_1 和 N_2，以及相应的切向反力 T_1 和 T_2（这里法向反力 N 和切向反力 T 均为分布力的合力）。为解释方便起见，假定这些力的作用点和方向如图5-3所示。两蹄受到的这些力分别被各自的支承点的支承反力 S_1 和 S_2 所平衡。由图可见，领蹄上的切向合力 T_1 的作用结果是使领蹄在制动鼓上压得更紧，即力 N_1 变得更大，从而使 T_1 也更大，这表明领蹄具有“增势”作用。与此相反，切向合力 T_2 则使从蹄有放松制动鼓的趋势，即有使 N_2 和 T_2 本身减小的趋势，故从蹄具有“减势”作用。

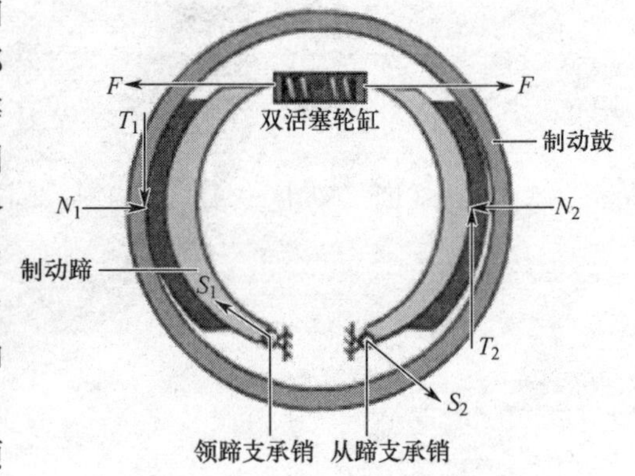

图5-3　领从蹄式制动器示意图

由上述可见，虽然领蹄和从蹄所受的促动力相等，但所受制动鼓的法向反力 N_1 和 N_2 却不相等，且 $N_1 > N_2$，相应的 $T_1 > T_2$，故两制动蹄对制动鼓所施加的制动力矩不相等。一般说来，领蹄产生的制动力矩约为从蹄制动力矩的2~2.5倍。倒车制动时，虽然从蹄变成领蹄，领蹄变成从蹄，但整个制动器的制动效能还是同前进制动时一样。

显然，由于领蹄和从蹄所受的法向反力不等，在两蹄摩擦片工作面积相等的情况下，领蹄摩擦片上的单位压力较大，因而磨损较严重。为了使领蹄和从蹄的摩擦片寿命相近，有些领从蹄式制动器，其领蹄摩擦片的周向尺寸设计得较大。但这样将使两蹄的摩擦片不能互换，从而增加了零件品种数和制造成本。

此外，领从蹄式制动器的制动鼓所受到的来自两蹄的法向反力 N_1 和 N_2 不相平衡，则两蹄法

向力之和只能由车轮轮毂轴承的反力来平衡，这就对轮毂轴承造成了附加径向载荷，使其寿命缩短。凡制动鼓所受来自两蹄的法向力不能互相平衡的制动蹄称为非平衡式制动器。

2. 双领蹄式制动器

如图 5-4 所示，在制动鼓逆时针旋转时，两蹄均为领蹄的制动器称为双领蹄式制动器。双领蹄式制动器与领从蹄式制动器在结构上主要有两点不同：一是双领蹄式制动器的两制动蹄各用一个单活塞式制动轮缸，而领从蹄式制动器的两蹄共用一个双活塞式制动轮缸；二是双领蹄式制动器的两套制动蹄、制动轮缸、支承销在制动底板上的布置是中心对称的，而领从蹄式制动器中的制动蹄、制动轮缸、支承销在制动底板上的布置是轴对称布置的。双领蹄式制动器在汽车前进制动时，两制动蹄都是领蹄；当汽车倒车时，两制动蹄又都是从蹄，导致前进制动效能提高，倒车制动效能降低。

3. 双向双领蹄式制动器

如图 5-5 所示，无论是前进制动还是倒车制动，两制动蹄都是领蹄的制动器称为双向双领蹄式制动器。与领从蹄式制动器相比，双向双领蹄式制动器在结构上有三个特点：一是采用两个双活塞式制动轮缸；二是两制动蹄的两端都采用浮式支承，且支点的周向位置也是浮动的；三是制动底板上的所有固定元件，如制动蹄、制动轮缸、回位弹簧等都是成对的，而且既按轴对称，又按中心对称布置。

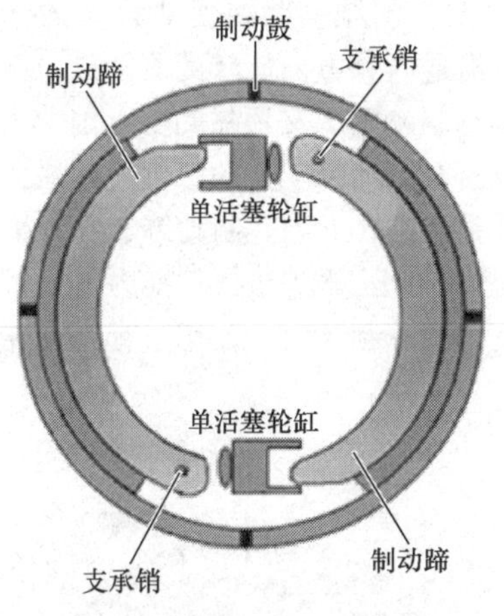

图 5-4　双领蹄式制动器示意图

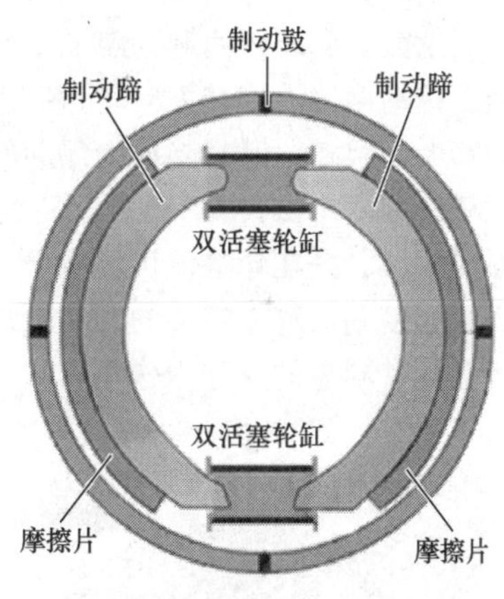

图 5-5　双向双领蹄式制动器示意图

4. 双从蹄式制动器

前进制动时两制动蹄均为从蹄的制动器称为双从蹄式制动器。这种制动器与双领蹄式制动器结构很相似，二者的差异只在于固定元件与旋转元件的相对运动方向不同，即每个制动蹄的支承销和单活塞轮缸互换位置。虽然双从蹄式制动器的前进制动效能低于双领蹄式和领从蹄式制动器，但其效能对摩擦系数变化的敏感程度较小，即具有良好的制动效能稳定性。

双领蹄式、双向双领蹄式、双从蹄式制动器的固定元件布置都是中心对称的。如果间隙调整正确，则其制动鼓所受两蹄施加的两个法向合力能互相平衡，不会对轮毂轴承造成附加径向载荷。因此，这三种制动器都属于平衡式制动器。

5. 单向自增力式制动器

单向自增力式制动器的结构如图 5-6 所示。制动蹄 1 和制动蹄 2 的下端分别浮支在浮动的顶杆两端。制动器只在上方有一个支承销。不制动时，两蹄上端均靠各自的回位弹簧拉靠在支承销上。

汽车前进制动时，单活塞式轮缸只将促动力 F_1 施加于制动蹄 1，使其上端离开支承销，整个制动蹄绕顶杆左端支承点旋转，并压靠在制动鼓上。显然，制动蹄 1 是领蹄，并且在促动力 F_1、法向合力 N_1、切向(摩擦)合力 T_1 和沿顶杆轴线方向的 S_1 作用下处于平衡状态。由于顶杆是浮动的，自然成为制动蹄 2 的促动装置，而将与力 S_1 大小相等、方向相反的促动力 F_2 施加于制动蹄 2 的下端，故制动蹄 2 也是领蹄。正因为顶杆是完全浮动的，不受制动底板约束，作用在制动蹄 1 上的促动力和摩擦力的作用没有如一般领蹄那样完全被制动鼓的法向反力和固定于制动底板上的支承件反力的作用所抵消，而是通过顶杆传到制动蹄 2 上，形成制动蹄 2 的促动力 F_2。对制动蹄的受力分析可知 $F_2 > F_1$。此外，F_2 对制动蹄 2 支承点的力臂也大于 F_1 对制动蹄 1 的力臂。因此，制动蹄 2 的制动力矩必然大于制动蹄 1 的制动力矩。由此可见，在制动蹄尺寸和摩擦系数相同的条件下，这种制动器的前进制动效能不仅高于领从蹄式制动器，而且高于双领蹄式制动器。

倒车制动时，制动蹄 1 上端压靠支承销不动。此时，制动蹄 1 仍是领蹄。且促动力 F_2 仍可能与前进制动时的相等，但其力臂却大为减小，因而制动蹄 1 此时的制动效能比一般领蹄的制动效能低得多；制动蹄 2 则因未受促动力而不起制动作用。故此时整个制动器的制动效能甚至比双从蹄式制动器的制动效能还低。

6. 双向自增力式制动器

双向自增力式制动器的结构如图 5-7 所示。前进制动时，两制动蹄在促动力 F 的作用下张开，压向制动鼓。此时，两制动蹄的上端均离开支承销，沿逆时针方向旋转的制动鼓对两蹄产生摩擦力矩，带动两蹄沿旋转方向转过一个不大的角度，直到制动蹄 2 又顶靠到支承销上为止。此时，制动蹄 1 为领蹄，但其支承为浮动的推杆。制动鼓作用在制动蹄 1 上的摩擦力和法向力的一部分对推杆形成一个推力 S，推杆又将此推力完全传到制动蹄 2 的下端。制动蹄 2 在推力 S 的作用下也形成领蹄，并在轮缸液压促动力 F 的共同作用下进一步压紧制动鼓。推力 S 比促动力 F 大得多，从而使制动蹄 2 产生的制动力矩比制动蹄 1 更大。倒车制动时，作用过程与此相反，与前进制动时具有同等的自增力作用。

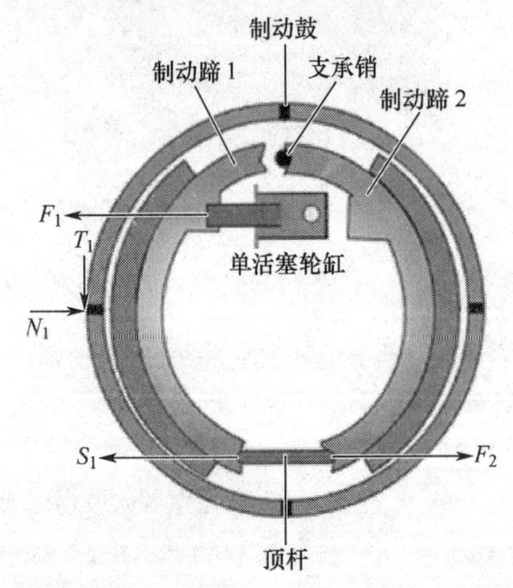

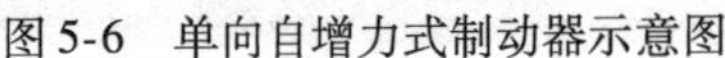
图 5-6　单向自增力式制动器示意图

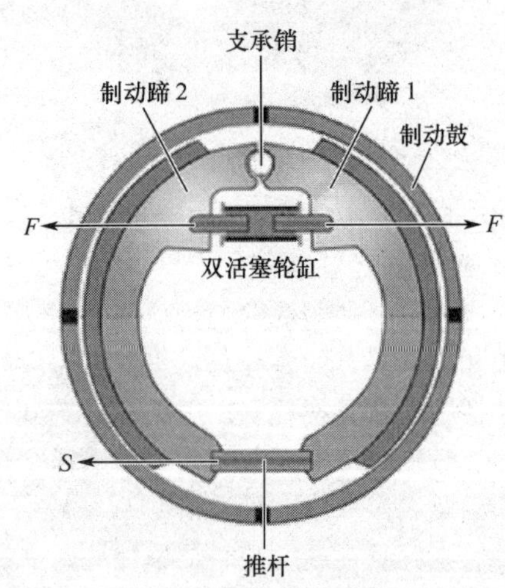

图 5-7　双向自增力式制动器示意图

以上介绍的各类型制动器各有利弊。就制动效能而言，在基本结构参数和轮缸工作压力相同的条件下，自增力式制动器居榜首，以下依次为双向双领蹄式、双领蹄式、领从蹄式；但就制动效能的稳定性而言，自增力式车轮制动器对摩擦系数的依赖性最大，因而其制动效能的稳定性最

差；领从蹄式车轮制动器制动效能的稳定性居中；双向双领蹄式、双领蹄式车轮制动器的制动效能稳定性最好。

二、盘式车轮制动器

由于车辆的性能与行驶速度与日俱增，为增加车辆在高速行驶时制动的稳定性，盘式制动器已成为当前制动系统的主流。由于盘式制动器的制动盘暴露在空气中，使得盘式制动器有优良的散热性。当车辆在高速状态紧急制动或在短时间内多次制动时，制动性能较不易衰退，可以让车辆获得较佳的制动效果，以增进车辆的安全性。并且由于盘式制动器的反应快速，有能力做高频率的制动动作。因此，现代车型采用盘式制动器与 ABS 系统、ESP 系统等搭配，以满足此类系统需要快速动作的需求。

顾名思义，盘式制动器以静止的制动块夹住随车轮转动的制动盘以产生摩擦力，使车轮转动速度降低的制动装置。当踩下制动踏板时，制动主缸内的活塞会被推动，而在制动油路中建立压力。压力经制动液传送到制动钳体上的制动轮缸活塞上，活塞在受到压力后，会向外移动并推动制动块去夹紧制动盘，使得制动块与制动盘发生摩擦，以降低车轮转速，使汽车减速或停止。

盘式制动器的优点：

1）盘式制动器散热性较鼓式制动器好，在连续踩踏制动踏板时一般不会造成制动衰退而使制动失灵的现象。

2）制动盘在受热之后尺寸的改变并不使踩制动踏板的行程增加。

3）盘式制动器的反应快速，可做高频率的制动动作，因而较为符合 ABS 系统的需求。

4）盘式制动器没有鼓式制动器的自动制动增力作用，因而左、右车轮的制动力比较平均。

5）因制动盘的排水性较佳，可以降低因为水或泥沙造成制动不良的情形。

6）与鼓式制动器相比较，盘式制动器的结构简单，且容易维修。

盘式制动器的缺点：

1）因为没有鼓式制动器的自动制动增力作用，使盘式制动器的制动力较鼓式制动器小。

2）盘式制动器的制动片与制动盘之间的摩擦面积比鼓式制动器的面积小，使制动的力量也比较小。

3）为改善盘式制动器的上述缺点，因此，需要较大的踏板力量或是油压。因而必须使用直径较小的制动盘，或是提高制动系统的油压，以提高制动的力量。

4）驻车制动装置不易安装，有些后轮使用盘式制动器的车辆为此而加设一组鼓式制动的驻车机构。

5）制动片磨损较大，致使更换频率可能较高。

如图 5-8 所示，盘式制动器主要由制动钳体、制动盘、活塞、制动块和放气螺钉等组成。

盘式制动器摩擦副中的旋转元件是以端面工作的金属圆盘，被称为制动盘。其固定元件则有着多种结构形式，大体上可分为两类：一类是工作面积不大的摩擦块与其金属背板组成的制动块，每个制动器中有 2 个。这些制动块及其促动装置都装在横跨制动盘两侧的夹钳形支架中，总称为制动钳体。这种由制动盘和制动钳组成的制动器称为钳盘式制动器。另一类固定元件的金属背板和摩擦片也呈圆盘形，制动盘的全部工作面可同时与摩擦片接触，这种制动器称为全盘式制动器。钳盘式制动器过去只用于中央制动器，但目前越来越多地被各级轿车和货车用于车轮制动器。全盘式制动器只有少数重型汽车将其作为车轮制动器。本书只讲解钳盘式制动器。

钳盘式制动器又可分为两种：一种是定钳盘式制动器，另一种是浮钳盘式制动器。

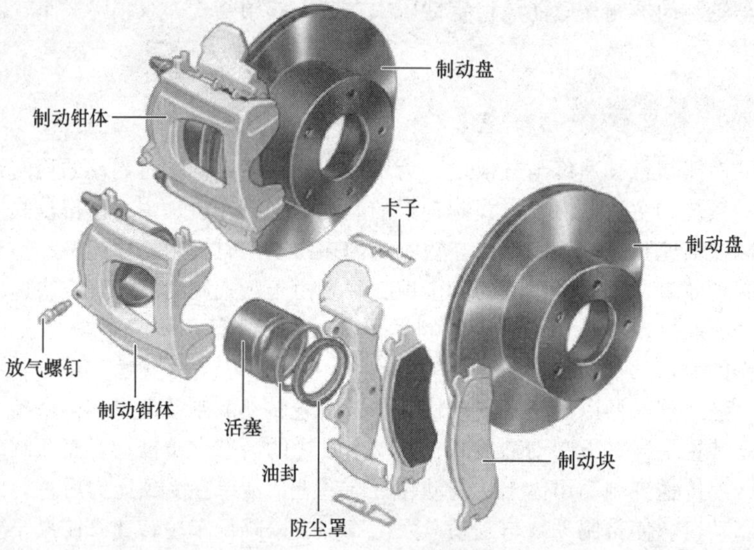

图 5-8　盘式制动器结构图

1. 定钳盘式制动器

图 5-9 所示为定钳盘式制动器结构示意图。跨置在制动盘上的制动钳体固定安装在车桥上，它既不能旋转，也不能沿制动盘轴线方向移动，其内的两个活塞分别位于制动盘的两侧。制动时，制动主缸内的制动液经进油口进入钳体中两个相通的油缸，将两侧的制动块压向与车轮固定连接的制动盘，从而产生制动力。

定钳盘式制动器中的油缸的结构和制造工艺与一般制动轮缸相近，故在 20 世纪 50 年代中期，盘式制动器问世时即采用了这种结构，直到 20 世纪 60 年代末仍然盛行。但是，这种制动器存在着以下缺点：油缸较多，使制动钳结构复杂；油缸分置于制动盘两侧，必须用跨越制动盘的钳内油道或外部油管来连通，这必然使得制动钳的尺寸过大，难以安装在现代化轿车的轮辋内；热负荷大时，油缸和跨越制动盘的油管或油道中的制动液容易受热汽化；若兼用于驻车制动，则必须加装一个机械促动的驻车制动钳。这些缺点使得定钳盘式制动器难以适应现代汽车的使用要求，故自 20 世纪 70 年代以来，逐渐让位于浮钳盘式制动器。

2. 浮钳盘式制动器

图 5-10 所示为浮钳盘式制动器结构示意图。制动钳体通过导向销与车桥相连，可以相对于

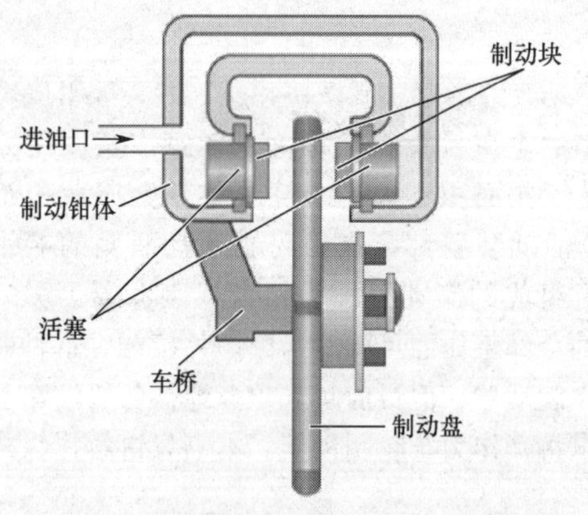

图 5-9　定钳盘式制动器结构示意图

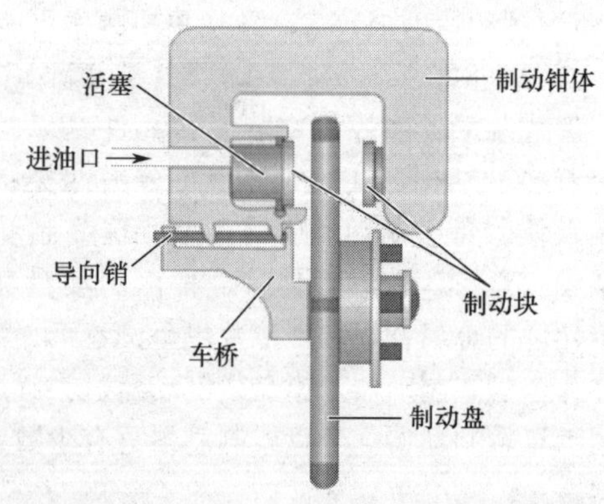

图 5-10　浮钳盘式制动器结构示意图

制动盘轴向移动。制动钳体只在制动盘的内侧设置油缸，而外侧的制动块则附装在钳体上。制动时，来自制动主缸的制动液通过进油口进入制动油缸，推动活塞及其上的制动块向右移动，并压到制动盘上，于是，制动盘给活塞一个向左的反作用力，使得活塞连同制动钳体整体沿销钉向左移动，直到制动盘右侧的制动块也压到制动盘上。此时，两侧的制动块都压在制动盘上，夹住制动盘使其制动。

与定钳盘式制动器相反，浮钳盘式制动器轴向和径向尺寸较小，而且制动液受热汽化的机会较少。此外，浮钳盘式制动器在兼充行车和驻车制动器的情况下，只需在行车制动钳油缸附近加装一些用以推动油缸活塞的驻车制动机械传动零件即可。因此，浮钳盘式制动器逐渐取代了定钳盘式制动器。

3. 制动间隙自动调整

盘式制动器具有间隙自动调节的功能，其原理如图 5-11 所示。它是利用矩形密封圈的弹性变形来实现的。

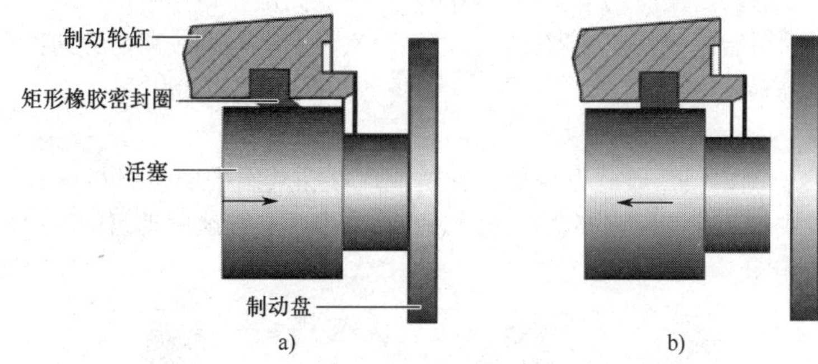

图 5-11　制动间隙自动调整原理图

a）制动时　b）解除制动时

具体工作原理：矩形密封圈嵌在制动钳体油缸的矩形槽内，密封圈内圆与活塞外圆配合较紧。制动时活塞被压向制动盘，密封圈发生弹性变形。解除制动时，密封圈要恢复原状，于是将活塞拉回原位。当制动盘与制动块磨损后引起的制动间隙增大超过活塞的设置行程时，活塞在制动液压力作用下克服密封圈的摩擦阻力而继续前移，直到实现完全制动为止。活塞与密封圈之间这一不可恢复的相对位移便补偿了由于磨损而产生的过量的间隙，即对制动间隙进行了自动调整，始终保持制动间隙的正常数值，保证了制动的可靠性。这是盘式制动器使用最简单的间隙自动调整方式。

4. 通风式制动盘

制动的过程实际上就是利用摩擦力将动能转化为热能的过程，如果能将热能尽快地散发到大气中去，就会使汽车尽快失去动能而产生制动。由于盘式制动器的散热性能较好，它可以使制动系统快速散热。对于一些高性能车型，单单实心盘式制动器还是不能满足要求，于是厂家又在制动盘上动起脑筋。因此，通风式制动盘应运而生。

如图 5-12 所示，通风式制动盘顾名思义就是内部是中空的，冷空气可以从中间穿过进行降温。从外表看，它在圆周上有许多通向圆心的空洞，它利用汽车在行驶中产生的离心力能使空气对流，达到散热的目的。因此，比普通实心式制动盘散热效果要好很多。

既然可以给制动盘“通风”，聪明的设计人员进一步想到了给制动盘降温的更好方法，于是，打孔通风式制动盘也应运而生。如图 5-13 所示，打孔通风式制动盘是在通风式制动盘的基础上对盘面进行打孔，最大限度地保证空气流通，降低热衰退。

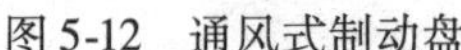

图 5-12　通风式制动盘

图 5-13　打孔通风式制动盘

目前，盘式制动器已广泛应用于轿车，但除了在一些高性能轿车上用于全部车轮外，大都只用于前轮制动器。它与后轮鼓式制动器配合，以保证汽车制动时有较高的方向稳定性，即我们平时所说的前盘后鼓制动系统。

5. 制动块

如图 5-14 所示，制动块一般是由钢板及粘贴或铆接在其上的摩擦材料构成的。制动块上的摩擦材料比用于鼓式制动蹄的硬很多，这是因为制动块推压、接触制动盘的摩擦面积较小，压力非常高。

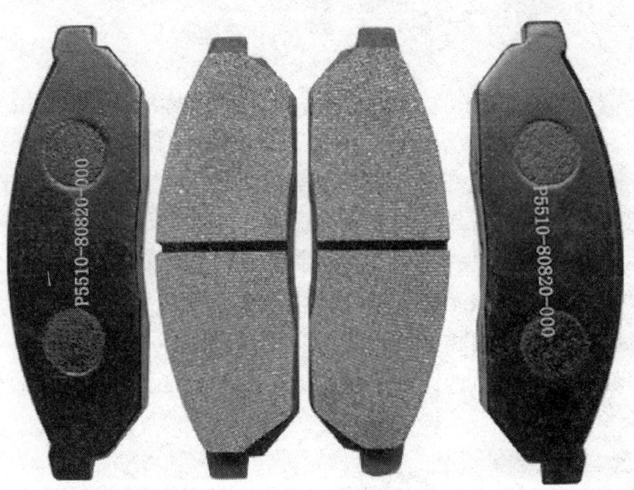

图 5-14　制动块

三、陶瓷式制动盘

对于那些唯快不破的超跑们来说，“身上”多余的重量还是让它们夜不能寐，陶瓷式制动盘应运而生。

陶瓷式制动盘并非是普通陶瓷，而是在 1700℃ 高温下碳纤维与碳化硅合成的增强型复合陶瓷，陶瓷式制动盘的重量只有普通铸铁式制动盘的一半不到。举个例子，采用陶瓷式制动盘的 SLR MCIAREB，其前轮制动盘直径为 370mm，但重量仅为 6.4kg。而采用普通制动盘的 CL-CLASS，其前盘直径为 360mm，但重量高达 15.4kg。

更轻的制动盘就意味着簧下质量的减小，这令悬架系统的反应更快，因而能够提升车辆整体的操控水平。另外，普通的制动盘容易在全力制动下因高温产生热衰退，而陶瓷式制动盘能有效而稳定地抵抗热衰退，其耐热效果比普通制动盘高出许多倍，还有，陶瓷式制动盘在制动最初阶段就立刻能产生最大的制动力，因此，甚至无需制动辅助系统，而整体制动效果比传统制动系统更快、距离更短。为了抵抗高温，在制动活塞与制动片之间有陶瓷来隔热，陶瓷式制动盘有非凡的耐用性，如果正常使用是终生免更换的，而普通的铸铁式制动盘一般用上几年就要更换。

尽管陶瓷式制动盘的制动性能十分优异，但是它的价格却十分昂贵，如保时捷和奥迪的高性能跑车上的选装价格都在10万元以上。图5-15所示为保时捷和奥迪轿车分别采用的陶瓷式制动盘。

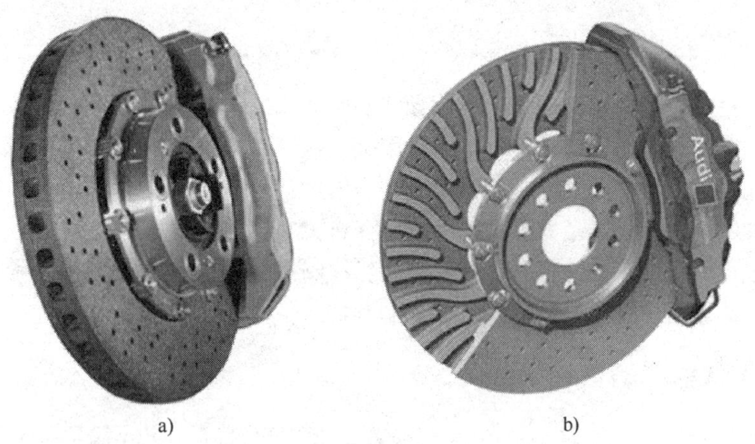

a) b)

图5-15 陶瓷式制动盘

a）保时捷车用陶瓷制动盘 b）奥迪车用陶瓷制动盘

四、车轮制动器的检修

1. 制动鼓的检修

车轮制动主要是由制动鼓与摩擦片相互摩擦产生制动力而迫使车辆减速或停车。由于长期使用，使制动鼓磨损，造成制动鼓圆度超差或变形。同时，由于摩擦片磨损，露出制动蹄铆钉头，使制动鼓刮伤而出现沟槽，当汽车制动时，便发生跑偏、异响或抖动等现象。所以，制动鼓的工作表面必须平整光滑，与摩擦片贴合良好。

检查制动鼓的磨损和圆度误差。一般情况下，制动鼓在直径方向磨损成椭圆，在轴向磨损成锥形。同时，制动鼓摩擦表面与轮毂的旋转轴线，即同轴度产生偏差，都会影响制动效能。测量制动鼓时，首先，把带有制动鼓的轮毂总成擦拭干净，平整地放在工作台上，把中心杆用两个夹板固定在轴承内圈上。然后，把百分表支架通过锁紧装置固定在中心杆上，在支架的端部安装百分表，并使百分表的触头抵住制动鼓内表面。缓慢而均匀地推动百分表，使百分表在制动鼓内转动一周，百分表指针摆动的最大值与最小值之差，即为制动鼓与轮毂轴承的同轴度误差。

2. 制动盘的检修

1）检查制动盘摩擦面是否有裂纹或剥落。

2）使用百分表测量其端面圆跳动。

至少使用两个螺母将制动盘紧固在轮毂上，测量前确认车轮轴承轴向间隙应在规定值以内，其最大端面圆跳动应为0.07mm。若端面圆跳动超出规定应检查原因，如是制动盘原因，则更换。

表面修整、更换制动鼓或制动盘后以及更换制动蹄或制动块后，或在行驶很少里程就出现制动发软时，都应磨合制动器工作面。

第三节　驻车制动器

一、驻车制动器的作用

驻车制动器又称手制动器，其作用是车辆停驶后防止滑溜；坡道上顺利起步；行车制动效能失效后临时使用或配合行车制动器进行紧急制动。

二、驻车制动器的类型

驻车制动器按其安装位置可分为中央制动式和车轮制动式两种。中央制动式通常安装在变速器的后面，其制动力矩作用在传动轴上；车轮制动式通常与车轮制动器共用一个制动器总成，只是传动机构是相互独立的，由于其结构简单紧凑，已在轿车上得到普遍应用。

按操纵方式不同，驻车制动器分为两种：手操纵式驻车制动器和脚踏式驻车制动器。

按控制方式不同，驻车制动器分为两种：机械控制式驻车制动器和电子控制式驻车制动器。

现代汽车广泛采用手操纵机械控制式驻车制动器。

三、驻车制动器的性能检查

汽车每行驶 12000km 左右时，应对驻车制动器的性能进行检查。驻车制动器应满足以下性能：

1）在空载状态下，驻车制动装置应能保证车辆在坡度为 20%，轮胎与路面间的附着系数不小于 0.7 的坡道上，正反两个方向保持固定不动的时间应不小于 5min。

2）拉紧驻车制动器时，空车在平整路面用二档应不能进行起步。

3）驻车制动器操纵手柄的工作行程不能超过全行程的 3/4。

4）放松驻车制动器操纵手柄，变速器处于空档时，支起一只驱动轮，制动鼓应能用手转动且无摩擦声。

四、手操纵式驻车制动器

如图 5-16 所示，制动时，将操纵手柄上端向后拉，作用力通过拉索将两制动蹄张开，并压紧制动鼓产生制动作用。此时，棘爪和齿扇将操纵手柄锁止在制动位置。

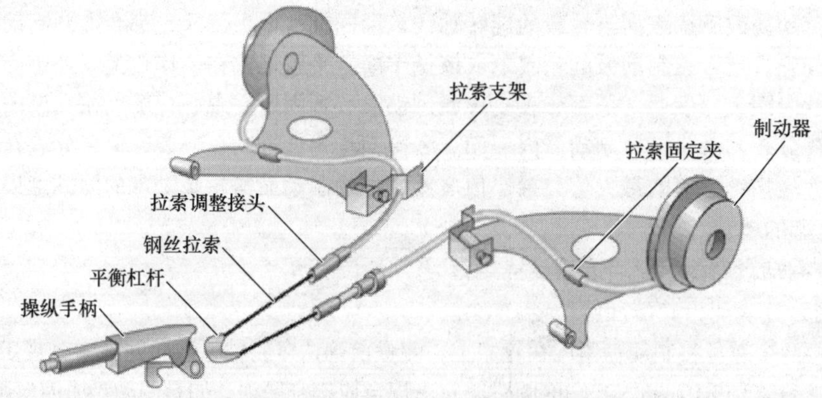

图 5-16　手操纵式驻车制动器结构图

解除制动时，按下操纵手柄上端的按钮，使下端的棘爪脱离齿扇，然后将制动操纵手柄推向最前端位置，各机件的运动方向与制动时方向相反，从而使制动蹄与制动鼓恢复原来的间隙，驻车制动解除。

五、途锐脚踏式驻车制动器

途锐脚踏式驻车制动器可在各种坡路上使车辆稳稳停住。

如图 5-17 所示，途锐脚踏式驻车制动器的制动踏板位于脚舱内，安装在 A 柱附近。操作脚踏式驻车制动踏板时，所施加的力通过一条拉索传送到拉杆机构上。此时，该力分配到两条制动拉索上，该拉索作用在后轮驻车制动器的操纵机构上。

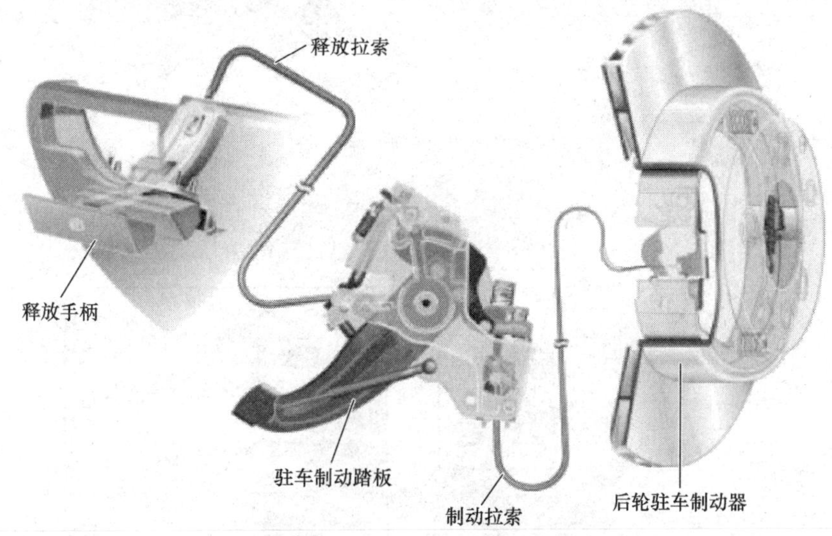

图 5-17　途锐脚踏式驻车制动器结构图

该驻车制动器是双向自增力鼓式制动器。驻车制动功能通过安装在制动鼓内的制动蹄实现。用于松开脚踏式驻车制动器的释放手柄和释放拉索集成在仪表板内。

1. 驻车制动踏板

（1）具体工作原理

1）制动：如图 5-18 所示，扇形齿轮和脚踏式驻车制动踏板以旋转方式支承，且彼此牢固地固定在一起。操纵驻车制动踏板即可操纵制动拉索。止动爪插入扇形齿轮内即可实现驻车制动功能。止动杆弹簧的压力可防止止动爪弹出，同时会压下缓冲器。制动拉索被拉紧，通过后轮驻车制动器实现制动功能。

2）释放：如图 5-19 所示，操纵释放拉杆时，止动杆使止动爪抬起并放开扇形齿轮。操纵后张紧的释放拉杆弹簧使其重新回到初始位置。压下的缓冲器通过弹力和阻尼作用慢慢地使驻车制动踏板回到初始位置。

（2）调节机构

为了使后轮驻车制动器的制动拉索始终具有最佳长度，在脚踏式驻车制动器模块内集成有一个调节机构。该调节机构与驻车制动踏板牢固地固定在一起。

1）预张紧状态机构。如图 5-20 所示，拉索调节弹簧已预先张紧，止动杆插入内置齿条中。为了防止止动杆弹出及提前使调节机构分离，分离弹簧压在止动杆上。操纵或松开脚踏式驻车制动器时，整个调节机构会向上或向下移动。

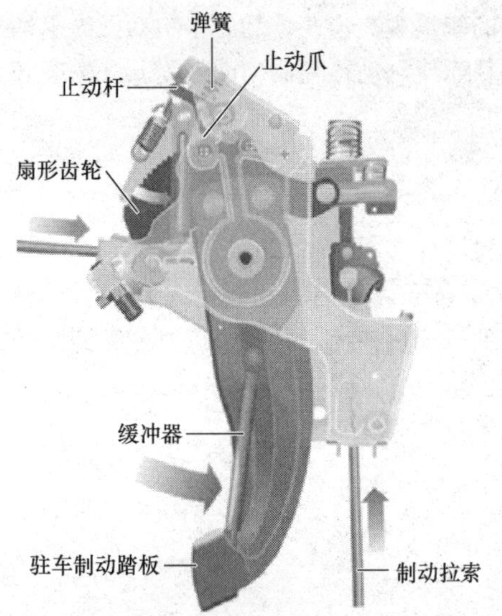

图 5-18　制动状态示意图

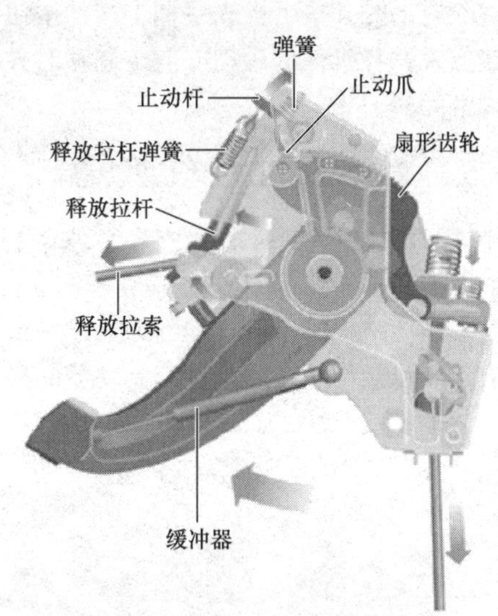

图 5-19　释放状态示意图

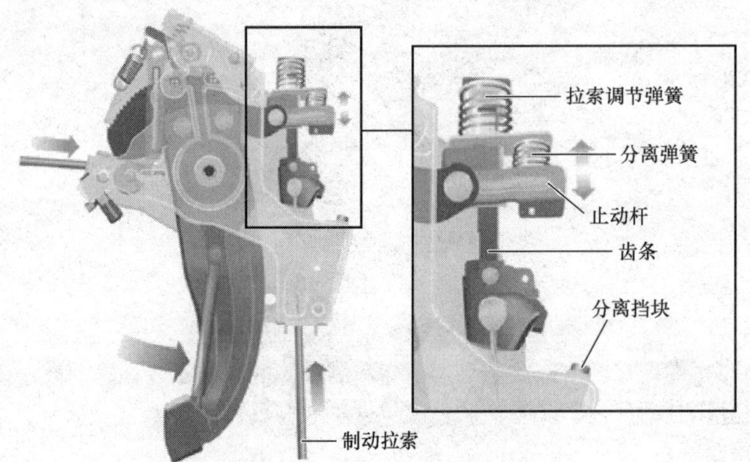

图 5-20　预张紧状态机构示意图

2）分离状态机构。如图 5-21 所示，操纵释放拉杆时该机构向下移动，止动杆碰到分离挡块

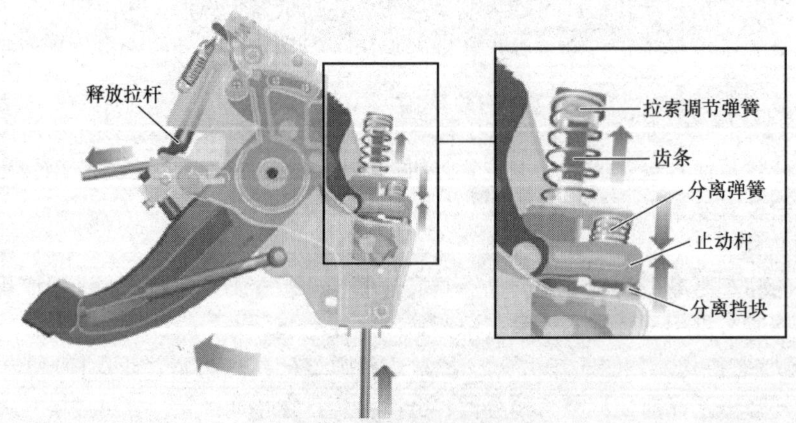

图 5-21　分离状态机构示意图

上。因此，止动杆将克服分离弹簧的弹力短时间向上移动，齿条松开。预先张紧的拉索调节弹簧可以向上移动，并根据情况对所需长度进行补偿。

2. 驻车制动功能

脚踏式驻车制动器的制动功能通过安装在双向自增力鼓式制动器内的制动蹄实现。

（1）制动状态　如图5-22所示，踩下脚踏式驻车制动踏板时，制动拉索拉紧并因此带动膨胀销的拉杆。制动蹄通过膨胀销彼此压开并压到制动鼓内侧，这样即可在各种坡路上稳稳地停住车辆

（2）释放状态　如图5-23所示，松开脚踏式驻车制动踏板时，制动拉索上不再有拉力。弹簧将制动蹄拉回，也就是说制动蹄不再压在制动鼓内侧，膨胀销回到初始位置。

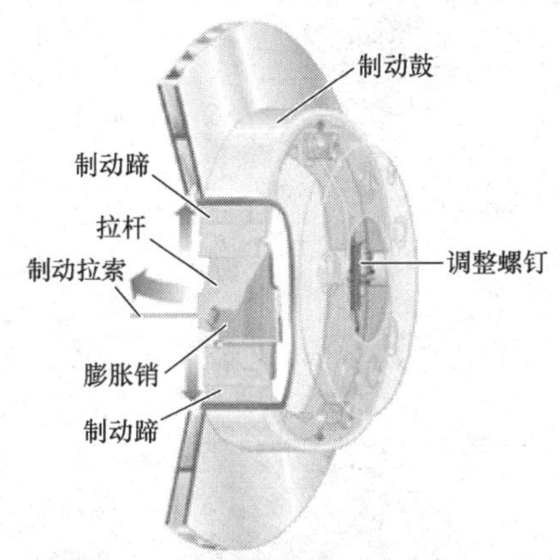

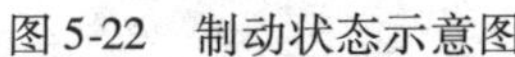
图5-22　制动状态示意图

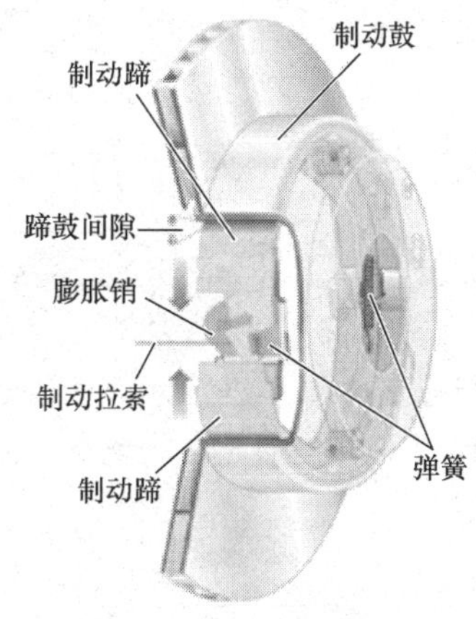

图5-23　释放状态示意图

六、奥迪A8电控式驻车制动器

电控驻车制动器英文为Electric Park Brake，简称为EPB，它是近几年来开始使用的新型驻车制动系统。奥迪A8采用的电控式驻车制动器主要包括操作开关F234、仪表板内显示单元控制器J285、电控式驻车制动器控制器J540、右后调位电动机V283、左后调位电动机V282。

（一）各部件结构与原理

1. 操作和显示

如图5-24所示，在中控台上的操作开关F234用于操作驻车制动器，通过拉动开关来启动驻车制动器；按下开关并同时踩制动踏板或加速踏板来解除驻车制动器。

在点火开关关闭的情况下也能通过拉动开关来启动电控式驻车制动器，而解除制动只有在点火开关打开的情况下才能进行。

如图5-25所示，处于启动状态的驻车制动器将通过仪表板内的驻车制动显示和开关上的控制灯进行显示。

图5-24　操作开关F234的安装位置

2. 控制器J540

如图5-26所示，控制器安装在行李箱右边的蓄电池下面。在控制器内安装有两个处理器，释放命令由两个处理器同时发出，数据传送通过传动系统CAN-Antried（传动系统电脑数据区域控制网络）进

图 5-25　仪表板内驻车制动显示

行。在控制器中内置有一个微型机械式倾斜角度传感器。

3. 调位电动机 V282/V283

（1）构造　如图 5-27 所示，调位电动机共有 2 个：V282 和 V283。V282 位于左后轮的制动支架上；V283 位于右后轮的制动支架上。

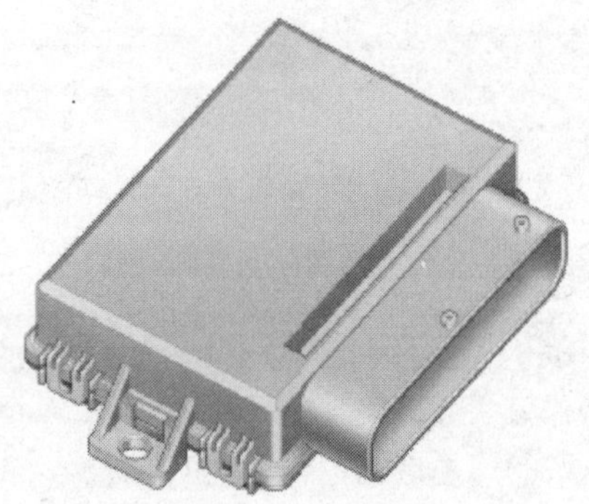

图 5-26　控制器 J540

图 5-27　调位电动机的安装位置

如图 5-28 所示，直流电动机通过齿带带动斜轴轮盘传动机构来驱动蜗杆，制动块的机械压

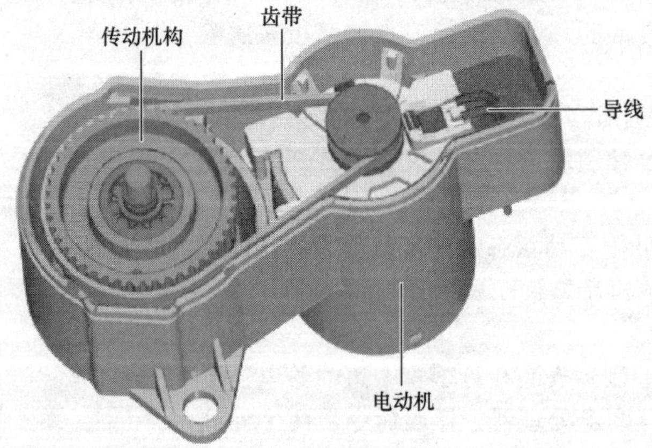

图 5-28　传动示意图

力通过蜗杆传动实现。传动机构和电动机由法兰连接于制动支架上。

（2）功能　为实现驻车制动功能，驱动电动机的旋转运动必须转化为制动活塞的一个十分细微的提升运动，此转化只有通过运用斜轴轮盘传动机构与蜗杆传动的连接才能实现。

转化过程分为三个阶段：第一阶段为进入“慢速”的转化阶段，由齿带驱动的传动机构来完成；第二阶段由斜轴轮盘传动机构来实现；第三阶段在传动机构出口处就有一个降低了系数为147的可供电动机使用的传送转速。

1）运动转化。如图5-29所示，旋转运动到提升运动的转化通过一根用于制动活塞传动的蜗杆来完成，蜗杆直接由斜轴轮盘传动机构驱动。在制动活塞内有一个可纵向滑动的气缸，在气缸末端的U形面上嵌入了一个压紧螺母，通过蜗杆的旋转运动压紧螺母在蜗杆螺纹上进行活动。电动机旋转次数由霍尔传感器来测量。因此，活塞的提升运动可由控制器来计算。

2）驻车制动启动。如图5-30所示，螺母在蜗杆上向前运动，气缸靠着活塞向制动盘滑动，气缸和活塞压紧制动盘。

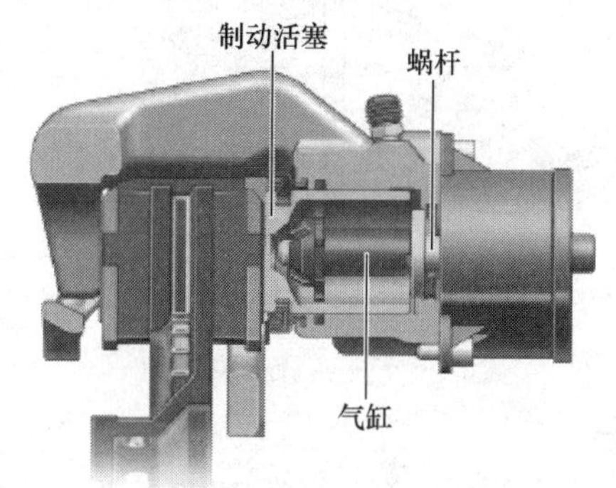

图5-29　运动转化示意图

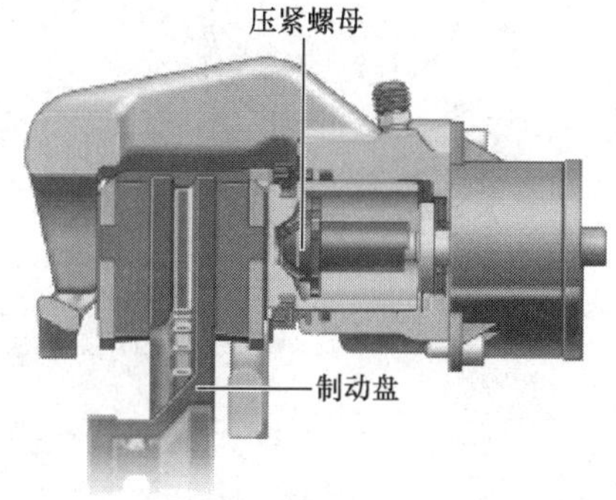

图5-30　驻车制动启动示意图

3）驻车制动解除。螺母在蜗杆上反向转动，断开与气缸的连接，通过密封环的弹性恢复活塞向后运动，制动盘被释放。

4. 斜轴轮盘传动机构作用方式

如图5-31所示，在传动机构上有一个带锥状轮齿的齿轮（斜轴轮盘），其位置并不与主、从动轮轴向平行。因此，在主动轮转动时齿轮做的是斜轴运动，齿轮通过导槽固定在主动轮上不能进行自由转动。

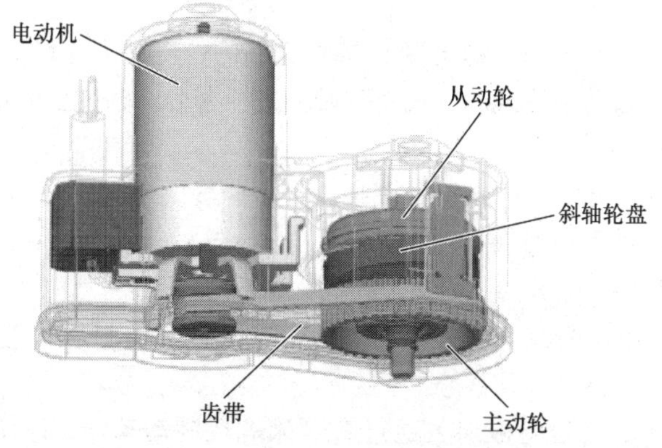

图5-31　斜轴轮盘传动机构示意图

如图 5-32 所示，斜轴轮盘有 51 个轮齿，从动轮有 50 个轮齿。通过这样所谓的分配错误，斜轴轮盘总是与从动轮的齿缘相啮合，而从不与齿隙啮合。因此，从动轮以一个微小的转动角度运动。

如图 5-33 所示，在主动轮转动一圈时，从动轮和斜轴轮盘每隔两个轮齿就进行一次动作。通过斜轴轮盘的运动，第二个齿轮对(位置 2)在斜轴轮盘转完半圈后动作。从动轮将在位置 1 一直运动，直到在位置 2 斜轴轮盘的轮齿与从动轮的齿缘相啮合。通过这个运动过程，从动轮和与之相连的蜗杆在每半圈的转动后有一个半齿距的位移。

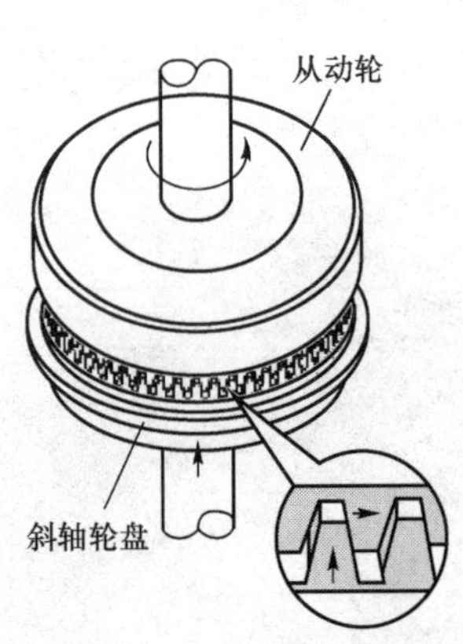

图 5-32　斜轴轮盘结构图

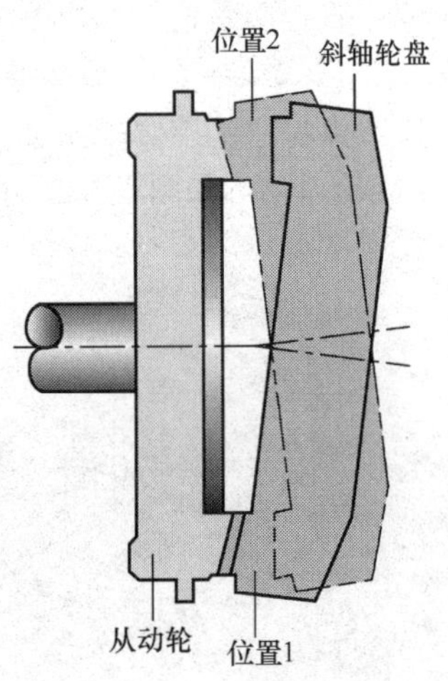

图 5-33　斜轴轮盘工作原理图

(二) 电控式驻车制动器的功能

电控式驻车制动器提供了以下功能：

1）驻车制动功能。

2）动态紧急制动功能。

3）自适应辅助起步功能。

4）制动块磨损识别和空隙修正。

下面，我们分别学习一下各控制功能。

1. 驻车制动功能

在任何一种行驶状态下系统设定的夹紧力都是足够的，夹紧力在增大超过 30% 时会在开关控制面板上的显示屏中央以文字信息的方式对驾驶人进行警告。开关上的控制灯和组合仪表中会对已激活的状态进行显示。

在车辆停止后制动盘冷却，同时制动系统会再自动卡紧。此外，通过控制器内一个仿真模型可以不间断地获得当前制动盘的温度。

2. 动态紧急制动功能

通过拉动操作开关 F234 可以获得一个最大减速度为 $8m/s^2$ 的制动作用。在开关被拉动期间，车辆被制动。松开开关后，制动动作终止。

当车辆以大于 8km/h 的速度行驶时，通过 ESP 来完成制动动作。即使在加速踏板还在动作的情况下，发动机返回空转状态。通过 ESP 元件在所有四轮的制动系统上形成制动压力。当巡航定速系统激活时，此功能关闭。

在车速小于 8km/h 的情况下在对开关进行操作后，驻车制动系统被启动。为避免错误操作(例如由前排乘员打开开关)的发生，当加大节气门开度时，已激活的紧急制动功能被关闭。

3. 自适应辅助起步功能

图 5-34 所示为自适应辅助起步功能图，此功能只有在安全带系好的情况下才能激活。此功能实现了车辆在斜坡上的无振动爬坡行驶且车身无倒退现象。

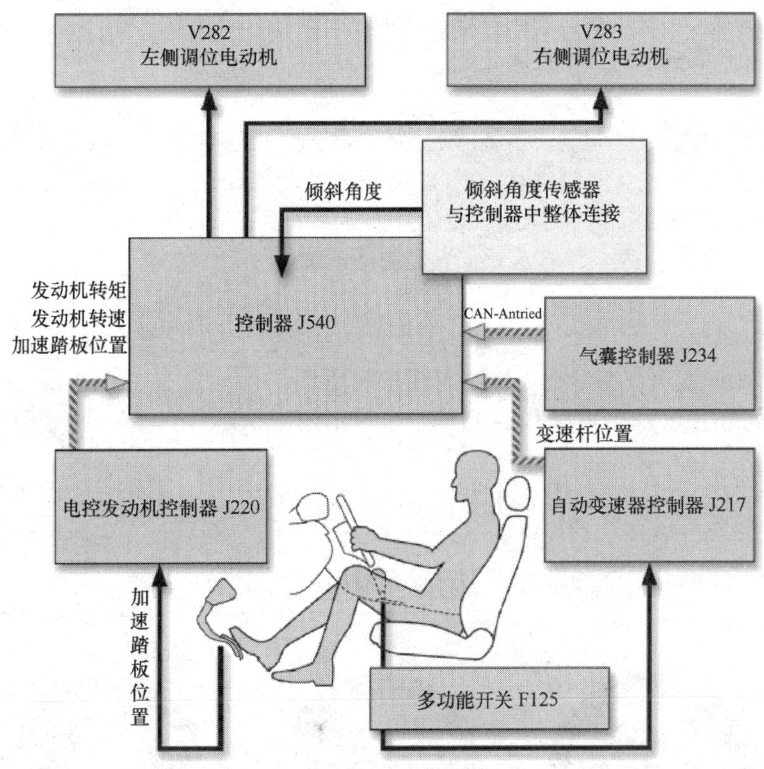

图 5-34 自适应辅助起步功能图

倾斜角度将通过在控制器中的传感器来测量。另外，也会考虑到发动机转矩、加速踏板位置和选择的行驶档位。倾斜角度传感器和行驶参数将不断自动校正。在此情况下，车辆每个行驶过程中的加速动作都将被处理评价并与内置在控制器中的参数组进行比较。维修时，此功能可转为非激活状态，但驾驶人不能对其进行关闭。

4. 制动块磨损识别和空隙修正

制动块强度将在车辆静止且驻车制动系统未运行的情况下进行周期性(大约每 500km)自动确定。在进行确认时制动踏板从零位(位置在其底位)向制动盘运动。控制器通过由霍尔传感器测得的数据获得制动块的工作路线，并因此计算出制动块强度。

在车辆静止，点火开关关闭且驻车制动系统打开的情况下进行测量。当驾驶人经常性使用驻车制动系统时，磨损测量的准确性可能低于较少使用驻车制动系统情况下的测量。

(三) 电控式驻车制动器的特殊功能

1. 更换制动块模式

更换制动块可以通过故障诊断仪 VAS5051 在驻车制动系统关闭的情况下进行。在基本设置 5 功能中气缸可通过蜗杆传动作返回运动。在制动活塞复位后，可通过专用工具 VAS T10145 更换制动块。

在基本设置6功能中气缸重新运动靠近活塞。调整6功能中给出制动块强度。

2. TUV模式

要对驻车制动系统的功能进行测试，则必须在制动测试台上进行可调节的制动动作。当后轮在制动系统测试台滚道上以3～9km/h的速度进行运动时，在3s后TUV模式被识别，前提条件是接通接线柱15。

驻车制动系统的闭合过程由控制器进行修正。通过每次对开关的操作，活塞会以一个定义好的短行程运动并且制动系统会慢慢闭合。

3. 紧急解锁

当电器控制不可能或驻车制动系统的部件有机械故障时，能通过机械方法将闭合的驻车制动系统松开。因此，在车的工具箱内有一把应急扳手(图5-35所示)。车辆可用千斤升起拆除相应的车轮。通过扳手一端的钳口可将制动盘上的紧固件拆除。之后可用应急扳手的另一端将蜗杆旋松，直到制动系统松开。

4. 故障显示

1）如图5-36a所示，在没有正常关闭驻车制动系统时持续闪动。在按下操作开关F234后闪动，显示线路故障。

2）如图5-36b所示，控制器识别导致功能受到限制的故障。

3）如图5-36c所示，系统故障，出于安全原因不应继续行驶。

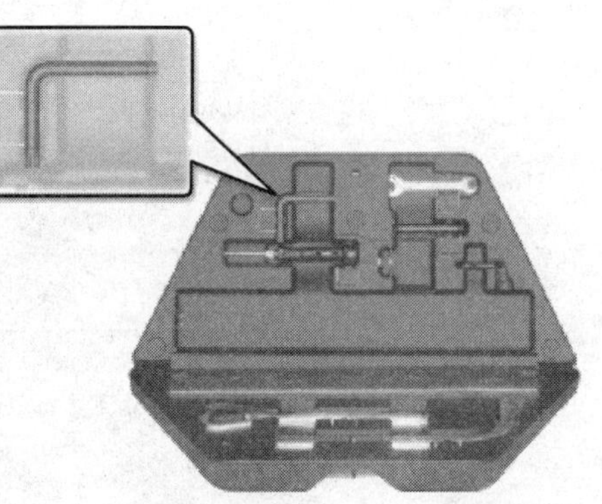

图5-35　应急扳手

a)

b)

c)

图5-36　仪表板内故障显示

七、驻车制动器的检修

1. 驻车制动器传动装置的检修

传动机构中的拉索通常是涂有塑料材料的钢丝索。拉紧或松开驻车制动器时，拉索既不能松弛，也不能阻滞。因此，拉索不得有磨损或腐蚀，不得有扭结或卡住现象。

锁止机构中的棘爪和扇形齿不得有磨损或断齿。

2. 制动器的检修

1）检查连接机构有无变形、松旷。

2）驻车制动器的摩擦片铆钉距表面0.50mm时应更换。

3）驻车制动鼓表面磨损使槽深超过0.50mm时可对鼓进行修磨，其内径加大不得超过4mm。

八、驻车制动器常见故障诊断与排除

1. 驻车制动不良

（1）故障现象　汽车停在坡路上时，因驻车不良而自行滑移。

（2）故障原因

1）驻车制动操纵手柄自由行程过大。

2）制动鼓工作表面磨损、起槽、裂纹，摩擦片与制动鼓贴合不良或摩擦片与制动鼓配合间隙过大。

3）摩擦片表面有油污、泥水，磨损过薄或焦化。

4）制动蹄片在支承底板中卡住，或支承底板变形致使制动蹄轴歪斜。

5）汽车起步时，操作失误，未松驻车制动操纵手柄导致摩擦片烧蚀。

（3）故障诊断与排除

1）将变速杆置于空档位置，拉紧驻车制动操纵手柄，支起后轮，这时用手转动传动轴，如能转动，则说明驻车制动不良。

2）检查驻车制动操纵手柄的自由行程是否过大，当把驻车制动操纵手柄从放松的极限位置上拉起，应听到两声响，则为合适。否则进行调整，或检查各连接处是否松动。

3）用塞尺检测摩擦片与制动鼓配合间隙是否符合技术标准，否则应进行调整。

4）上述良好，则检测驻车制动器制动鼓圆度误差，查看摩擦片是否有油污，与制动鼓贴合状况及制动底板是否变形，检查制动蹄轴是否锈蚀。否则应维修或换用新件。

2. 驻车制动拖滞

（1）故障现象　变速器挂低速档，松离合器踏板，放松驻车制动操纵手柄，汽车难以起步，或虽然起步，但稍松加速踏板，汽车急速降速，或行驶一般路程后，驻车制动鼓发热。

（2）故障原因

1）制动蹄摩擦片与制动鼓间隙过小，局部有粘连接触，制动蹄回位弹簧弹力小、过软或折断。

2）制动蹄与制动蹄轴装配过紧，转动困难或锈蚀，导致制动蹄回位缓慢或不回位。

3）由于齿板上限位片丢失或未装，手柄向前放松时，造成制动凸轮反向转动，将蹄片张开与制动鼓接触。

（3）故障诊断与排除

1）若汽车在离合器良好状态下不能起步，车辆行驶无力，驻车制动鼓发热，则说明驻车制动拖滞。

2）先检查齿板上的限位片是否丢失或未装。

3）用塞尺检测摩擦片与制动鼓间隙是否符合技术标准，否则应调整。

4）若以上良好，应拆检驻车制动器。

第四节　奥迪 Q7 视觉驻车辅助系统

一、视觉驻车辅助系统概述

如图 5-37 所示，视觉驻车辅助系统（OPS）是对原有奥迪驻车辅助功能的最新扩展。4 通道系统（仅后部驻车辅助）和 8 通道系统（前后驻车辅助）现在已经为人们所熟知。利用这些系统，驾驶人可以通过声音信号反馈了解汽车与障碍物的距离。

新型视觉驻车辅助系统(OPS)是一种8通道系统。除了已有的声音传感器分析外，还在MMI显示屏上向用户显示图像，以视觉方式显示每个驻车辅助传感器与障碍物之间的当前距离。此项功能扩展无需额外添加硬件，可以选购带或不带倒车摄像机的视觉驻车辅助系统。

与纯声音系统相比，对于用户来说的最大好处在于，现在他/她可以准确地了解车辆的哪个位置正在靠近障碍物。而依靠以前的纯声音解决方案，则只能根据信号频率大概地了解障碍物位于车前还是车后。

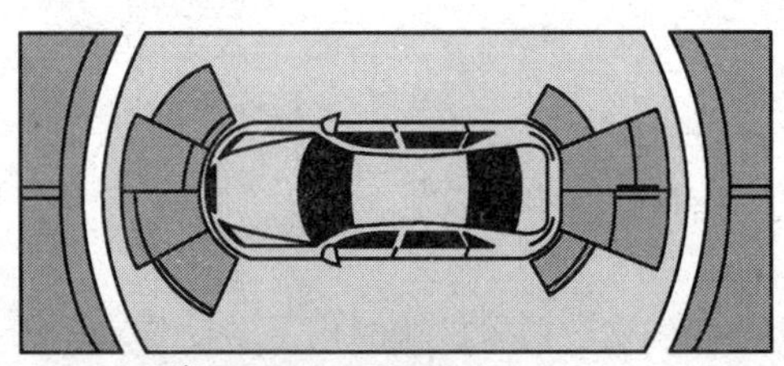

图5-37　视觉驻车辅助系统

图5-38　控制单元J446位置图

☞ 二、视觉驻车辅助系统控制单元J446

如图5-38所示，视觉驻车辅助系统控制单元J446安装在行李箱地板下面右后部。

1. 控制单元J446的任务

1）为驻车辅助系统传感器提供供电电压，并分析和处理来自该传感器的信号。

2）控制驻车辅助系统的两个报警蜂鸣器H15和H22。

3）向前部信息显示和操作单元的控制单元J523传输在MMI(多媒体界面)屏幕上显示的视觉驻车辅助系统图像的必要信息。

4）汽车锁止时保存相关无线遥控钥匙上的设置(后部/前部音量,后部/前部频率)。

5）系统诊断，管理故障存储器。

6）读取驻车辅助按钮E266信息。

7）控制驻车辅助按钮E266内的功能照明。

8）为发送和接收信息内容与其他控制单元进行通信。

2. 控制单元J446从以下控制单元获得的信息

(1) 车载电网控制单元J519　倒车灯亮起，由此可以判断已挂入倒档，必须激活驻车辅助。CAN信息只在带手动变速器的汽车上被分析。

(2) 拖车识别装置控制单元J345　当前识别到或未识别到拖车。如果当前识别到拖车，那么后部驻车辅助关闭。

(3) 进入及起动许可控制单元J518　发送当前的总线端状态和当前使用的钥匙编号。当前使用的钥匙编号用于激活个性化设置，比如声音警告的音量和频率。

(4) ABS控制单元J104　发送当前车速。之所以需要该车速信息，是因为只有在车速小于15km/h的驻车辅助系统限值时，前部驻车辅助才能激活。一旦超出该限值时，系统被关闭。由于仅前部驻车辅助需要车速信息，所以，该信息只在8通道系统上被ABS控制单元J104分析。

(5) 前部信息显示和操作单元的控制单元J523　向保存有当前汽车钥匙设置的驻车辅助控制单元发送个人化设置。此外，J523也作为驾驶人显示屏用分段图形显示驻车辅助传感器确定的距离。

（6）自动变速控制单元J217　发送变速杆是否处于R位的信息。如果处于该位，则激活驻车辅助。

三、视觉驻车辅助系统传感器

如图5-39所示，奥迪Q7中首次使用了第五代驻车辅助传感器。与第四代传感器相比，它们的尺寸明显减小。第四代传感器振动体外层的硬塑料外壳在新一代传感器中已被取消。振动体包括超声波发射器和接收器。

四、视觉驻车辅助系统的功能

视觉驻车辅助系统(OPS)与原有的8通道系统一样，通过4个集成在前保险杠内的驻车辅助系统传感器和4个集成在后保险杠内的驻车辅助系统传感器监控汽车四周。声音信息通过车辆前部区域和后部区域内的各一个报警蜂鸣器发出。图像显示在MMI显示屏内，基本版和高级版的MMI都支持视觉驻车辅助系统。

1. 驻车辅助系统传感器根据其安装位置分别识别如下区域的障碍物

1）后部侧面驻车辅助传感器：约60cm。

2）前部侧面驻车辅助传感器：约90cm。

3）后部中间驻车辅助传感器：约120cm。

4）前部中间驻车辅助传感器：约160cm。

2. 达到以下间距时，开始发出持续音信号

1）前部：约25cm。

2）后部：①无拖车挂钩：约30cm；②带拖车挂钩：约35cm。

五、视觉驻车辅助系统的操纵

挂入倒档时，驻车辅助系统自动激活，并向驾驶人发出声音和图像反馈。

如图5-40所示，当向前驻车或向前驶上障碍物时必须通过按压驻车辅助按钮E266手动激活驻车辅助。系统激活时，通常会有一个确认音提醒驾驶人。此外，还可以通过驻车辅助按钮E266内的LED灯是否亮起来识别驻车辅助系统是否激活。

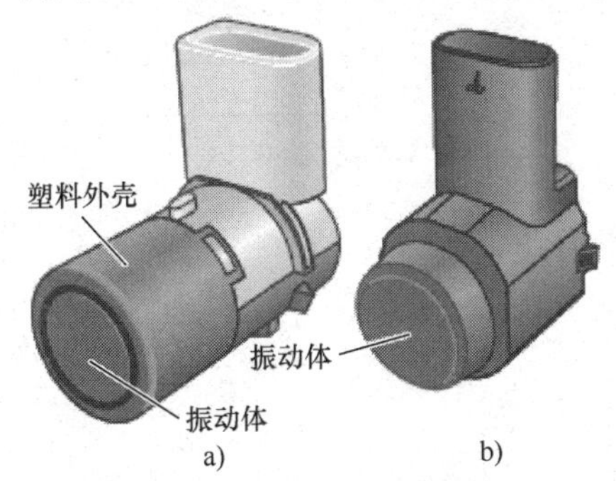

图5-39　驻车辅助系统传感器

a）第四代　b）第五代

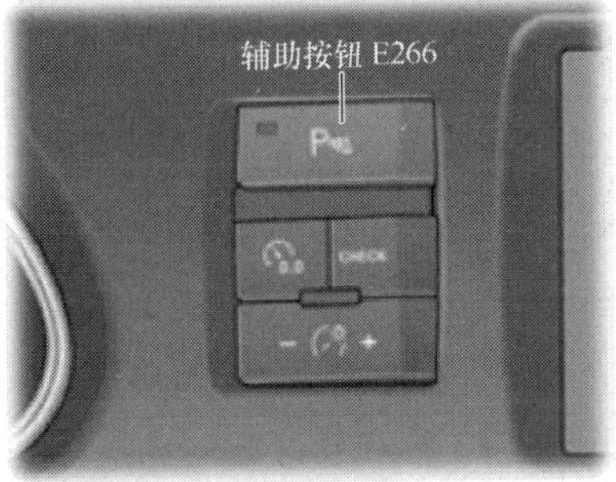

图5-40　驻车辅助按钮E266

系统激活后，MMI(多媒体界面)会自动切换到视觉驻车辅助系统显示。如果汽车内同时安装了倒车摄像机系统，那么，可以在MMI(多媒体界面)汽车菜单内的“奥迪驻车辅助系统”下选择在屏幕上使用哪个显示。

激活的驻车辅助系统将在以下情况下被关闭：

1）车速超过 15km/h（向前）。

2）关闭点火开关。

3）按压操纵驻车辅助按钮。

关闭完成后，按钮内的 LED 灯熄灭，MMI（多媒体界面）重新切换到系统激活前的显示状态。

六、给驾驶人的反馈

当驻车辅助系统激活时，如果在报警区域内识别到一个障碍物，将会发出距离报警。随着与障碍物距离的减小，脉冲报警声的时间间隔也缩短，直至达到临界距离时发出持续音。

如图 5-41 和图 5-42 所示，视觉驻车辅助系统（OPS）除声音警告外，还会在 MMI 显示屏上显示驻车辅助传感器的当前距离测量值。为此，每个传感器都分配一个扇区，对于 8 通道系统来说，车前有 4 个扇区，车后有 4 个扇区。每个扇区内用一个红色线段表示障碍物至汽车或至测量传感器的当前距离。如果障碍物与汽车间的距离减小，那么，图像中的线段也会靠近汽车。

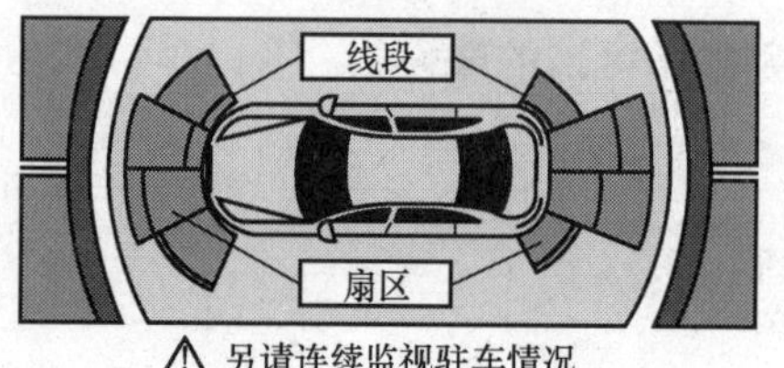

图 5-41　高级版 MMI 上的视觉驻车辅助系统显示

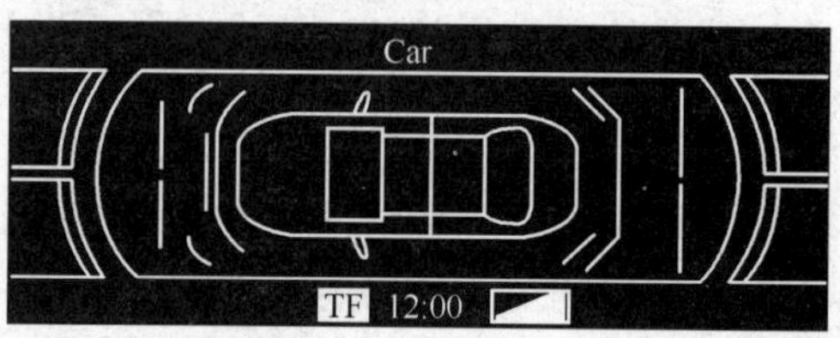

图 5-42　基本版 MMI 上的视觉驻车辅助系统显示

带拖车行驶：如果驻车辅助控制单元根据编码识别到安装有拖车挂钩，那么，持续音区域从 30cm 增加到 35cm。因为拖车挂钩使车辆后部的长度增加，所以，这是必要的。

七、视觉驻车辅助系统的通信结构

如图 5-43 所示，为了确保驻车辅助系统控制单元 J446 正常工作，需要获取其他控制单元的

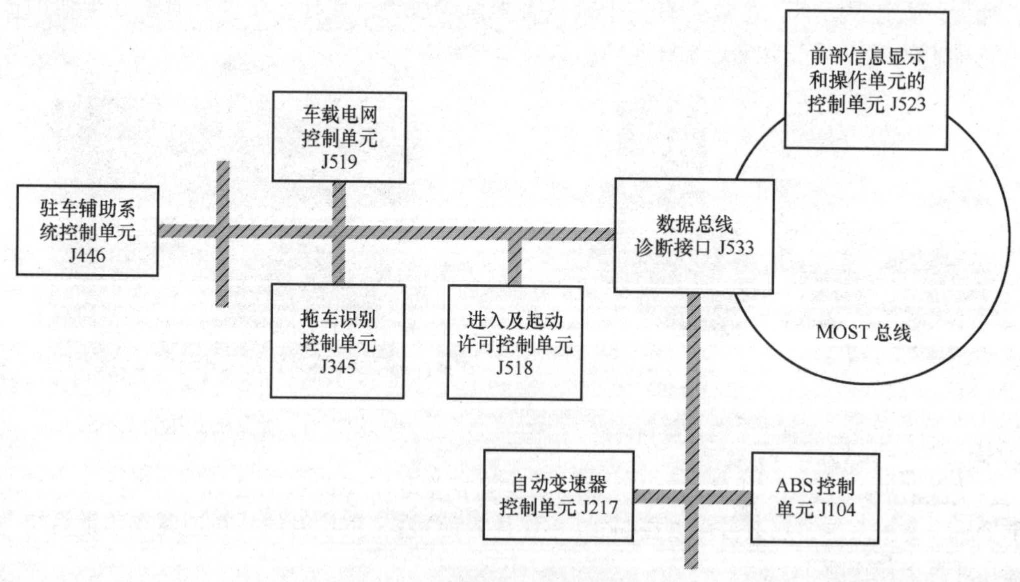

图 5-43　驻车辅助系统的通信结构

信息。它通过舒适/便捷功能 CAN 获得这些信息。来自其他总线系统用户的必要信息通过数据总线诊断接口传送到舒适/便捷功能 CAN 上，以供驻车辅助控制单元访问。

☞ 八、视觉驻车辅助系统电路图

如图 5-44 所示。

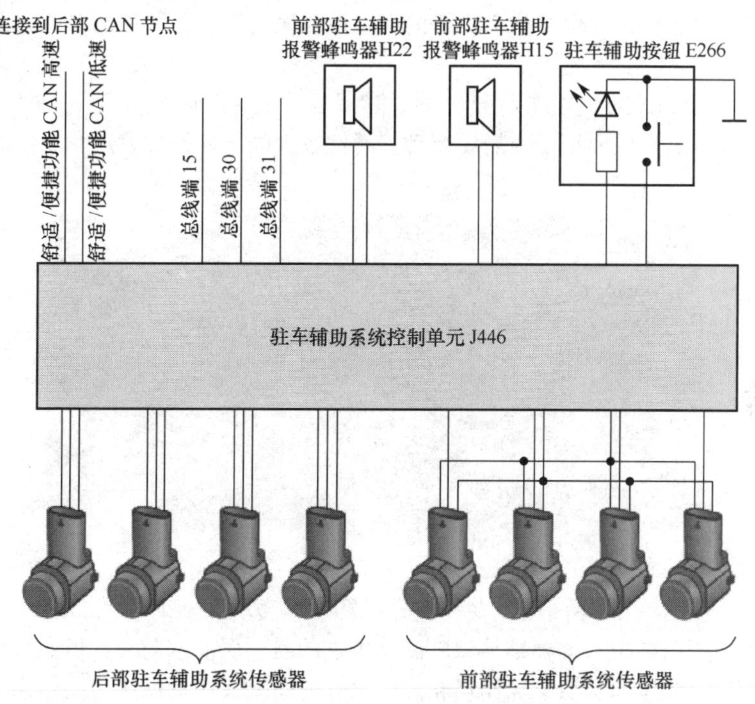

图 5-44　驻车辅助系统电路图

第五节　制动传动装置

汽车制动传动装置是将驾驶人或其他动力源的作用力传到制动器，同时控制制动器工作，从而获得所需要的制动力矩。制动传动装置按传力介质的不同可分为液压式、气压式和气—液综合式；按制动管路的套数不同可分为单管路式和双管路式。由于交通法规的要求，现代汽车的行车制动系统必须采用双管路制动传动装置，单管路制动传动装置已被淘汰。现代轿车广泛采用双管路式液压制动系统。

☞ 一、液压式制动传动装置

液压式制动传动装置是利用制动液作为传力介质，将驾驶人施于制动踏板上的力转换为油液压力，并通过管路传至车轮制动器，推动制动蹄或制动块产生制动作用。

液压式制动传动装置特点：制动柔和灵敏，结构简单，维护方便，不消耗发动机功率。但操纵较费力，制动力不太大，制动液受温度变化而降低其制动效能，液压制动传动装置已广泛应用在轿车和重型汽车上。

液压式制动传动装置主要部件有制动主缸、ABS 泵、制动轮缸、真空助力器、制动油管等。

1. 双管路液压制动传动装置

双管路液压制动传动装置是利用彼此独立的双腔制动主缸，通过两套独立管路，分别控制两桥的车轮制动器。其特点是若其中一套管路发生故障而失效时，另一套管路仍能继续起制动作用，从而提高了汽车制动的可靠性和行车安全性。

双管路的布置力求当一套管路发生故障而失效时，只引起制动效能的降低，但其前、后桥制动力分配的比值最好不变，以保持汽车良好的操纵性和稳定性。双管路的布置方案应用最广泛的是以下两种形式：

(1) 前后独立式(Ⅱ形) 如图5-45所示，由双腔制动主缸通过两套(一轴对一轴)独立管路分别控制车轮制动器。它主要用于对后轮制动依赖性较大的发动机后置后轮驱动的汽车。

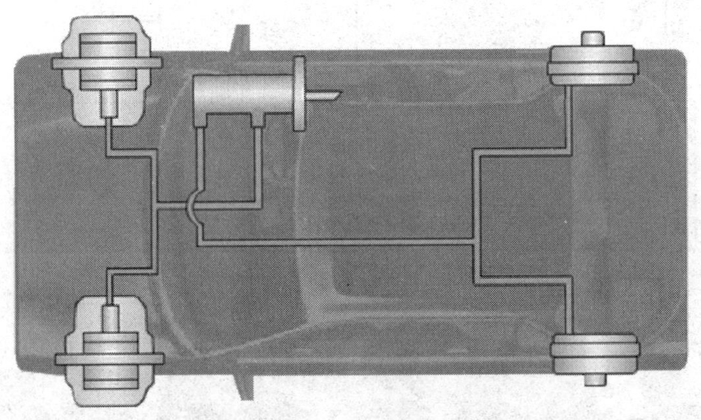

图5-45 前后独立式液压制动传动示意图

制动时，踩下制动踏板，推杆推动双腔制动主缸的前、后活塞前移，使主缸前、后腔油压升高，制动液分别同时流至前、后车轮制动轮缸。轮缸的活塞在制动液压力的作用下向外移动，进而推动制动蹄张开压向制动鼓产生制动效能。

当松开制动踏板时，制动蹄和轮缸活塞在回位弹簧作用下各自回位，并将制动液压回制动主缸，从而解除制动。

(2) 交叉式(X形) 如图5-46所示，该装置由双腔制动主缸，两套独立(交叉)管路分别控制车轮制动器，它主要用于对前轮制动力依赖性较大的发动机前置前轮驱动的汽车。

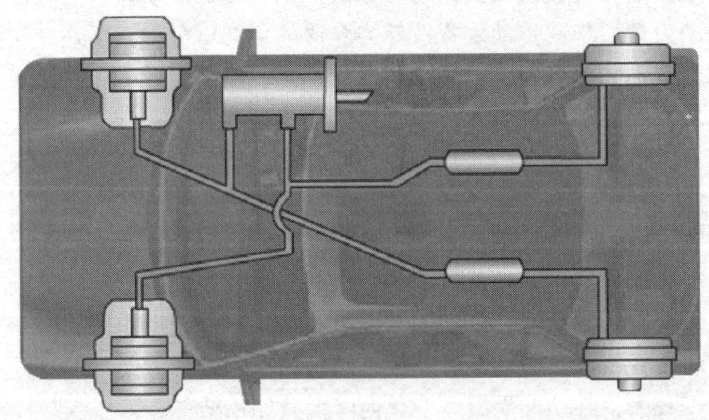

图5-46 交叉式液压制动传动示意图

这种双管路对角线布置的特点是，每套管路连接一个前轮和对角线上的一个后轮。当制动系统中任一回路失效，剩余制动力仍能保持正常总制动力的50%。当汽车在高速状态下制动时，均能保证后轮不抱死或者前轮比后轮先抱死，避免制动时后轮失去侧向附着力，造成汽车失控，确保行车安全。

2. 制动踏板

对于制动踏板一般有踏板力和踏板行程两方面的要求，如轿车的踏板力要小于500N，踏板行程小于120mm；载货车的踏板力要小于700N，踏板行程小于150mm。另外，驾驶汽车时，需要制动踏板有合适的路感。所谓制动踏板路感是指在轮胎和路面间的附着力足够的情况下，汽车所受到的制动力与踏板力成线性关系的性能。在不制动时，制动主缸的推杆与活塞之间应保持一定间隙，以保证活塞能够在回位弹簧作用下退到极限位置时皮碗不致堵住旁通孔。制动时，为了消除这一间隙所需的踏板行程称为制动踏板自由行程，一般为5～20mm。

3. 制动液

汽车制动液是液压制动系统采用的非矿物油型传递压力的介质。制动液的质量是保证液压系统工作可靠的重要因素。对制动液的要求是：高温下不易汽化，否则，将在管路中产生气阻现象，使制动系统失效；低温下有良好的流动性；不会使与之经常接触的金属（铸铁、钢、铝或铜）腐蚀，橡胶件发生膨胀、变硬或损坏；能对液压系统的运动件起良好的润滑作用；吸水性差而溶水性良好，即能使渗入其中的水汽形成微粒而与之均匀混合，否则，将在制动液中形成水泡而大大降低汽化温度。

以前，国内使用的汽车制动液大部分是植物制动液，用体积分数为50%左右的蓖麻油和50%左右的溶剂（丁醇、酒精或甘油等）配成。用酒精作为溶剂的制动液粘度小，但汽化温度只有70℃左右；用丁醇作为溶剂时，汽化温度可达100℃。但植物制动液的汽化温度都不够高，而且在70℃的低温下都易凝结，蓖麻油又是贵重的化工原料，故现在已逐步被合成制动液和矿物制动液所取代。我国生产的合成制动液的汽化温度已超过190℃，在－35℃的低温下流动性良好，适用于高速汽车制动器，特别是盘式制动器。此外，合成制动液对金属件（铝件除外）和橡胶件都无伤害，溶水性也很好，目前，成本还较高。矿物制动液在低温和高温下性能都很好，对金属也无腐蚀作用，但溶水性较差，且易使普通橡胶膨胀，故用矿物制动液时，活塞及制动软管等都必须用耐油橡胶制成。

汽车制动液的选择应使用合成型制动液；质量等级符合FM SS NO.116 DOT标准。各种汽车制动液主要使用特性和推荐使用范围见表5-1。

表5-1 汽车制动液主要使用特性和推荐使用范围

级　别	制动液的主要特性	推荐使用范围
JG3	具有良好的高温抗气阻性能和优良的低温性能	相当于ISO4926-78和DOT-3的水平，我国广大地区使用
JG4	具有良好的高温抗气阻性能和优良的低温性能	相当于DOT-4的水平，我国广大地区使用
JG5	具有优异的高温抗气阻性能和低温性能	相当于DOT-5的水平，特殊要求车辆使用

4. 制动主缸

制动主缸的作用是将制动踏板输入的机械能转换成液压能。

如图5-47所示，制动主缸有的与储液罐铸成一体，也有二者分制而装合在一起或用油管连接的。按交通法规的要求，现代汽车的行车制动系统必须采用双管路制动系统。因此，液压制动系统都采用串联双腔式制动主缸。目前，国内轿车及大多数国外轿车都采用等径制动主缸，即制动主缸两腔的缸径相同，而某些国外轿车上装用了异径制动主缸，即制动主缸的两腔缸径不相等。

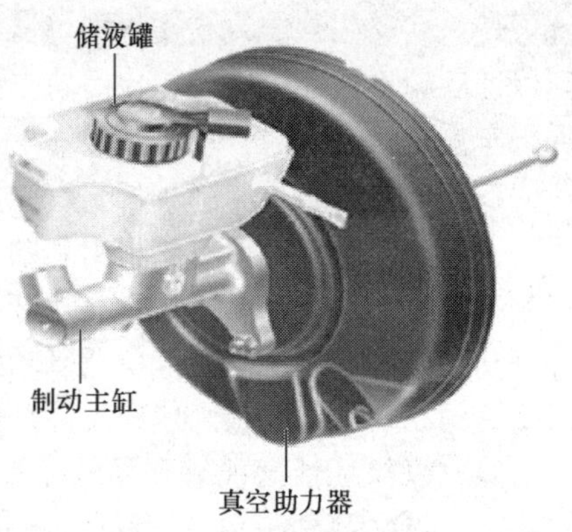

图 5-47　制动主缸

图 5-48 所示为串联双腔等径制动主缸。缸体呈筒形，内有两个活塞。前活塞位于缸筒的中间位置，将主缸分成前、后两个工作腔。每个工作腔内产生的液压经各自的油管分别传至前、后轮制动器。每个工作腔分别通过补偿孔和进油孔与储液罐相通。前活塞两端都承受弹簧力，当主缸不工作时，前活塞处在正确的中间位置，使各腔的补偿孔和进油孔都与储液罐相通。后活塞在弹簧的作用下压靠在限位环上，使其处于后工作腔的补偿孔和进油孔之间。每个活塞上都有轴向小孔，皮碗的端部通过垫片压在小孔的一侧，以便两腔建立油压并保持密封。

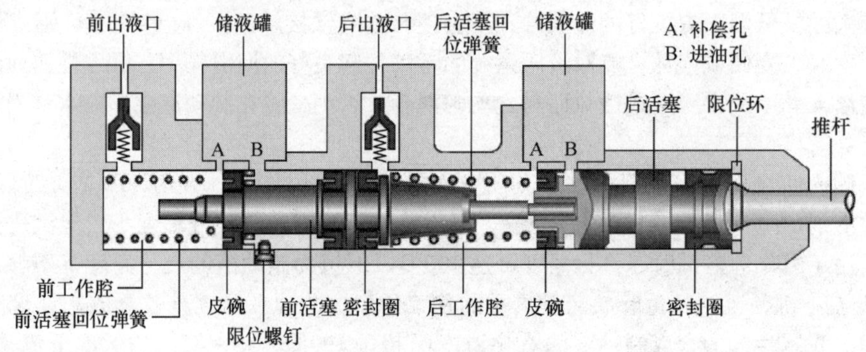

图 5-48　串联双腔等径制动主缸结构图

当踩下制动踏板时，真空助力器推动后活塞左移，直到皮碗盖住补偿孔后，后工作腔中液压升高，制动液一方面通过腔内后出液口进入右前和左后制动管路，一方面又推动前活塞左移。在后腔液压和弹簧的作用下，前活塞向左移动，前工作腔压力也随之提高，制动液通过腔内前出液口进入右后和左前制动管路。当继续踩下制动踏板时，前、后工作腔的液压继续提高，使前、后轮制动器制动。

解除制动时，活塞在弹簧作用下复位，制动液自制动油管流回制动主缸。如活塞复位过快，工作腔容积迅速增大，油压迅速降低，制动管路中的制动液由于管路阻力的影响，来不及充分流回工作腔，使工作腔中形成一定的真空度，于是，储液罐中的制动液使经补偿孔和活塞上的轴向小孔推开垫片及皮碗进入工作腔。当活塞完全复位时，补偿孔开放，制动管路中流回工作腔的多余制动液经补偿孔流回储液罐。

若与前工作腔连接的制动管路损坏漏油，则在踩下制动踏板时只有后工作腔中能建立液压，前工作腔中无压力。此时，在压力差作用下，前活塞迅速移到其前端顶到主缸缸体上。此后，后工作腔中液压方能升高到制动所需的值。

若与后工作腔连接的制动管路损坏漏油，则在踩下制动踏板时，起先只是后活塞前移，而不能推动前活塞，因而后工作腔中不能建立液压。但在后活塞直接顶触前活塞时，前活塞便前移，使前工作腔建立必要的液压而制动。

由上述可知，双管路液压制动系统中任一管路失效时，制动主缸仍能工作，只是所需踏板行程加大，将导致汽车的制动距离增长，制动效能降低。

5. 制动轮缸

制动轮缸的作用是把油液压力转换为轮缸活塞的推力，推动制动蹄或制动块压靠在制动鼓或制动盘上，产生制动作用。

制动轮缸有双活塞式和单活塞式两种。图 5-49 所示的是双活塞式制动轮缸。缸体用螺栓固定在制动底板上，缸内有两个活塞，二者之间的内腔由两个皮碗密封。制动时，制动液自油管接头和进液孔进入，活塞在液压作用下外移，通过顶块推动制动蹄。弹簧保证皮碗、活塞、制动蹄紧密接触，并保持两活塞之间的进油间隙。防护罩除防尘外，还可防止水分进入，以免活塞和轮缸生锈而卡住。在轮缸缸体上方还装有放气螺钉，以便放出液压系统中的空气。

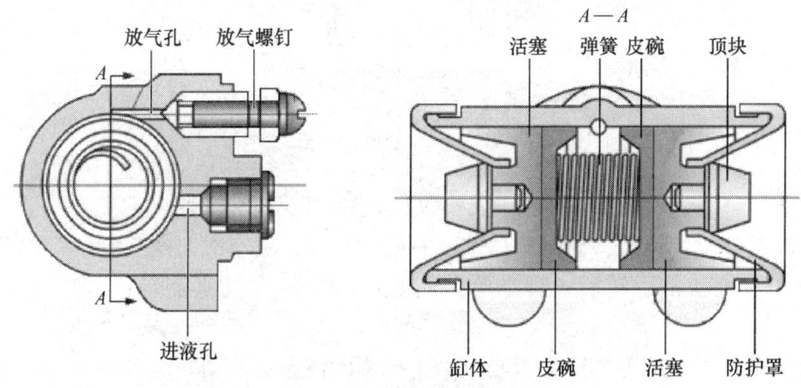

图 5-49　双活塞式制动轮缸结构图

6. 制动油管

制动主缸装在发动机舱内，与装在车轮附近的制动轮缸之间用油管互相连通。串联双腔制动主缸的前后工作腔分别用各自的管路连接前后轮制动器，管路中还有各种管接头。油管一般采用金属管(铜管)制成，由于车轮是通过弹性悬架与车架相连的，位于减振器或车架上的金属油管与车轮的位置经常变化。因此，连接油管除用金属管外，部分有相对运动的区段还用高强度的橡胶软管连接。

7. 储液罐

储液罐一般装在制动主缸上方，与制动主缸工作腔相通。制动前整个系统充满了制动液。当系统制动液不足时，可通过储液罐进行补充。储液罐盖上一般装有液位报警开关，当液面高度过低时，报警开关将点亮位于仪表板内的制动警告灯以警示驾驶人。

8. 真空助力器

（1）真空助力器的结构和原理　真空助力器是把发动机进气产生的真空度与大气压力差转变为机械推力，将制动主缸输出的制动液进行增压后输入各轮缸，从而增大了制动力，减轻了驾驶人操纵力。

如图 5-50 所示，真空助力器右端通过螺栓与车身前围板固定，并通过推杆和调整叉与制动踏板机构连接，左端与制动主缸连接。膜片及控制阀体将加力气室分为前、后两个腔室，前腔经真空单向阀与发动机进气管相连。控制阀体上真空通道连通前腔和控制阀腔，大气通道连通后腔和控制阀腔。外界空气可经滤环滤清后通过真空阀、大气通道进入加力气室的后腔。

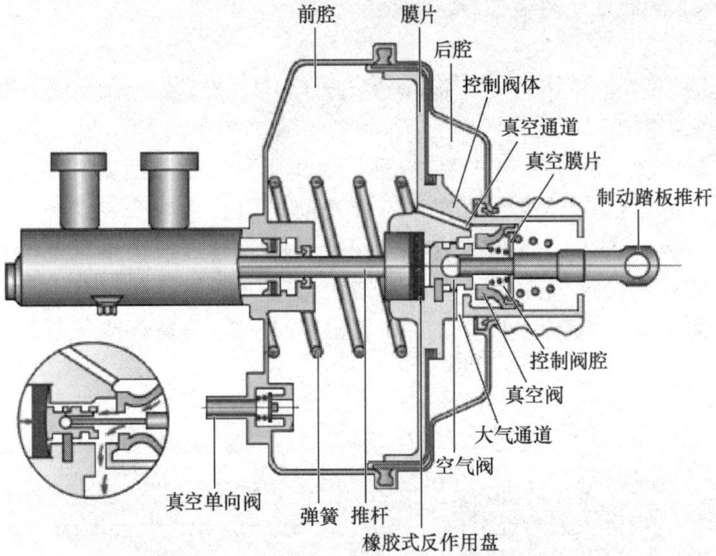

图 5-50　真空助力器结构及原理图

未踩下制动踏板时，弹簧将控制阀体推至右极限位置，真空阀与空气阀紧密贴合，真空阀开启，空气阀关闭。发动机运转后，真空单向阀被吸开，加力气室前、后两腔内都有一定的真空度。

刚踩下制动踏板时，加力气室尚未起作用，控制阀体固定不动，来自踏板机构的控制力可以推动制动踏板推杆和空气阀相对于控制阀体左移，当与橡胶式反作用盘之间的间隙消除后，控制力便经反作用盘、推杆传给制动主缸。此时，主缸内的制动液以一定压力流入制动轮缸。与此同时，真空膜片也在弹簧作用下左移，直至与控制阀体上的真空阀接触，使真空通道和大气通道隔断。然后，制动踏板推杆继续推动空气阀左移到其后端面离开真空阀一定距离。于是，外界空气经过滤环、控制阀腔和大气通道进入助力器室的后腔，使其中真空度降低，在加力气室前、后腔之间产生一个压力差，推动制动主缸活塞增加制动压力。

（2）真空助力器性能检查　检查真空助力器时，将发动机熄火。首先，用力踩几次制动踏板，以消除真空助力器中残留的真空度。确认踏板高度无变化时，踩住踏板，然后起动发动机，使真空系统重新建立起真空，并观察制动踏板。如踏板位置有所下降，说明真空助力器性能良好。

（3）真空助力器在有制动负荷时的密封性检查　起动发动机并运转 1～2min，在不熄火的情况下踩下制动踏板。在保持踏板力不变的情况下，关闭发动机，在 30s 内踏板的高度若无变化，表示真空助力器密封良好，若踏板升高则为密封性不好。

二、液压式制动系统排气

想一想：液压式制动系统中渗入空气会发生什么现象？如果进入空气的话，制动时系统中的空气被压缩，造成踏板行程增加，踏板发软，影响制动效果。

在维修过程中，由于拆检液压制动系统、接头松动或制动液不足等原因，造成空气进入管路时，应及时将系统中的空气排出。

排气从离制动主缸最远的轮缸开始，具有操作程序如下：

1）取下放气螺钉的护套，将一根胶管装在放气螺钉上，另一端插入一个玻璃瓶内。

2）一人坐在驾驶室内，连续踩下制动踏板，直至踏板一次比一次增高，且踏不下去时为止，这时要保持踏板不动。

3）另一个人在车下把轮缸放气螺钉稍旋松，此时，空气随制动液一起从胶管喷入玻璃瓶内，然后，尽快将放气螺钉旋紧。

4）在排出制动液的同时，踏板高度会逐渐降低，在未旋紧放气螺钉之前，绝不可将踏板抬起，以免空气再次进入。

5）一个轮缸应反复排气几次，直到将空气完全排出(制动液中无气泡)为止。

6）按照由远及近的原则：应按右后轮、左后轮、右前轮、左前轮的顺序将各制动轮缸逐个排气完毕。

7）在排气过程中，应及时向储液罐内添加制动液，保持液面的规定高度。

☞ 三、液压式制动系统各部件的检修

1. 制动主缸的检修

1）检查缸体，不得有任何性质的裂纹及破损等损伤。轻微的应予以焊修，严重的应予以更换。

2）检查储液罐是否破损，若出现破损应更换。

3）检查泵体内孔和活塞表面，其表面不得有划伤和腐蚀。

4）检查制动主缸皮碗、密封圈是否老化、损坏与磨损，若是则应更换。

2. 制动轮缸的检修

1）同一车桥上的两只轮缸的内径必须相同，以保证得到相等的制动力，防止制动跑偏。

2）检查制动轮缸皮碗、密封圈是否老化、损坏与磨损，否则应更换。

3）检查防护罩是否破损。

3. 制动油管的检修

检查制动油管有无裂纹或破损，损坏的一律更换，更换时同一轴的两根软管内径必须相等。

☞ 四、液压式制动系统故障诊断与排除

大多数轿车采用了液压制动系统。为了降低驾驶的劳动强度和提高制动性能，大多数汽车采用了真空助力器式制动机构。

1. 制动不良

（1）故障现象　汽车在行驶中，迅速将制动踏板踩到底，汽车不能立即减速、停车，制动减速度小，制动距离长。

（2）故障原因

1）制动主缸的原因。

① 主缸内制动液不足，补偿孔堵塞，储液罐盖通气孔堵塞。

② 主缸内皮碗破损、老化、变形或踏翻。

③ 主缸活塞与缸体磨损过量、松旷而漏油。

④ 主缸内密封圈密封不良。

2）制动轮缸的原因。

① 轮缸皮碗老化、破损或顶翻。

② 轮缸活塞卡滞，活塞与缸体磨损过量，松旷漏油，活塞的回位弹簧过软或折断。

3）制动器的原因。

① 制动蹄制动块的摩擦片磨损过量，制动间隙过大或调整失误，摩擦片接触面积小。

② 制动鼓失圆、起槽或鼓面磨损过甚。

③ 制动蹄或制动块的摩擦表面沾有油污、泥水，铆钉外露或表面烧焦硬化。

4）其他原因。

① 制动踏板自由行程过大。

② 某机械连接部位脱落、断开、失效等。

③ 制动液中渗入空气或湿度过高形成气阻。

④ 油管凹瘪，接头松动渗油，制动软管老化、破裂或堵塞。

（3）故障诊断与排除　先连续踩下制动踏板，根据踏板高度进行诊断。

1）若制动踏板不升高，始终到底且无力，应先检查主缸是否缺少制动液，主缸进油孔与储液罐通气孔是否堵塞。再检查油管接头有无破损之处或严重漏油，有漏油则应修理或换用新件，若无漏油之处，应检查各机械连接部位有无脱开之处。

若以上检查均好，则进一步检查主缸或轮缸皮碗是否破裂、顶翻或破损。

2）若制动踏板能升高，这时踩住踏板进行检查。踩动踏板，踏板能升高且制动效能有好转，则检测踏板自由行程和车轮制动器的间隙，应符合技术标准，否则进行局部调整。

若踩住踏板后踏板缓慢下降，应检查管路是否有破损或接头漏油。若无漏油应检查主缸、轮缸的皮碗密封是否良好，检查主缸、轮缸的回位弹簧是否过软或折断，若是则换用新件。

若踩制动踏板有弹性感，则液压系统内有空气或制动液汽化，应排出空气。

3）若踩一次制动踏板高度适中，但感到硬而且制动效能差，则个别车轮制动器不良，应检查制动软管是否老化、堵塞。否则检查该车轮制动器。

若各车轮制动均不良，应先检查主缸皮碗、密封圈是否良好，活塞是否卡滞，若为否，则检查各轮缸制动器工作状况。

2. 制动跑偏

（1）故障现象　汽车制动时，左、右车轮制动力不相等或制动生效时间不一致，导致汽车向制动较大或制动较早一侧行驶的现象。

（2）故障原因

1）左、右车轮制动器制动间隙大小不一样，摩擦片与制动鼓或制动盘的接触面积相差太大，或摩擦片材料、质量、规格不一样。

2）左、右制动鼓内径相差过多，或回位弹簧弹力相差太大，或轮胎气压大小不一样。

3）个别车轮摩擦片有油污、硬化或铆钉外露，或轮缸内活塞卡滞、皮碗发胀，或油管堵塞，或制动鼓失圆。

4）车架变形，前轴外移，前后轴不平行，两前轴钢板弹簧弹力不一样。

（3）故障诊断与排除

1）汽车行驶中制动，若汽车向左倾斜，则为右轮制动性能差；反之为左轮制动性能差。

2）当汽车制动后，察看轮胎在路面上的拖印情况，若拖印短或没有拖印的车轮，则为制动有故障的车轮。

3）若查出有故障车轮后，先检查该车轮制动管路是否漏油，轮胎气压是否达到技术标准。若正常，再检测制动间隙是否符合技术标准，否则予以调整。若仍无效，应拆下制动鼓，逐一检查各件，特别是制动鼓的尺寸要严格检测。

4）经上述检修后，各车轮拖印基本符合要求，但制动时仍跑偏，则故障不在制动系统，应检测车架或前轴的技术状况，若出现忽左忽右的跑偏现象，则应检查前束或纵横拉杆球头销是否松旷。

3. 制动拖滞

（1）故障现象　在行车制动中，当抬起制动踏板时，全部或个别车轮仍有制动作用，致使车轮起步困难，行驶无力，制动鼓或制动盘发热。

（2）故障原因

1）制动踏板没有自由行程或回位弹簧过软、折断，踏板轴锈滞、发卡，回位困难。

2）制动主缸活塞变形，回位弹簧过软或折断。

3）制动间隙过小，制动蹄回位弹簧过软、失效，制动蹄在支承销上不能自由转动。

4）制动轮缸皮碗胀大，活塞变形。

5）制动油管凹瘪、堵塞，导致回油不畅。

（3）故障诊断与排除

1）汽车行驶一段路程后，用手抚摸各制动鼓或制动盘。若全部发热，说明故障在制动主缸；若个别制动鼓或制动盘发热，则故障在该车的制动轮缸。

2）若故障在制动主缸，应先检查踏板自由行程。如果无自由行程，则主缸推杆与活塞间隙过小或没有间隙，应进行调整。若自由行程符合标准，则拧下主缸储液罐盖，踩下踏板慢回位，看其回油状况，若不回油则为回油孔堵塞；若回油缓慢则为皮碗、皮圈发胀或回位弹簧无力或油液太脏，粘度太大。经检查不符合技术标准，一律更换。

3）若故障在制动轮缸，把有故障的车轮顶起，旋松制动轮缸的放气螺钉，如制动液随之急速喷出，车轮也立即旋转自如，说明管路堵塞，轮缸不能回油，此时应疏通油管。若旋转车轮仍有拖滞，可检查制动间隙和回位弹簧，若正常，应更换制动轮缸。

4）若以上良好，应拆检驻车制动器。

第六节　电动制动助力装置

一、为什么采用电动制动助力装置

如图 5-51 所示，如果节气门被稍微打开，进气歧管中的真空度就较高。因此，在制动助力装置真空接头处的真空度也较高。

如图 5-52 所示，如果节气门的开度较大并且发动机在低速运行，进气歧管上制动助力装置真空接头处的真空度就较低。

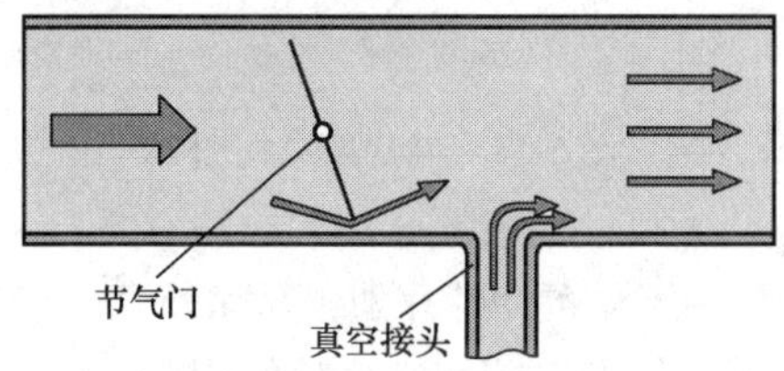

图 5-51　节气门微开时的真空度

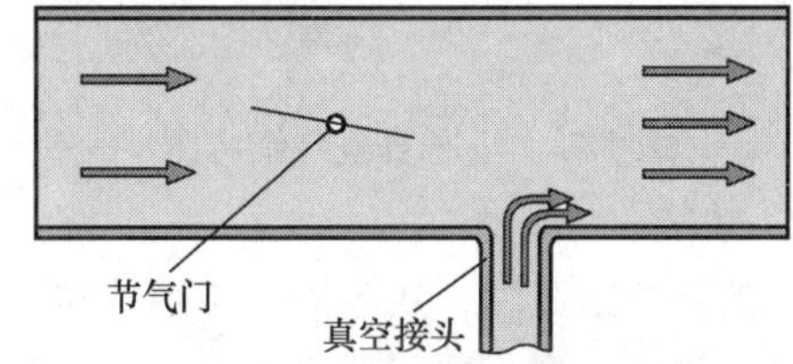

图 5-52　节气门大开时的真空度

为此，在所有安装自动变速器且符合 EU4 废气排放标准的汽油机车辆上采用了电动制动助力装置，即配置了一个电子真空泵，它有助于改善发动机在冷起动以及当变速杆位于行驶档并且踩下制动踏板而节气门开度特别大时提供给制动助力的真空度不足。电子真空泵可以在发动机管理系统的控制下，独立地给制动助力提供足够的真空度，它起着加强制动力的作用。因车型不同，可以安装两种不同类型的电子真空泵：

1）开环控制真空泵。

2）闭环控制真空泵。

二、电子真空泵的结构和功能

两种类型的电子真空泵的结构和功能是完全相同的。然而在闭环控制电子真空泵的壳体中没有安装控制单元。

1. 结构

如图 5-53 所示，电子真空泵由一个电动机和一个叶片泵组成。

2. 功能

电动机驱动叶片泵。由于存在离心力，所以，座圈圆形内壁上的叶片被向外甩出。座圈的偏心安装位置导致进气通道的体积增加和排气通道体积的减小。因此，空气流入吸气室并且被叶片传送至真空泵的排气通道。结果，在制动助力装置的接头处就有了真空。

每一次发动机起动后，电子真空泵运转约 1 ~2s。

三、叶片泵的结构和功能

1. 结构

如图 5-54 所示，叶片泵主要由进气通道、排气通道、叶片、座圈、气室、泵轴、外壳等组成。在叶片泵中，带可动叶片的座圈在泵轴的带动下在外壳内旋转。泵轴是偏心安装的，它可以改变座圈和外壳之间的气室尺寸。

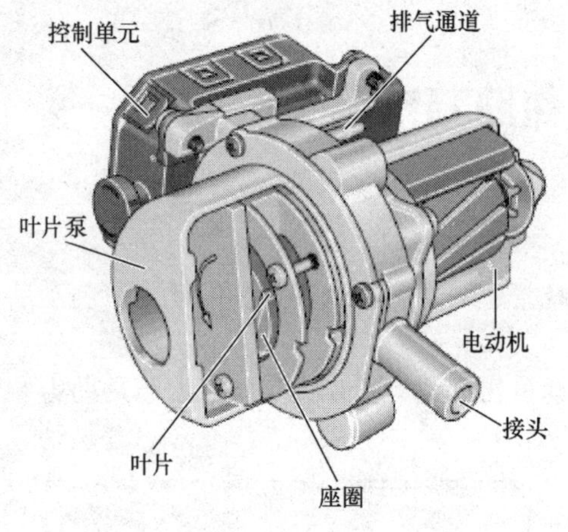

图 5-53　电子真空泵结构图

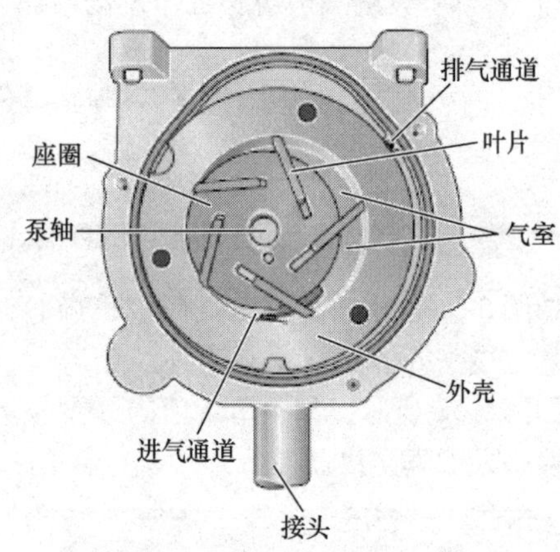

图 5-54　叶片泵结构图

2. 功能

电动机驱动泵轴，从而使得座圈旋转。在离心力的作用下，可动叶片处于紧靠外壳内壁的位置并且封闭住气室。这就使得由两个叶片和外壳内壁组成的气室中的空气从吸气侧(叶片泵的接头)排入压力侧(排气通道)。泵轴的偏心位置可以减小气室的尺寸，从而压缩吸入的空气。

四、开环控制真空泵

在高尔夫 1998、宝来、奥迪 A3 车型上采用开环控制真空泵。汽车的制动助力装置中安装了不带压力传感器的开环控制真空泵。

图 5-55 所示为系统总览图。

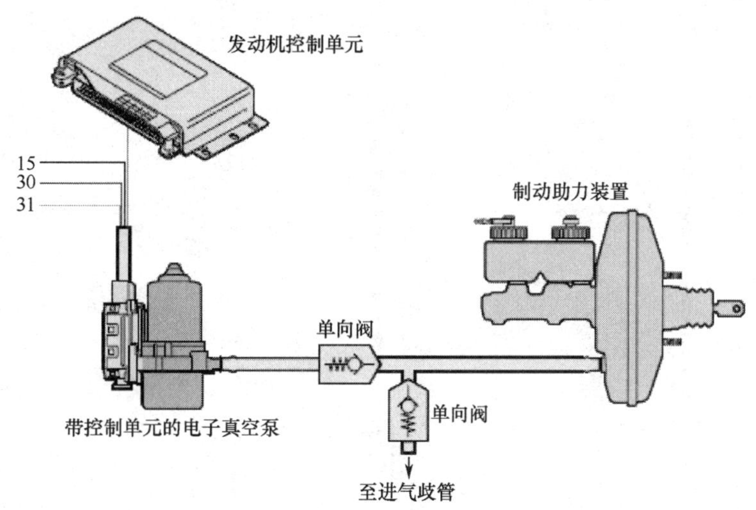

图 5-55　系统总览图

1. 开环控制系统的特点

开环控制是系统中的一个过程，其中，输出变量受输入变量的影响。开环控制系统的控制单元(电子真空泵)不是由传感器监控的，所以，没有信号被反馈到控制装置(发动机控制单元)。

1）开环控制型中没有压力传感器。进气歧管压力参数被存储在发动机控制单元中。

2）控制单元根据下列参数计算制动助力装置中的压力：

① 负荷。

② 发动机转速。

③ 节气门位置。

④ 制动灯开关。

发动机控制单元比较计算出的制动助力装置中的压力和存储在发动机控制单元中的进气歧管压力参数。

2. 电子真空泵

(1）安装位置　如图 5-56 所示，开环控制型电子真空泵安装在元宝梁的左侧。

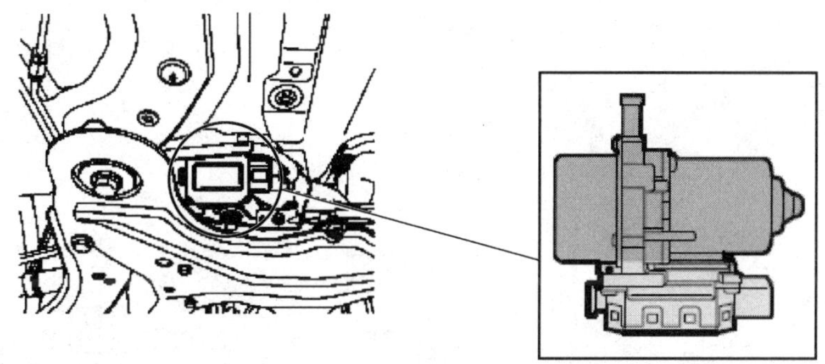

图 5-56　电子真空泵的安装位置示意图

(2）操作条件　如果计算出的进气歧管压力超出存储在进气歧管压力参数中的特性曲线，发动机控制单元就向电子真空泵的控制单元传送一个接地信号，电子真空泵开始转动。

特性曲线由环境压力确定。取决于不同的发动机控制单元，这个压力被计算或由发动机控制单元中的压力传感器确定。

图 5-57 所示为开环控制真空泵的电路图。

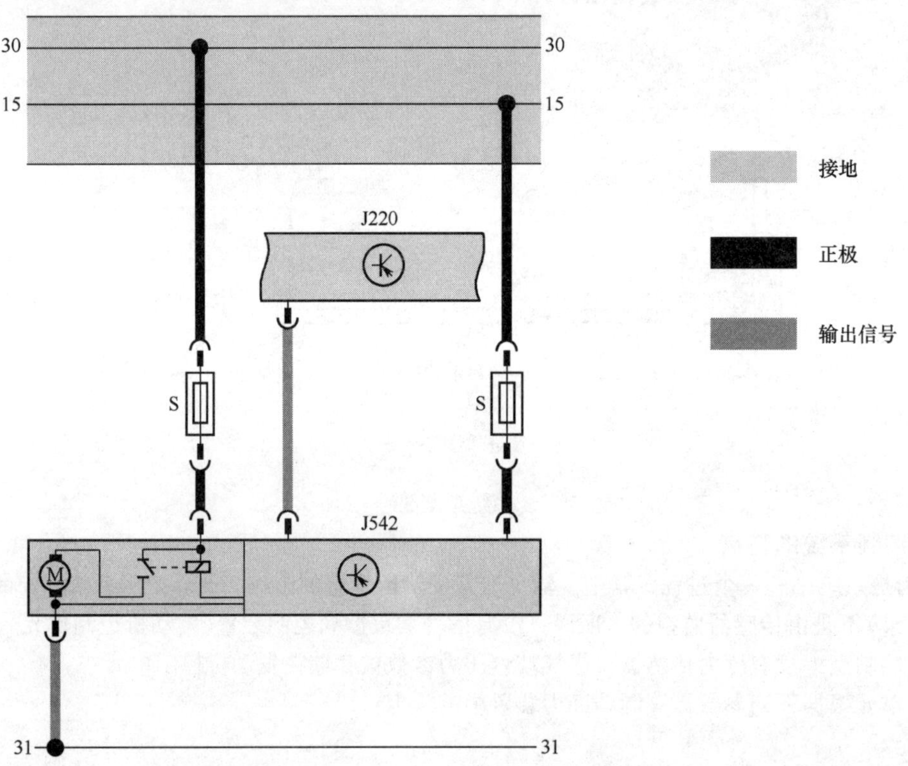

图 5-57　开环控制真空泵电路图

J220—发动机控制单元　J542—制动助力装置控制单元　S—熔丝

五、闭环控制真空泵

在帕萨特 2001、奥迪 A4、奥迪 A6 车型上采用闭环控制真空泵。汽车的制动助力装置中安装了带压力传感器的闭环控制真空泵。

图 5-58 所示为系统总览图。

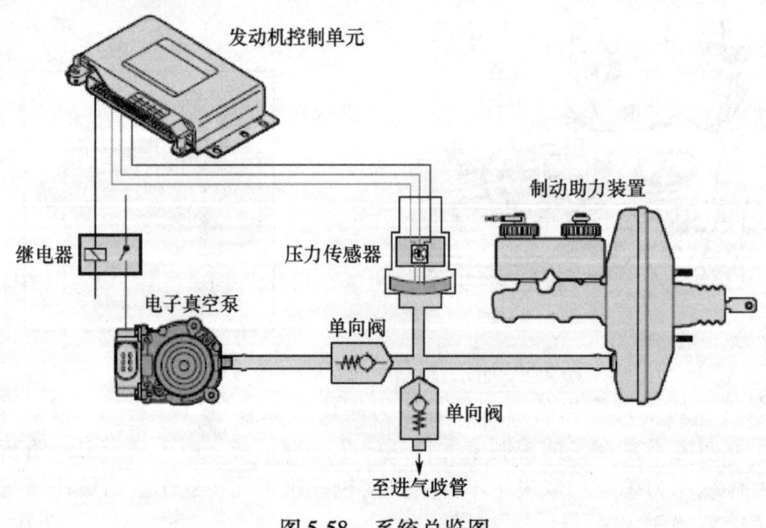

图 5-58　系统总览图

1. 闭环控制系统的特点

闭环控制是系统中的一个过程，其中，被控制变量(制动助力装置中的压力)始终由传感器(压力传感器)进行监控。闭环控制系统的控制单元(发动机控制单元)比较由传感器传送的测量值和存储的规定值，然后控制相应的控制单元(电子真空泵)。

2. 压力传感器

(1) 功能　在闭环控制型中，通向制动助力装置的管道上安装有一个压力传感器。在点火开关接通后，压力传感器被传送一个5V的电压。

压力传感器内有一个带变阻器的膜片，如果传感器内的压力发生变化，变阻器上的电阻也会发生变化。这样，就会通过压力传感器中的放大器产生一个电压信号。

(2) 工作原理

1) 在大气压力状态下。如图5-59所示，在大气压力下，因为膜片的形状变化较小，所以，带变阻器的膜片变化也较小。结果，供给的电压只要克服较小的电阻变化。电压的变化很小。

2) 在真空状态下。如图5-60所示，如果有真空存在，膜片的形状变化会很大，变阻器的变化也会很大。这会导致电阻值发生很大的变化，测量电压以相同的比例下降。

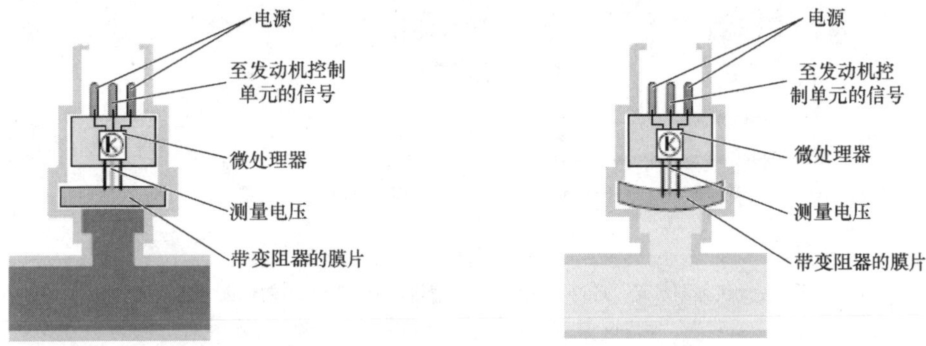

图5-59　大气压力状态　　图5-60　真空状态

3. 电子真空泵

(1) 安装位置　如图5-61所示，帕萨特2001车型的电子真空泵安装在发动机舱左侧的一个罩盖下；制动助力装置的压力传感器安装在水槽中通向制动助力装置的管道上并且向发动机控制单元

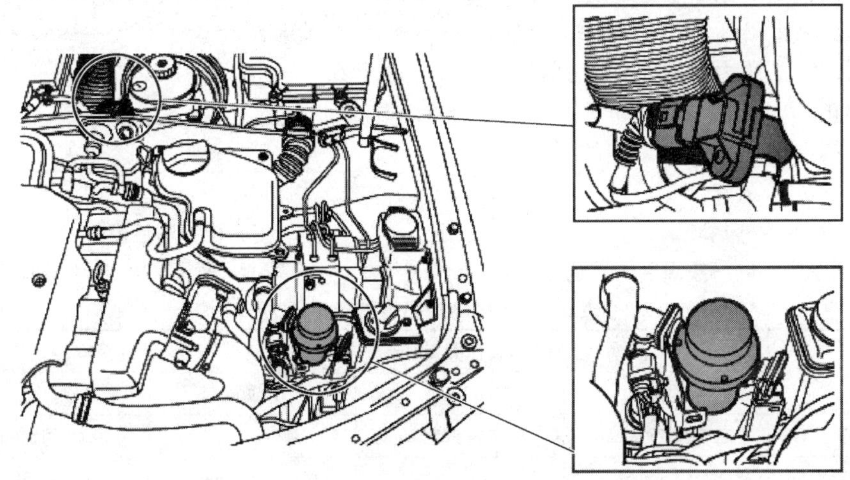

图5-61　真空泵和压力传感器的安装位置示意图

提供一个电压信号。发动机控制单元(用控制接地的方式)控制一个接通真空泵的负载电流继电器。

(2) 操作条件　一个控制电子真空泵的特性曲线被存储在发动机控制单元内。与开环控制型一样，接通取决于制动助力装置中的压力和测量的环境压力。取决于不同的发动机控制单元，这个压力被计算或由发动机控制单元中的压力传感器确定。如果压力传感器发生故障，系统采用“开环控制”型的计算参数。

图 5-62 所示为闭环控制真空泵的电路图。

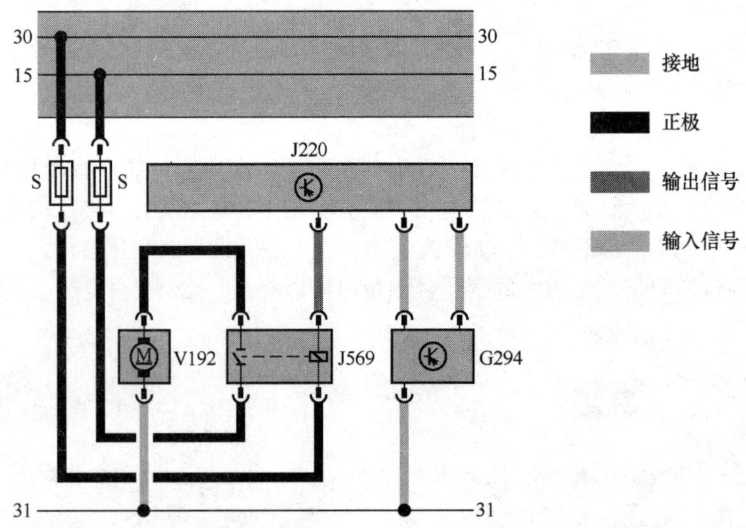

图 5-62　闭环控制真空泵电路图

J220—发动机控制单元　J569—制动助力装置继电器　V192—制动助力装置真空泵
G294—制动助力装置压力传感器　S—熔丝

(3) 滞后　“滞后”这一术语起源于希腊语，它的基本意义是：一种效应在促使它发生的原因中止后，仍然在继续。就电子真空泵而言，这意味着：真空泵在某个压力范围内接通和断开。这个压力范围就是接通压力和断开压力之间的差。真空泵被关闭后，它的压力会一直保持到踩下制动踏板为止。

开环控制型和闭环控制型中的滞后是不同的。

图 5-63 所示为滞后图。

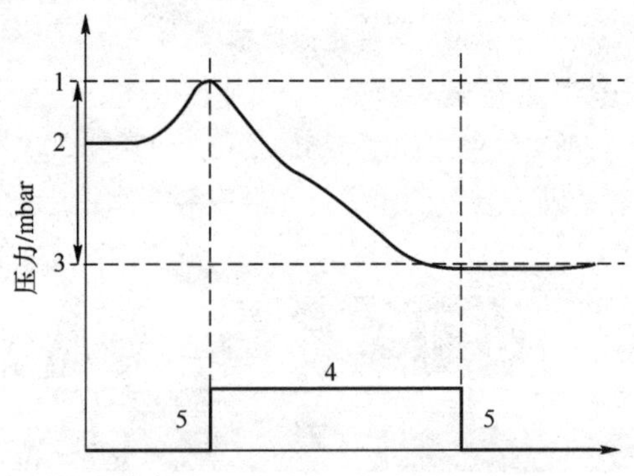

图 5-63　滞后图

1—接通压力　2—滞后　3—断开压力　4—泵接通　5—泵断开

表 5-2 所示为不同海拔高度的接通压力。

表 5-2　不同海拔高度的接通压力

类型	接通压力/mbar			滞后
	平均海拔	800m	1000m	
开环型	高于约 550mbar	高于约 525mbar		约 50mbar
闭环型	高于约 600mbar		高于约 540mbar	约 170mbar

六、自诊断

可以用 VAS5051 或 VAS5052 执行自诊断。

如果你选择了 01 “发动机电控系统”，就可以执行下列与电子真空泵有关的功能。表5-3所示的某些功能是为将来准备的，即并非所有车辆都具有下列功能。

表 5-3 控制功能

开环控制型	闭环控制型
02-查询故障码	02-查询故障码
03-执行元件诊断	03-执行元件诊断
05-清除故障码	04-基本设定，系统测试，通风的制动助力装置必须在一定的时间内再次排放空气
06-结束输出	05-清除故障码
08-读取数据流，显示组 008，数据显示区 3 为制动助力装置中的绝对压力	08-读取数据流，显示组 008，数据显示区 3 为制动助力装置中的绝对压力

如果系统探测到故障，必要时会断开空调压缩机。这时，较小的发动机负荷会使节气门的开度变得更小。

第七节 制动辅助系统(BAS)

一、制动辅助系统因何而生

事故统计表明，在 2012 年 “双节” 长假，全国发生交通事故 68422 起，这其中就有多起事故是由于驾驶人原因而发生的。其中，由于诸如不注意让道、行错车道、速度不当或车距不足等原因造成的许多事故都可以通过改善制动过程避免。目前，交通事故已经成为 “世界第一害”。

研究表明，许多驾驶人由于缺乏经验，在紧急情况下未能采取足够的制动措施。这就是说，因为驾驶人未能将制动踏板踩到足够的位置，制动器未起到所能达到的最大制动作用。由于这个原因，人们开发出了制动辅助系统，英文为 Brake Assist System，简称为 BAS。

二、制动辅助系统概述

在汽车发展初期，制动器的作用较小，因为驱动系统的摩擦系数很高以致车辆不制动也足以减速下来。随着功率和速度的不断提高，以及交通密度的不断加大，在 20 世纪 20 年代人们便开始考虑如何制造出相应的制动系统以符合更高的驱动和驾驶性能的需要。然而，随着电子学和微电子学的不断发展，开发能够对紧急情况作出足够快速反应的系统成为可能。电子制动系统的 “鼻祖” 是防抱死制动系统(ABS)，该系统自从在 1978 年开始大量投入生产后，一直在不断地改进并增加新的功能。这些功能可以主动参与到行车过程中，以提高行车稳定性。目前，这类系统已经发展为各种辅助驾驶人驾驶的系统，如制动辅助系统。

制动辅助系统的作用是什么？为了回答这个问题，让我们首先观察一下没有制动辅助系统的制动过程。

如图 5-64 所示，一个车辆的驾驶人在他前面的车辆突然制动时会大吃一惊，经过一个反应时间，他认清当时的情形并踩下制动踏板。由于他可能没有足够的在紧急情况下制动的经验，因

而对于必需的制动强度没有感觉，所以，他往往不是全力踩下制动踏板。这时，制动系统没有产生最大的制动力，于是，就无端增加了宝贵的制动距离，车辆不能及时停下。

如图 5-65 所示，现在我们观察一下在同一情形下的带制动辅助系统的车辆作为对照。和前面一样，踩制动踏板的力量不够大，制动辅助系统从车速和制动踏板所受的力上察觉到出现了紧急情况。制动辅助系统将制动力提高，直到 ABS 控制系统被启动，以避免车轮被抱死。这样，便可以充分利用所能达到的最大制动作用，并显著缩短制动距离。

图 5-64　无制动辅助系统

图 5-65　有制动辅助系统

综上所述，制动辅助系统的作用是在紧急情况下对驾驶人的制动进行加强，在保持车辆操纵性的前提下达到最短的制动距离。

三、制动辅助系统的类型

不同的车轮滑行控制系统制造商采用不同的方法开发制动辅助系统。目前，可分为两大类：

1）液压式制动辅助系统。

2）机械式制动辅助系统。

在液压式制动辅助系统（Bosch 公司开发的就是这类系统）中由 ABS/ESP 液压系统的回液泵产生压力，液压式制动辅助系统便是由此而得名，这种形式也称为主动建压。这种结构的优点在于它不需要在系统中另外增加部件。在大众公司，目前，这种液压式制动辅助系统被装备在波罗的 2002 年款，帕萨特的 2001 年款和 D 级车上。

Continental-Teves 公司的机械式制动辅助系统是通过真空助力器中的机械部件来实现建压和识别紧急情况的。机械式制动辅助系统被装备在高尔夫和宝来的最新车型上。

这两类系统都利用现有的系统部件来实现制动辅助系统的功能。因此，制动辅助系统的功能必须结合 ESP 的功能。

在本书中将向大家讲述液压式制动辅助系统和机械式制动辅助系统在结构和作用方式上的区别。

四、液压式制动辅助系统

1. 系统组成

如图 5-66 所示，液压式制动辅助系统主要由真空助力器、制动力传感器、转速传感器、制动信号灯开关、液压单元、控制单元、回液泵和车轮制动轮缸等组成。

Bosch 公司的制动辅助系统的核心部件是集成了 ABS 控制单元和回液泵的液压单元。液压单元中的制动力传感器、转速传感器和制动信号灯开关向制动辅助系统提供信号，令它能识别紧急情况。

车轮制动轮缸的压力升高通过对液压单元中的特定阀门和 ABS/ESP 的回液泵的控制来实现。

与带有制动辅助系统的车辆相比，没有制动辅助系统的车辆较晚进入 ABS 控制区域。因此，制动距离较长。

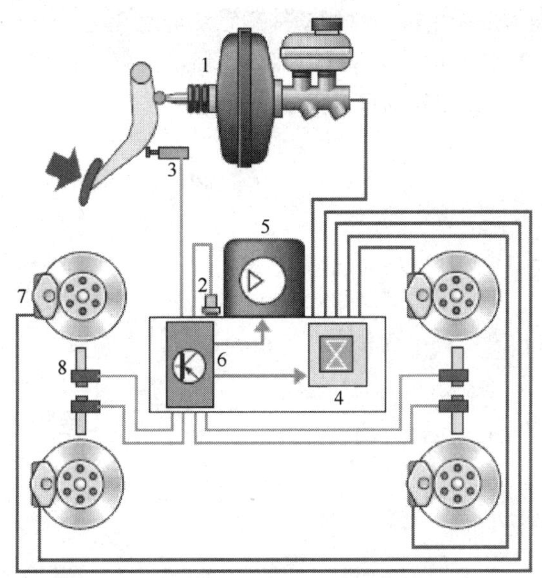

图 5-66　液压式制动辅助系统

1—真空助力器　2—制动力传感器　3—制动信号灯开关　4—液压单元　5—回液泵
6—控制单元　7—车轮制动轮缸　8—转速传感器

2. 系统功能

制动辅助系统的功能可分为两个阶段，如图 5-67 所示。

1）第一阶段——制动辅助系统开始动作。

2）第二阶段——制动辅助系统结束动作。

当激发条件被满足时，制动辅助系统提高制动力直到 ABS 控制区域。通过这种主动式建压将很快达到 ABS 调节区域。

如图 5-68 所示，液压单元中的开关阀 N225 打开，并且高压开关阀 N227 关闭。这样，在回液泵中所建立的压力便直接被传送到车轮制动轮缸。

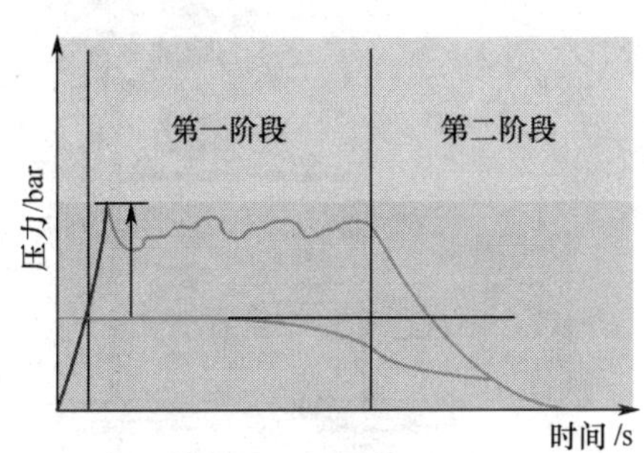

图 5-67　制动辅助系统功能阶段图

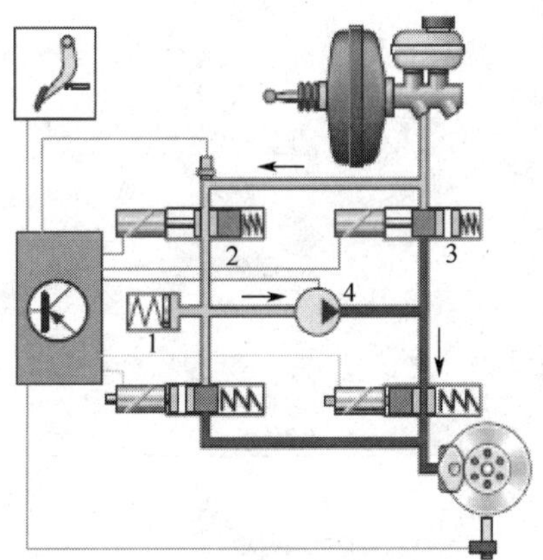

图 5-68　制动辅助系统功能原理图

1—蓄压器　2—开关阀 N225
3—高压开关阀 N227　4—回液泵

（1）制动辅助系统开始动作　如图 5-69 所示，制动辅助系统具有尽快将制动力提高到最大值的功能，用以防止车轮被抱死的 ABS 功能则在达到抱死极限时限制这一压力升高。这就是说：

一旦 ABS 开始工作，制动力便无法再通过制动辅助系统继续升高了。

如图 5-70 所示，当 ABS 工作时，开关阀 N225 重新被关闭，而高压开关阀 N227 则被打开。回液泵的输送量将制动力保持在抱死阈值之下。

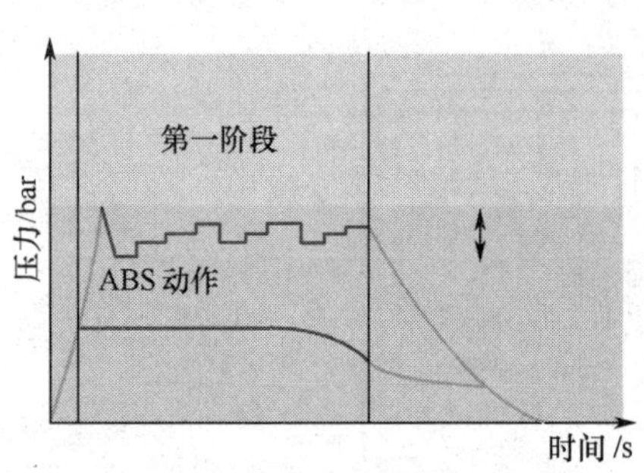

图 5-69　制动辅助系统功能第一阶段图

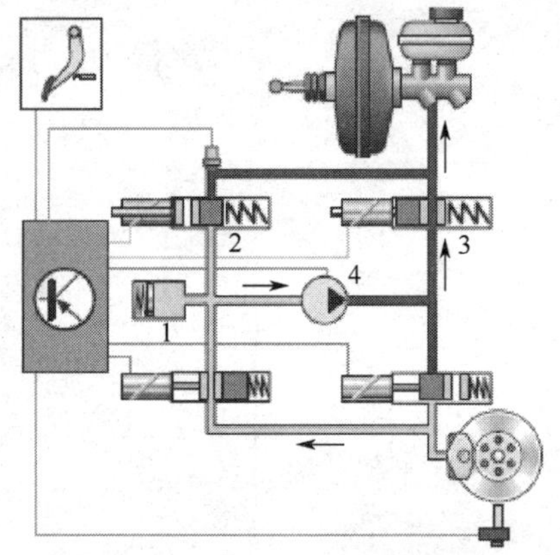

图 5-70　制动辅助系统功能第一阶段原理图

1—蓄电池　2—开关阀 N225　3—高压开关阀 N227　4—回液泵

（2）制动辅助系统结束动作　如图 5-71 所示，如果驾驶人减小踏板力，则激发条件不复存在。制动辅助系统由此判断出紧急情况已经排除，并切换到第二阶段。这时，车轮制动轮缸中的制动力将根据驾驶人的踏板压力来调节。从第一阶段到第二阶段的过渡不是跳跃式的，而是一种令人舒适的过渡。这时，制动辅助系统减少它在总制动力中所占的压力份额，以降低踏板力。当它的压力份额最终达到零时，便回复到了正常的制动功能。

如图 5-72 所示，当车辆行驶速度低于所设定的值时，制动辅助系统也将终止它的制动作用。在上述两种情况下，将通过液压单元中相应阀门的控制来降低制动力。制动液将回流到蓄压器中，并由回液泵送回到制动液储液罐中。

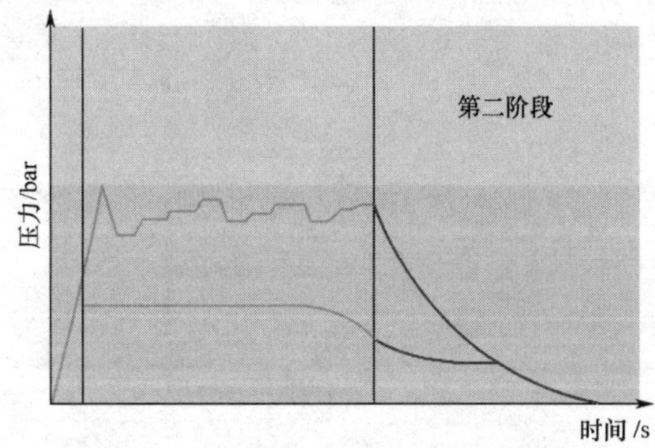

图 5-71　制动辅助系统功能第二阶段图

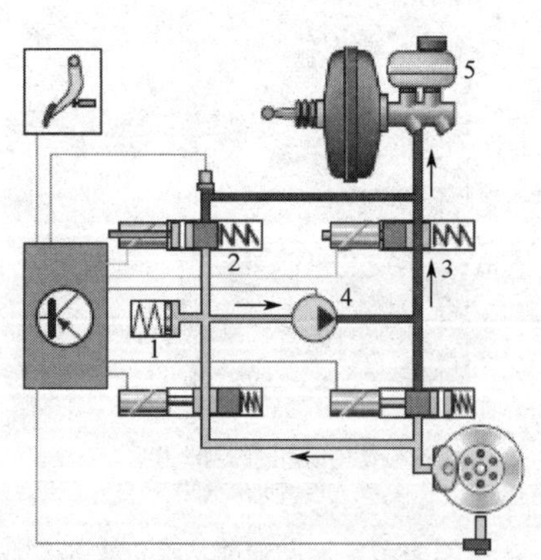

图 5-72　制动辅助系统功能第二阶段原理图

1—蓄压器　2—开关阀 N225　3—高压开关阀 N227　4—回液泵　5—储液罐

3. 激发条件

在以下的激发条件将被识别为紧急制动情况，并激发制动辅助系统的动作。其条件如下：

1）制动信号灯开关信号，表明制动踏板被踩下。

2）转速传感器的信号，表明车辆的行驶速度。

3）制动力传感器的信号，表明驾驶人以怎样的速度和力量踩下制动踏板。

图 5-73 所示为激发条件原理图。

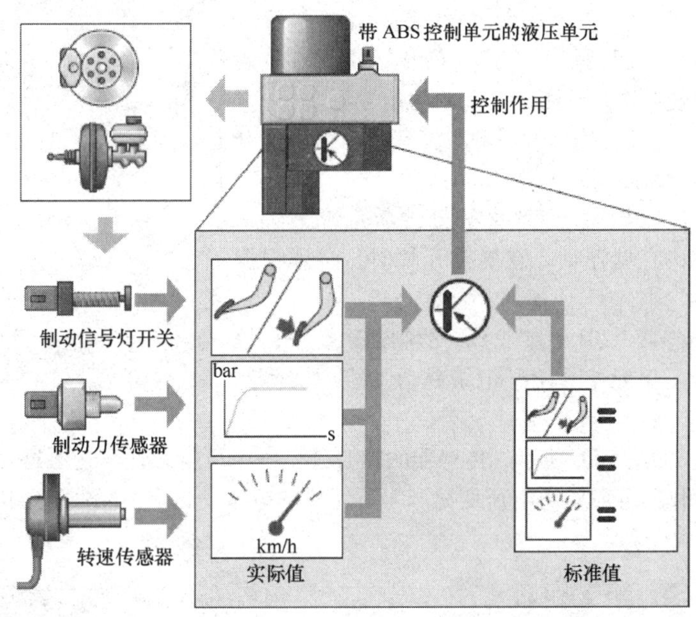

图 5-73 激发条件原理图

踩踏板的速度和力量通过制动主缸建压斜度测得。即控制单元通过液压单元中的压力传感器获得当前制动主缸中的制动力在一个特定时间段中的变化情况，这就是建压斜度。

如图 5-74 所示，制动辅助系统的启动阈值为一个设定值，它取决于车辆的行驶速度。如果踏板压力在一个时间段内超过了这个设定值，制动辅助系统便开始制动。如果压力变化值低于这个阈值，制动辅助系统便终止工作。这就意味着，如果踏板压力在一个短时间 T_1 内超过了一个特定的值，接通条件便被满足，而制动辅助系统功能便被启动。如果要经过一个较长的时间 T_2 后才达到同样的踏板压力，即曲线较平缓，便不满足接通条件，制动辅助系统功能仍保持关闭状态。就是说，在以下情况下，该系统不会工作：

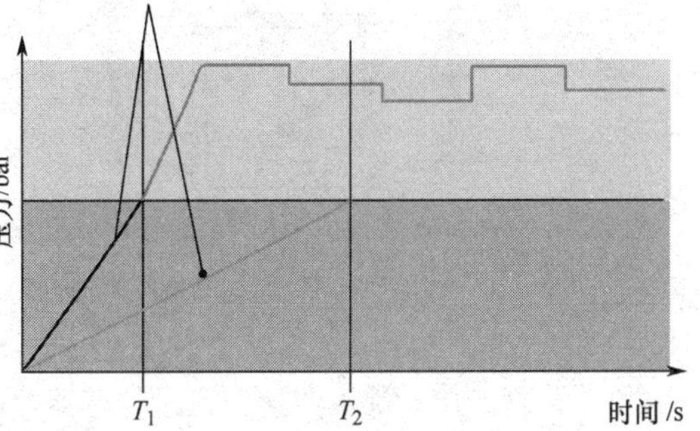

图 5-74 制动辅助系统启动压力曲线图

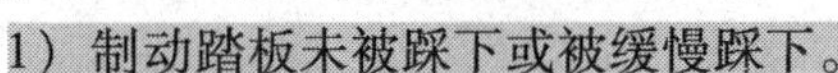

1）制动踏板未被踩下或被缓慢踩下。

2）压力变化值在阈值之下。

3）车辆行驶速度过低。

4）驾驶人以足够力量踩下制动踏板。

4. 电器部件

(1) 制动信号灯开关F　该开关装在制动踏板装置上，用来记录踏板是否被踩下。

1）工作方式。如图5-75所示，制动信号灯开关是一个传统的机械探头，它有两个开关位置。当制动踏板未被踩下时，制动信号灯开关断开；当制动踏板踩下时，制动信号灯开关接通。

2）信号运用。该开关发出两个信号：制动踏板被踩下或制动踏板未被踩下。制动信号灯开关信号运用于各个制动系统和发动机管理系统，并用于打开制动信号灯。

3）无制动信号灯开关信号的影响。没有制动信号灯开关的信号，制动辅助系统将不起作用。

4）自诊断。开关的功能异常将被自诊断系统记录下来，并储存到故障码存储器中。在更换开关时，必须根据维修指导进行调整。

图5-75　制动信号灯开关工作方式
a）制动踏板未踩下　b）制动踏板已踩下

(2) 制动力传感器G201　在带ESP的制动系统中，该传感器直接装在液压单元中，用于记录制动系统中实际制动力。

1）工作方式。如图5-76所示，传感器的核心件是一个压电元件，它通过元件内部的电荷分布变化对压力变化作出反应，由电荷变化产生可测量的电压变化。传感器的电压变化由控制单元感知并分析。

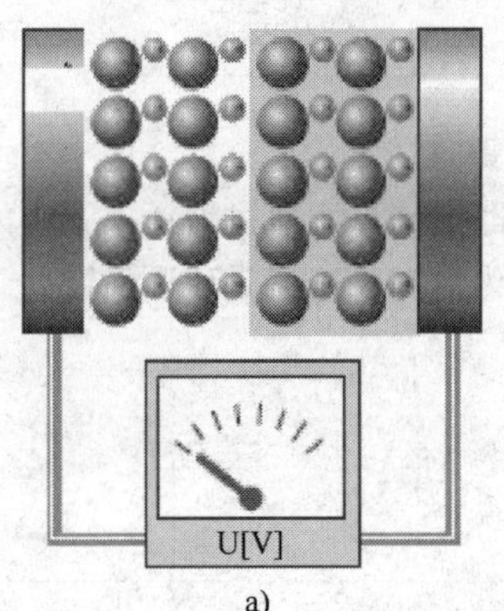

a)

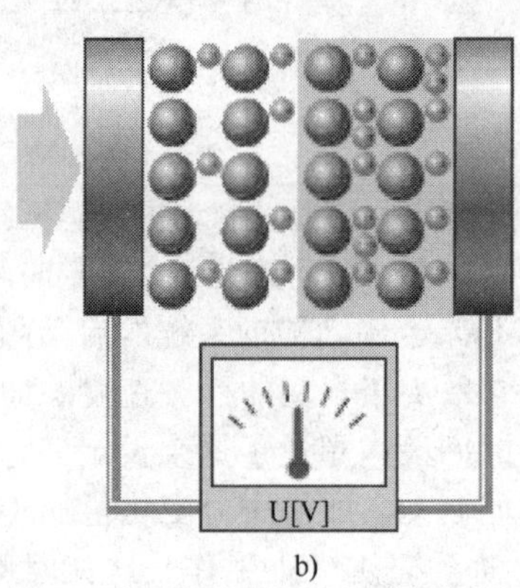

b)

图5 76　制动力传感器工作方式
a）电荷均匀分布　b）电荷非均匀分布

2）信号运用。综上所述，通过传感器的信号与时间段的比值得到压力斜度，该斜度被设定为制动辅助系统的接通条件。

3）无制动力传感器信号的影响。没有制动力传感器的信号，制动辅助系统和ESP系统将不起作用。

4）自诊断。制动力传感器的功能异常将被自诊断系统记录下来，并储存到故障码存储器中。

(3) 转速传感器G44～G47　转速传感器共四个，它们都是电磁感应式传感器，它们用一个转盘作为脉冲信号齿测定每一个轮毂的当前车轮转速。

1）工作方式。如图 5-77 所示，传感器由一个带永久磁铁的软铁心和一个线圈组成。由永久磁铁通过铁心所形成的磁场受脉冲信号齿的影响。磁场中的变化在传感器线圈内被感应并形成可测量的电压。脉冲信号齿在线圈旁通过的速度越快，频率就越高。

2）信号运用。ABS 控制单元通过频率计算出车轮转速，车轮的转速信号用于各个不同的车辆系统。

3）无转速传感器信号的影响。没有转速传感器的信号，制动辅助系统将不能产生与车速相关的阈值。制动辅助系统将被关闭。

4）自诊断。转速传感器的功能异常将被自诊断系统记录下来，并储存到故障码存储器中。

（4）主动式车轮转速传感器　还有一类转速传感器称为主动式传感器，它们正越来越多地被用于车轮转速的测定上。所谓主动式是指该类传感器需要电源供应，而感应式传感器则不需要。

1）工作方式　如图 5-78 所示，传感器的核心元件是一个霍尔芯片。此传感器根据霍尔效应来工作，当电流经过这个半导体芯片时，便会产生一个霍尔电压。当该传感器周围的磁场发生变化时，霍尔电压便产生相应幅度的变化，因为霍尔芯片的电阻发生了变化。根据传感器规格的不同，传感器的对象可以采用导磁性脉冲信号齿或者是带可读磁道的信号轮。当这个信号齿或信号轮经过传感器时，磁场便会产生变化，从而使霍尔电压随之改变。

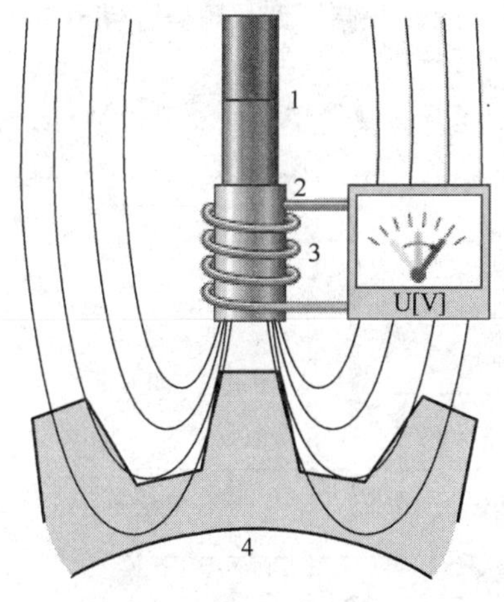

图 5-77　转速传感器工作方式

1—永久磁铁　2—软铁心　3—线圈　4—脉冲信号齿

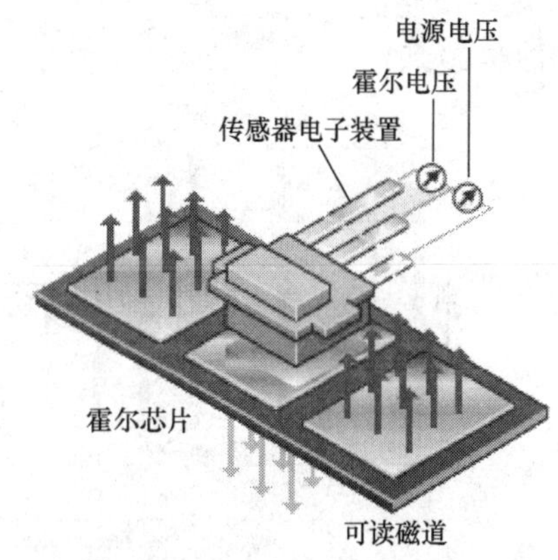

图 5-78　主动式转速传感器工作方式

2）信号运用。根据电压的变化情况，控制单元便能够获得转速信息。利用主动式传感器，即使是很低的转速也能够感知。

3）自诊断。转速传感器的功能异常将被自诊断系统记录下来，并储存到故障码存储器中。

（5）ABS 的回液泵 V39　在 ABS 运行过程中，回液泵将通过制动踏板和制动助力装置产生的压力下降一定量的制动液输送回去。

1）工作方式。它是一个两级式液压泵，由 ABS 控制单元控制它的开关。两级在这里意味着在每一个活塞行程中将进行一次抽吸过程和一次加压过程。在单级式液压泵中这两个过程交替进行。

如图 5-79 所示，两级功能在结构上是这样实现的，即在活塞前后各有一个工作腔。当活塞向左移动时，前面的空腔被排空，而用后面的空腔吸进制动液。当活塞向右移动时，制动液被从后面的空腔中压入到抽吸管路中。通过吸入侧的预压形成了一个近乎均恒的输送流量，从而可以实现快速建压。因而不需要再增加一个泵来形成预压力。

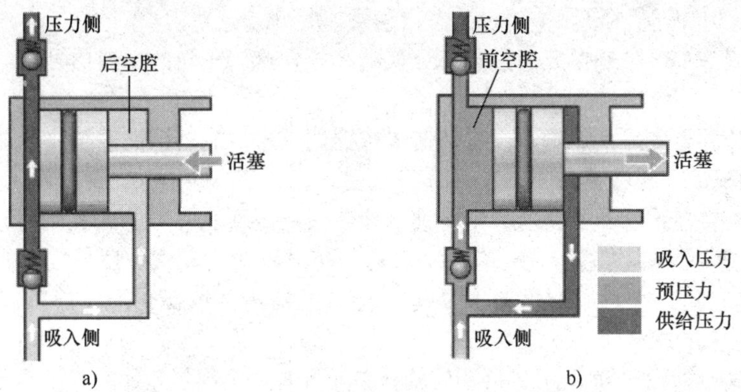

图 5-79　回液泵工作方式

a）活塞向左移动　b）活塞向右移动

2）无回液泵的影响。没有回液泵的作用，制动系统的很多功能，如 ABS 都将失效。包括制动辅助系统在回液泵损坏时也将无法起作用。

3）自诊断。回液泵的功能异常将被自诊断系统记录下来，并储存到故障码存储器中。

5. 系统电路图

如图 5-80 所示。

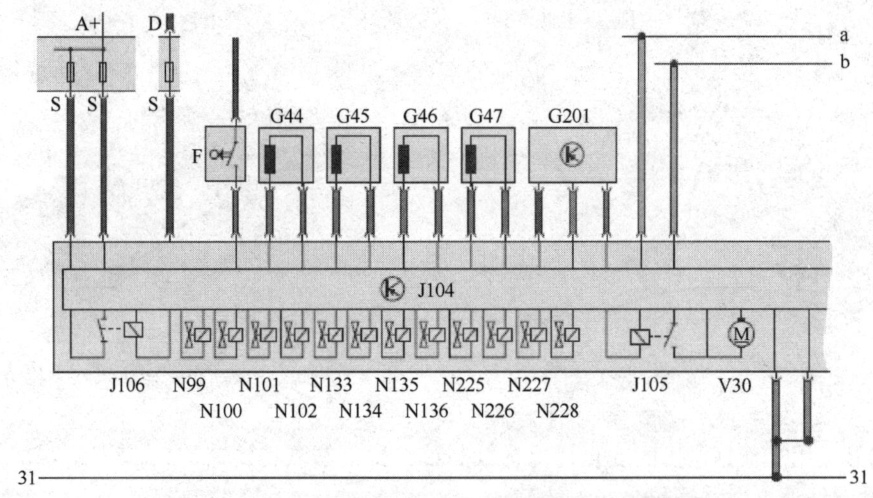

图 5-80　系统电路图

A＋—蓄电池　D—点火开关　F—制动信号灯开关　S—熔丝　V30—ABS 回液泵　31—接地　a—CAN 高位　b—CAN 低位　G44—右后转速传感器　G45—右前转速传感器　G46—左后转速传感器　G47—左前转速传感器　G201—制动力传感器　J104—ABS 控制单元　J105—ABS 回液泵继电器　J106—ABS 电磁阀继电器　N99—右前 ABS 进液阀　N100—右前 ABS 排液阀　N101—左前 ABS 进液阀　N102—左前 ABS 排液阀　N133—右后 ABS 进液阀　N134—左后 ABS 进液阀　N135—右后 ABS 排液阀　N136—左后 ABS 排液阀　N225—行车动态控制系统开关阀 1　N226—行车动态控制系统开关阀2　N227—行车动态控制系统高压开关阀 1　N228—行车动态控制系统高压开关阀 2

☞ 五、机械式制动辅助系统

1. 系统组成

Continental-Teves 机械式制动辅助系统的核心件是真空助力器中的一个机械开关组。真空助力器有一个助力器腔和一个真空腔。在未进行制动时，通过抽吸管路在两个空腔中形成真空。在制动时，大气压力进入助力器腔中，制动助力装置便开始工作。由此，在助力器腔和真空腔之间形成了一个压力差，使外部的大气压力对制动动作提供助力。

如图 5-81 所示，机械开关组由一个弹簧卡圈、一个阀活塞和一个带球和球套筒的球支架组成。

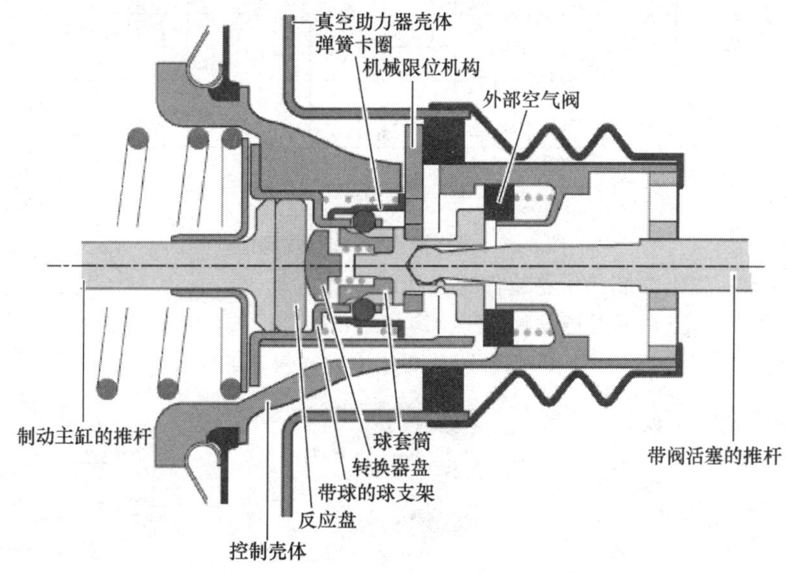

图 5-81 机械开关组结构图

2. 系统功能

通过制动系统中的压力升高，驾驶人能感觉到制动踏板的反作用力。机械式制动辅助系统的工作原理是将力传导到控制壳体上，由此可以减小对驾驶人体力的要求。通过联锁装置，外部空气阀将保持打开状态，并且使空气进入助力器腔中。

当以一定的力和一定的速度踩下制动踏板时，开关组被锁止，制动辅助系统开始工作。

如图 5-82 所示，在这种情况下，阀活塞发生移动，球支架中的球被向内推动。这样，卡圈便可以移动到它的限位处，开关组便被锁止。

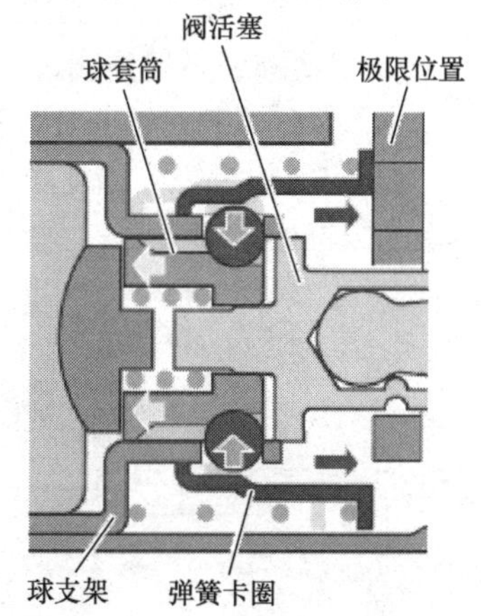

图 5-82 开关组工作原理图

如果制动踏板踩得太慢，则制动辅助系统将不起作用。这就意味着当驾驶人为了进一步增强制动而加力时，制动系统的反作用力将通过制动踏板传递给驾驶人。

当制动踏板被快速踩下时，制动辅助系统便产生作用。反作用力的大部分将通过开关组的锁定被传导到控制壳体上，驾驶人只需要克服很小的力，便能获得较强的制动力。

3. 制动辅助系统启动

是否触发机械式制动辅助系统，根据两个变量之比而定：一个是踩下制动踏板的速度；另一个是踩下制动踏板的力量。图 5-83

中标出了触发阈值。在触发阈值的上方，制动辅助系统进入工作状态。

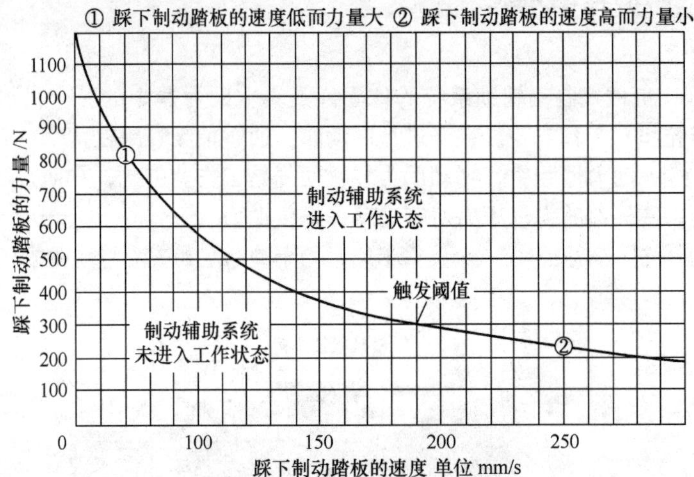

图 5-83 制动辅助系统触发阈值

具体工作原理：以下简图显示各组件相互间的运动。

如图 5-84a 所示，当超过了触发阈值时，绿色组件向反应盘施加很大的压力。淡红色组件由于自身的惯性而不能随着这一快速的初始运动而作出同样快速的运动。

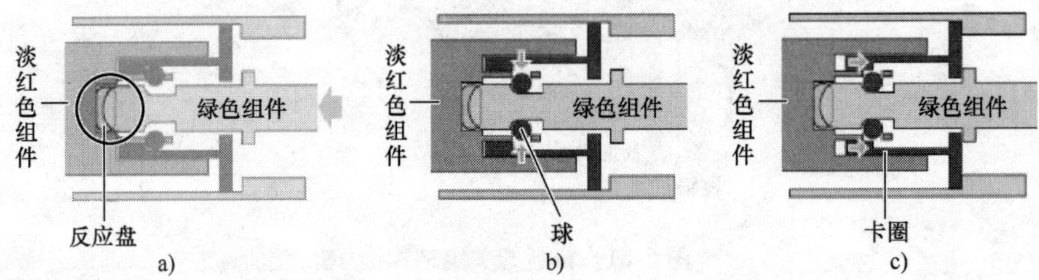

图 5-84 制动辅助系统启动原理示意图

如图 5-84b 和图 5-84c 所示，由于绿色组件和淡红色组件之间的相对位移，球滚入绿色组件中的凹口内。这时卡圈的移动不再受球的阻碍并锁定开关组。由于卡圈已处于新的位置，球就无法回复到它的初始位置。

综上所述，在这个位置上，来自制动系统的反作用力将被传导到壳体上。

4. 制动辅助系统退出

具体工作原理：以下简图显示各组件相互间的运动。

如图 5-85a 所示，当驾驶人将脚从制动踏板上移开时，淡红色组件和绿色组件一起退回到壳体上的限位处。

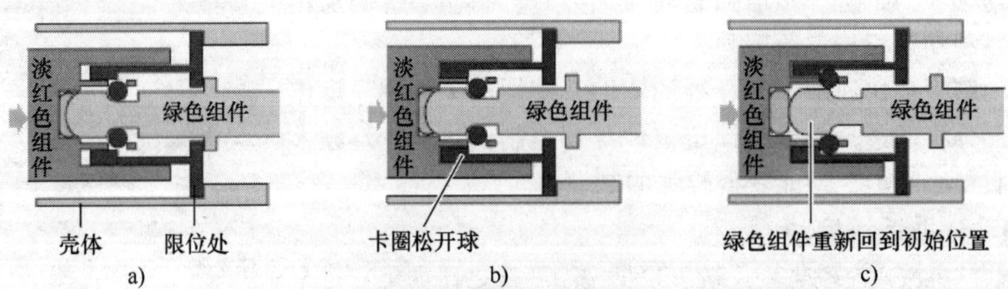

图 5-85 制动辅助系统退出原理示意图

如图5-85b所示，由于整个机械机构在真空助力器内继续向后运动，于是，淡红色组件与卡圈之间发生了相对位移。这样，使得卡圈松开球。

如图5-85c所示，在最后阶段，球被绿色组件重新推回到它的初始位置，紧急制动功能被终止。

5. 功能检查

必须在发动机运转和车辆静止时踩下制动踏板，以保证制动辅助系统的真空度。

机械式制动辅助系统将在制动踏板完全踩下并在触发阈值之上时启动。在触发机械式制动辅助系统时可以听到真空助力器发出一下“咔嚓”声。这时，制动踏板便可以用较小的力踩下。

当完全松开制动踏板时，制动辅助系统必须解除联锁(在制动系统中没有液压压力)。

第八节 防抱死制动系统(ABS)

☞ 一、防抱死制动系统为何成为标配

当汽车在潮湿的路面上或是有积雪的道路上进行紧急制动时，车辆尾部多会翘起，严重时车辆会打转。在积雪的路面上，由于出现行驶轮迹，以及部分路面从积雪中露出，这时如果车辆的左右车轮中有一个车轮在无雪的道路上，而另一个车轮在积雪的道路上，就极有可能发生车辆打转的现象。如果在这样的道路上进行紧急制动，就很难掌握转向盘。如果在弯曲的道路上，车辆会从路肩越出去，也极有可能闯入对向车道中。

由上述可知，在汽车制动时，应防止车轮抱死在路面上滑拖，以提高汽车制动过程中的方向稳定性、转向控制能力和缩短制动距离，使汽车制动更为安全有效。因此，现代轿车广泛采用了主动安全装置——ABS。ABS是英文Anti-lock Braking System的缩写，中文意思是防抱死制动系统，它能防止车轮制动时抱死，通过在制动过程中自动控制和调节制动压力的大小，消除制动过程中的跑偏、侧滑、丧失转向能力等非稳定状态，它已经成为现代轿车的标配。

☞ 二、防抱死制动系统的理论基础

1. 地面制动力

当汽车使用制动器制动时，由于制动鼓(制动盘)与摩擦片之间的摩擦作用，形成了摩擦力矩M_u，此力矩与车轮转动方向相反。车轮在M_u的作用下给地面一个向前的作用力，与此同时，地面给车轮一个与行驶方向相反的反作用力F_b，这个力就是地面制动力，它是迫使汽车减速或停车的外力。

2. 制动器制动力

由于地面制动力是由地面提供的外力，若将汽车架离地面，地面制动力就不存在了。这时阻止车轮转动的是制动器摩擦力矩M_u。将力矩M_u传至车轮后，由于车轮与地面的附着作用，车轮即对地面作用一个向前的周缘力，并将其称为制动器制动力F_u。

3. 附着力

附着力是指由地面提供的切向反作用力的最大值。其大小取决于轮胎与地面的附着系数和轮胎所受的载荷。影响附着力大小的因素有轮胎气压、花纹、运动状态、道路质量、载荷大小等。通常轮胎的气压越低、车速越慢、越野花纹、干燥水泥或柏油路面以及增加载质量等都能使附着力增大。

4. 地面制动力、制动器制动力和附着力的关系

在制动过程中，车轮的运动只有减速滚动和抱死滑移两种状态。当驾驶人踩制动踏板的力较小、制动摩擦力矩较小时，车轮只进行减速滚动，并且随着摩擦力矩的增加，制动器制动力和地面制动力也随之增长，且在车轮未抱死前地面制动力始终等于制动器制动力。此时，制动器制动力可全部转化为地面制动力，但地面制动力不可能超过附着力。

当制动系统压力(制动踏板力)增大到某一值，地面制动力达到轮胎与道路的附着力值，即地面制动力达到最大值。此时，车轮即开始抱死不转而出现拖滑的现象。当再加大制动系统压力时，制动器制动力随着制动器摩擦力矩的增长仍按直线关系继续上升。但是，地面制动力已达到轮胎与地面的附着力值，因此，地面制动力不再随制动器制动力的增加而增加。

要想获得好的制动效果，必须同时具备两个条件：即汽车具有足够的制动器制动力，同时又要有附着系数较高的地面提供足够的地面制动力。

注：

1）地面制动力的大小取决于制动器制动力的大小和轮胎与地面之间的附着力。

2）制动器制动力是由制动器的结构参数决定的，并与制动踏板力成正比。

5. 滑移率

汽车正常行驶时，车速 v(即车轮中心的纵向速度)与车轮速度 v_w(即车轮圆周速度)相同，可以认为车轮在路面上做滚动运动。当驾驶人踩下制动踏板时，由于地面制动力的作用，使车轮速度减小，车轮处在既滚动又滑动的状态，实际车速与车轮速度不再相等，人们将车速和车轮速度之间出现的差异称为滑移。随着制动系统压力的增加，车轮滚动成分越来越小，滑移成分越来越大。当车轮制动器抱死时，很明显地看出，车轮已不转动，汽车车轮在地面上做完全滑动。

为了表述滑移成分所占比例的多少，常用滑移率 S_b 表示，其定义表达式为：

$$S_b=(v-v_w)/v\times100\%=(v-r\omega)/v\times100\%$$

式中 S_b——滑移率；

v——车轮中心的纵向速度；

v_w——车轮圆周速度；

r——车轮的滚动半径；

ω——车轮转动角速度。

由上式可知：当车轮在地面上纯滚动时，$v=v_w$，车轮滑移率 $S_b=0$；车轮抱死时即在地面上纯滑动时，$\omega=0$，车轮滑移率 $S_b=100\%$；车轮在地面上边滚动边滑动时，$v>v_w$，则车轮滑移率 $0<S_b<100\%$。车轮滑移率越大，说明车轮在运动中滑移成分所占的比例越大。

6. 附着系数和滑移率的关系

车轮滑移率的大小对车辆与地面间附着系数有很大影响。

附着系数随地面性质不同呈大幅度变化。一般来说，干燥地面附着系数大，潮湿地面附着系数小，冰雪地面附着系数更小。

在各种地面上，附着系数都随滑移率的变化而变化。

大量的实验证明，在汽车的制动过程中，附着系数的大小随着滑移率的变化而变化。图5-86所示为附着系数与滑移率的关系曲线。在干地面或湿地面上，当滑移率在15%~30%范围内时，车轮具有最大的纵向附着系数，此时可产生的车轮制动力最大，制动距离最短，制动效果最佳。在雪路或冰路面上时，最佳滑移率在20%~50%的范围内。当滑移率为零，即车轮处于纯滚动状态时，其侧向附着系数最大，此时，汽车保持转向和防止侧滑的能力最强。随着滑移率的增加，侧向附着系数下降。当滑移率为100%，即车轮抱死滑动时，侧向附着系数变得极小，轮胎与路

面之间的侧向附着力接近于零，车轮将完全丧失抵抗外界侧向力作用的能力。稍有侧向力干扰（如路面不平产生的侧向力、汽车重力的侧向分力、侧向风力等），汽车就会产生侧滑而失去稳定性。

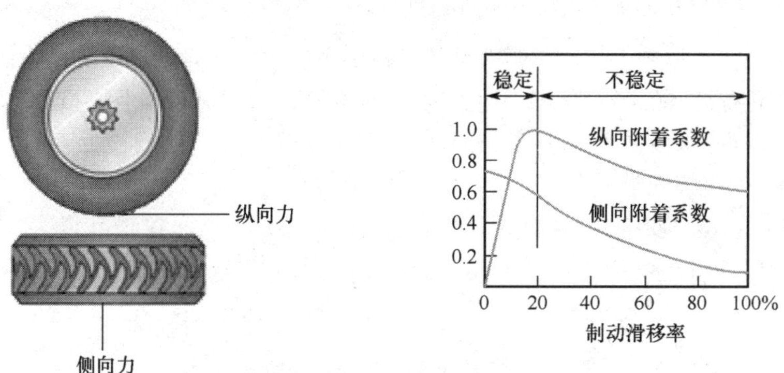

图 5-86　附着系数与滑移率的关系曲线

在汽车的制动过程中，若能将滑移率控制在最大附着系数所对应的滑移率范围，汽车将处于最佳制动状态。但如何才能控制滑移率呢？

要控制滑移率就要对作用于车轮上的力矩进行瞬时的自适应调节。防抱死制动系统(ABS)就是通过电控单元、车轮转速传感器和制动压力调节器对作用于制动轮缸内的制动液压力进行瞬时的自动控制(每秒约 10 次)，从而控制制动车轮上的制动器压力，使制动车轮尽可能保持在最佳的滑移率范围内运动，从而使汽车的实际制动过程接近于最佳制动状态成为可能。

三、防抱死制动系统的优点

采用传统的制动系统进行制动时，尽管驾驶人也知道间歇性地踩、放制动踏板防止车轮抱死，但再有经验的驾驶人也无法精确地做到判断和控制，特别是在紧急制动时，都不可能将车轮滑移率控制在理想范围之内，往往会使车轮抱死，尤其是汽车在结冰、下雨打滑的路面上制动时，很容易产生侧滑、甩尾和失去转向控制能力，此时，驾驶人往往产生一种紧张情绪，缺乏安全感。

概括起来 ABS 的优点是：

1. 缩短制动距离

在同样紧急制动条件下，ABS 可以将滑移率控制在最大附着系数范围内，从而可获得最大的纵向制动力。

2. 改善轮胎的磨损状况

ABS 可以防止车轮抱死，从而避免了因制动车轮抱死造成的轮胎局部异常磨损，延长了轮胎的使用寿命。

3. 提高了汽车制动时的稳定性

ABS 可防止车轮在制动时完全抱死，能将车轮侧向附着系数控制在较大的范围内，使车轮具有较强的侧向支承力，以保证汽车制动时的稳定性。

4. 使用方便、工作可靠

ABS 的运用与常规制动装置的运用几乎没有区别，制动时驾驶人踩下制动踏板，ABS 就根据车轮的实际转速自动进入工作状态，使车轮保持在最佳工作状态。

资料表明，装有 ABS 的车辆可使因车轮侧滑引起的事故比例下降 8% 左右。当汽车在积雪或沙石路面制动时，装 ABS 的汽车的制动距离可能会更长，这是因为若车轮抱死，则车轮前的楔状堆积会阻止汽车前进，制动距离反而变短。

四、防抱死制动系统的组成、控制方式和分类

想一想，我们已经知道了防抱死制动系统是在汽车制动时，自动调节制动力的大小，从而保证车轮与地面之间有最好的附着状态，达到缩短制动距离、提高汽车制动过程中的方向稳定性的目的。那么，防抱死制动系统由哪些部件组成呢?

1. 防抱死制动系统的组成

如图 5-87 所示，防抱死制动系统通常由车轮转速传感器、液压控制单元(制动压力调节器)、电子控制单元(ECU)和 ABS 警告灯等组成。

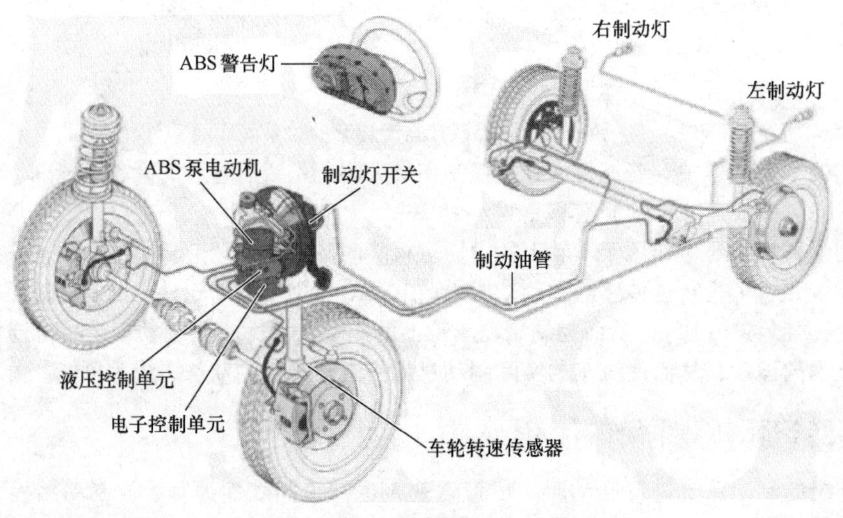

图 5-87　防抱死制动系统的组成

每个车轮上安装一个转速传感器，它们将各车轮的转速信号及时地输入电子控制单元(ECU)。电子控制单元(ECU)是防抱死制动系统的控制中心，它根据各个车轮转速传感器输入的信号对各个车轮的运动状态进行监测和判定，并形成响应的控制指令，再适时发出控制指令给液压控制单元(制动压力调节器)。液压控制单元(制动压力调节器)是防抱死制动系统中的执行控制装置，它主要由调压电磁阀总成、电动泵总成和储液器等组成一个独立的整体，通过制动油管与制动主缸和各制动轮缸相连，液压控制单元(制动压力调节器)受电子控制单元(ECU)的控制，对各制动轮缸的制动压力进行调节。警示装置包括仪表板内的制动警告灯和 ABS 警告灯。制动警告灯为红色，通常用“BRAKE”作为标识，由制动液面开关、驻车制动开关及制动液压力开关并联控制；ABS 警告灯为黄色，由 ABS 电子控制单元控制，通常用“ABS、ALB 或 ANTI-LOCK”作为标识。防抱死制动系统具有失效保护和自诊断功能，当电子控制单元(ECU)监测到系统出现故障时，将自动关闭防抱死制动系统，恢复常规制动；存储故障码，并将仪表板内的 ABS 警告灯点亮，提示驾驶人尽快进行修理。

2. 防抱死制动系统的控制形式

(1) 按控制参数不同进行分类

1) 以车轮滑移率 S_b 为控制参数的 ABS。电子控制单元根据车速和轮速传感器的信号计算车轮的滑移率作为控制制动压力的依据。当计算的滑移率 S_b 超过设定值时，电子控制单元就会输

出减小制动力的信号，通过液压控制单元减小制动压力，使车轮不被完全抱死；当滑移率 S_b 低于设定值时，电子控制单元输出增大制动力的信号，液压控制单元使制动压力增大。通过这样不断地调节制动压力，控制车轮的滑移率 S_b 在设定的最佳范围。

通过直接以滑移率 S_b 为控制参数的 ABS，需要得到准确的车速信号和轮速信号。轮速信号容易得到，但取得车速信号则较难。已有用多普勒(Doppler)雷达测量车速的 ABS。但到目前为止，此类 ABS 应用还是很少。

2）以车轮转动角速度为控制参数的 ABS。控制单元根据轮速传感器信号计算车轮转动角速度作为控制制动压力的依据。制动时，当车轮减速度达到限定值时，电子控制单元输出减小制动力的信号；当车轮转速升至加速度限定值时，电子控制单元输出增加制动力的信号。通过液压控制单元不断地调整制动压力，使车轮不被抱死，处于纯滚动状态。目前，汽车上使用的 ABS 基本上都是此种形式。

（2）按控制方式不同进行分类

1）预测控制方式。预测控制方式是预先规定控制参数和设定值等条件，然后根据检测的实际参数与设定值进行比较，对制动过程进行控制。

2）模仿控制方式。模仿控制是在控制过程中，记录前一控制周期(从制动减压到增压中)的各种参数，再按照这些参数值规定出下一个控制周期的控制条件。此类控制方式在控制时需要准确和实时测定汽车瞬时速度，其成本较高，技术复杂，已较少使用。

3. 防抱死制动系统的分类

过去人们常将 ABS 分为两大类：机械式 ABS 和电子式 ABS。目前机械式 ABS 已经淘汰，因此，本书提到的现代 ABS 一般都是机电一体化的电子控制式 ABS。

那么，现代 ABS 的种类很多，分类方法各异，现将有关情况讲解如下。

（1）按生产厂家分类

1）博世(Bosch)ABS。由德国博世公司生产。

2）德福斯(Teves)ABS。由德国德福斯公司生产。

上述两种是欧、美、日、韩轿车上采用最多的 ABS。

3）德尔科(Delco)ABS。由美国德尔科公司生产。在美国通用等轿车上采用。

4）本迪克斯(Bendix)ABS。由美国本迪克斯公司生产。在美国克莱斯勒公司生产的汽车上采用最多。

以上四种 ABS 在轿车上应用最为广泛，而且每种 ABS 都在不断发展、更新和换代，因此，即使同一厂家，生产年代不同，装用车型不同，ABS 的形式也可能不一样。还有一些国家的生产厂家也生产其他形式的 ABS，其中，有的则是从上述厂家技术引进并在此基础上进行单独开发或合作开发生产，有相当部分 ABS 属于上述四种的某一变型。另外，还有德国伟布科(Wabco)公司，英国卢卡斯·格林(Lucas Girling)公司、日本本田·住友(Honda Sumitomo)公司和美国凯尔塞·海斯(Kelsey Hayes)公司生产的 ABS 数量也较大，它们当中有相当部分在载货汽车或大型客车上广泛采用。

中国上海汽车制动系统有限公司生产的 ABS 是从德福斯(Teves)公司引进并合资生产的。

（2）按控制通道和传感器数目分类　目前，汽车上应用较多的为三通道三传感器式、三通道四传感器式和四通道四传感器式。

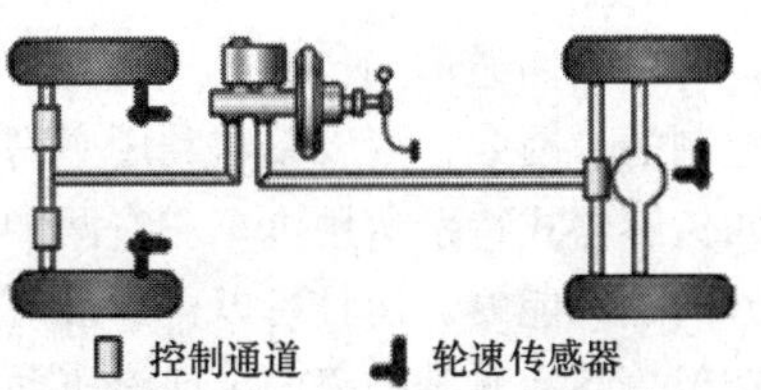

图 5-88　三通道三传感器式

1）三通道三传感器式。如图 5-88 所示，三通道三传感

器式包括三个轮速传感器、三个制动压力调节器，对两前轮进行独立控制，两后轮按低选控制。现在已经基本淘汰。

2）三通道四传感器式。图 5-89a 所示为对角布置的双管路制动系统中，虽然在通往四个车轮制动轮缸的制动管路中各设置一个制动压力调节器，但两个后轮制动压力调节器却是由电子控制单元按低选控制的，两前轮进行独立控制。因此，实际上仍然是三通道四传感器式的，国产桑塔纳 2000GSi 等轿车即采用这种形式。

图 5-89b 是标准的三通道四传感器式的，对两前轮进行独立控制，两后轮按低选控制。

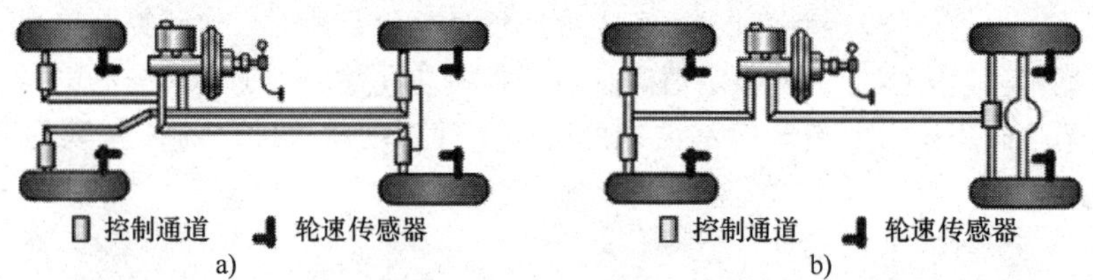

图 5-89　三通道四传感器式

两后轮按低选控制时，可以保证汽车在各种条件下左右两后轮的制动力相等，即使两侧车轮的附着力相差较大，两个车轮的制动力都限制在附着力较小的水平，使两个后轮的制动力始终保持平衡，保证汽车在各种条件下制动时都具有良好的方向稳定性。当然，在两后轮按低选控制时，可能出现附着系数大的一侧后轮的附着力不能充分利用的问题，使汽车的总制动力有所减小。但应该看到，在紧急制动时，由于发生轴荷前移，在汽车的总制动力中，后轮的制动力所占的比重较小，尤其是小轿车，使前轮的附着力比后轮的附着力大得多，通常后轮制动力只占总制动力的 30% 左右。因此，后轮附着力未能充分利用的损失对汽车的总制动力影响不大。

对两前轮进行独立控制，主要考虑到轿车，特别是前轮驱动的轿车，前轮的制动力在汽车总制动力中所占的比例较大(可达 70% 左右)，可以充分利用两前轮的附着力。一方面使汽车获得尽可能大的总制动力，利于缩短制动距离；另一方面可使制动中两前轮始终保持较大的横向附着力，使汽车保持良好的转向控制能力。尽管两前轮独立控制可能导致两前轮制动力不平衡，但由于两前轮制动力不平衡对汽车行驶方向稳定性影响相对较小，而且可以通过驾驶人的转向操纵对由此造成的影响进行修正。因此，三通道四传感器式 ABS 在轿车上被普遍采用。

3）四通道四传感器式。如图 5-90 所示，有四个轮速传感器，在通往四个车轮制动轮缸的管路中，各设一个制动压力调节器(如电磁阀)进行独立控制即为四通道四传感器式。

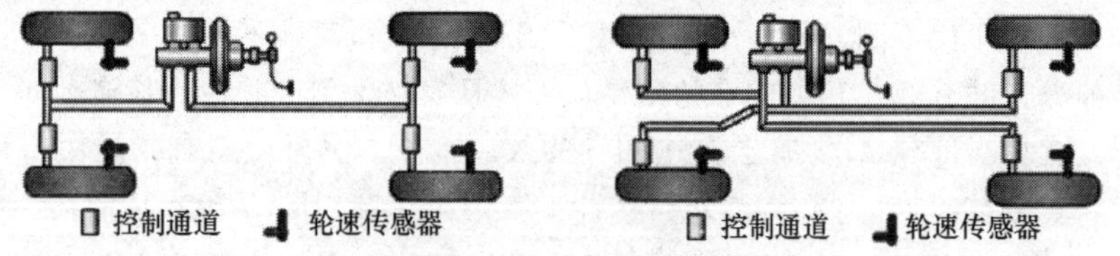

图 5-90　四通道四传感器式

由于四通道四传感器式 ABS 是根据各个轮速传感器输入的信号，分别对各个车轮进行独立控制的。因此，附着系数利用率高，制动时可以最大限度地利用每个车轮的最大附着力。四通道四传感器式特别适用汽车左右两侧车轮附着系数相近的路面，不仅可以获得良好的方向稳定性和方向控制能力，而且可以得到最短的制动距离。但是，如果汽车左右轮附着力相差较大，如行驶在附着系数对分的路面上或汽车两侧垂直载荷相差较大时，制动时两个车轮的地面制动力就相差较大。因此，会产生横摆力矩，使车身向制动力较大的一侧跑偏，不能保持汽车按预定方向行

驶，会影响汽车的方向稳定性，加之成本价格高，所以实用中的 ABS 采用这种方式的并不多。

注：

1）控制通道：在 ABS 中能够独立进行制动压力调节的制动管路称为控制通道。

2）独立控制和同时控制：如果一个车轮的制动压力占用一个控制通道，可以进行单独调节，称为独立控制；如果两个车轮的制动压力是一同调节的，称为同时控制。如果同时控制的两个车轮在同一轴上，常称为同轴控制。

3）低选控制和高选控制：在两车轮同时控制时，如果以保证附着系数较小的车轮不发生抱死为原则进行制动压力调节，则两车轮为低选控制；如果以保证附着系数较大的车轮不发生抱死为原则进行制动压力调节，则两车轮为高选控制。

☞ 五、防抱死制动系统的主要部件结构和工作原理

（一）轮速传感器

防抱死制动系统的工作需要根据制动时轮速传感器进行控制。因此，及时地向电子控制单元输送轮速信号就成为 ABS 正常工作的前提。轮速传感器的作用就是检测车轮的速度，并将速度信号输入电子控制单元。目前，常用的轮速传感器主要有电磁式和霍尔式两种。

1. 电磁式轮速传感器

（1）传感器的结构　如图 5-91 所示，电磁式轮速传感器主要由传感器和齿圈两部分组成。

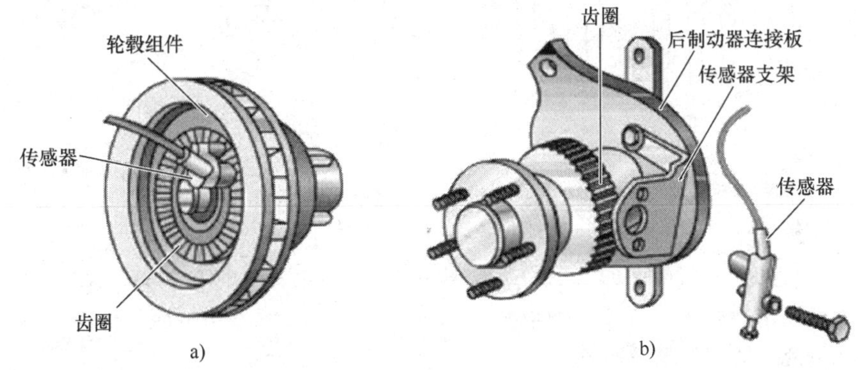

图 5-91　电磁式轮速传感器

a）前轮　b）后轮

齿圈一般安装在轮毂或轴座上。齿圈随车轮一起转动，通常用磁阻很小的铁磁材料制成。

如图 5-92 所示，传感器通常由永久磁铁、电磁线圈和磁极等组成。它对应安装在靠近齿圈而又不随齿圈转动的部件上，如转向节、传感器支架等固定件上。传感器头与齿圈的端面有一空气间隙，此间隙一般为 1mm，通常可移动传感器的位置来调整间隙。另外，传感器要求安装牢固，只有这样才能确保汽车在制动过程中的振动不会干扰或影响传感信号正确无误地输出。为了避免灰尘与飞溅的水、泥土等对传感器工作的影响，应保证传感器与齿圈之间的间隙处无异物。

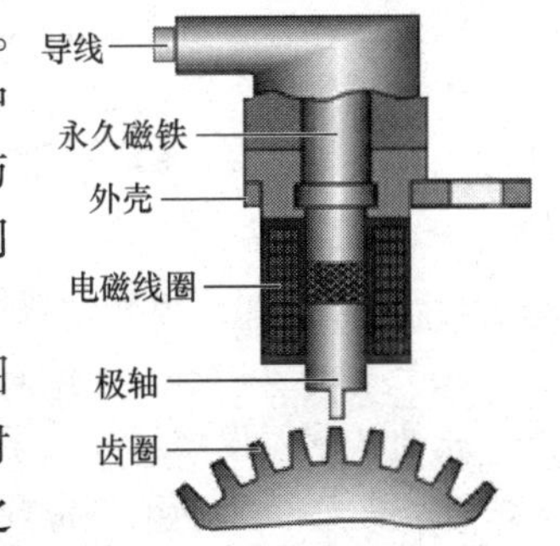

图 5-92　传感器结构图

（2）传感器的工作原理　电磁式轮速传感器的工作原理如图 5-93所示。传感器齿圈随车轮旋转的同时，即与传感器极轴作相对运动。当传感器极轴端部与齿圈的齿隙相对时，极轴端部距齿圈之间的空气间隙最大，即磁阻最大。传感器极轴的磁力线只有少量通

过齿圈而构成回路，在电磁线圈周围的磁场较弱；当传感器极轴端部与齿圈的齿顶相对时，两者之间的空隙较小，即磁阻最小。传感器极轴的磁力线通过齿圈的数量增多，在电磁线圈周围的磁场较强。齿圈随车轮不停地旋转，就使电磁线圈周围的磁场以强-弱-强-弱……周期性地变化。因此，电磁线圈就感应出交变电压信号，即车轮转速信号，如图 5-94 所示。

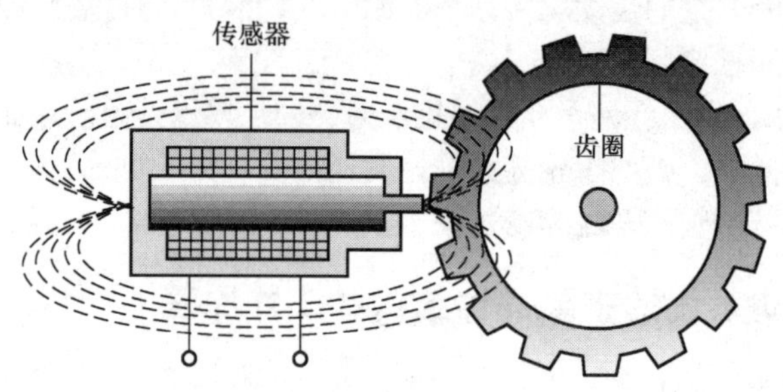

图 5-93　传感器工作原理图

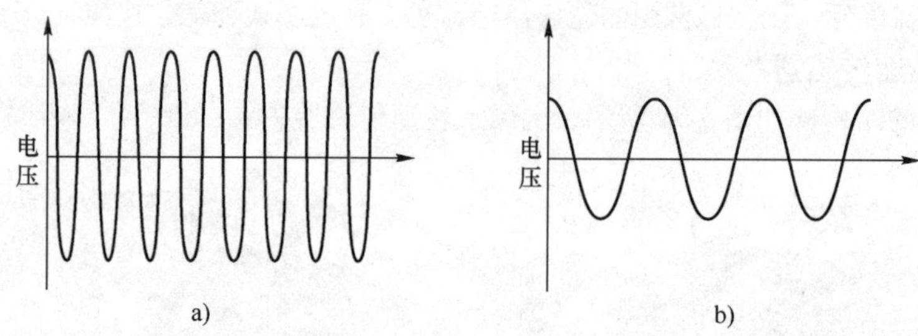

图 5-94　电磁式轮速传感器输出电压信号
a）高速时　b）低速时

交变电压信号的频率与齿圈的齿数和车轮的转速成正比，因齿圈的齿数一定，因而轮速传感器输出的交流电压信号频率只与相应的车轮转速成正比，根据传感器感应出的交流电压的频率，电子控制单元就能计算出车轮的转速。

图 5-94a 所示为车轮高速旋转时感应出高频率的交流电压信号；图 5-94b 所示为车轮低速旋转时感应出低频率的交流电压信号。

轮速传感器由线圈引出两根导线，将其速度变化产生的交流电压信号送至 ABS 的电子控制单元(ECU)。为防止外部电磁波对速度信号的干扰，传感器的引出线采用屏蔽线，以保证反映车轮速度变化的交流电压信号准确地送至 ABS 的电子控制单元(ECU)。

电磁式轮速传感器结构简单，成本低，但存在以下缺点：

1）其输出信号的幅值是随转速变化而变化的。当车速很低时，传感器输出的电压信号较弱，传感器频率响应较低；当车速过高时，传感器的频率响应跟不上，容易产生错误信号。

2）传感器的抗电磁干扰能力较差。

（3）传感器的检测　想一想：轮速传感器损坏会产生哪些问题呢？

轮速传感器损坏后，电子控制单元接收不到轮速信号，即不能控制制动压力调节器的工作，ABS 停止工作，车辆维持常规制动。

注：轮速传感器的导线、插头或传感器松动，电磁线圈等出现接触不良、断路、短路或脏

污、间隙不正常，都会影响轮速传感器的工作，从而造成 ABS 工作异常。那么，如果怀疑轮速传感器损坏，如何进行检测呢？

传感器的检测方法如下：

1）传感器的外观检查。外观检查传感器时，应注意以下内容：传感器安装有无松动；传感器和齿圈是否吸有磁性物质和污垢；传感器导线是否破损、老化；插头是否连接牢固和接触良好，如有锈蚀、脏污，应清除，并涂少量防护剂，然后，重新将导线插好，再进行检测。

2）传感器与齿圈齿顶端面之间间隙的检查。传感器与齿圈齿顶端面之间间隙可用无磁性塞尺或合适的硬纸片检查。检查时，将齿圈上的一个齿正对着传感器，选择规定厚度的塞尺片或合适的硬纸片，将其放入轮齿与传感器的头部之间，来回拉动，其阻力应合适。若阻力较小，说明间隙过大；若阻力较大，说明间隙过小。

3）传感器电磁线圈及其电路检测。使点火开关处于 OFF 位置，将 ABS 电子控制单元插接器插头拆下，查出各传感器与电子控制单元连接的相应端子，在相应端子上用万用表电阻档检测传感器线圈与其连接电路的电阻值是否正常。如桑塔纳 2000 俊杰轿车 ABS 轮速传感器电磁线圈的电阻正常值应为 1.0～1.2kΩ。

若阻值无穷大，表明传感器线圈或连接电路有断路故障；若电阻值很小，表明有短路故障。为了区分故障是在电磁线圈或在连接电路，应拆下传感器插接器插头，用万用表电阻档直接测试电磁线圈的阻值。若所测阻值正常，表明传感器连接电路或插接器有故障，应修复或更换。

4）模拟检查。为进一步证实传感器是否能产生正常的转速信号，可用示波器检测传感器的信号电压及其波形。其方法是：使车轮离开地面，将示波器测试线接于 ABS 电子控制单元（ECU）插接器插头的被测传感器对应端子上，用手转动被测车轮，观察信号电压及其波形是否与车轮转速相当，以及波形是否残缺变形，以判定传感器或齿圈是否脏污或损坏。

如桑塔纳 2000 俊杰轿车 ABS 轮速传感器，当车轮以约 1r/s 的速度转动，应输出 190～1140mV 的交流电压。

2. 霍尔式轮速传感器

（1）传感器的结构　霍尔式轮速传感器也是由传感器和齿圈组成的。其齿圈的结构及安装方式与电磁式轮速传感器的齿圈相同。传感器由永久磁铁、霍尔元件和电子电路等组成。

（2）传感器的工作原理　如图 5-95 所示，永久磁铁的磁力线穿过霍尔元件通向齿圈，齿圈相当于一个集磁器。当齿圈位于图 5-95a 所示位置时，穿过霍尔元件的磁力线分散，磁场相对较弱；而当齿圈位于图 5-95b 所示位置时，穿过霍尔元件的磁力线集中，磁场相对较强。

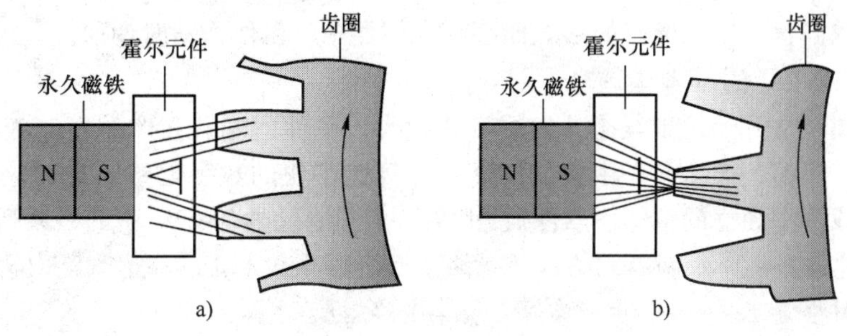

图 5-95　霍尔式轮速传感器

a）磁场较弱　b）磁场较强

齿圈转动时，使得穿过霍尔元件的磁力线密度发生变化，因而，引起霍尔元件电压的变化，霍尔元件将输出一毫伏级的准正弦波电压。此信号由电子电路转化成标准的脉冲电压。

霍尔式轮速传感器克服了电磁式轮速传感器的缺点，其输出信号电压幅值不受转速的影响，频率响应高，抗电磁波干扰能力强。因而，霍尔式轮速传感器在 ABS 中应用越来越广泛。

（二）电子控制单元

我们已经知道了 ABS 是由传感器、电子控制单元和制动压力调节器等组成的。就像人一样，传感器相当于人的五官，检测车轮的转速信号；而电子控制单元相当于人的大脑，接收传感器信息并将其处理后，将执行命令传给制动压力调节器(肌体)以指挥 ABS 工作。

1. 电子控制单元的作用

如图 5-96 所示，电子控制单元(ECU)是 ABS 的控制中枢。其作用是接收轮速传感器及其他传感器输入的信号，对这些输入信号进行测量、比较、分析、放大和判别处理，通过精确计算，得出制动时车轮的加速度和减速度，以判断车轮是否有抱死趋势。再由其输出级发出控制指令，控制制动压力调节器去执行压力调节任务。

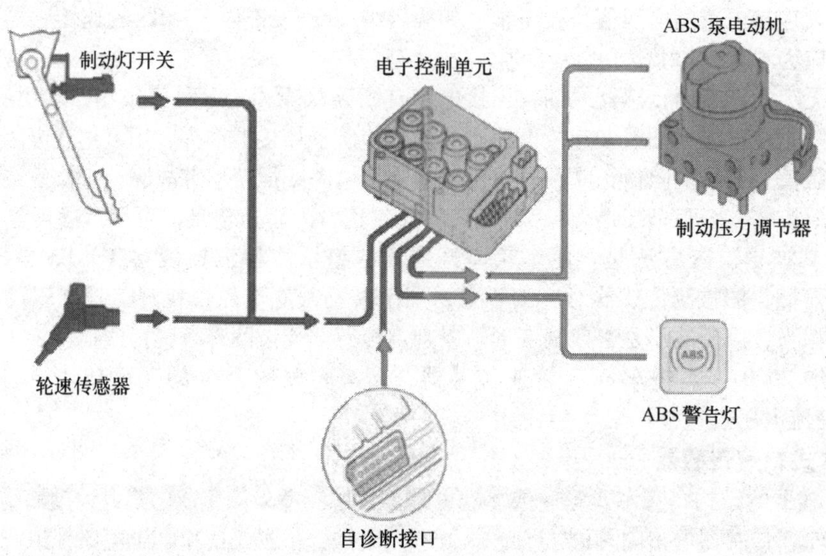

图 5-96　ABS 系统总览图

电子控制单元(ECU)还具有监控和保护功能。当系统出现故障时，关闭继动阀门，停止 ABS 的工作，及时转换成常规制动，同时，点亮仪表板上的 ABS 警告灯，提示驾驶人 ABS 出现故障，并将故障信息以故障码的形式储存在存储器中，以便诊断时调取。

2. 电子控制单元的基本构造

电子控制单元从开始研制至今，发展变化很大。硬件由安装在印制电路板上的一系列电子元器件构成。目前，大多数是由集成度高、运算速度快的数字电路组成的，它们封装在金属壳体内，形成一个独立的整体。软件则是固存在只读存储器(ROM)中的一系列控制程序和参数。目前，各种 ABS 电子控制单元的内部电路及控制程序并不相同，但大都由输入级电路、运算电路、电磁阀控制电路和安全保护电路等基本电路组成。

(1) 输入级电路　输入级电路是由低通滤波、整形和放大等组成的输入放大电路，其功用是将轮速传感器输入的正弦波信号转换成脉冲方波信号，经整形放大后输入运算电路。

输入级电路还接收点火开关、制动开关、液位开关等外部信号。输入级电路除传送轮速传感器监测信号外，还接收电磁阀继电器、泵电动机继电器等工作电路的监测信号，并将这些信号处

理后送入运算电路。

不同的 ABS 中轮速传感器的数量不同，输入级放大电路的个数也不同。

（2）运算电路　运算电路是 ECU 的核心，主要由微处理器构成。其功用是根据轮速传感器等输入的信号，按照软件特定的逻辑程序进行计算、分析、处理，形成相应的控制指令。

经转换放大后的轮速传感器信号输入车轮线速度运算电路，由电路计算出车轮的瞬时速度。初始速度、滑移率及加、减速度运算电路根据车轮瞬时线速度加以积分，计算出初速度，再把初速度和车轮瞬时线速度进行比较运算，最后得到滑移率和加速度、减速度。电磁阀控制参数运算电路根据计算出的滑移率和加、减速度信号，计算出电磁阀控制参数输入到输出级。

电子控制单元中一般设有两套运算电路，同时进行运算和传递数据，利用各自的运算结果相互比较、相互监视，确保可靠性。

（3）电磁阀控制电路　电磁阀控制电路的功用是接受运算电路输入的电磁阀控制参数信号，控制大功率晶体管向电磁阀提供控制电流。

（4）安全保护电路

1）将汽车电源（蓄电池、发电机）提供的 12V 的电压变为 ECU 内部所需的 5V 标准稳定电压，同时，对电源电路的电压是否稳定在规定的范围进行监控。

2）对轮速传感器输入放大电路、运算电路和输出级电路的故障信号进行监视。

（5）输出级电路　输出级电路的主要功用是将运算电路输出的数字控制信号（如控制压力减小、保持、增大信号）转换成模拟控制信号，通过控制功率放大器，驱动执行器工作。

3. 电子控制单元的检测

电子控制单元是一个不易损坏的部件，检测时可通过检测其控制的部件工作是否正常来判断它的性能是否良好。

检测时应满足以下条件：

1）熔丝完好。

2）关闭用电设备，如前照灯、空调和风扇等。

（三）制动压力调节器

制动压力调节器是 ABS 的执行机构，它一般设置在制动主缸与车轮制动器轮缸之间，它接收电子控制单元的指令后工作。

1. 制动压力调节器的作用

在制动时根据 ABS 的电子控制单元（ECU）的控制指令，自动调节制动轮缸的制动压力的大小，使车轮不被抱死，并处于理想滑移率的状态。

2. 制动压力调节器的类型

制动压力调节器的分类方法有以下几种：

1）根据压力调节器的动力源不同分为液压式和气压式两种。液压式主要用于轿车和一些轻型载货汽车上；气压式主要用在大型客车和载货汽车上。

2）根据压力调节器与制动主缸的结构关系不同可分为整体式和分离式两种。整体式制动压力调节器与制动主缸制成一体；分离式制动压力调节器与制动主缸分开，通过制动管路与制动主缸相连。

3）根据压力调节器的调压方式不同可分为流通式和变容式两种。流通式也叫循环式，它是在制动主缸与制动轮缸之间串联一个电磁阀，直接控制轮缸的制动压力。变容式也叫容积变化式，它是在汽车原有制动管路上增加一套液压控制装置，用它控制制动管路中制动液容积的增减，从而控制制动压力的变化。

注：现代轿车广泛采用液压分离流通式制动压力调节器。

（四）储能器

可分为高压储能器与低压储能器。高压储能器的作用是向车轮制动轮缸、制动助力装置供给高压制动液，作为制动能源。

低压储能器的结构形式多种多样，但一般位于电磁阀和 ABS 泵之间，由制动轮缸来的制动液进入储能器，进而压缩弹簧使储能器液压腔容积变大，以暂时储存制动液。在常规制动和防抱死制动系统工作时，高压储能器均可提供较大压力的制动液。

（五）ABS 泵

ABS 泵的作用是提高液压制动系统内的制动液压力，为 ABS 正常工作提供基础压力。

ABS 泵通常是直流电动机和柱塞泵的组合体。其中，直流电动机的工作由安装在柱塞泵出液口处的压力控制开关控制。当出液口处的压力低于设定的控制压力(14MPa)时，压力开关触点闭合，电动机即通电转动带动柱塞泵运转，将制动液泵送到高压储能器中；当出液口处的压力高于设定的控制压力时，开关触点断开，电动机及柱塞泵因断电而停止工作。如此往复，将柱塞泵出液口和高压储能器处的制动液压力控制在设定的标准值之内。

（六）电磁阀

常用的电磁阀有三位三通阀和二位二通阀等多种形式。其作用是自动调节制动轮缸的制动压力的大小。

（七）压力控制开关和压力警告开关

压力控制开关和压力警告开关安装在制动压力调节器的 ABS 泵一侧。

压力控制开关的作用是监视高压储能器下腔的压力。它由一组触点组成，且独立于 ABS 电子控制单元(ECU)而工作。当液压压力下降到约 14MPa 时，开关闭合，使 ABS 泵继电器通电，触点闭合，电源通过继电器触点向 ABS 泵直流电动机供电使其工作。

压力警告开关的作用是当压力下降到一定值(14MPa 以下)时，先点亮红色制动系统故障指示灯，紧接着点亮琥珀色或黄色 ABS 故障灯。同时，电子控制单元停止防抱死制动工作。

注：现代轿车采用的 ABS 防抱死制动系统将制动压力调节器、储能器和电磁阀三者组合在一起构成液压控制单元。将电子控制单元、液压控制单元和 ABS 泵三者组合到一起构成一个总成，安装在发动机舱，其上一般有六根制动油管，两根用于和制动主缸相连，其余四根分别和四个车轮制动轮缸相连。

☞ 六、防抱死制动系统的工作原理

由于现代轿车广泛采用液压分离流通式制动压力调节器，所以，防抱死制动系统的工作原理可分为建压阶段、保压阶段、降压阶段和增压阶段四个过程。现仅对一个车轮的压力调节回路来讲解防抱死制动系统的工作原理。

注：如采用变容式制动压力调节器，其工作原理可分为建压阶段、降压阶段、保压阶段和增压阶段四个过程。

1. 建压阶段

如图 5-97 所示，制动时，通过主缸/助力器建立制动压力，此时，常开阀和常闭阀均处于断电状态，则常开阀打开，常闭阀关闭。此时，制动主缸与制动轮缸相通，制动主缸的高压制动液进入制动轮缸，车轮速度迅速降低，直到 ABS 电子控制单元通过轮速传感器的信号识别出车轮有抱死的倾向时为止。

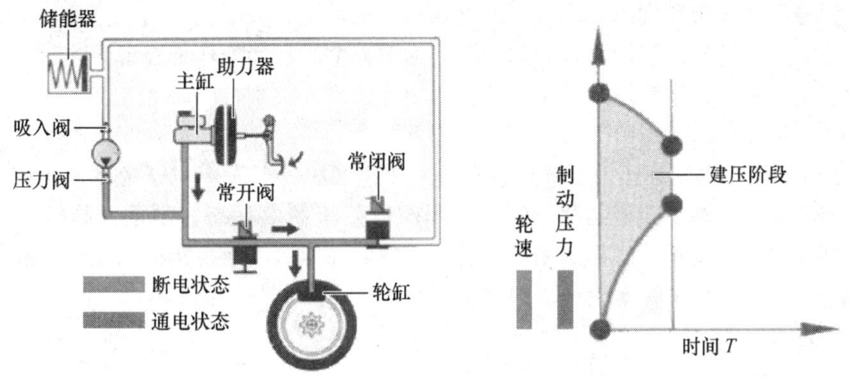

图 5-97　建压阶段原理图

2. 保压阶段

如图 5-98 所示，ABS 电子控制单元通过轮速传感器得到的信号识别出车轮有抱死倾向时，ABS 电子控制单元控制常开阀处于通电状态，则常开阀处于关闭状态；常闭阀仍处于断电状态，则常闭阀此时仍关闭。此时，制动主缸、制动轮缸和回油孔相互隔离，轮缸中的制动压力保持一定。

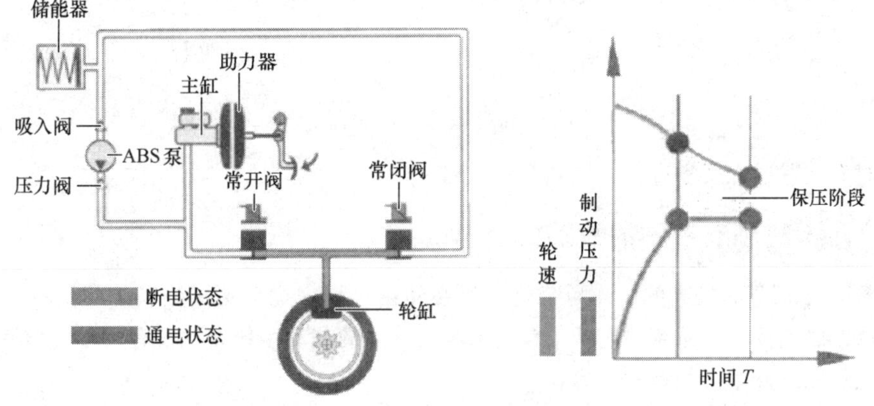

图 5-98　保压阶段原理图

3. 降压阶段

如图 5-99 所示，如果在保压阶段，车轮抱死倾向进一步加大，则进入降压阶段。此时，ABS

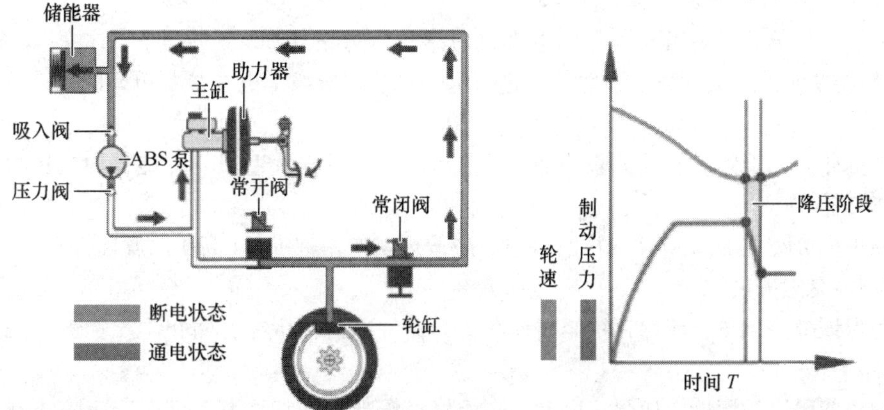

图 5-99　降压阶段原理图

电子控制单元控制常开阀和常闭阀均处于通电状态，则常开阀关闭，常闭阀打开，ABS 泵开始工作，制动液经储能器被送回制动主缸和储液罐，为下一个制动周期作好准备。此时，制动压力降低，制动踏板出现抖动，车轮抱死程度降低，车轮转速增大。

4. 增压阶段

如图 5-100 所示，当制动压力下降后，车轮的转速增加，当 ABS 电子控制单元检测到轮速增加太快时，ABS 电子控制单元控制常开阀和常闭阀均处于断电状态，则常开阀打开，常闭阀关闭。此时，制动主缸与制动轮缸再次相通，制动主缸的高压制动液再次进入制动轮缸，制动压力增加。随着制动压力的增加，车轮再次被制动和减速。

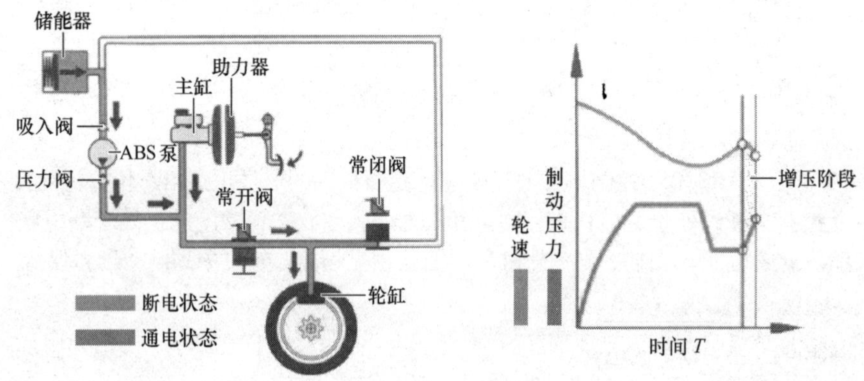

图 5-100　增压阶段原理图

制动时，上述过程反复进行，直到解除制动为止。

七、防抱死制动系统的故障诊断

大多数 ABS 都具有较高的工作可靠性，但在使用过程中仍免不了出现工作不良，对此应及时进行检修，以确保制动系统的正常工作。ABS 与普通的制动系统相比，有其自身的特点，在检修过程中应在以下几个方面特别注意：

1）在点火开关处于 ON 位置时，不要拆装系统中的电器元件和线束插头，以免损坏电子控制单元。

2）在车上用外接电源给蓄电池充电时，要先断开蓄电池正、负极柱上的电缆线，然后对蓄电池充电，以免损坏电子控制单元。

3）电子控制单元对高温环境和静电都很敏感，为防止其损坏，在对汽车进行烤漆作业时，应将电子控制单元从车上拆下；在对车体进行电焊之前，应拔下电子控制单元的插接器，并戴好防静电器。

4）在拆卸制动管路或与其关联的部件之前，应首先释放 ABS 高压储能器内的压力，防止高压制动液喷射伤人。

5）在更换 ABS 的制动管路或橡胶件时，应按规定使用标准件(高压耐腐蚀件)，以免管路破损而引起制动突然失灵。

6）为保证维修质量，应保持维修场地和拆卸器件的清洁干净，防止尘埃物进入压力调节器或制动管路中。

7）制动液侵蚀油漆能力较强，因此，在维修液压部件和加注制动液时，应防止制动液溅到油漆表面而使油漆失去光泽和变色。

8）在维修轮速传感器时，应防止碰伤齿圈的轮齿和传感器头；也不可将齿圈作为支点撬动。否则，将造成轮齿变形，致使轮速传感器信号不正常，影响 ABS 的正常工作。

1. ABS 故障诊断的一般程序

不同车型，甚至同一系列不同年代生产的汽车，由于装用的 ABS 型号不一样，其具体诊断方法与步骤均不尽相同。

1）汽车进厂。

2）询问客户。故障现象发生的条件、时机；是否检修过、检修的部位。

3）直观检查。驻车制动器能否完全释放；制动液位是否正常；各管路接头是否有渗漏；导线、插接器连接是否可靠；熔断器是否可靠；蓄电池电压是否正常。

4）读取故障码。如果有故障码，使 ABS 工作后，先清码再读码，其目的是排除历史性故障码，若故障码仍然存在，则根据故障码的提示进行检修；如果无故障码，根据 ABS 的基本原理，结合电路图，利用万用表、示波器等逐一对各元件性能进行检查。

2. 常规检查

做好常规检查，发现比较明显的故障，可以节省时间，提高效率。常规检查主要包括以下几个方面：

1）检查制动液面是否在规定范围内。

2）检查所有继电器、熔丝是否完好，插接是否牢固。

3）检查电子控制单元导线插头、插座是否连接良好，有无损坏，接地是否良好。

4）检查下列各部件导线插头、插座和导线的连接是否良好：ABS 泵、液压控制单元、四个轮速传感器、制动液面指示灯开关。

5）检查传感器头与齿圈间隙是否符合规定，传感器头有无脏污。

6）检查蓄电池电压是否在规定范围内。

7）检查驻车制动器是否完全释放。

8）检查轮胎花纹高度是否符合要求。

注：传统制动系统的元件出了故障，可能使 ABS 工作不正常。因而不要轻易地判定 ABS 电子控制单元等元器件损坏。

3. 制动液的更换与补充

制动液具有较强的吸湿性，当制动液中含有水分后，其沸点降低，制动时容易产生“气阻”，使制动性能下降。因此，一般要求每 2 年或 1 年更换制动液。

很多 ABS 具有液压助力，由于储能器可能蓄积有制动液。因此，在更换或补充制动液时应按一定的程序进行。

更换或补充制动液的程序如下：

1）先将新制动液加至储液罐的最高液位标记处。

2）如果需要对制动系统进行排气，应按规定的程序进行排气操作。

3）将点火开关置于 ON 位置，反复踩下和放松制动踏板，直到 ABS 泵开始运转为止。

4）待 ABS 泵停止运转后，再对储液罐中的液位进行检查。

5）如果储液罐中的制动液液位在最高液位标记以上，先不要泄放过多的制动液，而应重复以上的 3）和 4）过程。

6）如果储液罐中的制动液液位在最高液位标记以下，应向储液罐再次补充新的制动液，使储液罐中的制动液液位达到最高标记处，但切不可将制动液加注到超过储液罐的最高标记，否则，当储能器中的制动液排出时，制动液可能会溢出储液罐。

4. ABS 系统的排气

液压式制动系统有空气渗入时，就会感到制动踏板无力，制动踏板行程过长，致使制动力不足，甚至制动失灵。当 ABS 的液压回路内混入空气后，同样会引起制动效能不良。因此，在空气渗入液压系统中后，必须对制动液压系统进行排气操作。

ABS 的排气方法有仪器排气和手动排气等。应根据不同的车型和条件进行选择。

（1）仪器排气

1）将车辆停放在水平地面上，抵住车轮前后，将变速器置于空档位置。

2）松开驻车制动器。

3）安装 ABS 检测仪(具有排气的控制功能)或专用放气试验器的接线端子。用 ABS 检测仪器或专用放气试验器代替 ABS 电子控制单元对 ABS 泵等进行控制。

4）向储液罐加注制动液到最高液面高度。

5）起动发动机并以怠速运转几分钟。

6）稳稳地踩下制动踏板，使检测仪器进入排气程序，并且感到制动踏板有反冲力。

7）按规定顺序打开排气螺钉。

（2）手动排气

1）排气前的准备。

① 准备必要的工具、制动液容器、抹布和软管等，仔细阅读对应车型的维修手册中的相关内容。

② 清洗储液罐盖及周围区域。

③ 拆下储液罐盖，检查储液罐中的液面高度，必要时，加注到正确液面高度。

④ 安装储液罐盖。

2）制动主缸及制动轮缸的排气。

① 将排气软管装到后排气螺钉上，将软管的另一端放在装有一些制动液的清洁容器中。踩下制动踏板并保持一定的踏板力，缓慢拧开后排气螺钉 1/2 ~ 3/4 圈，直到制动液开始流出。关闭该排气螺钉后松开制动踏板。重复进行以上步骤，直到流出的制动液内没有气泡为止。

② 拆下储液罐盖，检查储液罐中的液面高度，必要时，加注到正确液面高度。

③ 按规定的排气顺序，在其他车轮上进行排气操作。

注：排气顺序通常为右后轮→左后轮→右前轮→左前轮。

5. 警告灯诊断

装有 ABS 的汽车在仪表板上设有制动警告灯(红色)和 ABS 故障警告灯(黄色)。正常情况下，点火开关打开，ABS 故障警告灯和制动警告灯应闪亮一下(约 2S)，一旦发动机运转起来，驻车制动操纵杆在释放位置，两个警告灯应熄灭，否则，说明 ABS 有故障。可利用两灯的闪亮规律，粗略地判断出系统发生的故障的部位。警告灯诊断见表 5-4。

表 5-4 警告灯诊断

警告灯	故障现象	可能原因
ABS 警告灯亮	ABS 不起作用	1. 轮速传感器不起作用 2. 液压控制单元不良 3. ABS 电子控制单元不良

（续）

警　告　灯	故障现象	可能原因
ABS 警告灯不亮	踩制动踏板时，踏板振动强烈	1. 制动灯开关失效或调整不当 2. 制动灯开关线路或插接件脱落 3. 制动鼓(盘)变形 4. 轮速传感器信号不良 5. 液压控制单元不良
ABS 警告灯偶尔或间歇点亮	ABS 作用正常，只要点火开关关闭后再打开，ABS 故障警告灯即会熄灭	1. ABS 电子控制单元插接器松动 2. 轮速传感器导线受干扰 3. 轮速传感器内部工作不良 4. 车轮轮毂轴承松旷 5. 制动管路中有空气 6. 制动轮缸工作不良 7. 制动蹄不良
制动警告灯亮	制动液缺乏或驻车制动拖滞	1. 驻车制动器调整不当 2. 制动油管或制动轮缸漏油 3. 制动警告灯接地
ABS 警告灯和制动警告灯均亮	ABS 不起作用	1. 两个以上轮速传感器故障 2. ABS 电子控制单元故障 3. 液压控制单元工作不良

6. 故障码诊断

电动式 ABS 系统具有自诊断和故障保险功能，当点火开关开始处于点火位置时，电子控制单元将会自动地对自身、轮速传感器、液压控制单元中的电器元件进行静态测试。在此期间，如果 ABS 电子控制单元发现系统中存在故障，则电子控制单元会以故障码的形式储存记忆故障情况，持续点亮 ABS 警告灯。当汽车的速度达到一定值时，ABS 电子控制单元还要对系统中的一些电器元件进行动态测试，如果发现系统中有故障存在，电子控制单元会以故障码的形式存储记忆故障情况。

诊断 ABS 故障时，按照设定的程序和方法可读取故障码。维修人员可根据故障码的含义确定故障的范围。

（1）故障码的读取与清除　故障码的读取方法有人工和仪器两种，而人工读码已经淘汰，现只对仪器读码进行讲解。

故障诊断仪可以从 ABS 电子控制单元存储器中读取故障码，同时还具有故障码翻译、检测步骤指导和基本判断参数提供等功能。

用 VAG1552 车辆系统测试仪读取桑塔纳 2000 俊杰轿车 ABS 的故障码程序如下：

1）检查车辆是否符合检测条件。检测条件包括所有车轮必须安装规定的并且尺寸相同的轮胎，轮胎气压符合要求；常规制动系统正常；所有熔丝完好；蓄电池的电压正常。

2）关闭点火开关，打开诊断接口盖板（位于变速杆前端的防尘罩下），将故障诊断仪 VAG1552 用诊断连接线连接在诊断接口上。

（2）根据故障码诊断故障　故障码能够显示故障的性质和范围，维修人员可根据故障码的提示迅速、准确地确定故障的性质和部位，有针对性地检查有关部位、元件和线路，将故障排除。

7. 无故障码时的故障诊断

电子控制单元的故障诊断系统是检测它的输入、输出信号是否在规定的范围内变化，若信号

超出了规定的范围，则判定为故障。但有时输入、输出信号虽然在规定范围内，却不能正确地反应系统的工况，造成ABS工作不良。此时，应借助测试仪读取系统各传感器的数据并与标准数据比较，进一步检查各传感器或开关信号是否正常，以确认故障原因和部位。而且，系统中的机械故障也不能通过电子回路反映出来。因此，应根据其表现出来的现象进行分析，以确认故障原因和部位。

（1）ABS工作异常　可能原因如下：

1）传感器安装不当。

2）传感器线束有问题。

3）传感器损坏。

4）传感器沾附异物。

5）车轮轴承损坏。

6）液压控制单元损坏。

7）电子控制单元损坏。

（2）制动踏板行程过长　可能原因如下：

1）制动液渗漏。

2）出油阀泄漏。

3）系统中有空气。

4）制动盘严重磨损。

5）驻车制动器调整不当。

8. 偶发性故障

在电子控制系统中，在电器线路和输入、输出信号的地方，可能出现瞬时接触不良问题，从而导致偶发性故障或在ABS电子控制单元自检时留下故障码。如果故障原因持续存在，那么，只要按照故障码诊断步骤就可以发现不正常的部位，不过有时候故障发生的原因会自行消失，所以，不容易找出问题的原因。在这种情况下，可按下列方式模拟故障，检查故障是否再现。

（1）当振动可能是主要原因时

1）将接头轻轻地上下左右摇动。

2）将线束轻轻地上下左右摇动。

3）将传感器轻轻地上下左右摇动。

注：传感器在车辆上运动时因悬架系统的上下移动，可能造成短暂的断路或短路。因此，检查传感器信号时必须进行实车行驶试验。

（2）当过热或过冷可能是主要原因时

1）用吹风机加热被怀疑有故障的部件。

2）用冷喷雾剂检查是否有冷焊现象。

（3）当电源回路接触电阻过大可能是主要原因时　打开所有电器开关，包括前照灯和后窗除霜开关。如果此时故障没有出现，则应等到下次故障再次出现时才能诊断故障。

第九节　驱动防滑控制系统(ASR)

一、为什么会出现滑转现象

有经验的驾驶人都有这样的体会，当驾驶汽车在低附着系数的路面(例如泥泞或有冰雪的路

面）上快速起步或加速行驶时，驱动车轮会发生滑转（俗称车轮“打滑”）。这种现象是什么原因造成的呢？

想一想，我们已经知道了汽车在制动过程中，制动器制动力与地面制动力之间的不和谐关系造成了制动车轮的抱死滑移。而在车轮的驱动过程中，车轮的驱动力与地面所提供的最大附着力之间是否也存在这种不和谐的关系？正是由于存在这种不和谐，使发动机传递给车轮的驱动力大于驱动车轮与地面的附着力时，车轮就会出现滑转的现象。

二、驱动防滑控制系统的理论基础

驱动防滑控制系统英文为 Acceleration Slip Regulation，简称为 ASR，也称为牵引力控制系统（Traction Control System），简称 TCS 或 TRC。是继防抱死制动系统（ABS）之后应用于轿车的主动安全装置。

1. 驱动防滑控制系统的作用

驱动防滑控制系统能在车轮开始滑转时，降低发动机的输出转矩，同时控制制动系统，以降低传递给驱动车轮的转矩，使之达到合适的驱动力，使汽车的起步和加速达到快速而稳定的效果。

2. 滑转率及其与路面附着系数的关系

汽车在驱动过程中，驱动车轮可能相对于路面发生滑转。滑转成分在车轮纵向运动中所占的比例称为驱动车轮的滑转率，通常用 S_d 表示，其定义表达式为：

$$S_d=(r\omega-v)/r\omega\times100\%$$

式中　S_d——滑转率；

r——车轮的滚动半径；

ω——车轮转动角速度；

v——车轮中心的纵向速度。

由上式可知，当车轮在路面上自由滚动时，车轮中心的纵向速度完全是由车轮滚动产生的。此时 $v=r\omega$，其滑转率 $S_d=0$；当车轮在路面上完全滑转（即汽车原地不动，而驱动轮的圆周速度不为0）时，车轮中心的纵向速度 $v=0$，其滑转率 $S_d=100\%$；当车轮在路面上一边滚动一边滑转时，$0<S_d<100\%$。

与汽车在制动过程中的滑移率相同，在汽车的驱动过程中，车轮与路面间的附着系数的大小随着滑转率的变化而变化。在干路面或湿路面上，当滑转率在15%~30%范围内时，车轮具有最大的纵向附着系数，此时，可产生的地面驱动力最大；在雪路或冰路面上时，最佳滑移率在20%~50%的范围内；当滑转率为零，即车轮处于纯滚动状态时，其侧向附着系数也最大，此时，汽车保持转向和防止侧滑的能力最强。随着滑转率的增加，侧向附着系数下降，当滑转率为100%，侧向附着系数变得极小，轮胎与路面之间的侧向附着力接近于零，车轮将完全丧失抵抗外界侧向力作用的能力。

上述趋势无论是制动还是驱动几乎一样。因此，ASR 也可以通过控制驱动车轮与路面之间的滑转率来控制其与路面间的附着系数，来实现汽车在行驶过程中的防滑控制，以保持汽车行驶过程中的操纵稳定性和最佳的驱动性能。

三、驱动防滑控制系统的组成

ASR 系统的基本组成及工作原理如图 5-101 所示。

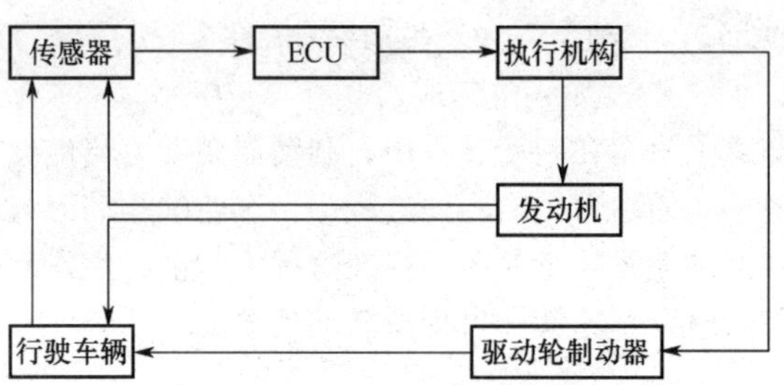

图 5-101　ASR 系统的基本组成及工作原理

ASR 系统主要由输入装置(传感器和开关信号等)、电子控制单元(ECU)和执行机构(制动压力调节器和节气门驱动装置等)组成。ASR 系统的传感器主要是轮速传感器和节气门位置传感器，轮速传感器与 ABS 系统共享，而节气门位置传感器则与 EFI 系统共享。ASR 的开关信号主要是 ASR 选择开关和转向开关，将 ASR 选择开关关闭，ASR 就不起作用。由于 ASR 和 ABS 的一些信号输入和处理都是相同的，因此，ASR 电子控制单元与 ABS 电子控制单元通常组合在一起。

当驱动防滑系统处于工作状态时，电子控制单元根据各轮速传感器检测到的转速信号，确定驱动车轮的滑转率和汽车的参考速度。当电子控制单元判定驱动车轮的滑转率超过设定的限值，电子控制单元再综合参考节气门开度信号、发动机转速信号、转向信号等因素确定控制方式，输出控制信号，使相应的执行机构工作，将驱动轮的滑转率控制在限定值内。

☞ 四、驱动防滑控制系统的控制方式

驱动防滑控制系统的控制参数是滑转率 S_d，ECU 根据各车轮轮速传感器计算 S_d，当 S_d 值超过某一限定值时，ECU 就输出控制信号，控制车轮的滑转，将车轮的滑转率控制在理想的范围内。

汽车驱动防滑控制系统常用的控制方式有以下几种。

1. 发动机输出功率控制

在汽车起步或加速时，若加速踏板踩得过猛，会因为驱动力过大而出现两侧驱动轮都滑转的情况，这时，ASR 电子控制单元输出控制信号，控制发动机的输出功率，以抑制驱动轮的滑转。

发动机输出功率控制通常有以下几种方法：

1）调整进气量。如调整节气门的开度和辅助空气装置。

2）调整点火时间。如减小点火提前角或停止点火。

3）调整喷油量。如减少供油或中断供油。

在上述 3 种方法中，调整进气量最好，但调整节气门反应速度较慢；调整点火时间和喷油量反应速度较快，可以补偿调整节气门开度的不足，但推迟点火时间控制不好容易造成失火，燃烧不完全，增加三元催化转换器的负担；如果只减少喷油量，因受燃烧室内废气的影响，又会使燃烧过程延迟。

2. 驱动轮制动控制

这种方法是对发生滑转的驱动轮直接加以控制。

该方式响应时间最短，是防止滑转的最迅速的一种控制方式，但为了制动过程平稳，并考虑舒适性，其制动力应缓慢升高。该控制方式与调整进气量的控制模式组合，能达到较好的效果。

在单侧驱动轮打滑时，ASR 电子控制单元将发出控制指令，通过制动系统的压力调节器，对产生滑转的车轮施加制动。随着滑转车轮被制动减速，其滑转率会逐渐下降。当滑转率降到限定值之后，电子控制单元立即发出指令，减少或停止这种制动，其后，若车轮又开始滑转，则继

续下一轮的控制，直至将驱动轮的滑转率控制在理想范围内。与此同时，另一侧的非滑转车轮仍然保持着正常的驱动力。

采用驱动轮制动控制方式的 ASR 的液压系统可分为两大类：一类是 ASR 与 ABS 的组合结构，在 ABS 中增加电磁阀和调节器，从而增加了驱动控制功能；另一类是在 ABS 的液压装置和轮缸之间增加一个单独的 ASR 液压装置。

3. 发动机输出功率和驱动轮制动同时控制

控制信号同时启动 ASR 制动压力调节器和辅助节气门调节器，在对驱动轮施以制动的同时，减小发动机的输出功率，以达到理想的控制效果。

4. 控制差速器锁止程度

这是一种防滑差速器(Limited Slip Differential,简称 LSD)控制，这种差速器锁止范围可从 0 变化到 100%。当驱动轮单边滑转时，控制器输出控制信号，使差速器锁止装置动作，控制驱动轮的滑转率。

五、ASR 与 ABS 的异同

1. ABS 和 ASR 的相同之处

1）ASR 和 ABS 采用相同的控制技术，都是通过控制车轮和路面的滑移率或滑转率来实现各自的控制功能。

2）ASR 和 ABS 密切相关，通常结合在一起使用，共享许多系统部件来控制车轮的转动，以更好地保证汽车的行驶安全。

2. ABS 和 ASR 的不同之处

1）ABS 是防止制动时车轮抱死滑移，主要是用来提高制动效果，确保制动安全；ASR 则是防止驱动轮的滑转，主要是用来提高汽车在起步、加速及滑溜路面行驶时的驱动力，提高行驶性能，确保行驶稳定性。

2）ABS 对前后车轮都起控制作用，而 ASR 只对驱动轮起控制作用。

3）ABS 是在制动时工作，在车轮出现抱死趋势时起作用，在车速很低(小于 8km/h)时不起作用，所以，装有 ABS 的车辆在制动时有可能在路面上留下一条黑色的拖印；ASR 则是在整个行驶过程中都工作，在车轮出现滑转时起作用，当车速高(80～120km/h)时不起作用。

第十节　电子稳定程序控制系统(ESP)

一、电子稳定程序控制系统的优势

据统计，在欧洲每年有 5 万人死于车祸，190 万人受伤。另据德国保险业公会前些年的研究表明，在涉及严重人身伤害的车祸中，有 1/4 由汽车侧滑引发，且 60% 的致命车祸都是因为侧滑导致的侧面撞击。在国内，每年死于交通事故的人数达到 10 万人之多，居世界第一。引起侧滑的主要原因有：路况突变，使轮胎失去侧向力从而失去操控；路面突现险情，驾驶人紧急避让时猛打转向盘过度等。

电子稳定程序控制系统英文为 Electronic Stability Program，简称为 ESP 系统，最早由德国 Bosch 公司于 1995 年推出，在大众、奥迪、奔驰车型上使用此简称。在其他车型上，相同或相近功能的系统采用了不同的名字，例如：

1）宝马、捷豹和路虎称为 DSC(Dynamic Stability Control)，动态稳定性控制系统。

2）本田和讴歌称为VSA（Vehicle Stability Assist），车辆稳定辅助系统。

3）丰田称为VSC（Vehicle Stability Control），车辆稳定控制系统。

ESP系统综合了ABS、BAS和ASR三个系统，功能更为强大。例如，前方行驶车辆突然掉下货物，ESP系统能够帮助驾驶人避免车辆出现不稳定状态，并通过对制动系统、发动机管理系统和变速器管理系统实施控制，从而有针对性地弥补车辆滑动，做到防患于未然。

但全神贯注地驾驶，注意路牌和交通警示，仍是驾驶人的首要职责。

☞ 二、电子稳定程序控制系统的功能特点

ESP系统是一个防离心力系统，它能识别出离心力危险，并校正车辆状态。它具有以下特点。

1. 实时监控

ESP系统能够实时监控驾驶人的操控动作、路面反应、汽车运动状态，并不断向发动机管理系统、变速器管理系统和制动系统发出指令，是汽车上的智能安全技术。

2. 主动干预

ABS系统等安全技术主要是对驾驶人的动作起干预作用，但不能调控发动机和变速器。ESP系统则可以通过主动调控发动机的转速，并调整每个车轮的驱动力和制动力，来修正汽车的过度转向和转向不足。

3. 事先提醒

当驾驶人操作不当或路面异常时，ESP系统会用警告灯警示驾驶人。换句话说ESP实际上是一种牵引力控制系统，与其他牵引力控制系统比较，ESP不但控制驱动轮，而且可以控制从动轮。

☞ 三、电子稳定程序控制系统的物理原理

1. 力和力矩

物体受到不同的力和力矩作用。如果作用力或力矩为零，则物体保持原有状态；如果不是零，物体加速度就朝着合力的方向。

如图5-102所示，作用在车辆上的力有：

1）驱动力。它是使汽车行驶的力。

2）制动力。它和驱动力是一组反作用力。

3）侧向力。它能使汽车转向。

4）附着力。它是由摩擦和重力产生的。

如图5-103所示，作用在车辆上还有其他的力矩：

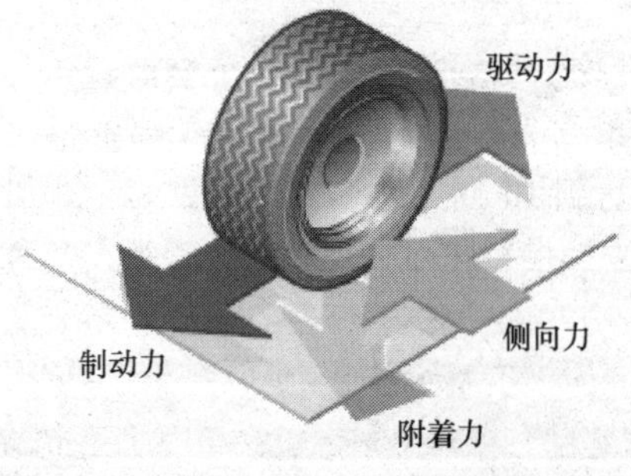

图5-102　车辆上作用的力

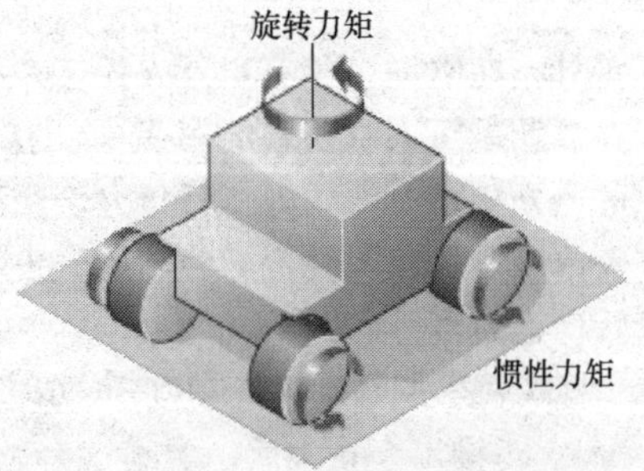

图5-103　车辆上作用的力矩

1）旋转力矩。它使车辆绕着垂直轴旋转。

2）车轮惯性力矩。它能保持车辆运动方向。

下面，借助摩擦圈来讲解几个力的共同作用。如图 5-104 所示，这个圆圈的半径由路面和车轮间的附着力决定。即：附着力小则半径小(a)，附着力大则半径大(b)。这个摩擦圈的基础是由侧向力 S、制动力或驱动力 B 和由此产生的合力 G 组成的力平行四边形。只要合力在圈内，车辆就处于稳定的状态(图 5-104a)，如果合力超出圈，车辆就会失去控制(图 5-104b)。

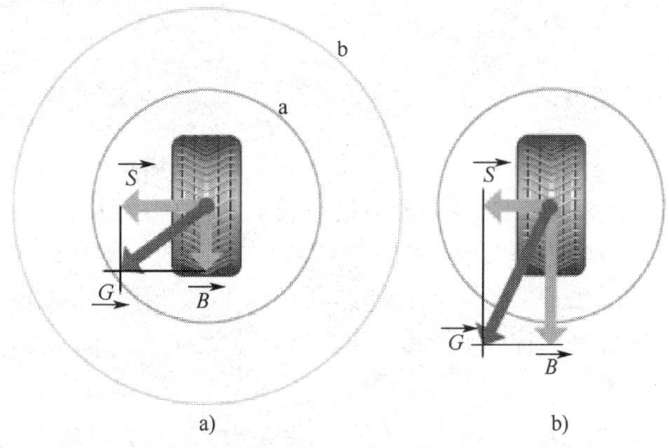

图 5-104　摩擦圈

让我们来观察一下这些力之间的相互关系。

如图 5-105a 所示，如果制动力和侧向力大小合适，使得合力在圈内，则车辆处于可控状态。

如图 5-105b 所示，制动力增大，则侧向力减小。

如图 5-105c 所示，合力等于制动力时，车轮处于抱死状态。由于没有侧向力，车辆处于无法控制的状态。驱动力和侧向力的关系也是这样，如果驱动力过大而侧向力等于零，则驱动轮打滑。

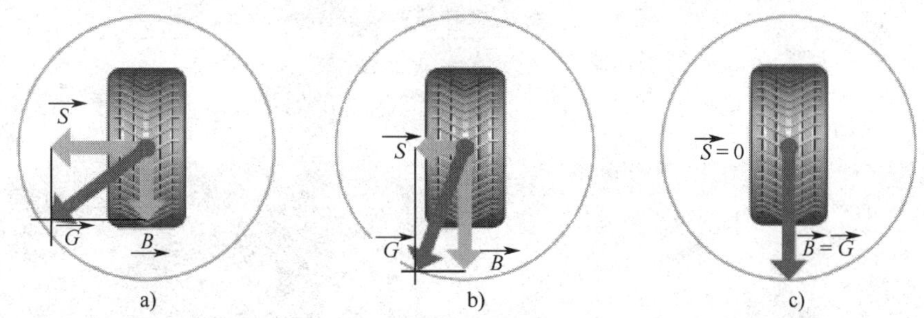

图 5-105　作用力之间的关系

2. 控制过程

为了让 ESP 系统对不良行驶作出反应，首先要清楚两个问题：

1）驾驶人向什么方向转向。

2）车辆向哪个方向行驶。

第一个问题由转向盘角度传感器和车轮上的轮速传感器来回答。

测量偏转率和横向加速度可得到第二个问题的答案。

如果测出的问题 1)和问题 2)的结果不一致，ESP 可得出结论：车辆行驶状态不好，需要采取措施。车辆行驶状态不好表现在两个方面：

1）车辆转向不足。如图 5-106 所示，ESP 控制系统有意识地对位于弯道内侧的后轮实施瞬时制动及使用发动机和变速器管理系统，从而稳定车辆，防止车辆驶出弯道。

2）车辆转向过度。如图 5-107 所示，ESP 控制系统有意识地对位于弯道外侧的前轮实施瞬时制动及使用发动机和变速器管理系统，防止出现甩尾，并减弱过度转向趋势，从而稳定车辆。

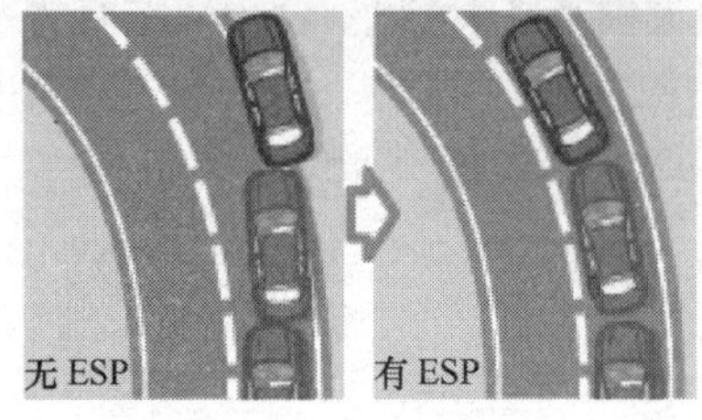

图 5-106　车辆转向不足

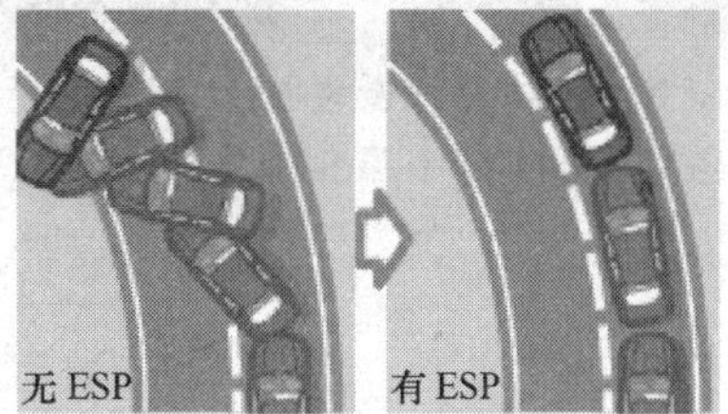

图 5-107　车辆转向过度

正如所看到的，ESP 控制系统能对转向不足和转向过度作出反应。但在没有进行直接转向时，也必须能改变方向，做到防患于未然。

首先，让我们观察一下无 ESP 的车辆：如图 5-108 所示，车辆必须避开突然出现的障碍物，驾驶人先快速左转，然后直接右转。车辆由于突然的转向运动产生了甩尾，驾驶人不再能控制急转的车辆。

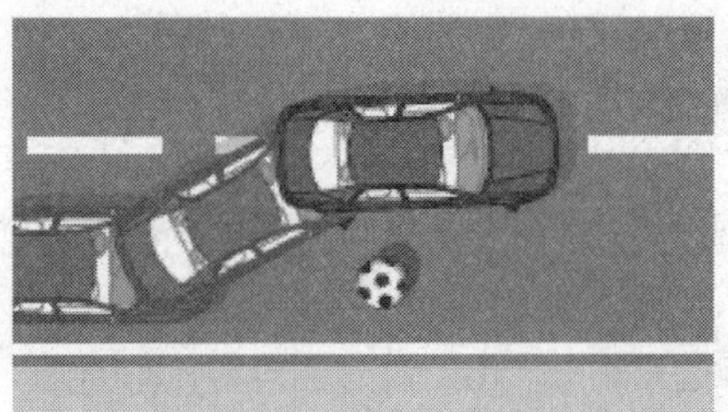

图 5-108　无 ESP 车辆躲避障碍物

让我们再来看看装有 ESP 的车辆遇到这种情况会怎样：

如图 5-109a 所示，车辆要避开障碍物，根据传感器测得的数据，ESP 知道车辆处于不稳定

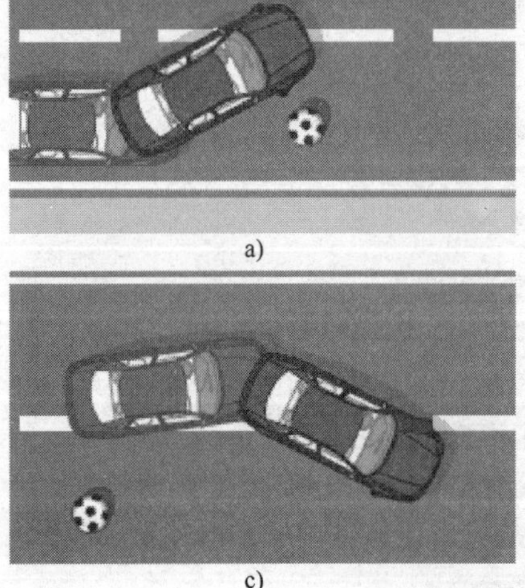

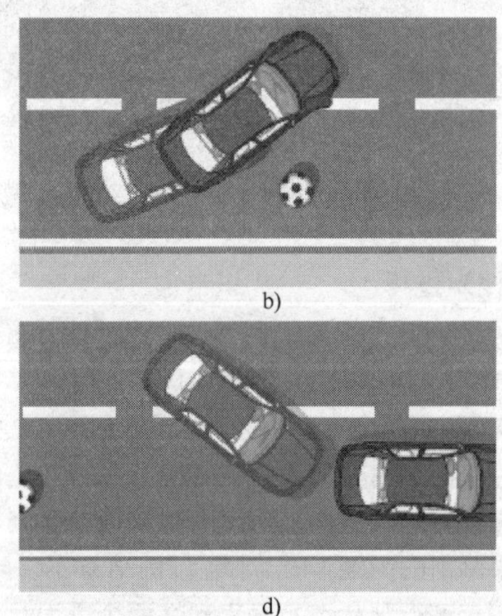

图 5-109　有 ESP 车辆躲避障碍物

状态，系统算出处理方法：ESP 对左后轮实施制动，这样，就支持了车辆的旋转运动，前轮依旧保持有侧向力。

如图 5-109b 所示，车辆向左偏转行驶时，驾驶人向右转向，为了支持这个转向动作，右前轮被制动，后轮自由滚动，以保证后轴有最佳侧向力。

如图 5-109c 所示，前面提到过的车道变化会导致车辆激转，为了防止甩尾，左前轮要制动，在特别紧急的情况下，车轮被紧急制动，以限制前轴的侧向力。

如图 5-109d 所示，等所有的不稳定行驶状态被纠正后，ESP 的调节作用就结束了。

☞ 四、电子稳定程序控制系统的概述

正如前面提到过的，ESP 以可靠的车轮滑移调节系统为基础。这个系统有一些关键的附加特征：该系统能较早识别和校正车辆的不稳定状况，如离心力。为此还需要一些附加部件。

在 ESP 系统中，相对于 ABS、ASR 的升级是加装了三个重要的附加部件：转向角传感器、横向偏摆率传感器和横向加速度传感器。

1）转向角传感器提供表示转向盘旋转角度的输出信号。

2）横向偏摆率传感器根据车辆绕其纵轴的旋转角度产生对应的输出信号电压，用来记录汽车转向行驶时偏摆角度即侧滑的方向是转向不足还是转向过度。

3）横向加速度传感器根据车轮侧向滑移量产生对应的输出信号电压，用来检测汽车转向行驶时横向滑移距离。

图 5-110 所示为 Bosch（博世）公司电子稳定程序控制系统 ESP 的结构图。

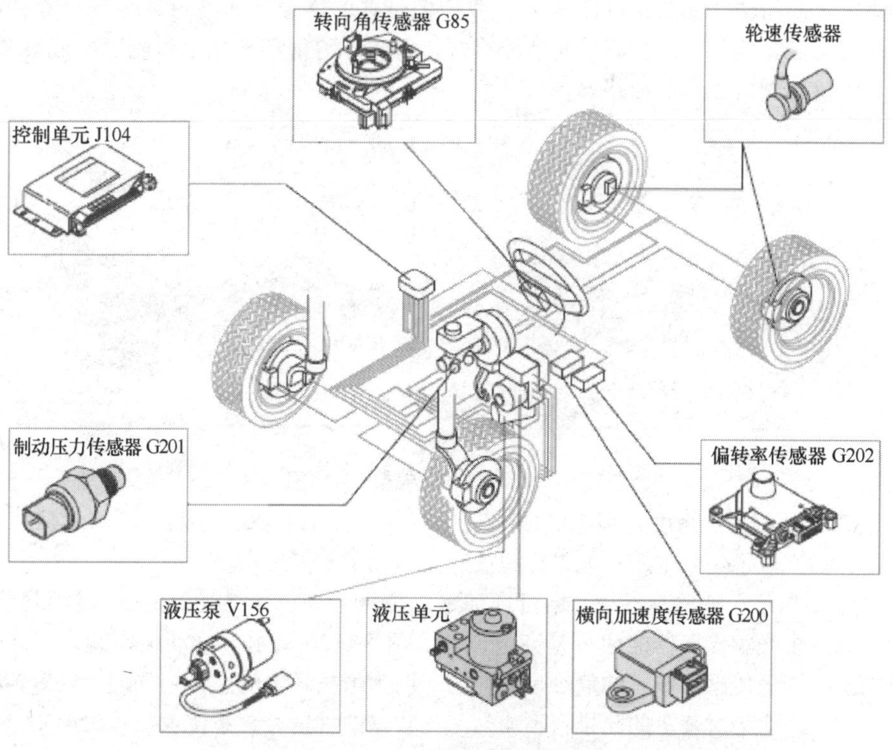

图 5-110 Bosch 公司电子稳定程序控制系统（ESP）结构图

五、电子稳定程序控制系统的构造与功能

1. 带 EDS/ASR/ESP 的 ABS 控制单元 J104

Bosch 公司生产的这种控制单元是和液压单元分开的，它安装在右侧放脚空间的前部。

(1) 结构和功能　这个控制单元里面装有两台高速微型计算机。这两台计算机用同一软件进行数据处理并互相监督，这种双配置的系统称为主动冗余系统。由于要求系统少出故障，所以，系统由两个计算单元：一个自用的电压监视装置和一个诊断接口组成。

(2) 故障影响　在控制单元出现故障时(这种情况很少发生)，ESP 系统失效，驾驶人可以使用不带 ABS、EDS、ASR 和 ESP 的普通制动系统。

(3) 自诊断　ESP 系统出现下列故障时可被识别：①控制系统失灵；②电压供给方面的故障。

2. 转向角传感器 G85

它安装在转向柱开关和转向盘之间的转向柱上，滑环式复位环(安全气囊用)和转向角传感器构成一个整体，并装在传感器的下面。

(1) 作用　该传感器将转向盘转动的角度数据传递给 ESP 控制单元 J104，它可测得转向盘 720°转角。G85 是 ESP 系统中唯一将数据直接通过 CAN 总线传递给控制单元的传感器。点火后转向盘一转动 4.5°(相当于转过 1.5cm)，传感器就完成初始化。

(2) 构造　如图 5-111a 所示，转向角传感器主要由光源、编码盘、两个光学传感器和旋转计数器组成，编码盘由绝对环和增量环构成，两个光学传感器分别扫描这两个环。为了便于理解，我们来简化此结构，如图 5-111b 所示，我们把带孔的增量环和绝对环平行放置，在上述两个环之间放置光源，此外，还有两个光学传感器。因此，增量环和光学传感器构成增量传感器；绝对环和光学传感器构成绝对传感器。

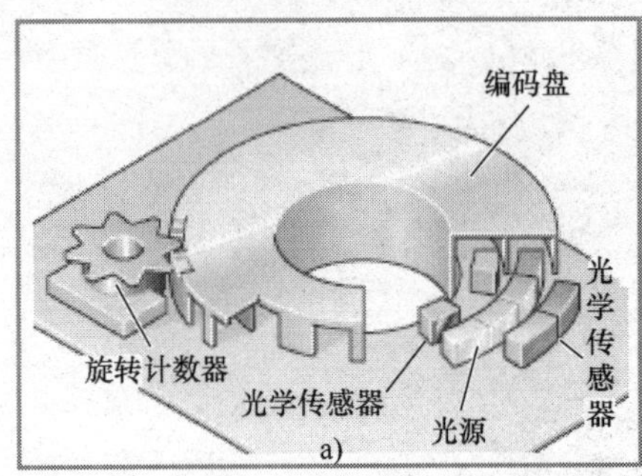

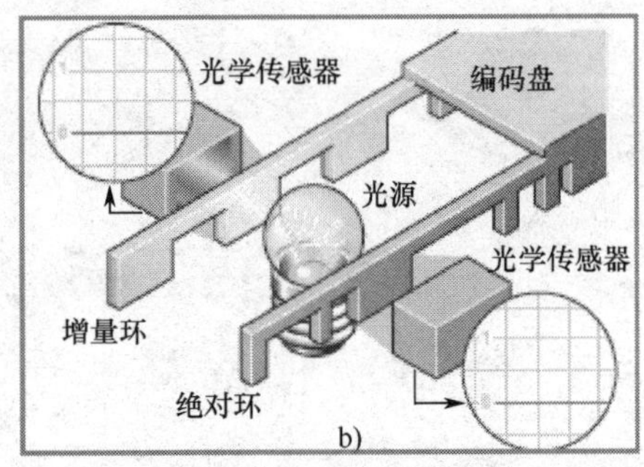

图 5-111　转向角传感器结构图

(3) 工作原理　测量角度是根据光栅原理进行的。如果光源通过两个环的缝隙照到两个光学传感器上，就产生了信号电压；如果光源被遮住，无信号电压。

如图 5-112a 所示，编码盘不动，增量环和绝对环也不动，如果光源通过缝隙照到两个光学传感器上，则两个光学传感器的信号是高电位。如图 5-112b 所示，移动编码盘，会产生两种不同的信号电压。增量传感器传递的信号是均匀的，因为增量环上的孔排列均匀。绝对传感器传递的信号不均匀，因为绝对环上的孔排列不均匀。比较这两种信号，系统就能算出编码盘移动的距离。转向时，转向角传感器就根据上述原理工作。

(4) 故障影响　没有转向角传感器传来的数据，ESP 系统无法判断理想的行驶方向，ESP 系统失效。

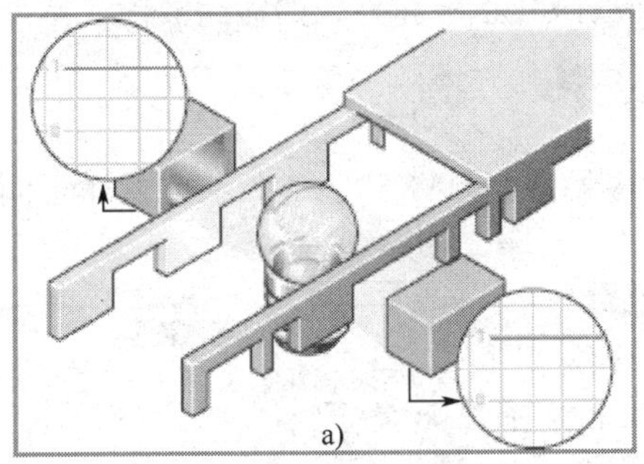

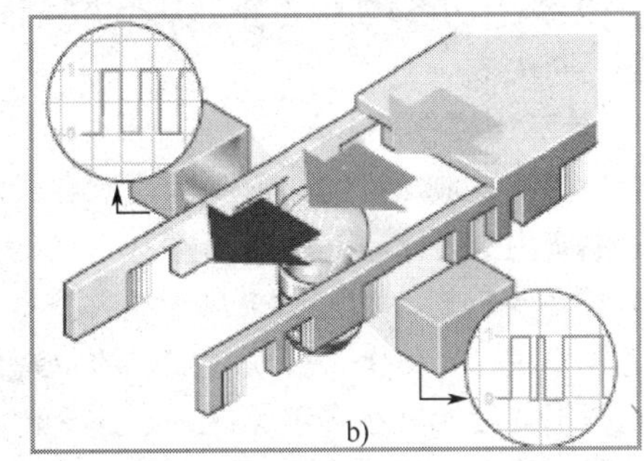

图 5-112 转向角传感器工作原理图

（5）自诊断 ①转向角传感器没有接通；②安装不当；③机械故障；④传感器失灵；⑤不真实信号。

3. 横向加速度传感器 G200

由于物理原因，横向加速度传感器应尽可能靠近车辆重心，所以，它安装在驾驶人座椅下的放脚空间。

（1）作用 横向加速度传感器 G200 测出是否有使汽车偏离预定方向的侧向力及侧向力的大小。

（2）构造 如图 5-113 所示，横向加速度传感器由一块永久磁铁、一根弹簧、一块减振板和一个霍尔传感器组成，永久磁铁和弹簧紧密连接，并能在减振板上来回摆动。

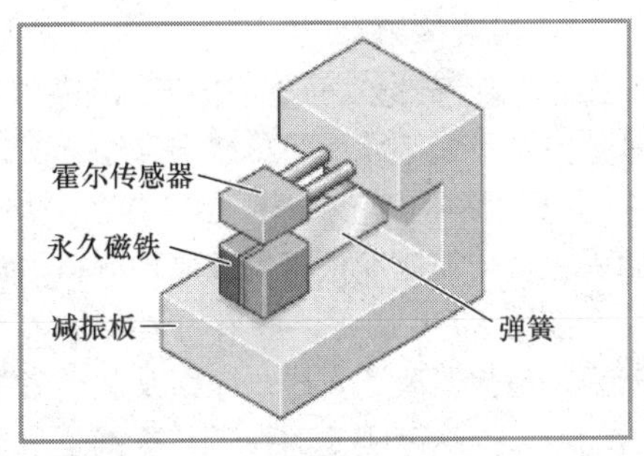

图 5-113 横向加速度传感器结构图

（3）工作原理 如图 5-114 所示，如果横向加速度作用在车辆上，由于惯性，永久磁铁稍晚一些才会跟着运动。这就是说，开始时，永久磁铁保持静止，而减振板随着传感器机体和整个车辆一起运动。通过这种移动在减振板上产生了电子涡流，它反过来又建立了一个与永久磁铁相反的磁场，这样就减小了总磁场的强度，它引起了霍尔电压的变化，这个电压变化和横向加速度的大小成正比。也就是说，减振板和永久磁铁间的摆动越厉害，磁场的强度就越减弱，霍尔电压变化就越明显，而没有横向加速度时霍尔电压是一个常数。

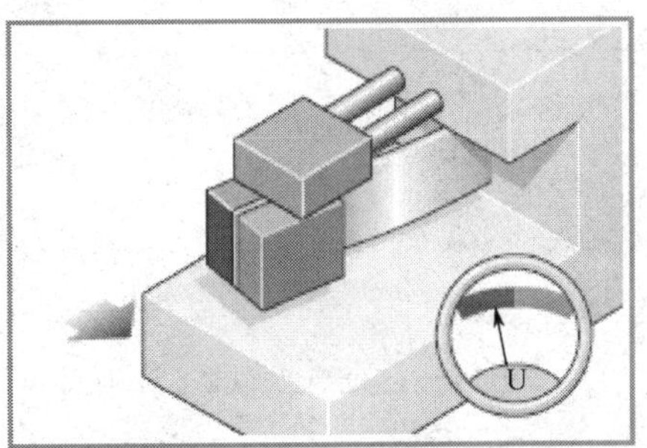

图 5-114 横向加速度传感器工作原理图

（4）故障影响 如测不出横向加速度，控制单元 J104 就无法算出车辆的实际状态，ESP 系统就失效了。

（5）自诊断　在诊断中先确定是否有线路中断故障或正极和外壳的短路故障，然后系统确定传感器是否失效。

4. 偏转率传感器 G202

这个传感器也应尽可能靠近车辆的重心放置。在帕萨特 1998 上，它安装在放脚空间的左前面，舒适系统中央控制单元的前面。

（1）作用　偏转率传感器来自于航天技术，它确定是否有力矩作用在物体上，根据其安装的位置能确定绕着某一空间轴的旋转。在 ESP 系统中，这个传感器必须测定车辆是否绕着垂直轴旋转，这就叫测量偏转率。

（2）构造和原理　图 5-115 所示为偏转率传感器构造及原理图，这个传感器的基本部件是一个小的金属空心圆柱体，它旁边装着 8 个压电元件，其中 4 个元件使空心圆柱体处于谐振状态，另外 4 个元件“观察”它们所在的这个圆筒的振荡波节是否改变。当有力矩作用在这个空心圆柱体上时，振荡波节就完全改变，从被观察的压电元件上可以测出振荡波节在移动，并把信息传递给控制单元，控制单元由此计算出偏转率。

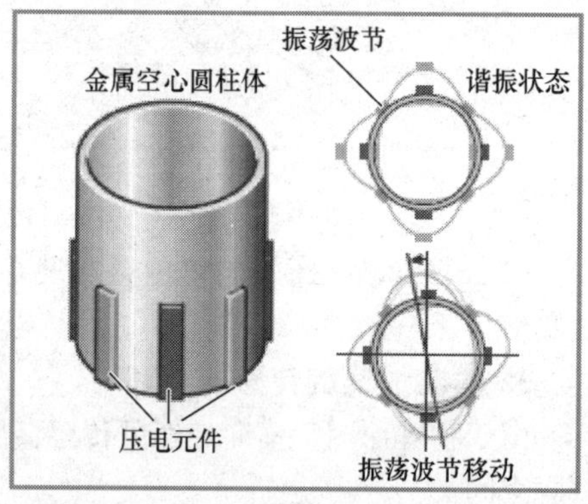

图 5-115　偏转率传感器构造及原理图

5. 组合传感器

组合传感器是将横向加速度传感器 G200 和偏转率传感器 G202 合并到一只壳体里，其优点是：安装尺寸小；两只传感器互相之间定位准确，不能改变；这种结构坚固耐用。

（1）整体构造　部件都安装在一块印制电路板上，按微型机械原理工作。接口是一只六极插头，横向加速度根据电容原理测得。偏转率通过测量科雷奥里斯加速度测得。

如图 5-116 所示，如果一个人在北半球水平地打出一发炮弹，对于随地球一起转动的观察者来说，炮弹偏离了直线，原因是观察者接受了一个力，这个力让炮弹向与地球自转方向相反的方向加速，并偏离刚才的弹道，这就是科雷奥里斯力。

（2）横向加速度传感器构造　如图 5-117 所示，横向加速度传感器是组合传感器印制电路板上的一个微小部件，简单地说，这只带活动板的电容器板被悬挂起来，可以来回摆动，两块固定住的电容器板卡住活动板，形成两只串联的电容器 K_1 和 K_2。借助电极可测出两只电容器接收的电荷量，即电容 C。

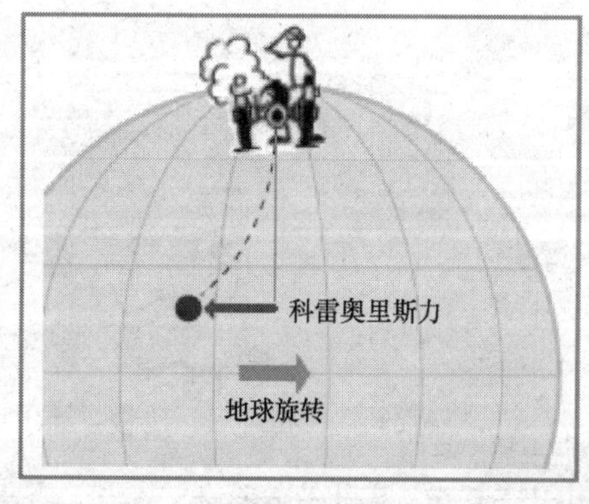

图 5-116　科雷奥里斯力

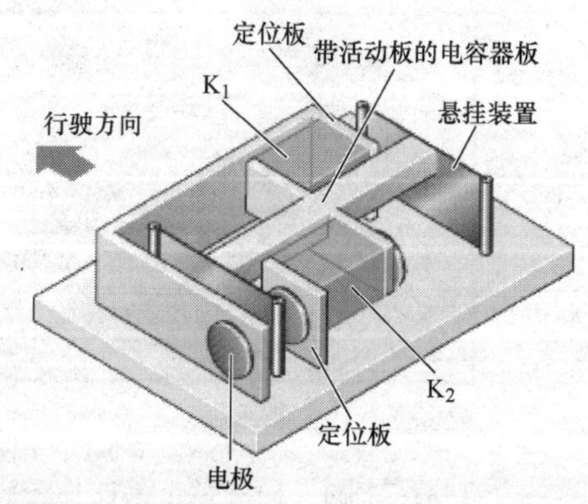

图 5-117　横向加速度传感器结构图

具体工作原理：如图 5-118 所示，只要没有加速度作用于这个系统，两只电容器测得的电荷量 C_1 和 C_2 相等。如果有横向加速度的影响，活动板的惯性会使定位板对面的部分向与加速度方向相反的方向移动，由此，两块板之间的间距改变，并由此使某一电容器的最高电荷量发生变化。电容器 K_1 的板距变大，电容 C_1 变小；电容器 K_2 的板距变小，电容 C_2 变大。

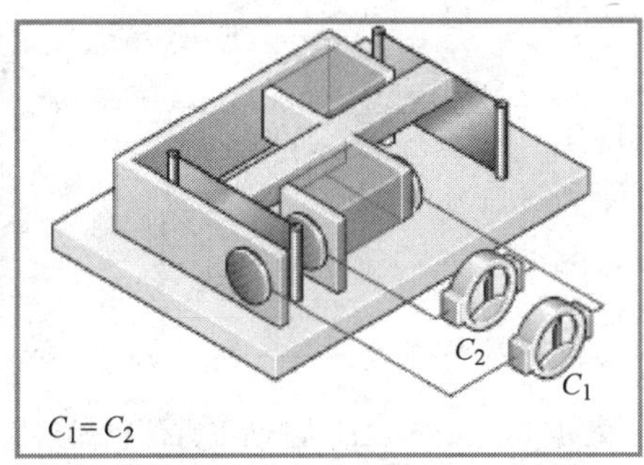

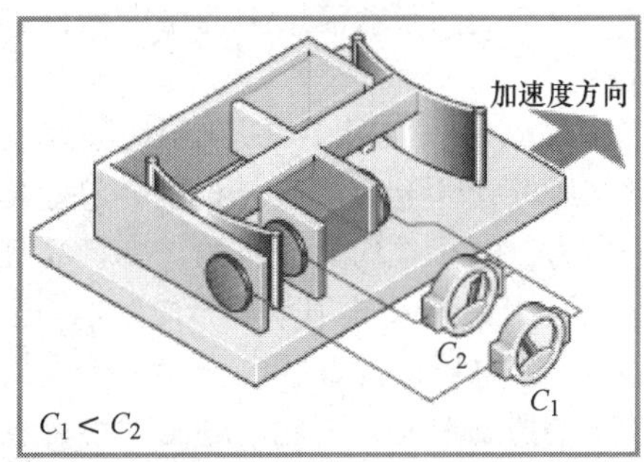

图 5-118　横向加速度传感器工作原理图

（3）偏转率传感器的构造　如图 5-119 所示，偏转率传感器和横向加速度传感器是分别放置的，它放置在自己的薄板上。我们想象一下，在南极和北极之间的不变磁场中，一个能振荡的物体悬挂在支架上，在振荡物体上是导体电路，它就是传感器。由于安全原因，在实际的传感器中，有两个这种装置。

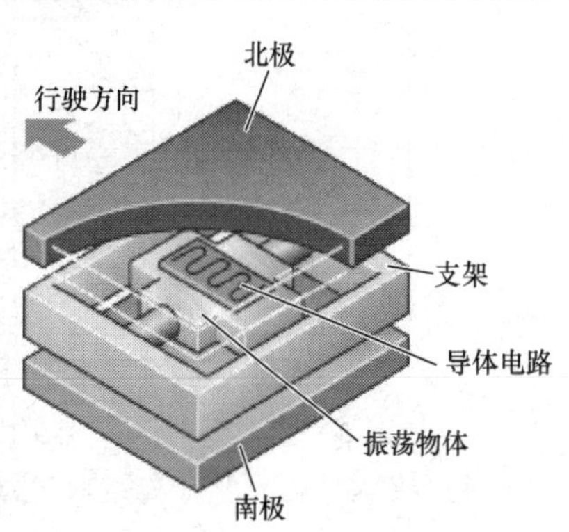

图 5-119　偏转率传感器结构图

具体工作原理：如图 5-120 所示，加交流电压 U，带导体电路的那部分部件开始在磁场中振荡。如果有旋转加速度作用在这个装置上，由于惯性，振荡物体的状态和我们前面描述的炮弹一样，它不是直的来回摆动，因为有科雷奥里斯加速度在起作用。由于发生了这种情况，导体电路的电子状态发生了变化，测量这种变化可得出科雷奥里斯加速度的大小和方向。电子计算装置从这个加速度数值中可算出偏转率。

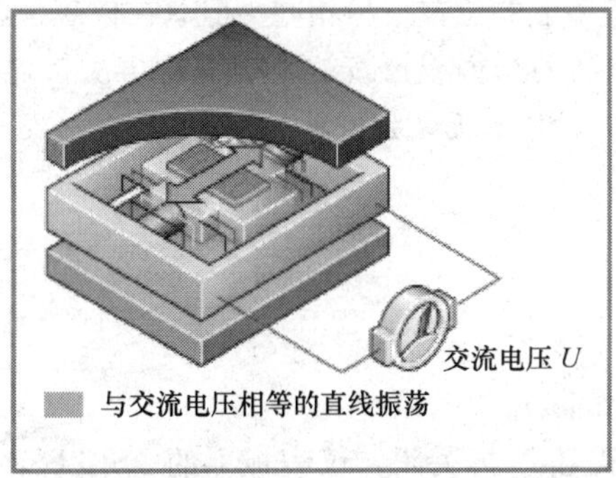

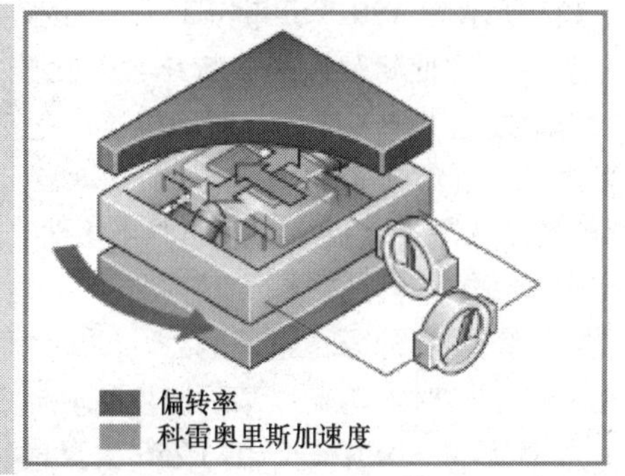

图 5-120　偏转率传感器工作原理图

6. 制动压力传感器 G201

制动压力传感器被旋入行驶动力调节液压泵中。

(1) 作用　制动压力传感器向控制单元 J104 传送制动管路的实际压力。控制单元据此算出车轮制动力及作用在车辆上的轴向力，如果需要 ESP 起作用，控制单元会利用上述数值计算侧向力。

(2) 构造　如图 5-121 所示，制动压力传感器的核心部件是一只会受到制动液影响的压电元件和一只传感器电子元件。

(3) 工作原理　如图 5-122 所示，如果制动液挤压压电元件，压电元件上的电荷分布就会起变化。未受到制动液的压力，电荷是均匀分布的，一旦受到压力，电荷位置移动，由此产生电压。压力越大，电荷分得越开，电压增大，电压被内置的电子元件放大后，以信号的形式传送给控制单元。因此，电压大小可直接测量出制动压力的大小。

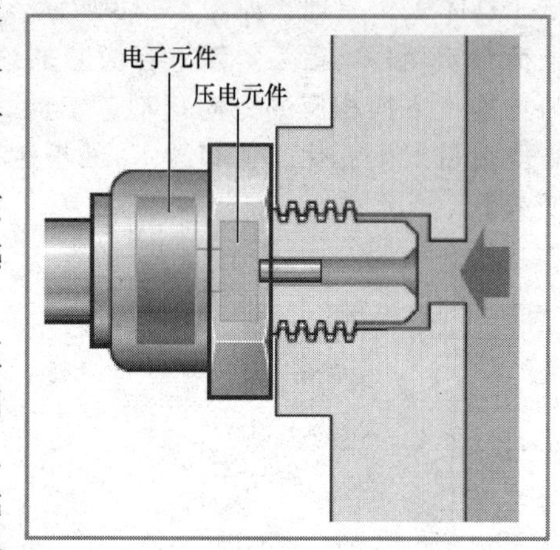

图 5-121　制动压力传感器结构图

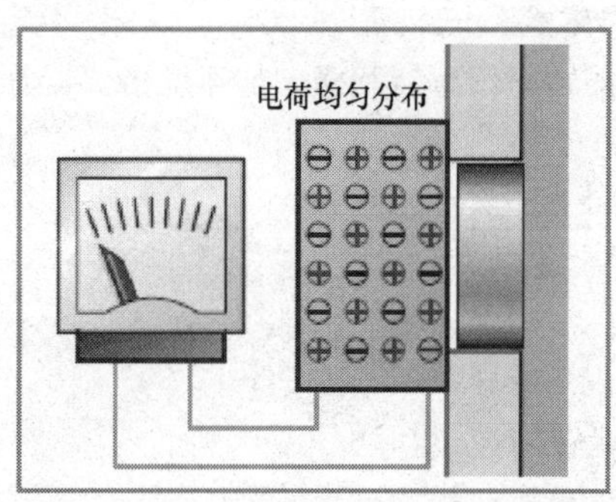

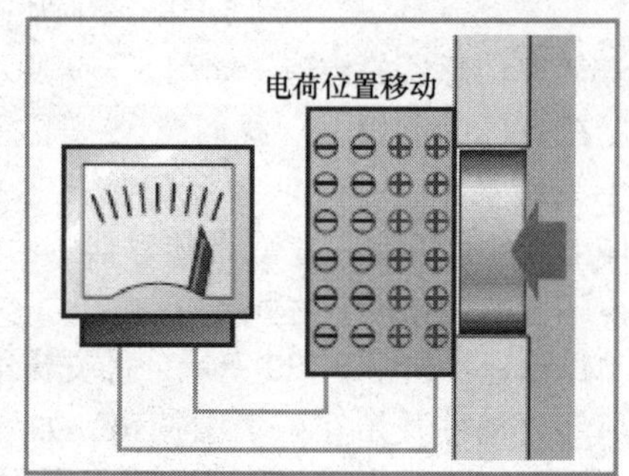

图 5-122　制动压力传感器工作原理图

(4) 故障影响　没有实际制动力的数据，系统无法正确计算侧向力，ESP 系统失效。

(5) 自诊断　在诊断中要确定是否有电路中断或正极接头和外壳处是否有短路现象，然后系统得出传感器是否有故障。

7. ASR/ESP 键 E256

图 5-123 所示为 ASR/ESP 键 E256，该键在各车型上的位置不尽相同，但总在仪表板区域。

(1) 作用　它使驾驶人能够断开 ESP 功能。踩制动踏板或再按这个键都能再次接通 ESP 功能。如果忘记接通 ESP，那么，发动机再次起动时，ESP 系统又会重新工作。

下列情况下宜断开 ESP 功能：

1) 车辆要从深雪或疏松的路面驶出来时。

2) 车辆带防滑链行驶时。

3) 在功率试验台上开动车辆。

但在 ESP 工作时或车辆以某一速度行驶时，不能断开 ESP 系统。

(2) 故障影响　ASR/ESP 键 E256 失灵时，ESP 不能再关闭，仪表板上的 ASR/ESP 指示灯会闪烁，显示出现了故障。

(3) 自诊断　自诊断功能无法发现 ASR/ESP 键 E256 出了故障。

8. 行驶动力调节的液压泵 V156

图 5-124 所示为液压泵 V156，它的位置在发动机舱的液压单元下面，和液压单元共用一个支座。

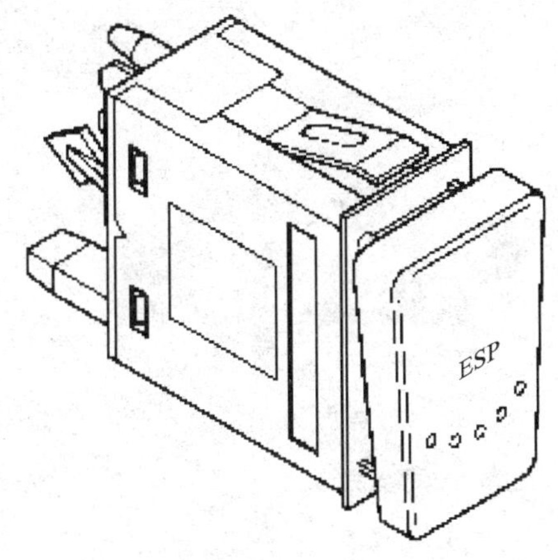

图 5-123　ASR/ESP 键 E256

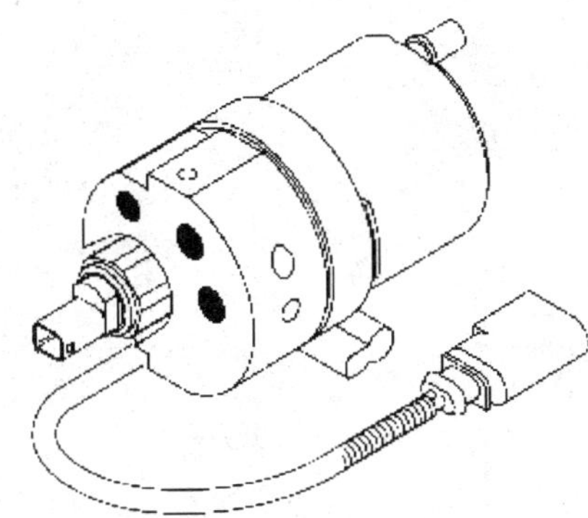

图 5-124　液压泵 V156

（1）作用　在制动踏板给予巨大压力时，ABS 装置要求制动液量很小，回油泵能完成这一任务，但在制动踏板给予较小压力或根本没有压力时，回油泵不能给予大量的制动液，因为低温时制动液粘度太高。所以，需要在 ESP 装置上附设一个液压泵，给回油泵的吸入端提供所需的初压力。这个压力在经过主缸上的节流阀时受到限制。行驶动力调节系统的液压泵自身无法调节。

（2）故障影响　液压泵出故障时 ESP 功能无法执行，ABS 和 ASR 不会受影响。

（3）自诊断　电路中断及正极和外壳的短路故障会在自诊断中显示出来。

9. 液压单元

液压单元安装在发动机舱的支架上，它在各车型上的安装位置不尽相同，在帕萨特 1997 上它就安装在驾驶座一侧，靠近减振器。

（1）作用　液压单元和两个呈对角线排列的制动管路一起工作。与老的 ABS 装置相比，每个制动管路上都加装了转换阀和吸气阀，回油泵是自吸式的。

1）转换阀指的是：开关阀 1（行驶动力调节阀 N225）和开关阀 2（行驶动力调节阀 N226）。

2）吸气阀指的是：高压开关阀 1（行驶动力调节阀 N227）。高压开关阀 2（行驶压力调节阀 N228）。

由于液压单元里的阀门的作用，各个车轮制动轮缸得到控制。通过控制液压单元里车轮制动轮缸的进液阀和排液阀，可以做到以下三点：①增加压力；②保持压力；③减少压力。下面，我以一个车轮工作的情况进行讲解。

如图 5-125a 所示，在这条制动管路中包括以下部件：开关阀 N225、高压开关阀 N227、进液阀、排液阀、车轮制动轮缸、回油泵和液压泵等。

具体工作原理：

① 增加压力。如图 5-125b 所示，ESP 系统一起作用，液压泵就开始把储液罐中的制动液输送到制动管路中，这样，车轮制动轮缸和回油泵中很快就有了压力。之后，回油泵开始工作，使制动压力继续增大。

② 保持压力。如图 5-125c 所示，进液阀关闭，而排液阀依旧关闭着。压力不会从车轮制动轮缸泄漏出去，回油泵停止工作，高压开关阀 N227 关闭。

③ 减少压力。如图 5-125d 所示，开关阀 N225 反方向接通，进液阀关闭，而排液阀开启。制动液通过串联式制动主缸流回储液罐中。

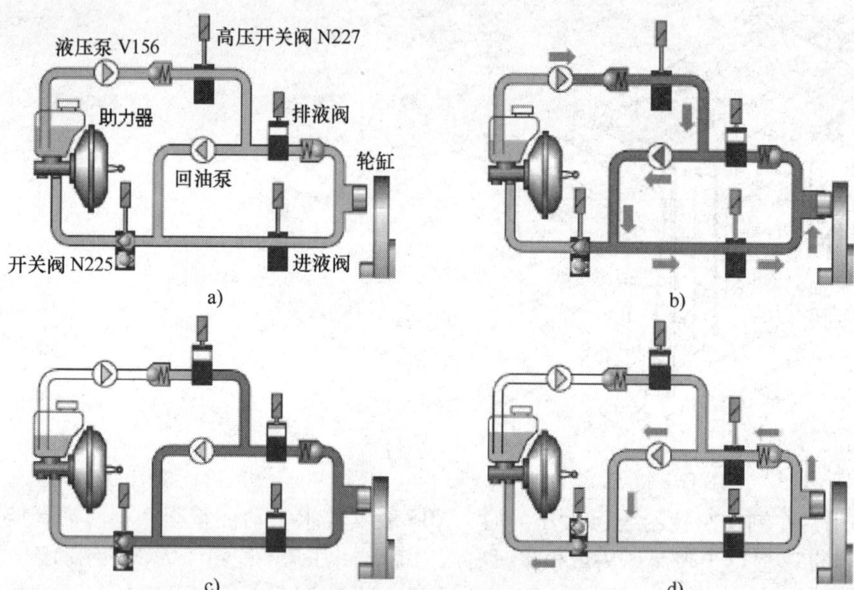

图 5-125　制动轮缸控制原理图

（2）故障影响　如果阀坏了，整个系统停止工作。

（3）自诊断　检查开关阀 N225、N226 及高压开关阀 N227、N228 在正极和外壳处有没有电路中断和短路。

六、电子稳定程序控制系统的工作原理

如图 5-126 所示，转速传感器不断提供每个车轮的转速数据。转向角传感器将它得到的数据

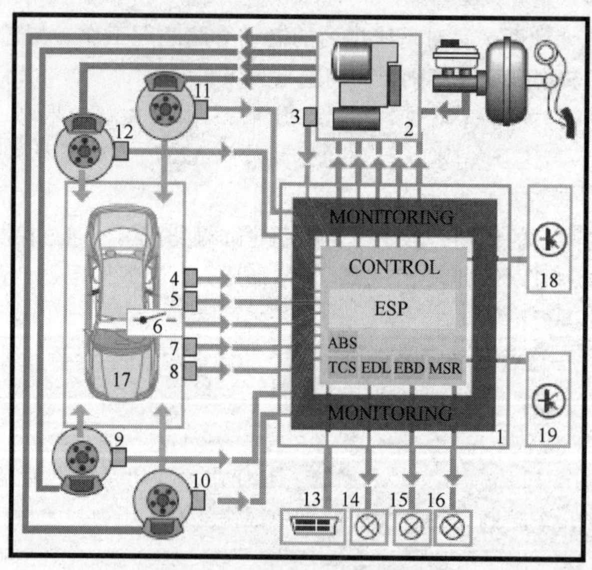

图 5-126　ESP 系统工作原理图

1—控制单元 J104　2—带液压泵的液压单元　3—制动压力传感器　4—横向加速度传感器　5—偏转率传感器　6—ASR/ESP 键 E256　7—转向角传感器　8—制动灯开关　9—右前制动轮缸　10—左前制动轮缸　11—左后制动轮缸　12—右后制动轮缸　13—自诊断接口　14—制动装置指示灯　15—ABS 指示灯　16—ASR/ESP 指示灯　17—车辆及驾驶人状态　18—发动机管理系统起作用　19—自动变速器管理系统起作用

直接通过 CAN 总线传递给控制单元 J104，由以上两个信息控制单元 J104 算出车辆的所需转向和所需行驶行为。横向加速度传感器向控制单元 J104 传送侧向的偏转信息。偏转率传感器传送车辆的离心趋势，从横向加速度传感器和偏转率传感器信号，控制单元 J104 得到车辆的实际状态。如算出的所需值和实际值有偏差，控制系统进行调节。

ESP 决定：

1）哪只车轮应制动或加速。

2）发动机力矩是否该减小。

3）在自动变速器车辆上是否需要使用变速器控制单元。

然后根据传感器传输的数据，系统检查调节作用是否有成效。如果有成效，则 ESP 系统停止工作，并继续观察车辆的运行状态；如果没有成效，则调节系统重新工作。调节系统工作时，ESP 信号灯亮，提示驾驶人注意。

七、电子稳定程序控制系统总览图

如图 5-127 所示。

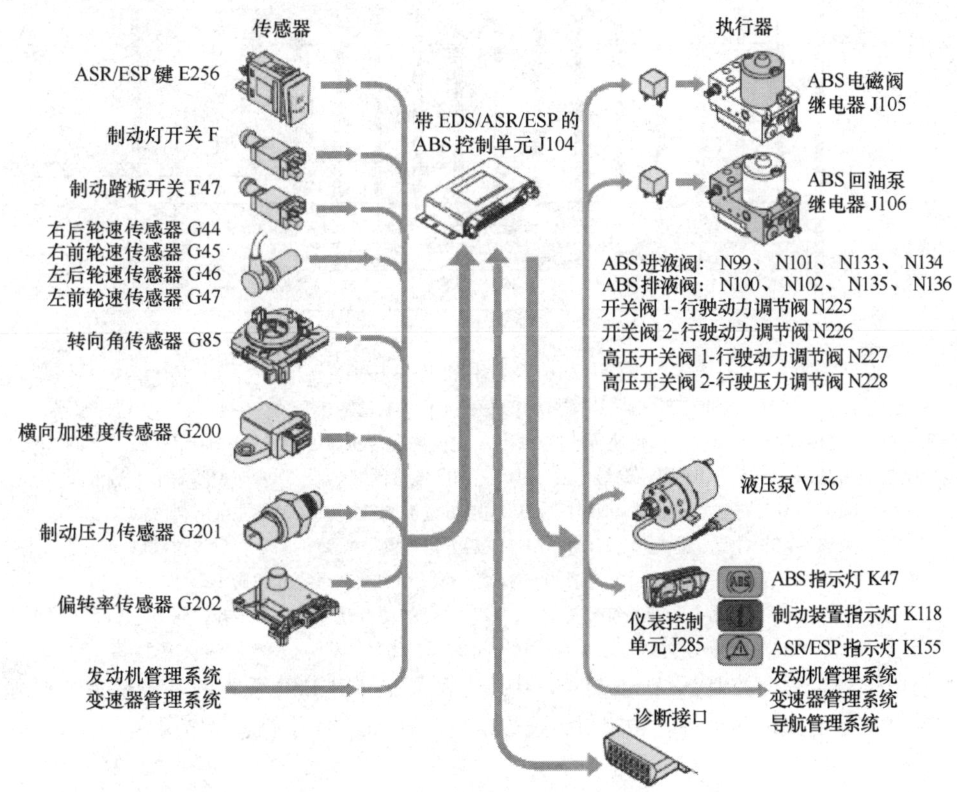

图 5-127 ESP 系统总览图

八、电子稳定程序控制系统电路图

图 5-128 和图 5-129 所示为电子稳定程序控制系统电路图。

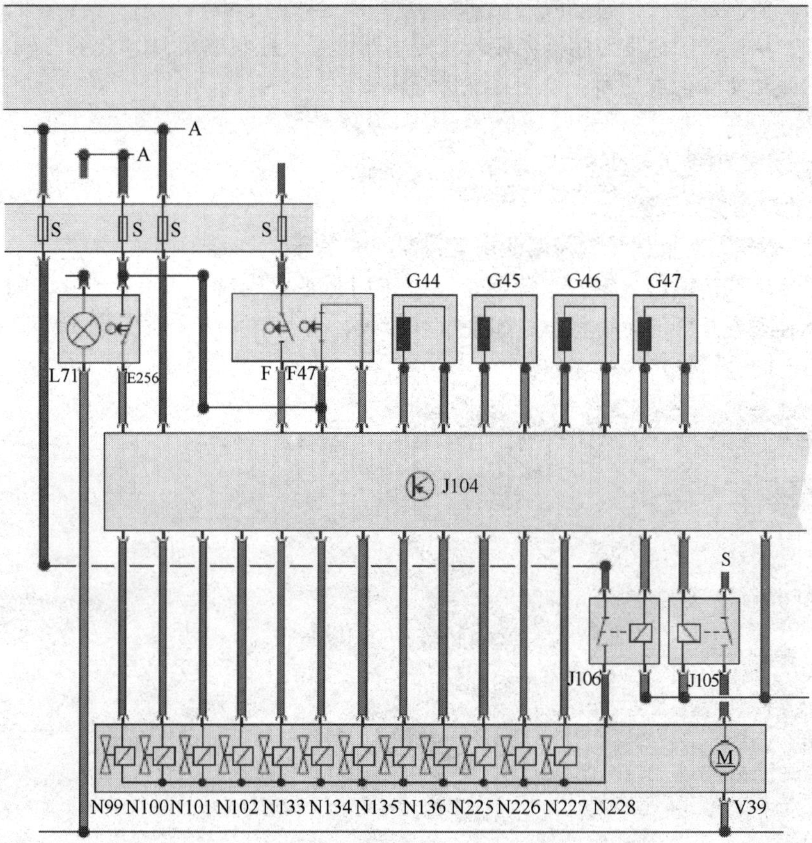

图 5-128　ESP 系统电路图一

A—正极接头　E256—ASR/ESP 键　F—制动灯开关　F47—制动踏板开关　G44—右后轮速传感器　G45—右前轮速传感器　G46—左后轮速传感器　G47—左前轮速传感器　J104—带 EDS/ASR/ESP 的 ABS 控制单元 J104　J105—ABS 回油泵继电器　J106—ABS 电磁阀继电器　N99—ABS 右前方进液阀　N100—ABS 右前方排液阀　N101—ABS 左前方进液阀　N102—ABS 左前方排液阀　N133—ABS 右后方进液阀　N134—ABS 左后方进液阀　N135—ABS 右后方排液阀　N136—ABS 左后方排液阀　N225—行驶动力调节系统开关阀 1　N226—行驶动力调节系统开关阀 2　N227—行驶动力调节系统高压开关阀 1　N228—行驶动力调节系统高压开关阀 2　S—熔丝　V39—ABS 回油泵

通过对电子稳定程序控制系统 ESP 的学习，使大家能够对 ESP 系统的基本构造、原理以及工作过程有个基本的认识和了解。希望对大家以后的工作和学习有个指导作用。

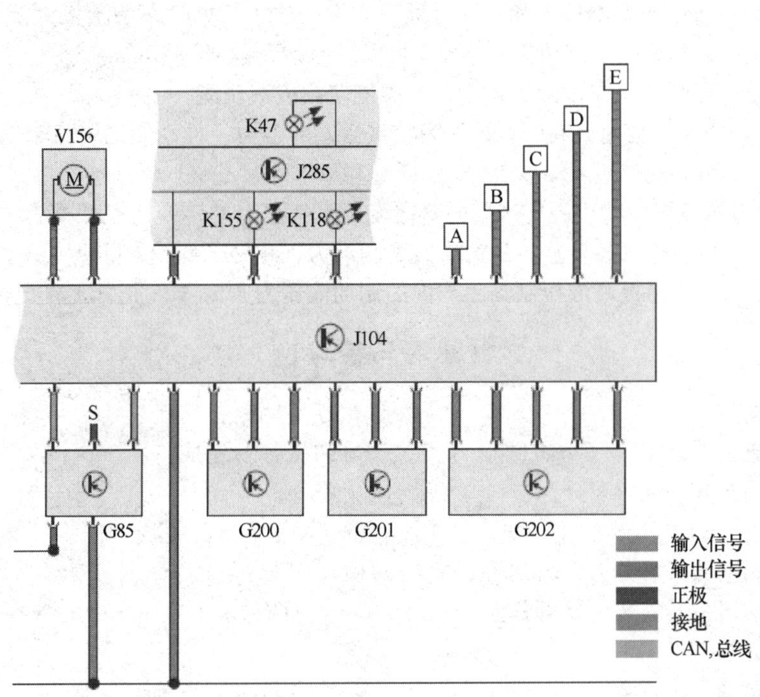

图 5-129 ESP 系统电路图二

G85—转向角传感器 G200—横向加速度传感器 G201—制动压力传感器
G202—偏转率传感器 J104—带 EDS/ASR/ESP 的 ABS 控制单元 J104
J285—指示器装置控制单元 K47—ABS 指示灯 K118—制动装置指示灯
K155—ASR/ESP 指示灯 S—熔丝 V156—行驶动力调节系统液压泵
A—连接到驻车控制开关
B—导航系统(只在装有导航系统的车辆上) C—发动机管理系统
D—变速器管理系统(只在自动变速器车辆上) E—诊断线路

【回顾与总结】

1. 行车制动系统是由驾驶人用脚来操纵的，故又称脚制动系。它的作用是使正在行驶中的汽车减速或在最短的距离内停车。

2. 驻车制动系统是由驾驶人用手来操纵的，故又称手制动系。它的作用是使已经停在各种路面上的汽车驻留原地不动。

3. 应急制动系统是用独立的管路控制车轮的制动器作为备用系统。其作用是当行车制动系统失效的情况下保证汽车仍能实现减速或停车。在许多国家的制动法规中规定，应急制动系统也是汽车必须具备的。

4. 鼓式制动器的摩擦副中的旋转元件为制动鼓，其工作表面为圆柱面。

5. 盘式制动器的旋转元件则为圆盘状的制动盘，以端面为工作表面。

6. 盘式制动器以静止的制动片夹住随车轮转动的制动盘以产生摩擦力，使车轮转动速度降低的制动装置。

7. 视觉驻车辅助系统与纯声音系统相比，对于用户来说的最大好处在于，现在他/她可以准确地了解车辆的哪个位置正在靠近障碍物。

8. 对于制动踏板一般有踏板力和踏板行程两方面的要求，如轿车的踏板力要小于500N，踏板行程小于120mm；载货车的踏板力要小于700N，踏板行程小于150mm。

9. 制动主缸的作用是将制动踏板输入的机械能转换成液压能。

10. 制动轮缸的作用是把油液压力转换为轮缸活塞的推力，推动制动蹄或制动块压靠在制动鼓或制动盘上，产生制动作用。

11. 真空助力器是把发动机进气产生的真空度与大气压力差转变为机械推力，将制动主缸输出的制动液进行增压后输入各轮缸，从而增大了制动力，减轻了驾驶人操纵力。

12. ABS泵的作用是提高液压制动系统内的制动液压力，为ABS正常工作提供基础压力。

【思考与练习】

一、填空题

1. 制动系统主要是由(　　)、(　　)、(　　)和(　　)组成。
2. 汽车用的车轮制动器可分为(　　)和(　　)两种。
3. 鼓式车轮制动器主要由(　　)、(　　)、(　　)、(　　)等组成。
4. 钳盘式制动器又可分为(　　)和(　　)两种。
5. 驻车制动器按其安装位置可分为(　　)和(　　)两种。
6. 制动轮缸有(　　)和(　　)两种。
7. 防抱死制动系统通常由(　　)、(　　)、(　　)和(　　)等组成。
8. 常用的轮速传感器主要有(　　)和(　　)两种。

二、问答题

1. 汽车的制动系统应满足哪些要求？
2. 鼓式制动器的优、缺点有哪些？
3. 领从蹄式制动器的工作原理是什么？
4. 双领蹄式制动器与领从蹄式制动器的区别有哪些？
5. 盘式制动器的优、缺点有哪些？
6. 电控式驻车制动器能实现哪些功能？
7. 如何对液压式制动系统进行排气？
8. 为什么采用电动制动助力装置？
9. 防抱死制动系统的优点有哪些？
10. 防抱死制动系统有哪几个工作过程？
11. 驱动防滑控制系统的控制方式有几种？
12. ABS与ASR有何异同？
13. 电子稳定程序控制系统的功能特点有哪些？
14. 电子稳定程序控制系统都使用了哪些传感器？